WÜRZBURGER DIÖZESANGESCHICHTSBLÄTTER

WÜRZBURGER DIÖZESAN-GESCHICHTSBLÄTTER

80. BAND

2017

echter verlag

WÜRZBURGER DIÖZESANGESCHICHTSBLÄTTER
80. BAND

Im Auftrag des Würzburger Diözesangeschichtsvereins
herausgegeben von
Wolfgang Weiß
in Verbindung mit Angelika Wendler

Beiträge sind nach vorheriger Absprache – unter Beachtung der redaktionellen Leitlinien – in digitalisierter Form an das Diözesanarchiv (Domerschulstraße 17, 97070 Würzburg) zu senden. Merkblätter mit den redaktionellen Leitlinien sind über das Diözesanarchiv zu beziehen. Redaktionsschluss für den jeweiligen Jahresband ist der 30. Juni.

Für alle Beiträge zeichnen die Verfasserinnen und Verfasser nach Inhalt selbst verantwortlich. Mitglieder des Würzburger Diözesangeschichtsvereins erhalten die Zeitschrift unberechnet. Anmeldungen zur Mitgliedschaft nimmt der Vorstand des Würzburger Diözesangeschichtsvereins (Würzburg, Domerschulstraße 17 – Homepage: www.wdgv.bistum-wuerzburg.de / E-Mail-Adresse: wdgv@bistum-wuerzburg.de) entgegen. Für Nichtmitglieder Bezug durch den Buchhandel.

Alle Geldsendungen werden erbeten auf das Konto:
Liga-Bank Würzburg,
IBAN: DE83 7509 0300 0003 0031 08, BIC: GENODEF1M05
Verwendungszweck: WDGV.

Bibliografische Information der Deutschen Bibliothek
Die Deutsche Nationalbibliothek verzeichnet diese Publikation in der Deutschen Nationalbibliografie; detaillierte bibliografische Daten sind im Internet über <http://dnb.d-nb.de> abrufbar.

Vertrieb: Echter Verlag GmbH
Lektorat und Satz: Angelika Wendler
Umschlag: atelier zudem stefan issig | dirk nitschke | arndt poser GbR
Druck und Bindung: Friedrich Pustet, Regensburg
ISSN: 0342-3093
ISBN: 978-3-429-04436-7

Inhaltsverzeichnis

Miszellen

Buchbesprechungen

Festschrift / Zeitschrift

Allgemeine Geschichte / Kirchengeschichte / Landesgeschichte (außer Franken)

Fränkische Landes- und Kirchengeschichte

Heilige und ihre Verehrung

Mitarbeiter des Bandes

Baum, Hans-Peter, Dr. phil., Privatdozent, Würzburg

Bergerhausen, Hans-Wolfgang, Dr. phil., Professor, Würzburg

Bünz, Enno, Dr. phil., Universitätsprofessor, Leipzig/Würzburg

Eberl, Immo, Dr. phil,. Professor, Stadtoberarchivrat, Ellwangen

Eisele, Willi, Oberstudiendirektor a. D., Historiker, Wolfratshausen

Endres, Josef, Dr. phil., Studiendirektor a. D., Iphofen

Engelhart, Helmut. Dr. phil., Tauberbischofsheim

Feineis, Dieter Michael, Dr. theol., Professor, Pfarrer i. R., Waldbüttelbrunn

Frankl, Markus, Dr. phil., Wissenschaftlicher Assistent, Würzburg

Greb, Daniel, Doktorand, Wissenschaftlicher Mitarbeiter, Würzburg

Haaf, Tobias, Dr. theol., Ministerialrat, Leiter des Büros des Staatssekretärs im Bayerischen Staatsministerium für Bildung und Kultus, Wissenschaft und Kunst, München

Maier, Markus Josef, Dr. phil., Kunsthistoriker, Kurator der Neueren Abteilung des Martin von Wagner Museums, Würzburg

Mettenleiter, Andreas, Dr. med., Medizinhistoriker, Würzburg

Pfeiff, Johannes, Dipl.-Theol., Wissenschaftlicher Mitarbeiter, Würzburg

Romberg, Winfried, Dr. theol., Wissenschaftlicher Mitarbeiter, Würzburg

Schmiesing, Jürgen, Dr. phil., Wissenschaftlicher Mitarbeiter, Tübingen

Schwarz, Peter, Diplom-Verwaltungswirt (BA), Schonungen-Abersfeld

Soder von Güldenstubbe, Erik, Dr. theol., Bistumshistoriker i. R., Würzburg

Wagner, Ulrich, Dr. phil., Ltd. Archivdirektor a. D., Würzburg

Weiß, Wolfgang, M. A., Dr. theol., Universitätsprofessor, Würzburg

Wüst, Wolfgang, Dr. phil., Universitätsprofessor, Erlangen/Nürnberg

Zwießler, Florian, BA, Master-Student, Würzburg

Vorwort

Die *Würzburger Diözesangeschichtsblätter* erscheinen wie das weitere Organ des Würzburger Diözesangeschichtsverein – die *Quellen und Forschungen zur Geschichte des Bistums und Hochstifts Würzburg* – seit diesem Jahr im Echter-Verlag Würzburg. Dieser Umstand hat in einer Neugestaltung des Covers seinen Niederschlag gefunden, wobei dessen blauer Grundton auch im 80. Band die Kontinuität zu den Anfängen der Geschichtsblätter vor nun 84 Jahren signalisiert. Herrn Thomas Häußner, Geschäftsführer des Echter-Verlages, darf ich für die verlegerische Betreuung herzlich danken. Damit verbinde ich den Wunsch nach einer langen fruchtbaren Zusammenarbeit. Weiter gilt mein Dank Herrn Stefan Issig („atelier zudem“, Kitzingen) für das Layout des Umschlags. Lektorats- und Satzarbeiten lagen auch bei diesem Band in der bewährten Hand von Frau Angelika Wendler; danken möchte ich für ihre stets so aufmerksame und zuverlässige Mitarbeit.

Der Jahresband 2017 dokumentiert im ersten Teil die Tagung *700 Jahre Stiftung Bürgerspital zum Heiligen Geist in Würzburg. Historische Einblicke und Durchblicke zur Stadt und ihrem Spital.* Mit dem Gründungsjahr 1316 gehört das Würzburger Bürgerspital zum Heiligen Geist zu den ältesten bürgerschaftlichen Institutionen der Stadt. In erstaunlicher Weise wahrte es trotz der vielen politischen und gesellschaftlichen Umbrüche, Einschnitte und Systemwechsel im Lauf dieser Jahrhunderte seine Existenz und mehr noch seine Kontinuitäten. Aus diesem Anlass haben die Akademie Domschule Würzburg in Zusammenarbeit mit der Stiftung Bürgerspital, dem Würzburger Diözesangeschichtsverein, den Freunden Mainfränkischer Kunst und Geschichte e.V. und dem Frankenbund, Gruppe Würzburg, am 8. Oktober 2016 eine wissenschaftliche Tagung im Burkardushaus abgehalten. An die Verantwortlichen der einzelnen Kultur- und Geschichtsvereine und die Mitarbeiter der Domschule, namentlich Akademiedirektor Herrn Dr. Rainer Dvorak, sei ein herzliches Wort des Dankes gerichtet, ebenso an Frau Annette Noffz, Direktorin des Bürgerspitals, für die gastliche Bewirtung. Gedankt sei auch Herrn Winfried Romberg und Herrn Rüdiger Braun, ohne die es nicht zu dieser Tagung gekommen wäre. Sie haben diese inspiriert, federführend konzipiert und organisiert.

Hinführend ordnet *Wolfgang Wust* das Würzburger Bürgerspital in den Rahmen der allgemeinen historischen Entwicklungen des deutschen und europäischen Spitalwesens sowie in diese aktuellen Forschungsperspektiven ein. Die weiteren Aufsätze steuern Bausteine zu einem Gesamtbild der Geschichte dieses Spitals bei. Im Zentrum stehen dabei die engen, oft wechselhaften Beziehungen zwischen Spital, Bürgerschaft und politischer Herrschaft. Die entscheidende Gründungsepoche im Spätmittelalter zeichnen die Beiträge von *Markus Frankl* und *Hans-Peter Baum* unter politischen und sozialgeschichtlichen Aspekten nach. Den Entwicklungsbogen zur Frühen Neuzeit schlägt *Hans-Wolfgang Bergerhausen.* Ein weithin unbekanntes Kapitel der Spitalgeschichte erhellt *Andreas Mettenleiter* in seiner Studie über die zwei Jahrzehnte von 1821 bis 1841, als „Die Medizinische Poliklinik der Universität zu Gast im

Bürgerspital" weilte. Zum Abschluss der Sektion mit den Beiträgen über das Würzburger Bürgerspital beschäftigt sich *Markus Josef Maier* mit der Rolle der bildenden Kunst bei der Ausgestaltung des Spitals und vor allem der Spitalkirche. Es ist zu wünschen, dass die hier vorgelegte Tagungsdokumentation Anregungen zur weiteren Beschäftigung mit der Spitalgeschichte vermitteln möge.

Die weiteren Abhandlungen und Aufsätze der diesjährigen Geschichtsblätter wenden sich verschiedenen Aspekten der neuzeitlichen Geschichte des Bistums und Hochstifts Würzburg zu. *Josef Endres* erschließt die Geschichte der Kirchenmusik in der früheren Würzburger Amtsstadt Iphofen. „Verwaltungsstrukturen und ausgewählte Rechnungen der Linien des Hauses Wertheim im 18. und zu Beginn des 19. Jahrhunderts" untersucht Dieter Michael Feineis. Dass auch ein geistlicher Staat der frühen Neuzeit über ein stehendes Heer verfügte, wird im Beitrag von *Florian Zwießler* „Zu Strukturproblemen des Frühneuzeitlichen Militärs: Würzburger Subsidientruppen in der Endphase des Österreichischen Erbfolgekriegs 1747–1749" bewusst. *Jürgen Schmiesing* führt in seinem Aufsatz „Franz-Joseph Steins ‚Kurzgefaßte Geschichte Deutschlands' (1864) – Geschichtsunterricht bei einem späteren Bischof von Würzburg" auf ein zentrales kulturpolitisches Kampffeld des 19. Jahrhunderts. „Das gegen Benefiziat Otto Schmitt in Kleinostheim am 1. September 1937 verhängte Schulverbot" behandelt *Tobias Haaf;* unmittelbar von den Quellen her beschreibt er einen exemplarischen Konflikt im nationalsozialistischen Kampf gegen die Kirche. Nach den Miszellen von *Daniel Greb,* der die früheste Lebensbeschreibung des Hl. Aquilin ediert und übersetzt, und *Peter Schwarz,* der „Das Steinkreuz von Abersfeld..." behandelt, folgt auch in diesem Jahr eine Reihe von Buchbesprechungen. Allen Autoren der Würzburger Diözesangeschichtsblätter gilt für Ihren selbstlosen und rein forschungsorientierten Einsatz der ausdrückliche Dank des Würzburger Diözesangeschichtsvereins.

Dem am 17. September 2017 aus seinem Amt geschiedenen Diözesanbischof Dr. Friedhelm Hofmann sei an dieser Stelle ebenfalls sehr herzlich gedankt. Als Protektor des Vereins hat er seit 2004 dessen Ziele und Aktivitäten mit großem Wohlwollen begleitet und stets unterstützt. Für seine Zeit als emeritierter Bischof wünschen wir ihm alles erdenklich Gute und Gottes Segen. Ad multos annos!

Würzburg, im September 2017

Wolfgang Weiß
Erster Vorsitzender des Würzburger Diözesangeschichtsvereins und Schriftleiter der Würzburger Diözesangeschichtsblätter

Armut und Reichtum, Frömmigkeit und Daseinsfürsorge. Aspekte zum Sozial- und Spitalwesen in Mittelalter und Früher Neuzeit

Mit einer Edition der Würzburger Bürgerspitalsordnung von 1584

Wolfgang Wüst

Die europäische Spitalsgeschichte des Mittelalters und der frühen Neuzeit ist ein seit Langem beobachtetes interdisziplinäres und internationales Wissens- und Forschungsfeld. Einige Wissenschaftsorganisationen wie die *Société Française d'Histoire des Hôpitaux* mit Sitz in der französischen Stadt Vaison-la-Romaine[1] – sie liegt im Département Vaucluse der Region Provence-Alpes-Côtes d'Azur – oder die im belgischen Brüssel[2] organisierte, international agierende *Fédération Européenne des Hôpitaux et des Soins de Santé* widmen sich ausschließlich der Spitalsgeschichte. Andere Organisationen verbinden die europäische Spitalsgeschichte mit der Geschichte der Medizin. Dabei sind sie, wie die *Societat Catalana d'Història de la Medicina* im katalanischen Barcelona, meist einer Medizinischen Universitätsfakultät[3] angegliedert.

Es gibt ferner kaum eine größere Stadt im deutschsprachigen Kulturraum ohne Beiträge – als Einzel-, Auftrags- oder Tagungsforschung, als Publikation in einem Sammelband, in einer wissenschaftlichen Zeitschrift oder im feuilletonistischen Pressespiegel – zur Spitals-, Fürsorge[4]-, Kranken- und Armutsgeschichte[5] sowie zur Speise[6]-, Bier[7]- und Weingeschichte[8], wie sie in Würzburg

---

1 Die Kontaktadresse lautet: Résidence Sus-Auze, 1, 84110 Vaison-la-Romaine – France.

2 Avenue Marnix 30, Bruxelles 1000 – Belgique.

3 Die Adresse: Unitat d'Història de la Medicina, Facultat de medicina, Universitat autónoma de Barcelona, 08193 Bellaterra (Barcelona) – España.

4 Ivana Ebelová, Die Entstehung der ersten Krankenhäuser – Das Krankenhaus der Bamherzigen Brüder und der Elisabetherinnen, in: Martin Scheutz/Andrea Sommerlechner/Herwig Weigl/Alfred Stefan Weiß (Hg.), Europäisches Spitalwesen. Institutionelle Fürsorge in Mittelalter und Früher Neuzeit = Hospitals and Institutional Care in Medieval and Early Modern Europe, München 2008, S. 403–408.

5 Gerhard Jaritz, Die „Armen Leute" im Spital. Zur Aussage der Kremser Spitalmeisterrechnungen aus den Jahren 1459 bis 1461, in: Mitteilungen des Kremser Stadtarchivs 21/22 (1981/82), S. 21–64; Wolfgang Hartung, Armut und Fürsorge; eine Herausforderung der Stadtgesellschaft im Übergang vom Spätmittelalter zur Frühen Neuzeit, in: Joachim Jahn/Wolfgang Hartung/Immo Eberl (Hg.), Oberdeutsche Städte im Vergleich Mittelalter und Frühe Neuzeit (Regio. Forschungen zur schwäbischen Regionalgeschichte 2), Sigmaringendorf 1989, S. 158–181.

6 Klaus Bienen, Spätmittelalterliche Rechnungsbücher des Regensburger St. Katharinenspitals als Quelle der historischen Nahrungsforschung, Magisterarbeit Universität Regensburg, Regensburg 2000; Stefan Sonderegger, Ernährung im Heiliggeist-Spital St. Gallen, in: Medium Aevum Quotidianum 34 (1996), S. 9–24.

7 Andreas Lechner/Kurt Zeitlhöfler, *„... natirlich gleich und gesundter trunkh":* Die Geschichte der Regensburger Spitalbrauerei von 1695 bis 1945 (Regensburger Beiträge zur Regionalgeschichte 4), Regensburg 2007.

8 Walter Schneider, Weinverkauf des Heilig-Geist-Spitals Bozen im 16., 17. und 18. Jahrhundert, in: Der Schlern 70 (1996), S. 195–221, darin: Bewertung der seit dem späten 15. Jahrhundert überlieferten Rechnungsbücher des Bozener Heiliggeistspitals.

in einer sowohl im Bürgerspital (Abb. 1 und 2) als auch im Juliusspital (Abb. 3) über Jahrhunderte entwickelten Keller- und Veredelungskultur (Abb. 4) sichtbar wurde.

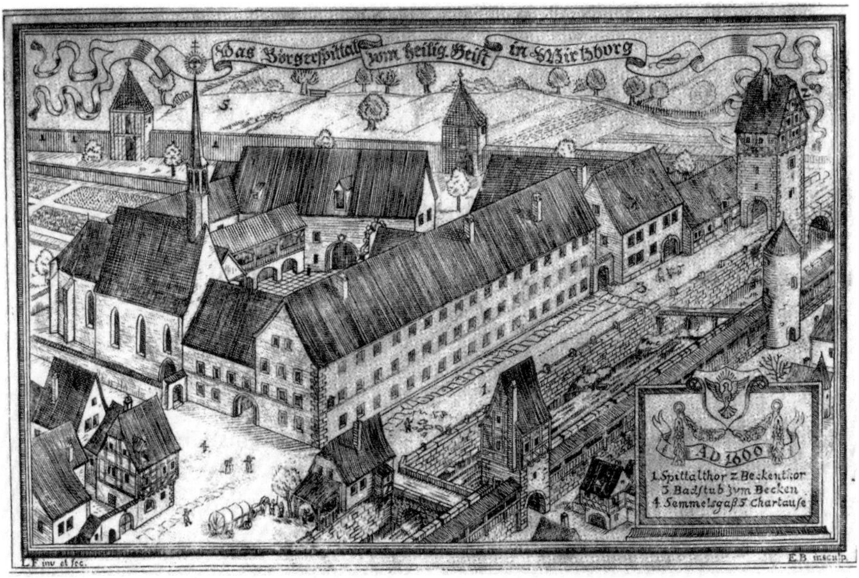

Abb. 1: *Würzburger Bürgerspital um 1600 (Abb.: Bürgerspital Würzburg).*

Abb. 2:
Würzburger Bürgerspital 2016 (Foto: Wolfgang Wüst).

Abb. 3: *Juliusspital, Radierung von Josef Ferdinand Ried, 1764 (Abb.: Universitätsbibliothek Würzburg, Sammlung Brod, 36/B 7.1.).*

Abb. 4:
Aus alten Weinlagen des Würzburger Bürgerspitals stammen diese legendären Flaschen des „1540er Steinwein", die 1996 aus englischem Besitz dem Spital als Dauerleihgabe zurückgegeben wurden (Foto: Bürgerspital Würzburg).

Das trifft in vollem Umfang auch für die süddeutsche Städtelandschaft zu. Residenz[9]-, Bischofs[10]-, Landes-, Territorialstädte wie das nach Bamberg orientierte Forchheim[11] und natürlich die Reichsstädte[12] – große wie kleine[13] –, ja selbst das Netz der fränkischen, schwäbischen und altbayerischen Märkte, profitierten von Spitälern. Die ältesten bürgerlichen Spitalsgründungen stammen aus dem 11. bis 13. Jahrhundert. Zu dieser Gründergeneration zählen in einer unvollständigen Auswahl etwa die Spitäler zu Augsburg (Heilig-Geist-Spital)[14], Bamberg (Katharinenspital, Bürgerspital), Dinkelsbühl (Spital zum Heiligen Geist)[15], Erfurt, Esslingen, Frankfurt, Kaufbeuren (Leprosenhaus), Köln, Konstanz[16], Lindau (*domus hospitalis*)[17], Memmingen (Spital des Antoniterordens, Heilig-Geist-Spital, seit 1365 *Unterhospital*)[18], Metz, München (Heiliggeistspital)[19], Nürnberg (Heilig-Geist-Spital)[20], Pforzheim, Rothenburg ob der Tauber (Spital des Johanniterordens)[21], Schwäbisch-Hall, Schweinfurt

---

9 Hans-Jürgen Becker, Das Amberger Spital im Spiegel der Geschichte des Stiftungsrechts, in: Johannes Laschinger (Hg.), Aus Ammenberg wird Amberg. Historische Vorträge aus 975 Jahren Amberger Geschichte, Amberg 2010, S. 20–39; Herbert Heinritz, Das Bürgerhospital in Kulmbach von seinen Anfängen bis zum Beginn des 19. Jahrhunderts. Ein Beitrag zur Sozial- und Wirtschaftsgeschichte der Stadt, in: Archiv für Geschichte von Oberfranken 80 (2000), S. 79–168.

10 Wolfgang F. Reddig, Bürgerspital und Bischofsstadt. Das St. Katharinen- und das Elisabethenspital in Bamberg vom 13.–18. Jahrhundert. Vergleichende Studie, Besitz und Wirtschaft (Spektrum Kulturwissenschaften 2), Bamberg / Frankfurt a. d. O. 1998.

11 Andreas Schwarz, Die Sankt-Katharina-Spital-Stiftung. Ein Beitrag zur Geschichte der alten fränkischen Stadt Forchheim nach den noch vorhandenen Rechnungsunterlagen, Forchheim 1970.

12 Zusammenfassend: Ulrich Knefelkamp, Die Heilig-Geist-Spitäler in den Reichsstädten, in: Rainer A. Müller (Hg.), Reichsstädte in Franken. Aufsätze, Bd. 2: Wirtschaft, Gesellschaft und Kultur (Veröffentlichungen zur Bayerischen Geschichte und Kultur 15,2/1987), München 1987, S. 107–121.
Einzelstudien in Auswahl: Stadt Ulm (Hg.), Vom Ulmer Heilig-Geist-Spital zur Hospitalstiftung. 770 Jahre Hospitalstiftung Ulm 1240–2010, mit Beiträgen von Stefan Lang, Nina Doll, Helmuth Gumbold, Ulm 2010; Werner J. Chrobak, Das St. Niklas-Spital zu Regensburg, in: Beiträge zur Geschichte des Bistums Regensburg 29 (1995), S. 189–200; Ulrich Knefelkamp, Stiftungen und Haushaltsführung im Heilig-Geist-Hospital in Nürnberg 14.–17. Jahrhundert. Geschichte, Struktur, Alltag (Nürnberger Forschungen 26), Nürnberg 1989; Michael Diefenbacher (Bearb.), Das älteste Urbar des Nürnberger Heilig-Geist-Spitals (Quellen zur Geschichte und Kultur der Stadt Nürnberg 23), Nürnberg 1991.

13 Zu (Bad) Windsheim beispielsweise: Andrea K. Thurnwald, Das Spital zum Heiligen Geist. Mittelalterliche Frömmigkeit und Armenfürsorge, in: Hermann Heidrich (Hg.), Spuren des Alltags: Der Windsheimer Spitalfund aus dem 15. Jahrhundert, Bad Windsheim 1996.

14 Wolfgang Wüst, Armut und Besitz, Frömmigkeit und Fürsorge. Spitäler in Mittelalter und Früher Neuzeit. Die Zucht- und Policeyordnung des Heilig-Geist-Spitals in Augsburg von 1764, in: Zeitschrift des Historischen Vereins für Schwaben (ZHVS) 108 (2016), S. 185–234.

15 Ludwig Schnurrer, Zur Geschichte der weltlichen und geistlichen Verfassung und Verwaltung des Dinkelsbühler Spitals im Mittelalter, in: Jahrbuch des Historischen Vereins Alt-Dinkelsbühl 45 (1965), S. 41–59; Wilhelm Reulein, Das Heiliggeistspital zu Dinkelsbühl, Dinkelsbühl 1974.

16 Norbert Fromm / Michael Kuthe / Walter Rügert, *„... entflammt vom Feuer der Nächstenliebe“:* 775 Jahre Spitalstiftung Konstanz, Konstanz 2000.

17 Bernhard Zeller, Das Heilig-Geist-Spital zu Lindau im Bodensee von seinen Anfängen bis zum Ausgang des 16. Jahrhunderts, Tübingen 1952.

18 Hannes Lambacher, Das Spital der Reichsstadt Memmingen (Memminger Forschungen. Wissenschaftliche Reihe zur Memminger Geschichte 1), Kempten 1991.

19 Willy Kögel, Das Heiliggeist-Spital als zentrale Institution des Wohlfahrtswesens im mittelalterlichen München, München, 1953.

20 Knefelkamp, Stiftungen und Haushaltsführung (wie Anm. 12); Diefenbacher (Bearb.), Das älteste Urbar (wie Anm. 12).

21 Heinrich Hauck, Rechtsgeschichte des Heilig-Geist-Spitals in Rothenburg ob der Tauber, Diss. iur. (Maschinenschrift), Erlangen 1950.

(Siechenhaus zum Hl. Nikolaus)[22], Straßburg, Ulm[23] und eben auch Würzburg (Spital, Neues Spital, seit dem 16. Jahrhundert als Bürgerspital zum Heiligen Geist bezeichnet), wo Johannes von Steren *(de ariete)* Anfang des 14. Jahrhunderts Haus- und Grundbesitz zur Pflege armer und kranker Bürger zustiftete. Es liegt zwar keine Stiftungsurkunde vor, doch können wir die Entstehungszeit des städtischen Spitals vor dem Hauger Burgtor über zwei andere Zeitzeugen näher umschreiben. Am 19. August 1317 gewährte Siegfried von Gelnhausen (1287–1321), Bischof von Chur, einen Ablass, in dem das Würzburger Spital Erwähnung fand. Und am 23. Juni 1319 regelte der Würzburger Fürstbischof Gottfried III. von Hohenlohe (1314–1322) für die Spitalsstiftung die Pfarrrechte gegenüber dem Stift Haug und die administrative Anbindung an die Stifterfamilie – Johann von Steren wurde noch 1323 als *procurator* des Spitals bezeichnet – und die Stadt, deren Räte dorthin drei Spitalsverwalter (Pfleger) bestellten. Diese waren der Bürgerschaft Rechenschaft schuldig. Das ältere Würzburger Spital, dessen Bezeichnung als Bürgerspital „zum Heiligen Geist" erst im 16. Jahrhundert üblich wurde, erfreute sich seitens vermögender Würzburger Bürger noch im 14. Jahrhundert namhafter Zustiftungen.

Die Spitalbezeichnungen wechselten, denn obwohl man es bereits 1323 als *hospitale Sancti Spiritus* bezeichnete, hielten sich noch lange Zeit Nennungen als Neues Spital *(novum hospitale)* oder als Spital vor dem Hauger Tor *extra muros.* Immoblien, Liegenschaften und vor allem Weinberge mehrten die Grundlagen. Das Spitals- und Stiftungsgut beschränkte sich keineswegs nur auf das nähere Stadtgebiet, wenn beispielsweise um 1340 die Brüder Rüdiger und Wolf Teufel in Laub bei Prichsenstadt Liegenschaften mit Weingütern dem Spital mit einer Aufnahmeverpflichtung für weitere zwölf Hausarme übereigneten. Steuerbefreiungen seitens der Würzburger Bischöfe für Stifter spielten ebenfalls lange vor Julius Echter von Mespelbrunn und seinen Spitalsgründungen für das bürgerlich städtische Spitalwesen eine positiv fördernde Rolle.[24]

Wie schwierig im Einzelfall dennoch für Bedürftige und Kranke die Aufnahme im Spital war, geht aus den zahlreich erhaltenen Suppliken Würzburger Bürger hervor. Im Januar 1637 stellte, offenbar nicht zum ersten Mal, die

---

22 Katharina Petersen, Die Hospitalstiftung und das Heilig Geist Spital in Schweinfurt, in: Uwe Müller / Ernst Petersen (Hg.), Schweinfurter historische Forschungen (Veröffentlichungen des Historischen Vereins Schweinfurt, NF 7) Schweinfurt 2004, S. 35–130; Clemens Valentin Heßdörfer, Geschichtliche Notizen über ein ehemaliges Siechenhaus zum hl. Nikolaus sowie über das Spital, die Kirche und Pfarrei zum hl. Geist in Schweinfurt, Schweinfurt 1896.

23 Stefan Lang / Nina Doll / Helmuth Gumbold, Vom Ulmer Heilig-Geist-Spital zur Hospitalstiftung: 770 Jahre Hospitalstiftung Ulm 1240–2010, Ulm 2010.

24 Wolfgang Hartung, Armut und Fürsorge; eine Herausforderung der Stadtgesellschaft im Übergang vom Spätmittelalter zur Frühen Neuzeit, in: Joachim Jahn / Wolfgang Hartung / Immo Eberl (Hg.), Oberdeutsche Städte im Vergleich Mittelalter und Frühe Neuzeit (Regio. Forschungen zur schwäbischen Regionalgeschichte 2), Sigmaringendorf 1989, S. 158–181, bes. S. 163. Zu Würzburg: Rüdiger Braun, Frühe Urkunden des Spitals vor dem Hauger Tor (Bürgerspital) in Würzburg (Schriften des Stadtarchivs Würzburg 14), Würzburg 2000; ders., Die Gründung des Neuen Spitals (Bürgerspitals) in Würzburg vor 700 Jahren, in: Würzburger Diözesangeschichtsblätter 78 (2015) S. 253–319; ders. / Hans-Peter Trenschel, Bürgerspital zum Hl. Geist Würzburg, Regensburg 2004 (2. Aufl.); Peter Kolb, Das Spital- und Gesundheitswesen, in: Ulrich Wagner (Hg.), Geschichte der Stadt Würzburg, Bd. I: Von den Anfängen bis zum Ausbruch des Bauernkriegs, Stuttgart 2001, S. 386–407, bes. S. 391–394; Peter Kolb, Das Spitalwesen, in: ders. / Ernst-Günter Krenig (Hg.), Unterfränkische Geschichte, Bd. 2: Vom hohen Mittelalter bis zum Beginn des konfessionellen Zeitalters, Würzburg 1992, S. 357–373.

„schadhaffte unndt elendte tochter" des verstorbenen Niclaus Poltz im Bürgerspital Antrag auf Aufnahme. „Sinthemaln aber in oberwehnter pfleg nach berichtß desselben herrn pflegers anietzo für dißmal khein stell noch gelegenheit seien solle, ich aber von tag zu tag mit meinem schaden hefftiger undt mehres affligirt unndt ubermehrt wurdt, mehr auch alle mitteln, zu curirn unndt mein junges leben weiters zu fristen, entrinnen also daß, wan mihr dißfals nit sollte geholffen unndt meiner erbarmet werdten, ich for meiner grossen zunehmenden schaden baldt verschmaehen, auch hungers halb elendig sterben unndt verderben müste, alß bitte demnach umb Gottes barmherzigkeit willen, euer ehrnveste, forsichtige unndt wollweyse" Spitalspfleger und Ratsherren um gnädige Aufnahme.[25]

1. Das Spital im Schnittpunkt der Interessen

Im Spital überschneiden sich die Interessen der Medizingeschichte – hierbei ist vor allem der Spitalsverbund mit den Siechen[26]-, Kranken-, Irren[27]- sowie den stets außerhalb der Stadtgrenzen liegenden Leprosen[28]- oder Sondersiechen[29]-Häusern von Interesse –, der Wirtschafts-, Sozial-, Besitz- und Baugeschichte[30], wie sie im letzten Fall für Würzburgs Bürger- und Juliusspital über ein 1722 erlassenes fürstbischöfliches Bau-Mandat Wirkung zeigte (Abb. 5). Das *Bau-Mandat Oder Hochfürstliche Würtzburgische Verordnung, Wie In hiesiger Hochfürstlicher Residentz-Stadt sich jeder im Bau-Wesen künfftig zu verhalten habe* sorgte auch im Spitalswesen seit Johann Philipp Franz von Schönborn (1719–1724) für entsprechende Standards.[31]

---

[25] Hans-Wolfgang Bergerhausen (Bearb.), Quellen zur Geschichte des Bürgerspitals Würzburg 1500–1650 (Fontes Herbipolenses. Editionen und Studien aus dem Stadtarchiv Würzburg VIII), Würzburg 2014, S. 34f., Supplik vom 03.01.1637.

[26] Heßdörfer, Geschichtliche Notizen (wie Anm. 22); Volker Klimpel, Hospitäler, Lazarette und Siechenhäuser im Kurfürstentum Sachsen des 16. Jahrhunderts. Ein Fundbericht, in: Würzburger medizinhistorische Mitteilungen 27 (2008), S. 93–104; Hans Otto Brans, Hospitäler, Siechen- und Krankenhäuser im früheren Regierungsbezirk Aachen von den Anfängen bis 1971, Bd. 1: Hospitäler und Siechenhäuser bis zum Ende des 18. Jahrhunderts (Studien zur Geschichte des Krankenhauswesens 37), Herzogenrath 1995.

[27] Thomas Beddies, Narrenturm, Irrenhaus, Heil- und Pflegeanstalt: Zum historischen Verhältnis von Psychiatrie und Anstaltsbau, in: Detlev Hoffmeister / Kristina Hübener (Hg.), Medizin trifft Geschichte. Werner Forßmann Symposium 2010 (Schriftenreihe zur Medizin-Geschichte des Landes Brandenburg 20), Berlin 2011, S. 93–112. Als Fallstudie zum 19. Jahrhundert: Erich Krausbeck, Das Irrenhaus zu Eberbach. Die Geschichte der nassauischen Psychiatrie im Zeitalter des Biedermeiers in Eltville am Rhein, Bad Ems 1992.

[28] Otto Frisch, Das Leprosenhaus in Bad Wurzach. Texte und Bilder (Veröffentlichungen des Stadtarchivs Bad Wurzach 3), Bad Wurzach 2000 (3. Aufl.); Jürgen Mehl, Aussatz in Rottweil. Das Leprosenhaus Allerheiligen der Siechen im Feld, 1298–1810 (Veröffentlichungen des Stadtarchivs Rottweil 15), Rottweil 1993.

[29] Albert Deibele, Das Katharinenspital zu den Sondersiechen in Schwäbisch Gmünd. Seine Geschichte, Verzeichnis der Urkunden, Akten und Bände mit Beilagen. 1326 bis zur Gegenwart (Inventare der nichtstaatlichen Archive in Baden-Württemberg 14), Schwäbisch Gmünd 1969.

[30] Ulrich Craemer, Das Hospital als Bautyp des Mittelalters, Köln 1963.

[31] Titelerweiterung: *Dann Was auch ein solcher dargegen für Ergötzlichkeiten in ein- und anderen Fällen auß seiner Hochfürstlichen Gnaden Special-Gnädigster Verwilligung zu geniessen haben soll,* Würzburg (Verlag Engmann), 1722. Vgl. Bayerische Staatsbibliothek München,

Bau-Mandat
Oder
Hochfürstliche Würtzburgische Verordnung/
Wie
In hiesiger Hochfürstlicher Residentz-Stadt sich jeder im Bau-Wesen künfftig zu verhalten habe.
Dann
Was auch ein solcher dargegen für Ergötzlichkeiten in ein- und anderen Fällen auß seiner Hochfürstlichen Gnaden Special-Gnädigster Verwilligung zu geniessen haben soll ꝛc.
Würtzburg gedruckt bey Heinrich Engmann Hof-Buchdrucker, Anno 1722.

Abb. 5: *Würzburger Bauordnung von 1722 (Abb.: Bayerische Staatsbibliothek München, 4 Bavar. 3422 b).*

Im Spital begegnen sich weiter die Stadt-, Landes-, Verwaltungs-, Kirchen- und Rechtsgeschichte, die historische Anthropologie und Psychiatrie, die Kanonistik[32], die Stände-, Familien[33]-, Wohlfahrts- und Armutsforschung, die Pädagogik und last but not least die Prämissen der regionalen Lebensmittel-, Konsum- und Kommunikationsgeschichte. Spitäler sorgten so beispielsweise über Verträge mit ihren Mühlpächtern für Standards bei Back- und Brotwaren. 1636 stellte man in Würzburg für die Spitalsmühlen sicher, dass ihre Pächter „dem Spital alles Getreide und Korn, soviel für die Haushaltung […] nötig ist, mahlen, backen und von jedem Malter Weißbrot *alß vorlauff* 80 Wasel, von anderen ‚stuckhen melb aber neuntzig der statt prob nach an guttem und

---

4 Bavar. 3422 b; VD18 15234622-001; URL: http://www.mdz-nbn-resolving.de/urn/resolver.pl?urn=urn:nbn:de:bvb:12-bsb10347441-5 (letzter Zugriff: 01.06.2015).

[32] Jürgen Sydow, Kanonistische Fragen zur Geschichte des Spitals in Südwestdeutschland, in: Historisches Jahrbuch 83 (1963), S. 54–68.

[33] Hier spielt auch die internationale Forschung zu städtischen Waisenhäusern eine große Rolle. Vgl. für die Reichsstadt Augsburg: Thomas Max Safley, Children of the laboring poor. Expectation and experience among the orphans of early modern Augsburg (Studies in Central European histories 38), Leiden 2005; ders., Charity and economy in the orphanages of early modern Augsburg (Studies in Central European Histories 8), New Jersey 1997.

wolgeschmackhten brod, dern jedeß tritthalb pfundt, sovil weiß alß schwartz außgebackhen haben und wägen solle', liefern und gewähren."[34] Gleichzeitig warnte das Bürgerspital bei einer Strafe von einem Gulden den Müller, das Brot „recht schön und guet" zu backen und im Mehlkasten Vorratswirtschaft zu betreiben.[35]

Im Rückblick auf die Spitäler sind Querverbindungen zur Universitäts- und Bildungsgeschichte schließlich ebenfalls nicht ausgeschlossen. Das weitläufige Areal des Würzburger Juliusspitals[36] war fest in die medizinischen Curricula der von Julius Echter 1582 wiedergegründeten Würzburger Universität eingebunden (Abb. 6). An der dortigen Medizinischen Fakultät wirkten berühmte Ärzte wie beispielsweise Rudolf Ludwig Karl Virchow (1821–1902), Rudolf Albert von Koelliker (1817–1905) und Carl Caspar von Siebold (1769–1807).

Abb. 6: *Relief des Gründungsakts mit dem Hinweis auf die Versorgung der Armen und Kranken im Juliusspital Würzburg (Foto: Wolfgang Wüst).*

Im Spitalsgarten befand sich das für ein akademisches Lehrkrankenhaus zentrale *Theatrum anatomicum* (Abb. 7) und im straßenseitigen Repräsentationsbau die historische Hof- und Universitätsapotheke.

Um Spitäler als Orte überregionaler Forschung zu etablieren, waren zuvor solide Besitzplanungen anzustellen. Für Würzburg kam es jedenfalls vor und während des Universitätsbaus zu Güterarrondierungen mit dem Bürgerspital. Dort gab man am 31. Dezember 1584 „zwei stuckh ackher, bei dem neuen Durn uf der Heut zwischen den weingartten gelegen und unten auf den obern bach stossendt" in der Größe mehrerer Morgen ab, um Julius Echters Baumaßnahmen zu unterstützen. An anderer Stelle ging bischöflicher Ausgleichsbesitz in die Verwaltung des Bürgerspitals über.[37]

---

[34] Bergerhausen (Bearb.), Quellen 1500–1650 (wie Anm. 25), S. 423f.
[35] Ebd., S. 424.
[36] Josef Kern, Das Juliusspital in Würzburg. Ein ungewöhnliches Beispiel für die Querbeziehungen von Universität, Spital und Weinbau, in: Raimund Lang, Student und Wein, Hamburg 2003, S. 57–59.
[37] Bergerhausen (Bearb.), Quellen 1500–1650 (wie Anm. 25), S. 317f.

Abb. 7: *Theatrum anatomicum der Medizinischen Fakultät, Universität Würzburg, im Garten des Juliusspitals, Bauzeit 1705–1714 (Foto: Wolfgang Wüst).*

Über die Normen im Spital berichteten seit dem Mittelalter ungezählte Spitals-, Almosen-, Armen-, Bettel-, Policey- und Wohlfahrtsordnungen. Sie sind auch für die fränkischen Stadt- und Landspitäler aufschlussreich, zumal sie in letzter Zeit zunehmend digitalisiert und ediert werden. Für Würzburg stehen hier beispielsweise die Spitals-, Haus- und Arbeitsordnung im Bürgerspital von 1584[38] oder die 1732 erneuerte städtische Almosenordnung, die auch Angelegenheiten des mediatisierten Spitalwesens regelte: *Deß hochwürdigen Heil. Röm. Reichs Fürsten und Herrns, Herrn Friderich Carls*[39], *Bischoffens zu Bamberg und Würtzburg auch Hertzogens zu Francken, Seiner Kayserl. Majest. wircklichen Geheimen Conkrenz- ... Kantzlars [...] Erneuerte Almosen-Ordnung in dero Residentz-Stadt Würzburg*[40] (Abb. 8).

Ähnliche Verfügungen wurden auch im 19. Jahrhundert noch weitergeführt, wo man im habsburgisch-toskanisch regierten Großherzogtum Würzburg[41], einem nach der Säkularisation bis 1814 souveränen Staat im Rheinbund, an die bewährte bischöfliche und bürgerliche Spitalspolitik anknüpfte. 1812 veröffentlichte man beispielsweise das *Gesetzbüchlein zur Behandlung der Armen-Polizey auf dem Lande: das heißt: Verordnungen im Betreffe der Land-Armen-Polizey in dem Großherzogthume Würzburg*, dessen Inhalte hauptsächlich auf die Amtszeit und speziell auf die Gesundheits- und Spitals-

38 Stadtarchiv Würzburg, Bürgerspital (BSP) II/7.

39 Fürstbischof Friedrich Karl von Schönborn regierte in den Hochstiften Bamberg und Würzburg von 1729–1746. In Bamberg wurde er bereits 1710 als Koadjutor eingesetzt.

40 Würzburg (Verlag Engmann), 1732. Nachweise: Bayerische Staatsbibliothek München, 996108 4 Bavar. 3315o; URL: https://www.deutsche-digitale-bibliothek.de/item/ AOX3352YQ2ZF3FQAMHW7AG M6Q7POFSDR (letzter Zugriff: 01.06.2015).

41 Wolfgang Altgeld / Matthias Stickler / Verena Spinnler (Hg.), „Italien am Main“. Großherzog Ferdinand III. der Toskana als Kurfürst und Großherzog von Würzburg (Historische Studien der Universität Würzburg 7), Rahden / Westfalen 2007.

politik[42] des vorletzten Fürstbischofs Franz Ludwig von Erthal (1779–1795) zurückgingen.[43]

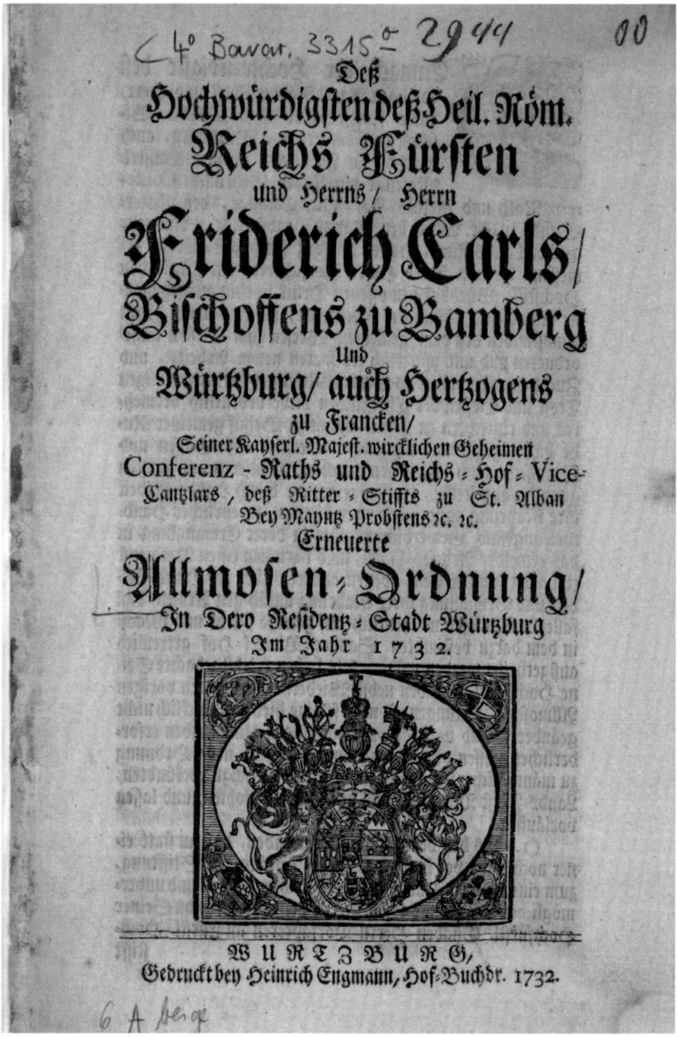
Deß
Hochwürdigsten deß Heil. Röm.
Reichs Fürsten
und Herrns / Herrn
Friderich Carls /
Bischoffens zu Bamberg
Und
Würtzburg / auch Hertzogens
zu Francken /
Seiner Kayserl. Majest. wircklichen Geheimen
Conferenz - Raths und Reichs-Hof-Vice-
Cantzlars, deß Ritter-Stiffts zu St. Alban
Bey Mayntz Probstens rc. rc.
Erneuerte
Allmosen-Ordnung /
In Dero Residentz-Stadt Würtzburg
Im Jahr 1732.

WURTZBURG,
Gedruckt bey Heinrich Engmann, Hof-Buchdr. 1732.

Abb. 8: *Würzburger Almosenordnung von 1732 (Abb.: Bayerische Staatsbibliothek München, 4 Bavar. 3315o).*

---

[42] Günter Christ, Bettelwesen und Armenfürsorge im Hochstift Würzburg vor und unter Franz Ludwig von Erthal, in: Lothar Koch/Josef G. Stanzel (Hg.), Christliches Engagement in Gesellschaft und Politik. Beiträge der Kirchen zur Theorie und Praxis ihres Sozialauftrages im 19. und 20. Jahrhundert in Deutschland, Frankfurt a.M. 1979, S. 31–56; Renate Baumgärtel-Fleischmann (Hg.), Franz Ludwig von Erthal, Fürstbischof von Bamberg und Würzburg 1779–1795, Bamberg 1995; Eva Brinkschulte, Krankenhaus und Krankenkassen. Soziale und ökonomische Faktoren der Entstehung des modernen Krankenhauses im frühen 19. Jahrhundert. Die Beispiele Würzburg und Bamberg (Abhandlungen zur Geschichte der Medizin und der Naturwissenschaften 80), Husum 1998.

[43] Gesetzbüchlein zur Behandlung der Armen-Polizey auf dem Lande: das heißt: Verordnungen im Betreffe der Land-Armen-Polizey in dem Großherzogthume Würzburg [von Gottes Gnaden Franz Ludwig, Bischof zu Bamberg und Würzburg [...], Würzburg 1812.

Über die Aufgaben, Chancen und Missstände in den Spitälern bilanzierten ferner die in der Regel von den Spitalsmeistern überprüften jährlichen Insassen-, Rechnungs- und Steuerbücher. Dort wurde seit dem 15. Jahrhundert ein unablässig serieller Zahlenspiegel ausgebreitet, der auch frühe quantitative Analysen zulässt. Zu frühneuzeitlichen Hospiz-Rechnungen liegen bisher aber im weiten Feld europäischer Kulturgeschichte nur sehr vereinzelt kritische Editionen[44] vor. Fündiger wird man in der Gründungs-, Aus- und Aufbauzeit der Spitäler, wobei auch das 16. Jahrhundert für das Rechnungswesen noch als Frühzeit gilt.[45]

Das 1316 gegründete Würzburger Bürgerspital[46] (Abb. 9) ist diesbezüglich mit der durch Rüdiger Braun edierten ältesten Rechnung von 1495 und den von Hans-Wolfgang Bergerhausen bearbeiteten Quellen zur Spitalsgeschichte von 1500 bis 1650 vorbildlich bearbeitet.[47]

Die Tatsache fehlender bzw. früh angesetzter quantitativer Spitalsforschung bestätigt sich bei Recherchen im größten virtuellen Rechnungsarchiv, den Marburger *Computatio*-Seiten zu Rechnungen des späten Mittelalters und der frühen Neuzeit im deutschen Sprachraum.[48]

---

[44] Vgl. hierzu: Wolfgang Wüst, Rechnungsbücher und Governance: Zählen, Zahlen und Regieren in Spätmittelalter und Früher Neuzeit, in: Helmut Flachenecker / Janusz Tendecki (Hg.), Zahlen und Erinnerung. Von der Vielfalt der Rechnungsbücher und vergleichbarer Quellengattungen. Editionswissenschaftliches Kolloquium (Publikationen des Deutsch-Polnischen Gesprächskreises für Quelleneditionen 5), Toruń 2010, S. 225–250. Jüngere Editionen zur Rechnungsüberlieferung der Klöster und Stifte in Auswahl mit deutlich mittelalterlichem Zuschnitt: Bernhard Lübbers, Die ältesten Rechnungen des Klosters Aldersbach 1291–1373 / 1409. Analyse und Edition (Quellen und Erörterungen zur bayerischen Geschichte 46), Diss. Würzburg 2006, München 2009; Michael Toch, unter Mitarbeit von Vlatka Cicmic (Hg.), Die ältesten Rechnungsbücher des Klosters Scheyern 1339–1363 (Quellen und Erörterungen zur bayerischen Geschichte 36), München 2000; Susanne Fritsch, Die Küchenrechnungsbücher des Stiftes Klosterneuburg aus den Jahren 1324 bis 1336. Edition und Kommentar. Staatsprüfungsarbeit am Institut für Österreichische Geschichtsforschung, Wien 1995; Hektor Ammann, Das Kloster Salem in der Wirtschaft des ausgehenden Mittelalters, in: Zeitschrift für Geschichte des Oberrheins 110 (1962), S. 371–404 [mit Edition der Messerechnung für Nördlingen 1514, S. 399, und der Tucheinkäufe Salems 1489–1530, S. 400–404]. Günstiger sieht es dagegen im Bereich der oberdeutschen Handels-, Unternehmer- und Wirtschaftsgeschichte aus. Hier zuletzt: Peter Geffken / Mark Häberlein (Hg.), Rechnungsfragmente der Augsburger Welser-Gesellschaft (1496–1551). Oberdeutscher Fernhandel am Beginn der neuzeitlichen Weltwirtschaft (Deutsche Handelsakten des Mittelalters und der Neuzeit 22), Stuttgart 2014.

[45] In Auswahl jüngerer Editionsvorhaben: Ferdinand Kramer, Das älteste erhaltene Rechnungsbuch des Heilig-Geist-Spitals der Stadt Landsberg am Lech für das Rechnungsjahr 1531/32, in: Elisabeth Lukas-Götz / Ferdinand Kramer / Johannes Merz (Hg.), Quellen zur Verfassungs-, Sozial- und Wirtschaftsgeschichte bayerischer Städte in Spätmittelalter und Früher Neuzeit. Festgabe für Wilhelm Störmer zum 65. Geburtstag (Materialien zur bayerischen Landesgeschichte 11), München 1993, S. 17–45; Klaus Militzer, Das Markgröninger Heilig-Geist-Spital im Mittelalter. Ein Beitrag zur Wirtschaftsgeschichte des 15. Jahrhunderts (Vorträge und Forschungen, Sonderband 19), Sigmaringen 1975, darin: Edition der Rechnungen des Heilig-Geist-Spitals zu Markgröningen 1444–1449, S. 123–211.

[46] Rüdiger Braun / Hans-Peter Trenschel, Bürgerspital zum Hl. Geist Würzburg, Regensburg 2004 (2. Aufl.); Sybille Grübel / Robert Meier, Die Bürger und ihr Spital. Aspekte aus der Geschichte des Bürgerspitals in Würzburg. Ausstellung im Bürgerspital Würzburg des Stadtarchivs Würzburg, Juni 2006 (Kleine Reihe des Stadtarchivs Würzburg 29), Würzburg 2006.

[47] Rüdiger Braun, Die älteste Rechnung des Bürgerspitals von 1495 (Schriften des Stadtarchivs Würzburg Heft 15), Würzburg 2005. Vgl. zu den Quellen des Bürgerspitals ders., Frühe Urkunden des Spitals vor dem Hauger Tor (Bürgerspital) in Würzburg (Schriften des Stadtarchivs Würzburg 14), Würzburg 2000; Bergerhausen (Bearb.), Quellen 1500–1650 (wie Anm. 25).

[48] Das umfassende Rechercheportal wird leider seit 2010 nicht mehr aktualisiert; URL: http://online-media.uni-marburg.de/ma_geschichte/computatio/welcome.html (letzter Zugriff: 01.06.2015).

Abb. 9: *Arkadenhof des Würzburgr Bürgerspitals (Foto: Bürgerspital Würzburg).*

2. Une histoire totale des hôpitaux?

Die unterschiedlichen Ansätze und Schwerpunkte führten aber vor Ort selten zu einer *histoire totale d'hôpital* im Sinne einer integrativen, transdisziplinär angelegten Spitalsgeschichte, obwohl der vielfach gelobte Quellenreichtum[49] zur Spitalsentwicklung – sofern er nicht durch Kriegs-, Feuer- oder Verwaltungseinflüsse nachträglich dezimiert oder gar vernichtet wurde – das Rüstzeug auch für breit angelegte Grundlagenforschungen bietet. Diese günstigen Voraussetzungen im Generellen bedeuten aber keineswegs, dass wir auch im Speziellen oder im Regionalen mit dem Stand der Spitalsforschung stets zufrieden sein könnten.

Das macht auch vergleichende Resümees, wie sie seit 2007 von Gisela Drossbach, François-Olivier Touati und Thomas Frank zum Thema *Hospitäler in Mittelalter und Früher Neuzeit*[50] vorliegen, zu einer Herausforderung, die zwangsläufig regionale und städtische Ansätze nur grob skizzieren kann. Spitalsforschung weist grundsätzlich ein sehr breites Thementableau auf, womit vor Ort aber bisweilen allenfalls Aspekte einer europäischen Institution näher untersucht wurden. Ein Blick über die bayerischen Grenzen hilft hier weiter.

[49] Kuno Ulshöfer, Regesten der Urkunden des Hospitals zum Heiligen Geist in der Reichsstadt Hall bis 1480 (Forschungen aus Württembergisch Franken 24), Sigmaringen 1998; Diefenbacher (Bearb.), Das älteste Urbar (wie Anm. 12).

[50] Gisela Drossbach (Hg.), Hospitäler in Mittelalter und Früher Neuzeit = Hôpitaux au moyen âge et au Temps modernes. Frankreich, Deutschland und Italien. Eine vergleichende Geschichte (Pariser Historische Studien 75), München 2007.

Die Publikationstitel aus der Spitalsforschung sind so ausdifferenziert wie in kaum einem anderen Genre. Hier einige Leseproben zu den Rechnungsbeständen der Spitäler aus jüngerer Zeit: „Alltag und Fest. Nahrungsgewohnheiten im Magdalenenhospital in Münster 1558–1635“[51], „Die Dingung des Gesindes in der Reichsstadt Speyer. Aus den Rechnungen des Spitals St. Georg (1514–1790)“[52], „Weinverkauf des Heilig-Geist-Spitals Bozen im 16., 17. und 18. Jahrhundert“[53], „Bäuerliches Kulturgut in Perchtoldsdorfer Spital- und Kirchmeisterrechnungsbüchern 1495 bis 1539“[54] oder „Demographische Krisenjahre zwischen 1745 und 1765 im Spiegel der Rechnungsbücher des St. Rochus-Spitals Mainz“.[55]

3. Spitalsbesitz im Spiegel „guter“ Policey

Weitgehend unbeachtet blieb bisher in der Spitalsforschung, dass die großen städtischen Hospize über ihren ausgedehnten Landbesitz zunehmend Territorialbildung betrieben. Spitäler entwickelten sich zu bedeutenden spätmittelalterlichen und frühneuzeitlichen Herrschaftsbildnern. Stets blieb dabei eine administrative Verbindung zum Spital selbst bestehen. Die Spitalspfleger blieben eingebunden in das Geschehen der Landämter. Im Augsburger Heilig-Geist-Spital handhabte man noch 1764 wiederholte Vergehen bei Gotteslästerung unter Jugendlichen wie folgt. Wenn ein Sündiger „sich wiederhohlter verfehlet, [soll er] etliche taeg und naecht in stock mit haenden und fuessen gelegt, auch mit wasser und brod gespeiset, und falls er zum dritten und mehrmalen in diesem laster betretten wuerde, denen herren spital-pflegern zur straf angezeigt, und bis auf derselben fernere verordnung geschlossen und eingekerkeret werden.“[56]

Auf der anderen Seite verhalf die Landnahme der Spitäler den Städten, eigene Interessen zu verfolgen. Der Kommunalisierung des Spitalbesitzes folgte die Arrondierung des reichsstädtischen Landbesitzes; älterer Spitalsbesitz wurde bisweilen in die reichsstädtischen Landämter inkludiert. Spitälern wiederum gelang es zuvor nicht immer und überall, den aus frühen Schenkungen, Erbschaften und Güterzukäufen stammenden Streubesitz zu bündeln. Spitäler wirkten nach außen, um hunderte von Einzelgütern als ökonomisches Rück-

51 Barbara Krug-Richter, Alltag und Fest. Nahrungsgewohnheiten im Magdalenenhospital in Münster 1558–1635, in: Trude Ehlert (Hg.), Haushalt und Familie in Mittelalter und früher Neuzeit. Vorträge eines interdisziplinären Symposions vom 6.–9. Juni 1990 an der Rheinischen Friedrich-Wilhelms-Universität Bonn, Sigmaringen 1991, S. 71–90.

52 Wolfgang Kleinschmidt, Die Dingung des Gesindes in der Reichsstadt Speyer. Aus den Rechnungen des Spitals St. Georg (1514–1790), in: Rheinisch-westfälische Zeitschrift für Volkskunde 46 (2001), S. 199–211.

53 Schneider, Weinverkauf (wie Anm. 8).

54 Helga Holubec, Bäuerliches Kulturgut in Perchtoldsdorfer Spital- und Kirchmeisterrechnungsbüchern 1495 bis 1539, Diss. phil., Wien 1965.

55 Felicitas Griep, Demographische Krisenjahre zwischen 1745 und 1765 im Spiegel der Rechnungsbücher des St. Rochus-Spitals Mainz, Diss. phil. (Maschinenschrift), Mainz 1979.

56 Wolfgang Wüst (Hg.), Die „gute“ Policey im Schwäbischen Reichskreis unter besonderer Berücksichtigung Bayerisch-Schwabens (Die „gute“ Policey im Reichskreis 1), Berlin 2001, S. 207–259, hier S. 216.

grat in der Leistungsbilanz einer kostensparenden, effizienten Gerichtsverwaltung zu unterstellen. Von der Spitalsverwaltung waren dann Land- und Stadtbeamte zu bestellen, die wie im Falle der Reichsstadt Augsburg entweder aus den Gemeinden gewählt oder von der Spitalsleitung eingesetzt wurden. Jedenfalls mussten die Gerichtsleute „guten, frommen, bescheidenen leymuths, ziemlichen alters, und erfahrenheit seyn".[57]

Streng ging man vor, um die einmal geschaffene Ordnung stabil zu halten. Als die Augsburger Spitalsverwaltung 1764 eine neue Steuerverordnung drucken ließ, war diese erneuerte spitalische Taxordnung „d.d. 20ten novembris 1764. zu eines jeden wissenschaft angemerkt worden. Dahero solche Taxordnung entweder an jeder amt-stuben thuer offentlich angeheftet, oder wo sie wind und wetters halben schaden zu befahren haette, in der amtstuben selbsten zu jeder parthey erlaubter einsicht" auszuliegen hatte.[58] Selbstverständlich waren die Untertanen und Pfründner in den Spitalsämtern auch zu einem gottesfürchtigen Leben angehalten.

In Würzburg durfte man seit 1584 das Bürgerspital auch ohne Genehmigung verlassen, um die städtischen Gottesdienste zu besuchen und um dort die Predigt zu hören: „Welche aber ahn einem Sontag oder inn der Fasten zur predig gehen will, das mag ohn vrlaub gehen, doch so man die Laudes leütet, außzugehenn vnnd nach der predig von stundt ann widerumb im Spital sein."[59] Sonn- und Feiertage waren zu heiligen. Alkohol, ständiger Wirtshausbesuch und Spiel waren stets Vorboten eines schlechten Regiments. Sie zerrütteten die öffentliche und private Wohlfahrt, das war im Ergebnis auch aus den Krankheits- und Suchtsymptomen vieler Spitalsinsassen herauszulesen.

Für die Augsburger Zucht- und Policeyordnung hieß es 1764: „Viel weniger ist jemanden unbestraft hingehen zu lassen, daß man sich an solchen sonn- und feyertaegen, sonderheitlich waehrendem gottesdienst in die wuerths- oder andere dergleichen haeuser begebe, und daselbst mit uebermaeßigen trinken, verdaechtigen umgang und ungebuehrlichen, ja suendhaften reden, oder durch gewinnsuechtiges spielen die zeit verliere, darueber man gemeiniglich nicht nur in worthwechslung, zank, und schlaeghaendel zerfaellt, und am ende allerhand boßheiten ausuebet, sondern auch durch unnutzliche verschwendung eines mehreren, als gewonnen, und zu eigener auch weiber, kinder und dienstboten noethiger unterhaltung gebrauchet wird [...]".[60]

Und Julius Echter von Mespelbrunn drohte 1579 für Stadt und Hochstift Würzburg bei Nachlässigkeiten im Andachts- und Kirchgang ebenfalls mit harten Strafen: „Hiemit [sei] gnaͤdig und vaͤtterlich erinnert und vermahnet, auch daneben hiemit ernstlich befohlen und gebothen haben, daß sie [die Würzburger] die heiligen Sonntaͤge, auch andere Fest- und Feyertaͤge, wie dieselbigen durchs Jahr in der christlichen Kirche gebothen, verordnet, hergebracht, und von eines jeden Orts Pfarrherrn verkuͤndiget werden, mit Fasten und Feyern halten und heiligen, die heilsame Predigt goͤttliches Worts fleißig

---

[57] Wüst (Hg.), Die „gute" Policey im Schwäbischen Reichskreis (wie Anm. 56), S. 210.
[58] Ebd., S. 213.
[59] Stadtarchiv Würzburg, Bürgerspital (BSP), II/7, fol. 11r.
[60] Wüst, Armut und Besitz (wie Anm. 14), S. 214; ders. (Hg.), Die „gute" Policey im Schwäbischen Reichskreis (wie Anm. 56), S. 215.

hoͤren, auch die goͤttlichen Aemter und andere wahre Gottesdienste bey ihren ordentlichen Pfarrherren besuchen, und dieselben mit rechter Andacht und Innigkeit verrichten, und also fuͤrter sich nicht, wie bisher mit großer Leichtfertigkeit geschehen, unter den goͤttlichen Aemtern und Predigt, anderen gutherzigen Christen zur Aergerniß, auf den Maͤrkten, offenen Plaͤtzen, Gassen oder Wirtshaͤusern mit unnuͤtzem Geschwaͤtz befinden lassen [...].“[61]

3.1 Die Haus- und Arbeitsordnung für die armen Pfründner im Würzburger Bürgerspitals von 1584 – Eine Edition

„Ordtnung[62]. [Abb. 10]

Weß sich die Armen Pfründtner vndenn in dem **Spitall** verhalten sollen, *ut sequitur*[63] etc. *Anno*[64] 1584./

Zum Ersten, so man das Aue[65] Maria morgents früe im **Spitall** leütet, soll ain jedes auffstehen in die Kirchen gehen, vnd zum wenigsten ein stundt darinen betten, vnd Gott bitten für alle die, so hilff vnd steuer an dißes **Spitall** geraicht vnd gethan haben, vnd so man meß singet, oder list, auch zur Vesper Zeit oder zum Salue[66], ain j[e]des darbeÿ pleiben nach seinem vermögen/

Zum Andern, so man vber tisch sitzt, soll einn jegkliches nach dem eßßen ein Pater Noster, vnd Aue Maria sprechen vnd soll sich auch ober dem tisch züechtig mit wortten vnd wercken halten, auch ob dem tisch pleiben biß man gesßen hatt./

Zum Dritten, so es nach mittag dreÿ schlecht, soll ein jegkliches von stundt an in die kirchen zu gehen geschickht sein, daselbsten ein stundt oder biß man das tisch klöcklein leüttet, betten./

Zum Virten, soll ein j[e]des mit dem es vermag zugreüffenn, vnd sonderlich den armen leütten dienen, vnd ihr pflegen, mit betten, legen, heben, wachen

---

[61] Wolfgang Wüst (Hg.), Die „*gute*“ Policey im Reichskreis. Zur frühmodernen Normensetzung in den Kernregionen des Alten Reiches, Bd. 6: Policeyordnungen in den fränkischen Hochstiften Bamberg, Eichstätt und Würzburg. Ein Quellenwerk, Erlangen 2013, S. 81f.

[62] Quellennachweis: Stadtarchiv Würzburg, Bürgerspital (BSP), II/7, fol. 10r–12v (Altsignatur: Lad. Nr. 83, lit. kk.).
Die überlieferte Ordnung von 1584 ist, laut Wolfgang Bergerhausen, inhaltlich, aber nicht sprachlich identisch mit den ältesten Hausordnungen von 1541 und 1555 (Universitätsbibliothek Würzburg, M.ch.f. 634/2, fol. 86r–88v), die im Auftrag der Spitalpfleger Hans Büetner und Valten Kern aufgeschrieben wurden. Die Vorlagen dieser älteren Ordnungen sind aber vor allem wegen fehlender Textteile (wurmstichig) für eine Edition ungeeignet. – Die hier wiedergegebene Version von 1584 wurde ohne Textabbildungen 2014 erstmals kritisch, aber nicht fehlerfrei und buchstabengetreu ediert von: Bergerhausen (Bearb.), Quellen 1500–1650 (wie Anm. 25) S. 3–6.
Die vorgenommene Edition folgt der originären Handschrift. Die uneinheitliche Groß- und Kleinschreibung wurde aber verändert, um Namen, Nummerierungen, Personen, Begriffe und christliche Symbole in Großschrift zu kennzeichnen. Bei Worttrennung und Zeichensetzung wurden zum besseren Leseverständnis kleine Modifikationen vorgenommen. Seitenwechsel wird mit Doppel-Slash (//) und entsprechender Blattzählung in eckiger Klammer, Artikelwechsel mit einfachem Slash signalisiert. Fettschrift steht für Würzburger Institutionen. Kursivschrift steht für lateinische Schriftpassagen.

[63] Wie folgt.

[64] Von jüngerer Hand ergänzt.

[65] Ave.

[66] Salve.

vnd anderm behülfflich sein, dieweil niemandts waiß wann ihme solches auch vonn nötten sein würdet.// [10v]

Zum Fünfften welches zanckh, hader, krieg oder vnwillen vnder anderm erregt, mit lugen straffen, oder andern haderischen wortten, solchem allen wer die ßindt, soll der **Spittalmeister** beÿ seiner pflicht inn treÿen tagen[67] kein wein geben, vnd ob sie ßich dessen nicht achteten vnd noch nicht gehorsamb sein würden, als dann soll man sie straffen mit dem esßen, hilfft es aber noch nit, so soll man sie aus dem **Spitall** treiben./

Zum Sechsten, was man ainem jeden in disem Spitall gibt, es seÿ wein, brodt, speiß, klaider, wie das namen hatt, daruon soll ihr keins gahr nichts hinaus geben, auch hirinnen im **Spitall** nichts vnnützlich wider die Ordtnung anwenden. Woe man aber wahrlichen weis vnnd innen würdt, das jemandts dem **Spitall** abtrug, hinweckh gebe oder austrüge ohne erlaubtnus, der soll auch außgetriben werden./

Zum Siebenden, welches in das **Spitall** eingenommen würdt, das soll dem Spitalmeister offenbaren, was es habe vnnd ob es todts halebenn abgieng oder im **Spitall** nicht bleiben wolt, soll es alles im **Spitall** bleiben, das mit ihme ins **Spitall** bracht hat./

Zum Achten, soll nimandts kein clag ausserhalb des **Spitals** fürbringen, angeben oder sich hören lassen ohne wissen des **Spitalmaisters,** außgenommen denen verordtneten **SpitalPflegern** mögen sie ihre gebrechen vnnd mängel fürbringen vnnd clagen.// [11r]

Zum Neündten, soll nimandts nichts waschen oder spinnen ohne erlaubtnus vnnd so das **Spital** zu spinnen hat, so gibt man von 1 lb. flachs 5 d[enarii] vnnd von 1 lb. werckh 3 d[enarii]./

Zum Zehendten, soll keins aus dem **Spitall** gehen ohne erlaubtnus des Spitalmeisters oder der **Frawen,** vnnd so sie vrlaub nehmen außzugehen, so sollen sie alsbaldenn vnnd im angesicht des Spitalmaisters oder der **Frawen** außgehen, welche aber ahn ainem Sontag oder inn der Fasten zur predig gehen will, das mag ohn vrlaub gehen, doch so man die Laudes leütet, außzugehenn, vnnd nach der predig von stundt ann widerumb im **Spital** sein./

Verzaichnus der arbaÿt so die Armen Pfründtner vnd Pfründtnerin des **Hauger Spittals** zu thun schuldig sinndt etc.

Manns arbaith

Hew vnnd grummets[68] dürr zu machen, hew vnnd grummets abladen vnd legen, obs abbrechen, der baüm im gartten warten, kalch vnd ziegel abladen, vff ein orth setzen, buttern außrüren, holtz legen, auch ableden; im **Vlmer Hoff,** deß gleichen im **Spitall** allerlaÿ was von nötten ist, auffraumen vnd helffen kehren,// [11v] kornn dem müller inn die **Mühl** fasßenn, denn armen, so das **Spitall** claidet, die schuech zu flicken, melb[69] außm **Vllmer Hoff** ins **Backhaus** zu tragen, auch wasser vnnd holtz. Stuepffen zum kraudt machen, kraudt schneiden, fuedter für die pferdt geben, beÿ dem bütner im **Vllmer Hoff** sein

[67] An drei Tagen.
[68] Grummet ist der zweite oder dritte Grasschnitt.
[69] Mehl.

vnnd vff den wein achtung habenn, bandt lehsen, auch bütten bandt schleißen, putten, kübel geldten zubindten. Vber feldt nach schulden zu gehen, die güldt bauern mahnen, vnnd zinns eintreiben./

Weiber arbaith

Hew vnnd grummets dürr zu machen, hew vnnd grummeth legen, obs aus dem garten vffn boden oder kellern zu tragen, buttern außrüren, dasselbig außlesen vnd warten, holtz tragen. Das **Spital** vnd den **Vlmer Hoff** kehren, gelbe vnd weise rüeben das kreütig abschneiden vnd inn keller tragen. Kraudt, rüeben, zwibel außleßen vnd wartten, gartten pflantzen, zihren vnnd jeedten[70], brodt tragenn. Gennß[71] beraiffen, vnd die federn zum bethen bewahren.// [12r] Arbesßen[72], linßen, vnd gersten leesen; kraut bladten, leesen waschen vnd scharben. Obs, rüben scheln[73] vnd schneiden, der kranckhen persohnen pflegen vnd warten, seckh[74] machen vnnd beßern[75], auch brodt tüecher, beÿlacher[76], handtswelln machen, bethziechen vnd alles das vonnötten ist zu bessern./

Doch mit vorbehaltung einnem erbarn rath alhie zu Würtzburgh solches zu enndern, mindern vnnd meeren.

Anno millesimo quingentesimo octuagesimo quarto."

---

70 Unkraut jäten.
71 Gänse.
72 Erbsen.
73 Schälen.
74 Säcke.
75 Ausbessern.
76 Betten-Beilager.

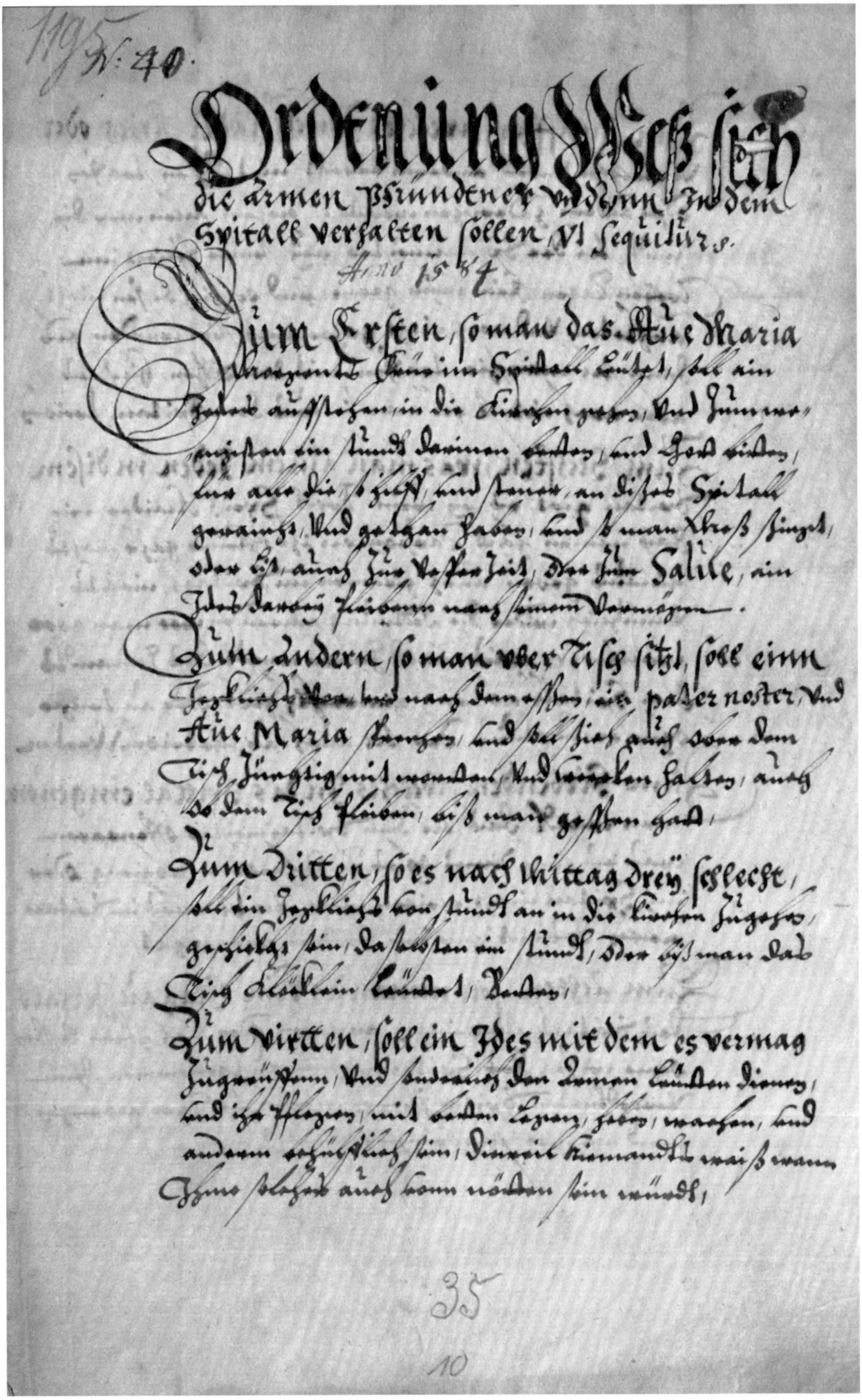

Abb. 10: *Würzburger Spitalordnung von 1584, fol. 10r (Abb.: Stadtarchiv Würzburg, Bürgerspital, II/7).*

Brennpunkte der Stadtgeschichte und die bürgerliche Spitalgründung im 14. Jahrhundert

Markus Frankl

„Geratslagt, hern Heinrich Schotten narren bruders seligen gelassen hab und gelt demselben narren fur ein pfrund in das spital zu nehmen“[1] – so lautet ein Eintrag in den Würzburger Ratsprotokollen vom 29. Juni 1465 über den Ratsbeschluss über die Aufnahme eines neuen Pfründners in das Würzburger Bürgerspital, zu einer Zeit also, in der über ein Jahrhundert zuvor die Kommunalisierung Einzug in die Stiftung gehalten hatte und nun der städtische Rat über die Spitalgeschicke zu entscheiden hatte. Der Weg von der Vorgeschichte über die Spitalgründung sowie die ersten grundlegenden Stationen des Würzburger Bürgerspitals bis hin zu eben dieser Kommunalisierung um die Mitte des 14. Jahrhunderts sollen den Gegenstand der nun folgenden Untersuchung bilden.

Dabei sollen erstens die schon länger selbstbewusst aufstrebende Würzburger Bürgerschaft im Konflikt mit ihrem geistlichen Stadtherrn ebenso zur Sprache kommen wie zweitens die verfahrene Situation während des Schismas und der Sedisvakanz in der Domstadt während des frühen 14. Jahrhunderts. Im hohen und späten Mittelalter gab es in Würzburg also reichlich „Baustellen“ – und damit sind gewiss nicht nur solche wie der Abbruch des Spitals bei St. Stephan und der Bau des Klosters St. Afra Mitte des 12. Jahrhunderts gemeint, die im Domkapitel-Exemplar der Bischofschronik des Lorenz Fries aus der Feder des Hofmalers Martin Seger überliefert wurden[2], sondern vielmehr die verschiedenen Konflikt- und Spannungsfelder dieser unruhigen Zeit um 1300. Selbstverständlich sollen in einem dritten Abschnitt auch die zentralen Schritte der Spitalgründung und deren Bedeutung ins Gedächtnis gerufen werden. Diese lassen sich bestens anhand des den Zweiten Weltkrieg unversehrt überstandenen, heute im Stadtarchiv Würzburg erhaltenen und digitalisierten Urkundenbestands aus dem Bürgerspital rekonstruieren.[3] Grundlegende Untersuchungen zum Spital bzw. dessen Gründungsgeschichte haben Hans-Wolfgang Bergerhausen, der zuletzt auch die Spitalakten von 1500 bis 1650

---

1 Stadtarchiv Würzburg, Ratsprotokolle 5, fol. 66r (neue Foliierung).

2 Original Stadtarchiv Würzburg, Würzburger Ratsbuch 412, fol. 84v. Eine Abbildung mit Bildbeschreibung und Erklärungen findet sich in: Lorenz Fries. Chronik der Bischöfe von Würzburg 742–1495, Bd. VI: Die Miniaturen der Bischofschronik, hg. von Ulrich Wagner / Walter Ziegler, mit Beiträgen von Hans-Peter Baum u. a. (Fontes Herbipolenses. Editionen und Studien aus dem Stadtarchiv Würzburg VI), Würzburg 1996, Nr. 40, S. 67.

3 Online verfügbar mit hervorragendem Bildmaterial unter URL: http://monasterium.net/mom/DE-StaAWuerzburg/Buergerspital/fond (letzter Zugriff: 23.05.2017). Zu den Urkunden des Bürgerspitals vgl. auch Ekhard Schöffler (Bearb.), Urkundenbuch des Bürgerspitals Würzburg 1300–1499 (Fontes Herbipolenses. Editionen und Studien aus dem Stadtarchiv Würzburg VII), Würzburg 1994 und Rüdiger Braun, Frühe Urkunden des Spitals vor dem Hauger Tor (Bürgerspital) in Würzburg (Schriften des Stadtarchivs Würzburg 14), Würzburg 2000.

bearbeitet hat[4], und Rüdiger Braun[5] sowie Sybille Grübel[6], die auch das Archiv des Bürgerspitals im Stadtarchiv Würzburg verwaltet, und Robert Meier[7] vorgelegt, die auch in den folgenden Ausführungen zur Gründungs- und Frühzeit der Stiftung herangezogen werden.

1. Das Streben nach bürgerlicher Freiheit im 13. und frühen 14. Jahrhundert

Die Würzburger Bürgerschaft sah sich seit Beginn des Spätmittelalters – ab etwa Mitte des 13. Jahrhunderts – permanent einem geistlichen Oberhaupt gegenüber, das über immense weltliche Machtbefugnisse verfügte, die größtenteils noch aus der älteren Vergangenheit hergeleitet wurden. Dazu gehört beispielsweise die Stauferzeit, in der es den Würzburger Bischöfen durch bestimmte königliche Privilegien gelang, ihre Vormachtstellung gegenüber auswärtigen Mächten und auch gegenüber der Stadt zu sichern.[8] So zierte als Ausdruck eines gewissen herzoglichen Selbstbewusstseins nach dem Erlöschen der Staufer als Königsdynastie seit 1268 der Spruch „Herbipolis sola iudicat ense et stola“ (Würzburg allein urteilt mit Schwert und Stola) das Siegel Bischof Bertholds von Henneberg (1267–1274).[9] Die Auseinandersetzungen der Stadt mit ihrem geistlichen Herrn begannen allerdings schon viel früher, genauer gesagt im 11. Jahrhundert, während der Zeit des Investiturstreits.[10] Die vom Kirchen-

4 Hans-Wolfgang Bergerhausen, Ein Werk der Barmherzigkeit. Das Bürgerspital Zum Heiligen Geist in Würzburg im Spätmittelalter und in der Frühen Neuzeit, in: Jahrbuch für fränkische Landesforschung 75 (2015), S. 53–72 und ders. (Bearb.), Quellen zur Geschichte des Bürgerspitals Würzburg 1500–1650, hg. von Ulrich Wagner (Fontes Herbipolenses. Editionen und Studien aus dem Stadtarchiv Würzburg VIII), Würzburg 2014.

5 Aus der Vielzahl seiner einschlägigen Abhandlungen zur Spitalgeschichte sei hier nur die jüngste genannt: Rüdiger Braun, Die Gründung des Neuen Spitals (Bürgerspitals) in Würzburg vor 700 Jahren, in: Würzburger Diözesangeschichtsblätter 78 (2015), S. 253–319.

6 Sybille Grübel / Robert Meier, Die Bürger und ihr Spital. Aspekte aus der Geschichte des Bürgerspitals in Würzburg (Stadtarchiv Würzburg, Kleine Reihe 29), Würzburg 2006.

7 Robert Meier, Geschichte des Bürgerspitals, in: Ralf Frenzel (Hg.), Bürgerspital Würzburg, Wiesbaden 2016, S. 16–53.

8 Vgl. dazu zum Überblick Peter Herde, Würzburg im 12. Jahrhundert (ca. 1130–1250), in: Ulrich Wagner (Hg.), Geschichte der Stadt Würzburg, Bd. I: Von den Anfängen bis zum Ausbruch des Bauernkriegs, Stuttgart 2001, S. 74–86 sowie zuletzt Caspar Ehlers, Karolingisches Erbe in der Stauferzeit. Zwei Zentralorte am Main: Würzburg und Frankfurt, in: Markus Frankl / Martina Hartmann in Verbindung mit Dorothea Klein (Hg.), Herbipolis. Studien zu Stadt und Hochstift Würzburg in Spätmittelalter und Früher Neuzeit (Publikationen aus dem Kolleg ‚Mittelalter und Frühe Neuzeit‘ 1), Würzburg 2015, S. 59–76, bes. S. 65–72.

9 Vgl. dazu Frank Uhrmann, Das Herzogsschwert der Fürstbischöfe von Würzburg. Studien zum Bedeutungswandel und zur Rezeptionsgeschichte vom Mittelalter bis zur Gegenwart (Mainfränkische Studien 76), Würzburg 2007, S. 15; Alfred Wendehorst (Bearb.), Das Bistum Würzburg, Teil 2: Die Bischofsreihe von 1254 bis 1455 (Germania Sacra, Neue Folge 4. Die Bistümer der Kirchenprovinz Mainz 2), Berlin / New York 1969, S. 19, mit einer Aufzählung noch vorhandener Originalsiegel sowie ausführlich Theobald Freudenberger, Herbipolis sola iudicat ense et stola. „Dem Bischof von Würzburg allein steht Schwert und Stola zu“. Untersuchungen zum mittelalterlichen Siegelwahlspruch sowie zur Herzogs- und Bischofswürde, in: Würzburger Diözesangeschichtsblätter 51 (1989), S. 501–513.

10 Zu Würzburg während der Zeit des Investiturstreits vgl. Irmgard Höß, Zur Stellung Frankens im Investiturstreit unter besonderer Berücksichtigung Würzburgs, in: Mainfränkisches Jahr-

bann getroffene Stadt verweigerte ihrem Bischof den Einlass, woraufhin der Gegenkönig Rudolf von Rheinfelden die Stadt ca. einen Monat belagerte.[11] Erste größere, mit Waffengewalt ausgetragene Konflikte zwischen der nach Unabhängigkeit strebenden Stadt und dem geistlichen Landesherren ergaben sich dann schließlich gegen Ende der langen Amtszeit Bischof Hermanns von Lobdeburg (1225–1254).[12] Der langjährige Bischof wechselte von Seiten des Stauferkaisers Friedrich II. auf die des Papstes und des unweit Würzburgs in Veitshöchheim am 22. Mai 1246 im Beisein des Würzburger Ordinarius gewählten Gegenkönigs Heinrich Raspe (1246–1247)[13]; in der Folge kam es zu gewalttätigen Auseinandersetzungen, aufgrund derer Papst Innozenz IV. (1243–1254) auf päpstliche Gerichtsrechte gegenüber der Würzburger Geistlichkeit verzichten musste.[14] Am 24. Oktober 1248 überfielen Würzburger Bürger sogar die Domkirchweihprozession und misshandelten die mitlaufenden Domherren, woraufhin die Stadt mit dem Interdikt belegt wurde.[15]

Aus dieser Zeit um bzw. kurz nach 1250 stammt auch eine Begebenheit, die neben dem bischöflichen Protonotar Michael de Leone (* um 1300, † 1355) später auch vom Mergentheimer Chronisten Lorenz Fries (* 1491, † 1550) und in der Zimmer'schen Chronik in diesem Zusammenhang genannt wird: vorgewarnte bürgerliche Bewaffnete hätten zahlreiche bischöfliche Anhänger gefangengenommen, als der Ordinarius gewaltsam die Stadt unter seine Kontrolle bringen wollte. Es hätte auch Tote zu beklagen gegeben und einige Bischöfliche seien von der Alten Mainbrücke in den Fluss geworfen worden.[16] Auch

---

buch für Geschichte und Kunst 2 (1950), S. 303–315 und Alfred Wendehorst, Bischofssitz und königliche Stadt – Von der Karolingerzeit bis zum Wormser Konkordat, in: Ulrich Wagner (Hg.), Geschichte der Stadt Würzburg, Bd. I: Von den Anfängen bis zum Ausbruch des Bauernkriegs, Stuttgart 2001, S. 62–73, bes. S. 71–73.

11 Vgl. Klaus Arnold, Im Ringen um die bürgerliche Freiheit: Die Stadt Würzburg im späteren Mittelalter (ca. 1250–1400), in: Ulrich Wagner (Hg.), Geschichte der Stadt Würzburg, Bd. I: Von den Anfängen bis zum Ausbruch des Bauernkriegs, Stuttgart 2001, S. 94–109, hier S. 96.

12 Zu seiner Person vgl. Alfred Wendehorst (Bearb.), Das Bistum Würzburg, Teil 1: Die Bischofsreihe bis 1254 (Germania Sacra, Neue Folge 1. Die Bistümer der Kirchenprovinz Mainz 1), Berlin 1962, S. 211–226 sowie zusammenfassend Helmut Flachenecker, Hermann von Lobdeburg († 1254). 1225–1254 Bischof von Würzburg, in: Erwin Gatz (Hg.), Die Bischöfe des Heiligen Römischen Reiches 1198 bis 1448. Ein biographisches Lexikon, Berlin 2001, S. 887–889, mit Literatur.

13 Vgl. Lorenz Fries. Chronik der Bischöfe von Würzburg 742–1495, Bd. II: Von Embricho bis Albrecht III. von Heßberg (1127–1376), hg. von Ulrich Wagner/Walter Ziegler, bearb. von Christoph Bauer u.a. (Fontes Herbipolenses. Editionen und Studien aus dem Stadtarchiv Würzburg II), Würzburg 1994, S. 154f. und Wendehorst (Bearb.), Bischofsreihe bis 1254 (wie Anm. 12), S. 216. Zur Wahl in Veitshöchheim vgl. bes. Ulrich Reuling, Von Lyon nach Veitshöchheim. Die Wahl Heinrich Raspes zum „rex Romanorum" im Jahre 1246, in: Matthias Werner (Hg.), Heinrich Raspe – Landgraf von Thüringen und römischer König (1227–1247). Fürsten, König und Reich in spätstaufischer Zeit (Jenaer Beiträge zur Geschichte 3), Frankfurt a.M. 2003, S. 273–306.

14 Vgl. dazu Arnold, Ringen um die bürgerliche Freiheit (wie Anm. 11), S. 97 und Wendehorst (Bearb.), Bischofsreihe bis 1254 (wie Anm. 12), S. 216 und 221.

15 Vgl. dazu Arnold, Ringen um die bürgerliche Freiheit (wie Anm. 11), S. 97 und Enno Bünz, Stift Haug in Würzburg. Untersuchungen zur Geschichte eines fränkischen Kollegiatstiftes im Mittelalter, Teil 1 (Veröffentlichungen des Max-Planck-Instituts für Geschichte 128 = Studien zur Germania Sacra 20), Göttingen 1998, S. 381f.

16 Vgl. dazu Arnold, Ringen um die bürgerliche Freiheit (wie Anm. 11), S. 97. Zur Rezeption in der Historiographie vgl. Johann Friedrich Böhmer (Hg.), Fontes rerum Germanicarum. Geschichtsquellen Deutschlands, Bd. 1, Stuttgart 1843, S. 462 und Fries-Chronik, Bd. II (wie Anm. 13), S. 158–160.

der Bischof sei gefangengenommen worden und sollte die Festung ausliefern, wobei er hierfür gefesselt vor das Burgtor gebracht worden sei. Nur durch eine List sei der Bischof wieder freigekommen. Auch in der Folge sollte es immer wieder zu neuen Auseinandersetzungen kommen.[17]

Zwischen 1258 und 1265 flammten neue Konflikte mit dem Bischof auf, nachdem die Bürgerschaft nach und nach ihre Position stärken konnte. So gelang 1255 beispielsweise die Aufnahme in den bedeutenden, 59 Städte und Fürsten umfassenden Rheinischen Städtebund[18], der 1256 sogar in der Domstadt am Main zusammen mit dem Bischof getagt hat.[19] Im Jahr 1260 erlangten die Würzburger Bürger zwei päpstliche Privilegien, nach denen Alexander IV. (1254–1261) die Bürgerschaft begnadete, innerhalb der Stadt vom Interdikt befreit zu bleiben und vor kein Gericht außerhalb der Stadt gestellt zu werden.[20] Der Streit zwischen Bischof als Stadtherrn und Stadt sollte, wie so oft, durch einen Schiedsspruch vom 7. Oktober 1261 beendet werden.[21] Der 24 Mitglieder umfassende städtische Rat sollte fortan nicht ohne bischöfliche Zustimmung gewählt werden, ebenso keine Neubürger ohne bischöfliche Übereinstimmung aufgenommen werden.[22]

Trotz des Schiedsspruches sollten erneute Auseinandersetzungen nicht lange auf sich warten lassen. Schon 1265 nahm Bischof Iring Berthold von Henneberg, Konrad von Trimberg sowie Kraft und Konrad von Hohenlohe in seine Dienste, um sich gegen die Bürgerschaft zu schützen.[23] Kein geringerer als der bedeutende Geistliche und dominikanische Gelehrte und Mitbegründer der Scholastik, Albertus Magnus (* 1193, † 1280), war zu dieser Zeit in die Vorgänge in Würzburg in einer Vermittlerrolle involviert und hielt sich ab 1264 für etwa drei Jahre in der Stadt auf.[24] Am 26. August 1265 wurden die Bestimmungen für die Würzburger Bürger noch restriktiver als diejenigen vier Jahre zuvor, denn nun wurde auch die Einführung von Zünften von der Zustimmung des Bischofs abhängig gemacht. Rat und Bürgermeister hingen völlig vom bischöf-

---

[17] Zu den darauffolgenden Auseinandersetzungen vgl. zusammenfassend Arnold, Ringen um die bürgerliche Freiheit (wie Anm. 11), S. 97f., mit weiterführender Literatur in den zugehörigen Anmerkungen auf S. 594.

[18] Zum Rheinischen Städtebund vgl. überblicksartig Bernhard Kreutz, Rheinische Städtebünde (13./14. Jahrhundert), publiziert am 06.07.2009; in: Historisches Lexikon Bayerns, URL: http://www.historisches-lexikon-bayerns.de/Lexikon/Rheinische_Städtebünde_(13./14._Jahrhundert) (letzter Zugriff: 07.08.2017), mit weiterführender Literatur.

[19] Zur Aufnahme Würzburgs in den Städtebund und den Tag zu Würzburg vgl. Wendehorst (Bearb.), Bischofsreihe von 1254 bis 1455 (wie Anm. 9), S. 5f. und Erich Bielfeldt, Der Rheinische Bund von 1254. Ein erster Versuch einer Reichsreform, Berlin 1937, S. 78–80.

[20] Vgl. dazu Arnold, Ringen um die bürgerliche Freiheit (wie Anm. 11), S. 98.

[21] Vgl. Fries-Chronik, Bd. II (wie Anm. 13), S. 165–167, zum Schiedsspruch S. 167 Anm. 33. Der Spruch ist überliefert in Staatsarchiv Würzburg, Würzburger Urkunden 240 [26/101].

[22] Zur Verfassungsentwicklung der Stadt Würzburg im 13. Jahrhundert vgl. Winfried Schich, Würzburg im Mittelalter. Studien zum Verhältnis von Topographie und Bevölkerungsstruktur (Städteforschung A,3), Köln/Wien 1977, S. 212–216, zum Streben der Bürgerschaft nach Selbstverwaltung und dem Schiedsvertrag von 1261 und dessen Auswirkungen bes. S. 214f.

[23] Vgl. Arnold, Ringen um die bürgerliche Freiheit (wie Anm. 11), S. 98; Wendehorst (Bearb.), Bischofsreihe von 1254 bis 1455 (wie Anm. 9), S. 7 und Fries-Chronik, Bd. II (wie Anm. 13), S. 169f.

[24] Zu Albertus Magnus in Würzburg vgl. Ludwig K. Walter, Bildung – Universität – Theologie in Würzburg. Geschichte der Theologischen Fakultät in Würzburg. Die Graduierten der Theologischen Fakultät Würzburg, Würzburg 2010, S. 26 und Wendehorst (Bearb.), Bischofsreihe von 1254 bis 1455 (wie Anm. 9), S. 7, mit weiterführender Literatur.

lichen Willen ab, zuletzt mussten Stadtschlüssel und Stadtsiegel auf Gnade an den Bischof ausgeliefert werden. Der Zorn der Bürger entlud sich schließlich in der Plünderung von Domherrnhöfen.[25]

Nach Bischof Irings Tod im Jahr 1265 folgte eine Sedisvakanz, während der es am 8. August 1266 nahe Kitzingen zu einem Aufeinandertreffen zwischen den beiden Konfliktpartnern mit Waffengewalt gekommen ist[26], wobei hier die Rolle der Bürgerschaft nicht eindeutig geklärt werden kann. Sieger des Scharmützels war jedenfalls der spätere Ordinarius Berthold von Sternberg (1271–1287).[27] Berthold II. von Sternberg, der zunächst die Zünfte in der Stadt aufgelöst hatte, nahm diese Maßnahme am 17. März 1279 wieder zurück, weil ein erstes Miteinander zu erkennen war: Mitglieder der städtischen Zünfte halfen ihm bei der Eroberung der Burg Thüngen. Der Bischof erneuerte daraufhin auch ihre Rechte, verbot sie allerdings erneut am 11. August des gleichen Jahres. Streitigkeiten um bürgerliche Freiheiten, den städtischen Rat und die Zünfte und kurzfristige Beilegungen begleiteten auch die nächsten beiden Dekaden.[28] Mitunter waren diese Zusammenstöße auch mit körperlicher Gewalt und durchaus gravierenden Zerstörungen von Eigentum auf beiden Seiten verbunden.

Für das Pontifikat Bischof Manegolds (1287–1303)[29] wiederholten sich laut Klaus Arnold „der Wortlaut der zur Beilegung der permanenten Streitigkeiten ausgestellten Urkunden in beinahe ermüdender Weise“[30], ehe eine Urkunde vom 11. August 1296 die Lage eskalieren ließ, nach der sich Manegold mit König Adolf von Nassau gegen die Würzburger Bürger verbunden hatte. Am 13. Dezember folgte eine weitere Urkunde, durch die der amtierende städtische Rat durch einen früheren abgelöst wurde, da der Bischof den amtierenden nicht bestätigt hatte.[31] Ein Sturm brach los und richtete sich vor allem gegen die Stadthöfe der Zisterzienser.[32] Da die Bürger mit dem Naturalienreichtum der Stadthöfe nicht konkurrieren konnten, wurden die eingeführten Pro-

---

[25] Vgl. dazu Arnold, Ringen um die bürgerliche Freiheit (wie Anm. 11), S. 98.

[26] Zu der bewaffneten Auseinandersetzung vgl. Gerd Zimmermann, Die Cyriacus-Schlacht bei Kitzingen (08.08.1266) in Tradition und Forschung, in: Jahrbuch für fränkische Landesforschung 27 (1967), S. 417–425, zusammenfassend Arnold, Ringen um die bürgerliche Freiheit (wie Anm. 11), S. 98.

[27] Zu seiner Person vgl. Wendehorst (Bearb.), Bischofsreihe von 1254 bis 1455 (wie Anm. 9), S. 20–28 und zusammenfassend Helmut Flachenecker, Berthold von Sternberg († 1297). 1274–1287 Bischof von Würzburg, in: Erwin Gatz (Hg.), Die Bischöfe des Heiligen Römischen Reiches 1198 bis 1448. Ein biographisches Lexikon, Berlin 2001, S. 891f., mit Literatur.

[28] Vgl. dazu Joseph Morsel, La noblesse contre le prince. L’espace social des Thüngen à la fin du Moyen Âge (Franconie, v. 1250–1525) (Beihefte der Francia 19), Stuttgart 2000, S. 148 Anm. 25; Arnold, Ringen um die bürgerliche Freiheit (wie Anm. 11), S. 98 und Fries-Chronik, Bd. II (wie Anm. 13), S. 204–207. Die Rücknahme der Zunftauflösung vom 17.03.1279 ist überliefert in Staatsarchiv Würzburg, Würzburger Urkunden 7768, das erneute Zunftverbot in der Domstadt vom 11.08.1279 in Staatsarchiv Würzburg, Würzburger Urkunden 7772.

[29] Zu ihm vgl. Wendehorst (Bearb.), Bischofsreihe von 1254 bis 1455 (wie Anm. 9), S. 29–36 und zusammenfassend Helmut Flachenecker, Manegold von Neuenburg († 1303). 1285–1286 Elekt von Bamberg. 1287–1303 Bischof von Würzburg, in: Erwin Gatz (Hg.), Die Bischöfe des Heiligen Römischen Reiches 1198 bis 1448. Ein biographisches Lexikon, Berlin 2001, S. 893, mit Literatur.

[30] Arnold, Ringen um die bürgerliche Freiheit (wie Anm. 11), S. 99.

[31] Staatsarchiv Würzburg, Würzburger Urkunden Nr. 366 und 367; vgl. dazu auch Arnold, Ringen um die bürgerliche Freiheit (wie Anm. 11), S. 99.

[32] Zu den zisterziensischen Stadthöfen in Würzburg vgl. Winfried Schich, Die Stadthöfe der fränkischen Zisterzienserklöster in Würzburg – von den Anfängen bis zum 14. Jahrhundert.

dukte seitens der Bürger besteuert, was von den Klöstern wiederum abgelehnt wurde. Daraufhin wurden die Klosterhöfe aufgebrochen. Die Folge war das Interdikt vom 23. Januar 1297, das erst aufgehoben wurde, nachdem die Bürger die Handelsprivilegien und die steuerlichen Vergünstigungen der Zisterzienser in der Stadt anerkannt hatten. Die Bürgerschaft strebte allerdings weiter nach Autonomie.[33] Nach dem Tod Bischof Manegolds im Jahr 1303 stellten sich die Bürger mit dem König gut und hatten begründete Hoffnung, dass sich ihre Position in den Emanzipationsbestrebungen gegenüber dem geistlichen Stadtherrn bessern würde. Aus dem Gastmahl anlässlich der Aussöhnung der Bürgerschaft mit König Albrecht I. (1298–1308) soll sogar der Brauch des jährlichen Bürgermahles hervorgegangen sein.[34] Aber auch diese Hoffnungen sollten sich rasch unter Bischof Andreas von Gundelfingen (1303–1313) zerschlagen, der schließlich bis zum Beginn des Schismas 1313 und der darauffolgenden Doppelwahl amtieren sollte.[35] In den Auseinandersetzungen zwischen der Bürgerschaft und den beiden Bischöfen Manegold von Neuenburg und dessen Nachfolger Andreas von Gundelfingen taucht bereits ein Mann namens Johann von Steren mehrfach in Urkunden und Schiedsverträgen auf, wie etwa als Zeuge in dem oben genannten Vertrag aus dem Jahr 1296, der später noch eine zentrale Rolle spielen sollte.

2. Die Doppelwahl und die Sedisvakanz 1313–1317[36] sowie der Kauf des Grafeneckart 1316

Nachdem Bischof Andreas von Gundelfingen nach zehnjähriger Amtszeit am 14. Dezember 1313 verstorben war, sollte am 23. Februar 1314 als sein Nachfolger der Propst von Stift Haug, Gottfried III. von Hohenlohe (1317 [1314] – 1322), gewählt werden.[37] Kurze Zeit später erschien jedoch mit dem Domherrn Fried-

---

Exkurs: persönliche Beziehungen Würzburger Bürger zu fränkischen Zisterzienserklöstern, in: Wolfgang Ribbe (Hg.), Zisterzienser-Studien 3 (Studien zur europäischen Geschichte 13), Berlin 1976, S. 45–94 und Günther Friedrich, Die Stadthöfe fränkischer Zisterzienserklöster, in: Mainfränkisches Jahrbuch für Geschichte und Kunst 39 (1987), S. 1–44.

33 Vgl. Arnold, Ringen um die bürgerliche Freiheit (wie Anm. 11), S. 99f.

34 Vgl. dazu Fries-Chronik, Bd. II (wie Anm. 13), S. 250–252, hier S. 250: „Wie die burgere zu Wirtzburg mit kunig Albrechten vertragen worden vnd von dem ierlichen bürgermal zum Grünbaüm". Eine Abbildung findet sich in Fries-Chronik, Bd. VI (wie Anm. 2), Nr. 86, S. 113, das Original ist überliefert in Stadtarchiv Würzburg, Würzburger Ratsbuch 412, fol. 160v.

35 Zu seiner Person vgl. Wendehorst (Bearb.), Bischofsreihe von 1254 bis 1455 (wie Anm. 9), S. 36–43 und zusammenfassend Helmut Flachenecker, Andreas von Gundelfingen (†1313). 1303–1313 Bischof von Würzburg, in: Erwin Gatz (Hg.), Die Bischöfe des Heiligen Römischen Reiches 1198 bis 1448. Ein biographisches Lexikon, Berlin 2001, S. 893f., mit Literatur.

36 Zur Doppelwahl und zu der Zeit der Sedisvakanz vgl. Wendehorst (Bearb.), Bischofsreihe von 1254 bis 1455 (wie Anm. 9), S. 43–45 sowie Theodor Henner, Eine Doppelwahl für den Würzburger Bischofsstuhl im Jahre 1314, in: Archiv des Historischen Vereins für Unterfranken und Aschaffenburg 42 (1900), S. 57–74.

37 Zu ihm vgl. Wendehorst (Bearb.), Bischofsreihe von 1254 bis 1455 (wie Anm. 9), S. 45–49 und zusammenfassend Helmut Flachenecker, Gottfried von Hohenlohe (†1322). 1314–1317 Elekt von Würzburg. 1317–1322 Bischof von Würzburg, in: Erwin Gatz (Hg.), Die Bischöfe des Heiligen Römischen Reiches 1198 bis 1448. Ein biographisches Lexikon, Berlin 2001, S. 895, mit Literatur.

rich von Stollberg ein weiterer Bischofskandidat, der von König Ludwig dem Bayern (1314–1347) begünstigt und offenbar von einer Minderheit ebenfalls zum Würzburger Ordinarius gewählt wurde. Nachdem Friedrich von Stollberg allerdings rasch verstorben war, wurde Gottfried von Hohenlohe schließlich im Amt bestätigt, wobei er erst nach diversen Zugeständnissen am 20. Juni 1317 mit dem Bistum Würzburg providiert wurde.

Im Zusammenhang mit der Spitalstiftung muss natürlich auch noch das Sinnbild bürgerlicher Freiheit im spätmittelalterlichen Würzburg Erwähnung finden, der Grafeneckart.

Unter den vielen Würzburger Baudenkmälern handelt es sich beim Grafeneckart um das Symbol bürgerlichen Unabhängigkeitsstrebens gegenüber den bischöflichen Machtansprüchen. Am 5. März 1316 verkaufte Kuno von Rebstock, ein Angehöriger einer bedeutenden Würzburger Ministerialenfamilie[38], seinen Hof namens Grafeneckart und zwei weitere Häuser für 370 Pfund Heller den beiden Würzburger Bürgermeistern, dem städtischen Rat und den Würzburger Bürgern.[39] In den langwierigen Auseinandersetzungen mit dem Bischof und seinen Anhängern hatte man nun ein Gebäude für Amtsgeschäfte, wobei natürlich auch das repräsentative Element des Grafeneckart als Zeichen des bürgerlichen Selbstbewusstseins in diesem Konflikt keinesfalls außer Acht gelassen werden darf.[40] Auch die Lage des Gebäudes unmittelbar am Mainübergang war vorteilhaft. Der Name geht zurück auf den seit 1180 bezeugten Eckehard de Foro aus einer alten und einflussreichen Würzburger Ministerialenfamilie.[41] Er war Stellvertreter des Burggrafen und als Schultheiß zugleich höchster Stadtrichter. Nachdem er um die Wende vom 12. zum 13. Jahrhundert einem Mord zum Opfer gefallen war, benannte man den Hof bald nach ihm.[42] Bis heute zeugt dieses markante Bauwerk von städtischer Selbstständigkeit. Ebenfalls im Jahr des Kaufes des Grafeneckart, 1316, sollte schließlich auch die erste bürgerliche Spitalstiftung Würzburgs realisiert werden.

---

38 Zu dieser Familie vgl. Schich, Würzburg im Mittelalter (wie Anm. 22), S. 235–242.

39 Zum Grafeneckart vgl. ausführlich Thomas Heiler, Der Grafeneckart. Zur Geschichte des Würzburger Rathauses, Würzburg 1986 sowie zuletzt Rainer Leng, 700 Jahre Würzburger Rathaus im Grafeneckart, in: Mainfränkisches Jahrbuch für Geschichte und Kunst 68 (2016), S. 133–149, zu Kauf und Kaufpreis bes. S. 134–140 und Braun, Gründung (wie Anm. 5), S. 284f.

40 Vgl. dazu Braun, Gründung (wie Anm. 5), S. 284 und 286; Grübel / Meier, Die Bürger und ihr Spital (wie Anm. 6), S. 5f. sowie Leng, Würzburger Rathaus (wie Anm. 39), S. 142f.

41 Ein Herold de Foro bekleidete beispielsweise im 12. Jahrhundert das Kammeramt am bischöflichen Hof, welches seitdem bis etwa Mitte des 13. Jahrhunderts in der Familie nachgewiesen werden kann. Vgl. dazu Johanna Reimann, Die Ministerialen des Hochstifts Würzburg, in sozial-, rechts- und verfassungsgeschichtlicher Sicht, in: Mainfränkisches Jahrbuch für Geschichte und Kunst 16 (1964), S. 1–266, hier S. 96. Zur Familie vgl. Schich, Würzburg im Mittelalter (wie Anm. 22), S. 125–130.

42 Zur Namensgebung bzw. Bezeichnung als „Curia Egghardi Comitis“ (Grafeneckart) vgl. Leng, Würzburger Rathaus (wie Anm. 39), S. 134.

3. Die Spitalgründung 1316 und ihre Bedeutung

In Würzburg kann schon im 9. Jahrhundert auf ein Domspital geschlossen werden, ein „hospitium [...] in civitate Wirtzburg“ findet 994 Erwähnung und um 1300 existierten bereits drei allesamt in kirchlicher Hand befindliche Spitäler in der Domstadt am Main. Die zwischenzeitlich andernorts aufgekommene Art „Zwischenstufe“ eines bruderschaftlichen Spitals mit gewisser bürgerlicher Beteiligung war in Würzburg nicht existent.[43]

Während zunächst vor allem die Kirche die Sozialfürsorge in den Städten übernommen hatte, kam es nach der Wende zum 14. Jahrhundert auf diesem Feld verstärkt zu Aktivitäten des sich emanzipierenden Bürgertums.[44] Seit dem Konzil von Vienne 1311/12 war es auch bürgerlichen Stiftern möglich, ein von ihnen gestiftetes Spital in Eigenregie zu verwalten. Durch die bereits erwähnte Doppelwahl und Sedisvakanz von 1313–1317 sah sich der Bischof in seiner Funktion als Stadtherr nachhaltig geschwächt und die Frage nach der städtischen Selbstverwaltung war noch nicht geklärt. Für die Bürgerschaft der damals ca. 5000 Einwohner zählenden Stadt[45] bedeutete aber dieses Machtvakuum der Kirche bzw. des Bischofs als Stadtherr die Chance, selbst aktiv zu werden: und das wurde sie, sowohl mit dem bereits erwähnten Kauf des Grafeneckart als auch mit der Spitalstiftung.

Johann von Steren, die treibende Kraft der Gründung des „Neuen Spitals“, wie das Bürgerspital anfangs hieß[46], und Sohn seines gleichnamigen Vaters, eines Würzburger Ratsherren, erscheint erstmals 1291 in einer Schenkungsurkunde an das Kloster St. Agnes und rief im Jahr 1316 das erste bürgerliche Spital in der Bischofsstadt am Main ins Leben, für dessen Unterhalt und frühe Ankäufe anfangs alleine die Stifterfamilie aufgekommen sein dürfte, denn erst nach dem Tod des Stifters 1329 sind Zustiftungen seitens Dritter überliefert.[47] Mit der Herkunft und den Vorfahren der Stifterfamilie, Küchenmeister Hein-

---

[43] Vgl. Braun, Gründung (wie Anm. 5), S. 278. Zur mittelalterlichen Spitallandschaft Würzburgs vgl. zum Überblick Peter Kolb, Das Spital- und Gesundheitswesen, in: Ulrich Wagner (Hg.), Geschichte der Stadt Würzburg, Bd. I: Von den Anfängen bis zum Ausbruch des Bauernkriegs, Stuttgart 2001, S. 386–409, bes. S. 387–403 sowie das Kapitel „Spitäler für Arme, Alte, Kranke und Pilger“ in Alfred Wendehorst, Das Juliusspital in Würzburg, Bd. 1: Kulturgeschichte, Würzburg 1976, S. 6–20.

[44] Vgl. Meier, Geschichte des Bürgerspitals (wie Anm. 7), S. 18.

[45] Zur Bevölkerungszahl Würzburgs um 1300 vgl. Schich, Würzburg im Mittelalter (wie Anm. 22), S. 208–211.

[46] Die Benennung als „Bürgerspital“ setzte sich erst Ende des 16. Jahrhunderts durch. Zuvor wurde das Spital als „Neues Spital“ in Abgrenzung zu den älteren Würzburger Spitälern bezeichnet, bis 1576 das Juliusspital gegründet wurde. Zu den verschiedenen Namensvarianten vgl. Bergerhausen, Barmherzigkeit (wie Anm. 4), S. 54 und ders. (Bearb.), Quellen (wie Anm. 4), S. 666f. (Registereintrag).

[47] Herausgehoben werden muss an dieser Stelle ganz klar die Schenkung des Besitzes der Brüder Teufel in Laub nahe Prichsenstadt im Jahr 1340, das wohl die bedeutendste direkte Vermögenszuwendung in der Spitalgeschichte gewesen sein dürfte. Vgl. dazu Braun, Gründung (wie Anm. 5), S. 293f.; Meier, Geschichte des Bürgerspitals (wie Anm. 7), S. 21 sowie zu den Quellen zum Dorf Laub (z. B. Dorfordnungen, Gerichtsbarkeit, Zehnten, Kredite, Steuern, Bauten etc.) in Spätmittelalter und zu Beginn der Frühen Neuzeit ausführlich Bergerhausen (Bearb.), Quellen (wie Anm. 4), Nr. 458–614, S. 496–655.

rich von Rothenburg (* 1194, † 1237)[48], haben sich zuletzt Karl Borchardt[49], Rüdiger Braun[50] und Dieter Salch[51] intensiv beschäftigt. Der Name Steren leitet sich vom altdeutschen Widder oder Schafsbock ab. Um 1230 wurde ein Heinrich von Steren als *miles,* also Ritter bezeichnet. Erstmals urkundlich erwähnt wird die Stiftung der Familie Steren am 19. August 1317[52], als der Bischof von Chur dem „Neuen Spital“ einen Ablass gewährte. Anhand dieser ältesten überlieferten Quelle für das Bürgerspital wird nach Hans-Wolfgang Bergerhausen deutlich, dass die Kirche das Spital bzw. die Planungen dafür bereits als so fortgeschritten angesehen haben dürfte, dass die Stiftung kirchlicherseits als eindeutig förderungswürdig eingestuft wurde.[53] Dies hätte auch den Stiftervorstellungen entsprochen, da Johann von Steren durchaus an einer bischöflichen wie päpstlichen Bestätigung gelegen sein dürfte, um die Gründung rechtlich abzusichern.[54] In der Folge gelang es dem Stifter, das Spital durch ein Schiedsverfahren teilweise aus dem Pfarrverband von Stift Haug zu eximieren – die Rechte zwischen der Pfarrei Haug und dem Spital wurden abgegrenzt, dem Pfarrer von Haug oder seinem Stellvertreter sollte aber auch weiterhin die geistliche Betreuung des Bürgerspitals obliegen – und diesen Spruch durch Bischof Gottfried III. von Hohenlohe mit einer auf den 23. Juni 1319 datierten Urkunde, die in drei Ausfertigungen erhalten geblieben ist[55], bestätigen zu lassen, was der Stifterfamilie die Sicherheit für ihre Dotationen gab. Aufgrund dieser Urkunde wurde mitunter noch bis in die 90er Jahre des 20. Jahrhunderts angenommen, dass die Spitalgründung erst im Jahr 1319 erfolgt wäre, wovon beispielsweise bis in die 1990er Jahre auch die Bocksbeuteletiketten des Weinguts zeugten. Da es keinen Stiftungsbrief im „klassischen Sinne“ gibt, wurde an diesem Tages-

48 Zu seiner Person vgl. Schich, Würzburg im Mittelalter (wie Anm. 22), S. 227f.

49 Vgl. Karl Borchardt, Vögte, Truchsesse, Küchenmeister: Stauferzeitliche Ministerialen zwischen Rothenburg und Würzburg, in: Markus Frankl / Martina Hartmann in Verbindung mit Dorothea Klein (Hg.), Herbipolis. Studien zu Stadt und Hochstift Würzburg im späten Mittelalter (Publikationen aus dem Kolleg ‚Mittelalter und Frühe Neuzeit‘ 1), Würzburg 2015, S. 1–58, speziell zu den älteren Reichsküchenmeistern von Rothenburg und den Problemen bei der Identifikation Heinrichs aufgrund Namensgleichheit verschiedener Akteure S. 14–27.

50 Vgl. Braun, Gründung (wie Anm. 5), S. 253–319, bes. S. 255–263, speziell zu Heinrich S. 257f.

51 Vgl. Dieter Salch, Küchenmeister Heinrich von Rothenburg, ein Vorfahre des Würzburger Bürgerspital-Stifters Johannes de Ariete (Schriften des Würzburger Bürgerspitals zum Hl. Geist 1), Würzburg 2008.

52 Stadtarchiv Würzburg, Bürgerspital Urkunden 1, ein frei zugängliches Digitalisat des Originals ist online verfügbar unter URL: http://www.monasterium.net/mom/DE-StaAWuerzburg/Buergerspital/1/charter (letzter Zugriff: 22.01.2015). Eine kritische Edition findet sich bei Schöffler (Bearb.), Urkundenbuch (wie Anm. 3), Nr. 5, S. 4. Zu dieser Urkunde vgl. Braun, Frühe Urkunden (wie Anm. 3), S. 17–19, Textausgabe mit deutscher Übersetzung S. 19.

53 Vgl. Bergerhausen, Barmherzigkeit (wie Anm. 4), S. 56f.

54 Vgl. Rüdiger Braun / Hans-Peter Trenschel, Bürgerspital zum Hl. Geist Würzburg (Kleine Kunstführer 2127), Regensburg 2004 (2. Aufl.), S. 2; Braun, Gründung (wie Anm. 5), S. 279 sowie Bergerhausen, Barmherzigkeit (wie Anm. 4), S. 58.

55 Stadtarchiv Würzburg, Bürgerspital Urkunden 2, 2a und 2b. Frei zugängliche Digitalisate der in drei lateinischen Pergamentausfertigungen erhaltenen Urkunde sind online verfügbar (für die verschiedenen Ausfertigungen bitte entsprechende Links „2“, „2a“ oder „2b“ anklicken) unter URL: http://monasterium.net/mom/DE-StaAWuerzburg/Buergerspital/fond?block=1 (letzter Zugriff: 28.09.2016). Eine kritische Edition findet sich bei Schöffler (Bearb.), Urkundenbuch (wie Anm. 3), Nr. 7, S. 5–8. Zu dieser Urkunde vgl. auch Braun, Frühe Urkunden (wie Anm. 3), S. 20–27, Textausgabe mit deutscher Übersetzung S. 27–32.

datum quasi der Gründungstag des Spitals gefeiert. Die päpstliche Bestätigung erfolgte dann am 1. Oktober 1320 durch Johannes XXII. (1316–1334).[56]

Eine ebenfalls nicht zu unterschätzende Figur bei der Spitalstiftung dürfte Johanns einflussreicher Bruder, Ecko von Steren († 1343), gewesen sein. Ecko wird 1292 erstmals urkundlich erwähnt und spielte in Würzburg besonders als Bürgermeister von 1304 bis 1324 eine entscheidende politische Rolle.[57] In dieser Funktion ist er auch mehrmals belegt, wie etwa 1305, 1316 beim Kauf des gerade für die bürgerliche Emanzipation so bedeutenden Grafeneckart und schließlich 1324 in einem Vergleich.[58] 1323 war er aktiv an den Streitigkeiten zwischen Klerus und Bürgerschaft beteiligt, als einige Bürger am 24. April in den Würzburger Dom eindrangen.[59] In der Folge mussten die Bürger Buße tun und größere Kerzenlieferungen übernehmen. Einige wurde zeitweise nach Karlstadt verbannt. Ecko von Steren lässt sich allerdings schon wieder am 20. Dezember 1324 als Bürgermeister in Urkunden belegen.[60] Naheliegend in Bezug auf Eckos Bürgermeisteramt erscheint daher der Schluss, dass die Spitalgründung ebenso wie der Rathauskauf aufgrund des durch das Schisma entstandenen bischöflichen Machtvakuums begünstigt wurden.

Das neue Spital lag auch verkehrstechnisch günstig.[61] Im Vergleich zu anderen Spitälern der Zeit war die Würzburger Spitalgründung zunächst eher bescheiden ausgestattet. Durchschnittlich 50 Spitalinsassen lassen sich aufgrund der in den Speiseordnungen überlieferten Namen belegen, im Jahr 1600 waren es 56.[62] Unmittelbar nach der Gründung dürften es jedoch nicht mehr als ein Dutzend Insassen im Bürgerspital gewesen sein[63], während das beispielsweise nur kurze Zeit später in Nürnberg ebenfalls aus privater Hand gegründete Heiliggeistspital ursprünglich für 200 Personen konzipiert wurde[64], wobei diese Zahl durch-

---

[56] Stadtarchiv Würzburg, Bürgerspital Urkunden 3, ein frei zugängliches Digitalisat des Originals ist online verfügbar unter URL://www.monasterium.net/mom/DE-StaAWuerzburg/Buergerspital/3/charter (letzter Zugriff: 22.01.2015). Eine kritische Edition findet sich bei Schöffler (Bearb.), Urkundenbuch (wie Anm. 3), Nr. 9, S. 9f. Zu dieser Urkunde vgl. Braun, Frühe Urkunden (wie Anm. 3), S. 32f., Textausgabe mit deutscher Übersetzung S. 33f.

[57] Zu seiner Person als Würzburger Bürgermeister vgl. Ekhard Schöffler / Ulrich Wagner, Würzburger Bischöfe, Bürgermeister, Stadtschreiber und Schultheißen (Viztume) im Mittelalter, in: Ulrich Wagner (Hg.), Geschichte der Stadt Würzburg, Bd. I: Von den Anfängen bis zum Ausbruch des Bauernkriegs, Stuttgart 2001, S. 571–578, bes. S. 572 und Braun, Gründung (wie Anm. 5), S. 270–273.

[58] Zu den einzelnen Belegen vgl. Braun, Gründung (wie Anm. 5), S. 270f., jeweils mit Nachweisen in den Anmerkungen.

[59] Zu den Streitigkeiten von 1323 vgl. Arnold, Ringen um die bürgerliche Freiheit (wie Anm. 11), S. 100; Braun, Gründung (wie Anm. 5), S. 270 und Wendehorst (Bearb.), Bischofsreihe 1254 bis 1455 (wie Anm. 9), S. 54.

[60] Vgl. dazu Braun, Gründung (wie Anm. 5), S. 271, mit Quellenbelegen.

[61] Zur Lage des Spitals allgemein vgl. Braun, Gründung (wie Anm. 5), S. 288, speziell zu seiner verkehrstechnisch günstigen Lage vgl. Meier, Geschichte des Bürgerspitals (wie Anm. 7), S. 17f. und Bergerhausen, Barmherzigkeit (wie Anm. 4), S. 58f.

[62] Vgl. dazu beispielsweise die Speiseordnung von 1598/99 mit den angeführten Namen der reichen und armen Pfründner im Spital in Bergerhausen (Bearb.), Quellen (wie Anm. 4), S. 65–68. Zur Differenzierung in reiche (= Oberpfründner) und arme Pfründner (= Unterpfründner) vgl. Grübel / Meier, Die Bürger und ihr Spital (wie Anm. 6), S. 10–12.

[63] Vgl. Braun, Gründung (wie Anm. 5), S. 290.

[64] Zum Heiliggeistspital in Nürnberg bzw. dessen Gründung vgl. Georg Löhlein, Die Gründungsurkunde des Nürnberger Heiliggeistspitals von 1339, in: Mitteilungen des Vereins für Geschichte der Stadt Nürnberg 52 (1963/64), S. 65–79 und Ulrich Knefelkamp, Das Heilig-Geist-Spital in Nürnberg vom 14.–17. Jahrhundert. Geschichte, Struktur, Alltag (Nürnberger

aus als ungewöhnlich hoch bezeichnet werden muss, da die meisten Spitäler der damaligen Zeit meistens zwischen 40 und 50 Personen beherbergten, kleinere oftmals nur 12 (wegen der Anzahl der Apostel) oder 24.[65] Zwischen 1331 und Mitte des 14. Jahrhunderts (1352) erfolgten seitens Dritter Zustiftungen unter anderem an Weinbergen von insgesamt 46 Joch, die bis auf drei Joch am hinteren Neuberg allesamt ohne religiöse Auflagen waren; lediglich für diese drei Joch im Jahr 1335 sollte ein ewiges Licht unterhalten werden.[66] Die ersten Rebflächen waren 13 Morgen Weinberge im „Sand"[67] und im „Lindach"[68] aus dem Besitz der Stifterfamilie, in Lagen nahe des Mains und auf der fruchtbaren Hochebene im Norden / Nordosten der Domstadt, wo heute Wohnkomplexe stehen bzw. Landwirtschaft betrieben wird.

Im Gegensatz zu städtischen Gründungen verwaltete der Stifter das Spital zusammen mit seinem gleichnamigen Sohn, der in der Urkunde von 1319 als Mitpfleger angeführt wird, und eventuell einer weiteren Person. Wichtig für die Stiftungsmotivation ist sicherlich noch die Dotationsurkunde des Stifterehepaares vom 2. Januar 1321, in der neben der Schenkung von Jahrzinsen in Höhe von 30 Maltern Roggen und drei Pfund Pfennigen, von drei Häusern, einem Hof und drei Gartenstücken in Stadt und Gemarkung Würzburg an das Spital auch die Aufnahme von Kranken und die Versorgung von hungernden Armen sowie Pilgern vorgesehen war.[69] Bei der Übertragung des Würzburger Leprosenhauses, des Wöllrieder Hofes 1340[70], wurden dann schließlich gewisse Begehrlichkeiten auf die Leitung des Spitals seitens des städtischen Rats laut[71], die schließlich in der Kommunalisierung zu Beginn der 1350er Jahre endeten.[72] Damit brach auch die vormalige, seit 1319 urkundlich festgeschriebene,

Forschungen 26), Nürnberg 1989, S. 25–41. Zur Größe bzw. der Kapazität der Einrichtung vgl. ebd., S. 18. Annamaria Böckel, Heilig-Geist in Nürnberg. Spitalstiftung und Aufbewahrungsort der Reichskleinodien (Nürnberger Schriften 4), Nürnberg 1990, S. 28, kann aufgrund der im Stadtarchiv Nürnberg überlieferten spitälischen „Leitbücher" aus der Zeit um 1400 nachweisen, dass trotz der für 200 Insassen geplanten Einrichtung in der Frühzeit wohl nur etwa 100 Pflegebedürftige im Spital untergebracht waren. Zu den „Leitbüchern" vgl. Michael Diefenbacher, Leitbücher, in: ders. / Rudolf Endres (Hg.), Stadtlexikon Nürnberg, Nürnberg 1999, S. 623f., mit Literatur.

65 Vgl. Knefelkamp, Heilig-Geist-Spital (wie Anm. 64), S. 18.

66 Braun, Gründung (wie Anm. 5), S. 292.

67 Zu dieser alten Würzburger Ortslage vgl. Thomas Memminger, Würzburger Straßen und Bauten. Ein Beitrag zur Heimatkunde, Würzburg 1921 (2. Aufl.), S. 333; Johannes Breidenbach, Würzburger Straßennamen. Texte von Bruno Rottenbach, Würzburger Straßennamen Bd. I (1965), Würzburg 2014, S. 88 und Werner Lutz, Die Geschichte des Weinbaues in Würzburg im Mittelalter und in der Neuzeit bis 1800. Mit einer Kartenbeilage (Mainfränkische Hefte 43), Würzburg 1965, S. 126f.

68 Zur Weinlage „Lindach", den dortigen Rebflächen und Weingartenbesitzern vgl. Lutz, Geschichte des Weinbaues (wie Anm. 67), S. 118.

69 Vgl. Schöffler, Urkundenbuch (wie Anm. 3), Nr. 10, S. 10–12; vgl. dazu auch Braun, Gründung (wie Anm. 5), S. 290–292 und Bergerhausen, Barmherzigkeit (wie Anm. 4), S. 57f.

70 Zum Wöllrieder Hof in Würzburg vgl. Alois Mitterwieser, Zur Geschichte des Wöllriederhofes und der übrigen Leprosen- oder Sondersiechenhäuser Würzburgs, in: Archiv des Historischen Vereins für Unterfranken und Aschaffenburg 52 (1910), S. 77–98.

71 Vgl. dazu Braun, Gründung (wie Anm. 5), S. 292f. und 304.

72 Zur Kommunalisierung allgemein vgl. Frank Hatje, Kommunalisierung und Kommunalismus. Frühneuzeitliche Armenfürsorge als „Politikum", in: Hans-Jörg Gilomen / Sebastian Guex / Brigitte Studer (Hg.), Von der Barmherzigkeit zur Sozialversicherung = De l'assistance à l'assurance sociale: Umbrüche und Kontinuitäten vom Spätmittelalter bis zum 20. Jahrhundert (Schweizerische Gesellschaft für Wirtschafts- und Sozialgeschichte 18), Zürich 2002, S. 73–90.

vornehmlich von der Stifterfamilie dominierte Dreierpflegschaft ab[73], welche in eine städtische Ratspflegschaft übergegangen ist. Seit 1361 lässt sich nachweisen, dass zur Oberaufsicht im Spital seitens des Bürgermeisters und Rats zwei Spitalpfleger bestimmt wurden, während sich ein Spitalmeister um das Tagesgeschäft kümmern sollte.[74]

Dieser einführende Beitrag über die Situation in Würzburg vor und zur Zeit der Spitalgründung sowie zu dessen Anfängen soll mit der Kommunalisierung Anfang der frühen 1350er Jahren enden. Für spezielle Fragestellungen sei auf die weiteren aus der Tagung anlässlich des 700-jährigen Gründungsjubiläums der Stiftung 2016 hervorgegangenen und in diesem Band veröffentlichen Aufsätze verwiesen.

Dass die Stiftung seit gut 440 Jahren ungebrochen den Namen „Bürgerspital zum Hl. Geist“ trägt und auch heute noch, wie 1319 festgelegt, vom Pfarrer von Stift Haug betreut wird, darf in der heutigen, schnelllebigen Zeit gewiss als Indiz für Beständigkeit und einen gesunden Mittelweg von Tradition und Moderne gelten. Johann von Sterens Gründung steht demnach einerseits für ein Werk christlicher Nächstenliebe, diente andererseits aber auch der *memoria*, dem Seelenheil des Stifters und seiner Familie, um nach dem Tode nicht in Vergessenheit zu geraten.[75] Dass die Erinnerung an den Spitalstifter nachhaltig gesichert werden konnte, belegen heute außer dem Weingut[76] und drei nach ihm benannten Gutsweinen (ein Rosé sowie eine Weißwein- und eine Rotwein-Cuvée) eindrucksvoll drei Seniorenheime, drei Seniorenwohnstifte, ein ambulanter Dienst, eine Tagespflege sowie das Geriatriezentrum, die sich geographisch über das gesamte Stadtbild Würzburgs verteilen.

---

[73] Vgl. Schöffler, Urkundenbuch (wie Anm. 3), Nr. 7, S. 5–8, bes. S. 7 und Bergerhausen, Barmherzigkeit (wie Anm. 4), S. 68.

[74] Vgl. Schöffler, Urkundenbuch (wie Anm. 3), Nr. 75, S. 67–71, bes. S. 69, wo explizit ein „spitalmeister“ genannt wird, und Bergerhausen, Barmherzigkeit (wie Anm. 4), S. 68, mit weiterführenden Literaturhinweisen.

[75] Vgl. Meier, Geschichte des Bürgerspitals (wie Anm. 7), S. 18. Das Grabdenkmal Johanns in der Spitalkirche wurde beim Bombenangriff auf Würzburg am 16.03.1945 zerstört. Heute erinnern in der Spitalkirche noch das Grabdenkmal für Johann von Steren und seine Ehefrau Mergardis sowie das seines Bruders Ecko an die Stifterfamilie. Zum zerstörten Grabdenkmal Johanns vgl. Karl Borchardt (Bearb.), Die Würzburger Inschriften bis 1525. Auf der Grundlage des Nachlasses von Theodor Kramer. Geleitwort von Peter Herde. Mit 98 Abbildungen und einer Karte (Die deutschen Inschriften 27 = Münchner Reihe 7), Wiesbaden 1988, Nr. 52†, S. 35, mit Tafel XVII, Abb. 35. Zum Stein für Ecko von Steren vgl. ebd., Nr. 65, S. 42. Eine Abbildung findet sich in Grübel / Meier, Die Bürger und ihr Spital (wie Anm. 6), S. 7. Eine Aufnahme des Grabmonuments für Johann und seine Gemahlin bietet Kathrin Brandmair, Der Gnadenstuhl aus dem Würzburger Bürgerspital Hl. Geist, Würzburg 2013, S. 14.

[76] Zur Geschichte des spitälischen Weinbaus und des Weinguts von den Anfängen bis in die Gegenwart vgl. zuletzt Daniel Deckers, Geschichte des Weinbaus, in: Ralf Frenzel (Hg.), Bürgerspital Würzburg, Wiesbaden 2016, S. 98–147.

Sozioökonomische Herausforderungen im spätmittelalterlichen Würzburg[1]

Hans-Peter Baum

Unter diesem recht allgemein gehaltenen Titel soll vor allem auf drei Aspekte der Würzburger Wirtschafts- und Sozialgeschichte in den Jahren zwischen 1298 und 1362 genauer eingegangen werden: erstens auf die Frage, inwieweit die soziale Schichtung der Würzburger Stadtgesellschaft und die Spannungen zwischen den verschiedenen Schichten fast zwangsläufig zum Scheitern der Unabhängigkeitsbestrebungen der Stadt im 13. und 14. Jahrhundert führen mussten. Zweitens soll die damit verbundene Frage nach den Gründen des wirtschaftlichen und politischen Niedergangs der Stadt erörtert werden, der unübersehbar in der ersten Hälfte des 14. Jahrhunderts einsetzte und meines Erachtens gerade zwischen den bereits genannten Jahren 1298 und 1362 deutlich wurde. Besonderes Augenmerk soll auf die Entwicklungen gerichtet werden, die diesen Niedergang sichtbar machen. Und drittens soll die Frage diskutiert werden, ob nicht die drei großen Judenpogrome zwischen 1298 und 1349 – deren fatale Folgen für die jüdische Gemeinde schon mehrfach dargestellt worden sind – auch für die christliche Mehrheit der Stadt und ihre wirtschaftliche und politische Position im Reich in hohem Maße schädlich gewesen sind.

Nun ist es nach Rüdiger Brauns großem Aufsatz von 2015 über die Entstehung des Bürgerspitals in den Würzburger Diözesangeschichtsblättern[2] noch schwieriger geworden, als es ohnehin schon war, hier etwas wirklich Neues berichten zu können. Es wird daher vielfach darauf hinauslaufen, Bekanntes zu rekapitulieren, dabei einige Akzente etwas anders zu setzen und auf bisher weniger beachtete Verbindungslinien hinzuweisen.

Die größte soziale, durch ihre berufliche Tätigkeit beschriebene Gruppe in der spätmittelalterlichen Würzburger Gesellschaft war ohne Frage die der Häcker[3]; sie bestand, wohl zum geringeren Teil, aus kleineren Weinbergsbesitzern, die selbst noch im Weinberg mitarbeiteten und, zum mutmaßlich größeren Teil, aus lohnabhängigen Weinbergsarbeitern, die keine eigenen Weingärten besaßen und wohl nur als Tagelöhner von der Arbeit im Weinberg lebten. Die

Folgende Abkürzungen werden verwendet:
fl. = Gulden
lb. hl. = Pfund Heller

1 Leicht überarbeitete und annotierte Druckfassung eines am 08.10.2016 im Rahmen der Tagung „700 Jahre Stiftung Bürgerspital zum Heiligen Geist in Würzburg" gehaltenen Vortrags.

2 Rüdiger Braun, Die Gründung des Neuen Spitals (Bürgerspitals) in Würzburg vor 700 Jahren, in: Würzburger Diözesangeschichtsblätter 78 (2015), S. 253–320.

3 Zu ihnen Joachim Schneider, Die Geschichte Würzburgs vom 13. bis 16. Jahrhundert, in: Horst Brunner (Hg.), Würzburg, der Große Löwenhof und die deutsche Literatur des Spätmittelalters (Imagines Medii Aevi. Interdisziplinäre Beiträge zur Mittelalterforschung 17), Wiesbaden 2004, S. 17f.

Häcker erzeugten das wichtigste Exportprodukt der Stadt. Sie waren in zehn von den insgesamt 37 im Jahre 1373 in Würzburg bestehenden Zünften oder Handwerken bzw. Gesellschaften organisiert[4], d.h. sie allein müssten – eine ungefähr gleiche Kopfzahl der Zünfte vorausgesetzt – etwa 30 Prozent der Berufstätigen im Würzburg des 13. und 14. Jahrhunderts gestellt haben. Hinzu kamen andere Berufsgruppen, die mit der Produktion, dem Transport und Verkauf des Weins verbunden waren[5], so die Weinschröter (die Weinfässer verluden) und Weinmesser (die die ordnungsgemäße Versteuerung des Weinausschanks überwachten), die Stebler (die Weinbergspfähle herstellten und setzten), die Büttner (die Fässer herstellten) und die Visierer (die diese eichten), die Unterkäufer (Makler beim Weinverkauf), die Schiffer, die Kärrner, die Schenkwirte und schließlich noch die Weinrufer (die den Weinverkauf in den Winzerhöfen organisierten und überwachten)[6], sodass insgesamt vermutlich mehr als 40 Prozent aller beruflich aktiven Bürger für ihren Lebensunterhalt vom Wein abhängig waren.

Die Zünfte werden in einer Einungsurkunde aufgelistet, von der später noch genauer die Rede sein wird.[7] Sie werden in diesem Dokument auch „Zunft" genannt, obwohl der Gebrauch dieses Begriffs im Spätmittelalter in Würzburg verpönt war; nach offiziellem stadtherrlichen Sprachgebrauch gab es hier nur „Handwerke" oder „Gesellschaften".[8] Das weist auf eines der grundlegenden sozialen Probleme der Würzburger Gesellschaft des Spätmittelalters hin: die oft gewaltsam ausgetragenen Auseinandersetzungen zwischen den nach Unabhängigkeit strebenden Stadtbürgern, insbesondere – wie in der Folge deutlich werden wird – den Häckern und den anderen vom Weinbau abhängigen Berufsgruppen auf der einen, und dem Bischof, dem Domkapitel und den Klöstern und Stiften in der Stadt auf der anderen Seite. 1373 sprach die Einungsurkunde der Bürger vermutlich deswegen von Zünften, um dem neu ins Amt gekommenen Bischof Gerhard von Schwarzburg deren fortdauernde Existenz – trotz aller bischöflichen Verbote – und deren Anspruch auf Teilhabe an politischen und wirtschaftlichen Entscheidungen von vorneherein deutlich zu machen.[9]

Auffällig ist, dass alle zehn Häckerzünfte in den Würzburger Vorstädten angesiedelt waren.[10] Daran ist bemerkenswert, weil ungewöhnlich, dass Vereinigungen der in demselben Gewerbe Tätigen nach den Stadtteilen, in denen sie ansässig waren, gegliedert wurden. Das ist aus anderen deutschen Städten selten bekannt geworden. Es dürfte sich daraus erklären, dass eine große Zahl

---

4 Wilhelm Engel, Würzburger Zunftsiegel aus fünf Jahrhunderten (Mainfränkische Hefte 7), Würzburg 1950.

5 Zu diesen Berufen Schneider, Geschichte Würzburgs (wie Anm. 3), S. 17f.

6 Zu diesem Beruf Rolf Sprandel, Wirtschaftsgeschichte, in: Ulrich Wagner (Hg.), Geschichte der Stadt Würzburg, Bd. I: Von den Anfängen bis zum Ausbruch des Bauernkriegs, Stuttgart 2001, S. 322–360, hier S. 337, hier auch die Beschreibung der Aufgaben der Weinmesser.

7 Vgl. Engel, Zunfturkunden (wie Anm. 4).

8 Vgl. Klaus Arnold, Im Ringen um die bürgerliche Freiheit: Die Stadt Würzburg im späteren Mittelalter (ca. 1250–1400), in: Ulrich Wagner (Hg.), Geschichte der Stadt Würzburg, Bd. I: Von den Anfängen bis zum Ausbruch des Bauernkriegs, Stuttgart 2001, S. 94–109, hier: S. 98–103, zur Benennung der Zünfte bes. S. 109.

9 Vgl. ebd., S. 103.

10 Vgl. Winfried Schich, Würzburg im Mittelalter. Studien zum Verhältnis von Topographie und Bevölkerungsstruktur (Städteforschung A, 3), Köln/Wien 1977, S. 183f.

von im gleichen Gewerbe Tätigen irgendwie aufzugliedern war. Wenn in der Folge von vier inneren und vier äußeren Stadtteilen die Rede sein wird, ist das für das 14. Jahrhundert insofern ein Anachronismus, als diese Aufteilung erst 1410 förmlich festgelegt wurde.[11] Die Vorstädte als Siedlungen und die sozialen Unterschiede zwischen ihnen und den Stadtvierteln der Innenstadt hatten aber schon vorher bestanden.[12] Die Vorstädte waren, ein weiteres auffälliges Merkmal, deutlich weniger wohlhabend als die vier alten Stadtteile der Innenstadt. Dies ist in vielen anderen Städten des Mittelalters ebenso zu beobachten, weil sich Zuziehende, die beruflich und gesellschaftlich noch nicht etabliert waren, gerne in solchen Gegenden der Stadt niederließen, wo die Überwachung von Zuzügen schwieriger und zweifellos der Wohnraum auch deutlich billiger war.[13]

Aber nicht nur das, die Würzburger Vorstädte waren auch gegen militärische Angriffe wesentlich weniger gesichert als die Innenstadt. Besonders die erst in den 1330er Jahren errichtete Mauer um die östlich und nördlich des Zentrums gelegenen Vorstädte, von denen hier nur die Hauger und die Rennweger Vorstadt genannt werden sollen, war bei Weitem nicht so solide gebaut wie die die Innenstadt einschließende Fünfeckmauer, der „Bischofshut". In den Worten von Franz Seberich, von dem die maßgebliche Beschreibung der mittelalterlichen Würzburger Stadtbefestigung stammt: „Man war sich wohl schon bewußt, daß für eine tatkräftige Verteidigung des weitgespannten Vorstadtgürtels die verfügbaren Kräfte der Bürgerschaft nicht ausreichten [...] einem ernstlichen Angriff durch einen starken Gegner unter Verwendung von Artillerie waren diese geringen Mauern mit ihrem unzureichenden Grabenschutz [...] nicht gewachsen [...]".[14] Und weil das bei der Planung dieser Mauer offensichtlich noch erwartete Bevölkerungswachstum im Spätmittelalter nicht mehr eintrat[15], blieben die östlichen und nördlichen Vorstädte erheblich dünner besiedelt als die Vorstädte Sand im Süden – die auch schon viel früher in den festeren Mauerring einbezogen worden war – und Pleich im Norden.[16] Dass sie in schlechter gesicherten Stadtvierteln lebten, war den Bewohnern klar, und sie ließen das den Rat durch ihre Beschwerden auch wissen.[17] Fünf der erwähnten zehn Häckervereinigungen waren gemäß der Urkunde von 1373 in den östlichen Vorstädten lokalisiert, die übrigen im Mainviertel, der Pleich und in der Sander Vorstadt, keine einzige in der Innenstadt.[18]

---

[11] Vgl. Ulrich Wagner, Geschichte der Stadt zwischen Bergtheim 1400 und Bauernkrieg 1525, in: ders. (Hg.), Geschichte der Stadt Würzburg, Bd. I: Von den Anfängen bis zum Ausbruch des Bauernkriegs, Stuttgart 2001, S. 114–165, hier: S. 119f.

[12] Vgl. Schich, Würzburg im Mittelalter (wie Anm. 10), S. 183–211.

[13] Ebd., S.183.

[14] Franz Seberich, Die Stadtbefestigung Würzburgs, I. Teil: Die mittelalterliche Befestigung mit Mauern und Türmen (Mainfränkische Hefte 39), Würzburg 1962, S. 75.

[15] Dazu Schich, Würzburg im Mittelalter (wie Anm. 10), S. 209, sowie Schneider, Geschichte Würzburgs (wie Anm. 3), S. 4.

[16] Zu diesen Vorstädten wiederum Schich, Würzburg im Mittelalter (wie Anm. 10), S. 185–194; auch Seberich, Stadtbefestigung (wie Anm. 14), S. 75, lässt dies klar erkennen.

[17] Seberich, Stadtbefestigung (wie Anm. 14), S. 218, zitiert z.B. Beschwerden von Bürgern im Mainviertel wegen unzureichenden Mauerschutzes aus dem Jahr 1469; bis 1494 war darin keine Verbesserung eingetreten.

[18] Vgl. Schich, Würzburg im Mittelalter (wie Anm. 10), S. 183.

Schon aus diesen Feststellungen ergibt sich, dass die Häcker – obwohl in dem für die städtische Wirtschaft wichtigsten Gewerbe tätig – kaum zu den wohlhabenden Stadtbewohnern gezählt haben können. Dies erweist auch eine, hier leicht modifizierte, Modellrechnung zu den Einnahmen kleiner Weinbergbesitzer und von Tagelöhnern im Weinbau, die 2001 Rolf Sprandel entworfen hat.[19] Er nimmt dabei – sicher zu Recht – an, dass die Würzburger Tagelöhner im 14. Jahrhundert kaum mehr verdient haben dürften als ihre Nürnberger Berufskollegen, d. h. etwa 16 fl. im Jahr. Berechnungen und Quellenangaben zu den Einkommen von Tagelöhnern in Würzburg im 15. und 16. Jahrhundert bestätigen seine Annahme.[20] Wenn man annimmt, dass die Frau eines verheirateten Tagelöhners wenigstens in Teilzeit mitarbeitete, kann das Einkommen eines Tagelöhner-Ehepaares sich vielleicht auf 24–28 fl. pro Jahr belaufen haben, kaum mehr, da Frauenarbeit im Schnitt schlechter entlohnt wurde.[21] Jedenfalls war so nicht viel mehr als das bloße Überleben gesichert; jede längere Krankheit eines der Ehepartner, jede längere Periode ohne Arbeit, jede starke Teuerung der Lebensmittel ließ den Lebensunterhalt prekär werden.

Ein kleinerer Weinbergsbesitzer, der seine Flächen zum Teil selbst bearbeitete und das Jahr über nur gelegentlich, hauptsächlich dann zur Weinlese im Herbst, ein oder zwei Tagelöhner bezahlen musste, nahm unter günstigen Umständen deutlich mehr ein. Wenn man davon ausgeht, dass er 4–6 Morgen Weinberg besaß, und weiter annimmt – was sich aus verschiedenen Quellen so ergibt –, dass pro Morgen im Regelfall 1 Fuder Wein erzeugt wurde[22], hätte er also 4–6 Fuder Wein zur Verfügung gehabt, um seinen Lebensunterhalt zu bestreiten. Von diesen dürfte er 1 Fuder zum Eigenverbrauch benötigt haben, ½ Fuder ging als Zehnter an den Grundherrn, denn nach Lutz gab es im spätmittelalterlichen Würzburg kaum noch freien Weinbergsbesitz.[23] Die Grundherren dürften darüber hinaus eine jährliche Abgabe in Geld für die Erbleihe der Weingärten erhalten haben.[24] Ihr Geldwert floss übrigens – auch wenn sie kein freies Eigentum waren – in die Berechnung der städtischen Steuer (Vermögenssteuer) ein, wobei ein Tagewerk den Steuerwert von 25 fl. hatte.[25] Ein Fuder Wein konnte, je nach Jahr und Qualität, für 10–15 fl. verkauft werden.[26] Im günstigsten Fall hätte unser selbstständiger Häcker also 4,5 Fuder Wein verkaufen und damit ein Einkommen von ca. 67,5 fl. erzielen können. Davon wären noch städtische und landesherrliche Steuern sowie die Kosten für die Tagelöhner und die erwähnten Abgaben an den Grundherrn abzuziehen. Danach verblie-

---

19 Sprandel, Wirtschaftgeschichte (wie Anm. 6), S. 336.

20 Vgl. z. B. Hans-Peter Baum, Das Nachlassverzeichnis des würzburgischen Kanzlers Dr. Johann Brief aus dem Jahr 1553 (Stadtarchiv Würzburg, Kleine Reihe 34), Würzburg 2015, S. 33. Der dort genannte Jahreslohn für einen im Tagelohn beschäftigten Steinbruch- oder Ladearbeiter von 23–26 fl. dürfte dem Kaufwert von 16 fl. im 14. Jahrhundert entsprochen haben.

21 Vgl. ebd., S. 33f.

22 Vgl. Sprandel, Wirtschaftsgeschichte (wie Anm. 6), S. 336.

23 Werner Lutz, Die Geschichte des Weinbaues in Würzburg im Mittelalter und in der Neuzeit bis 1800 (Mainfränkische Hefte 43), Würzburg 1965.

24 Sprandel, Wirtschaftsgeschichte (wie Anm. 6), S. 336.

25 Vgl. Hannelore Götz, Würzburg im 16. Jahrhundert. Bürgerliche Vermögen und städtische Führungsschichten zwischen Bauernkrieg und fürstbischöflichem Absolutismus (Veröffentlichungen des Stadtarchivs Würzburg 2), Würzburg 1986, S. 117f.

26 So Sprandel, Wirtschaftsgeschichte (wie Anm. 6), S. 336.

ben unserem Häcker vielleicht noch 40–45 fl. in einem guten Jahr. Das war ein Einkommen etwa auf dem Niveau selbstständiger Handwerksmeister und reichte für den Lebensunterhalt einer Familie aus. Im schlechtesten Fall aber – bei kleinerem Weinbergsbesitz und in einem schlechten Jahr – hätte das errechenbare Einkommen eines Häckers sich wohl nur auf ca. 20–25 fl. belaufen, also praktisch kaum mehr als das Einkommen eines Tagelöhners. Ein selbstständiger Häcker war also gezwungen, in jedem guten Jahr einen Teil seines Einkommens als Ausgleich für schlechte Jahre zurückzulegen, eine Folge von schlechten Jahren ließ auch seinen Lebensunterhalt zweifellos prekär werden.

Diese Sachlage war aus grundsätzlichen, bis heute gültigen wirtschaftlichen Gegebenheiten zu erwarten: die Häcker waren eben die Urproduzenten eines agrarischen Erzeugnisses, die meistens und fast überall weniger einnehmen als die Händler. Das ist schon allein deswegen so, weil ihre Produkte gleichzeitig auf den Markt kommen und so tendenziell ein Überangebot darstellen, dem zu dem Zeitpunkt nicht unbedingt eine hohe Nachfrage entspricht. Zudem waren die Häcker aufgrund ihrer beschriebenen wirtschaftlichen Lage auf den alsbaldigen Verkauf ihres Produkts angewiesen, während größere Weinhändler abwarten und erst bei guter Nachfrage verkaufen konnten. Gerade in einer Zeit, die ältere Weine höher schätzte als junge – und das traf im Spätmittelalter zu – war das ein erheblicher wirtschaftlicher Vorteil.[27] Aus diesen Gegebenheiten erklärt sich auch, warum die Würzburger Häcker zu politischer Unruhe und radikalen Forderungen neigten: sie mussten sicher sein, ihren Wein verkaufen zu können, weil ihr unmittelbares Überleben, zumindest ihre Hoffnung auf einen bescheidenen bürgerlichen Wohlstand, davon abhingen. Daher die stets wiederholten Forderungen nach einem Verbot des Imports von und Handel mit auswärtigen Weinen; daher die Ablehnung der Bierproduktion in der Stadt, wobei der Stadtrat in diesem Fall dem Wunsch der Häcker entsprach, indem er dem Bischof die Braulizenz abkaufte und dann nicht nutzte. Im Mittelalter wurde in Würzburg daher, soweit bekannt, kein Bier gebraut. Nur teure, edle Biersorten durften eingeführt werden; der Verbrauch dieser Sorten dürfte aber quantitativ gering und dem Weinverkauf der Häcker nicht abträglich gewesen sein.[28] Vor allem aber war die wirtschaftliche Lage der Häcker der Grund für die immer wieder gewaltsam vorgetragenen Forderungen nach einer Besteuerung des Weins, den die in der Umgebung gelegenen Klöster über ihre Würzburger Stadthöfe – also auf dem großen regionalen Weinmarkt, den alle am Frankenwein interessierten Käufer besuchten – steuer- und abgabenfrei ver-

[27] Die Hochschätzung älterer Weine dürfte v.a. darauf zurückzuführen sein, dass nur Weine guter Qualität mit hohem Alkoholgehalt – und deswegen hohem Preis – überhaupt längere Zeit lagerfähig waren; vgl. dazu etwa Michael Matheus, Artikel „Wein, Weinbau und Weinhandel", in: Lexikon des Mittelalters, Bd. VIII, München 1997, Sp. 2116–2123, hier 2120. Vgl. Rolf Sprandel, Von Malvasia bis Kötzschenbroda. Die Weinsorten auf den spätmittelalterlichen Märkten Deutschlands (Vierteljahrschrift für Sozial- und Wirtschaftsgeschichte, Beiheft 149), Stuttgart 1998, S. 46, der ein hessisches Weistum von 1455 zitiert, wonach der Herr *firnischen* [jährigen], der Knecht *hanauischen* [d. h. den örtlichen, meist heurig getrunkenen Land-]Wein trinken solle, oder, auf S. 156, eine Stelle aus einer Regensburger Quelle zu 1368, wonach *heuriger* Wein höchstens 2,5, der *vierdige* aber 3,5 Pfennig kosten soll.

[28] Zum Bier in Würzburg vgl. Sprandel, Wirtschaftsgeschichte (wie Anm. 6), S. 333.

kaufen konnten.[29] Klöster brauchten keinen Zehnten zu geben, nahmen diesen auf ihren in Erbleihe vergebenen Gütern vielmehr selbst ein; sie waren keine Stadtbürger und zahlten deswegen die städtischen Steuern nicht, ebenso wenig die landesherrlichen Abgaben, jedenfalls nicht vor Einführung des Guldenzolls 1468. Andererseits genossen sie den Schutz und die Sicherheit, die die bürgerliche Stadt bot. Dies war offensichtlich ungerecht; die Häcker versuchten nur, gleiche Bedingungen für alle am Weinmarkt Beteiligten sicherzustellen. Es ist fast tragisch zu nennen, dass sie ihre verständlichen und berechtigten Forderungen nicht durchsetzen konnten.

Ein Grund dafür war sicherlich, dass die wohlhabenden und politisch führenden Familien der Stadt zwar selbst in vielen Fällen Weinproduzenten und -verkäufer waren, dass dies aber nie ihre einzige Einnahmequelle war. Wenn sie mit Wein handelten, dann nicht nur als Kleinproduzenten mit ihren eigenen Weinen, sondern zugleich auch als Exporteure und – zumindest im Hochmittelalter noch – als Fernhändler mit den Erzeugnissen anderer Würzburger Winzer, wobei der Würzburger Wein in weiten Teilen Deutschlands hohes Ansehen genoss.[30] Auch handelten sie, wenn sie Händler waren, mit weiteren Landesprodukten, wie z.B. Getreide: noch in der Echterzeit waren ja einige protestantische Ratsherren – die Echter so gern schneller durch katholische ersetzt hätte – aufgrund ihrer Kenntnis des regionalen und überregionalen Getreidemarkts unentbehrlich.[31] Darüber hinaus handelten die Kaufleute zweifellos auch mit Tuchen und vielen anderen Waren. Aber ihre politische Haltung wurde weitgehend dadurch bestimmt, dass die meisten von ihnen mit dem bischöflichen Stadtherrn und den Stiften und Klöstern in der Stadt auf das Engste verbunden waren, z.B. als Hausgenossen der Stifte und des Domkapitels, als Lehnsleute des Bischofs, als Inhaber hoher domkapitelischer und bischöflicher Ämter. Dies gilt für die Zeit um 1300, die uns hier besonders interessiert, sogar unabhängig vom Ursprung dieser führenden Familien, also gleich, ob sie aus der Ministerialität stammten, als aus dem Dienst des Landes- und zugleich Münzherrn hervorgegangene Münzerhausgenossen oder als ursprünglich unabhängige Kaufmannsfamilien in diesen Kreis politischen Einflusses gelangt waren. Winfried Schich hat diese drei Herkunftsstränge des spätmittelalterlichen Würzburger „Patriziats" stimmig herausgearbeitet.[32]

Er hat daneben auch festgestellt, dass der Würzburger Stadtrat grundsätzlich allen offenstand, die wirtschaftlich erfolgreich waren, sodass seit 1303 auch wohlhabende Bäcker, Metzger, *Gastgeben* (Wirte) u.ä. dort anzutreffen waren.

---

[29] Zu diesen vielfach beschriebenen Problemen zuletzt Schneider, Geschichte Würzburgs (wie Anm. 3), S. 9f.; vgl. Schich, Würzburg im Mittelalter (wie Anm. 10), S. 217.

[30] Zum Weinexport aus Würzburg und zum aktiven Würzburger Fernhandel vgl. Sprandel, Wirtschaftsgeschichte (wie Anm. 6), S. 323, 325–328.

[31] Vgl. Hans-Peter Baum, Das konfessionelle Zeitalter, in: Ulrich Wagner (Hg.), Geschichte der Stadt Würzburg, Bd. II: Vom Bauernkrieg 1525 bis zum Übergang an das Königreich Bayern 1814, Stuttgart 2004, S. 50–96, hier S. 84.

[32] Vgl. Schich, Würzburg im Mittelalter (wie Anm. 10), S. 296–303, der die große Bedeutung der Hofämter für die Familien der Oberschicht, gleich welcher Gruppe sie ursprünglich angehört hatten, betont; s. auch Hans-Peter Baum, Sozialgeschichte, in: Ulrich Wagner (Hg.), Geschichte der Stadt Würzburg, Bd. I: Von den Anfängen bis zum Ausbruch des Bauernkriegs, Stuttgart 2001, S. 361–385, bes. S. 379f.

In der Einungsurkunde von 1361, in der die „Reichen“ und die „Armen“ der Stadt einen Steuerstreit beilegten – es ging um die Aufbringung des Schadensersatzes von 36500 lb. hl. an die Kirchen und Klöster nach den letzten gewalttätigen Unruhen gegen sie – wird deutlich, dass zu den „Reichen“ nicht nur 24 Vertreter der Patriziergeschlechter gehörten, sondern auch ca. 120 Vertreter einer wohlhabenden gehobenen Mittelschicht, fast alle aus den o.g. Berufen.[33] Unter ihnen fanden sich keine Häcker. Von den „Armen“ im Würzburg von 1361 – die immerhin wohlhabend genug waren, um in einem Steuerstreit gehört zu werden, also kaum völlig mittellos sein konnten – kennen wir nur drei mit Namen; sie wurden anscheinend wegen ihrer Rechtskenntnisse als Vertreter ihrer Gruppe gewählt. Aber offensichtlich wird, dass die große Mehrzahl der Häcker sich zu den „Armen“ gezählt haben muss und dass in dieser Urkunde die im Mittelalter auch in Würzburg oft benutzte Formel von den „Bürgern gemeiniglichen, armen und reichen“ o.ä., die die Gesamtheit der Stadtbürger umschreibt, in einem anderen Sinn von Armen und Reichen gesprochen wird, nämlich als von Parteiungen, die sich gegenüberstanden. Die sonstigen Würzburger Urkunden, die von der *gemeynde der burgere rychere und armere der stat czu Wirczburg* o.ä. sprechen, tun dies fast immer, wenn der bischöfliche Stadtherr wieder einmal die Formulierung „Bürgermeister, Rat und Gemeinde“ als politisch unerwünscht unterdrückte und zugleich versuchte, Bürgermeister und Stadtrat tatsächlich abzuschaffen, soweit sie nicht von ihm persönlich eingesetzt waren.[34]

Waren sich die Patrizier und wohlhabenden Handwerker auf der einen, und Häcker und ärmere Handwerker auf der anderen Seite tatsächlich feindselig gesinnt? Wenn man einem Volkslied, das nach der Entscheidung von Bergtheim im Januar 1400 entstanden ist, Glauben schenkt, verhielt es sich wirklich so, denn dort heißt es: *Sie* [d.h. die reichen Bürger] *hant uns jämerlich verraten, uns hantwerksluet und armen.*[35] Den Häckern und armen Handwerkern waren die führenden Kreise der Stadt nicht radikal genug und deswegen, so sah man es, war die Stadt dem Stadtherrn immer unterlegen gewesen. Tatsächlich dürfte es so sein, dass die „patrizischen“ Familien wegen ihrer relativ engen Bindung an den Bischof und den übrigen Klerus, weiterhin wegen ihrer familiären Verbindungen in die unterfränkische Ritterschaft hinein – man vergegenwärtige sich dazu etwa nur die Familie von Steren, also die Gründer des Bürgerspitals[36] – stets recht vorsichtig agierten und im eigenen Interesse und mit Rücksicht auf ihre Lehen, Ämter, Einkünfte, Pfandschaften usw. eher geneigt waren, Kompromissen zuzustimmen, die die bischöfliche Herrschaft

[33] Dieser gesamte Abschnitt nach Winfried Schich, Die Reichen und die Armen von Würzburg im Jahre 1361, in: Ingrid Bátori (Hg.), Städtische Gesellschaft und Reformation (Spätmittelalter und Frühe Neuzeit 12), Stuttgart 1980, S. 97–135; zu der Offenheit der Würzburger Oberschicht ders., Würzburg im Mittelalter (wie Anm. 10), S. 294.

[34] Vgl. Arnold, Im Ringen (wie Anm. 8), S. 102 mit einem Beispiel aus dem Jahr 1360.

[35] Rochus von Liliencron (Hg.), Die historischen Volkslieder der Deutschen vom 13. bis 16. Jahrhundert, 4 Bde., Leipzig 1865–1869, Ndr. Hildesheim 1966, hier: Bd. I, Nr. 40, Z. 685–695. Zum Autor des Lieds und seiner parteiischen Darstellung der Schlacht von Bergtheim vgl. Arnold, Im Ringen (wie Anm. 8), S. 96.

[36] Vgl. Braun, Gründung (wie Anm. 2), S. 255–257 oder S. 255–274, wenn man alle für die Spitalgeschichte wichtigen Generationen berücksichtigen will.

über die Stadt letzten Endes bestätigten und verfestigten. Abmachungen dieser Art füllen die Annalen der Stadt im 13. und 14. Jahrhundert.[37]

Die prinzipielle Uneinigkeit zwischen den ihr enges Verhältnis zum Stadtherrn ausnutzenden führenden Schichten der Stadt und der Masse der gewaltsam auf gerechtere Marktverhältnisse drängenden Gruppe der Häcker führte zur Niederlage der Stadtbürger. Es fehlte in Würzburg an einer breiten Schicht von Großkaufleuten, die in ihren Geschäften vom Stadtherrn unabhängig waren, ihn vielmehr als Hemmnis in ihren weitgespannten Geschäften betrachtet hätten.[38] Es fehlte weiter am Willen, ein großes politisches Bündnis gegen den Stadtherrn zusammen zu schmieden, denn selbst eine viel größere und mächtigere Stadt als Würzburg, nämlich Köln, das sich durch die bekannte Schlacht von Worringen 1288 der Herrschaft ihres Stadtherrn entledigte, benötigte dazu ein breites Bündnis mit mächtigen Fürsten.[39] Die elf kleinen Landstädte des Hochstifts reichten 1397–1400 dazu nicht aus, und die Schaffung eines stärkeren Bündnisses, das im 13. Jahrhundert, als Würzburg noch in der Lage war, sich dem Rheinischen Städtebund anzuschließen, vielleicht noch möglich gewesen wäre, hatte man versäumt.[40] 1397 hatten zudem viele Angehörige der Familien, die man sich als lokale Führer einer solchen Allianz hätte vorstellen können, Würzburg schon verlassen und sich nach Nürnberg, Frankfurt oder Mainz gewandt.[41]

In der würzburgischen Stadtgeschichtsschreibung besteht schon seit den Zeiten von Lorenz Fries Einigkeit darüber, dass die im Hochmittelalter bedeutende wirtschaftliche Stellung der Stadt im späten Mittelalter zurückging. So verweist Fries mit Bewunderung auf die Würzburger Kaufleute des 12. Jahrhunderts, die Kaiser Friedrich Barbarossa zur Abschaffung der überhand nehmenden Mainzölle bewegen konnten und befindet, dass in seiner Zeit solch einflussreiche Unternehmer in der Stadt nicht mehr zu finden seien.[42] Würzburger Kaufleute, die regelmäßig Geschäfte in Frankreich tätigten, wie es sie beispielsweise im 13. Jahrhundert gab, wurden seltener. Die Würzburger verließen sich nun mehr darauf, dass auswärtige Kaufleute in die Stadt kamen und Wein einkauften, statt diesen aktiv selber zu exportieren.[43]

Die Stadt Würzburg hatte im 13. Jahrhundert ein eigenes Haus in Frankfurt besessen – sicherlich doch, um als Stützpunkt beim Besuch der dortigen Messen zu dienen –, aber seit 1321 war es im Besitz eines Fremden.[44] Dieser Verlust

---

37 So auch Schichs Resümee, Würzburg im Mittelalter (wie Anm. 10), S. 216.

38 Vgl. ebd., S. 304.

39 Schneller Überblick zu dieser Schlacht, bei der die Stadt Köln eigentlich sogar nur als „Juniorpartner“ in einem Fürstenbündnis erscheint, von Wolfgang Herborn, Artikel „Worringen, Schlacht v.“, in: Lexikon des Mittelalters, Bd. IX, München 1998, Sp. 337.

40 Schich, Würzburg im Mittelalter (wie Anm. 10), S. 214f., zeigt sich überrascht von dem „erstaunlich hohen Maß an Selbständigkeit“, das die Stadt damals errungen hatte, was sich nicht zuletzt daran zeigte, dass 1286 bis 1306 die königliche Kanzlei mehrere Schreiben an „Rat und Gemeinde“ der Stadt richtete, nicht aber an den Stadtherrn.

41 Dazu ausführlicher unten S. 52 mit Anm. 52–54.

42 Lorenz Fries, Chronik der Bischöfe von Würzburg 742–1495, 6 Bde., hg. von Ulrich Wagner / Walter Ziegler (Fontes Herbipolenses. Editionen und Studien aus dem Stadtarchiv Würzburg I–VI), Würzburg 1992–2004, hier Bd. II: Von Embricho bis Albrecht III. von Heßberg (1127–1376), Würzburg 1994. S. 34f.

43 Dies wird betont von Sprandel, Wirtschaftsgeschichte (wie Anm. 6), S. 325f.

44 Ebd., S. 325.

war bedeutender, als man zunächst denken würde, denn das Haus in Frankfurt war nicht eine beliebige Immobilie, auf die man auch hätte verzichten können. Nicht nur die Würzburger, sondern auch die Nürnberger und Kölner Kaufleute besaßen in der wichtigen Messestadt Frankfurt im Spätmittelalter nämlich ein solches Haus. In diesen Häusern – das wissen wir speziell vom Nürnberger Haus – liefen alle wichtigen Informationen über die Marktverhältnisse, Preise, Liefermöglichkeiten und politischen Entwicklungen von aktueller Bedeutung zusammen. Es war eine große Nachrichtenbörse, als solche wesentlich wichtiger als das Frankfurter Rathaus.[45] So ähnlich dürfte die Funktion des Würzburger Hauses gewesen sein. Der Verlust dieses Hauses gibt uns einen deutlichen Fingerzeig auf die schwindende wirtschaftliche Bedeutung des Würzburger Handelsstands. Würzburger Kaufleute besuchten zwar auch ohne dieses Haus die Frankfurter Messen im Spätmittelalter weiterhin, bezeichnend ist jedoch, dass Würzburg 1456 an die Stadt Frankfurt schreibt und um Zollfreiheit auf den Messen bittet, aus Frankfurt aber die kühle Antwort bekommt, Würzburg gehöre nun einmal nicht zu den zollfreien Handelspartnern und dabei müsse es bleiben.[46] In anderen Worten: der Würzburger Handel spielte für die Frankfurter keine erhebliche Rolle mehr.

Würzburg bemühte sich dann erfolgreich um abgabenfreien Besuch der Mainzer Märkte, aber die boten keinen vollwertigen Ersatz gegenüber den Frankfurter Messen.[47] In Nürnberg haben die Würzburger Händler immerhin 1479 Abgabenfreiheit zu den Jahrmärkten.[48] Aber die Nürnberger Weinhändler scheinen je länger je mehr den Export des Würzburger Weins in ihre Hand bekommen zu haben. Es hat den Anschein, als hätten einige der abgewanderten Würzburger dabei eine Rolle gespielt, denn um 1400 gibt es einen – wenn auch nur mittelgroßen – Nürnberger Weinhändler namens Weibeler.[49] So hieß ja auch einer der als Rädelsführer des Aufstands gegen Gerhard von Schwarzburg Hingerichteten. Interessanterweise beteiligt sich der Nürnberger Weibeler an einem Darlehen an den König; das war etwas, das man auch von einem Würzburger Patrizier erwartet hätte. 1305 muss die Stadt Würzburg sich von Regensburg 100 Tuche leihen, um eine Abgabe an den König durch deren Verkauf finanzieren zu können.[50] Alle diese Nachrichten weisen zwar nicht auf einen totalen wirtschaftlichen Zusammenbruch Würzburgs hin, lassen aber erkennen, dass Würzburg als Handelsstadt weniger Gewicht als im Hochmittelalter hatte. Bezeichnend ist auch der relativ geringe Spezialisierungsgrad der lokalen Handwerkszünfte; das weist darauf hin, dass sich ein spezielles Gewerbe mit exportfähigen Spezialprodukten nicht entwickelt hatte. Würzburg war nur ein regionales Handelszentrum, das im Spätmittelalter im Vergleich zu den benachbarten großen Wirtschaftszentren Frankfurt und Nürnberg zurückfiel. Hermann Hoffmanns Behauptung, dass der Nürnberger

---

[45] Vgl. Wolfgang von Stromer, Oberdeutsche Hochfinanz 1350–1450, 3 Teile (Vierteljahrschrift für Sozial- und Wirtschaftsgeschichte, Beihefte 55–57), Wiesbaden 1970, hier: T. 2 (Heft 56), S. 444.
[46] Vgl. Sprandel, Wirtschaftsgeschichte (wie Anm. 6), S. 328.
[47] Ebd.
[48] Ebd., S. 329.
[49] Vgl. von Stromer, Hochfinanz (wie Anm. 45), T. 1, S. 206, auch zum Darlehen an den König.
[50] Sprandel, Wirtschaftsgeschichte (wie Anm. 6), S. 325.

Handel in jener Zeit „auf Kosten“ des Würzburgers in die Höhe gekommen sei[51], stellt die Verhältnisse jedoch etwas schief dar, weil Nürnberg ebenso wie Frankfurt auf den Würzburger Handel weniger angewiesen war als umgekehrt und ohnehin Handelswege und Handelsusancen nutzte, die nicht vielen Würzburger Händlern bekannt waren.

Nach Hermann Hoffmann wird der Rückgang der wirtschaftlichen Bedeutung Würzburgs seit der Mitte des 14. Jahrhunderts besonders deutlich, seit nämlich viele Angehörige der reichen Familien, wie oben bereits bemerkt, aus Steuergründen auswandern, d. h. um den Schadenersatzzahlungen an den Bischof zu entgehen. Dies geschah seit 1357, verstärkt seit 1362. Darunter befinden sich, wie wir durch die Forschungen Hanns von Hessbergs wissen[52], tatsächlich Vertreter so bedeutender Familien wie der Weibeler, Heubarn, Zingel, Persich, von Erfurt, Weigenheim, Lintwurm, Zentgraf u. a. m., die alle zu den von Schich erforschten Geschlechtern des Würzburger Patriziats gehören. Der Niedergang hätte sich also vor allem in dieser „Abstimmung mit den Füßen“ gezeigt. Und dass es sich tatsächlich um einen großen Verlust handelte, lässt von Hessbergs plausible Berechnung erkennen, wonach die Stadt durch den Exodus der erwähnten Personen rund ein Neuntel ihrer Steuerkraft verloren hatte. Zwar hatten 1357 und in den folgenden Jahren nicht alle Angehörigen dieser Patriziergeschlechter die Stadt verlassen, denn nach der für die Stadt katastrophalen Schlacht bei Bergtheim am 11. Januar 1400, die Würzburgs schwache politische Stellung für den Rest der Hochstiftszeit, also bis 1802, bestimmen sollte, wurden als Rädelsführer des Aufstands gegen den Bischof Hans Weibeler, Jakob vom Löwen, Siegfried vom Rebstock und Hans von Erfurt hingerichtet.[53] Abermals verließen nun politisch einflussreiche, ökonomisch bedeutende Familien die Stadt, sodass der wirtschaftliche Niedergang sich fortsetzte. Tatsächlich scheint der größte Teil der alten Würzburger Oberschicht des 12. und 13. Jahrhunderts seit 1357 / 1400 abgewandert zu sein, denn die alten Namen verschwinden fast völlig aus Urkunden und Amtsbüchern und werden durch neue ersetzt.[54]

Es ist aber möglich, dass diese Abwanderung eher die Folge eines schon länger sich abzeichnenden Niedergangs als dessen Hauptursache gewesen ist. Um das näher auszuführen, ist auf ein auch schon seit Langem bekanntes Phänomen der mittelalterlichen Würzburger Geschichte aufmerksam zu machen, nämlich auf den Rückgang der Zahl der hier abgehaltenen Reichs- und Fürstentage.[55] Auch dieser ist von Hermann Hoffmann bereits erwähnt worden, hat aber in den letzten Jahren weniger Beachtung gefunden.

---

[51] Hermann Hoffmann, Würzburgs Handel und Gewerbe im Mittelalter, Kallmünz 1941, S. 132.

[52] Hanns von Hessberg, Zur politischen Geschichte der Stadt Würzburg im 14. Jahrhundert, in: Mainfränkisches Jahrbuch 8 (1956), S. 96–106.

[53] Namentlich genannt in dem bei Liliencron, Volkslieder (wie Anm. 35), Bd. I, unter Nr. 40 abgedruckten Lied, hier Z. 1805–1815.

[54] Vgl. Baum, Sozialgeschichte (wie Anm. 32), S. 379f.

[55] An dieser Stelle soll nicht auf die Frage eingegangen werden, wie diese Tage genau zu benennen sind; der Begriff „Reichstag“ ist erst seit dem Ende des 15. Jahrhunderts korrekt anwendbar. In der Literatur werden aber die Termini „Hoftag“, „Fürstentag“ oder „Reichstag“ oft unterschiedslos und für viel frühere Veranstaltungen verwendet; vgl. Peter Moraw, Artikel „Reichstag“, in: Lexikon des Mittelalters, Bd. VII, München 1995, Sp. 640–643.

Man wird zunächst einmal sagen können, dass infolge der großen Zahl solcher Tage, die Kaiser und Reichsfürsten mit ihrem großen Gefolge nach Würzburg führte, die wirtschaftliche Bedeutung Würzburgs im Hochmittelalter wuchs, und erst dieser Aufschwung hat dem Streben der Bürger nach Unabhängigkeit vom Stadtherrn finanziellen Rückhalt gegeben. Welche Verdienstmöglichkeiten bei der Bewirtung und Versorgung von Reichstagsteilnehmern bestanden, wird deutlich, wenn man sich die unlängst von Rainer Leng abgedruckte Liste des „Servitiums" der Reichsabtei Werden für einen solchen Anlass näher betrachtet.[56] Dabei ist zu bedenken, dass das Bistum Würzburg sicherlich wesentlich mehr leisten musste als die besagte Abtei. Um 1050 sollte also die Reichsabtei Werden beim Besuch des Königs folgende Mengen an Lebensmitteln bereitstellen: acht Kühe, 68 Schweine, 50 Ferkel, 8 Pfauen, 195 Hühner, 95 Käse(laibe), 870 Eier, mehr als 5 Tonnen Getreide und Hafer sowie große Mengen an Bier – und zwar täglich! Es ist leicht einsehbar, dass solche Leistungen, wenn sie des Öfteren zu erbringen waren, auch ein Bistum an den Rand des wirtschaftlichen Ruins treiben konnten. Tatsächlich war das Hochstift Würzburg am Ende des 12. Jahrhunderts in diese Lage gekommen, wie Friedrich Barbarossa 1161 selbst feststellen musste[57], was ihn jedoch nicht davon abhielt, in seinen späteren Regierungsjahren noch drei weitere Reichstage nach Würzburg zu berufen, darunter so bedeutsame wie den von 1180 mit dem Beschluss, seinem Rivalen Heinrich dem Löwen die Reichslehen zu entziehen.

Insgesamt fanden zwischen der Regierungszeit Heinrichs IV. und dem Beginn des Interregnums 58 Tage in Würzburg statt, und zwar[58] unter Heinrich IV: sechs, Heinrich V.: drei, Lothar III.: drei, Konrad III.: neun (also fast jährlich!), Friedrich Barbarossa: elf, Heinrich VI: sechs, Otto IV.: zwei, Friedrich II.: sieben, Heinrich VII.: neun, Konrad IV.: zwei, d.h. dass über einen Zeitraum von rund 180 Jahren fast jedes dritte Jahr ein Reichstag nach Würzburg berufen wurde, unter Konrad III. oder Heinrich VII. fast jährlich einer!

Wenn die dichte Folge solcher Tage auch ruinös für das Hochstift Würzburg war, stellte sich die wirtschaftliche Wirkung für die Stadt Würzburg ganz anders dar. Zwar musste die Stadt ohne Zweifel auch ihren Anteil an den geforderten Abgaben leisten, aber das meiste war vom Bischof aufzubringen, der sicherlich kaum alles aus seinen eigenen Gütern erwirtschaften konnte, sondern vieles davon zukaufen musste. Schon dafür bot sich der Würzburger Markt als Quelle an. Vor allem war der städtische Beitrag als gering einzuschätzen gegenüber den Möglichkeiten, die sich für die Bäcker, Metzger, Wirte, besonders auch für die kleineren Winzer in der Stadt boten, denn das Werdener Bier dürfte hier wohl durch Wein ersetzt worden sein. Wenn ein Reichstag in der Stadt war, brauchte man sich als Häcker um den Absatz des eigenen Weins wohl nur wenig Sorgen zu machen. Dass Bäcker, Metzger und Wirte dane-

[56] Rainer Leng, Das bayerische Jahrtausend. Würzburg im 12. Jahrhundert, München 2012, S. 144.

[57] Vgl. Peter Herde, Würzburg im 12. Jahrhundert (ca. 1130–1250), in: Ulrich Wagner (Hg.), Geschichte der Stadt Würzburg, Bd. I: Von den Anfängen bis zum Ausbruch des Bauernkriegs, Stuttgart 2001, S. 74–86, bes. S. 84.

[58] Zusammenstellung bei Hoffmann, Handel und Gewerbe (wie Anm. 51), S. 129–131 (in den Anmerkungen).

ben speziell profitierten, ist bei der Versorgung der Teilnehmer eines Reichstags selbstverständlich. Dies dürfte auch erklären, warum sich 1373 so viele Angehörige dieser Berufe unter den „Reichen“ der Einungsurkunde befanden. Aber auch Kaufleute, Goldschmiede, Kürschner, Sattler, Schwertfeger, *Plattner* (Harnischmacher) und ähnliche Gewerbe dürften viel Gewinn aus solchen Tagen gezogen haben. Dies könnte sich jedoch später deswegen als nachteilig erwiesen haben, weil die Händler und Gewerbetreibenden in der Stadt daran gewöhnt waren, ihre Kundschaft am Ort vorzufinden, ohne selbst im Fernhandel aktiv werden zu müssen.[59]

Die beschriebenen wirtschaftlichen Gegebenheiten bewirkten, dass die Bürger der Stadt immer betont kaiser- und reichstreu waren; auf die Nähe zu Kaiser und Reich stützten sich nicht zuletzt ihre Unabhängigkeitsbestrebungen gegenüber dem Stadtherrn.[60] Was aber, wenn die Dinge sich änderten? Seit dem Ende des Interregnums ging die Zahl der nach Würzburg berufenen Tage immer stärker zurück. Unter Rudolf I. waren es noch drei, unter Adolf einer, unter Albrecht zwei, unter Ludwig dem Bayern einer. Karl IV. dann lud noch einmal zu vier Reichstagen hierher – eine Zahl, die allerdings mit der höheren Zahl seiner Aufenthalte in Heidingsfeld zu vergleichen ist –, Wenzel zu einem, Sigismund zu keinem, Friedrich III. evtl. noch zu zweien. Danach schied Würzburg aus der Reihe der Städte, in die Reichstage berufen wurden, aus.[61] 1486 gab es noch einmal einen Plan für einen Reichstag hier, der sich aber zerschlug. Zwar hatte der Rat sich noch beim Frankfurter Stadtrat erkundigt, wie lange die Versammlung und speziell der König sich dort zuletzt aufgehalten hatten, was zu organisieren sei usw., aber Frankfurt antwortete kurz und nichtssagend; dann wurde Würzburg ohne Angabe von Gründen übergangen.[62]

Was hatte zu dieser Entwicklung geführt? Man hat die große Zahl von Reichstagen, die unter den Saliern und Staufern nach Würzburg berufen wurden, auf die günstige Lage am Schnittpunkt der großen Machtblöcke Herzogtum Sachsen und Herzogtum Bayern geführt, was ohne Zweifel unter den Saliern und Staufern bis zum Sturz Heinrichs des Löwen verständlich ist. Die Habsburger und Luxemburger hatten andere Besitzschwerpunkte bei ihrem Hausgut und so wurden unter Sigismund z.B. erstmals auch Reichstage in Breslau, Straubing oder Wien durchgeführt. Jedenfalls liegt die Vorstellung nahe, dass Würzburg deswegen aus dem Fokus des Interesses der Herrscher geraten sei. Wenn man jedoch die Reichstagsakten des 15. Jahrhunderts durchsieht, wird schnell deutlich, dass Frankfurt am Main und Nürnberg weiterhin zu den am häufigsten bei Reichstagen besuchten Städten gehörten, ja dass vielleicht erst jetzt die

---

59 Dies wird von Sprandel, Wirtschaftsgeschichte (wie Anm. 6), S. 322–328 mehrfach angesprochen.

60 So auch Arnold, Im Ringen (wie Anm. 8), S. 96, 100, 104.

61 Dabei ist allerdings zu berücksichtigen, dass die Entwicklung im letzten Viertel des 15. Jahrhunderts dahin ging, nur noch Reichs- und ggf. Freie Städte als Tagungsorte für Reichstage zu wählen; vgl. Moraw, Artikel „Reichstag“ (wie Anm. 55).

62 Dazu Deutsche Reichstagsakten, Mittlere Reihe, hg. von der Historischen Kommission bei der Bayerischen Akademie der Wissenschaften, Deutsche Reichstage unter Maximilian I, Bd. 1–9, Reichstag zu Frankfurt am Main 1486, bearb. von Heinz Angermeier unter Mitwirkung v. Heinz Seyboth, Göttingen 1989.

auffällige Präponderanz dieser Städte als Veranstaltungsort entstand.[63] Es kann also nicht die geographische Lage gewesen sein, die sich zu Würzburgs Nachteil auswirkte, denn sonst hätten Frankfurt und Nürnberg genauso unter dieser Entwicklung leiden müssen. Man könnte sich vorstellen, dass die oft blutigen Streitigkeiten zwischen den Bischöfen und den Bürgern von Würzburg in der zweiten Hälfte des 13. und fast während des ganzen 14. Jahrhunderts die Stadt als Veranstaltungsort für Reichstage in Misskredit brachten. Denn auch im 14. Jahrhundert suchte man für diese Tage sicherlich Orte, wo Sicherheit und öffentliche Ordnung garantiert waren. Dies ist nicht ganz von der Hand zu weisen, auch wenn die Vermutung nahe liegt, dass die Würzburger Bürger sich im eigenen wirtschaftlichen Interesse für die Dauer einer solchen Reichsversammlung sehr friedlich gezeigt haben würden.

Es ist aber auch gut denkbar, dass etwas anderes in Würzburg fehlte, das aber in Frankfurt und Nürnberg zu haben war. Dabei ist v. a. an zwei Dinge zu denken: erstens große Kredite, die alle europäischen Fürsten jener – und nicht nur jener – Zeit ständig benötigten, zweitens aktuelle Nachrichten, was heute nicht mehr leicht verständlich ist, weil moderne Staaten hervorragende Nachrichtensysteme und meist genaue Informationen zu aktuellen politischen und wirtschaftlichen Entwicklungen haben. Hier muss man sich klar machen, dass in der Zeit zwischen etwa 1340 und 1450 die Stadt Nürnberg nach glaubhafter Darstellung über das viertbeste System der Nachrichtensammlung in Europa verfügte, nach der Kurie, der *serenissima republica* Venedig und der Republik Florenz.[64] Kein weltlicher oder geistlicher Fürst in Europa verfügte über ein auch nur annähernd gleich gutes Netz von Boten und Nachrichtenübermittlern. Man kann nachweisen, dass um 1400 die Boten zwischen Nürnberg und Venedig für eine Strecke nur vier Tage benötigten, also nach neun Tagen mit der Antwort auf eine Frage oder Mitteilung wieder zu Hause sein konnten.[65] Solche Geschwindigkeit war natürlich teuer, aber die großen europäischen Handelshäuser – und davon gab es einige in Nürnberg – ließen sich zuverlässige Nachrichten auch etwas kosten.

Wenn sich also ein deutscher König oder Kaiser in Nürnberg oder Frankfurt – wo es sich ähnlich verhalten haben dürfte – zum Reichstag aufhielt und gute Beziehungen zu den erwähnten Firmen unterhielt, konnte er ein zuverlässiges Bild aktueller Vorgänge in Wirtschaft und Politik gewinnen.

Die guten Beziehungen zwischen Königen und Kaufleuten werden zur Zeit der Herrscher aus dem Hause Luxemburg besonders deutlich: Karl IV. wohnte, wenn er in Nürnberg war, oft bei seinem Freund Ulman Stromeir, und konnte dort auch gleich über Kredite sprechen.[66] Wie unentbehrlich die großen

[63] Diese Entwicklung beginnt wohl mit Ludwig dem Bayern, der diese beiden Städte zu seinen wichtigsten Stützpunkten außerhalb seines Hausmachtgebiets machte; vgl. Heinz Thomas, Ludwig der Bayer (1282–1347). Kaiser und Ketzer, Regensburg/Graz/Wien/Köln 1993, S. 230–232.

[64] So von Stromer, Hochfinanz (wie Anm. 45), T. 1, S. 193.

[65] Ebd., S. 182.

[66] Und natürlich – im Gegenzug – Stromeir die von ihm nach „erfolgreichem" Pogrom erwünschten Judenhäuser in Nürnberg zusichern; von Stromer, Hochfinanz (wie Anm. 45), T. 1, S. 170, 194.

merchant bankers der Zeit für die Könige geworden waren, wird nicht zuletzt daran sichtbar, dass die Stromeirs dasselbe gute Verhältnis zu Ruprecht von der Pfalz und ebenso zu Sigismund pflegen konnten, zwei Königen, die ja nicht gerade ein freundschaftliches Verhältnis zueinander hatten. Ruprecht wohnte 1402 einige Monate bei Stromeir und plante dort seinen Romzug und den – dann nicht zustande gekommenen – Feldzug gegen die aufmüpfigen Visconti in Mailand. Dabei ging es um Kredite von über 200 000 fl., die Stromeir und andere Nürnberger Kaufleute teils selbst, teils über befreundete Florentiner Firmen aufbringen wollten. Nebenbei erhielt der König von Stromeir persönliche „Kleinkredite“ von 30 und 50 fl., seine Frau Elisabeth, eine geborene von Zollern, Burggräfin von Nürnberg, von der Stromeirin sogar ein Darlehen über 500 fl. (die Königin wurde dann Taufpatin von Stromeirs Enkel).[67] Es wird bei diesen Gesprächen erkennbar, dass die großen Kaufleute erheblichen Einfluss auf politische Entscheidungen nehmen konnten. Auf der anderen Seite hatte Ludwig der Bayer sich als erster deutscher Herrscher in den 1330er Jahren für die wirtschaftlichen Interessen der deutschen Kaufleute in Venedig massiv eingesetzt.[68]

Das waren Verhältnisse, die sich in Würzburg schon deswegen kaum hatten entwickeln können, weil die Könige im 12. und 13. Jahrhundert noch den eigenen Hof in der Zeller Straße hatten und bei einem Würzburg-Besuch dort oder später im Katzenwicker oder natürlich beim Bischof auf der Festung wohnen konnten. Dabei ist allerdings auch zu fragen, warum Karl IV. oder Ruprecht nicht auf der Nürnberger Burg Quartier nahmen. Vielleicht lag das daran, dass die Nürnberger Bürger die Zugänge dazu zeitweise vermauert hatten, um die Burggrafen auszusperren.[69] Wesentlicher ist wohl, dass der Bischof und das Domkapitel in Würzburg die natürlichen Gastgeber für König und Fürsten waren. Aber wir kennen aus Würzburg eben auch keine Kaufleute, bei denen der König auf Monate hätte absteigen können. Ebenso wenig kennen wir Würzburger Firmen jener Zeit, die europaweit tätig gewesen wären, wie einige der großen Nürnberger Häuser, die schon vor 1400 Warengeschäfte zwischen Mailand und Antwerpen betrieben, bei denen die Handelsgüter Nürnberg gar nicht mehr berührten, sondern dort nur noch durch die Bücher liefen oder die viel Geld in Wechselarbitrage-Geschäften verdienten, wobei die unterschiedliche Diskontierung von Wechseln an verschiedenen Handelsplätzen in Europa ausgenutzt wurde.[70]

Es wurde schon erwähnt, dass Würzburger Kaufleute im 12. Jahrhundert Barbarossa zu einer wirtschaftspolitischen Entscheidung in ihrem Sinne veranlassen konnten, die sich allerdings auf die Regulierung der Mainzölle beschränkte. Und wenn man Fries auch zustimmen kann, dass diese Männer mehr Einfluss nehmen konnten als die Würzburger Händler seiner Zeit, kann man sich doch nicht gut vorstellen, dass der große Feind der oberitalienischen

---

67 Diese großen und kleinen Verhandlungen ebd., S. 206–210.
68 Ebd., S. 10, 13.
69 Ebd., S. 157f.
70 Ebd., S. 55f., 58–61.

Kommunen Barbarossa eng mit Stadtbürgern – fast als mit seinesgleichen – zusammengearbeitet hätte.

Allerdings hatte es auch in Würzburg vor 1349 Finanziers gegeben, die selbst oder durch ihre Geschäftsbeziehungen größere Kredite beschaffen konnten. Der jüdische Geschäftsmann Jakob von Ulm beispielsweise verzichtete 1346 gegenüber Bischof Otto von Wolfskeel auf alle dessen Vorgängern gewährten Kredite mit Ausnahme eines großen Kredits von 5 000 lb. hl. Wer dazu um 1340 in der Lage war, verfügte über große Geldmittel, die auch in der Politik noch größeren Rahmens von Interesse gewesen wären.[71] Es gab weitere große jüdische Kreditgeber in jenen Jahren vor der Katastrophe der jüdischen Gemeinde vom Mai 1349. Wie viele jüdische Geschäftsleute es in der Würzburger Gemeinde vor 1298, dem Jahr der Judenverfolgung mit der wahrscheinlich größten Zahl von Mordopfern hier, gegeben haben könnte, die auch als Kreditgeber für den König oder Kaiser von Interesse hätten sein können, wissen wir nicht, aber manches spricht dafür, dass es sie gab. Bekannt ist immerhin aus den Protokollen des Landgerichts in Würzburg, dass die hiesigen Juden im 13. und 14. Jahrhundert zumeist als Kreditgeber reicher, sehr oft adliger, auf dem Lande gesessener Schuldner erscheinen, nie als Geldverleiher in kleinen Geschäften mit Stadtbürgern.[72] Was wir außerdem wissen, ist, dass ein Mitglied der jüdischen Gemeinde Würzburg im Jahre 1308 der deutschen Königin Elisabeth, der Frau Albrechts I. von Österreich, ein Darlehen über 60 lb. hl. gewährte, das durch Abzüge von der Reichssteuer der jüdischen Gemeinde abgegolten werden sollte.[73] Wir sehen, dass jüdische Geschäftsleute aus Würzburg offensichtlich Beziehungen zum Königshof knüpfen konnten, dass manche von ihnen in jener Zeit zu den großen und bedeutenden Finanziers und Kaufleuten der Stadt gehört haben dürften.

Ob sie auch in der Lage gewesen wären, den deutschen Königen bei Reichstagen in Würzburg mit wichtigen aktuellen Informationen zu dienen, wie es hundert Jahre später die Nürnberger konnten, wissen wir nicht. Es ist aber gut möglich, denn schon aufgrund der weit gestreuten Herkunftsorte der Juden, die sich im 12. und 13. Jahrhundert hier niederließen, kann vermutet werden, dass sie auch über ein weit gespanntes und zuverlässiges Informationsnetz verfügten, auf das sie als stets gefährdete Minderheit mehr angewiesen waren als die Mehrheitsbevölkerung. Auch wird man kaum annehmen, dass der deutsche König im Hause eines Würzburger jüdischen Finanziers als Gast eingekehrt wäre, obwohl selbst das nicht völlig unmöglich gewesen wäre. Es sei hier erlaubt, für ein Beispiel zeitlich sehr weit, nämlich ins 17. Jahrhundert, vorzugreifen, als die schwedische Königin Christina, Gustav Adolfs Tochter, allerdings schon nach ihrer Abdankung, 1666–1668 als Gast im Hause der

[71] Dazu Karlheinz Müller, Die Würzburger Judengemeinde im Mittelalter (Mainfränkische Studien 70), Würzburg 2004, S. 92; vgl. dazu die Angabe von von Stromer, Hochfinanz (wie Anm. 45), T. 1, S. 197 über Albrecht Kraft von Nürnberg, der demselben Würzburger Bischof in Avignon einen Kredit von 1905 lb. hl. einräumte.

[72] Das entspricht sehr genau von Stromers Beobachtungen zu den Geschäften der Nürnberger Juden; vgl. von Stromer, Hochfinanz (wie Anm. 45), S. 173–177.

[73] Müller, Judengemeinde (wie Anm. 71), S. 93.

jüdischen Finanzmänner Diogo (Abraham) Teixeira senior, gen. der Reiche, und seines Sohnes Manoel (Isaac), weilte. Diogo war seit 1655 ihr Finanzverwalter und Resident in Hamburg gewesen. Er besaß zwei große Häuser in Hamburg und überließ ihr aus Gründen der Schicklichkeit eines für die Zeit ihres Besuchs zur alleinigen Benutzung. Trotzdem verursachte der Besuch einen großen Skandal, v.a. bei der örtlichen lutherischen Geistlichkeit.[74] Aber im 13. Jahrhundert, einer Zeit von größerer Toleranz gegenüber den Juden als das spätere Mittelalter, hätte man sich einen solchen Besuch auch beinahe vorstellen können.[75]

Abschließend soll noch einmal auf das Jahr 1321 und den Verkauf des Würzburger Hauses in Frankfurt hingewiesen werden, weil dieses Datum wohl als Markierungspunkt für den Beginn des wirtschaftlichen Zurückfallens der Stadt Würzburg gegenüber Frankfurt und Nürnberg stehen kann, nicht erst die Abwanderungswelle von 1357 und die Entscheidung von Bergtheim. Es ist bisher weitgehend übersehen worden. Auffällig ist daran weiter, dass dieses Datum in die Mitte zwischen den vernichtenden Judenpogromen von 1298 und 1349 fällt. Dies gibt der Vermutung Raum, dass zwischen dem relativen wirtschaftlichen Niedergang der Stadt im Spätmittelalter und den Pogromen ein Zusammenhang besteht, dass diese Pogrome den Zeitraum kennzeichnen, in dem der Umschwung in der wirtschaftlichen Bedeutung der Stadt sich vollzog.

Durch die Vernichtung der jüdischen Gemeinde dürften die Stadtbürger von Würzburg ihre Stadt als Ort von Reichstagen, bei denen es immer mehr auf Kredite und Informationen ankam, weniger interessant gemacht haben; sie haben sich dadurch selbst geschädigt. Nun wird man sofort einwenden können, dass auch die Nürnberger ihre jüdische Gemeinde verfolgt und im Dezember 1349 stark dezimiert, wenn auch nicht völlig vernichtet haben. Das ist zweifellos so, aber weil die Nürnberger Kaufleute eben bis dahin schon europaweite Handelsbeziehungen aufgebaut hatten, mit den großen italienischen Firmen von gleich zu gleich agierten, die Geldbeschaffung über Buchgeldkredite beherrschten wie die Italiener auch, waren sie auf jüdische Geldleute nicht mehr angewiesen; dies wird man von dem zur gleichen Zeit klar im Abstieg begriffenen Würzburger Handelsstand nicht behaupten können. Dass das Vorgehen der Nürnberger gegenüber ihrer jüdischen Gemeinde moralisch und rechtlich ebenso verwerflich war wie das der Würzburger, steht auf einem anderen Blatt.

---

[74] Diogo Teixeira (1581–1666) entstammte einer adligen marranischen Familie aus Portugal und trat 1647 in Hamburg öffentlich zum Judentum über, ebenso sein Sohn Manoel. Beide nahmen dabei synagogale hebräische Namen an. Dass beide, zumindest pro forma, als Christen geboren und getauft waren, wird daran erkennbar, dass ihre Beschneidung erst 1647 vollzogen wurde. Manoel übernahm nach dem Tod seines Vaters die Verwaltung von Christinas Finanzen. Dazu als Kurzinformation: Michael Studemund-Halévy, Im jüdischen Hamburg. Ein Stadtführer von A bis Z, Hamburg 2011, S. 169, oder ausführlicher: ders., „Es residiren in Hamburg Minister fremder Mächte". Sefardische Residenten in Hamburg, in: Rotraud Ries/J. Friedrich Battenberg (Hg.), Hofjuden – Ökonomie und Interkulturalität. Die jüdische Wirtschaftselite im 18. Jahrhundert (Hamburger Beiträge zur Geschichte der deutschen Juden 25), Hamburg 2002, S. 154–176.

[75] Vgl. die Beschreibung des Verhältnisses zwischen Christen und Juden im Würzburg des 13. Jahrhunderts bei Müller, Judengemeinde (wie Anm. 71), S. 44–62.

Das Bürgerspital im Kontext des frühneuzeitlichen Fürsorgewesens der Stadt Würzburg

Hans-Wolfgang Bergerhausen

Am Beginn des 17. Jahrhunderts unterstanden dem Rat der Stadt Würzburg neben dem Bürgerspital sechs weitere Spitäler, Armen- und Beginenhäuser: Das Armenhaus Zum Gabler (Gabrielspflege) und das Beginenhaus Zur Hohen Zinne, beide in der Hörleingasse, das Franzosenhaus (Elisabethenpflege) am Inneren Graben, das Seelhaus an der heutigen Unteren Juliuspromenade sowie das Sondersiechenhaus vor dem Zeller Tor und das Ehehaltenhaus vor dem Sandertor. Ferner teilte der Rat sich mit Stift Haug die Verwaltung des Beginenhauses Zum Küttenbaum in der Dominikanergasse. Daneben gab es drei weitere Häuser, die geistlichen Einrichtungen unterstellt waren: Das Hofspital (Spitäle, Spital zu den 14 Nothelfern) links des Mains, aus dessen Mitverwaltung der Rat längst durch die bischöfliche Hofhaltung verdrängt worden war, das Dietricher Spital nahe dem Marktplatz, das vom Domkapitel geleitet wurde, und das Beginenhaus Zur Himmelskrone unweit des Dominikanergartens, das dem Stift Haug zugehörte. In dieses Gefüge überkommener Fürsorgeeinrichtungen hatte Fürstbischof Julius Echter 1579 das Juliusspital hineingesetzt, durchaus mit der Absicht, traditionelle Strukturen des innerstädtischen Wohlfahrtssystems aufzubrechen und Impulse zur Reform der bisher bestehenden Anstalten zu geben.[1] Zum einen ist demzufolge zu untersuchen, welche Stellung das Bürgerspital im Kranz der älteren sozial-karitativen Häuser einnahm. Dabei wird schwerpunktmäßig nach den Aufgabenstellungen der Anstalten, nach ihrer Vermögensausstattung, nach Zahl, sozialer Stellung und Versorgung der Bewohner sowie nach Art und Weise der Verwaltung gefragt. Zum anderen ist zu erörtern, inwieweit sich die Position des Bürgerspitals innerhalb des würzburgischen Fürsorgewesens als Folge der Gründung des Juliusspitals veränderte.

Für eine vergleichende Skizze, wie sie mir aufgetragen ist, liefern die Akten einer Visitation, die Bischof Johann Gottfried von Aschhausen 1620/21 in den

[1] Vgl. als ersten Überblick: Hannelore Götz, Würzburg im 16. Jahrhundert. Bürgerliche Vermögen und städtische Führungsschichten zwischen Bauernkrieg und fürstbischöflichem Absolutismus (Veröffentlichungen des Stadtarchivs Würzburg 2), Würzburg 1986, S. 205f.; Peter Kolb, Das Spital- und Gesundheitswesen, in: Ulrich Wagner (Hg.), Geschichte der Stadt Würzburg, Bd. II: Vom Bauernkrieg 1525 bis zum Übergang an das Königreich Bayern 1814, Stuttgart 2004, S. 540–568, bes. S. 542–559; siehe auch ders., Das Spital- und Gesundheitswesen, in: Ulrich Wagner (Hg.), Geschichte der Stadt Würzburg, Bd. I: Von den Anfängen bis zum Ausbruch des Bauernkriegs, Stuttgart 2001, S. 386–409. Zu den Beginenhäusern umfassend Hannah Hien, Das Beginenwesen in fränkischen und bayerischen Bischofsstädten (Veröffentlichungen der Gesellschaft für fränkische Geschichte, Reihe IX: Darstellungen aus der fränkischen Geschichte 59), Würzburg 2013; das Franzosenhaus befand sich bis 1536 in der Pleich, das Seelhaus bis 1585/87 hinter der Marienkapelle; ein weiteres Armenhaus, das Beghaus, verschwindet im letzten Drittel des 16. Jahrhunderts aus den Quellen; vgl. Götz (siehe oben), S. 227 mit Anm. 787.

Würzburger Spitälern und Armenhäusern durchführen ließ, eine feste Ausgangsbasis. Denn die verschiedenen Anstalten wurden damals nach einheitlichen Kriterien überprüft, sodass sich ein zuverlässiges Gesamtbild vom Zustand des Fürsorgewesens in der Stadt ergibt.[2] Durch ergänzend herangezogene Quellen vornehmlich aus dem Stadtarchiv Würzburg sowie durch Rückgriff auf die freilich sehr disparate Literatur zu den Würzburger Spitälern kann dieses Bild bestätigt und abgerundet werden. Dass dabei die großen Linien nachgezeichnet werden und auf Differenzierungen weitgehend verzichtet wird, versteht sich bei einem Kurzreferat von selbst.

1. Funktionszuweisungen

Fragen wir zunächst nach den Aufgaben, die den Würzburger Fürsorgeeinrichtungen in der Frühen Neuzeit zugemessen wurden, so hat man zu beachten, dass der Stifterwille, soweit er urkundlich überhaupt noch nachweisbar war, und die Deutung, die man ihm gab, zwei verschiedene Paar Schuhe sind. Tradition und Herkommen überlagerten die Stiftungsbriefe oder traten ganz an ihre Stelle, wenn man diese nicht mehr auffand.[3] Aussagen über die Aufgabenstellungen der Anstalten sind also immer nur aus einem aus vielfältigen Interessen und Überlieferungen gespeisten Kontext heraus zu treffen.

Die Zuständigkeit des Bürgerspitals sah man zum Zeitpunkt der Visitation darin, alte, gebrechliche und behinderte Personen für die Dauer ihres Lebens unterzubringen und zu ernähren[4]; ob das Bürgerspital sich auch um im engeren Sinne Kranke zu kümmern hatte, die einer Heilbehandlung bedurften, war seit Julius Echter ein ständiger Streitpunkt zwischen den Fürstbischöfen und dem Stadtrat; immerhin verfügte das Bürgerspital seit 1614 über zwei Krankenstuben, die es auf Druck Julius Echters hatte bauen müssen.[5] Dem Bürgerspital am nächsten stand das Haus Zum Gabler; es kümmerte sich um Arme, die lange in

---

2 Die Visitationsakten werden nach der Handschrift im Stadtarchiv Würzburg, Bürgerspital III/190, zitiert; ein weiteres, textidentisches Exemplar befindet sich im Diözesanarchiv Würzburg, Handschriften 5/5 (Mscr. 7); auf den Aufweis von Parallelstellen wird im Folgenden verzichtet.

3 Vgl. Stadtarchiv Würzburg, Bürgerspital III/190: Demnach war bei der Visitation 1620/21 für das Hofspital (pag. 14f.), das Siechhaus (pag. 276f.), das Ehehaltenhaus (pag. 306f.) und das Seelhaus (pag. 350f.) keine Fundationsurkunde vorhanden; Fundationsurkunden lagen vor für das Franzosenhaus (pag. 323 und 328–332), das Haus Zum Küttenbaum (pag. 340 und 342–346), das Haus Zur Hohen Zinne (pag. 366 und 368–373) und das Haus Zur Himmelskrone (pag. 381 und 385–388); für das Haus Zum Gabler bezog man sich auf einen Vertrag von 1521 und eine Obligation von 1534 (pag. 244, 247–249 und 249–253); für das Bürgerspital betrachtete man eine Urkunde von 1319 als Fundationsurkunde (pag. 190f. und 196–199); siehe zum Haus Zum Gabler jetzt Hans-Wolfgang Bergerhausen, Das Armenhaus Zum Gabler (Gabrielspflege) in Würzburg, in: Mainfränkisches Jahrbuch für Geschichte und Kunst 68 (2016), S. 151–174, bes. S. 152–158; zum Bürgerspital ders., Ein Werk der Barmherzigkeit. Das Bürgerspital Zum Heiligen Geist in Würzburg im Spätmittelalter und in der Frühen Neuzeit, in: Jahrbuch für fränkische Landesforschung 75 (2015), S. 53–72, bes. S. 54–58; ders. (Bearb.), Quellen zur Geschichte des Bürgerspitals Würzburg 1500–1650 (Fontes Herbipolenses VIII), Würzburg 2014, Nr. 185, bes. S. 228f. und 231 Anlage [1.]; soweit es das Bürgerspital betrifft, werden die Visitationsakten im Folgenden zumeist nach dieser Edition zitiert.

4 Bergerhausen, Quellen (wie Anm. 3), Nr. 185, bes. S. 228f.; ders., Werk (wie Anm. 3), S. 61f.

5 Bergerhausen, Quellen (wie Anm. 3), Nr. 140 unter Punkt 3, Nr. 433 und Nr. 436.

Würzburg ansässig waren, sollte nach dem Willen seiner bedeutendsten Wohltäterin, Barbara Weyerin, aber auch „ehelenden leüthen, die uff der gasßen hie gefunden“ wurden, helfen.[6] Das Ehehaltenhaus sollte damals vornehmlich der Unterbringung kranker oder nicht mehr arbeitsfähiger Dienstboten der Bürgerschaft bis zur Wiederherstellung ihrer Gesundheit dienen, seinen ursprünglichen Zweck vermutete man indes in der Versorgung Pestkranker; man war sich mithin bewusst und sprach es auch aus, dass sich sein Charakter inzwischen vollkommen verändert hatte.[7] Im Haus Zur Himmelskrone wurden unverheiratete Frauen und Witwen versorgt.[8]

Ganz andere Zielsetzungen schrieb man den Beginenhäuser Zum Küttenbaum und Zur Hohen Zinne zu. Sie sollten arbeitsfähigen alleinstehenden Frauen, die kein Dach über dem Kopf hatten, lediglich eine Unterkunft bieten; ihren Lebensunterhalt sollten diese Frauen sich dann als Gegenleistung im Dienst an der Stadtgemeinde durch Krankenpflege selbst verdienen.[9] Ein entsprechendes Konzept verfolgte man mit dem Franzosenhaus, nur war hier die Aufgabenstellung der Bewohnerinnen eingeschränkt auf die Versorgung einer spezifischen Gruppe von Kranken, nämlich der Syphilitiker.[10] Wieder andere Absichten verfolgte man im Umgang mit Aussätzigen. Die Leprosen sollten im Sondersiechenhaus zusammengeführt und weitgehend aus der Stadtgemeinde ausgeschlossen werden, aber, so lange es ging, ihren Lebensunterhalt durch Betteln aufbessern und dadurch den Gesunden zugleich Ansporn zur Karitas geben und Mahnung an die Vergänglichkeit sein.[11] Das Hofspital wendete sich Bedürftigen nicht nur aus der Stadt Würzburg, sondern aus dem Hochstift insgesamt zu und bevorzugte dabei verstärkt Bedienstete des Hofes.[12] Das Seelhaus sollte durchziehenden Pilgern und Armen lediglich für ein oder zwei Tage, ausnahmsweise im Krankheitsfall auch bis zu ihrer Genesung, eine Unterkunft bieten.[13] Durchweg waren alle Häuser darauf ausgerichtet, dass die Bewohner entsprechend ihrer körperlichen Verfassung selbst zu ihrer Versorgung beitrugen. Sie alle waren dementsprechend mehr oder weniger als Selbsthilfegemeinschaften konzipiert.[14]

---

6 Stadtarchiv Würzburg, Bürgerspital III/190, pag. 249–253; Bergerhausen, Gabler (wie Anm. 3), S. 155 und 163f.

7 Stadtarchiv Würzburg, Bürgerspital III/190, pag. 306f.

8 Ebd., pag. 381.

9 Kolb, Spital- und Gesundheitswesen (wie Anm. 1), S. 555f.; über die Wandlung von Beginenhausern zu städtischen Fürsorgeeinrichtungen vgl. Hien, Beginenwesen (wie Anm. 1), S. 247–257, 269f., 272f.

10 Stadtarchiv Würzburg, Bürgerspital III/190, pag. 306f.

11 Ebd., bes. pag. 288–290; vgl. Arthur Bechtold, Von den Sondersiechen, in: ders., Aus dem alten Würzburg. Beiträge zur Kulturgeschichte der Stadt, Würzburg 1940, S. 1–28, bes. S. 10f.

12 Stadtarchiv Würzburg, Bürgerspital III/190, pag. 114–121 und 174f.; vgl. Franz Krampf, Das Spital zu den XIV hl. Nothelfern, Hofspital genannt, in: Johann Baptist Stamminger (Hg.), Die Pfarrei zu St. Burkhard in Würzburg (Franconica Sacra 1), Würzburg 1889, S. 31–44, bes. S. 33f.

13 Stadtarchiv Würzburg, Bürgerspital III/190, pag. 350f.; vgl. Arthur Bechtold, Das Seelhaus, in: ders., Aus dem alten Würzburg. Beiträge zur Kulturgeschichte der Stadt, Würzburg 1940, S. 29–41.

14 Vgl. Martin Dinges, Frühneuzeitliche Armenfürsorge als Sozialdisziplinierung? Probleme mit einem Konzept, in: Geschichte und Gesellschaft 17 (1991), S. 6–29, bes. S. 11.

2. Wirtschaftliche Grundlagen

Die mit Abstand reichste der älteren Fürsorgeanstalten war, wie nicht anders zu erwarten, das Bürgerspital. Im Jahr 1620 bezog das Bürgerspital als „beständtig einkommen [...] an geldt" 1557 Gulden; unter der Bezeichnung „beständtig einkommen" wurden überwiegend Einnahmen aus Haus-, Grund- und Darlehenszinsen zusammengefasst.[15] Des Weiteren gehörten ihm damals 52 Morgen „schöner weinberg", aus denen es im Jahresdurchschnitt über 30 Fuder Wein erwirtschaftete[16]; dieses „herrlich gewechß", das, wie man mit Stolz vermerkte, in der Stadt nicht seinesgleichen hatte, erzielte beim Verkauf einen so hohen Preis, dass man oft das Zehnfache der Anbaukosten erlöste.[17] Ferner verfügte das Bürgerspital über 192 Morgen Ackerland, die es selbst bewirtschaftete; diese Äcker brachten ihm einen Ertrag von mehr als 300 Maltern unterschiedlicher Getreidesorten. Dazu kamen über 60 Morgen unkultivierten oder verpachteten Landes. Darüber hinaus besaß das Bürgerspital 26 Morgen Wiesen. Zudem waren ihm die Dörfer Laub (Stadt Prichsenstadt) und Geroldshausen zehntpflichtig; aus diesen Zehnten bezog es weitere 150 Malter Korn, Weizen und Hafer. Außerdem gehörten ihm Höfe in Unterpleichfeld, Erlach (Stadt Ochsenfurt) und Ingolstadt (Markt Giebelstadt).[18] Welchen Gewinn das Bürgerspital aus dem Verkauf seiner landwirtschaftlichen Erträge erzielte, konnte es anlässlich der Visitation angeblich nicht spezifizieren, weil die Wechselfälle des Marktes keine genaueren Angaben zuließen und dies ohnehin „uff guter haußvätter discretion" stehe.[19] Eine Gesamtaufstellung seiner Einnahmen und Ausgaben legte es dementsprechend nicht vor. Ein Blick in die Rechnungsbücher des Bürgerspitals zeigt jedoch, dass es im für die Visitation maßgeblichen Rechnungsjahr nach Abzug aller Unkosten einen Reingewinn von über 4045 Gulden verzeichnen konnte.[20] Das Bürgerspital war im Jahr 1620 also ein breit aufgestellter, höchst profitabler Wirtschaftsbetrieb. Dementsprechend hatte es 1620, abgesehen vom Juliusspital, als einzige Fürsorgeanstalt neben der Hausverwaltung im engeren Sinne eine Reihe festangestellter Arbeitskräfte, nämlich einen Müller, mindestens einen Weingartsmann, zwei Bauern und zwei Knechte, einen Pferdeknecht samt Jungen, je einen Rinder- und einen Schweinehirten, eine Köchin samt Küchenmagd sowie zwei Viehmägde; saisonal wurden diese durch Tagelöhner ergänzt.[21]

---

[15] Bergerhausen, Quellen (wie Anm. 3), Nr. 185, bes. S. 230 unter Punkt 7; vgl. ebd., Anlage [10.], S. 236, mit weiteren Nachweisen.

[16] Ebd., Nr. 185, Anlage [11.], bes. S. 236.

[17] Ebd., Nr. 185, bes. unter Punkt 8, S. 230.

[18] Ebd., Nr. 185, Anlage [11.], S. 236f.; zu den Erträgen der Lauber und Geroldshausener Zehnten vgl. ebd., Nr. 351 und 498; demnach waren die Angaben in den Visitationsakten deutlich nach unten korrigiert.

[19] Ebd., Nr. 185, Anlage [11.], bes. S. 237.

[20] Stadtarchiv Würzburg, Bürgerspital IV/86, unfol., und 87, unfol., dort die Jahresbilanzen jeweils am Ende des Bandes; vgl. Bergerhausen, Quellen (wie Anm. 3), Beilage: Tabellen auf CD-ROM, S. 78.

[21] Bergerhausen, Quellen (wie Anm. 3), Nr. 185, Anlage [9.], S. 236; vgl. ebd., Nr. 114–123; vgl. Stadtarchiv Würzburg, Bürgerspital III/57, unfol., mit Listen von saisonal eingesetzten Erntearbeitern.

Dagegen fielen die anderen sechs unter städtischer Verwaltung stehenden Häuser weit ab. Fünf von ihnen hatten 1620 keinerlei Liegenschaften. Nur das Franzosenhaus besaß zwei Morgen Weingärten, die es zu je zwölf Gulden verpachtet hatte. Ihr Einkommen erzielten sie weitgehend aus Kapitalzinsen. Am besten standen das Haus Zum Gabler und das Sondersiechenhaus vor dem Zeller Tor da, die Zinseinnahmen von knapp über 1 000 Gulden bezogen und damit in guten Zeiten nicht nur ihre Ausgaben decken, sondern auch noch gewisse Rücklagen bilden konnten.[22] Auch das Franzosenhaus und das Seelhaus konnten damals Gewinne verbuchen.[23] Das Ehehaltenhaus indes konnte mit Zinseinnahmen von 754 Gulden nicht mehr kostendeckend wirtschaften.[24] Das Schlusslicht bildete das Beginenhaus Zur Hohen Zinne, das nur rund 146 Gulden an Zinsgeld zur Verfügung hatte, die sehr begrenzten stiftungsmäßig vorgesehenen Verpflichtungen damit aber gerade noch erfüllen konnte.[25] Dank verschiedener Zustiftungen bezogen vier der Häuser jährlich kleine Kontingente an Korn und Wein, die jedoch nicht zur Versorgung ihrer Bewohner ausreichten, sondern durchweg durch Zukäufe ergänzt werden mussten.[26]

Von den ganz oder teilweise unter geistlicher Regie stehenden Einrichtungen teilten die Beginenhäuser Zum Küttenbaum und Zur Himmelskrone die karge wirtschaftliche Lage des Hauses Zur Hohen Zinne.[27] Nur das Hofspital hob sich von den anderen Fürsorgeeinrichtungen ab und nahm, wenn auch mit deutlichem Abstand, hinsichtlich seiner Vermögensverhältnisse den zweiten Rang hinter dem Bürgerspital ein. Es verfügte über ein jährliches Einkommen an Geld von 2 446 Gulden und erhielt zusammengerechnet über 283 Malter Getreide. Ferner besaß es an liegenden Gütern 7,5 Morgen Weingärten, 90 Morgen Ackerland, fast 23 Morgen Wiesen, 310 Morgen forstwirtschaftlich nutzbarer Wälder und etwa 10 Morgen Wüstungen. Das für die Visitation maßgebliche Geschäftsjahr schloss das Hofspital zwar nur mit einem kleinen finanziellen Gewinn von 309 Gulden ab, aber mit Getreideüberschüssen von insgesamt fast 160 Maltern.[28]

3. Die Klientel der Fürsorgeeinrichtungen

Alles Wirtschaften der Spitäler und Armenhäuser diente außerökonomischen Zwecken. Es sollte den Anstalten ermöglichen, die ihnen gestellten karitativen Aufgaben zu erfüllen. Gerade in dieser Hinsicht war das Bürgerspital von Fürstbischof Julius Echter scharf kritisiert worden. Er hatte der Spitalleitung vorhalten lassen, es sei nicht Sinn einer Stiftung, „grossen schatz zu samblen,

22 Stadtarchiv Würzburg, Bürgerspital III/190, pag. 244–247 und 272 (Gabler) sowie 276–279 und 303 (Sondersiechenhaus); hier und im Folgenden alle Angaben gerundet.
23 Ebd., pag. 323–327 und 337f. (Franzosenhaus) sowie 350–353 und 355 (Seelhaus).
24 Ebd., pag. 306–310 und 319 (Ehehaltenhaus).
25 Ebd., pag. 366–368 und 376 (Hohe Zinne).
26 Dies waren das Armenhaus Zum Gabler, das Sondersiechenhaus, das Franzosenhaus und das Ehehaltenhaus; vgl. Anm. 22–24.
27 Stadtarchiv Würzburg, Bürgerspital III/190, pag. 340–342 und 348 (Küttenbaum) sowie 381–384 und 394 (Himmelskrone).
28 Ebd., pag. 114–121, bes. unter Punkt 7f.; vgl. Krampf, Hofspital (wie Anm. 12), S. 39.

sonder leuten zu helffen". Deshalb gehe es auch nicht an, die Zahl der zu versorgenden Personen unter Berufung auf alte Fundationen zu begrenzen; vielmehr müsse man seine Hilfeleistungen nach dem aktuellen Vermögen richten.[29] Während der Regentschaft Echters hatte das Bürgerspital deshalb zeitweilig bis zu 53 Pfründner unterhalten. Im Jahr 1620 beherbergte es indes bei anhaltend günstigen Ertragswerten nur noch insgesamt 40 Pfründner. Diese Zahl näherte sich wieder langjährigen Durchschnittswerten an.[30] Die Krankenstuben waren mit sechs der Pfründner „versperret"; sie wurden folglich nicht dazu genutzt, zusätzlich Kranke aufzunehmen, die hier bis zu ihrer Genesung, also auf Zeit, versorgt werden sollten, sondern erkrankte Hausbewohner von den gesunden abzusondern.[31]

Das Bürgerspital war das einzige der Würzburger Häuser, in dem man zwischen armen und reichen Pfründnern unterschied. Während die armen Pfründner im Rahmen ihres gesundheitlichen Zustandes arbeitspflichtig waren und in Gemeinschaftsräumen schliefen, unterlagen die reichen Pfründner keinen Arbeitspflichten und wohnten separat.[32] Es gab zwei Mahlzeiten täglich. Sie bestanden bei den armen Pfründnern aus jeweils zwei Speisen, bei den reichen aus drei. Auffällig ist der hohe Anteil an Fleisch und Fisch.[33] Keines der anderen Häuser reichte hinsichtlich des Nahrungsangebotes an das Bürgerspital heran.[34] Noch um 1800 zählte die Verpflegung im Bürgerspital „unter die besten des ganzen Landes".[35]

1620 gab es 28 arme und 12 reiche Pfründner. Beide Gruppen hatten in der Regel für ihre Aufnahme ein Eingabe- oder Kaufgeld zu bezahlen. Bei den reichen Pfründnern, die damals im Bürgerspital lebten, reichte die Spanne von 225 bis 800 Gulden pro Kopf; der Durchschnitt lag bei 473 Gulden. Die armen Pfründner, die sich in das Spital eingekauft hatten, hatten zwischen 50 und 350 Gulden bezahlt; der Durchschnitt betrug bei ihnen 129 Gulden. Nur vier Pfründner waren gratis aufgenommen worden.[36] In diesen Zahlen spiegelt sich der Versuch der Spitalleitung, die Pfründenvergabe entgegen den sozialkaritativen Bestrebungen Julius Echters weiter zu kommerzialisieren.[37]

Alle Altersstufen von 16 bis 82 Jahren waren 1620 im Bürgerspital vertreten; der Altersdurchschnitt bei den reichen Pfründnern lag bei 62, bei den armen

---

29 Bergerhausen, Quellen (wie Anm. 3), Nr. 140 unter Punkt 3, S. 196.

30 Ebd., Nr. 185, Anlage [8.], S. 233–235, für 1620 (Achtung: Ein Ehepaar ist hier unter einem Punkt zusammengefasst); vgl. ebd., Beilage auf CD-ROM, Tabelle 2, S. 58–62 für die Gesamtentwicklung der Pfründnerzahlen.

31 Ebd., Nr. 185, bes. S. 229.

32 Bergerhausen, Werk (wie Anm. 3), S. 62–65.

33 Bergerhausen, Quellen (wie Anm. 3), Nr. 53–59.

34 Stadtarchiv Würzburg, Bürgerspital III/190, pag. 64f., 166–173, 265–267, 298f., 311–313, 334f., 347, 353f., 374, 392.

35 Philipp Joseph Horsch, Versuch einer Topographie der Stadt Würzburg in Beziehung auf den allgemeinen Gesundheitszustand und die dahin zielenden Anstalten, Arnstadt / Rudolstadt 1805, S. 236.

36 Bergerhausen, Quellen (wie Anm. 3), Nr. 185, Anlage [8.]; das Niveau lag 1620 damit überdurchschnittlich hoch; vgl. Bergerhausen, Werk (wie Anm. 3), S. 63f.

37 Vgl. die dezidierten Äußerungen Echters zum Pfründkauf im Stiftungsbrief des Juliusspitals: Philipp Stöhr, Die Beziehungen zwischen Universität und Julius-Spital. Festrede zur Feier des dreihundertsechsundzwanzigjährigen Bestehens der Königl. Julius-Maximilians-Universität zu Würzburg, gehalten am 11. Mai 1908, Würzburg 1908, bes. S. 55f. (Quelle!); Alfred Wendehorst, Das Juliusspital in Würzburg, Bd. 1: Kulturgeschichte, Würzburg 1976, S. 33.

bei 57 Jahren; die reichen Pfründner lebten im Durchschnitt bereits über neun, die armen über sieben Jahre im Spital. Bei den reichen Pfründnern war die Geschlechterverteilung ausgeglichen, bei den armen überwogen die Frauen deutlich. Überwiegend stammten die Pfründner aus solchen Würzburger Familien, die als Bürger oder Eingesessene qualifiziert waren. Bei den armen Pfründnern finden sich nur zwei Auswärtige, bei den reichen vier. Ferner kamen drei arme Pfründner aus dem Dorf Laub, das dem Bürgerspital gehörte. Die meisten Pfründner hatten ihren Lebensunterhalt bislang selbst verdient und waren in der Lage gewesen, genügend Rücklagen für einen Einkauf ins Bürgerspital anzusammeln; oder sie entstammten Familien, die finanziell gut genug gestellt waren, um einen Platz für sie zu erwerben.[38] Leider finden sich im Visitationsbericht kaum Berufsangaben; andere Quellen zeigen jedoch, dass die meisten Pfründner häufig durchaus spezialisierte Handwerker und städtische Amtsträger gewesen waren. Beruflicher Hintergrund und Höhe der Kaufgelder zusammengenommen weisen sie als Angehörige der Würzburger Mittel- und Unterschichten aus. Sie waren zumeist in soziale Netzwerke eingebunden, die ihnen den Zugang zum Bürgerspital erleichtert hatten. Städtische Randgruppen, Bettler, freund- oder obdachlose Arme waren nicht im Bürgerspital vertreten. Das Bürgerspital war also primär eine Versorgungsanstalt für die Würzburger Stadtgesellschaft, kein Institut der Armenfürsorge. Der Begriff „armer Pfründner" ist insofern als Terminus technicus der Spitalverwaltung zu verstehen, nicht als soziale Kategorisierung.[39] Sieht man sich an, was der Visitationsbericht über den Gesundheitszustand der Spitalbewohner verrät, so zeigt sich aber, dass das Bürgerspital eine wichtige Entlastungsfunktion für die Würzburger Gesellschaft und die sie bildenden Familien hatte. Denn fast alle Pfründner waren wegen Behinderung, Alters oder Gebrechlichkeit außerstande, ihren Lebensunterhalt weiterhin selbst zu bestreiten.[40]

Verpfründung, Ansässigkeitsprinzip und Konzentration auf die Bedürfnisse der Stadtgemeinschaft kennzeichneten tendenziell auch die anderen unter der Regie des Rates stehenden Häuser. Am weitesten waren diese Tendenzen beim Haus Zum Gabler durchgedrungen. 1620 lebten hier 31 Pfründner. 27 von ihnen hatten Eingabegelder bezahlt; deren Durchschnitt blieb mit ca. 107 Gulden unter den Werten für arme Pfründner des Bürgerspitals. Die meisten der Bewohner (26) stammten aus Würzburg selbst oder waren aus beruflichen Gründen oder durch Heirat in die Stadt gekommen und wohnten schon lange hier. Allerdings war die Zahl der Bürger im Rechtssinne im Haus Zum Gabler geringer als im Bürgerspital, kamen hier verstärkt Eingesessene zum Zuge. Zudem findet man im Haus Zum Gabler nur Angehörige der Würzburger Unterschicht, nicht der Mittelschicht. Seine Klientel bestand aus Dienstpersonal, kleinen Handwerkern und Häckern. Den buchstäblich auf der Straße lebenden unbehausten Armen, den die Zustifterin Barbara Weyerin noch im

---

[38] Bergerhausen, Quellen (wie Anm. 3), Nr. 185, Anlage [8.].

[39] Hans-Wolfgang Bergerhausen, Die Klientel des Bürgerspitals in Würzburg im konfessionellen Zeitalter, in: Bayerisches Jahrbuch für Volkskunde o. Bd. (2016), S. 85–99, bes. S. 95f.

[40] Bergerhausen, Quellen (wie Anm. 3), Nr. 185, Anlage [8.].

Blick hatte, trifft man allerdings auch im Haus Zum Gabler nicht an. Es war von seinem Zuschnitt her eine schlichtere Variante des Bürgerspitals.[41]

Im Ehehaltenhaus war die Zahl der auf Lebenszeit und zumeist auch gegen Bezahlung aufgenommenen Pfründner 1620 deutlich höher als die der zur Auskurierung ihrer Leiden eingewiesenen Dienstboten und Soldaten (14:11).[42] Selbst das Sondersiechenhaus hatte den Weg zu einer Pfründneranstalt eingeschlagen; denn sogar hier wurden nicht lediglich lepröse oder kontagiöse Leute, sondern auch erwerbsunfähig gewordene Personen aufgenommen, und dies gegen ein Kaufgeld; fremde Sieche durften hier nach der Ordnung von 1541 ohnehin nur für eine Nacht beherbergt werden.[43] Pfründgelder zahlten auch die zehn Frauen, die ständig im Franzosenhaus wohnten; nur zwei von ihnen ließen sich ausdrücklich noch zur Pflege von Syphiliskranken gebrauchen.[44] Sogar im Seelhaus, das statutenmäßig keine Personen beständig aufnehmen sollte, gab es 1620 neben dem Hausmeisterehepaar fünf dauernde Bewohner, die aus Würzburger Haushalten kamen.[45] Von Auffangstationen für Arme und Kranke wandelten sich auch diese Häuser zu „Alten- und Versorgungsheimen" für die Bewohner Würzburgs. Um einen derartigen Funktionswandel erfolgreich zu bewältigen, reichten ihre Stiftungsmittel indes bei Weitem nicht aus. Als Behinderten- und Altenheime gerieten sie deshalb in eine prekäre Lage.[46] Klagten die Pfründner des Bürgerspitals über die gelegentlich misslungene Zubereitung oder verspätete Ausgabe des Essens, so hatten die anderen städtischen Anstalten Schwierigkeiten, überhaupt noch eine angemessene Lebensmittelversorgung zu gewährleisten, und mussten froh sein, wenn sie Reste aus der Hofküche erhielten, die jedoch oft kaum genießbar waren.[47]

Auch das Hofspital bestätigt die Tendenz zur Verpfründung. Doch gehörten zu seiner Klientel, entsprechend seiner Unterstellung unter die Bistumsverwaltung, auch die Bewohner von Stiftsdörfern. 1620 wurde es von 26 ständigen Pfründnern bewohnt, von denen manche gratis, andere gegen Eingabegelder aufgenommen worden waren. Neben den Berufsgruppen, die man auch in den anderen Fürsorgeeinrichtungen typischerweise vorfindet, waren unter ihnen ehemalige zivile Bedienstete des Bistums anzutreffen. Um Kranke kümmerte es sich nur, wenn sie Hofdiener waren.[48]

---

41 Stadtarchiv Würzburg, Bürgerspital III/190, pag. 267–271; vgl. Bergerhausen, Gabler (wie Anm. 3), S. 162–164.

42 Stadtarchiv Würzburg, Bürgerspital III/190, pag. 313–316; vgl. Wolfgang Bühling, Das Ehehaltenhaus zu Würzburg als Militärspital, in: Mainfränkisches Jahrbuch für Geschichte und Kunst 61 (2009), S. 128–137, der die Aufnahme von Soldaten indes später datiert.

43 Stadtarchiv Würzburg, Bürgerspital III/190, pag. 276–279, 295f. und 299–302; vgl. Bechtold, Von den Sondersiechen (wie Anm. 11), S. 14f. und 21f.

44 Stadtarchiv Würzburg, Bürgerspital III/190, pag. 335–337.

45 Ebd., pag. 350f. und 354.

46 Vgl. Hien, Beginenwesen (wie Anm. 1), S. 275–279, Zitat hier S. 278.

47 Bergerhausen, Quellen (wie Anm. 3), Nr. 185, Anlage [14.]; Stadtarchiv Würzburg, Bürgerspital III/190, pag. 304f., 311–313, 321, 347, 353f., 362f., 374.

48 Stadtarchiv Würzburg, Bürgerspital III/190, pag. 174–180; Krampf, Hofspital (wie Anm. 12), S. 35f.

4. Einige Bemerkungen zur Administration

Die Verwaltung der Fürsorgeeinrichtungen war denkbar einfach.[49] Sie entsprach trotz ihres Funktionswandels 1620 immer noch den seit dem späten Mittelalter gebräuchlichen Gepflogenheiten. Für die unter städtischer Regie stehenden Häuser bestellte der Rat in der Regel je einen ehrenamtlichen Pfleger. Nur das Bürgerspital hatte traditionell zwei Pfleger. Allerdings hatte sich Bischof Konrad von Bibra 1541 vorbehalten, den Pfleger für das Ehehaltenhaus und das Sondersiechenhaus selbst zu bestimmen.[50] Alle Pfleger wurden aus dem Kreis der Ratsherren entnommen. Ihr Amt übten sie inzwischen lebenslang aus. Sie führten die Oberaufsicht über das ihnen anvertraute Haus und waren für die Vermögensverwaltung zuständig. Alle wesentlichen Angelegenheiten hatten sie dem Rat zur Entscheidung vorzulegen. Die täglichen Geschäfte leitete ein vom Rat ernannter Hausmeister (Vorsteher, Hausvater, Verwalter), und zwar gemeinsam mit seiner Ehefrau; dieser Hausmeister bekam meist einen Zeitvertrag, wurde wie ein Pfründner gehalten und erwarb bei Wohlverhalten eine Expektanz auf eine Pfründe. Die Bewohner der Siechhäuser sollten nach der Ordnung von 1541 ihren Hausmeister aus ihren Reihen selbst wählen; tatsächlich wurde dieser Posten jedoch inzwischen vom Rat besetzt, bemerkenswerterweise mit Gesunden, die bisher nicht im Haus lebten.[51] Die Beginenhäuser leitete eine vom Rat bestätigte Hausmutter.[52] Ganz nach diesem Schema wurden auch die unter geistlicher Leitung stehenden Häuser verwaltet.[53] Weiteres Personal gab es, außer beim Bürgerspital und beim Hofspital, nicht.

Allerdings befand sich die Verwaltung des Bürgerspitals damals in einem Umbruch. Der Visitationsbericht gibt darauf nur einen kleinen Hinweis. Anstelle eines Spitalmeisters führt er neben den beiden Pflegern nämlich einen Spitalschreiber an. Dies ist keineswegs nur eine andere Benennung für ein und dasselbe Amt, sondern dahinter verbarg sich eine neue Aufgabenverteilung. Seit Beginn des 17. Jahrhunderts hatte man den Posten des Spitalmeisters unbesetzt gelassen, weil sich keine tauglichen und vertrauenswürdigen Personen mehr dafür finden ließen. Stattdessen schalteten sich die Spitalpfleger immer stärker in die Tagesgeschäfte ein. Bezeichnenderweise erhielten sie seit 1596 eine regelmäßige Besoldung, ein deutliches Indiz dafür, dass sich die Pflegschaft selbst zum Amt wandelte. Zugleich experimentierte man mit einer ganzen Reihe neuer Funktionsstellen, um die Lasten des Spitalmeisteramtes auf mehrere Schultern zu verteilen. Dieser Umstrukturierungsprozess war 1620 noch nicht abgeschlossen.[54] Er belegt aber eindeutig, dass ein Großbetrieb wie

---

[49] Vgl. insgesamt Götz, Würzburg im 16. Jahrhundert (wie Anm. 1), S. 205–209.

[50] Stadtarchiv Würzburg, Bürgerspital III/190, pag. 280–282; die Spitalpfleger, Spitalmeister und Hausmütter für die einzelnen Häuser jeweils aufgeführt ebd., pag. 114, 190, 244, 276, 306, 323, 350; für das Bürgerspital siehe auch die Listen in Bergerhausen, Quellen (wie Anm. 3), Beilagen auf CD-ROM, hier Tabelle 3 a) und b); vgl. Bechtold, Von den Sondersiechen (wie Anm. 11), S. 23f.

[51] Vgl. Stadtarchiv Würzburg, Bürgerspital III/190, pag. 276f. und 306f.

[52] Stadtarchiv Würzburg, Bürgerspital III/190, pag. 340 und 366.

[53] Ebd., pag. 114 und 380f.

[54] Bergerhausen, Werk (wie Anm. 3), S. 68–71.

das Bürgerspital mit den aus dem Mittelalter überkommenen rudimentären Verwaltungseinrichtungen nicht mehr sachgerecht zu führen war.

5. Ein kurzer Blick auf das Juliusspital

Die Beschreibung, die der Visitationsbericht 1620 vom Juliusspital liefert, ist in mancherlei Hinsicht auffällig schmallippig.[55] Was zunächst die Einkünfte des Juliusspitals angeht, so macht der Bericht keine Angaben. Zahlen, die für das Jahr 1600 vorliegen, beweisen jedoch, dass das Juliusspital das Bürgerspital weit hinter sich ließ, und zwar auf allen Ebenen. Sein Vorsprung vor dem Bürgerspital lag sowohl bei den Bareinnahmen als auch bei den Naturaleinnahmen im zweistelligen Bereich, und die Schere ging in den folgenden Jahren immer weiter auseinander.[56] Allerdings waren die Aufgaben des Juliusspitals weiter gefasst als die des Bürgerspitals.

Das Juliusspital kümmerte sich vornehmlich um die Landbevölkerung. De jure stand es zwar auch den Bewohnern der Stadt Würzburg offen; tatsächlich versuchte Julius Echter jedoch eine strikte Trennung zwischen Landarmen und stadtwürzburgischen Einwohnern durchzusetzen, von denen die ersteren ausschließlich ins Juliusspital, die letzteren allein ins Bürgerspital aufgenommen werden sollten; deshalb auch seine bereits erwähnte Forderung, das Bürgerspital müsse eigene Krankenstuben einrichten.[57]

1620 versorgte das Juliusspital 174 bedürftige Personen. Zwar hatte der Stiftungsbrief bestimmt, dass alte, schwache und schadhafte Leute so lange unterhalten und gepflegt werden sollten, bis sie wieder arbeiten und ihr Brot selbst verdienen könnten, dass die Regel also der vorübergehende Aufenthalt sein sollte; der Visitationsbericht von 1620 zeigt jedoch, dass auch das Juliusspital mittlerweile vornehmlich eine Pfründneranstalt war. Denn 59 Männer und 76 Frauen wurden als beständige Bewohner des Juliusspitals gekennzeichnet. Daneben versorgte das Juliusspital zwar 21 Kranke, die nach ihrer Genesung anderen Bedürftigen Platz machen mussten, und 18 Kinder, deren Aufenthalt laut Stiftungsbrief auf zehn Jahre begrenzt war. Doch auch im Juliusspital setzte sich somit der zeitübliche Trend zur Verpfründung durch. Hinweise über die Käuflichkeit von Pfründen gibt es hier allerdings erst aus dem ausgehenden 17. Jahrhundert.[58]

---

[55] Stadtarchiv Würzburg, Bürgerspital III/190, pag. 8–113.

[56] Friedrich Merzbacher, Das Juliusspital in Würzburg, Bd. 2: Rechts- und Vermögensgeschichte, Würzburg 1979, S. 220–233; Stadtarchiv Würzburg, Bürgerspital IV/66, unfol., bietet die Vergleichsdaten für das Jahr 1600; vgl. Bergerhausen, Quellen (wie Anm. 3), Beilagen auf CD-ROM, hier Tabelle 4 zur langfristigen Entwicklung beim Bürgerspital.

[57] Vgl. Stöhr, Beziehungen (wie Anm. 37), bes. S. 53; Bergerhausen, Quellen (wie Anm. 3), Nr. 140 unter Punkt 2, bes. S. 195f.

[58] Stadtarchiv Würzburg, Bürgerspital III/190, pag. 48f. und 98; über Herkunft, sozialen Hintergrund, Alter und Gesundheitszustand der Bewohner des Juliusspitals gibt der Visitationsbericht keine Auskunft. Vgl. insgesamt Wendehorst, Juliusspital, Bd. 1 (wie Anm. 37), S. 32–41 und 88–91; ders., Juliusspital, Bd. 2 (wie Anm. 56), S. 15–25 und 120–124.

Trotz seines weiten Geschäftsfeldes hatte das Juliusspital 1620 nur 19 Offizianten und Ehehalten, also lediglich vier mehr als das Bürgerspital.[59] Den Vorstand bildeten ein geistlicher Spitalmeister und ein weltlicher Verwalter, ergänzt um den Gegenschreiber.[60] Die Verwaltung war mit der Fülle der ihr zugewiesenen Aufgaben überfordert. Der Verwalter strebte deshalb ein anderes Amt an. Zudem klagte er über Eigenmächtigkeiten des Spitalmeisters. Die vorgeschriebenen täglichen Ratsstunden wurden nur noch unregelmäßig gehalten. Eine ordentliche Registerführung war nicht mehr gewährleistet. Die Spitalgüter konnten wegen Arbeitsüberlastung nicht mehr regelmäßig besucht werden. Der Spitalarzt kam zwar seinen Verpflichtungen fleißig nach; doch argwöhnte man, dass er sich von den Kranken Geld geben lasse. Die Krankenstuben wurden „gar unsauber gehalten"; es herrsche dort „starckher geschmag" und „grosßer gestanckh". An Medikamenten werde gespart. Der Koch, der nur zwei Küchenmägde als Hilfen hatte, sah sich außerstande, den Kranken entsprechend den Anweisungen des Arztes unterschiedliche Speisen zuzubereiten. Der Ton gegenüber den Bedürftigen war, wie in den anderen Fürsorgeeinrichtungen auch, rau; mancher Bedienstete schalt sie „blinde und alte hundt" und „schnarre die kranckhen gar hart ahn". Sogar die geistliche Betreuung der Bewohner ließ zu wünschen übrig.[61] Kurzum: Das von Julius Echter als Musteranstalt geplante Juliusspital hatte seine Vorbildfunktion 1620 offensichtlich verloren und steckte in einer tiefen Krise.

6. Fazit

Der bayerische Ministerpräsident Horst Seehofer hat das Bürgerspital anlässlich eines Festaktes kürzlich als „das Flaggschiff des sozialen Frankens" bezeichnet.[62] In vergleichender Perspektive zeigt sich, dass diese Einschätzung auch auf das Bürgerspital des frühen 17. Jahrhunderts übertragbar ist. Das Bürgerspital bot einer vorwiegend stadtbürgerlichen Klientel, die ihren Lebensunterhalt auf ehrliche Weise selbst verdient und die Lasten der Stadt mitgetragen hatte, bei unverschuldeten Schicksalsschlägen oder im Alter Schutz vor sozialem Abstieg oder Verelendung. Seine Adressaten waren nicht die bereits im Elend steckenden unterbürgerlichen oder gar ortsfremden Armen. Vielmehr versuchte es, dem Abgleiten bestimmter städtischer Bevölkerungsgruppen in Armut vorzubauen. Prävention war sein Ziel. Es teilte diese Zielsetzung mit den meisten anderen Würzburger Spitälern und Armenhäusern. Es hob sich jedoch hinsichtlich seiner Wirtschaftskraft, seiner Haushaltsführung, seines Leistungsumfangs wie auch des sozialen Status seiner Bewohner von den anderen Fürsorgeeinrichtungen in Würzburg ab. Es nahm insofern eine Sonderstellung im Würzburger Fürsorgewesen ein.

59 Stadtarchiv Würzburg, Bürgerspital III/190, pag. 98.
60 Ebd., pag. 8; vgl. pag. 84–97 die Ordnung Aschhausens von 1618 für die Spitalverwaltung; vgl. insgesamt Merzbacher, Juliusspital, Bd. 2 (wie Anm. 56), S. 86–107.
61 Stadtarchiv Würzburg, Bürgerspital III/190, pag. 102–113, daraus die eingestreuten Zitate.
62 URL: http://www.mainpost.de/regional/wuerzburg/Ministerpraesidenten-Stiftungen-Buergerspital-Landespolitik-Bayern-Residenz-Mainfranken-Theater;art735,9268847 [letzter Zugriff: 20.03.2017].

„Die schönsten zwey Zimmer für die Herren Ärzte!“

Die Medizinische Poliklinik der Universität zu Gast im Bürgerspital 1821 bis 1841

Andreas Mettenleiter

1. Einleitung

In der nunmehr 600-jährigen Geschichte des Würzburger Bürgerspitals wie auch der fast 450-jährigen Universitätshistorie fallen die zwei Jahrzehnte, in denen die Poliklinik hier zu Gast war, kaum ins Gewicht. Mehr noch: Letztere, ein ungeliebtes Stiefkind von und zwischen Universität sowie städtischer armenärztlicher Fürsorge, war hier nur sehr widerwillig geduldet. Trotzdem sind diese zwanzig Jahre aus der Frühzeit der Poliklinik aus medizin- und lokalhistorischer Sicht einen genaueren Blick wert und bilden eine interessante Facette im Gesamtbild der Stiftung, zumal in dieser Zeit vier sehr unterschiedliche Persönlichkeiten die Institution leiteten.

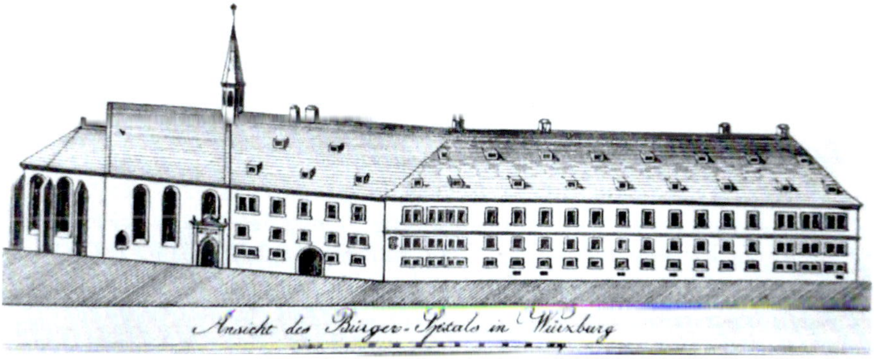

Abb. 1: *Das Bürgerspital um 1819. Kupferstich zu einer Publikation über das Bürgerspital.*

1957 hatte der damalige Leiter der Medizinischen Poliklinik, Professor Hans Franke, zusammen mit seinen Assistenten Joachim und Edith Schröder einen Rückblick auf die damals 150-jährige Geschichte seiner Klinik geworfen.[1] Frei-

---

Folgende Abkürzungen werden verwendet:
ARS = Archiv von Rektorat und Senat
BSP = Bürgerspital
fl. = Gulden
JuSpi = Juliusspital-Archiv
StadtAW = Stadtarchiv Würzburg
StAWü = Staatsarchiv Würzburg

lich standen ihm für diese verdienstvolle Arbeit, in der die hier geschilderten zwanzig Jahre zwischen 1821 und 1841 nur einen kleinen Teilaspekt bilden, nicht alle wichtigen Quellen zur Verfügung; zudem konnten in den vergangenen sechs Jahrzehnten viele institutionelle und biographische Detailfragen näher untersucht und in einen größeren Kontext gestellt werden.

Die aus privater Initiative entstandene und mit viel persönlichem Engagement betriebene Poliklinik sah sich dem Spannungsfeld verschiedener Institutionen, nämlich der Kommune (Armen-Pflegschaftsrat, Stadtarzt, Armenarzt), der Universität (Medizinische Fakultät, Senat, Universitäts-Curatel), der Regierung (Regierungspräsident in Würzburg, Innenministerium in München) und – zwischen 1821 und 1841 – zusätzlich der Stiftungsverwaltung des Bürgerspitals, und damit sehr unterschiedlichen Interessen und Erwartungen ausgesetzt. Kein Wunder, dass sich die Klinikleiter nur allzuoft zwischen allen Stühlen wiederfanden! Die Informationen über das erstmals 1820 ins Auge gefasste und im Mai 1821 gegen den erklärten Willen von Senat und Stadtmagistrat im Bürgerspital eingerichtete „Lokal" und seine kurzlebige Geschichte bis 1841 sind spärlich und nur aus der Zusammenschau vieler Quellen rekonstruierbar.[2] Viele interessante Einblicke in den Alltag dieser Institution aus vielerlei Perspektive ergeben sich lediglich aus Nebensätzen und Randbemerkungen.

Die ärztlichen Leiter der Poliklinik waren ganz unterschiedliche, im Denken ihrer Zeit verhaftete Persönlichkeiten: Der eher karitativ denkende, frühverstorbene Johann Joseph Doemling, der pragmatische Idealist Philipp Joseph Horsch, der versponnene, von Alltagsgeschäften überhäufte Theoretiker Georg Ernst Vend, der fähige, finanziell stets klamme Jakob Hergenröther (Vater des Kardinals Joseph Hergenröther, der einer politischen Säuberungsaktion zum Opfer fiel), der bedeutende Kliniker und praktisch denkende Vertreter der naturhistorischen Schule, Conrad Heinrich Fuchs, dessen Karriere unverschuldet endete, um Franz Rinecker, dem vielseitigen Mediziner und späteren Berufungsstrategen Platz zu machen, der seine guten persönlichen Beziehungen offenbar so wirkungsvoll wie rücksichtslos spielen ließ. Gegenüber den beiden Kliniken im Juliusspital blieb die Poliklinik stets die „zweite Wahl". Aus den Schicksalen der Professoren der „ambulanten Klinik" und ihren Konflikten ergibt sich ein sehr lebendiges, manchmal „erschreckend menschliches" Zeitbild zwischen machtbewussten Platzhirschen wie Johann Lucas Schoenlein und Opfern dieses beruflichen Ehrgeizes oder aber innenministerieller oder gar königlicher Willkür.

Äußerungen von Patienten sind in dieser Zeit sehr rar gesät, doch finden diese offenbar einflussreiche Fürsprecher, wie sich aus der Diskussion um die „Notwendigkeit und Nützlichkeit" der Poliklinik als medizinische Versorgungseinrichtung für bedürftige Kranke und gleichzeitig Ausbildungsinstitution für junge Ärzte erkennen lässt. Ein sehr lebendiger und lebensnaher Bericht aus

---

[1] Hans Franke/Joachim Schröder/Edith Schröder, Die Würzburger Medizinische Universitäts-Poliklinik 1807–1957, Stuttgart, 1957.

[2] Mein Dank gilt den Mitarbeitern des Stadtarchivs (Juliusspital-Archiv, Akten zum Bürgerspital), des Staatsarchivs und des Universitätsarchivs in Würzburg sowie des Bayerischen Hauptstaatsarchivs in München.

der Feder eines Medizinstudenten wirft abschließend ein Schlaglicht auf die Würzburger Poliklinik um die Mitte des 19. Jahrhunderts.

2. Medizin im Bürgerspital

Im Gegensatz zum Juliusspital, in dem wie in den frühneuzeitlichen oberitalienischen Spitälern von Anbeginn an auch die medizinische Behandlung Bedürftiger vorgesehen war, ist das deutlich ältere Würzburger Bürgerspital bis heute Pfründenanstalt bzw. Alten- und Pflegeheim, d. h. ein Hospital im mittelalterlichen Verständnis geblieben. Die in der Zeit Julius Echters eingerichteten zwei „churstueben" (Krankenstuben) waren ausdrücklich „fur die pfründner und des spittals nottürfft" vorgesehen, und nicht etwa für Kranke, die zur Behandlung ins Spital kamen.[3] Die im 18. Jahrhundert vom Fürstbischof angeordnete Unterbringung bzw. „Verwahrung" selbst- und fremdgefährdender Geisteskranker in „Blockhäusern" – angesichts der fehlenden Behandlungsmöglichkeiten eigentlich kein medizinisches, sondern ein rein soziales Problem – stieß auf hartnäckige Widerstände, da man das Juliusspital für zuständig hielt, in dem es neben Akutkranken auch „Irrenpfründner" aus allen Gesellschaftsschichten gab.[4] Im Gegensatz zu den karitativ und sozialpolitisch denkenden Landesherrn betrachtete die Verwaltung das Spital als Wirtschaftsunternehmen, das mit dem eingebrachten Vermögen der Pfründner und dem Stiftungskapital gewinnorientiert, zumindest aber ökonomisch zu wirtschaften hatte.

Waren vor diesem Hintergrund schwere, d. h. voraussichtlich kostspielige Erkrankungen ein Hinderungsgrund für die Aufnahme ins Spital – solche Patienten fanden im Siechhaus Aufnahme – wurde natürlich im Krankheitsfall ein Arzt oder ein Wundarzt geholt. Dies belegen vereinzelt erhaltene Anstellungsdekrete, z. B. für Johann Heinrich Hiltermann, der 1735 den Auftrag erhielt, „in allen sich ergebenden Zufällen /: wie es nur nahmen haben mag :/ *externe* zu curiren, die bedürftige Pflaster undt andere hiezu erforderliche äusserliche Curmittel, ohnentgeldlich dazuzugeben, und fleissige Sorg, undt Obsicht auff die *patienten* zu haben."[5] 1810 wurde der Chirurgus Hennemann (Hönnemann / Hoenermann) angestellt, der 1790 am Juliusspital Assistent Carl Caspar Siebolds gewesen war und zusätzlich als fürstbischöflicher Garnisonsarzt fungierte. Auch die Dienste von Bader und Barbier, die das Setzen von Schröpfköpfen, den Aderlass und kleinere chirurgische Eingriffe mit einschlossen, wurden in Anspruch genommen und sind urkundlich belegt. Als Hennemanns Nachfolger, der Chirurgus Fehneberg, 1814 starb, übernahm

[3] Hans-Wolfgang Bergerhausen (Bearb.), Quellen zur Geschichte des Bürgerspitals Würzburg 1500–1650, Würzburg 2014, Nr. 433; Bauzeichnung in der Spitalrechnung von 1614 (StadtAW, BSP II/9) in: Sybille Grübel / Robert Meier, Die Bürger und ihr Spital. Aspekte aus der Geschichte des Bürgerspitals in Würzburg, Würzburg 2006, S. 16, Abb. 15.

[4] StadtAW, JuSpi Akt 3963; Bayerisches Hauptstaatsarchiv München, Würzburg GebrA. IV J 185; Andreas Mettenleiter, Das Juliusspital in Würzburg – Medizingeschichte, Würzburg 2001, S. 301f.

[5] StadtAW, BPS II/9, Bl. 7 (Hervorhebungen im Original).

dessen Witwe Gehalt und Aufgaben ihres Mannes einschließlich des Anlegens von Blutegeln, während ein Dr. Muck die „höheren chirurgischen Verrichtungen“ besorgte.[6] 1836 wurde mit Dr. Anton Joseph Mayer ein hochqualifizierter Operateur eingestellt, der seine wundärztliche Ausbildung ebenfalls im Juliusspital erhalten hatte.[7]

Übrigens waren, wie in anderen Spitälern auch, die Pfründner zur gegenseitigen Krankenpflege verpflichtet, wie etwa § 17 der Pfründnerordnung von 1798 explizit ausführt[8]: „Wenn die Vorsteher für nöthig und nüzlich finden, daß eines oder das andere den im Kranken-Zimmer liegenden dienstbare Hände biethe, so sollen sie sich zu diesem vortrefflichen Liebes-Werke willigst verwenden, in Erwägung, daß auch niemand weiß, wie bald er selbst einen solches Dienstes bedarf, daß Gott der Herr mehr die Barmherzigkeit als Gabe ansieht und Gehorsam als Opfer verlangt.“ Daneben waren zeitweilig auch zwei bis drei Krankenpflegerinnen angestellt.[9]

Wohl aus gutem Grund gab es auch nicht nur eine besondere Krankendiät[10], sondern auch genaue Verhaltensmaßregeln für erkrankte Pfründner, die in § 18 festgehalten sind: „Wie man von Spitals wegen alle schickliche Mittel anwendet bei einer sich eräugenden Krankheit eines Pfründners demselbigen die vorige Gesundheit wieder zu bringen, und die dazu erforderlichen Kösten zu bestreiten, auch einen beständigen Leib- und Wundarzt diesertwegen bestellt hat, also wird der für sich eigenmächtig und ohne Wissen des Vorstehers unternommene Gebrauch der Arzneyen auf keine Art geduldet und ebenso nachdrucksam untersagt, von wahren oder Afterärzten dergleichen zu nehmen oder sich bringen zu lassen. Eben so sollen sich Kranke nicht unterfangen, andere Speisen oder Getränke von Hausgenoßen oder auch fremden aus der Stadt ins Spital zu sich bringen zu laßen, als solche, welche mit des Spital-Arztes vorgeschriebenen Speise-Ordnung pünktlich übereinstimmen.“

Denn das Bürgerspital fiel, wie die übrigen Gesundheitseinrichtungen Würzburgs, zudem in den Aufgabenbereich des Stadtphysikus, eines akademisch gebildeten Mediziners. Dieser hatte, wie die Anstellungsverträge zeigen, neben rein amtsärztlichen Pflichten wie der Seuchenabwehr und -bekämpfung, der Überwachung der Apotheken und der Hygiene in der Regel auch die medizinische Behandlung wohlhabender Bürger gegen Bezahlung und die unentgeltliche Therapie Bedürftiger in den städtischen „Armenpflegen“ zu leisten. Für die Bewohner des Bürgerspitals war er damals aber wohl weniger als individueller „Hausarzt“ der Bewohner anzusehen, während es im 19. Jahrhundert – nach dem Auszug der Poliklinik – tatsächlich auch so bezeichnete „Hausärzte“ gab, die genau diese Aufgabe übernahmen.

---

6 StadtAW, BSP II/9, Bl. 63.

7 StadtAW, BSP II/9; vgl. Grübel/Meier, Die Bürger und ihr Spital (wie Anm. 3), S. 20; Ulrich Hartnack, Joseph Anton Mayer, ein Chirurg und Orthopäde in Würzburg, Med. Diss. Würzburg 1975.

8 Bruno Rottenbach, 650 Jahre Bürgerspital zum Heiligen Geist in Würzburg, Würzburg 1969, S. 58.

9 Grübel/Meier, Die Bürger und ihr Spital (wie Anm. 3), S. 35.

10 Ebd., S. 69–72: eigene Speiseordnung für Kranke von 1830 und 1865.

In die lange, aus verschiedenen Quellen nur unvollständig zu rekonstruierende Reihe der Stadtphysici gehören im 15. Jahrhundert offenbar der Chirurg Johann Schenck (1481), im frühen 16. Jahrhundert der gelehrte Arzt Burkhart von Horneck (1505–1515), bedeutender Sammler medizinischer Fachliteratur, sowie in der Zeit der Humanistenärzte Bernhard Mylius (1561), der in Hinblick auf eine künftige Universitäts(neu)gründung berufen wurde[11], und 1582 Johannes Posthius, der in der Echterzeit als Mitglied des fürstbischöflichen „Collegium medicum" die zweite Universitätsgründung miterlebte.[12] Zwei Ärzte des 17. Jahrhunderts seien hier namentlich genannt: 1674 wurde Dr. Ferdinand Upilio, ein Urenkel des ersten Juliusspital-Arztes Wilhelm Upilio, Arzt des Bürgerspitals und der Armenpflegen sowie Stadtarzt. Er erhielt für seine Dienste ein Gehalt von 80 Gulden. 1676 folgte ihm Hieronymus Conrad Virdung von Hartung (1640–1708) nach, seit 1664 Mitglied der Leopoldina und bei seiner Ankunft zum Professor der Chirurgie an der Medizinischen Fakultät der Universität berufen sowie 1694 auch zum fürstbischöflichen Leibarzt ernannt.

In Hinblick auf die spätere Poliklinik lohnt auch ein Blick auf die Stadtphysici des 18. Jahrhunderts: Bis zum seinem Tod 1730 amtierte Johann Peter Ernst (1655–1730)[13], gefolgt von einem Dr. Zahn († 1731) und Joseph Simon († 1741), zuvor Physicus in Neustadt an der Saale. 1742 wurde der Kitzinger Physikus Johann Andreas Jäger († 1745) berufen. Johann Valentin Scheidler († 1750), Militär- und Festungsarzt sowie zeitweilig mit der Versehung der Professur für Botanik betraut, berief sich darauf, schon zu Zeiten des Dr. Ernst sechs Jahre lang unentgeltlich als Stadtarzt tätig gewesen zu sein. 1750 wählte der Stadtrat Elias Joseph Papius, der aber vom Bischof nicht bestätigt wurde; die Stelle erhielt der bisherige Ratsphysicus Christoph Anton Jäger (erw. 1736–1784). 1774 wurde diesem Gerhard Ferrand († 1812) zur Seite gestellt („adjungiert"), der 1782 und nochmals 1786 als Stadtphysikus und Residenzarzt[14] bestätigt wird. 1797 stellte Stadtphysicus Ferrand seinerseits einen Antrag auf Adjunktion des Dr. Joseph Schwing (Schwieg). 1807 wurde ihm Philipp Joseph Horsch[15], der offizielle Begründer der Medizinischen Poliklinik, als zweiter Stadtphysikus zugesellt, dem 1820 Georg Ernst Vend – der die Leitung der Poliklinik übernahm – auch als Stadtphysikus nachfolgte.

---

11 StAWü, Ms. f 721, Johann Baptist Scharold, Geschichte des gesammten Medizinalwesens im ehemaligen Fürstenthum Würzburg während des Mittelalters und des 16. Jahrhunderts, Würzburg 1825; Georg Sticker, Die Entwicklung der Medizinischen Fakultät an der Alma Mater Julia, in: Max Buchner (Hg.), Aus der Vergangenheit der Universität Würzburg. Festschrift zum 350jährigen Bestehen der Universität, Berlin 1932, S. 450.

12 StadtAW, Ratsprotokolle 14,3; vgl. Hannelore Götz, Würzburg im 16. Jahrhundert, Würzburg 1986, S. 227; Klaus Karrer, Johannes Posthius (1537–1597). Verzeichnis der Briefe und Werke mit Regesten und Posthius-Biographie, Wiesbaden 1993.

13 Universitätsbibliothek Würzburg, Franconica, Würzburger Totenzettel, Ernst, Johann Peter.

14 [Adam Michael Veit] Köl, Biographien fränkischer Gelehrter. 14 Konvolute handschriftlicher Notizen; Bayerisches Hauptstaatsarchiv München, W, Histor. Verein, MS q. 14.

15 StadtAW, BüSpi II/9, Bl. 14: „Der hiesige Spital-Medicus und Stadt-Physikus Hr. Dr. Ferrand kömmt schon einige Zeit nicht mehr ins Spital, da sein Alter ihm desgleichen öftere Besuche zu verbiethen scheint, dessenwege er nun seine Hülf anflehende Pfründner zu seinem Nachfahrer Hr. Medicinalrath Dr. Horsch hingerichtet"; 30.04.1810.

Dieser kurze und unvollständige Überblick zeigt zum einen die wachsende Arbeitslast der Amtsinhaber, denen nun Kollegen zur Unterstützung zugewiesen werden mussten und zum zweiten, dass sich ab dem 18. Jahrhundert unter den namentlich bekannten Stadtärzten keine fürstbischöflichen Leibärzte mehr finden sowie ferner, dass unter den Stadtphysici – nur – vereinzelt Dozenten und Professoren der Universität waren. Die Stadtärzte wurden also immer mehr zu Armenärzten, bis beide Ämter schließlich 1832 getrennt wurden. Für die Erteilung akademischen Unterrichts – wie es die Poliklinik der Universität vorsah – musste der Direktor Professor der Universität und nach Möglichkeit Mitglied der Medizinischen Fakultät sein.

3. Die Entstehung der Poliklinik

Zum besseren Verständnis sei jedoch zuvor ein kurzer Blick auf die Entstehung des klinischen Unterrichts geworfen, dessen Geschichte im Juliusspital nicht wesentlich älter ist als die der Poliklinik und hier gewissermaßen als „Zwitterwesen" beider später getrennter Klinikformen begann. Zwar sahen bereits die Statuten von 1587 für die damals freilich nur auf dem Papier bestehende medizinische Fakultät der Universität vor, dass die Studenten – zumindest hin und wieder – zu den ärztlichen Konsilien im fürstbischöflichen Juliusspital zugelassen werden sollten, sodass bereits in dieser frühen Zeit gewissermaßen eine Urform der Medizinischen Klinik fassbar ist[16], doch war die Medizinerausbildung bis in die zweite Hälfte des 18. Jahrhundert nahezu rein theoretisch ausgerichtet.

Das änderte sich erst mit der Berufung Franz Heinrich Me[i]nolph Wilhelms im Mai 1769 als Juliusspitalarzt und Professor der Medizin, dem „das *Studium Clinico practicum* nach Arth und Weis, wie Solches beÿ der *Kaÿserlichen Universitæt* zu Wien nützlich eingeführt ist, zu lehren und auszuüben"[17] aufgetragen wurde – übrigens zusammen mit der Experimentalchemie in der Juliusspital-Apotheke![18] Dass dies bei der Spitalverwaltung, der Hofstube, auf wenig Gegenliebe stieß, lässt sich denken, zumal die Anschaffung spezieller Gerätschaften für den Studentenunterricht nicht dem ursprünglichen Stiftungszweck der Versorgung Bedürftiger entsprach. Wilhelm hatte während eines durch den Fürstbischof finanzierten Studienaufenthalts in Wien die beiden aus den Niederlanden stammenden Leibärzte Maria Theresias, Gerard van Swieten und Anton de Haen, kennengelernt, die den klinischen Unterricht nach Leidener Vorbild im Habsburgerreich erfolgreich eingeführt hatten.

---

[16] „Quandoque etiam in consultationes medicas de infirmis admittantur auditores, ut sic et materia medica et morbis in individuo occurrentibus ob oculos positis in eorum certiorem cognitionem et expeditiorem curationem introducantur"; zitiert aus: Albert Koelliker, Zur Geschichte der medizinischen Fakultät an der Universität Würzburg. Rede zur Feier des Stiftungstages der Julius-Maximilians-Universität Würzburg 1871, S. 59.

[17] StadtAW, JuSpi Akt 4301; vgl. auch StadtAW, JuSpi Akt 2277, Diensteid als zweiter Spitalarzt am 18.03.1769 (Hervorhebungen im Original).

[18] Mettenleiter, Das Juliusspital (wie Anm. 4), S. 201–206.

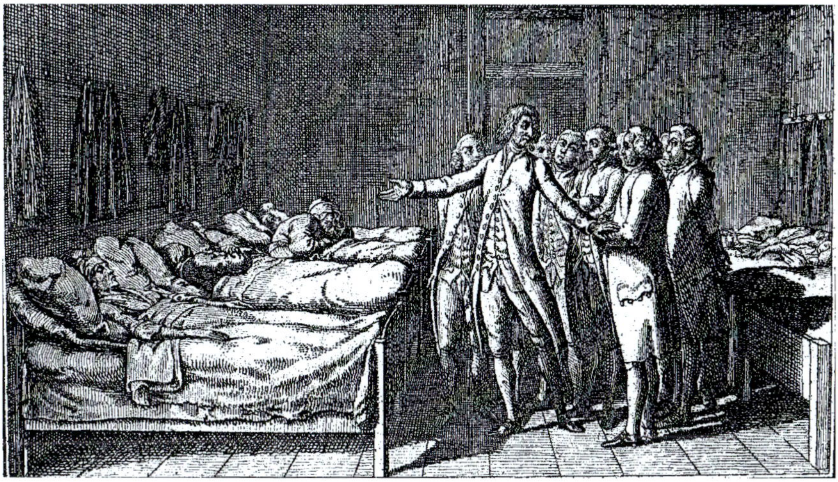

Abb. 2: *Der klinische Unterricht am Krankenbett Ende des 18. Jahrhunderts revolutionierte die Medizinerausbildung an den Universitäten. Kupferstich von Daniel Chodowiecki (Slg. Mettenleiter).*

Die Frühgeschichte des klinischen Unterrichts im Juliusspital liest sich wie eine Vorwegnahme der Auseinandersetzungen der Professoren der Poliklinik mit der Stadt bzw. der Verwaltung des Bürgerspitals: In seinem Anstellungsdekret war Wilhelm zunächst als Provisorium die Apothekenstube als Ort für seinen klinischen Unterricht zugewiesen worden – eine hierfür wenig geeignete Lokalität und eine schlechte Voraussetzung für ein Gelingen des Projekts. Optimistisch kündigte Wilhelm dennoch ein zweistündiges „Collegium casuale practicum disputatorium" an, also ein Praxiskolleg, in dem aktuelle Fälle besprochen werden sollten. Doch klingt viel Bitterkeit aus seinem Antrag aus der Zeit um 1785, in dem er anderthalb Jahrzehnte später endlich die ihm zugesagte Überlassung eines geeigneten Unterrichtsraumes im Juliusspital anmahnte: „Im Jahre 1769 ist mir dieses schwehre Amt ohne mein Verlangen, ohne Vermuthen gnädigst aufgetragen worden. [...] Ich tratt es im nehmlichen Jahre an, mit der genädigsten Zusage, das die diesfalls erforderliche Einrichtung gemacht, und ein *honorarium* bestimmet werden solle."[19] Zwar hatte Fürstbischof Adam Friedrich von Seinsheim bereits 1772 die Hofstube angewiesen, das hierzu nöthige besondere Zimmer in „*Dero Fürstl:* Julier=Spital gehörig einzuraumen und solches dem *Professori Studii Clinici* Hofrathen *Wilhelm* auf sein diesfallsig hinbeÿverwahrtes Ansuchen einstweilen und bis auf etwaige andere Verfügung zu übergeben"[20], doch hatte die Spitalsverwaltung – wahrscheinlich aus der Befürchtung heraus, der Stiftung könnten dadurch, ähnlich wie für die Anatomie und den Botanischen Garten, Kosten erwachsen, die dem Stiftungszweck zuwiderliefen – erklärt, dass die derzeit drei freien Zimmer aus verschiedenen Gründen nicht zur Verfügung stünden.

---

19 StadtAW, JuSpi Akt 3916: Antrag Wilhelms, undatiert, um 1785.
20 StadtAW, JuSpi Akt 3916: Fürstbischöfliches Dekret vom 10.10.1772 (Hervorhebungen im Original).

Wilhelm bot trotzdem ab dem Wintersemester 1772/73 täglich vormittags um 10 Uhr ein „Collegium clinicum“ an, in dem sich Studenten unter der Aufsicht des Spitalarztes erstmals in der Praxis üben durften. Hierzu musste er die Patienten allerdings in die Apothekenstube kommen lassen, wo weder die Möglichkeit zur ungestörten Krankenvorstellung bestand noch angemessene Sitzgelegenheiten für die Studenten oder Aufbewahrungsmöglichkeiten für seine Instrumente gegeben waren. 1786 wandte er sich daher erneut an Fürstbischof Franz Ludwig von Erthal, beklagte sich über die fortgesetzte Sabotage seiner Bemühungen und verwies ausdrücklich auf die große Bedeutung des klinischen Unterrichtes für die Studentenausbildung wie auch für den Ruf der Medizinischen Fakultät. Am gravierendsten sei der Umstand, dass ihm als klinischem Lehrer im Juliusspital keine Möglichkeit eingeräumt würde, selbstständig Patienten aufzunehmen, sodass dort chronisch und unheilbar Kranke (d. h. überwiegend die betagten Pfründner, die das Gros der Spitalbewohner stellte) überwögen, die für den klinischen Unterricht natürlich wenig geeignet waren. In seinem Antwortschreiben vom 15. Dezember 1787 lobte der Fürstbischof zwar Wilhelms Einsatz und Verdienste um die praktische Ausbildung, gab jedoch zu bedenken: „Unbemerkt kann Ich indessen nicht lassen, daß die Verbindung des *collegii Clin*[ici] in der ursprünglichen Verfassung des Spitahls nicht liege: Diese Anstalt, so nützlich sie auch ist, so war sie immer doch nur zufällig in Hinsicht der Stiftung: sie muß also immer in den Schranken bleiben, daß sie der Hauptabsicht der Stiftung keinen Eintrag thue. In diesem Anbetracht kann Ich also die spitälische Session bey der Annahme der Kranken nicht ausschließen.“[21]

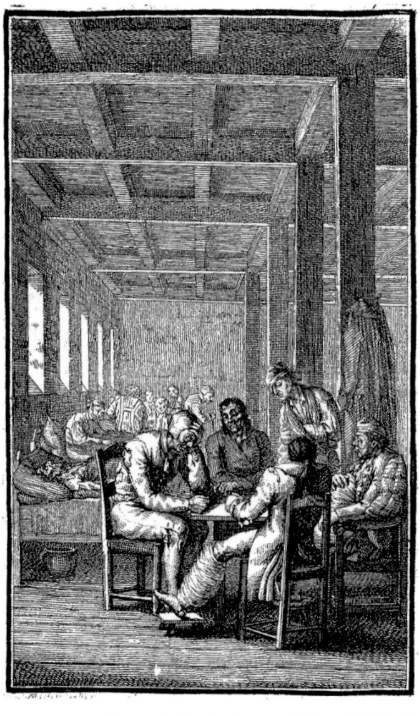

Abb. 3:
Das Juliusspital als modernes Armenkrankenhaus brachte bedürftige Kranke stationär in Krankensälen und Krankenzimmern unter, wie sie auch diese Szene aus einem Hospital zeigt. Kupferstich von Joh. Georg Mettenleiter um 1800 (Slg. Mettenleiter).

[21] StadtAW, JuSpi Akt 3916: Schreiben des Fürstbischofs Franz Ludwig von Erthal an Franz Heinrich Me[i]nolph Wilhelm vom 15.12.1787 (Hervorhebung im Original).

Das Ende für Wilhelms „Collegium clinicum" kam mit einem fürstbischöflichen Dekret vom 17. Juli 1790, also in der Phase, in der auch die Armenfürsorge grundlegend neu geregelt wurde. Ohne die Leistungen des Mediziners als klinischen Lehrer infrage zu stellen, verbot Franz Ludwig aus mehreren Überlegungen heraus die weitere Fortführung eines klinischen Unterrichts an ambulanten Kranken im Juliusspital: Zum einen würden die Studenten, die über diese Patientengruppe kein Krankendiarium zu führen hätten, zur Oberflächlichkeit verleitet, und damit zu reinen „Empirikern" ausgebildet. Die Unmöglichkeit einer sinnvollen Behandlung zeige sich vor allem bei den psychiatrischen Patienten, für die eine sorgfältige und längerdauernde Beobachtung vonnöten sei. Ganz abgesehen davon, dass die nicht zur stationären Aufnahme geeigneten Stadt- und Landarmen eigentlich durch die Armenärzte zu versorgen seien und von diesen die Medikamente zu beziehen hätten und nicht vom Spital zu dessen Schaden, sei nicht gewährleistet, dass die Patienten die Arzneien auch ordnungsgemäß gebrauchten und nicht wegwürfen oder gar verkauften. Als Hauptargument aber führte der Fürstbischof an, dass die juliusspitälischen Ärzte einzig und allein für die Behandlung der stationär aufgenommenen Spitalpatienten angestellt und besoldet seien und diesen ihre ungeteilte Aufmerksamkeit zukommen lassen sollten.[22]

Abb. 4: *Dieser Stich zeigt den klinischen Studentenunterricht am Krankenbett in einem der Pariser Spitäler (Slg. Mettenleiter).*

Mit dem Umbau des Juliusspitals zum modernen Armenkrankenhaus durch die Schaffung großer, moderner Krankensäle, der Berufung klinisch sehr fähiger Professoren und vor allem durch die Schaffung einer frühen Form von Krankenversicherung für Dienstboten und Handwerksgesellen konnte der Fürstbischof nachhaltig attraktive Bedingungen für einen klinischen Unterricht am Krankenbett schaffen: Nun standen zahlreiche junge Patienten mit Krankheitsbildern, wie sie den angehenden Medizinern in ihrem Berufsalltag begegnen würden, als praxisnahe Vorbereitung auf ihre ärztliche Tätigkeit zur Verfügung. Als geräumigen Vorlesungssaal erhielten die Kliniken 1803 den Pfründneraufnahmesaal zugewiesen, der den Großteil des Jahres leer gestan-

[22] StadtAW, JuSpi Akt 3916: Fürstbischöfliche Resolution vom 17.07.1790, Schreiben an die Visitationskommission.

den hatte.[23] Die Versorgung der nicht stationär behandelten Armen in der Stadt blieb jedoch zunächst unzureichend und wurde – gegen eine kleine Aufwandsentschädigung – von älteren klinischen Semestern oder Berufsanfängern unter der Aufsicht des Stadtarztes übernommen.[24]

Um 1795 gab es im Hauger Stadtviertel – die genaue Lokalisation ist nicht bekannt – eine ambulante Klinik, „in welcher Kandidaten der Medizin zugegen waren."[25] Hier engagierten sich offenbar der 1796 berufene „zweite" und 1798 „erste, d.h. leitende" Juliusspitalarzt Johann Nicolaus Thomann, der 1799 bestellte Stadtarmenarzt Johann Joseph Dömling (1771–1803) und der 1799 zum Stadtarzt ernannte Philipp Joseph Horsch, der zuvor offenbar schon drei Jahre als unbesoldeter Armenarzt tätig gewesen war.[26] 1832 schrieb der damalige Direktor der Poliklinik, Johann Jakob Hergenröther, im Vorwort zu einer statistischen Studie seines Doktoranden Georg Friedrich Wilhelm Wolff aus seiner subjektiven Warte über die Entstehung der Poliklinik: „Die jetzt in Würzburg bestehende ambulante Klinik ist ein jüngeres Institut als die Hospitalklinik. Prof. Dömmling war der erste Director derselben. Sein Nachfolger, Prof. Thomann, verband in der Folge einige Jahre hindurch die Hospitalklinik mit der ambulanten im Hauger Stadtviertel, und ließ letztere endlich eingehen, da er, wie jetzt Andere, kein Freund einer solchen Anstalt war. Darauf wurde dieselbe von meinem seeligen Schwiegervater, Dr. Prof. Kreismedicinalrath Horsch [...]"[27] übernommen.

Der Vorwurf, Thomann habe den Niedergang der ambulanten Klinik verschuldet, was plausibel erscheint, da er ja seit 1798 als Nachfolger des ersten Klinikarztes Christoph Siebold auch die Medizinische Universitätsklinik im Juliusspital leitete, führt in die damals nicht nur in Würzburg, sondern in ganz Europa sehr lebhaft geführte Diskussion über die jeweiligen Vorzüge und Nachteile einer Hospitalklinik bzw. einer Poliklinik, die auch in der oben erwähnten Antwort Franz Ludwig von Erthals auf die Eingabe Franz Meinolph Wilhelms vom Juli 1790 angeklungen ist.

Was verstand man damals unter einer Poliklinik bzw. „ambulirenden Klinik", „ambulatorischen Klinik", klinischem „Ambulatorium", „Krankenbesuchsanstalt" oder poliklinischer Anstalt? Der Begriff, von „πόλις – polis" – Stadt abgeleitet, bezeichnete die medizinische Behandlung stationär am eigenen Bett des Kranken, d.h. in dessen Wohnung, bzw. ambulant an den in die Klinik einberufenen Patienten. Demgegenüber wurden in der „Hospitalklinik" bzw. „Nosokomialklinik" Kranke stationär aufgenommen sowie im kranken-

---

[23] Barthel v. Siebold, Geschichte und gegenwärtige Einrichtung des Chirurgischen Clinikums im Julius-Spital zu Würzburg, Würzburg 1814. S. 29; vgl. auch Caspar Lutz, Rückblick auf die Entstehung und Entwicklung des Julius-Hospitals in Würzburg. Festvortrag, Würzburg 1876, S. 38f.; Universitäts-Archiv Würzburg, ARS 3332: Bericht der Fakultät vom 26.06.1824; StadtAW, JuSpi Akt 3918.

[24] Philipp Joseph Horsch, Versuch einer Topographie der Stadt Würzburg in Beziehung auf den allgemeinen Gesundheitszustand und die dahin zielenden Anstalten, Arnstadt/Rudolstadt 1805, S. 255f.; vgl. Susanne Andrea Geywitz, Der Würzburger Physiologieprofessor und Stadtarmenarzt Johann Joseph Dömling (1771–1803). Leben und Werk, Med. Diss. Würzburg 2013, S. 19f.

[25] Sticker, Die Entwicklung der Medizinischen Fakultät (wie Anm. 11), S. 572.

[26] Universitäts-Archiv Würzburg, ARS 559, Personalakt Horsch, Philipp Joseph: Bewerbung als Dozent vom 25.11.1803.

[27] Georg F. W. Wolff, Bericht über das poliklinische Institut der Universität Würzburg und über einige in demselben beobachteten Krankheiten, Med. Diss. Würzburg 1832, S. IV.

hauseigenen Bett beobachtet, versorgt und behandelt. Beiden Klinikformen gemeinsam ist der Unterricht am Krankenbett, die Erhebung einer genauen Anamnese, die körperliche Untersuchung, das Stellen der Diagnose, das Führen von Krankenblättern und Krankengeschichte, die Beratung über Therapie, Diät und Medikation sowie – im Falle des Ablebens des Patienten – die Überprüfung der Diagnose durch Sektion und Verfassen eines detaillierten Sektionsberichts. Krankengeschichten und gegebenenfalls Sektionsberichte wurden auch archiviert, um später bei ähnlichen Fällen konsultiert werden zu können, gelegentlich auch publiziert, jedenfalls für Statistiken herangezogen. Für beide Klinikformen gibt es in Würzburg aus der Feder der Klinikdirektoren genaue Instruktionen für die jeweilige innere Organisation.[28] In der Hospitalklinik z.B. waren die jüngeren Studenten zunächst als passive „Auskultanten" und später als verantwortliche „Praktikanten" tätig; die meist schon fortgeschrittenen Studenten der Poliklinik hatten zuvor oft schon eine praktische Ausbildung im Juliusspital durchlaufen.

Beide Formen der Klinik hatten für die Patienten, aber auch die auszubildenden Nachwuchsmediziner Vor- und Nachteile, die unter anderem von Horsch[29], Thomann[30], Hergenröther / Wolff[31] und später auch Franz Rinecker[32] ausführlich dargelegt wurden.

Hospitalklinik versus Poliklinik – Vorteile	
Hospitalklinik	*Poliklinik*
Krankenbeobachtung ohne Raumnot und *„frei von einfließenden Ursachen"* (Thomann)	Beobachtung der Lebensbedingungen und Gewohnheiten des Kranken vor Ort
Optimale und optimal kontrollierte Behandlung der Patienten unter Ausschluss *„schädlicher Potenzen": „zum Beispiel die öfteren Besuche von Freunden und Verwandten, die leidenschaftlichen Erzählungen, Pfuschereyen, nachtheilige Nahrungsmittel…"* (Thomann)	*„ziemlich treues Conterfei seiner spätern Laufbahn mit ihren Leiden und Freuden"* (Rinecker)
	Weckung der *„humanen Richtung, den eigentlichen Heilzweck nicht zur Nebensache werden zu lassen"*
	Behandlung von Kindern, Schwangeren (und sehr alten Menschen)
	Geringere Hemmschwelle als Spitaleinweisung
	„nothwendige Vorbereitungsschule zur bürgerlichen Praxis" (Hergenröther)
Auskultanten und Praktikanten (Anfänger und Fortgeschrittene)	Vorbereitung auf Tätigkeit als Amtsarzt (Horsch)

[28] Christoph Siebold, Vorläufige Nachricht von der gegenwärtigen Einrichtung des Klinikums an dem Julius-Hospital zu Würzburg, Würzburg 1795; ders., De Instituti Clinici ratione ad tirones sermo academicus, Würzburg 1795; Johann Nicolaus Thomann, Über die klinische Anstalt am Julius-Spitale zu Würzburg, Würzburg 1798, v. Siebold, Geschichte und gegenwärtige Einrichtung (wie Anm. 23).

[29] Philipp Joseph Horsch, Beobachtungen und Erfahrungen über die Witterung und Krankheiten in Würzburg im Jahre 1807 nebst einer ausführlichen Nachricht von der klinisch-technischen Bildungsanstalt der Ärzte, Würzburg 1807.

[30] Johann Nicolaus Thomann, Über die klinische Anstalt am Julius-Spitale zu Würzburg, Würzburg 1798.

[31] Wolff, Bericht über das poliklinische Institut (wie Anm. 27).

[32] Franz Rinecker, Medicinische Statistik der poliklinischen Anstalt an der Universität zu Würzburg in ihrem vierten Decennium 1837–1847, Würzburg 1847, S. 2–4.

Rineckers Beschreibung der Poliklinik von 1847 ist ein wahres Loblied auf diese Form der Medizinerausbildung und ein kritischer Blick auf den Alltag in einer, freilich auch aus seiner Sicht unentbehrlichen stationären Universitätsklinik, wo die Patienten allerdings nur allzuoft zu Untersuchungs- und Lernobjekten degradiert würden: „Wenn auch der sorgfältigen Behandlung des Kranken in einer poliklinischen Anstalt mancherlei Schwierigkeiten entgegentreten, wenn namentlich bei dem Mangel der nöthigen Kontrolle durch ein Wartpersonal, wie solches im Krankenhaus sich findet, die Beobachtung häufig unvollständig bleibt, ja geradezu getrübt wird, wenn daher eine gehörig ausgestattete Hospitalklinik für den angehenden Arzt jedenfalls instruktiver und überhaupt ganz unentbehrlich sich erweiset, so bieten sich doch in einer Poliklinik auch manche Vortheile dar, die zum Theil selbst wieder aus ihren anderweitigen Mängeln hervorgehen. In ihr erhält der junge Arzt zuerst ein ziemlich treues Conterfei seiner späteren Laufbahn mit ihren Leiden und Freuden, einen Vorgeschmack der vielen und mannigfachen Beschwerden und Hemmnisse, auf die er sich gefasst machen muß – überhaupt ein Bild, wie es ihm in der den Kranken als Objekt der Beobachtung isolierenden Spitalklinik wohl nie zum Vorschein kommt. Während in dieser der Kranke zunächst zu den Zwecken des Unterrichts benützt, gleichsam zu einem nach wissenschaftlicher Methode zu analysierenden Wesen eingerichtet wird, trifft der angehende Praktikant in der Poliklinik seinen Patienten häufig noch mitten in seinen täglichen Geschäften und seiner gewöhnten Umgebung, wie er ihm mit der Sorge für seine Gesundheit zugleich jene für seinen Unterhalt mitbringt, wobei dann dem jungen Heilkünstler nicht erlassen bleibt, eingeweiht zu werden in die tausend kleinen Geheimnisse des individuellen Lebens überhaupt, insbesondere aber in die vielfach beengenden Verhältnisse und die ganze Misère einer Proletarier-Haushaltung. Hier lernt er sich üben in dem Detail der ärztlichen Verordnung, und zwar nicht allein des Rezeptes, sondern in zweckmässiger und leichtfasslicher Ertheilung all jener Vorschriften und Rathschläge, die oft wichtiger als jenes, zum Ressort des ärztlichen Wirkens gehören. Auch gewöhnt er sich in seinem Kranken etwas mehr als ein blosses Musterbild dieser oder jener Krankheitsform zu erblicken, und in dem ihm durch die obwaltenden Umstände selbst unaufhörlich die Mahnung zugeht, den eigentlichen Heilzweck nicht zur Nebensache werden zu lassen, wird mit einer gesteigerten Hingebung an den Kranken die humane Richtung in ihm geweckt, die, eine besondere Zierde für den Arzt, in dem Nivellement der Hospitalklinik mehr oder minder in den Hintergrund getreten war. Hiezu kommt noch die häufige Gelegenheit, die ersten Anfänge der Krankheiten zu beobachten, den sogenannten kleinen Unpässlichkeiten, die gerade in Gemeinschaft mit der gleichfalls eine Hauptrubrik der Poliklinik bildenden chronischen Uebeln zu den häufigsten Vorkommnissen des praktischen Arztes gehören. Vor allem aber findet sich in den meisten Polikliniken eine reiche Fundgrube für die dem angehenden Arzte unentbehrliche Kenntnisnahme der Krankheiten der Kinder und der Greise, zweier Altersklassen, bei welchen auftretende pathologische Vorgänge, durch eine eigenthümliche Leibesbeschaffenheit modificirt, eine besondere Betrachtungsweise nothwendig machen, deren Aufnahme aber in gewöhnliche Krankenhäuser mit Schwierigkeiten eigener Art verknüpft ist, häufig auch von den Angehörigen namentlich Mütter u.s.w. gescheut wird. Da nun außerdem ihrer ganzen Anlage nach die Poliklinik dem jüngeren Arzte eine größere Selbständigkeit, ein freies Selbsthandeln am Krankenbett gestattet, so ist einleuchtend, wird dieselbe hiedurch sowohl, als durch die vorhin erwähnten Verhältnisse ganz besonders geeignet erscheint, jene Kluft auszufüllen, die zwischen dem Besuch einer Spitalklinik, in welcher der junge Mediziner noch ganz der unmittelbaren Bevormundung des Lehrers unterstellt, und der selbstständig geübten Privatpraxis besteht, wo derselbe aller Leitung baar und ledig mit einem Male eigener Kraft zu vertrauen sich genöthigt sieht."

4. Die Poliklinik unter Philipp Joseph Horsch

Poliklinik-Pionier Johann Joseph Dömling, der später auch die Professur für Physiologie übernahm und den Ideen der damals aufkommenden Naturphilosophie aufgeschlossen gegenüberstand, starb bereits 1803. Die Leichenpredigt des mit ihm befreunden Kaplans Kaspar Heinrich Burkard rühmt sein uneigennütziges Engagement für die ihm anvertrauten mittellosen Kranken: „Er kannte keinen Unterschied der Stände und des Glücks, wenn es drauf ankam zu helfen; man nannte ihn nur den Arzt der Armen. Für sie ließ er in seinem Hause Speise kochen; für sie zahlte er die Arzneymittel; für sie erweckte er Menschenfreunde um ihre Noth zu lindern […]".[33]

Offenbar waren Eigeninitiative, Idealismus und die Bereitschaft sowie die finanzielle Unabhängigkeit, notfalls auch eigene Ressourcen einsetzen zu können, Grundvoraussetzungen, um dem Projekt einer Medizinischen Universitäts-Poliklinik gegen alle Widerstände und Schwierigkeiten zum Erfolg zu verhelfen. Das bekam auch der Würzburger Stadtphysikus Philipp Joseph Horsch zu spüren, der 1803 noch mit seiner Bewerbung um die Übertragung einer Lehrstelle an der Medizinischen Fakultät gescheitert war, nachdem der akademische Senat das Gesuch negativ begutachtet hatte. Am 26. Februar 1807 – Horsch hatte inzwischen mehrere Abhandlungen über die „medizinische Topographie", zu seinen Vorstellungen von der Medizinerausbildung auch in Hinblick auf die Amtsärzte und zu seinen Plänen eines poliklinischen Instituts publiziert bzw. zum Druck vorbereitet – wurde er, seit 1805 Medizinalrat, zum Professor ordinarius mit Übertragung des Lehrfaches der *Materia medica* ernannt. In seinem Werk *Über die Bildung des Arztes als Kliniker und Staatsdiener* kündigte er für den 15. April 1807 neben dem Vorlesungsbeginn des ihm übertragenen Kollegs über Heilmittellehre auch die Eröffnung einer

[33] Kaspar Heinrich Burkard, Die Thätigkeit für Menschwohl, der Grund eines seligen und ruhigen Todes. Eine Predigt, gehalten bey der von sämmtlichen Akademikern der Julius-Universität zu Würzburg den 15. März 1803 veranstalteten Todesfeyer des allgeschätzten Hr. Dr. und Prof. J. Dömling. Würzburg [1803], S. 18. Vgl. Susanne Andrea Geywitz, Der Würzburger Physiologieprofessor und Stadtarmenarzt Johann Joseph Dömling (1771–1803). Leben und Werk, Med. Diss. Würzburg 2013, S. 104–108 und S. 20; Dömlings Tod im Alter von nur 32 Jahren, der zuletzt von Horsch und Thomann ärztlich betreut wurde, gab übrigens Anlass zu einer anonymen Verleumdung, Horsch habe Dömlings Tod verschuldet; vgl. ebd., S. 98f.

ambulanten Klinik an. Eventuellen Vorbehalten der beiden Universitätskliniken im Juliusspital gegen dieses Projekt trat er vorsorglich entgegen: „Ich erkenne es, daß es schwer sey, zu einer Anstalt, welche ihren Werth durch ihr Inneres sowohl als durch ihr Äußeres so sehr beurkundet, noch etwas hinzuzufügen, und man könnte es für gewagt halten, noch eine ambulirende Klinik errichten zu wollen [...] allein bey der Wichtigkeit einer ambulanten Klinik, und bey der Verschiedenheit der Tendenz und des Wirkungskreises derselben von der Hospitalklinik, scheint gerade noch eine solche Anstalt unsrer hohen Schule zu fehlen“.[34]

Im Vorlesungsverzeichnis der Universität von 1807 findet sich folgende Ankündigung: „Prof. Horsch wird auf Verlangen eine ambulirende Clinik errichten, in welcher mit der Anleitung zur Behandlung der Kranken medicinisch-gerichtliche und policeyliche Untersuchungen verbunden werden.“ Auf wessen Verlangen, wird nicht ausgeführt. Die gerichtsmedizinischen Untersuchungen sollten künftige Amtsärzte auf ihre Tätigkeit im Staatsdienst vorbereiten. In den 24 Paragraphen seiner „Gesetze für die Ordnung in der klinischen Anstalt“, die er 1808 veröffentlichte, wird die Organisation der Poliklinik detailliert dargelegt.[35] Auskultanten, so liest man dort in § 7, werden nur in Ausnahmefällen *privatissime* zugelassen, ansonsten ist der poliklinische Unterricht den fortgeschrittenen Studenten vorbehalten. In derselben Publikation findet sich auch ein „klinisches Tagebuch“ mit statistischen Angaben – ebenfalls ein Beitrag zur staatlichen Medizinalpolizei und Medizinalverwaltung. Diese Angaben benötigte Horsch natürlich auch als Stadtphysikus zur Erstellung seiner jährlichen Physikatsberichte.

Wo genau der klinische Unterricht stattfand, ist aus den Quellen nicht ersichtlich. Da aber Impfpersonen im Intelligenzblatt[36] wegen einer amtlichen Revision zur persönlichen Vorstellung in seine Wohnung im „Aschaffenburger Hof“ (Häfnergasse 7; 1945 zerstört) geladen werden, spricht vieles dafür, dass er seine Privaträume auch für die Krankenvorstellungen und den klinischen Unterricht der Praktikanten zur Verfügung stellte.[37]

Eine Fundgrube für die medizinischen Verhältnisse in Würzburg ist bis heute sein 1805 in Rudolstadt gedruckter *Versuch einer Topographie der Stadt Würzburg in Beziehung auf den allgemeinen Gesundheitszustand und die*

---

[34] Philipp Joseph Horsch, Über die Bildung des Arztes als Klinikers und Staatsdieners. Ein Programm, womit seine Vorlesungen über Heilmittellehre, psychische Medicin und Klinik ankündigt Philipp Joseph Horsch, Würzburg 1807, S. 51f.

[35] Philipp Joseph Horsch, Beobachtungen über die Witterung [...] nebst einer ausführlichen Nachricht von der klinisch technischen Bildungsanstalt [...], Rudolstadt 1808, S. 22–29; ungekürzt abgedruckt bei Franke / Schröder / Schröder, Universitäts-Poliklinik (wie Anm. 1), S. 101–103.

[36] Königlich baierisches Intelligenzblatt für das Großherzogthum Würzburg vom 02.09.1815; vgl. auch StadtAW, BSP II/9, Bl. 59r., wo davon ausgegangen wird, Vend habe das Lokal im Bürgerspital eingerichtet, weil er „in seinem eigenthümlichen Wohnhause den nöthigen Raum nicht hatte“.

[37] Das wäre kein Einzelfall: Sein Fakultätskollege Ignaz Doellinger, Professor der Physiologie und der Anatomie, nutzte einen Teil seiner geräumigen Wohnung im Rückermainhof, um dort Schüler und Forschungslabore unterzubringen, weil ihm der feuchte und zugige Anatomiepavillon seine Rheumabeschwerden verschlimmerte und der eigenwillige und eigenmächtige Prosektor ihm dort das Leben sauer machte. Die Professorengattinnen hatten damals offenbar viel Geduld mit ihren Ehemännern!

dahin zielenden Anstalten. Auch das Bürgerspital, dessen Arzt Horsch war und das er aus eigener Anschauung bestens kannte, wird dort erwähnt: Mit 16 männlichen und 32 weiblichen Pfründnern, 18 Dienstleuten, einem Verwalter und zwei Pflegern (Verwaltungsbeamte), der sprudelnden Einnahmequelle über Weinverkäufe und der hervorragenden Verpflegung erhält es ein gutes Zeugnis, doch könnten die Mittel besser eingesetzt werden und würden auch für die doppelte Pfründnerzahl ausreichen, was das Stadtarmenwesen entlasten würde. Zudem „wäre zu wünschen, daß dem ursprünglichen Zwecke gemäß auch kranke Bürger blos zur Kur dahin aufgenommen würden, zwey Krankenzimmer, jedes zu 6 Personen wären allerdings hinreichend."[38] Gerade der mittellose Bürger bedürfe dieser Unterstützung, „dessen Vermögensstand durch eine schwere Krankheit ganz zerrüttet würde, und der nicht zum Armeninstitute qualifizirt ist, und lieber das letzte seiner Habe anwendet, als Unterstützung wie jeder andre Arme sucht." Dem stünden freilich die beengten und wenig zweckmäßigen räumlichen Verhältnisse sowohl der Krankenstuben als auch der Pfründnerzimmer entgegen. Die hier ebenfalls in „Blockhäusern" verpflegten Geisteskranken sollten seiner Meinung nach allerdings, wie die aus dem ganzen Land, ebenfalls im Juliusspital untergebracht werden. Wie Horsch zu seiner Auffassung kommt, dass der ursprüngliche Stiftungszweck auch die Aufnahme Kranker zur medizinischen Behandlung einschließt, verrät er freilich nicht.

Interessant ist auch die Beschreibung der Behandlung mittelloser Kranker durch die Armenärzte: Seit 1802 kümmerten sich sieben Armenärzte, „meistens die jüngsten praktischen Ärzte", unentgeltlich um sie. Diese hatten nicht nur die Erlaubnis, Arzneyen zu verschreiben, sondern auch einen gewissen Betrag an Geld anzuweisen, welches unter dem Namen von Krankenkostgeld verrechnet wurde und 6 Kreuzer pro Tag[39] betrug. In sehr dringenden Fällen konnten sie es sogar „dahin bringen, daß eine Wärterin gestellt werde, und einige wenige Kranke werden ins Juliusspital oder ins Ehehaltenhaus untergebracht."[40] „Der Armenarzt erhält", so beklagt Horsch allerdings, „weder eine Instruktion über den Plan des Armeninstituts, noch über das was er thun soll, er erhält kein Verzeichniß derjenigen, welche als Arme anerkannt sind, und muß daher jedem, der sich arm zu seyn angiebt, es auf die bloße Angabe glauben. Dabey verlangt die Armenkommission vom Arzte, er solle den Konscribierten keine Arzneyen auf Rechnung des Institutes verschreiben, sondern nur wenn ein solcher Kranker ein Zeugnis des Viertelskommissars ausweise."

Auch diesen bürokratischen Schwierigkeiten der Armenärzte, für die er sich übrigens eine bessere Bezahlung wünschte, suchte Horsch durch seine Poliklinik zu begegnen, in dem jeder Kranke in ein Krankenjournal eingetragen wurde. 1817 publizierte er noch eine *Einleitung in die Klinik und die damit zu verbindenden Untersuchungen über die herrschende Constitution, als Leit-*

---

38 Horsch, Versuch einer Topographie (wie Anm. 24), S. 234–136.

39 Ebd., S 255f.; vgl. Martina Götz-Lurati, Der Würzburger Stadtarzt Philipp Joseph Horsch (1772–1820) und seine medizinische „Topographie der Stadt Würzburg" (1805), Med. Diss. Würzburg 2006, S. 157–160.

40 Horsch, Versuch einer Topographie (wie Anm. 24), S. 257.

faden zu seinen Vorlesungen.[41] Im gleichen Jahr wurde er in den Senat der Universität gewählt – ein Hinweis darauf, dass er als Ordinarius auch bei seinen Professoren-Kollegen inzwischen voll anerkannt war.

Es ist erstaunlich und wohl nur der Hartnäckigkeit der beteiligten Akteure zu verdanken, dass in den politisch unruhigen Zeiten – Ende der fürstbischöflichen Zeit, Säkularisation, kurbayerische Regierung, großherzogliche Herrschaft und schließlich Übergang an das Königreich Bayern – 1807 die Poliklinik wie auch 1805 die Geburtshilfliche Klinik entstehen konnten.

5. Die Einrichtung des „klinischen Lokals" unter Georg Ernst Vend

5.1 Erbitterte Widerstände gegen die Fortführung der Poliklinik

Als der „pragmatische Idealist" Philipp Joseph Horsch am 22. Januar 1820 an „Brustwassersucht" (Lungenödem) starb, hatten sich zwar die politischen Verhältnisse stabilisiert, doch war das Schicksal der Poliklinik, die der engagierte Mediziner mit so viel eigenem Einsatz geleitet hatte, plötzlich völlig offen. Die Regierung, der an der Fortführung der Institution gelegen war, wandte sich daher an den Senat der Würzburger Hochschule, der wiederum bei der Medizinischen Fakultät Vorschläge erbat, „wie die ambulante Klinik an der hiesigen Universität auf das zweckmäßigste wieder hergestellt werden könne".

Noch bevor der Senat das eingeholte Gutachten an die Regierung weitergeben konnte, hatte sich – von dort – offenbar das Gerücht über die Pläne schon verbreitet und war auch dem Stadtmagistrat zu Ohren gekommen, der darüber höchst beunruhigt war. In einem Schreiben an die Regierung, „die Benutzung der Stadt-Armen zur Unterricht der medizinischen Candidaten an hiesiger Universität" betreffend vom 13. April 1820[42] äußerte der amtierende Bürgermeister Georg Ignaz Brock die Sorge, „das seither unter der Leitung des verlebten Medizinal=Rathes und Professors Horsch bestandene und mit ihm erloschene Institut der ambulanten Clinick solle getrennt von dem Stadt=Physicate mit der dahiesigen Universität in Verbindung gebracht werden. Viel wurde seit der Einführung desselben dafür und dagegen gesprochen, jedoch allgemein die Abstellung gewünscht, weil seine Nachtheile überwiegender erscheinen als seine Vortheile.

Man glaubte, daß mit dem Ableben des Medizinalrathes Horsch das Institut ebenfalls erloschen sein werde, und zwar um so mehr, als der Grundsatz aufgestellt wurde, daß kein Professor hiesiger Universität zugleich Stadt=Physicus sein sollte, weil dieser Dienst zu sehr unter der Professur gelitten hatte."

Angesichts der Pläne, das Institut fortbestehen zu lassen und „sogar nur allein einem Professor der Arzeneÿkunde an hiesiger Universität anvertraut werden soll," hielt der Magistrat es für seine „Pflicht, die königliche Regierung auf die verschiedenen Nachtheile aufmerksam zu machen, welche ein solches

---

[41] Vgl. Vorlesungsverzeichnis der Würzburger Universität, in: Medicinisch-chirurgische Zeitung, Salzburg 1818, S. 47.

[42] StAWü, Reg. v. Ufr. 6468, Bl. 21–23 (Hervorhebungen in den Zitaten im Original)..

Institut auf das Wohl der Armen=Anstalt in polizeilicher, moralischer und finanzieller Rücksicht aufweist.

1) In polizeilicher Beziehung ist es z.B. nicht zu dulden, die armen Bürger, oder ihre Familien, welche sich ausser der öffentlichen Kranken=Anstalten befinden, und von dem Armen=Pflegschafts=Rathe mit Arzeneÿen und Krankenkost versorgt werden, anders behandeln zu lassen, als ein jeder andere bemittelte Bürger behandelt wird, nämlich von einem einzigen Arzte.

Gewöhnlich sind die Wohnungen solcher Kranken schon an und für sich Höhlen des Jammers und Schmerzes, öfters befinden sich Individuen darunter, welche in unverschuldeter Armuth schmachtend, Bedenken tragen ihr häusliches Elende der *Publicitaet* preis zu geben.

Das Elend wird erhöht, die Empfindlichkeit der Kranken erregt, manchmal hierdurch der Zustand der Kranken verschlimmert, und die *Publicitaet* tritt ein, wenn der Armen=Arzt begleitet von einem Schwarm junger Menschen von 20–30 Köpfen, in das kleine dürftige Zimmer eintritt.

Der Kranke wird dann einem oder dem andern *Candidaten* als Mittel zur Anstellung von Versuchen, sohin öfter der Willkühr, ja sogar der krassesten Unwissenheit hingegeben.

Öfters verliehren hierdurch Familien ihren Vater, der seinen unmündigen Kindern noch lange Beitrag zu ihrer Ernaehrung hätte liefern können, oder ein Vater, eine Mutter, ihren Sohn oder Tochter, die Stütze ihres Alters.

Wenn solche Individuen nur augenblikliche Unterstützung während ihrer Krankheit aus der Armenkasse erhielten, so liegen nun nach ihrem Todte ganze Familien, ihres Nährers beraubt, dem Armen=Pflegschafts=Rathe zur Last.

2) In moralischer Rücksicht tretten vorzugsweise zwei Momente ein, welche der hoechsten Würdigung nicht entgehen können:

a) Ist es häufig der Fall, daß Visitationen der leidenden Theile des Körpers eintretten, jeder Candidat muß sich, so wie der Arzt von der Beschaffenheit überzeugen, und wenn auch bei dem männlichen Geschlechte die Sache von geringerem Gewichte ist, so ist es doch ganz anders bei dem weiblichen Geschlechte.
Wenn bei irgend einem solchen Individuum die Schamhaftigkeit, die *Aegide* der weiblichen Tugend nicht ganz erloschen ist, so muß durch solche eine Behandlung das Gefühl aufs äusserste empört werden, oder der letzte Funken von Scham gänzlich erlöschen.

b) Die Besuche der Candidaten in den Häusern der Armen geben Gelegenheit zur Anknüpfung von Bekanntschaften mit den Töchtern der kranken Eltern, oder mit den weiblichen Patientinnen selbst, der Verführung ist ein weites Feld geöffnet, was vorher nicht statt gefunden hatte, und Mädchen, welche außerdem gut und tugendhaft geblieben wären, unterliegen dem Reize der sinnlichen Lust, und werden so Opfer einer Anstalt, deren Zweck ursprünglich nur auf das Gute gerichtet war.

3) In finanziellem Betrachte vermehrt die Anstalt der ambulanten Clinick die Ausgaben für Arzeneÿen, denn die Candidaten verirren sich in dem Felde des Versuches, verschreiben die theuern Arzeneÿen ohne Zweck, und verschwenden so das Einkommen des Armen=Instituts, welches mit ohngefähr

17000 f. – Schulden und einem jährlichen Deficit belastet, vielleicht ohne eine Umlage oder Armen=Taxe nicht länger bestehen kann. Sehr oft wird auch der Leichtsinn der jungen Leute von gewissenlosen Armen mißbraucht, welche sich nur Arzeneÿen verschreiben lassen, um nur die Krankenkost im Armen-Institute zu erhalten. Der Vorstand der ambulanten Clinick ist nicht im Stande, alle einzelnen Rezepte durchzusehen, weil er auch noch andere Berufs=Geschaefte zu besorgen hat.

Unter der Leitung des verlebten Medicinalrathes Horsch hatten sich diese nachtheiligen finanziellen Wirkungen schon gezeigt, obschon noch hierin einige Modification lag, daß er, selbst Arzt der städtischen Armen und der Pfleg=Anstalten, so hin verpflichtet war, zugleich für das Interesse des Armen=Institutes, Sorge zu tragen, allen abgerissen von dem Physicate, welchem die Sorge für die armen Kranken obliegt, müssen diese Nachtheile nur noch unbeschränkter hervortretten, weil solche Rücksichten dann gar nicht mehr beachtet werden.

Dagegen erkenne ich sehr wohl, daß für den jungen angehenden Arzt, der seine Studien vollendet, und das Doktorat erreicht hat, für welche ganz andere Rücksichten eintretten, als für den studirenden Jüngling

a) ein Mittel-Verhältnis zwischen Leitung und selbständigem Handeln am Krankenbette

b) die Einführung in die bürgerliche Praxis unumgänglich nothwendig seÿ – Hier tritt der junge Arzt in Verhältnisse, die der medicinische Candidat noch nicht begreift und würdiget. Es ist Landes=Gesetz, daß die jungen Ärzte, ehe sie zur freien Praxis gelassen werden, ein *biennium practicum* unter irgend einem Arzte z.B. einem Physicus machen sollen. Bei den meisten Land=Physicaten ist die Erreichung dieses Zweckes fast unmöglich, wohl aber würde ein Stadt=Physicat wie das hiesige vollkommen diesem Zwecke entsprechen.

Einer solchen Anstalt wird jedermann gerne beförderlich sein."

Aus diesen – so drastisch wie plastisch geschilderten Gründen – bat der Magistrat dringend darum, die ambulante Klinik nicht wieder ins Leben zu rufen. Zur Illustration der Bedenken und als Beleg für deren Stichhaltigkeit wurden Aussagen von Apothekern und das Zeugnis einer Mutter beigelegt, die ihren 11-jährigen Sohn an einer Krankheit verloren hatte und dies auf die Unerfahrenheit des mit der Behandlung betrauten Kandidaten sowie die mangelhafte Überwachung durch Dr. Horsch zurückführte. Die Zeugin, Marianne Schenk, Gattin eines Polizeikorporals, wurde, nachdem sie sich zuvor schon einmal darüber geäußert hatte, aufgefordert, „ihre Wissenschaft über ihre ärztliche Behandlung in ihren Krankheitsfällen in reiner und unverfälschter Wahrheit anzugeben." Sie berichtete zum einen über ihre eigene Erkrankung an einer Lungenentzündung 1816 und 1817: „Der verlebte Medizinal Rath Dr. Horsch, welcher Polizey Arzt war, behandelte mich, kam aber zu der Zeit mit 12 bis 14 Kandidaten. Über seine Behandlung kann ich zwar nicht klagen, und da ich zu gefährlich krank lag, so habe ich auf die Umstände außer mir wenig Acht gegeben, doch habe ich schon bemerkt, daß ich der Behandlung eines Candidaten überlassen wurde, welcher aber sehr für mich besorgt war."

Im weiteren Verlauf wird die fahrlässige Therapie ihres Sohnes durch einen unerfahrenen Kandidaten geschildert: „Schlimmer war die Behandlung mit meinen Kindern, denn diese wurden gänzlich der Behandlung eines Kandidaten überlassen, ohne daß sich Medizinal=Rath Dr. Horsch im geringsten hierum bekümmerte. Ich verlohr auf diese Weise 2 Kinder, wovon der eine ein Knabe von 11 Jahren war. Als dieser starb und ich die Behandlung desselben anderen Ärzten erzählte, stimmten sie sämmtlich darüber ein, daß die Behandlung verkehrt gewesen sey, und als mein Mann dem Medizinalrath Dr. Horsch die Anzeige vor seinem Tode machte, so war derselben hierüber sehr verwundert, und schien die Gefährlichkeit des Krankheits Zustandes meines Sohnes nicht gewußt zu haben, ein Beweis daß der Kandidat, welcher meinen Sohn behandelt hatte, ihm keinen Rapport über seine Behandlung gemacht haben mußte. Ich suchte bey andern Ärzten Hülfe, als z. B. bey dem damaligen Physikus Maas in Kissingen und dem Dr. Höhnemann, allein sie weigerten sich, ihre Hülfe hier eintreten zu lassen, weil sie dem Hr. Medicinalrath Dr. Horsch nicht vorgreifen wollten." Hier liegt – wenngleich der Bericht eher die Ausnahme als die Regel schildern dürfte und daher sicher nicht repräsentativ ist – eine der seltenen Äußerungen von Patienten zur Behandlung in der Poliklinik vor.

Das von Brock erwähnte Gerücht entsprach tatsächlich den Tatsachen. Jedenfalls antwortete Cajetan von Textor, der Leiter der Chirurgischen Universitätsklinik im Juliusspital, auf die Senatsanfrage im Fakultätsauftrag am 30. April 1820 Folgendes:

„Da die ambulante Klinik auf der ärztlichen Behandlung der kranken Stadtarmen in ihren Wohnungen durch die Studenten der Medizin unter Leitung und Aufsicht eines öffentlichen Lehrers beruht, der Dirigent desselben, also nothwendig Armenarzt seyn muß, so giebt es wohl nur 3 Weisen, auf welche die ambulante Klinik hergestellt und in Verbindung mit der Universität gebracht werden kann. Nämlich

a) In der durch den Tod des Professors Horsch erledigten Stelle eines Stadtgerichtsarztes, mit welcher bisher auch die Funktionen des Armenarztes der hiesigen Stadt verbunden war, ein Mitglied der mediz[inischen] Fakultät zu ernennen. Oder
b) Das ärztliche Individuum, welchem die erledigte Stelle des Stadtgerichtsarztes übertragen wird, als Professor in die medizinische Fakultät zu berufen. Oder endlich
c) Die bisher vermischten Funktionen des Gerichts= und Armenarztes von einander zu trennen, und mit der letzteren einen medizinischen Professor zu beauftragen. [...]"

Er sprach sich aufgrund verschiedener, vor allem auch rechtlicher Erwägungen für die letztere Alternative aus, woraufhin diese Stellungnahme im Senat zirkulierte. Interessant ist, dass dort wie auch schon im Magistrat ähnliche grundsätzliche Vorbehalte gegenüber der Poliklinik geäußert wurden. So beklagte der Theologe Adam Joseph Onymus, nahezu wortgleich mit der Stellungnahme des Magistrats, die Unmöglichkeit, in den engen Wohnungen der Kranken Unterricht zu halten, und die Gefahr, dass die mittellosen Kranken in den Händen unerfahrener Kandidaten nicht mit dem nötigen Respekt und Fachwissen behandelt würden. Sollten diese Schwierigkeiten nicht „zur völligen Beruhigung gelöst“ werden können, sprach er sich dafür aus, „es beÿ der so ausgebreiteten Klinik im Julius Spital“ zu belassen. Diesen Befürchtungen schlossen sich mehrere Senatoren an. Schließlich machte der Professor der Botanik, Franz Xaver Heller, den Vorschlag, den amtierenden Stadtphysikus Georg Ernst Vend mit der Aufgabe zu betrauen. „Unterzeichneter ist von der Nothwendigkeit und Nützlichkeit der ambulanten Klinik vollkommen überzeugt. Die sich hiebei ergebenden Schwierigkeiten, wie sie zum Theile von Herrn Reg. Rath Onymus angegeben sind, lassen sich durch passende Maßnehmungen des Directors einer solchen Anstalt, wo nicht ganz beseitigen, doch sehr wenig lästig für die Kranken machen, da es erwießen ist, daß alle Glieder der medizin[ischen] Fakultät in der Art beschäftiget sind, daß sich Eines derselben ohne Nachtheil für seine übrigen Beschäftigungen, dieser Arbeit unterziehen kann, so kann Unterzeichneter zugleich den Wunsch nicht unterdrücken, daß der von dem Stadt-Magistrate legitim präsentirte Stadtphÿsikus Dr. Vend, bekannt als trefflicher Praktiker und vormalen Doctor legens der hiesigen Universität als Privatdozent ohne Gehalt reactivirt, und ihm die Leitung der gedachten Klinik übertragen werden möchte.“[43]

Angesichts der sich abzeichnenden Opposition der Nichtmediziner im Senat gegenüber der Poliklinik, die das ganze Projekt infrage stellte, schlossen sich, wie Notizen auf dem Circular belegen, Hellers Votum auch der neu berufene Direktor der Medizinischen Klinik, der Internist Johann Jacob Schoenlein sowie der erfahren Mediziner Thomas August Ruland an.

Bei der Abstimmung sprach sich, wie der amtierende Prorektor Professor Joseph Behr der Regierung mitteilte, dann tatsächlich die Senatsmehrheit gegen eine Fortführung der Poliklinik aus! Die Senatoren waren nämlich der Meinung, dass

1) „eine ambulante Klinik kein wesentlicher Bestandtheil des akademischen Unterrichts, sondern diese Klinik lediglich dem verlebten Professor Horsch, welcher zufällig in seiner Person auch die Stelle eines Stadtphysikus und Arztes der Strafhäuser vereinigte, ihren Ursprung“ verdanke, „und die Wiederherstellung der ambulanten Klinik gehört darum nicht nothwendig, weil die sehr gut eingerichtete Klinik im Julius Hospitale dem Universitäts Zwecke was den klinischen Unterricht auf einer Universität betrifft, zureichend entspricht.
2) wollte man einem eigenen Professor die ambulante Klinik übertragen, welcher nicht zugleich Stadtphysikus wäre, so scheinen Collisionen zwischen dem Professor und dem Stadtphysikus unvermeidlich.
3) scheint unbegreiflich, wie in den Hütten der Armen Raum seyn solle für eine ambulante Klinik, da sich oft 3 bis 4 Personen im Zimmer nicht herumdrehen können.
4) ist eine durch praktische Aerzte hergestellte Thatsache, daß ein solcher Arzt, wenn er seiner Pflicht genügen will, in einer Stunde höchstens nur drey oder vier Kranken besuchen und behandeln kann. Hieraus geht her-

[43] Universitäts-Archiv Würzburg, ARS 3295.

vor, daß der Professor der ambulanten Klinik nicht täglich mit seinen Kandidaten bey den Patienten herumgehen kann; hier dürften, wie schon geschehen, die Fälle wieder eintreten, daß die Armen bey dem doch die Menschheit so viel wert ist, wie bey den Reichen, den Händen unerfahrener Kandidaten überlassen werden. Nach dem Gesagten gehört also die ambulante Klinik eigentlich zu den für die absolvirten Kandidaten der Medizin gesetzlich vorgeschriebenen *biennium practicum* [Hervorhebung im Original] unter Leitung eines amtlich angestellten Arztes und da nur die für das Fach der Medicin ganz ausgebildeten Kandidaten resp. Doktoren hieran Antheil nahmen, so wird hier durch die medicinische Praxis jeder der absolvirten Rechtskandidaten bey einem königlichen Land- und sonstigen Untergerichte gleichgestellt."

Nur zwei – nicht namentlich genannte Senatsmitglieder (Heller und Ruland?) – zeigten sich von der Nützlichkeit und Notwendigkeit der ambulanten Klinik überzeugt und verwiesen auf bestimmte Krankheitsbilder wie besonders die Kinderkrankheiten, die im Juliusspital nicht beobachtet werden könnten bzw. große Kosten verursachten, wenn die Mütter mit aufgenommen und verpflegt werden müssten. Zum zweiten sollten die Kandidaten Gelegenheit zur Krankenbehandlung im Allgemeinen bekommen, die sich ja doch ganz wesentlich von der in einem sehr gut organisierten Krankenhaus unterscheide.

Abb. 5: *Eine Patientengruppe, die im Julius-Hospital als Krankenhausklinik kaum vorkam, waren Kinder. Das deutlich später enstandene Bild zeigt eine poliklinische Sprechstunde für Kinder, doch darf man sich die Verhältnisse in früheren Zeiten ähnlich vorstellen. Kolorierter Stahlstich aus einer Zeitschrift (Slg. Mettenleiter).*

Regierungs-Kommissar Freiherr von Asbeck ließ sich von dem Gegenwind nicht beeindrucken: Obwohl sich sowohl der Universitäts-Senat als auch der Stadt-Magistrat klar gegen die Fortführung der Anstalt aussprachen, setzte er das Projekt durch! Dem praktikablen Vorschlag Professor Hellers folgend wurde Georg Ernst Vend, der seit 1809 Privatdozent war, aber 1810 bis 1817 als Landgerichtsphysikus in Mainberg bei Schweinfurt tätig gewesen war, auf seinen Antrag vom 10. Mai 1820[44] hin am 30. Juli 1820 gleichzeitig zum Stadtphysikus und zum außerordentlichen Professor sowie „Ehrenmitglied" der Medizinischen Fakultät, jedoch ohne Teilnahme an den Versammlungen und Bezügen sowie *ohne* Gehalt aus der Universitätskasse ernannt – ein halbherziger Kompromiss der Medizinischen Fakultät, der deren ängstliche Bestrebung deutlich macht, ihren Einfluss keinesfalls durch Aufnahme neuer, zusätzlicher Mitglieder zu verkleinern oder den ohnehin nicht üppigen „Pool" ihrer Gebühreneinnahmen zu belasten.

Die Fakultät befand sich damals in einer Umbruchphase: Die Ära Siebold war nach dem Typhustod Barthel von Siebolds 1814 und der Berufung Adam Elias von Siebolds 1816 an die neu gegründete Berliner Universität endgültig zu Ende gegangen: Die „Ärzteschwemme" nach den Napoleonischen Kriegen führte dazu, dass zahllose Privatdozenten ihr Glück in einer Hochschullaufbahn suchten. Die Klinikchefs Cajetan Textor (seit 1816), Johann Lucas Schoenlein (seit 1819) und Johann Servatius d'Outrepont (seit 1816) gaben den Ton an; vor allem der junge Kliniker Schoenlein dürfte als Internist durchaus eine potenzielle Konkurrenz in der Poliklinik gesehen haben. Jedenfalls suchte er alle gleichaltrigen Privatdozenten und Aspiranten auf eine Dozentur nicht aufkommen zu lassen. Gegen die zunehmend erfolgreiche Klinik Schoenleins im Juliusspital fiel es Vend, wie auch dessen Nachfolger Johann Jakob Hergenröther, nicht leicht, sich zu behaupten.

Der damals 39-jährige Georg Ernst Vend hatte zunächst ein Theologiestudium begonnen und dann zur Medizin gewechselt. 1807 promoviert und 1809 habilitiert, hatte er sich 1817 von Mainberg aus als Distriktsarzt wieder nach Würzburg beworben und war als Nachfolger Horschs am 15. März 1820 schon provisorisch zum Stadtgerichtsarzt und Stadtphysikus mit einem Gehalt von 600 Gulden bestellt worden. Seine Würzburger Dissertation von 1807 *De processu organico* ist eine rein spekulative naturphilosophische Arbeit im Sinne des Philosophen Schelling, der damals in Würzburg lehrte.[45] Auch in seiner Habilitationsschrift von 1809 zeigt er sich als gelehrter, aber hoffnungslos realitätsferner Theoretiker, der Friedrich Wilhelm Schellings Naturphilosophie umzusetzen sucht und dabei völlig von einer praktischen und praktikablen

---

44 StAWü, Reg. v. Ufr. 6244.

45 „Alles Organische existiert entsprechend der Form des Magnetismus, der Elektrizität und des Galvanismus. Die Form des Magnetismus im Organismus ist insbesondere die Reproduktion, jede der Elektrizität ist die Form der Irritabilität, und schließlich die dritte ist die Sensibilität [...]"

Medizin abdriftet.[46] Zum Zeitpunkt der Veröffentlichung erntete Vend dafür jedoch Bewunderung und Anerkennung. 1809 eröffnete er seine Physiologie-Vorlesungen mit einem Programm *Ueber das natürliche und göttliche Prinzip des Organismus*. Diese und die 1821 gedruckte und wohl als Werbung für das von ihm angekündigte Kolleg über Kinderkrankheiten gedachte Abhandlung über das Zahnen der Kinder wurden nun allerdings von der Fachpresse schonungslos verrissen.[47] Der Text eines kolportierten Spottliedes der Zeit mit dem Refrain „er war ein armer Schlucker, aber ein Büchergucker"[48] scheint daher wohl nicht ganz aus der Luft gegriffen zu sein. Dazu kamen Konflikte mit Assistenten der Poliklinik, die durch sein ungeschicktes Agieren mitbedingt waren, zum Teil in gedruckten Streitschriften öffentlich ausgetragen wurden und so weder zu seiner Reputation noch zu seiner persönlichen Zufriedenheit beigetragen haben dürften.[49] Gerade die polemische Auseinandersetzung mit Johann Gottfried Eisenmann schadete beiden und trug sicher auch dazu bei, dass die Situation des liberalen Eisenmanns, der einige Jahre später – 1832 bis 1847 – in Festungshaft verbrachte, noch schwieriger wurde.[50] Besondere Brisanz erhielt der Streit dadurch, dass der Angriff Vends nicht nur Eisenmann, sondern mittelbar natürlich auch dessen Mentor und Konsiliarius Johann Lucas Schoenlein, dem Direktor der Medizinischen Universitätsklinik, galt.

5.3 Organisation der Krankenbesuchsanstalt

Vend vereinigte wie sein Vorgänger Horsch die Ämter des Stadtphysikus, des Armenarztes und eines – wenn auch außerordentlichen – Mitglieds der Medizinischen Fakultät in seiner Person. Am 30. September 1820 wies die königliche Regierung des Untermain-Kreises, Kammer des Innern, den Regierungspräsidenten v. Asbeck bezüglich einer „Instruction" für den „Lehrer der ambulanten Klinik" vorsorglich noch einmal darauf hin, dass „die sorgfältigste Schonung aller persönlichen und familiären Verhältnisse der zu besuchenden Armen und Kranken, und die unmittelbare, ununterbrochene Aufsicht des Lehrers; – die eigenhändige Untersuchung aller Rezepte durch denselben; – die Beobachtung der Armen Pharmacopöe; die Beschränkung der Zahl der Schüler auf einen kleinen Kreis durch Sitten und Kenntnisse ausgezeichneten,

---

46 „Von der elliptischen Blutbahn, angeschaut in den Urgesetzen der Dreiheit der Bewegung 1) um das Herz als Bewegebahndualismus, 2) um das Vorherz als Entgegensetzung der Blutbewegescheitelpunkte, 3) um die mittleren Blutbahndistanzen, als relative Bewegepolaritäten in der Basennullpunktslinie, 4) dann von der Quadruplicität der Blutbahn in den Umläufen und Richtungspolaritäten, und von den 4 dynamischen Gleichgewichtspuncten in der Blutbewegung […]"

47 Medicinisch-chirurgische Zeitung 3 (Salzburg) Nr. 71 (1821), S. 299–302; vollständig abgedruckt bei Friedrich Karl Rosenthaler, Der Würzburger Arzt Georg Ernst Vend 1781–1831. Leben und Werk, Med. Diss. Würzburg 1999, S. 135f.

48 Sticker, Die Entwicklung der Medizinischen Fakultät (wie Anm. 11), S. 602.

49 Michael Jäger (1795–1841) und Johann Gottfried Eisenmann (1795–1867); vgl. Rosenthaler, Georg Ernst Vend (wie Anm. 47), S. 72–74 und 138–150.

50 Franke/Schröder/Schröder, Universitäts-Poliklinik (wie Anm. 1), S. 21f.; Rosenthaler, Georg Ernst Vend (wie Anm. 47), S. 84 und 138–150.

im letzten Kurse stehenden Candidaten; – die Rücksicht auf Verhütung der Verbreitung ansteckender Krankheiten durch die Kandidaten nothwendige Bedingungen seÿn, an welche jede Vereinigung der klinischen Anstalt mit dem Phÿsicate in polizeilicher Hinsicht unerläßlich gebunden bleiben" müsse. Zeitgleich hatte der akademische Senat den Auftrag erhalten, „auf dem Grund beÿgefügter Momente und Bestimmungen nunmehr eine vollständige Instruction über die Einrichtung der ambulanten Klinik zu bearbeiten. In dem die Bearbeitung zunächst Sache der medizinischen Fakultät seÿn dürfte, glaubt der unterzeichnete der Mittheilung seines Auftrags an die hochverehrten Herren Senatoren den unmaßgeblichen Vorschlag beÿfügen zu müssen, daß die medizinische Fakultät über Mittheilung der Anlage zur Bearbeitung des Lehrfaches jener Instruction aufzufordern seÿ."[51]

Gleichzeitig war auch der Stadtmagistrat zur Formulierung einer Instruktion aufgefordert waren. Als Vorlage und Muster zur Überprüfung und eventuellen Modifikation hatte Asbeck beiden Institutionen die Instruktion für die in München bestehende Anstalt zugesandt. Unter Berücksichtigung der gemachten Vorschläge – der Senat hatte seinen Entwurf am 12. Oktober nach Bearbeitung durch die Medizinische Fakultät zugesandt[52] – erstellte der Regierungskommissar daraus eine Instruktion in Form eines 1820 bei Stahel gedruckten Büchleins über *Die ärztliche Besuchs=Anstalt der erkrankten Armen und die ambulante Klinik Würzburg*[53], das im Anhang einige Formblätter für das „Tagbuch des Armenarztes" und Listen zum Ausfüllen enthielt. Die Instruktion gliedert sich in drei Teile, von denen der erste das Armenwesen bzw. die Pflichten des Armenarztes regelt (12 Paragraphen), der zweite die Dienstanweisung für den Stadtphysikus (22 Paragraphen) und der dritte schließlich die Instruktion für die Assistenzärzte (29 Paragraphen) enthält. Vielen Bedenken, die im Vorfeld geäußert worden waren, trägt der Text Rechnung: So sollten die streng vom Institutsdirektor zu prüfenden Rezepte nach dem 1820 erlassenen Münchner *Elenchus medicamentorum in usum medicorum et pharmacopoeorum* erfolgen, einer Armenpharmakopoe. Pro Assistent waren höchsten zwei bis drei Studenten in klinischen Semestern zugelassen. Die nach Münchner Vorbild erstellten Formulare waren vom Armeninstitut zu drucken und auf Verlangen der Poliklinik zur Verfügung zu stellen. Interessant für das Bürgerspital ist die Bemerkung auf S. 26: „Für chronisch Kranke, welche unheilbar sind, kann entweder das Bürgerspital dahier, oder das Ehehaltenhaus, oder auch nach Umständen die Pfründner-Anstalt im kgl. Juliusspital benützt werden." Unheilbar Kranke wurden dagegen wie eh und je ins Siechenhaus aufgenommen.

Am 19. Dezember sandte Asbeck ein Exemplar dieser Schrift an den Stadtmagistrat und zwei an den Senat, von denen dieser eines an die Medizinische Fakultät weitergeben sollte. Nicht ohne Stolz schreibt der Regierungskommissar als Begleitbrief des nach München übersandten weiteren Exemplars: „Da

---

[51] StAWü, Akt 6244 und 6468; der Entwurf geht nur auf die Bedürfnisse der Universität ein.
[52] StAWü, Akt 6468, Bl. 82.
[53] Das digitalisierte Exemplar aus dem Vorbesitz von Dr. Friedreich ist abrufbar unter URL: http://urn:nbn:de:bvb:355-ubr11991-6.

die ambulante Klinik mit dieser Besuchs Anstalt in engster Verbindung steht, so hat die k[önigliche] Regierung nach Vernehmung aller einschlägigen Lokal Behörden einen Plan über die Einrichtung bei der Anstalt entworfen, und solche, da ich gegen deren Zweckmäßigkeit nichts zu erinnern fand, abdruken lassen, auch bereits die geeignete Verfügungen getroffen, um beyde Anstalten baldmöglichst in den vorgeschriebenen Gang zu setzen.

Ein Exemplar des Abdrukes habe ich die Gnade, Euer Koeniglichen Majestaet ehrfurchtsvoll zu übersenden: Allerhoechstdieselbe werden daraus allergnädigst zu ersehen geruhen, wie zweckmäßig und mit welcher Umsicht dieser wichtige Gegenstand behandelt wurde? Ich schmeichle mir daher, daß diese doppelte Aufgabe zu allerhöchsten Zufriedenheit werde gelößt seyn."[54]

Unter Berücksichtigung dieser Instruktion verfasste Vend später – 1822 – ein *NORMATIV für die Klinik der ärztlichen Besuchs=Anstalt,* das eine deutlich verkürzte Version und Modifikation der 24 Paragraphen von Horschs *Gesetzen für die Ordnung in der klinischen Anstalt* von 1808 darstellt. Unterschieden wird nun zwischen verantwortlichen Assistenten und diesen zugeteilten Klinizisten, die an klinischen Tagen im Hörsaal zusammenkommen, an „außerklinischen" aber die ihnen zugewiesenen Patienten in ihren Wohnungen besuchen. Die Klinizisten führen die Krankendiarien (Krankenblätter) mit Angaben zu Name, Alter, Gewerbe, Wohnung und Beginn der Behandlung; diese Diarien werden von den Assistenten überwacht und bewertet, um daraus eine Therapie („Kurplan") abzuleiten, und nach Ende der Behandlung vom Institutsvorstand archiviert.

Einmal wöchentlich werden die Krankentagebücher im Hörsaal vom Direktor eingesehen und diskutiert. Dieser besucht auch die von den Klinizisten betreuten Kranken und lässt sich am Krankenbett Bericht erstatten. Bemerkenswert ist Paragraph 15, in dem es heißt: „Die Klinizisten werden aufmerksam gemacht, das Vorurtheil der Kranken nicht mit Gewalt zu bekämpfen. Die Behandlung muß sanft und human seyn." Am Ende des Semesters wurden die Praktikanten beurteilt.[55] Am 10. Januar 1821 traten die ersten fünf Assistenzärzte für die fünf Würzburger Stadtbezirke ihren Dienst an:

I	II	III	IV	V
Pleich / Hauger Viertel	*Innenstadt II*	*Innenstadt III*	*Sanderviertel*	*Mainviertel*
Karl Seligmann	Joseph Weber	Gottfried Eisenmann (1795–1867)	Joh. Baptist Wolff	Michael Jäger (1795–1841)

54 StAWü, Akt 6468, Bl. 97.
55 StAWü, Akt 6244.

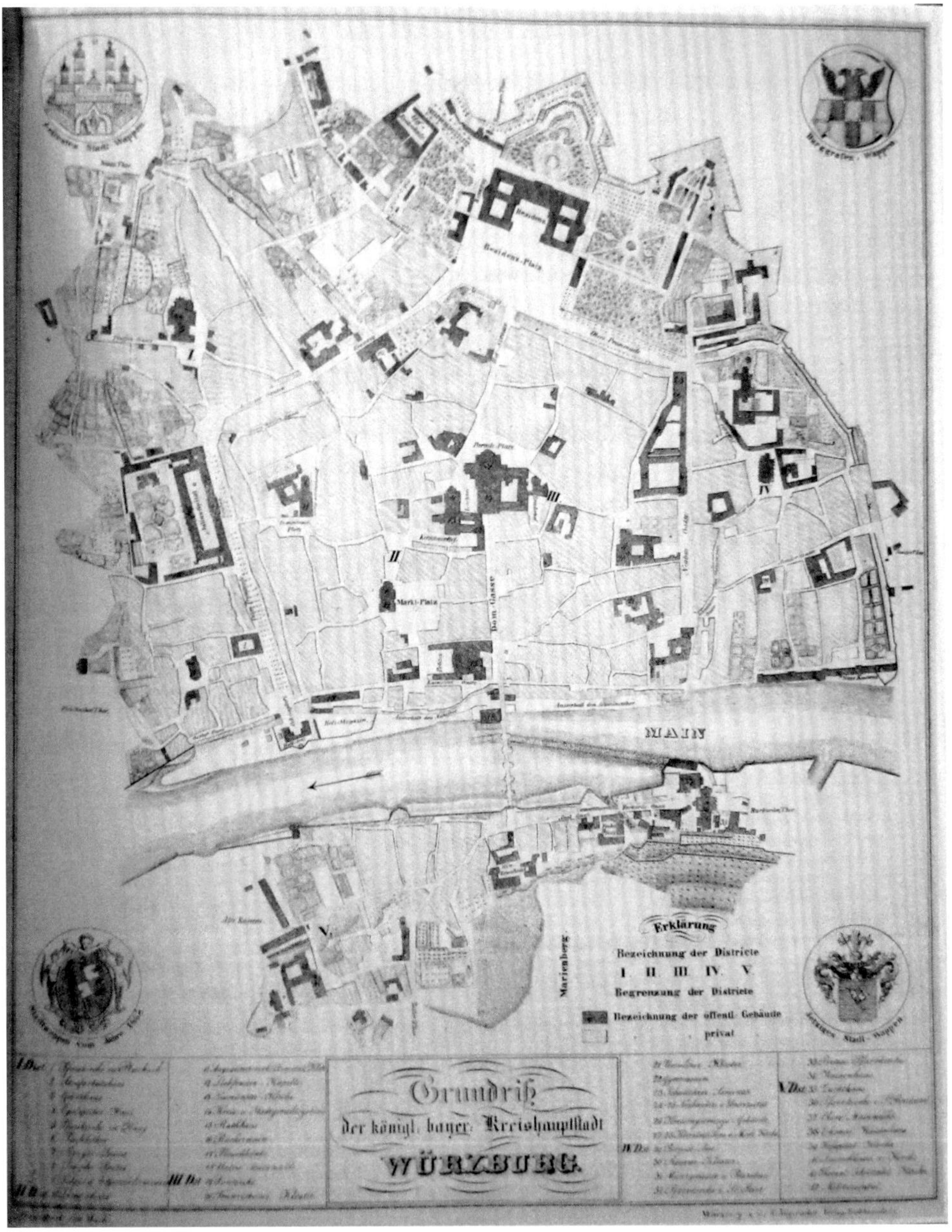

Abb. 6: *Die Stadt Würzburg war traditionell in Stadtviertel oder Distrikte eingeteilt, die nun jeweils einem Assistenten des Armenarztes zugeteilt wurden. Lithographie (Slg. Mettenleiter).*

1821 gab es allerdings noch kein Auditorium, ja es war noch nicht einmal ganz klar, wo dieses überhaupt eingerichtet werden sollte. Am 11. Januar 1821 schrieb Vend daher an die königliche Regierung, er könne den klinischen Lehrkursus nicht eröffnen, solange er keine Instruktion erhalten habe[56]; zudem sei das „klinische Lokal“ noch nicht hergerichtet.[57]

Auf die hierauf erfolgte Mahnung des Regierungspräsidenten v. Asbeck vom 15. März hin entschuldigte sich der Würzburger Stadtkommissar Franz Anton Geßner am 29. März damit, die Verzögerung liege „theils in der Ungewißheit, ob das ehemalige Karmelitenkloster dahier als Einrichtung für die städtischen Polizeianstalten würde überlassen werden, theils in der zum Bauen nicht günstigen Jahreszeit begründet.“ Nun habe man beschlossen, das von Professor Vend vorgeschlagene Lokal im Bürgerspital für die ambulante Klinik einzurichten und bis Ostern fertigzustellen. Dieser habe bereits ein Verzeichnis für die anzuschaffenden Möbel und Gerätschaften erstellt, das mit Preisen von Gutachten vervollständigt worden sei.

Über die schleppende Fertigstellung sind wir auch aus Aktenauszügen informiert, die Franz Rinecker 1841 aus den Unterlagen des Universitäts-Curatels anfertigte. Am 14. April 1821 teilte demnach die Curatel dem Verwaltungsausschuss der Universität mit, dass die Universität die „Anschaffung der zur innerlichen Einrichtung dieser mit der ambulanten Klinik in Verbindung stehenden Besuchsanstalt erforderlichen Gegenstände nach dem abschriftlich anliegenden von der k[öniglichen] Regierung mitgetheilten Verzeichniß unter Rücksprache mit dem Dr. Vend und Prof. Pickel baldmöglichst zu verfügen und anzuwenden, und sofort über die angeschafften der Universität hierauf als Eigenthum zugehörigen Gegenstände ein Inventar anzufangen“[58] habe.

Eine Abschrift dieser Inventarliste[59] gibt uns einen kleinen Eindruck vom Aussehen des zwei Räume umfassenden „Lokals“: Sie verzeichnet nämlich für den Hörsaal einen quadratischen Tisch mit Schublade, einige Stühle, ein paar eichene Bänke, ein Katheder sowie ein an der Wand befestigtes Kleiderbrett; der zweite Raum sollte einige Tische mit verschließbaren Schubladen und Wachstuchbespannung, einige Stühle und Bänke, zwei verschließbare Schreibpulte, einen Registraturschrank (zur Aufnahme von Formularen, Akten und den zu archivierenden Krankengeschichten / Sektionsberichten), einen Schrank zur Aufbewahrung der chirurgischen Instrumente mit acht Schubladen, ein zinnernes Waschbecken mit Unterschüssel sowie sechs Handtücher, zwei Kehrbesen, ein Paar Messingleuchter, eine Kerzenputzschere aus Messing, ein chirurgisches Verbandzeug, eine Elektrisiermaschine sowie folgende Geräte zu Witterungsbeobachtungen enthalten: ein Barometer, ein Thermometer und ein

56 Der Abdruck war am 19. Dezember an Senat und Medizinische Fakultät gesandt worden, aber offenbar noch nicht in Vends Hände gelangt.
57 StAWü, Akt 6244.
58 Universitäts-Archiv Würzburg, ARS 3296, S. 18–22.
59 StAWü, Reg. v. Ufr. 6468, Bl. 102.

Hygrometer.[60] Zum Testen der technischen Geräte, vor allem des Elektrisierapparates, wurde der Experimentalchemiker Prof. Johann Georg Pickels hinzugezogen, der als Privatmann übrigens eine chemische Fabrik besaß, in der auch Medizinalbedarf hergestellt wurde.

Am 14. Mai erhielt der Magistrat durch die Regierung eine scharfe Rüge, weil das Lokal noch immer nicht fertiggestellt sei und „viele Zusicherungen nicht nur nicht in Erfüllung gegangen, sondern sogar in den Arbeiten einiger Handwerksleute ein völliger Mißstand eingetreten sey. Da dem Magistrate der wohlthätige Zweck obiger Anstalt selbst am beßten bekannt ist, so läßt sich von dessen Sorgfalt erwarten, daß die Vollendung sämtlicher Arbeiten zuverläßig innerhalb 3 Wochen bewirkt seyn werden, wovon die k[önigliche] Reg[ierung] befriedigender Anzeige entgegensieht."

Am 18. Mai beeilte sich der Stadtmagistrat, gehorsamst anzuzeigen, „daß das zu dieser ärztlichen Besuchsanstalt im Bürgerspitale bestimmte Lokale schon über 8 Tage von Seite des Magistrates fertiggestellt seÿ, und bereits schon von dem Stadtphysikus und Prof. Vend Vorlesungen darin gehalten wurden; nur fehlt es an Beÿschaffung der nöthigen Einrichtungs= und sonstigen Geräthschaften deren Besorgung den Stadt-Commissarien resp. der Univ[ersität] obliegen, wozu auch nach eingezogener Erkundigung die nöthigen Vorkehrungen getroffen sind." Allerdings wehrte sich die Universität erfolgreich, die Beschaffung der kompletten Einrichtung zu übernehmen, woraufhin die königliche Regierung am 21. Mai entschied, „daß diejenigen Mobilien, welche die eigentliche Krankenpflege bei der neu errichteten Besuchsanstalt im Bürgerspitale in Anspruch nimmt, allerdings auf Kosten des städt[ischen] Wohlfahrtigkeits Fonds anzuschaffen seyen, da diese Ausgabe der Univ[ersität] nicht zugemuthet werden könne."

Am 6. Juli 1821 teilte der Magistrat dem Pflegschaftsrat des Bürgerspitals mit, er habe auf Weisung der Regierung „ein Auditorium für den k[öniglichen] Stadtphysikus u[nd] Prof. Vend zur Lesung seiner Collegien über Klinik auf städtische Kosten hergerichtet, die innere Mobiliar-Einrichtung in so fern sie nothwendig war," sei „aber von der k[öniglichen] Univ[ersität] hergestellt" worden. Da „diese ärztliche Besuchsanstalt für die dahiesigen Armen eingeführt" sei, seien „die zur inneren Herrichtung und Untersuchung nöthigen Kosten aus dem städtischen Armenfonde zu bestreiten."

Über die genaue Lokalisation der beiden Zimmer innerhalb des Bürgerspitals liegen leider keine näheren Angaben vor. Am 21. August 1821 wurden die Handwerker bezahlt, darunter Tünchner, Schlosser, Maurer, Glaser, Schreiner und Zimmermeister. Am 31. August monierte die Regierung ein noch fehlendes „zinnernes Wasserbecken mit Unterschüssel, welches an der Wand befestigt werden muss, und 6 Handtücher zur Reinigung der Hände nach Untersuchung bösartiger körperlicher Gebrechen", das der Magistrat unverzüglich anzuschaffen habe.

---

[60] Die Berichte aus der Poliklinik verzeichnen sorgfältig Wetterlage, Nebel, Wind und Windrichtung, Temperatur, Luftdruck u. ä. mehr, wie dies auch die Formulare und die „Instruction, nach welcher die königlich=bayerischen Landgerichtsärzte die ihnen vorgeschriebenen Witterungsbeobachtungen zu machen, und in die mitgetheilten Tabelle" [von 1805] aufzunehmen hatten; URL: http://urn:nbn:de:bvb:12-bsb10723501-9.

Würzburg 2ten November 1827

Die ambulante Klinik als Universitäts=Anstalt für das Winter=Semester 1826/27 und das Sommersemester 1827 betr.	In dem Wintersemester 1826/27 besuchten 9 Klinizisten die Anstalt der ambulanten Klinik. Die Lehranstalt wurde nach dem Normativ für die ärztliche Besuchsanstalt und Policlinik fortgesetzt. Ausgezeichnet durch Fleiß und praktische Ausbildung waren die Klinizisten Kilian Mosser aus Limburg Anton Feigel aus Ankum Friedrich Schmitt aus Schweinfurt Johann Weichselbaum aus Pretzfeld In dem Sommersemester besuchten 19 die Anstalt und folgende waren ausgezeichnet: [...] Die Einrichtung des Instituts die Gerätschaften befinden sich in gutem Zustande Des kgl. academischen / Senats / gehorsamster / D. Vend.

Beispiel für einen Semesterbericht Vends

Abb. 7:
Untersuchung eines Kindes in der Poliklinik: Diese wesentlich spätere Illustration aus einer Universitätsklinik macht die beengten Verhältnisse deutlich, unter denen der klinische Studentenunterricht oft stattfinden musste. Holzstich, Ausschnitt aus einer Zeitschrift (Slg. Mettenleiter).

6. Die kurze Ära Hergenröther

Georg Ernst Vend, der sein Leben lang keine stabile gesundheitliche Konstitution hatte, erkrankte im November 1830 schwer und übertrug die Leitung der ambulanten Klinik vertretungsweise seinem Fakultätskollegen Thomas Anton Ruland.[61] Sein Nachfolger Johann Jakob Hergenröther urteilt hart – und sicher subjektiv – über ihn, der seinem hochgeschätzten Schwiegervater Horsch im Amte nachgefolgt war: „Als Schriftsteller ausgezeichnet durch seine Schrift über die elliptische Blutbahn [...] hatte dieser große Geist keine Zeit, den armen Kranken in Würzburg die nötige ärztliche Aufsicht zu schenken [...] er überließ daher die ärztliche Amtsführung der Armenpraxis einigen Praktikanten, die sich vorzugsweise durch Selbsthandeln geltend zu machen wussten. Denn die nothwendige Aufsicht auf die ärztliche Geschäftsführung war mangelhaft."[62]

Fakt ist offenbar, dass die Amtspflichten als Stadtarzt, Armenarzt und Leiter der Poliklinik so sehr angewachsen waren, dass eine Trennung der Aufgaben, für die schon 1820 Cajetan von Textor plädiert hatte, nunmehr unumgänglich war. Als daher Vend am 23. Januar 1831 starb und die, seinem Wunsch folgend, interimistisch von Ruland versehene Direktion der ambulanten Klinik neu zu besetzen war, schrieb der Universitäts-Senat am 12. Februar an die Regierung: „Wir erlauben uns, aus den von der medizin[ischen] Fakultät angegebenen Gründen deren Gutachten auf künftige Trennung der Polÿklinik von dem Stadtphÿsikate, sowie auf Uebertragung an einen Professor der Fakultät uns ganz eigen machen zu dürfen."[63]

Die Fakultät sah nämlich angesichts der vielen und gut dotierten Versorgungseinrichtungen in Würzburg für die Poliklinik durchaus ein großes Entwicklungspotenzial und die Chance, „zum Flore dieser Universität und zum Besten der Stadt eine größere Zahl von Kandidaten der Medizin vom Auslande anziehen, und länger hier erhalten." Dies könne aber nur gelingen, wenn die Pflichten des Stadt- und Armenarztes vom Lehramt getrennt würden, da sonst die Krankenbetreuung wie auch der Studentenunterricht leiden würden. Daher solle eine neue Stelle geschaffen – und implizit: von der Regierung finanziert – werden, für die man Johann Jakob Hergenröther vorschlug, den Schwiegersohn Philipp Joseph Horschs[64], der sich bereits am Tag nach Vends Tod mit einem entsprechenden Bittgesuch an die Fakultät gewandt hatte.[65]

Das Schicksal Hergenröthers ist ein trauriges Kapitel Würzburger Universitätsgeschichte, genau genommen eine menschliche Tragödie: Der Altersgenosse Johann Lucas Schoenleins – von diesem als Rivale betrachtet und in seiner Karriere nach Kräften behindert – ist so nachhaltig in Vergessenheit geraten, dass es schon kriminalistischen Spürsinns bedarf, um allein die genauen Geburts- und

[61] StAWü, Reg. v. Ufr. 6242, Bl. 1 und 4.
[62] Wolff, Bericht über das poliklinische Institut (wie Anm. 27), S. IV. Allerdings fällt das Urteil von Ringelmann ähnlich aus; vgl. A. F[riedrich] Ringelmann, Die Poliklinik, in: ders., Beiträge zur Geschichte der Universität Würzburg in den letzten zehn Jahren, Würzburg 1835, S. 63–65.
[63] StAWü, Reg. v. Ufr. 6242, Bl. 8.
[64] Er hatte 1822 Eva Maria Horsch (1801–1870) geheiratet.
[65] StAWü, Reg. v. Ufr. 6242, Bl. 13.

Sterbedaten zu ermitteln[66], zumal kein Nachruf je erschienen oder zumindest erhalten ist. Er taucht daher heute lediglich als Fußnote in der Biographie seines Sohnes, des Kardinals Joseph Hergenröther (1824–1890) auf, der als Kirchenpolitiker und vatikanischer Archivar berühmt geworden ist, und auch hier mehr, um dessen ärmliche Jugend und die trotz aller Schwierigkeiten glänzend gemeisterte Schullaufbahn zu erläutern.[67] Wie sein Vorgänger Vend hatte der aus Bischofsheim in der Rhön stammende Mediziner zunächst Theologie studiert, bevor er zur Heilkunde wechselte und 1818 in Würzburg promovierte.

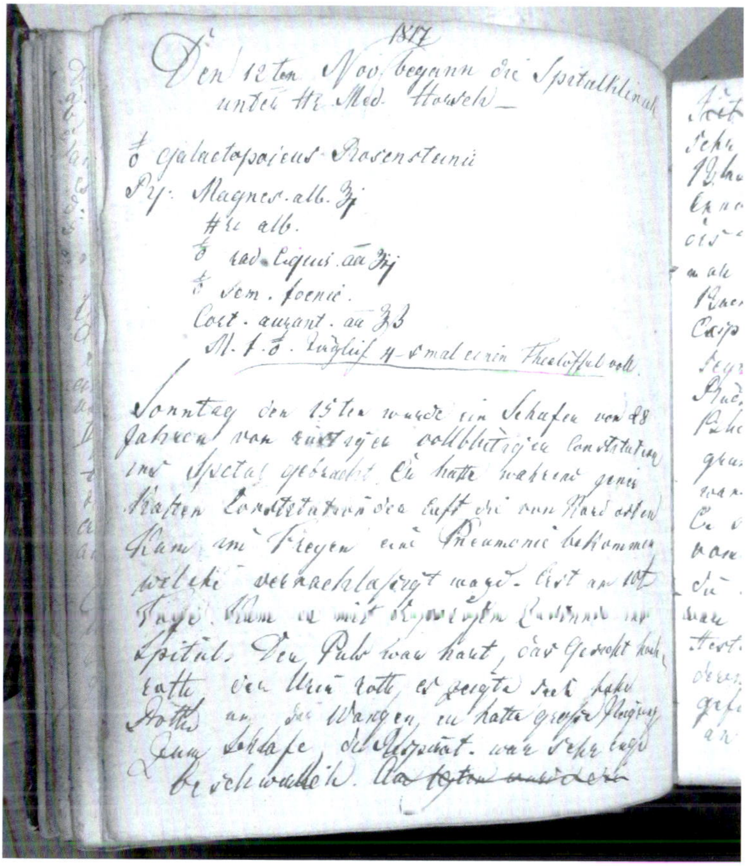

Abb. 8: *In einem der in Eichstätt erhaltenen „Miscellanea“ aus der Studienzeit hat Jakob Hergenröther 1817 auch seine Teilnahme an der Medizinischen Klinik im Juliusspital festgehalten. Offenbar hat damals Philipp Joseph Horsch, der Direktor der Medizinischen Poliklinik, den durch ein Gichtleiden und zunehmende Erblindung beeinträchtigten internistischen Ordinarius Nicolaus Anton Friedreich zeitweilig im Juliusspital vertreten (Foto: Andreas Mettenleiter).*

---

66 Dies sei hier nachgeholt: * 03.04.1792 in Bischofsheim, vgl. G. J. Agatz, Schematismus der promovirten, zur Praxis berechtigten Aerzte Bayerns 1852; † 25.05.1855 in Steinach, Landgemeinde Münnerstadt, vgl. Kreisamtsblatt von Unterfranken und Aschaffenburg für das Jahr 1856, Sp. 24.

67 Ludwig Steiner, Kardinal Hergenröther, Würzburg 1883, S. 1f.; Manfred Weitlauff, Joseph A. G. Hergenröther (1824–1890), in: H. Fries u. a. (Hg.), Katholische Theologen Deutschlands im 19. Jh., Bd. 2, München 1975, S. 471–551, bes. S. 472f.

Bereits als Student musste er sich als Erzieher und Hauslehrer der Söhne Adam Elias v. Siebolds ein Zubrot verdienen.[68] 1819 wurde ihm, „der von jeher den lebhaftesten Drang zum Lehramte" in sich spürte, die Erlaubnis erteilt, drei Probevorlesungen für eine Privatdozentur zu halten, die jedoch durch den eben zum Direktor der Medizinischen Universitätsklinik ernannten Schoenlein sehr negativ beurteilt wurden. Er könne der Ernennung nur zustimmen, „als dadurch kein Vorrecht vor anderen, etwa später nachkommenden, durch Geist und Wissenschaft ausgezeichneteren Männer begründet wird." [!] Obwohl trotz dieses Votums zum Privatdozenten ernannt[69] und 1822 nach einem vergeblichen Anlauf doch noch zum außerordentlichen Professor berufen, gelang es ihm über Jahre hinweg nicht, seine finanziell schwierige Lage zu verbessern, wovon zahlreiche (Bettel- und Bitt-)Briefe an die Fakultät zeugen. 1829 bewarb er sich vergeblich um das Ordinariat für Physiologie und vergleichende Anatomie und erbat sich dafür lediglich 200 Gulden Zulage zu seinem Gehalt von 400 Gulden.

Noch wenige Tage vor Vends Tod, am 9. Januar 1831, hatte Hergenröther bei der Fakultät um Antwort auf sein vor acht Monaten eingegangenes letztes Gesuch gebeten und als Vater einer vielköpfigen Familie auf seine verzweifelte monetäre Lage hingewiesen.[70] Nunmehr befürwortete der Senat dieses „wegen der wirklichen Dürftigkeit und traurigen Lage des Bittstellers" mit Nachdruck. Deshalb wurde er noch vor seinem Fakultätskollegen Johann Baptist Friedreich für die vakante Stelle vorgeschlagen.[71]

Dabei war es keineswegs so, dass seine Qualifikation hätte zu wünschen übrig lassen: Bereits nach der Promotion hatte er einen ersten Studienaufenthalt in Paris absolviert, wo er beim Experimentalphysiologen François Magendie hörte[72], war kurzzeitig an Schoenleins Klinik Assistent gewesen und konnte als langjähriger Arzt der Strafhäuser und Gefängnisse einschlägige Erfahrungen sammeln. 1827/28 erschien in Würzburg sein zweibändiges *System der allgemeinen Heilungslehre.*[73] 1829 hatte er die Prinzessin von Biron auf einer Reise nach Südfrankreich und Sizilien begleitet und daran anschließend einen Studienaufenthalt in Paris genutzt, um sich nochmals bei Magendie und beim Gerichtsmediziner Mathéo Orfila weiterzubilden. Das grundlegende, dreibändige Lehrbuch des letzteren übertrug er ins Deutsche und versah es mit Anmerkungen und Kommentaren[74] – zu dieser Übersetzung erschienen zahlreiche, teils positive, teils negative Rezensionen.[75]

[68] Sticker, Die Entwicklung der Medizinischen Fakultät (wie Anm. 11), S. 602.

[69] 16. Beilage zum Allgemeinen Intelligenzblatt für das Königreich Baiern vom 04.12.1819, Sp. 767; Universitäts-Archiv Würzburg, ARS 531; vgl. auch Werner Engelhorn, Die Universität Würzburg 1803–1848, Neustadt a. d. A. 1987, S. 344–346.

[70] Sein Einkommen von 600 fl. entsprach nach Einschätzung der bayerischen Regierung dem Finanzbedarf eines Studenten; vgl. Engelhorn, Die Universität Würzburg (wie Anm. 69), S. 345.

[71] Weitere Bewerber: Dr. Bruder zu Kronach, Dr. [Caspar] Ringelmann, Dr. Gruber, Physicus zu Pleinfeld; vgl. Universitäts-Archiv Würzburg, ARS 531.

[72] Hierzu publizierte er 1823 in Würzburg „Einige Beyträge zur Begründung einer allgemeinen Heilmittellehre"; vgl. die Rezension in: Medicinisch-chirurgische Zeitung (Salzburg) vom 25.08.1823.

[73] Rezension in Medicinisch-chirurgische Zeitung (Salzburg) vom 01.05.1828.

[74] Vorlesungen über gerichtliche Medizin von M. Orfila, Leipzig 1829.

[75] Sehr positiv: Canstatt's Jahrbuch 7 (1849), S. 5–7, sehr negativ: Leipziger Literaturzeitung vom 19.11.1830; Übersicht bei A. C. P. Callisen, Medicinisches Schriftsteller-Lexicon der jetzt lebenden Aerzte, Bd. 28, Kopenhagen 1840, S. 490.

Interessant – das sei hier als Nebenbemerkung eingefügt – sind seine 1822 in Würzburg erschienene Übersetzung eines Werkes des Gall-Schülers und „Phrenologen" Johann Caspar Spurzheims mit dem Titel *Die moralische intellektuelle Natur des Menschen,* sein Programm über *Character, Form, Wesenheit, Ursachen und Behandlungsweise der Nervenkrankheiten im Allgemeinen* sowie die Kapitel über allgemeine Psychologie und psychische Pathologie in dem 1827/28 erschienenen *System der allgemeinen Heilungslehre.* Hier zeigt er sich als früher medizinischer Psychologe.

Offenbar hat Hergenröther die provisorische Leitung der Klinik recht bald von Ruland übernommen, denn in einem Schreiben an den Universitätssenat vom 21. Januar 1832 erwähnt er, er sei nun schon ein Jahr in der Poliklinik tätig. Jedenfalls, und das war natürlich weit dringender, hatte ihn der Magistrat umgehend mit der einstweiligen Übernahme der Armenpraxis betraut und ihm dabei wegen der beträchtlichen Arbeitslast wohl mehr oder weniger notgedrungen die Hinzuziehung von medizinischen Praktikanten gestattet.

Am 5. November, nach Beginn des Wintersemesters 1831/32 und gewissermaßen weit nach Redaktionsschluss der offiziellen Vorlesungskataloge, suchte Hergenröther beim Senat um die Erlaubnis nach, offiziell eine ambulante Klinik am Schwarzen Brett der Universität im Juliusspital, wo die Vorlesungen der Medizinischen Fakultät ausgehängt wurden, anzeigen zu dürfen.[76] Die Gewährung dieser Bitte verbesserte seine prekäre finanzielle Lage allerdings nicht, da er keinerlei Besoldung für diese Aufgabe erhielt. Als sein letzter, verzweifelter Brandbrief vom 24. Januar 1832 an den Senat unbeantwortet blieb, blieb ihm nichts anderes mehr übrig, als Anfang Juni blutenden Herzens seine umfangreiche medizinische Fachbibliothek öffentlich versteigern zu lassen – der gedruckte Auktionskatalog umfasst nicht weniger als 1 387 Titel![77]

Kaum zwei Wochen nach diesem radikalen Schritt, am 16. Juni 1832, wurde er tatsächlich zum ordentlichen Professor für die ambulante Klinik mit einem Gehalt von 1 000 Gulden ernannt, wenngleich lediglich „in provisorischer Eigenschaft".[78] Obwohl die Fakultät ihm – unter Berufung auf die Unbestimmtheit in der Formulierung des Dekrets – auch weiterhin die Teilhabe an den Prüfungs- und Promotionsgebühren verweigerte, wogegen er sich im August bei Senat und König beschwerte, wähnte sich der 40-Jährige nach zehn langen, frustrierenden und vielleicht auch demütigenden Jahren am Ziel seiner Wünsche. Nunmehr hoffte er, den nötigen Rückhalt zu haben, beim Senat dringend erforderliche Ausgaben für den klinischen Hörsaal anmahnen zu können und schrieb selbstbewusst: „Der klinische Hörsaal der ambulanten Klinik als eines jetzt integrierenden Universitätsinstitutes bedarf wegen meiner im annahenden Wintersemester dort Vor= u. Nachmittags zu gebenden klinischen Vorträge der täglichen Beheizung sowohl in den Früh= als Nachmittagstunden. Auch für die Säuberung der beiden seit einem Jahre von mir auf eigene Kosten besorgten Reinigung der Zimmer muß gefällige Sorge getragen werden. Nebstdem sind vom Glaser 3 Scheiben reparirt worden, deren unbedingt nothwendige

[76] Universitäts-Archiv Würzburg, Personalakt Hergenröther, Jakob.
[77] Verzeichniss der auserlesensten medicinischen Werke, welche den 4. Juni d. J. täglich von 2–5 Uhr bei Prof. Dr. Hergenröther [...] versteigert werden, Würzburg 1832, 36 S.
[78] Bayerisches Hauptstaatsarchiv München, MInn 23, 309, Dekret vom 23.06.1832.

Verbesserung ich dem Hrn. Rentamtmann bei meiner Einweisung angedeutet hatte. Ich bitte daher einen königlichen akademischen Senat, höchste Gefällniß dafür sorgen, daß recht bald nicht nur die nöthige Quantität an Brennholz an das benannte Locale angeliefert, sondern daß auch für das Einheizen und Säuberungen und für den Zuschlag der gefertigten Fensterreparatur das Nöthige veranstaltet werde." [79]

Gleichzeitig sorgte der neue Direktor der Poliklinik dafür, dass auch die gelehrte Welt von seiner Berufung erfuhr. So meldete die Medicinisch-chirurgische Zeitung 1832[80] aus Würzburg: „Hr. Prof. Hergenröther hat in diesem Semester eine ambulante Klinik eröffnet, er gestattet jedem seiner Zuhörer in diesem Institute eine so freye und selbstständige Bewegung, als seine erworbenen theoretischen und practischen Kenntnisse es erlauben, er hält alle Sonntage einen Vortrag über die in der Klinik vorgekommenen denkwürdigen Krankheitsfälle mit vorzüglicher Rücksicht auf die Constitutio epidemica und die Succession der Krankheitsformen. Er sucht diesem practischen Bildungsinstitute die möglichste Ausdehnung zu geben."

Jetzt endlich glaubte er sich auch in der Position, seinem langjährigen Kontrahenten Schoenlein entgegentreten zu können, an dem sich schon sein Schwiegervater Philipp Joseph Horsch gerieben hatte.[81] In der Vorrede zur Dissertation seines Doktoranden Georg Friedrich Wolff, in der er ja, wie schon zitiert, auch mit seinem Vorgänger Vend hart ins Gericht ging, verglich er das geniale Wesen seines Amtsvorgängers und Schwiegervaters – ohne Namen zu nennen – mit den „jetzigen Kleingeistern", „die mit frecher Stirne und einem von der Natur zufällig verliehenen guten Gedächtnisse und einigem Mutterwitz begabt, sich zu Dictatoren und Fürsten der Medicin aufzuwerfen nicht erblöden."[82] Hier entlädt sich die ganze aufgestaute Bitterkeit der vergangenen Jahre! In der gleichen Publikation finden sich übrigens als Ordnung für die Poliklinik *13 Gesetze,* die sich kaum von den seinerzeit von Horsch formulierten unterscheiden. Interessant ist eine Ergänzung, dass nämlich am Krankenbett nur in französischer oder lateinischer Sprache geredet werden solle!

Stolz unterzeichnete er am 29. August 1832 diese Vorrede als „Prof. publ. ord. der ambulanten Klinik" und listete alle Aufgaben und Ämter nebst Mitgliedschaft in der Physikalisch-medizinischen Gesellschaft Erlangen auf. Das Stadtphysikat war am 9. März 1832 endgültig von dem des Armenarztes getrennt und zunächst provisorisch von Professor Thomas Anton Ruland versehen worden. Hergenröther hatte, offenbar anfangs unentgeltlich, die Aufgabe des städtischen Armenarztes übernommen. Am 23. März 1832 fragte er etwas irritiert bei der königlichen Regierung nach: „Als im vergangenen Jahre das hiesige Stadtphysicat erledigt wurde, kam ich um diese Stelle ein, besonders da das Policlinicum hiermit verbunden war und ich meine traurige Lage um einige 100 f zu verbessern gedachte. Groß war mein Erstaunen, als ich [...] zur amtlichen Erklärung aufgefordert wurde, ob ich im Falle der Uebertragung eines Lehrfaches der Policlinic in der Eigenschaft eines Armenarztes die Stelle

---

79 Universitäts-Archiv Würzburg, ARS 3295.
80 Medicinisch-chirurgische Zeitung 172 (1832), S. 28–30, hier S. 29.
81 Vgl. Punsch; Universitätsbibliothek Würzburg, Hdschr.-Abt., Slg. Reuss.
82 Wolff, Bericht über das poliklinische Institut (wie Anm. 27), Vorrede.

als Arzt der Strafhäuser abzutreten gesonnen seÿ? Befremdend war mir diese höchste Aufforderung, da ich jetzt meinen[!] Gehalt zu nichts erhöht sah, und mir tausendmal mehr Arbeit auf den Rücken laden sollte, als ich bisher hatte und zwar um dieselbe Bezahlung. Aber meine ganze Seele hing an dem Institute der Policlinic, die ich jetzt schon 5 Monate wiederum habe ohne bisher noch einen[!] Gehalt dafür zu beziehen.

Ich glaubte damals ein Opfer bringen zu müssen und erklärte den 7. Mai 1831, daß ich 1. in der zuverlässigen Erwartung der allergnädigsten Beförderung zum Prof. ord. mit Gehaltszulagen in dem Augenblicke die Stelle eines Arztes der Strafhäuser abtreten würde, wo mir aus dem städtischen Aerar 300 f als Armenarzt ausgezahlt würden; 2. daß wenn dieses der Fall nicht sey, ich in dem Dekretmäßigen Besitze der Stelle verbleibe.“[83]

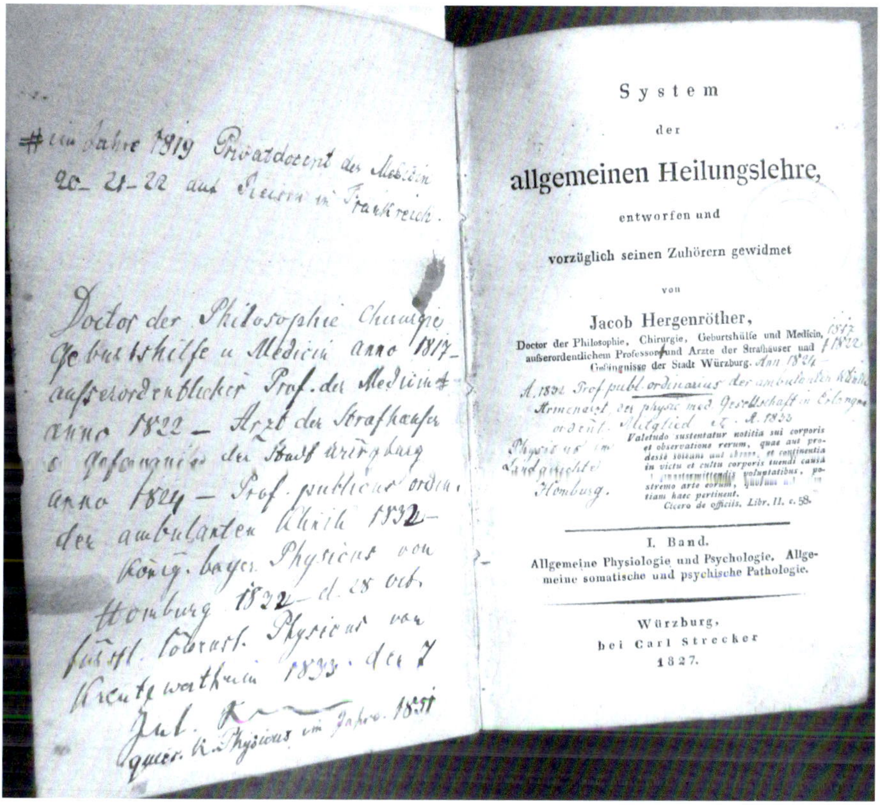

System der allgemeinen Heilungslehre, entworfen und vorzüglich seinen Zuhörern gewidmet von Jacob Hergenröther, Doctor der Philosophie, Chirurgie, Geburtshülfe und Medicin, außerordentlichem Professor und Arzte der Strafhäuser und Gefängnisse der Stadt Würzburg.

Valetudo sustentatur notitia sui corporis et observatione rerum, quae aut prodesse soleant aut obesse, et continentia in victu et cultu corporis tuendi causa [illegible] praetermittendis voluptatibus, postremo arte eorum, quorum ad scientiam haec pertinent. Cicero de officiis. Libr. II. c. 58.

I. Band. Allgemeine Physiologie und Psychologie. Allgemeine somatische und psychische Pathologie.

Würzburg, bei Carl Strecker 1827.

Abb. 9: *Auf der Titelseite dieses durchschossenen und mit Anmerkungen versehenen Privat-Exemplars von Jakob Hergenröthers* System der Allgemeinen Heilungslehre *finden sich von dessen Hand stolz alle akademischen Titel einschließlich des „Professor publ[icus] ordinarius der ambulanten Klinik“ vermerkt – auf der gegenüberliegenden Seite – gewissermaßen in tabellarischer Form – der gesamte berufliche Lebenslauf dokumentiert; Nachlass 68 (Johann Jakob Hergenröther) in der Handschriften-Abteilung der Universitätsbibliothek Eichstätt (Foto: Andreas Mettenleiter).*

[83] StAWü, Reg. v. Ufr. 6242, Bl. 102.

Noch bevor diese Frage geklärt war, traf – nur vier Monate nach seiner Ernennung zum Ordinarius wie ein Blitz aus heiterem Himmel – am 30. Oktober 1832 ein Schreiben des Innenministeriums an den Würzburger Universitätssenat ein, das den „in provisorischer Eigenschaft zum ordentlichen Professor der medizinischen Wissenschaften ernannten bisherigen außerordentlichen Professor Dr. Hergenröther auf Grund der IV. Beilage zur Verfassungsurkunde §2 seiner Eigenschaft als Professor" enthob und zum „Gerichtsarzt des Landgerichts Homburg mit seinen früheren Bezügen als außerordentlicher Professor" ernannte, was diesem unverzüglich mitzuteilen und dieser zum ungesäumten Antritt seines Physikats anzuweisen sei.

Hintergrund für diese – im Nachhinein wohl auch in den Augen des Königs überzogene – Maßnahme, die allein innerhalb der Medizinischen Fakultät die beiden Klinikchefs Johann Lucas Schoenlein und Cajetan von Textor sowie Professor Johann Baptist Friedreich und Karl Richard Hoffmann wie auch – außerhalb der Fakultät – Johann Gottfried Eisenmann betraf, war das „Gaibacher Fest" im Mai 1832, eine Veranstaltung im Gaibacher Schlosspark, die tumultuarisch verlaufen und in vereinzelten „Republik!"-Rufen geendet war. Neben weiteren Professoren der juristischen Fakultät war übrigens auch der liberale Würzburger Bürgermeister Wilhelm Joseph Behr betroffen.

Damit war der kurze Traum Hergenröthers von einer ordentlichen Professur geplatzt, noch bevor er wirklich begonnen hatte! In einem von Bitterkeit durchzogenen Schreiben vom 17. November an den Senat und in einem weiteren vom 19. November an den König rechnete er vor, dass er durch diese Maßnahme mindestens 1 000 Gulden Verlust erleide und bat um Unterstützung wenigstens bei den Umzugskosten – sie musste angesichts des ironischen Tons abgelehnt werden, was im Falle des Senats noch am gleichen Tage geschah!

1833 folgte die Versetzung des schwer gekränkten und verbitterten Mediziners von Homburg nach Marktheidenfeld. Hier entstand 1840 noch ein einziger kleiner, von der Fachwelt kaum beachteter medizinischer Aufsatz *Ueber die seit 7 Jahren im Landgerichtsbezirke Homburg und im Herrschaftsgerichte Kreutzwertheim* [!] *beobachtete Volkskrankheit.*[84] 1848 – damals waren die verdächtigten Professoren längst amnestiert und auf ihre Stellen zurückgekehrt, sofern sie dies noch wollten – scheint er noch einmal einen Entschädigungsantrag gestellt zu haben, der im Landtag verhandelt wurde. 1850[85] wurde er nach §19 der IX. Verfassungsbeilage[86] als Gerichtsarzt in den Ruhestand versetzt, seine Stelle erhielt ein Kollege.[87] Danach war er noch als praktischer Arzt in Steinach bei Münnerstadt tätig, wo er am 25. Mai 1855[88] an Magenkrebs verstarb.

---

84 Medicinisches Correspondenzblatt baierischer Ärzte 1 (1840), S. 33–43, 54–64, 67–79.

85 Neue Münchner Zeitung vom 08.10.1850.

86 „Die Dienstleistungen der Diener und der Dienstesgehalt sind widerruflicher Natur: Sie können ohne gerichtliche Klagen zu begründen, in Folge einer administrativen Erwägung oder einer organischen Verfügung mit Belassung des Standes-Gehaltes und des Titels entweder für immer mittelst Dimission, oder für eine gewissen Zeit mittelst Quiescierung benommen werden."

87 Intelligenzblatt von Unterfranken und Aschaffenburg des Königreichs Bayern 1850, S. 853: „das Physikat Marktheidenfeld [wurde] dem Gerichtsarzt Dr. Willibald Sedelbauer von Rothenbuch, seiner Versetzungsbitte entsprechend, übertragen."

88 Ausschreibung der freigewordenen Stelle als praktischer Arzt im Kreisamtsblatt für Unterfranken und Aschaffenburg für das Jahr 1855, Sp. 742f.

7. Conrad Heinrich Fuchs

So sahen sich Magistrat und Universität erneut überraschend ihres Armenarztes respektive ihres Professors der ambulanten Klinik beraubt. Die Stadt reagierte umgehend und betraute den Privatdozenten Conrad Heinrich Fuchs mit der Versehung der Armenpraxis. Im März 1833 wird Fuchs dann auch – zunächst provisorisch – zum außerordentlichen Professor der ambulanten Klinik und ersten Armenarzt ernannt, während bei dieser Gelegenheit eine zweite Armenarztstelle für den fünften Stadtbezirk (Mainviertel) geschaffen und dem praktischen Arzt Johann Baptist Herz übertragen wird.[89]

Abb. 10: *Der Kliniker Conrad Heinrich Fuchs führte die Poliklinik zu neuer Blüte. Lithographie, Ausschnitt aus einem Sammelbild (Slg. Mettenleiter).*

[89] StAWü, Reg. v. Ufr. 6242, Bl. 101; Universitäts-Archiv Würzburg, ARS 475, Personalakt Fuchs, Conrad Heinrich, Bl. 77.

Damit setzte sich der 29-jährige Schoenlein-Schüler[90] gegenüber einer ganzen Reihe von Mitbewerbern durch.[91] In ihrem Gutachten vom 9. Dezember 1832 hatte sich die Medizinische Fakultät gegenüber dem Senat aus verschiedenen Gründen für ihn ausgesprochen:

„a) er besitzt das Zutrauen des Publicums und des hiesigen Magistrats in hohem Grade, indem der letzte demselben die sämtlichen erledigten Armen-Distrikte, das Bürgerspital und das Siechenhaus wirklich übertrug.

b) hat die Fakultät denselben schon früher zu einer Professur für geeignet gefunden, indem derselbe ausgezeichnete theoretische und praktische Kenntnisse verbinde,

c) weil derselbe dieser Professur seine ganze Zeit widmen kann; damit endlich der medic[inische] Unterricht am Krankenbette nicht noch länger unterbrochen bleibe, und der königl. Senat provisorisch übergebe, und seiner königl. Majestät derselben als außerordentlichen Professor vorschlage.“

Der gebürtige Bamberger[92] hatte in Würzburg studiert und 1828 mit *Historischen Untersuchungen über das Verhältniß der Angina maligna zu Scharlach und Croup* promoviert, wo er als Assistent seines um zehn Jahre älteren Landsmanns Schoenlein tätig war. Nach einer Studienreise nach Italien und Frankreich, die ihn unter anderem zu Jean Louis d'Alibert und Laurent Biett nach Paris geführt hatte, habilitierte er sich 1831 in Würzburg über die *Lepra der Araber im Mittelmeerraum.* 1836 wurde er schließlich zum Ordinarius berufen, was seiner Position als Leiter der Poliklinik entsprach.

Fuchs gehörte zu den wichtigsten Vertretern der von Schoenlein in Würzburg vertretenen naturhistorischen Schule; da dieser selbst wenig veröffentlichte – die weithin kursierenden 1832 erstmals gedruckten Vorlesungsmitschriften hat er anfangs gerichtlich verfolgt und auch später nie wirklich autorisiert – kommt seinem Schüler Fuchs das Verdienst zu, die Erkenntnisse seines Lehrers fortentwickelt und publiziert zu haben.

Neben einer 1833 erschienenen *Medizinischen Statistik der Irrenhäuser und des Irreseyns* und einer Abhandlung über die *Krankheiten der Handwerker*, einem frühen Werk zur Gewerbehygiene[93], sind vor allem seine beiden Berichte über die Poliklinik mit Krankengeschichten[94] und statistischen Angaben über

---

[90] Vorlesungsmitschriften von seiner Hand aus den Jahren 1821 bis 1825 in der Staats- und Universitätsbibliothek Göttingen, Hdschr.-Abt., 4 Cod Ms hist nat 62.

[91] Caspar Ringelmann, Franz Hessler (1799–1890) und Johannes Narr (1802–1869); vgl. Universitäts-Archiv Würzburg, ARS 475, Bl. 55.

[92] Albert Seybold, Conrad Heinrich Fuchs, Med. Diss. Göttingen 1963.

[93] Ueber den Einfluss der verschiedenen Gewerbe auf den Gesundheitszustand und die Mortalität der Künstler und Handwerker in den Blüthenjahren; nach den Tabellen des Instituts für kranke Gesellen in Würzburg 1786 bis 1834. Ein Beitrag zur medicinischen Statistik, in: Wissenschaftliche Annalen für die practische Heilkunde 1835, S. 385–419.

[94] Stephanie Neuner / Karen Nolte, Medical Bedside Teaching and Healthcare for the Poor in the Würzburg and Göttingen Policlinics in the First Half of the Nineteenth Century, in: Martin Dinges u. a. (Hg.), Medical practice 1600–1900. Physicians and their patients, Leiden 2016, S. 207–229 (= Clio medica, Sonderband 96); Stephanie Neuner, Die Krankengeschichten des Conrad Heinrich Fuchs, in: Isabel Atz u. a. (Hg.), Praxiswelten. Ausstellungskatalog, Ingolstadt 2013, S. 36–39 und 116–127.

das Patientenklientel[95] von großem Interesse. Zusätzlich hat sich in der Göttinger Staats- und Universitätsbibliothek ein Konvolut von 732 unveröffentlichten Krankengeschichten (1834–1842) aus dem Besitz von Conrad Heinrich Fuchs erhalten, das in den vergangenen Jahren ausgewertet wurde und zum Teil aus der Würzburger Tätigkeitsperiode stammt.[96]

Aus den gedruckten und ungedruckten Quellen zur Poliklinik und vor allem aus einem elfseitigen Gesuch an den bayerischen König vom 10. April 1837 ist zu erkennen, dass die unter Vend und Hergenröther etwas zurückgegangene Frequenz der Poliklinik unter Fuchs wieder deutlich zugenommen hatte. Waren zu Zeiten seiner Vorgänger meist nur sechs bis acht Praktikanten dort tätig, hatte Fuchs bald mehr Anwärter als Praktikumsplätze, sodass er deren Zahl im Sommer auf 30 und im Winter auf 36 begrenzen musste; darunter fanden sich zahlreiche Anfragen aus dem „Ausland" (d. h. von außerhalb Bayerns), nämlich aus Göttingen, Freiburg im Breisgau, Heidelberg und Marburg. Voraussetzung für die Aufnahme war, dass die Kandidaten bereits Erfahrung in einer Hospitalklinik gesammelt hatten, sodass Fuchs zu seiner Zufriedenheit mit Erfolg „vor der Elite der Studirenden doziren" konnte – daher meldeten sich bei ihm auch viele junge Mediziner, die ihr in Bayern obligatorisches zweijähriges Berufspraktikum, das *Biennium practicum* im Rahmen der Poliklinik ableisteten. Schon bald musste Fuchs vom zweiten Armenarzt, Johann Baptist Herz, einen weiteren Stadtdistrikt „entleihen", um alle Praktikanten beschäftigen zu können.

Die große Zahl der behandelten Kranken und das reichhaltige Spektrum an Krankheitsbildern lieferte nicht nur Anschauungsmaterial für die jungen Mediziner, sondern manchem auch Material für seine Dissertation.[97] Außerdem ermöglichte es dem Direktor der Poliklinik die Abhaltung zweier praktischer Collegien *über Kinderkrankheiten und Hautkrankheiten mit Nachweisung am Krankenbette* zu lesen, die früher mangels passender Patienten nie zu Stande gekommen waren. Diese gut besuchten Veranstaltungen, für die die Studenten ja Kolleggelder zu entrichten hatten, lohnten sich für Fuchs auch in pekuniärer Hinsicht: Seine regulären Einkünfte, also das Professorengehalt von 800 Gulden und die Besoldung als Armenarzt in Höhe von 300 Gulden verdoppelten sich durch die Kolleggelder für die Poliklinik (800 Gulden) und die Hörergebühren für die pädiatrischen und dermatovenerologischen Kurse (300 Gulden) auf insgesamt 2200 Gulden!

---

[95] Bericht über die Vorgänge an der Poliklinik zu Würzburg im Jahre 1834, in: Schmidts Jahrbücher für die gesammte in- und ausländische Medicin 6 (1835), S. 327–333; Bericht über die Vorgänge an der Poliklinik zu Würzburg im Jahre 1835, in: Jahrbuch des ärztlichen Vereins zu München 2 (1836), S. 252–295.

[96] Staats- und Universitätsbibliothek Göttingen, Hdschr.-Abt., Cod. MS hist. nat. 61, I–XII; vgl. Karen Nolte, „... wohlthätige Hülfe für die nothleidenden Armen und Bildung junger Ärzte" – Polikliniken im frühen 19. Jahrhundert, in: Historia hospitalium 27 (2011), S. 79–86; Stephanie Neuner, Armut und Krankheit. Das prekäre Leben von Unterschichtfamilien in Würzburg und Göttingen 1800–1850, in: Medizin, Gesellschaft und Geschichte 34 (2016), S. 11–50.

[97] Universitäts-Archiv Würzburg, ARS 775, Personalakt Fuchs, Conrad Heinrich.

Abb. 11:
Bucheignerzeichen von Conrad Heinrich Fuchs. Seine klinischen Erfahrungen legte Fuchs in zwei grundlegenden Lehrwerken zur Inneren Medizin und zur Dermatologie nieder (Slg. Mettenleiter).

Neben den Rechenschaftsberichten der Klinik[98] bildeten die Erfahrungen aus der Würzburger (und später der Göttinger) Poliklinik die Grundlage für die wichtigsten Veröffentlichungen von Fuchs, nämlich seine beiden Lehrbücher zur Dermato-Venerologie und zur Inneren Medizin: In seinem Standardwerk *Die krankhaften Veränderungen der Haut und ihrer Anhänge in nosologischer und therapeutischer Beziehung,* das 1840/41 in Göttingen erschien, beruft er sich an mehreren Stellen auf Beobachtungen aus Würzburg. Zu diesem Werk erschien später noch ein Atlas.

[98] Bericht über die Vorgänge an der Poliklinik zu Würzburg im Jahre 1834, in: Schmidts Jahrbücher für die gesammte in- und ausländische Medicin 6 (1835), S. 327–333; Bericht über die Vorgänge an der Poliklinik zu Würzburg im Jahre 1835, in: Jahrbuch des ärztlichen Vereins zu München 2 (1836), S. 252–295.

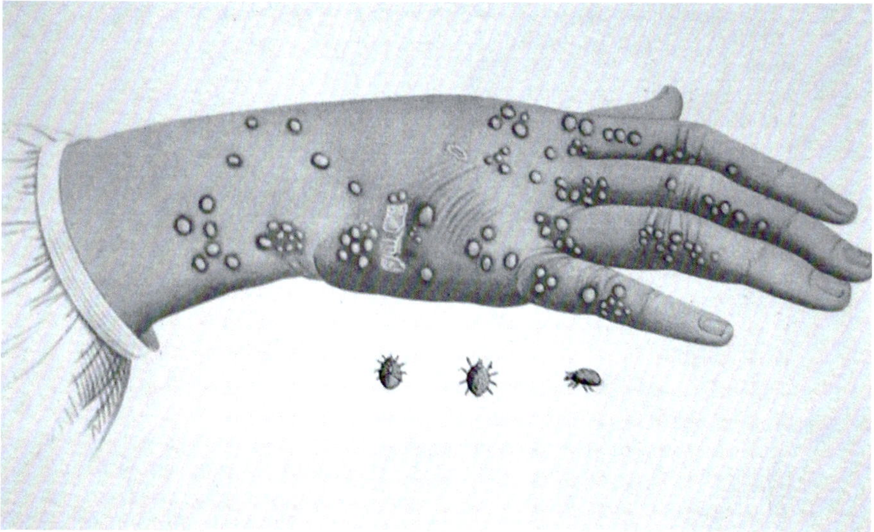

Abb. 12: *Die Krätze – verursacht durch den Befall mit Krätzmilben – war im 19. Jahrhundert ein ernsthaftes Problem. Mangelnde Hygiene, etwa bei reisenden Handswerksburschen, sorgte für die Verbreitung der Krankheit. Kolorierte Lithographie der Zeit (Archiv Mettenleiter).*

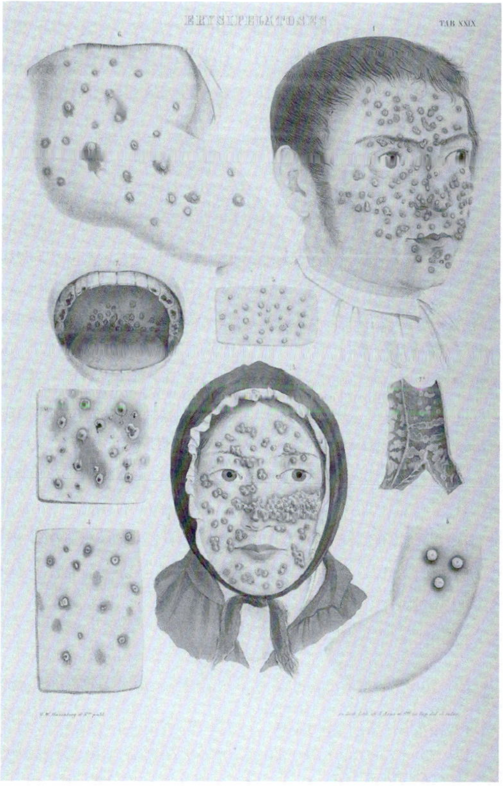

Abb. 13:
Zu Fuchs' Lehrbuch der Hautkrankheiten erschien ein kolorierter Folio-Atlas, der Hautkrankheiten nach seiner Systematik möglichst lebensecht zeigt. Hautkranke bildeten im Patientengut der Poliklinik eine große Gruppe ebenso wie Kinder (Slg. Mettenleiter).

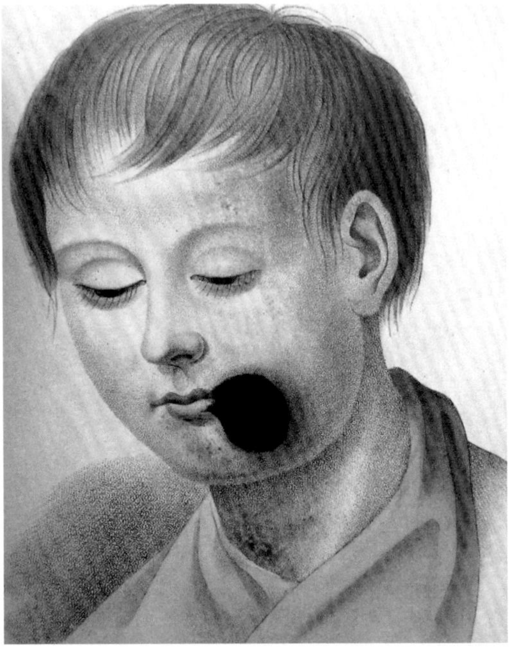

Abb. 14:
„Noma", eine typische Erkrankung von Proletarierkindern im 19. Jahrhundert, findet man heute kaum mehr (Abbildung entnommen aus: C. Chr. A. L. Richter, Der Wasserkrebs der Kinder, Berlin 1828).

Ähnlich wertvoll waren für ihn die Krankengeschichten der Würzburg Zeit für sein *Lehrbuch der speciellen Nosologie und Therapie*, das 1845 bis 1849 in Göttingen erschien[99] und die Vorgaben der naturhistorischen Schule seines Lehrers Schoenlein in die Praxis der Inneren Medizin umsetzt. Aus der grundlegenden Annahme von der Wandelbarkeit von Krankheiten rührt auch sein medizin- und seuchenhistorisches Interesse, von dem ebenfalls mehrere sorgfältig recherchierte Untersuchungen zeugen.[100]

Für das Bürgerspital von Interesse ist, dass Fuchs, 1835 zu einem Gutachten über die Anstellung eines Chirurgen gebeten, sich für einen gut qualifizierten Kandidaten aussprach, da im Jahr zuvor (1834) allein „zwei Bauchschnitte" vorgekommen seien, die die Anstellung eines erfahrenen Chirurgen wünschenswert erscheinen ließen. Daraufhin entschloss man sich 1836, den 38-jährigen Chirurgus Dr. Anton Mayer, der 1823 bis 1825 als Assistent Cajetan von Textors im Juliusspital ausgebildet worden war und nun eine orthopädische Heilanstalt mit Wasser- und Dampfbad sowie einer Blutegelzuchtanstalt betrieb, mit dem Amt für 100 Gulden Jahresgehalt zu betrauen. Mayer, der sich Verdienste um die „Osteotomie", Umstellungsoperationen am Knochen, erwarb, wurde später auch Polizeiarzt und städtischer Leichenschauarzt.[101] Die „subalternen" Tätigkeiten wie Rasur und Aderlass wurden nun von Gehilfen übernommen.

---

[99] Manuskripte hierzu in der Staats- und Universitätsbibliothek Göttingen, Hdschr.-Abt.

[100] Zum Beispiel: Conrad Heinrich Fuchs, Die ältesten Schriftsteller über die Lustseuche in Deutschland von 1495–1510, Göttingen 1853.

[101] Ulrich Hartnack, Joseph Anton Mayer, ein Chirurg und Orthopäde in Würzburg, Med. Diss. Würzburg 1975.

In der Medizinischen Fakultät betrachtete man die gewachsene Attraktivität der Poliklinik erfreut, zog sie doch zahlreiche Studenten aus dem „Auslande“ an, und auch bei der armen Bevölkerung sowie beim Stadtmagistrat konnte sich Fuchs Ansehen und Vertrauen erwerben. Für das Sommersemester 1837, das am 4. April begann, hatte Fuchs schon alle Plätze an seiner Poliklinik durch Voranmeldungen belegt. Im offiziellen Vorlesungsverzeichnis[102] kündigte er wie gewohnt seine täglichen Poliklinischen Kurse und ein dreimal wöchentlich gelesenes Kolleg über Kinderkrankheiten an. Sein junger Kollege Franz Rinecker las hingegen über Arzneimittellehre, ein – auch von den Hörergeldern her – wenig attraktives Fach, das oft jungen Privatdozenten anvertraut wurde, die sich ihre Sporen erst noch verdienen mussten.

Als am 31. März folgender königlicher Erlass erging, musste Fuchs – und mit ihm halb Würzburg – aus allen Wolken fallen: „Se[ine] Maj[estät] der König haben allergnädigst geruht, [...] den kön[iglichen] Hofrath und Professor Dr. Ruland an der Universität Würzburg in Berücksichtigung seines vorgerückten Lebensalters und seiner geschwächten Gesundheitsumstände in den Ruhestand zu versetzen, und demselben zum Zeichen allerhöchster Zufriedenheit mit seinen treu geleisteten Diensten den Titel und Rang eines geheimen Hofrathes taxfrey zu ertheilen; das Lehrfach der medicinischen Polizey an genannter Universität, in der Eigenschaft eines ordentlichen Professors der Medicin, dem dermahligen kön. Regierungs= und Kreismedicinalrathe Dr. Schmitt zu Würzburg, die Lehrsparte der Materia medica dortselbst dem k[öniglichen] Professor Dr. Fuchs, und die Professur der ambulanten Klinik sammt der damit verbundenen Function eines Armenarztes, dem zum außerordentlichen Professor der Medicin ernannten Privatdocenten Dr. Rinecker zu übertragen.“[103]

Das *Würzburger Tagblatt* vom 5. April meldete – zunächst noch zurückhaltend: „Hofrath Ruland ist mit dem Titel eines Geheimen Hofraths in Pension gesetzt worden. Die dadurch erledigte Professur der Staatsarzneikunde und Arzneimittellehre hat der bisherige Vorstand der Poliklinik, Hr. Professor Fuchs erhalten. Die dadurch vakant gewordene Anstalt erhält der neu creirte Professor Dr. Rinecker, der sich durch die während der Osterferien an der Universität gehaltenen öffentlichen Vorträge (so lange war derselbe Privatdocent) sehr verdient und durch ein nicht in Druck gekommenes Manuscript, von dem wir in einer früheren Nummer gesprochen, dem literarischen Publikum sehr vortheilhaft bekannt gemacht hat.“

Am 8. April berichtete das gleiche Blatt unter der Rubrik *Würzburger Tagesneuigkeiten* dann polemisch: „Unter den Professoren der hiesigen Universität soll sich eine Rosenkranzbruderschaft gebildet haben. So hört man wenigstens offiziell erzählen.

[102] Ordnung der Vorlesungen an der Königlichen Universität Würzburg, Würzburg 1837, S. 15f.: „10) Arzneimittellehre: Privatdocent Dr. Rinecker, in Verbindung mit ärztlicher Receptirkunst, nach Sobernheim's Handbuch der practischen Arzneimittellehre (Berlin 1836) wöchentlich 5mal von 5–6 Uhr. [...] 13) Kinderkrankheiten: Prof. Fuchs, nach Meissner, wöchentlich 3mal von 4–5 Uhr. 20) Policlinik: Prof. Fuchs, täglich von 11–1 Uhr.“ Ebenso abgedruckt in: Allgemeiner Anzeiger für das Königreich Bayern 1837, S. 212.

[103] Medicinisch-chirurgische Zeitung (Salzburg) vom 26.06.1837, S. 416.

Die Dekrete, bestätigend unsere neuliche Angabe in Betreff der Professoren=Absetzung, Umsetzung, Ansetzung, sind angekommen, und wir haben noch berichtigend zu bemerken, daß die Staatsarzneikunde nicht an Professor Fuchs vergeben ist. Uebrigens schien schön länger nicht zu verkennen, daß eine Coterie – fromme Leutchen – ihre Karten mischte, bis dieselben zum Aus=Spiele gut genug waren. So mochte Manchem die Rivolität[!] des Hrn. Professor Fuchs nicht behagen – und ein Schüler harmonirt mit dem Lehrer, während ein Gegner nur lästig ist. Wer es kann, hat Recht, wenn er den Gegner, steht er auch ganz an seinem Platze, ist ihm selbst Auszeichnung wirkliches Verdienst um das Wohl einer Anstalt nicht abzusprechen, zu vernichten sucht."[104]

Fuchs war wie vor den Kopf gestoßen und unternahm einen letzten Versuch, die Regierung zur Rücknahme dieser Entscheidung zu bewegen. In einem nicht weniger als elf eng beschriebene Seiten umfassenden Bittgesuch an den bayerischen König verwies er auf die bedeutenden persönlichen (auch wissenschaftlichen) und finanziellen Verluste, die dieser „Fächertausch" mit sich brachte. Unter Berufung auf seine Verdienste, auf sein klinisches Talent und seine völlig fehlende Eignung für ein theoretisches Fach, auf die bedeutenden pekuniären Einbußen sowie unter Beifügung von Gutachten des Senats und des Staatsmagistrats, Unterlagen der Universitäts-Quästur und eines lupenreinen Sittenzeugnisses bat er den König „allerunterthänigst treugehorsamst" um Belassung in der Leitung der Poliklinik, „oder eventuell, wenn gegen meine Hoffnung diese meine Bitte aus höheren Rücksichten nicht willfahrt werden könnte, mir statt der materia medica ein anderes practisches Lehrfach an einer Hochschule zutheilen zu geruhen, das meiner wissenschaftlichen Ausbildung besser entspricht, und dessen Erträgnisse mir Ersatz für den beträchtlichen Verlust, der mir, in dem ich von der Poliklinik abtreten muß, erwächst, zu leisten im Stande sind."[105] Das Münchner Innenministerium beschied, hiervon ungerührt, am 3. Mai 1837 endgültig: „Dem mit Briefe vom 13ten Monat vorgelegten Gesuche des ordentlichen Professor der Medizin Dr Fuchs um Zurückgabe des Beschlusses der ambulanten Klinik, oder um Anweisung eines andern Lehrfaches als jenes der materia medica, kann nicht stattgegeben werden." Dabei machte man sich nicht einmal große Mühe, die Entscheidung zu begründen, sondern berief sich lediglich auf die Wichtigkeit des Lehrfachs der *Materia medica* für den Studentenunterricht. Fuchs, dem nun auch die Patienten nicht mehr zur Verfügung standen, die er für seine stark besuchten und entsprechend Hörergeld abwerfenden praktischen Kollegs über Haut- und Kinderkrankheiten benötigte, bot trotzdem noch ein „Casuisticum medicum" an – möglicherweise auf der Grundlage seiner bisher gesammelten Fallgeschichten – und hielt Vorlesungen über Nosologie der Kinderkrankheiten. Doch dürfte ihm

[104] Am 20.04.1837 schob das „Würzburger Tagblatt", Nr. 109, folgende – wohl falsche – Nachricht nach: „Wie man sagt, will der hiesige Magistrat die 300 fl., die bisher Herr Professor Fuchs für einige Districte bezogen hatte, an den neuen Professor Rinecker nicht mehr weiter geben, sich darauf stützend, daß unter dem seeligen Vend die conscribirten Armen aller Districte nicht mehr gekostet haben."

[105] Universitäts-Archiv Würzburg, ARS 475, Personalakt Fuchs, Conrad Heinrich. Vgl. auch Kap. 11 in diesem Beitrag.

klar geworden sein, dass es für ihn in Würzburg und wohl auch in ganz Bayern keine berufliche Zukunft gab, weshalb er 1838 einem Ruf als Direktor der Medizinischen Poliklinik in Göttingen in der Nachfolge Carl Gustav Himlys (1772–1838) folgte.[106] Am 4. August 1838 bewilligte der König die Annahme der Berufung; als Lehrer der Arzneimittellehre beerbte ihn – erneut und noch am gleichen Tag – Franz Rinecker, der bei dieser Gelegenheit nun auch zum ordentlichen Professor ernannt wurde.

In Göttingen leitete Fuchs die Poliklinik bis 1843 zusammen mit Johann Wilhelm Heinrich Conradi. 1853 – zwei Jahre vor seinem Tod – wurde er zusätzlich auch Direktor der Medizinischen Universitäts-Klinik, vereinigte also die Leitung der ambulanten und der stationären Klinik in seiner Person. Das zumindest wäre ihm in Würzburg nicht gelungen. In Göttingen fand Fuchs nun endlich die verdiente Anerkennung: 1843 wurde er zum Mitglied der Göttinger Akademie der Wissenschaften ernannt. 1845 erhielt er den Hofratstitel und wurde 1849 Mitglied des Staatsrats. 1852/53 amtierte er als Prorektor der Universität und 1850/51 als Dekan der Medizinischen Fakultät. 1855 starb der Kliniker hochgeehrt, wenige Tage vor seinem 52. Geburtstag.

7.1 *Überraschende Abberufung von Conrad Heinrich Fuchs*

Wie war dieser erstaunliche „Fächertausch“ zwischen dem erfolgreichen, politisch unverdächtigen, seit vier Jahren bewährten Leiter der Würzburger Poliklinik und dem unerfahrenen, gerade einmal 26-jährigen Privatdozenten zustande gekommen, der seit 1833 als Assistent des Schoenlein-Schülers Carl Friedrich Marcus in der Medizinischen Klinik des Juliusspitals tätig gewesen war und sich erst 1836 habilitiert hatte? Rinecker selbst kommentiert die Angelegenheit nicht, sondern schreibt 1848 in einem Rückblick auf die Geschichte der Poliklinik ganz knapp und harmlos: „Bei seinem [d. h. Prof. Fuchs] Abgange (1. April 1837) wurde der Berichterstatter zum Professor und Vorstand des poliklinischen Instituts ernannt.“

Des Rätsels Lösung sind Beziehungen bis in höchste Regierungskreise: Rineckers Vater Gallus, ein Beamter, hatte sich durch Fleiß bis ins Innenministerium hinaufgearbeitet, wo er Karl August von Abel (1788–1859)[107] kennenlernte. 1833 heiratete seine sehr religiös eingestellte Tochter Friederike – Franz Rineckers Schwester – den verwitweten Abel. 1837 bewährte sich dieser als Ministerialkommissär des Innern auf dem Landtag und wurde am 1. November als Staatsrat provisorisch und wenig später definitiv bayerischer Innenminister, was damals die Aufgaben des Kultusministers mit einschloss.

Am 22. März 1836 hatte sich Rinecker – damals noch Assistent an der Medizinischen Klinik im Juliusspital – um eine Privatdozentur beworben. Die Medizinische Fakultät hatte in ihrem Gutachten nicht nur drei Bedingungen hierfür gestellt, nämlich den Erwerb des philosophischen Doktorgrades,

[106] Fränkischer Merkur, Nr. 289 vom 16.10.1838: Zurückweisung von Spekulationen, das Kultusministerium in München habe Fuchs mit dem Versprechen einer besseren Stelle zu halten versucht.

[107] Heinz Gollwitzer, Karl von Abel, Göttingen 1993 u. a., S. 408.

eine „gelehrte Abhandlung in lateinischer Sprache“ sowie die Aufgabe seiner Anstellung als juliusspitälischer Assistenzarzt, sondern grundsätzlich Vorbehalte wegen des jugendlichen Alters Rineckers geäußert: Man erlaubte sich daher, „den allerehrfurchtsvollsten Wunsch auszudrücken, daß die Verleihung von Privatdozentenstellen gerade im Fache der Heilkunde, welche als reine Erfahrungswissenschaft auf einem weiten Gebiete wohl längere Pflege erheischt, als welche während des Universitäts-Studiums und in einigen Jahren der praktischen Bildung ihr gewidmet werden kann, so spärlich als möglich bewilligt werden möge.“[108]

Das war höflich und zurückhaltend, aber im Rahmen der üblichen Sprachgepflogenheiten eigentlich sehr deutlich formuliert. Doch setzte sich das Innenministerium über diese Bedenken hinweg, erließ Rinecker kurzerhand den Erwerb des Dr. phil. und die lateinische Abhandlung und gestattete ihm ab dem folgenden Wintersemester die Abhaltung von Vorlesungen! In dem Schreiben vom 24. Juli 1836 findet sich lediglich folgende Bemerkung angefügt, „daß gemäß der bezeichneten höchsten Entschließung mit dieser Bewilligung keineswegs die Aussicht auf eine künftige Professur verbunden sey, und Herr Privatdozent Dr. Rinecker mit Beginn seiner Vorlesungen die Funktion eines Assistenzarztes im Juliushospitale niederzulegen habe.“

Die beiden Leiter der Medizinischen Klinik im Juliusspital, Carl Friedrich Marcus, Rineckers ehemaliger Chef und Lehrer, und der Direktor der Poliklinik, Conrad Heinrich Fuchs, waren neun bzw. acht Jahre älter als Rinecker. Sollte keiner der beiden an eine andere Universität wechseln, was zu erwarten war, da beide recht erfolgreich in ihren Kliniken tätig waren, stand dem jungen Privatdozenten eine lange Durststrecke oder der Wechsel an eine andere Universität bevor. Oder aber – einer der beiden räumte seinen Posten, freiwillig oder unfreiwillig, um dem Neuling Platz zu machen und ihm ein auskömmliches Einkommen zu sichern. Marcus, ebenfalls sehr religiös eingestellt, und als Lehrer sowie als gut vernetzter Leiter der renommierten Hospitalklinik für einen Berufsanfänger mindestens eine Nummer zu groß, schied aus – blieb Fuchs, der offenbar keine so große Lobby hatte!

Die Rochade, die durch die Pensionierung Thomas August Rulands möglich wurde, diente hierbei als recht fadenscheiniges Deckmäntelchen! Rinecker bewährte sich in der Poliklinik, auch wenn er aufgrund eigenmächtigen Vorgehens aus verschiedenen Gründen mit den Behörden in Konflikt geriet und auch wenn er im Laufe seines Lebens verschiedene Ordinariate bekleidete. Seine Kontakte ins Innenministerium bewährten sich ebenfalls – zum Heil und Nutzen der Universität! Ihm verdankten der bedeutende Frauenarzt Kiwisch von Rotterau, der Anatom Koelliker, der – politisch höchst verdächtige – Pathologe Rudolf Virchow und weitere medizinische Größen ihre Berufung nach Würzburg und ermöglichten so maßgeblich die – zweite – Blütezeit der hiesigen Medizinischen Fakultät um 1850![109]

---

[108] Universitäts-Archiv Würzburg, ARS 738, Personalakt Rinecker, Franz: Brief vom 10.05.1836, auszugsweise abgedruckt in: Rolf Pfeffer, Professor Franz Rinecker, Med. Diss. Würzburg 1981, S. 22f.

[109] Carl Gerhardt: „Dann ging er daran, neue, hervorragende Lehrkräfte, Fermente, die mit ihm zusammen wirken sollten, aus weiter Ferne in den Kreis der Fakultät hineinzubringen. Nur der

8. Franz Rinecker (Bernhard Mohr)

Abb. 15:
Die Federzeichnung aus der Zeit um 1861 zeigt Franz Rinecker beim Unterricht der Poliklinik zusammen mit seinem Assistenten Georg Massa. Aus einer Zeitschrift (Slg. Mettenleiter).

Der neue und so unerwartet berufene Klinikchef ging seine neue Aufgabe mit viel Engagement an. Aus seinen Eingaben an die Universitätsverwaltung erfahren wir gewissermaßen nebenbei allerhand über den Alltag und die Verhältnisse in der Poliklinik wie auch über die Einstellung der Würzburger Bevölkerung zur Sektion Verstorbener: Bereits im Juli 1837 bemühte sich der neu berufene Institutsvorstand um die Anschaffung eines zweckmäßigen „Sektions-Etuis", also einer Ausstattung zur Durchführung von Leichenöffnungen nach dem Tod von Patienten, um die Diagnose zu überprüfen, wie dies ja dem Konzept einer Lehrklinik entsprach. In seinem Schreiben an das Rektorat der Universität führte er aus: „Von jeher werden Leichenöffnungen mit Fleiß und Sorgfalt angestellt als Eines der Hauptförderungsmittel der praktischen Heilkunde gehalten; besonders aber wird es für den klinischen Lehrer Pflicht, in allen auch gewöhnlicheren Fällen die Öffnung des Leichnams nicht zu unterlassen, und die Studierenden *einmal* auch in dieser Art der Beobachtung zu üben, *vor Allem* jedoch um sie auf den Nutzen hinzuweisen, der aus der richtigen Auffassung solcher aus Sektionen hervorgehenden Thatsachen und Erfahrun-

---

seltenen Verbindung von feurigem, zielbewußtem Eifer und kluger, geschickter Benützung aller Mittel, die wir an Rinecker bewunderten, konnte es gelingen, erst Kiwisch's, dann Kölliker's Berufung durchzusetzen"; zitiert nach Pfeffer, S. 33; 1846 war das Kultus- vom Innenministerium abgetrennt worden.

gen ihnen für die Folge entspringen kann. Ueberall wird daher in unserer Zeit dieses Ziel der medizinischen Sektion mit großem Eifer betrieben, und auch der Unterzeichnete wünscht in dieser Beziehung seinen Zuhörern möglichst an die Hand gehen zu können, und stellt daher an ein königl[iches] Rektorat die gehorsamste Bitte, für des poliklinischen Instituts ein Sektions-Etui anschaffen zu lassen, in dem die bisher gebrauchten anatomischen Praeparirbestecke der Studirenden durchaus nicht genügen.

Die Kosten einer solchen Anschaffung würden sich höchstens auf zwölf bis fünfzehn Gulden rh. [rheinisch] belaufen."[110]

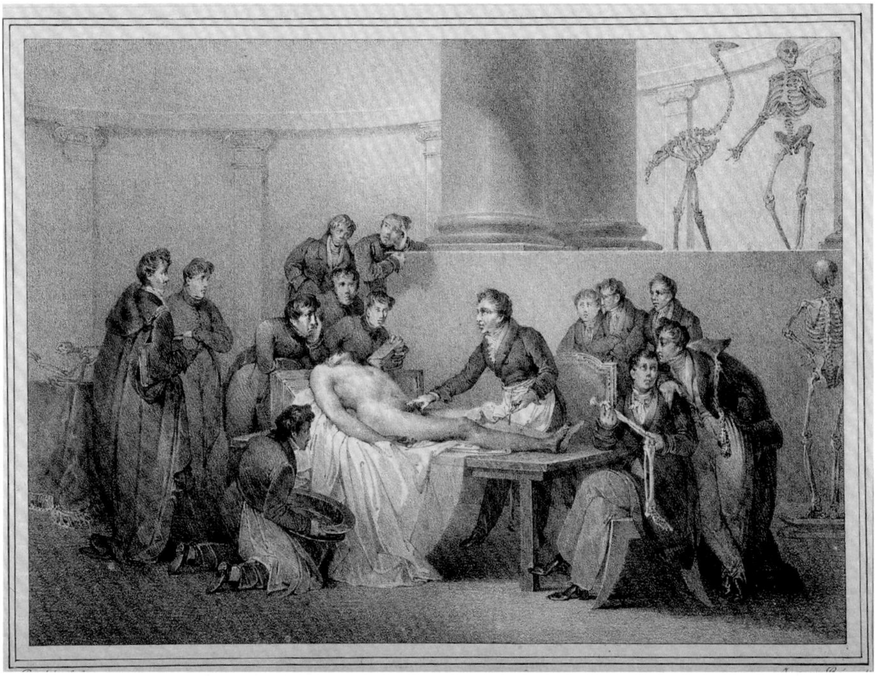

Abb. 16: *Der Chirurg Guillaume Dupyutren bei einer Operation an der Leiche. Ähnlich darf man sich wohl auch die Sektionen verstorbener Patienten der Poliklinik vorstellen. Lithographie (Slg. Mettenleiter).*

Als der Senat, der davon ausging, dass sämtliche Sektionen im Juliusspital durchgeführt wurden, ihn zu einer näheren Erläuterung aufforderte, erklärte Rinecker: „Die Leichen der hiesigen Armen, seien sie conscribirt oder nicht, werden nur dann nach der Anatomie gebracht, wenn es ihren Angehörigen an den Mitteln gebricht, die aus der Beerdigung auf dem allgemeinen Kirchhofe resultirenden Kosten zu bestreiten. Es existirt demnach für keine im hiesigen Armenverbande stehende Familie die Verpflichtung, die verstorbenen Angehörigen an die Anatomie abzugeben, so bald sie die im Beerdigungsfalle erwachsenden Kosten zu bezahlen bereit sind. Bringt man nun in Erwägung,

[110] Universitäts-Archiv Würzburg, ARS 3296, Bl. 1 (Hervorhebungen im Original).

daß gemäß der noch über das Verfallen an die Anatomie hier obwaltenden Ansichten, jeder Arme, dem es nur im entferntesten möglich ist, seinen Todten nach dem Leichenhause bringen läßt, ja daß sie es sogar durch Veräußerung ihrer letzten Habe zu bewerkstelligen suchen, berücksichtigt man ferner, daß die Leichen der Pfründner des mit der Poliklinik in Verbindung stehenden *Bürgerspitals* sämtlich nach dem Leichenhause geführt werden müssen, so läßt sich leicht ersehen, daß die größere Zahl der Sektionen von Seiten der Poliklinik auf dem Leichenhause gemacht werden müssen, weniger dagegen auf der Anatomie vorgenommen werden können.“ Da die Leichenöffnungen in erster Linie Unterrichtszwecken dienten, sei nicht die Armenkasse, sondern die Universität für die Finanzierung des Sektionsbestecks zuständig.[111] Daraufhin wurde die Anschaffung auf Universitätskosten bewilligt, jedoch wie am Seitenrand vorsorglich und ausdrücklich vermerkt ist, „ohne alle Folgegebung für weitere Anträge dieser Art.“[112]

Aus der Antwort der Universitätsverwaltung vom 28. März 1838 auf eine andere Eingabe Rineckers erfahren wir, dass inzwischen offenbar ein Pfründner des Bürgerspitals als „Diener bey der Policlinik“ eingesetzt war, der nunmehr „in Rücksicht der sehr vermehrten Dienstleistungen“ von der Universität einen jährlichen Lohn von 3 Gulden 30 Kreuzer erhielt.[113]

Franz Rinecker nutzte das reichhaltige Patientengut der Klinik wie schon sein Vorgänger seit 1839 für praktische Kollegs über Kinder- und Hautkrankheiten.[114] Einen Überblick über das Krankheitsspektrum zwischen seiner Amtsübernahme 1837 und 1847 gibt ein ausführlicher Rechenschaftsbericht mit statistischen Angaben und Fallgeschichten.[115] Weitere aus der Poliklinik „entlehnte“ Krankengeschichten mit den zugehörigen Sektionsberichten von Stadtarmen und Bürgerspital-Pfründnern, darunter der Fall einer 21-jährigen Frau mit einem Apoplexus sanguinea (Schlaganfall) sowie Patienten mit Ulcus ventriculi chronicus (chronischem Magengeschwür), Brustleiden und Asthma finden sich eingestreut in Bernhard Mohrs zweibändigen *Beiträgen zu pathologischen Anatomie, enthaltend die tödlich abgelaufenen Krankheitsfälle der medizinischen Abtheilung des Julius-Hospitals in Würzburg* von 1838 und 1840.[116]

8.1 *Das Ende der Poliklinik im Bürgerspital*

Wie die zitierten Aktenstücke bei der Einrichtung des „klinischen Lokals“ 1821 belegen, erfolgte die Wahl des Bürgerspitals für diesen Zweck relativ kurzfristig, und die Fertigstellung gestaltete sich wegen der dabei entstehenden Kosten für den Magistrat eher schleppend. Doch sorgte der massive Druck von Seiten der Regierung dafür, dass das Projekt ohne größere Diskussionen verwirklicht

[111] Universitäts-Archiv Würzburg, ARS 3296, Bl. 3.
[112] Universitäts-Archiv Würzburg, ARS 3296, Bl. 4 (Hervorhebung im Original)..
[113] Universitäts-Archiv Würzburg, ARS 3296, Bl. 7.
[114] Pfeffer, Professor Franz Rinecker (wie Anm. 108), S. 56.
[115] Franz Rinecker, Medicinische Statistik der poliklinischen Anstalt an der Universität zu Würzburg in ihrem vierten Decennium 1837–1847, Würzburg 1847.
[116] Stuttgart 1838 bzw. Kitzingen 1840.

wurde. Wie die Pflegschaft des Bürgerspitals hierzu stand und wie sich die Unterbringung dieses studentischen Hörsaals im „Alters- und Pflegeheim" im Alltag auswirkte, ist nicht bekannt. Man darf aber wohl davon ausgehen, dass die Poliklinik hier eher als Fremdkörper und Störung im Betriebsablauf wahrgenommen wurde.

Erst im September 1839 wandte sich die Hausverwaltung des Bürgerspitals in einem vorwurfsvollen Schreiben[117] an den Stadtmagistrat und forderte die baldmögliche, eigentlich längst überfällige „Entfernung der Besuchs=Anstalt": „Die Errichtung eines *Auditoriums* im Bürgerspitale mag auf Veranlassung des damaligen Professors Dr. Vend aus Abgang eines andern passenden Locals, oder weil vielmehr besagter H[r] Professor in seinem eigenthümlichen Wohnhause den nöthigen Raum nicht hatte, durch den hochlöblichen Stadt=Magistrat vorgeschlagen und von königlicher Regierung bestättiget worden seyn.

Indessen gewinnt es den Anschein, als habe damals der hochlöbliche Stadt-Magistrat um den Befoderungen der königlichen Regierung zu genügen, oder vielmehr die Stadt Cassa wegen Gewinnung eines andern Locals vor größerer Ausgabe zu bewahren, sich bewogen befunden, diese Anstalt ohne alle weitere Erwägungen einer milden Stiftung aufzubürden.

Die nachtheiligen Folgen scheinen damals sowohl vom Verwaltungs Personal, als noch mehr vom Stadt=Magistrate als Oberaufsichts Behörde selbst unbegreiflicherweise übergangen worden zu seÿn, denn die Stiftung mußte wegen Unzulänglichkeit des Holzes jährlich wenigstens zweÿ Karren Holz zulegen, welches auf die Dauer von 18 Jahren mehr als 200 fl. beträgt, ferner müssen die Pfründner, während die Herren Ärzte die schönsten zwey Zimmer innehaben, in finsteren, zum Theile unheizbaren *Localitaeten* untergebracht werden, und es wurde für die Benützung dieser Zimmer weder vom Magistrate, noch sonstwohin dem Spitale eine Entschädigung noch Vergütung geleistet.

Wenn man erwägt, dass in der Stiftungs Urkunde von einer solchen Anstalt durchaus gar nichts enthalten ist, und jene Personen, für welche so mancher gutgesinnte Wohlthäter in der Vorzeit, vielleicht mit großer Aufsparung, so vätherlich gesorgt hat, in zum Theil finstern Kammern wohnen müssen, während die schönsten der Stiftung fremden, und, so zu sagen, aufgedrungenen Personen benutzt werden, so ist zu wundern daß dieser Gegenstand bisher so achtungslos unberührt gelassen wurde."

Die Stiftung müsse in erster Linie an sich denken und darauf bedacht sein, ihre Finanzkraft zu erhalten und mehren, um bei der zunehmenden Armut und dem sich „immer mehrenden Drang zur Aufnahme in die Stiftung" standhalten zu können. „Der allerdings begründet zu seÿn scheinende Umstand, daß die hiesige Stadt im allgemeinen Nutzen von einer solchen Anstalt hat, kann der Stiftung gleichgültig seÿn, dieselbe muß sich selbst zu erhalten sehen, und es würde im möglichen Falle beÿ schlechter Verwaltung oder sonst eintretenden schlimmen Verhältnissen von der Armen Cassa, noch viel weniger von einem Arzte Zuschüsse gegeben werden. Kürzlich wurde des Tags schon zweÿ Stunden Vorlesungen in diesem Zimmer gehalten, es wollten dieselben auch beÿ

[117] StadtAW, BSP II/9, Bl. 59r–62v: Bürgerspital-Hausverwaltung an Stadt-Magistrat am 05.09.1839 (Hervorhebungen im Original).

dem Abtritte des Hrn. Professors Dr. Fuchs zu Vorlesungen, welche ehedem von Hrn. Hofrath Ruland im Julius Hospitale gehalten werden, von demselben benutzt werden, und so dürften bei fernerem Stillschweigen unverantwortbare Folgen für die Verwaltung hieraus entspringen.

Der hochlöbliche Stadt-Magistrat wird sich gewiß überzeugen, daß die Stiftung zur Unterhaltung des Locals für eine städtische ärztliche Besuchungs-Anstalt weder rechtlich noch aus sonstigen Gründen verbunden sey, und es wird daher nach aufhebenden Pflichten, und lediglich im Interesse der Stiftung die gehorsame Bitte gestellt, die Einleitung zu treffen, daß diese Ärztliche Besuchs-Anstalt aus dem Spitale baldigst entfernet werde, wobey gleichwohl von einer Entschädigung für die 18jährige Benutzung und theilweise Beheizung der Zimmer Umgang zu nehmen seyn dörfte.

Zu diesem bittenden Antrage findet man sich gegenwärtig um so mehr veranlaßt, da von dem Königlichen Regierungs Rath Freyherrn von Düprel mit Grund Ausstellungen über schlechte Beschaffenheit der Pfründner Wohnungen gemacht, Verbesserungen derselben von Königlicher Regierung auch dringend anbefohlen werden, und bey neuen Einrichtungen diese Zimmer für die Pfründner unentbehrlich werden."

Gleichzeitig mit der Bitte um Entfernung des Instituts bat die Hausverwaltung um die Anstellung eines ständigen Haus-Arztes für die erkrankten Pfründner und Dienstboten, die bisher im Rahmen der ambulanten Klinik von Assistenten und Candidaten der Medizin behandelt wurden. Der dadurch bedingte häufige Wechsel habe „zur Folge, daß die alten Leute, denen das Reden schwer fällt, besonders, wenn sich die mit den Jahren, und zunehmenden Gebrechlichkeiten vermehrende Widerwärtigkeit hinzugesellet, durch öftere Wiederholungen ihrer Krankengeschichte sowohl, als durch häufige schmerzliche Befühlungen und Untersuchung ihrer gichtigen Körper zum größten Verdruße gereitzt werden.

Das Dienstpersonale, so wie die Pfründner selbst haben zu diesen oft ganz jungen Leuten kein Zutrauen, weil selbe sich der begründeten Vermuthung ergeben, daß diese Herren nur auf Kosten ihrer Gesundheit, und risque ihres Lebens ihre Kenntnisse zu bereichern streben [...]

Aus solchen Ursachen haben schon häufig Erkrankte bekannte Hausmittel angewendet, und sich einer zufälligen Genesung überlassen oder die ihnen ärztlich verordneten Medicamenten [!] heimlich vernichtet, welches letztere sehr oft, ohne daß es verhindert werden kann, geschieht."

Die Verordnung von Medikamenten durch die unerfahrenen Jung-Mediziner sei für die Stiftung teuer und ineffizient: „Ein Doctor gleichviel, ob In= oder Ausländer kümmert sich wenig an die vom hochlöblichen Stadt-Magistrate gegebenen Vorschriften besonders in Ersparung der Ordinationen, vielmehr verschreibt er dasselbe, was ihm grade beliebt, und ist froh, wenn er einen Patienten ermitteln kann, um auf Kosten einer Stiftung das Receptiren zu erlernen, ohne gerade von seinem Vorstande, der wegen andern Geschäften nicht stets gegenwärtig sein kann, hieran gehindert werden zu können."

Mancher Nachwuchsmediziner hege auch falsche Erwartungen an die Verhältnisse im Spital, die dann bitter enttäuscht würden: „Dabey muß es dem

Verwaltungs Personale äußerst beschwerlich seyn, jeden neuen Doctor, der in dieser Stiftung ein großartiges zu Kurversuchen jeder Art vollkommen eingerichtetes Spital gleich jenem des Julius-Hospitals zu finden wähnt, mit den bestehenden Vorschriften bekannt, und demselben begreiflich zu machen, daß das Bürgerspital keine Kuranstalt, sondern vielmehr ein bürgerliches Armenhaus seÿ, in welchem ihm nur die Behandlung eines zufällig Erkrankten gleich eines solchen in irgend einem zur Klinick gehörigen Stadt Disctricte zukomme. Eine solche Enttäuschung gehabter Erwartungen hat dann beÿnahe immer kränckende Äußerungen gegen die Stiftung zur Folge."

Ein Ärgernis sei ferner das Verhalten mancher Candidaten: Diese führten, wenn sie ins Bürgerspital kämen, „häufig große Hunde mit sich, haben sich schon öfters Spöttereÿen bey den Kranken=Besuchen über auf die Religion Bezug habende Gegenstände erlaubt, und nehmen beÿ ihrem Aus= und Eingange ein herrschsüchtiges Betragen ein, welches auch schon in tumultuirendes Lermen ausartete." Ein ständiger Hausarzt dagegen könne mehr auf Sparsamkeit und Ordnung achten und hätte es viel leichter, das Zutrauen der betagten Pfründner zu erwerben, zumal er sie und ihre Krankheiten mit der Zeit gut kenne, ohne diese „selbst durch das ständige Ausfragen, oder durch Anwendung modischer Erkennungs- oder Befühlungs Instrumente[118] in ihrer Ruhe zu stöhren, und zu quälen." Denn die alten, gebrechlichen Leute seien durch ihre Spitalaufnahme in Ruhe gesetzt worden, „um durch Gebet und kirchliche Besuche ihren Wohlthätern zu danken, und sich zu ihrem Ende gehörig vorzubereiten" und nicht, um sie „der Lernbegier junger Leute preis zu geben."

Es ließe sich, so die zuversichtliche Einschätzung der Verwaltung, sicherlich „leicht ein Menschen-Freund finden, der die Behandlung im Bürger Hospitale unentgeldlich übernehmen würde." Abschließend beeilten sich die Antragsteller festzustellen, dass man in dem Schreiben „durchaus nicht gemeint habe, weder eine Person, noch ein Institut, welches in seinem Wirkungskreise in den Stadt Districten, woselbst meistens junge kräftige Patienten vorkommen, den wohlthätigsten Einfluß haben mag, auf irgend eine Art anzugreifen."

Offenbar wandte sich der Magistrat daraufhin an die Regierung von Unterfranken und Aschaffenburg, Kammer des Innern, und diese teilte im Dezember 1839 dem Rektor der Universität mit: „Das dahiesige Bürgerspital erfordert eine durchgeführte Reform, bei deren Einleitung auch die Entfernung des seit 1821 in dieser Anstalt eingesetzten Hörsaales für ambulante Klinik aus dem Grunde zu Sprache kam, weil das Spital wegen Beschränktheit seines Raumes diese ihm unentbehrlichen Lokalitäten zu Gunsten einer seinem Stiftungszwecke fremdartigen Verwendung nicht ferner entbehren könne. Da diese Motive Berücksichtigung verdienen, so ersuchen wir um baldmögliche Auskunft, ob die dahiesige Universität in Folge eines bestimmten Rechtstitels einen Anspruch auf Gewährung eines Hörsaales für die ambulante Klinik im Bürgerspitale besitze, oder welche andere besondere Verhältnisse der Räumung des bisherigen Hörsaals im Bürgerspitale und der Verlegung in ein entweder im

[118] Hiermit sind vermutlich die Stethoskope gemeint, die Ende der 1820er Jahre Eingang in die klinische Untersuchung fanden.

Universitätsgebäude, oder in dem Juliusspitale zu vermittelndes Auditorium bis zum Beginne des nächsten Sommersemesters entgegenstehen könnten."[119] Über die Klagen des Bürgerspitals über das Fehlverhalten mancher Kandidaten sei der Professor der ambulanten Klinik in Kenntnis zu setzen, der das Fehlverhalten abzustellen habe.

Die „Renommierhunde" der Studierenden, vor allem der Corpsstudenten, gaben immer wieder Grund zur Klage, sei es, dass die Kommilitonen sie mutwillig auf der Juliuspromenade aufeinanderhetzten und dabei ein öffentliches Ärgernis erregten, sei es, dass sie entgegen der dort geltenden Hausordnungen in die Vorlesungen im Juliusspital oder im Bürgerspital mitgebracht wurden oder, was die Juliusspitalverwaltung sehr erboste, von den Kommilitonen sogar in die „Studentenwart" eingeschleust wurden, wo die Studierenden im Krankheitsfall medizinisch behandelt und verpflegt wurden. Die Verärgerung darüber dürfte im Bürgerspital umso größer gewesen sein, als den Besuchern der Pfründner laut Hausordnung das Mitbringen von Hunden ausdrücklich verboten war.[120]

Abb. 17: *Nicht nur, wie hier, bei einer „Katzenmusik", sondern auch sonst waren die Studenten oft sehr laut und lebhaft – ebenso wie ihre „Renommierhunde". Im Burgerspital, einem Altersheim, stießen sie damit wahrscheinlich auf wenig Gegenliebe. Kolorierte Lithographie von Friedrich W. Geiling aus einem um 1860 gedruckten Tafelwerk (Abdruck mit freundlicher Genehmigung des Instituts für Hochschulkunde an der Universität Würzburg).*

119 Universitäts-Archiv Würzburg, ARS 3296.
120 Vgl. Rottenbach, 650 Jahre Bürgerspital (wie Anm. 8), S. 63.

Die betont liberale Haltung mancher, gerade norddeutscher Studenten, die sich gegenüber der von ihnen als rückständig und einfältig empfundenen katholischen Religiosität in Franken aufgeklärt und fortschrittlich fühlten, war ebenfalls immer wieder ein Konfliktpunkt mit der sonst sehr toleranten und studentenfreundlichen Würzburger Bevölkerung. Und dass sich ein solcher Studiosus, der der universitären Gerichtsbarkeit unterstand, im unbekümmerten Bewusstsein seiner „Burschen Herrlichkeit" von einem nicht-studierten Spitalverwalter oder einem biederen Torwärter keine Vorschriften machen ließ, ist ebenfalls gut nachvollziehbar.

Das Universitäts-Rektorat mahnte daraufhin bei Franz Rinecker die „strenge Ueberwachung seiner Zuhörer zur künftigen Beseitigung aller deßfallsigen Beschwerden" an und sah sich zudem in einem öffentlich Anschlag „pflichtmäßig veranlaßt, den Herren Candidaten der Medicin, welche die Policlinik besuchen ein anständiges Betragen dringend anzuempfehlen, und glaubt im Vertrauen auf die eigene Erkenntniß des bereits höheren Standpunktes ihrer Studien, der deßfallsigen Darnachachtung zur Vermeidung fernerer Klagen und deren Folgen, entgegen sehen zu dürfen."

Aber, und das hatte die Regierung in ihrem Anschreiben ja deutlich gemacht, diese Beschwerden waren nicht der Hauptgrund für die vom Bürgerspital gewünschte Verlegung des Hörsaals. Raumnot und ein geplanter Umbau, für den sogar ein Baufond ins Leben gerufen wurde, sowie die „seinem Stiftungszweck fremdartige Verwendung" finden sich als Begründung genannt, weshalb die Regierung der Universität nun Gelegenheit gab, ihren Rechtsanspruch auf die Einräumung des Hörsaals zu begründen. Das Rektorat wandte sich daraufhin an den Senat, der seinerseits die Medizinische Fakultät beauftragte, „nach besonderer Einvernehmung des Fachlehrers Herrn Professors Dr. Rinecker dasjenige – was ihr über die Benützung des frgl. [fraglichen] Hörsaales von Seite der Universität, deren Ursprung und Dauer, dann da die Präfationen des Bürgerspitales bekannt ist, sowie etwaige Vorschläge rücksichtlich der Einräumung eines anderweitigen Lokals für die Vorlesungen zur ambulanten Clinik alsbald berichtlich anher vorzulegen."

Am 2. Februar 1840 übersandte die Fakultät Rineckers Bericht an den Senat. Der Klinikdirektor hatte alle einschlägigen Akten der Universität, der Medizinischen Fakultät und des Stadtmagistrats eingesehen und ausgewertet und fasste seine Erkenntnisse in einem sicher nicht ganz objektiven „Gutachten" in zwei grundlegenden Feststellungen zusammen: Erstens habe der Stadtmagistrat grundsätzlich die Einrichtung des Hörsaals auf Weisung der Kreisregierung übernommen. Zweitens habe die Kreisregierung die Unterbringung im Bürgerspital genehmigt, nicht ohne den Magistrat gleichzeitig auf den „wohlthätigen Zweck obengenannter Anstalt" aufmerksam zu machen.

Außerdem gäbe es weitere Argumente, die für die bisherige Regelung sprächen:

„1) Seit fast zwei Dezennien befindet sich die ambulante Klinik in dem erwähnten Lokale, ohne daß hieraus die geringste Störung für das Bürgerspital und dessen Inwohner vorhanden wäre; wohl aber ist in Bezug hierauf in

Anschlag zu bringen, daß durch die tägliche Anwesenheit des Vorstandes der ambulanten Klinik in dem genannten Spitale bei vorfallenden Erkrankungen einzelner Pfründner nicht nur augenblikliche ärztliche Hülfe geleistet, sondern auch die Ueberwachung ihrer Behandlung und Verpflegung mit größerere Sorgfalt geführt werden kann, was bei *alten Leuten* [Hervorhebung im Original] um so mehr zu beachten ist, als dieselben meist nur dann ärztlichen Rath und Beistand suchen, denn derselbe nicht weit und ohne große Mühe zu finden ist.

2) Da das Bürgerspital ungeachtet seiner ziemlich reichen Dotation für die ärztliche Behandlung seiner Kranken kein Honorar ertheilt, so erscheint die Einräumung seines mehrfach erwähnten Lokals als die einzige, und gewiß sehr geringe Compensation hiefür, was wohl mit ein Grund gewesen sein mag, warum gerade diese Anstalt mit der Herstellung jenes Lokals belästigt wurde.

3) Da übrigens das Gedeihen der hiesigen Hochschule auch im Interesse der Stadtgemeinde dahier liegt, indem derselben viele und mannigfache Vortheile von dorther zufließen, die Stadt selbst aber hiefür nicht die geringste Last zu tragen hat, so dürfte wohl auch in diesem Anbetracht auf ein bereitwilliges Entgegenkommen von Seite des Magistrates als städtische Behörde zu rechnen sein, und dies zwar um so mehr, als die Poliklinik selbst zur genauen und sorgfältigen ärztlichen Überwachung der städtischen Armen das geeignetste Mittel erscheint.

4) In dem Gebäude der königl[ichen] Universität ist kein Platz zur Abhaltung der nothwendigsten Collegien und zur Aufbewahrung der verschiedenen Sammlungen; das k[önigliche] Juliushospital aber steht in gar keinem Verhältniß mit dem poliklinischen Institut; demselben kann daher in diesem Betreff durchaus keine Last aufgebürdet werden; auch würde die Abhaltung der Poliklinik im k[öniglichen] Universitäts-Gebäude oder im Juliusspitale noch mit anderweitigen Mängeln verbunden sein.

5) Nur, wenn der Magistrat der jedenfalls die Verpflichtung hiezu übernommen hat, ein anderes ebenso zweckmäßiges Lokal für die ambulante Klinik einzurichten sich bereit erklärt, kann das Bürgerspital von dieser Last befreit werden.

6) Im entgegengesetzten Falle müßte aber für ein Interimslokal zur Aufnahme der Poliklinik gesorgt werden, für so lange nämlich, als in Folge der vorzunehmenden Baureparationen der Aufenthalt derselben im Bürgerspitale nicht möglich sein würde. – Doch auch ein solch temporar zu benützendes Lokale müßte lediglich vom Magistrate besorgt und in gehörigen Stand gesetzt werden."

Rinecker, vom Senat beauftragt, seine Exzerpte mitzuliefern, entschuldigte sich zunächst, die fraglichen Akten seien nicht zugänglich. Nach längerem Hin und Her stellte der Magistrat, der seinerseits auf rasche Erledigung drängte, ihm die Unterlagen zur Verfügung. Im Begleitschreiben ersuchte der zweite Bürgermeister, Matthäus Johann Bermuth, den akademischen Senat „gefälligen Bedacht auf die Entfernung des fraglichen Hörsaales aus unserem Bürgerspitale zu nehmen, da sich derselbe in einer Anstalt befindet, welche durch uns kein Opfer für andere Institute bringen kann, wie mehr ihre Lokalitäten, insbesondere jene, welche zum Hörsaale für die ambulante Kliniken dienen, selbst und um so dringender bedarf, da gerade daselbst nun bäuliche Einrichtungen zur besseren Unterbringung des Pfründnerpersonals beabsichtigt werden."

Am 17. April 1840 übersandte der Senat der Regierung schließlich das sprachlich und sachlich etwas entschärfte Gutachten Franz Rineckers mit nachdrücklicher Betonung seiner Auffassung, dass der Stadtmagistrat zur Finanzierung des Hörsaals verpflichtet sei. Darauf geschah fast ein Jahr lang – nichts! Ob die Regierung die Sache liegenließ, ob der Magistrat kein geeignetes Ausweichlokal finden konnte oder ob man in München zunächst die Rückkehr Rineckers abwarten wollte, der am 16. August 1840 zu einer einjährigen Studienreise nach Frankreich aufgebrochen war und die Vertretung als Direktor der Poliklinik derweil an Bernhard Mohr übertragen hatte?

Erst im April 1841 – Rinecker war gerade die Erlaubnis der Regierung zugegangen, die Studienreise über das Ende des Sommersemesters hinaus zu verlängern – übersandte die Regierung dem Senat auszugsweise eine Verfügung an den Stadtmagistrat zur Kenntnisnahme: Hier wurde gleich eingangs auf der Grundlage verschiedener Verhandlungen festgestellt, aus den Erklärungen und Behauptungen des Senats gehe „mit zweifelloser Gewißheit hervor, daß *in keinem Falle* [Hervorhebung im Original] der hiesigen Bürgerspitalstiftung die Verbindlichkeit obliege, den Hörsaal für die ambulante Klinik in ihren Lokalitäten zu gewähren und erhalten."

„Nachdem nun das Bedürfniß einer durchgreifenden Umgestaltung des innern baulichen Zustandes des Spitalgebäudes, insbesondere eine Verbesserung des Aufenthaltes und der Wohnstätten der Pfründner allseitig anerkannt ist, und feststeht, nachdem ferner an den stattgehabten technischen Erhebungen an die Benutzung und Verwendung der bisher zum Hörsaale für die ambulante Klinik gebrauchten Lokalität für den ursprünglichen Stiftungszweck die Ausführbarkeit der beabsichtigen, nothwendigen innern baulichen Umgestaltung des Spitalgebäudes als unerläßliche Bedingung geknüpft ist, so kann es keinem Anstand unterliegen, daß die fragliche Lokalität ihrem Fundamentalzwecke zurückgegeben und der Hörsaal für die ambulante Klinik – als ferner unverträglich mit der Hauptbestimmung der Stiftung – daraus entfernt werden müsse."

Dementsprechend wurde definitiv verfügt, „daß das Bürgerspital von nun an als Besuchs-Anstalt für die ambulante Klinik verschlossen bleibt."

Damit musste nach einer Alternative gesucht und die Finanzierung derselben geklärt werden. Hierzu äußerte sich die Regierung deutlich vorsichtiger: „Nachdem jedoch der akademische Senat der k[öniglichen] Universität Würzburg in seiner Note vom 17ten April v[origen] J[ahre]s die bleibende Verbindlichkeit zur Herrichtung und Erhaltung des Hörsaals für die ambulante Klinik gegen die hiesige Stadtgemeinde in Anspruch nimmt, der bisher 20 Jahre hindurch gedauerte Besitzstand auch diese Inanspruchnahme einigermassen zu begründen geeignet, und nach Gehalt der Regierungs Akten, die erste Einrichtung des Hörsaals auf städtische Kosten erfolgt, übrigens dieser Angelegenheit wegen dermalen noch nicht genügender Instruktion zur definitiven Verbescheidung nicht bereith ist, so erhält der Stadtmagistrat vorsorglich den Auftrag, im Benehmen mit dem Professor der ambulanten Klinik unverzüglich ein geeignetes Lokale auszumitteln und herzustellen, welches zum Gebrauche als Hörsaal für die erwähnte Klinik geeignet ist. Der Stadtmagistrat hat Sorge zu tragen, daß die Ermittlung und Herrichtung dieses Lokales unfehlbar während der dermaligen Osterferien bewerkstelligt werde.

Die Frage, ob die hiesige Stadtgemeinde zur Herstellung einer solchen Lokalität bleibend verbunden sey, wird für die Folge zu einer gesonderten Behandlung verwiesen, auch der Stadtmagistrat zu dem Ende aufgefordert, hierüber die Erklärung der Gemeinde=Bevollmächtigten einzuholen, und selbe mit allen aktenmäßigen Behelfen, womit derselbe die im Berichte vom 5ten Juny v[origen] J[ahres] niedergelegten Thatsachen und Behauptungen nachweisen zu können gedenkt, mit weiterem Berichte anher vorzulegen." (Offensichtlich hatte auch der Stadtmagistrat in der Zwischenzeit Argumente gesammelt, die belegen sollten, weshalb er nicht für die Finanzierung zuständig sei!)

Bernhard Mohr als stellvertretender Klinikvorstand erhielt, wie eine Aktennotiz belegt, die Verfügung zur Einsicht übereignet und gab sie wenige Tage später mit dem knappen Vermerk zurück: „Folgt hiemit zurück mit der gehorsamsten Anzeige / dass ich in Benehmen mit einem löblichen Stadt-Magistrate / ein Locale für die Poliklinik ermittelt und [dieses] unter dem 1[.] Mai bezogen worden ist. 6/5 [18]41 Dr. Mohr".

Mit dem 1. Mai 1841 endet damit definitiv die Unterbringung der Poliklinik im Bürgerspital. Da kein für diesen Zweck taugliches städtisches Gebäude als Ersatz zu finden war, wurde bei „Caffetier Wohlfahrt" ein Haus am Inneren Graben auf Magistratskosten angemietet. Dieses existiert heute nicht mehr, da es beim Bau der heutigen Schönbornstraße abgebrochen wurde. Hier – an der Einmündung der Schönbornstraße in die Juliuspromenade – befand sich die Poliklinik bis 1851 und zog anschließend in ihrer Geschichte noch mehrfach um.

Nun konnte das Bürgerspital umfassend saniert und umgebaut werden – der komplette Straßenflügel zur Theaterstraße wurde eingelegt und völlig neu errichtet; gleichzeitig erfolgte die Pflasterung des Hofes. 1852 wurde im linken Flügel des Greissingbaues, wo zuvor die „Scheuer" untergebracht war, eine neue „Krankenanstalt" errichtet, das heißt Räumlichkeiten für erkrankte Pfründner.[121] Als Hausarzt mit einer jährlichen Remuneration von 100 Gulden fungierte seit 1845 Professor Franz Rinecker, nachdem das Bürgerspital schon 1839 um die Bestellung eines ständigen Haus-Arztes gebeten hatte.[122] In einem Dankschreiben verpflichtete er sich, „die arztliche Behandlung der Angehörigen des Bürgerspitals sorgfältigst zu überwachen".

121 Ebd., S. 41f.

122 StadtAW, BSP II/9: Abbildung des Einwilligungsschreibens Rineckers vom 09.02.1845 an das Rentamt des Bürgerspitals.

9. Patienten und Krankheitsspektrum

Die statistischen Angaben und die Fallgeschichten, angefangen von der bei Philipp Joseph Horsch abgedruckten Übersicht über die Berichte von 1832, 1834 und 1835 bis hin zum Bericht Franz Rineckers über den Zeitraum 1837 bis 1847, sind für die Medizingeschichte – bei entsprechender Ausführlichkeit auch für die Sozialgeschichte – eine wertvolle Quelle. Gleiches gilt für die unveröffentlichen Krankengeschichten Conrad Heinrich Fuchs' und die beiden Bände Bernhard Mohrs mit Krankheitsbeschreibungen und Sektionsberichten, auch wenn aufgrund unterschiedlicher Krankheitsbezeichnungen und unterschiedlicher Systematiken Vergleiche innerhalb dieser Statistiken problematisch sind.

Im hier vorgegebenen Rahmen mögen einige grundlegende Beobachtungen genügen: Im Gegensatz zu anderen Städten war die hiesige Poliklinik stets auch eine „Poly-Klinik", da hier nicht nur internistische, sondern ebenfalls gynäkologische, augen- und HNO-ärztliche, psychiatrische (Manie, Melancholie, Hysterie), dermato-venerologische und sogar kleine chirurgische Erkrankungen behandelt wurden, die keine stationäre Aufnahme erforderten. Zu den internistischen Krankheitsfällen gehören viele Infektionskrankheiten (deren Ursache man damals natürlich noch nicht kannte), Parasiten (Wurmbefall, v.a. bei Kindern), „Schmutzkrankheiten" (aufgrund von Mangelernährung oder mangelnder Hygiene), „Brustwassersucht" sowie Erkrankungen des Magen-Darm-Traktes.

Auffällig ist, dass zeitweilig zwei Drittel der Kranken weiblichen Geschlechts waren, und dass – ganz im Gegensatz zum Altersspektrum der stationär ins Juliusspital aufgenommenen Kranken – Kinder (auch Säuglinge) und alte Menschen eine große Patientengruppe darstellten. Während das Kindesalter bis zum 15. Lebensjahr gerechnet wurde, galten über 60-Jährige als Greise.

Abb. 18: *Der Hof des Bürgerspitals. Historische Ansichtskarte (Slg. Mettenleiter).*

Bei den Kinderkrankheiten dürfte die Scheu vieler Mütter eine Rolle gespielt haben, ihre Kinder ins Spital zu geben, bzw. auch der Umstand, dass diese gegebenenfalls im Spital mitverpflegt werden mussten. Hautkrankheiten waren oft chronisch und langwierig, zudem nicht so behindernd, dass die Patienten dafür ihre Berufstätigkeit aufgeben mussten – für diese Kranken war eine stationäre Aufnahme ins Spital wenig geeignet. Daher bot die Poliklinik für das Studium der Kinder- und der Hautkrankheiten ideale Voraussetzungen.

10. Ein Bericht Ernst Haeckels aus dem poliklinischen Alltag

Über den Lebensalltag der Poliklinik sind wir außer den mehr oder minder zufälligen Angaben, die sich aus den Akten, Statistiken und Krankengeschichten ergeben, nur unzureichend informiert. Keiner der hier behandelten Kranken aus der Unterschicht hat seine Gefühle und Erlebnisse als Patient zu Papier gebracht – jedenfalls hat sich nichts erhalten.[123] Immerhin gibt es einen sehr lebendigen Bericht aus der Feder eines Praktikanten, der hier abschließend abgedruckt sei: Ernst Haeckel (1834–1919), der bedeutende Philosoph und Naturwissenschaftler, schrieb in seiner Würzburger Studienzeit als Mediziner regelmäßig an seine Eltern. In einem Brief, den der 22-Jährige am 20. Februar 1856[124] verfasste, schildert er seine Erlebnisse folgendermaßen:

„[…] In meiner poliklinischen Praxis habe ich jetzt die remarkabelste alte Hexe bekommen, die man sich denken kann. Ich dachte wirklich, ich fände die „Alte mit der Spindel“ aus dem Märchen „Dornröschen“. Über verschiedene Leitern und durch einige alte Gänge mußte ich auf einer alten verfallenen, fast im Zusammensturz begriffenen Treppe unter das niedere Dach eines alten turmartigen Wachthauses hinaufklettern, wo ich in einem ganz elenden, dicht von Spinnweben umschleierten Kämmerchen, das wohl jahrelang nicht gereinigt sein mochte, dessen Fensterluken mit Papier verklebt waren, vor einem Spinnrade ein uraltes, eisgraues Weib sitzen sah, mit quittengelbem Gesicht und bis zum Skelett ausgedörrt. Obwohl schon ziemlich an dergleichen Schauerszenen gewöhnt, fuhr mir doch unwillkürlich eine gelinde Gänsehaut über den Leib, und es dauerte einige Minuten, ehe ich die übliche Doktorkonversation mit ihr führen konnte, wodurch ich erfuhr, daß sie schon sieben Jahre, von Gicht und Alter lahm, so hier sitze und ganz allein sei. Nur mittag und abends bringe ihr eine Nichte das Essen herauf! Auch sonst bin ich jetzt mit alten Weibern gesegnet. Eines schönen Tages bekam ich zwei Stück auf einmal, eine immer häßlicher als die andere. Doch hatte die eine von ihnen eine recht hübsche Pflegetochter.

[123] Sieht man von der oben zitierten Beschwerde der Marianne Schenk ab.

[124] Ernst Haeckel, Entwicklungsgeschichte einer Jugend. Briefe an die Eltern 1852–1856. Mitgeteilt und eingeleitet von Heinrich Schmidt, Leipzig 1921, S. 180f. Der Brief entstand zwar anderthalb Jahrzehnte nach dem Auszug der Poliklinik aus dem Bürgerspital; die Situation dürfte sich aber kaum von der zwischen 1820 und 1840 unterschieden haben.

Abb. 19:
Einige Türme der alten Vorstadtmauer haben sich bis heute erhalten. In diesem Turm in der Münzstraße ist eine Ferienwohnung untergebracht (Foto: Andreas Mettenleiter).

Abb. 20:
Am Spinnrad konnten sich auch betagte Frauen noch nützlich machen. Historische Postkarte (Archiv Mettenleiter).

Vorige Woche bekam ich im Mainviertel (drüben über dem Main, dem wahren Sitz des Elends und Jammers) in einem Loche ein Nest von einem halben Dutzend Pflegekindern[125], die elendesten Würmer, die man sich denken kann, meist rachitisch oder skrofulös[126], mit Augenleiden usw. Im ganzen geht mir's aber doch mit der Poliklinik recht sonderbar. Bis jetzt ist mir noch nicht ein einziger Patient (trotzdem ich ein paar recht schwere Fälle gehabt) gestorben, während einem Bekannten unter 13 Patienten 10 gestorben sind! Meine Kommilitonen beneiden mich darum, während es mir sehr leid tut, da ich auf diese Weise zu gar keiner Sektion komme, welche mir bei allen Kranken das Wichtigste, ja das einzig Interessante ist [...]".

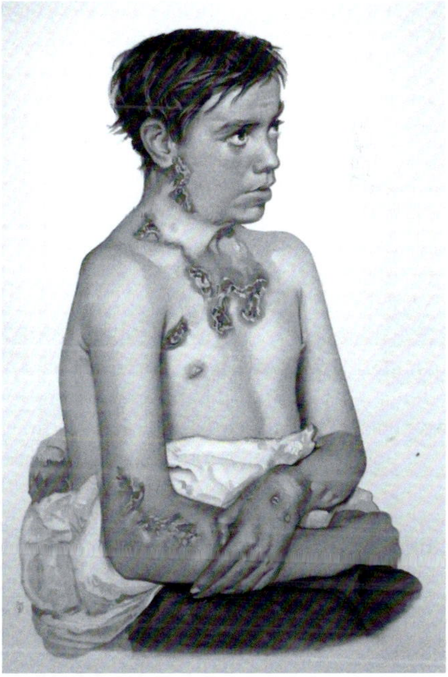

Abb. 21:
Die Skrophulose als Armutskrankheit gibt es heute nicht mehr (Abb. entnommen aus: Byrom Bramwell, Atlas of clinical medicine, Edinburgh 1893; Archiv Mettenleiter).

Kein Wunder, dass Haeckel, der schon zu Beginn seines Studiums Zweifel an seiner ärztlichen Berufung hatte und mit Begeisterung als Assistent des Pathologen Rudolf Virchow tätig gewesen war, sich später nicht für den Medizinerberuf entschied!

[125] Hier schildert Haeckel das weitverbreitete Elend der unehelichen Kinder, die in Pflegefamilien untergebracht wurden, weil die ledigen Mütter arbeiten mussten und sich nicht um ihre Kinder kümmern konnten.

[126] Eine zeitgenössische Schilderung dieses heute kaum mehr begegnenden Krankheitsbildes findet sich bei Philipp Banzer, Ueber Scropheln, Med. Diss. Würzburg 1838. Digitalisiertes Exemplar der Bayerischen Staatsbibliothek München zugänglich unter URL: http://urn:nbn:de:bvb:12-bsb10852111-8. Möglicherweise handelte es sich um eine Form der Hauttuberkulose.

11. Nachtrag

Brief von Conrad Heinrich Fuchs an einen ungenannten Kollegen; Bayerische Staatsbibliothek München, Handschriften-Abteilung, Autographen-Sammlung, Fuchs:

„Würzburg, den 4ten Mai 1837

Lieber Herr College!

Ich erhalte so eben den zweiten Brief von Ihnen und habe den Ersten noch nicht beantwortet. – Sie werden meine Nachlässigkeit aber entschuldigen, wenn Sie hören, daß ich die Poliklinik verloren habe, und wohlbestallter Professor der Materia medica geworden bin. – Wie wenig mich das freut, wie tief meine Stimmung ist und durch wen das Alles so gekommen ist, brauche ich Ihnen nicht zu sagen. – Dr. Rinecker, [Carl Friedrich] Marcus Assistent, ist statt meiner Professor der Poliklinik geworden. – Hierin liegt der ganze Schlüssel zu meiner Geschichte. –

Daß es Ihnen gut geht, daß Sie das Examen hinter sich und gute Aussichten vor sich haben, freut mich herzlich und ich wünsche Ihnen alles Gute. – Vor allem aber keine so schmerzliche Erfahrungen in Ihrer Laufbahn, als ich in der lezten Zeit habe [1v.] machen müssen. – Wenn Sie glauben, bei mir etwas gelernt zu haben, so freut es mich herzlich und ich muß jetzt doppelt wünschen, daß meine alten Schüler mich in ihrem Gedächtnisse festhalten, da ich in meiner neuen Stellung kaum viel werde nützen können, u[nd] auf keinen Fall Zuhörer bekommen werde, wie ich sie früher hatte, u[nd] vor denen es eine Freud ist zu doziren. –

Ich habe zwar remonstriert; allein ich kann, wie die Karten gemischt u[nd] ausgegeben sind u[nd] da die Regierung meint, mich durch das Nominalfach der Mat[eria] medica befördert zu haben, nur wenig Erfolg hoffen. – Es würde mir deßhalb höchst erwünscht seyn, wenn die mir und Ihnen mitgetheilte Nachricht Grund hätte, wenn wirklich in Göttingen die Rede von mir wäre. – Es hat sich auch hier das Gerücht verbreitet – allein sichere Nachrichten hat Niemand und mir ist die Sache deßhalb nicht wahrscheinlich, weil [Johann Wilhelm Heinrich] Conradi, der doch dort großen Einfluß hat, [Johann Lucas] Schoenleins erklärter Gegner ist u[nd] daher nicht gerne einen Schüler Sch[oenleins] neben sich sehen würde. – Beglückender, [2r.] erwünschter hier könnte mir im gegenwärtigen Augenblicke nichts kommen u[nd] Gott gebe, daß es wahr werde. – Wäre die Stellung auch noch so schwierig, ich würde die ganze Kraft dran setzen u[nd] fehlte nicht, Banqueroute zu machen. – Sollten Sie daher irgend etwas in dieser Beziehung erfahren, so würden Sie mich durch schleunige Mittheilung unendlich verbinden. –

Was ich für Ihren Herrn Vetter Hrn. [Hermann] Kleinschmidt thun kann wird gewiß mit dem größten Vergnügen geschehen. – Er hört gegenwärtig Veterinairmedicin bei mir. – Wäre ich noch im Besitze meines früheren Faches, könnte ich erheblich mehr für ihn u[nd] sein wissenschaftliches Streben thun. – Was übrigens in meiner Kraft steht, steht zu seinem Gebote. –

Die Beilage ist ein Brief an d'Oleire, den ich schon vor 8 Tagen geschrieben und in der reichen Aufregung, in der ich seit 5 Wochen bin, habe liegen lassen. – Sie sind recht so gütig, ihn zu bestellen u[nd] mich zu entschuldigen. – Ich möchte die lezten 2 Monate meines Lebens nicht [2v.] noch einmal durchleben. –

Nochmals wünsche ich Ihnen alles Gute; - leben Sie wohl, bleiben Sie mir gut u[nd] lassen Sie mich bald wieder Etwas von Ihnen hören. –

Herzlich grüßt Sie Ihr ergebenster Dr. Fuchs,
Professor d[er] M[ateria] m[edica]"

[gemeint ist evtl. Heinrich Daniel David d'Oleire (1780–1842), Direktor des allg. Krankenhauses und Irrenhauses in Bremen]

Das Bürgerspital und die bildenden Künste

Markus J. Maier

Was hat ein Spital – ein Ort von Krankheit und Gebrechen – mit Kunst zu tun? Der Titel dieses kurzen Überblicks mag für manchen Ortsunkundigen seltsam klingen.[1] Nicht so für viele, die unseren Jubilar kennen und mit ihm speziell auch das eine oder andere Kunstwerk verbinden. Dementsprechend schwärmt der Heimatkundler Thomas Memminger von der Kirche des Spitals als wahrem „Schatz- und Schmuckkästlein [...], das nicht nur den besuchenden Gläubigen eine hehre Stätte der Andacht und innerer Erbauung bildet, sondern der Beachtung aller Kunstsinnigen wert ist."[2] Freilich erwähnt er dann lediglich die früheren Barockaltäre. Grundlegender stellte Otto Meyer anlässlich des 650-jährigen Jubiläums im Jahr 1969 in seiner Festansprache klar, dass „in einem reichen Spital sich die politische, wirtschaftliche und kulturelle Kraft eines städtischen Gemeinwesens ebenso manifestiert wie in einem mächtigen Rathaus-Bau, einer imponierenden Stadtkirche oder, wenigstens in der Moderne, einem Tempel der Kunst, einem Theater."[3] Dieser kulturellen Kraft gilt es hier nachzuspüren. Dabei geht es nicht allein um einen breitgesteckten Überblick, sondern vor allem auch um einen Einblick, um die Frage des Warum, Wozu und Wie der Kunst in Verbindung mit dem Bürgerspital.

1. Überblick

Um welche Art von Kunst geht es eigentlich, betrachtet man das Spital wie es sich an seinem historischen Ort präsentiert? Zwei Gattungen fallen hier schnell ins Auge, schon deshalb, weil sie den öffentlichen Raum deutlich mitprägen: die Baukunst und die Bildhauerei. Unter Architektur wird man heutzutage vor allem zwei Werke subsummieren: die Kapelle und den sogenannten Roten Bau.

---

[1] Wie oben erwähnt, handelt es sich bei diesem weitgehend in der Vortragsform belassenen Beitrag nicht um den Versuch einer erschöpfenden Behandlung des Themas. Der Text versteht sich als lockere Vorstellung markanter Werke, ohne dass auf deren tiefere Erläuterung oder auf quellenmäßige Aufarbeitung hätte eingegangen werden können.
Ein herzlicher Dank für gewährte Hilfe geht an Frau Ingeborg Klinger M.A. (Martin von Wagner Museum der Universität Würzburg) sowie an Frau Sybille Grübel, Frau Ingrid Rack und Frau Dr. Renate Schinder (Stadtarchiv Würzburg).
Vgl. grundlegend zum Thema: Rüdiger Braun/Hans-Peter Trenschel, Bürgerspital zum Hl. Geist Würzburg (= Schnell und Steiner Kunstführer Nr. 2127), Regensburg 2004 (2. (Aufl.); Felix Mader, Die Kunstdenkmäler von Unterfranken und Aschaffenburg, Bd. 12, Stadt Würzburg, München 1915, S. 535–541.

[2] Thomas Memminger, Würzburgs Straßen und Bauten. Ein Beitrag zur Heimatkunde, Würzburg 1921 (2. Aufl.), S. 354.

[3] Otto Meyer, Varia Franconiae Historica. Aufsätze – Studien – Vorträge zur Geschichte Frankens, hg. von. Dieter Weber/Gerd Zimmermann, Bd. 1, Würzburg 1981, S. 219.

Als nächstes tritt die Bildhauerei ins Bewusstsein. Sie behauptet an vielen Stellen des Spitals auf beachtlichem Niveau ihren Rang. Vom Eingang der Weinstuben angefangen über den ehemaligen Pfründnerbau an der Theaterstraße, den Innenhof, das Äußere der Kapelle und schließlich deren Innenraum. Dort prunken Glanzstücke an großformatiger figürlicher Skulptur in Stein und Holz. Aber auch Kleinformatiges in diesen Materialien bietet sich dem geneigten Betrachter dar (Abb. 1).

Abb. 1: *Prozessionsstange mit hl. Urban (historische Aufnahme Stadtarchiv Würzburg).*

Dazu kommt Reliefkunst in Form von steinernen, reich ornamentierten Inschriftentafeln und Bronzeplastik. An metallenen Werken bestechen weiterhin Silber- und Goldschmiedearbeiten – sowohl figürlich wie auch zum praktischen Gebrauch gedacht.[4] Etwas gröber in der Machart und im Grenzbereich zum Kunsthandwerk angesiedelt, doch gleichermaßen interessant, dekorieren zahlreiche Schmiedearbeiten die Räume (Abb. 2, 3).

Abb. 2: *Inschriftentafel „Kellerrecht" mit flankierenden Kerzenleuchtern (historische Aufnahme Stadtarchiv Würzburg).*

[4] Vgl. Mader, Kunstdenkmäler (wie Anm. 1), S. 540.

Abb. 3:
Wandkerzenhalter (historische Aufnahme Stadtarchiv Würzburg).

Weiterhin zier(t)en Wandmalerei und Sgraffito das Spital, sowie Textil- und Glaskunst. Eine Sonderrolle nimmt das Glockenspiel vis-à-vis der Eichhornstraße ein. Von den drei großen klassischen Kunstgattungen scheint bei heutiger Betrachtung eine unterrepräsentiert, die Malerei. Daher mag sich für manchen das Bürgerspital – vor allem die Kapelle – als etwas Lapidar-Sprödes darstellen. Ohnehin hängt diese Diagnose zusammen mit der größeren Vergänglichkeit der Malerei, mit ihrem ungleich schwereren Stand angesichts von Kriegszerstörungen und anderen Katastrophen (hier speziell: Markgräflerkrieg und Grumbach'sche Händel im 16. Jahrhundert, Schwedeneinfall 1631, II. Weltkrieg[5]). Dass mehr vorhanden war, als sich dem heutigen Besucher offenbart, wird später zu sehen sein. Nicht alle der heute existenten Werke wurden für das Spital geschaffen. Manches wurde nach dem II. Weltkrieg geborgen und hier aufgestellt – eine kleine Entschädigung für die ansonsten erlittenen Verwüstungen (Abb. 4).[6]

Abb. 4:
Männliche Büste (fuldisch?) (Foto: Stadtarchiv Würzburg).

[5] Vgl. ebd., S. 535; Braun/Trenschel, Bürgerspital (wie Anm. 1), S. 4.
[6] Vgl. Braun/Trenschel, Bürgerspital (wie Anm. 1), S. 6, 11, 15, 18.

Interessant ist auch die stilistische Spannweite in neuerer Zeit. Während gelegentlich abstrahierende Tendenzen anzutreffen sind, dekorierten und dekorieren gerade den gastronomischen Bereich (z.B. das legendäre Hockerle[7]) eher Arbeiten mit volkstümlichem Anstrich (Abb. 5, 6). Entscheidend dabei ist, dass man als Betrachter spürt, wie es hierbei nicht um Verlegenheitslösungen ging, sondern um das Bedürfnis nach einem liebevollen, ansprechenden Zierrat bis hin zu passenden Beschriftungen.[8]

Abb. 5: *Moderne Wanddekoration (historische Aufnahme Stadtarchiv Würzburg).*

Abb. 6:
Adam und Eva mit Weintrauben (historische Aufnahme Stadtarchiv Würzburg).

Die Zeitspanne, die so abgedeckt wird, reicht vom mittleren 14. Jahrhundert bis in die Gegenwart. Dieser Umstand verdient Hervorhebung. Es ist durch-

[7] Schankraum des früheren Weinladens an der Ecke Theaterstraße/Semmelstraße.
[8] Atelier Hainlein, Würzburg.

aus bemerkenswert, dass das Bürgerspital auch auf dem Gebiet der Kunstgeschichte keine Institution der Vergangenheit ist und dass die Produktion von Kunstwerken sich über die sieben Jahrhunderte erstreckt. Hervorzuheben ist auch, dass sich die Künstlerschaft des Spitals oft aus heute noch wohlbekannten und arrivierten Vertretern ihres Standes rekrutierte. Die Reihe beginnt mit den leider namenlosen Verfertigern der gotischen Grabmäler des Stifters Johann und dessen Bruder Ecco von Steren (Abb. 7).[9]

Abb. 7: *Grabmal Ecco von Steren (Foto: Ingeborg Klinger).*

[9] Vgl. Stefan Kummer, Kunstgeschichte der Stadt Würzburg, Regensburg 2011, S. 57; Braun/Trenschel, Bürgerspital (wie Anm. 1), S. 5, 11, 14f.

Nur einem absoluten Könner ist es zuzutrauen, den Stolz eines der führenden Würzburger Patriziergeschlechter des 14. Jahrhunderts so in frei schwingender plastischer Wucht zu materialisieren wie es dem Ecco-Meister gelang. Von kaum anderen Bürgern der Stadt dürfte es in sepulchralem Kontext eine vergleichbar heroische und selbstgewisse Pose gegeben haben. Ebenso gehörte der Meister des ungemein auratischen und subtil gemeißelten Gnadenstuhls zu den besten Kräften seiner Zeit[10] (Abb. 8).

Abb. 8: *Gnadenstuhl-Relief mit Stifterfiguren (historische Aufnahme Stadtarchiv Würzburg).*

10 In der Spitalkapelle befindet sich nur eine 1994 von Julian Walter geschaffene Kopie. Das Original wird im Museum für Franken Würzburg aufbewahrt; vgl. Braun / Trenschel, Bürgerspital (wie Anm. 1), S. 11, 13; Kathrin Brandmair, Der Gnadenstuhl aus dem Würzburger Bürgerspital Hl. Geist, Würzburg 2013.

Im frühen 15. Jahrhundert dann lieferte ein weiterer Anonymer eine Madonna mit grazilem Faltenwurf (Abb. 9).[11]

Abb. 9: *Gotische Madonna (historische Aufnahme Stadtarchiv Würzburg).*

[11] Vgl. Braun/Trenschel, Bürgerspital (wie Anm. 1), S. 14.

Um die Epochen- und Jahrhundertwende schuf Tilman Riemenschneider als erster namentlich fassbarer Künstler wohl eigenhändig einen Kruzifixus (1515/20, heute im Museum für Franken) und seine Werkstatt eine noble Figur der hl. Barbara (1515/20)[12] (Abb. 10).

Abb. 10:
Riemenschneider-Werkstatt, Figur der hl. Barbara (Foto: Ingeborg Klinger).

[12] Die Barbara-Figur ist Eigentum des Museum für Franken, Würzburg, und wurde in der Spitalkirche als Gegenleihgabe für das Kruzifix aufgestellt; vgl. Braun / Trenschel, Bürgerspital (wie Anm. 1), S. 17, 27.

Als typisches Werk der deutschen Renaissance prangt noch heute die vom Würzburger Stadtmeister Wolf Beringer selbstbewusst signierte Inschriftentafel am Äußeren des Spitals (Abb. 11).[13]

Abb. 11:
Wolf Beringer, Inschriftentafel an der Theaterstraße (historische Aufnahme Stadtarchiv Würzburg).

Von diesem Mann stammte auch die Architektur des alten Pfündnerbaus, worauf später noch eingegangen wird. Wie ein Widerhall des in Würzburg ungemein blühenden Barock schließlich wirken Plastiken der hiesigen Hauptvertreter Balthasar Esterbauer (Abb. 12)[14], Jakob, Lucas und Wolfgang von der Auvera (Abb. 13)[15], Peter Wagner (zerstört)[16] sowie des Münchner Silberschmieds Franz Kessler (Abb. 14).[17] Früher existierte auch ein Hochaltarbild des Hofmalers Wolfgang Högler.[18] Als eines der interessantesten Würzburger Barockgebäude überhaupt zeugt der Rote Bau von dem weitgespannten Schaffen des Baumeisters Joseph Greissing (Abb. 15).[19]

---

[13] Vgl. Rudolf Pfister, Das Würzburger Wohnhaus im 16. Jahrhundert. Mit einer Abhandlung über den sogenannten Juliusstil, Heidelberg 1915, S. 42; Mader, Kunstdenkmäler (wie Anm. 1), S. 541.

[14] Vgl. Braun/Trenschel, Bürgerspital (wie Anm. 1), S. 18f.

[15] Vgl. ebd., S. 6, 8–10, 18, 23f.

[16] Vgl. ebd., S. 8.

[17] Vgl. ebd., S. 8, 10.

[18] Vgl. ebd., S. 8; Mader, Kunstdenkmäler (wie Anm. 1), S. 537.

[19] Vgl. Johannes Mack, Der Baumeister und Architekt Joseph Greissing. Mainfränkisches Barock vor Balthasar Neumann, Würzburg 2008, S. 514f.

Abb. 12: *Balthasar Esterbauer, Madonna mit dem Johannesknaben (Foto: Ingeborg Klinger).*

Abb. 13: *Lukas von der Auvera, hl. Johannes d.T. (Foto: Ingeborg Klinger).*

Abb. 14: *Franz Kessler, Silbermadonna (historische Aufnahme Stadtarchiv Würzburg).*

Abb. 15: *Joseph Greissing, Roter Bau des Bürgerspitals (historische Aufnahme Stadtarchiv Würzburg).*

Wieder von einer Epochenschwelle zeugen Silberarbeiten des Würzburgers Georg Stephan Dörffer (z. T. Museum für Franken)[20]; ehedem auch Bildhauerarbeiten von Anton Nickel[21].

Im zwanzigsten Jahrhundert leisteten vor und nach dem Stadtverderben diverse heimische Maler je eigene Beiträge zur Zierde des Spitals. Karl Manninger, bekannt als Neuschöpfer süddeutscher Barockmalerei[22], schuf um 1934 einen 12-teiligen Zyklus zur Spitalgeschichte.[23] Als Beispiel für seinen Stil mag die Gründungsszene dienen, eine Art Verschmelzung von Leonardo da Vincis letztem Abendmahl mit der Bildwelt der Würzburger Frieschronik (Abb. 16).[24]

---

[20] Museum für Franken Würzburg, Inv.-Nr. S. 10920 a/b. Für die Auskunft bedanke ich mich herzlich bei Frau Dr. Frauke van der Wall. Vgl. Mader, Kunstdenkmäler (wie Anm. 1), S. 540. Die grundlegende Arbeit zu Dörffer von Heiko Braungardt befindet sich in Druckvorbereitung.

[21] Vgl. Mader, Kunstdenkmäler (wie Anm 1), S. 536.

[22] Vgl. URL: https://de.wikipedia.org/wiki/Karl_Manninger.

[23] Vgl. Braun/Trenschel, Bürgerspital (wie Anm. 1), S. 30.

[24] Vgl. Kummer, Kunstgeschichte Würzburg (wie Anm. 9), S. 86f.

Abb. 16: *Karl Manninger, Episode aus der Spitalsgeschichte (historische Aufnahme Stadtarchiv Würzburg).*

Nach dem II. Weltkrieg traten Leo Flach (unter anderem mit den Glockenspiel-Figuren) auf den Plan, ferner das Atelier Hainlein, Wolfgang Lenz mit einer seiner typischen leichthändigen und lyrischen Malereien (Abb. 17), Julian Walter mit der Neuausstattung der Kapelle[25] und Friedrich May mit Glasmalerei (Abb. 18).[26]

---

[25] Vgl. Braun / Trenschel, Bürgerspital (wie Anm. 1), S. 8f.
[26] Vgl. Heinz Lützelberger / Eberhard Groß, Sakralbauten in städtischer Betreuung, in: Würzburg heute. Mainfränkische Zeitschrift für Kultur und Wirtschaft, Nr. 57, 1994, S. 13–19, bes. S. 19.

Abb. 17: *Wolfgang Lenz, Deckenmalerei (historische Aufnahme Stadtarchiv Würzburg).*

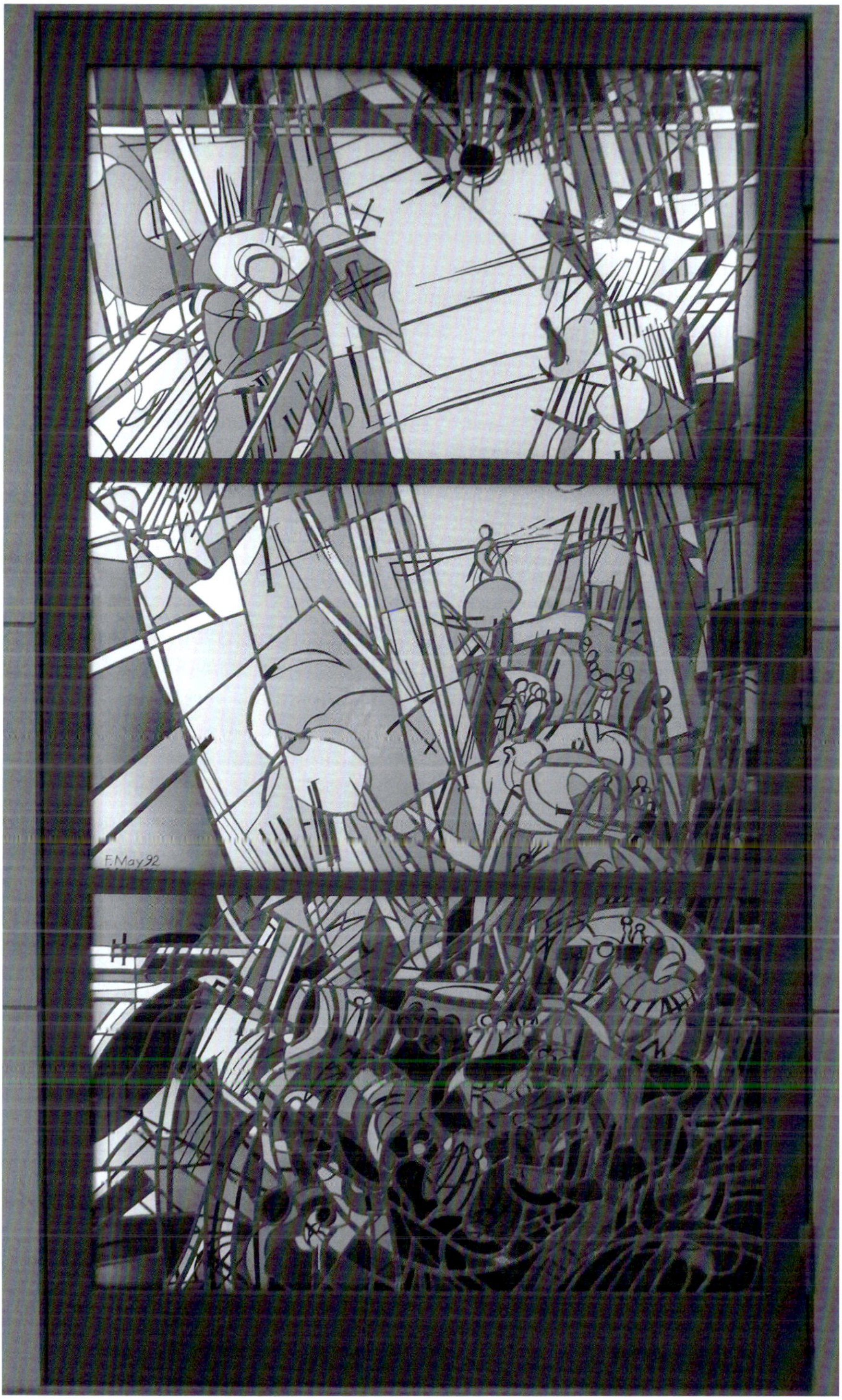

Abb. 18: *Friedrich May, Glasmalerei (Foto: Ingeborg Klinger).*

2. Einblick

Wozu Kunst in einem Spital – gerade im Würzburger Bürgerspital? Es hängt sicherlich mit der Organisationsform dieser Einrichtung von Anfang an zusammen, dass sich bestimmte Kräftefelder ausmachen lassen, in deren Bannkreis Kunst verlangt war und gefertigt wurde. Etwas zugespitzt formuliert, bewegte sich der Betrieb des Spitals stets zwischen zwei Polen: *Cash* und *Caritas*. Innerhalb dieser, der notwendigen ökonomischen Orientierung und der Hauptzielrichtung aller Aktivitäten, zeigen sich im Kunstschaffen interessante Aspekte. Die Kunst erfüllt bestimmte Aufgaben – einerseits in Verbindung mit der Wahrung der materiellen Grundlagen (Cash), andererseits vor allem als Werkzeug der Glaubenspraxis, von der die *Caritas,* die Tugend der Liebe, ein wichtiger Bestandteil ist.

Mit folgenden drei Begriffspaaren soll nun das Kunstschaffen im Spital vor diesem Hintergrund umrissen werden: 1: Memoria und Marketing, 2. Bürgerstolz und Fürstenglanz, 3. Kontinuität und Neuakzentuierung.

Mit dem Begriff Memoria (= Erinnerung) meint man das Bestreben, die eigene Person und das eigene gottgefällige oder ruhmreiche Wirken den Mitlebenden und vor allem der Nachwelt vor Augen zu stellen und in Erinnerung zu rufen.[27] Ein probates Mittel hierzu sind Grabmonumente – gerade in Kirchen – oder auch ruhmredige Inschriften in anspruchsvoller Aufmachung. Da bildet auch die Bürgerspitalkapelle keine Ausnahme, wobei sie nicht nur die Memorien von für sie bedeutenden Einzelpersonen versammelt, sondern zugleich gewissermaßen eine „Gesamtmemoria" der Institution und ihrer Geschichte darstellt. Ein Teil der enthaltenen Monumente steht für die Anfänge, ein anderer für wichtige Einschnitte oder Neuansätze. Da wären nicht nur die Steren-Grabmäler, sondern auch ein Werk, mit dem man auf den ersten Blick seine Schwierigkeiten haben mag (Abb. 19): der dreiteilige Bronzeguss an der Nordwand, der im Gegensatz zu den anderen Stücken vermutlich nicht von einem heimischen Meister geschafften wurde – Würzburg ist nicht als Produktionsstätte für derartige Arbeiten bekannt.[28] Schon das Material Bronze, das eine aufwendige und teure Verarbeitung mit einschließt, zeigt Vermögen und Ambitioniertheit des Verstorbenen deutlich an.

Etwas bekannt machen, etwas in Erinnerung bringen und halten, das war sicherlich auch – um nun einen zeitlichen und inhaltlichen Sprung zu wagen – das Bestreben der verlorenen Fassadenmalerei der früheren Trinkstube an der Theaterstraße (Abb. 20). In lockerer figürlicher Komposition versuchte diese „Kunst am Bau" potenzielle Gäste heranzuwinken, generell Aufmerksamkeit zu erregen und eine ansonsten recht zurückhaltende Fassadengestaltung zu überspielen.

---

[27] Vgl. zu diesem Begriff Damian Dombrowski, Die vielen Formen der Memoria. Echters geplantes Nachleben, in: ders./Markus Josef Maier/Fabian Müller, Julius Echter Patron der Künste. Konturen eines Fürsten und Bischofs der Renaissance (Ausstellungskatalog Würzburg 2017), Berlin/München 2017, S. 377–389, hier bes. S. 377 mit Anm. 4.

[28] Vgl. Braun/Trenschel, Bürgerspital (wie Anm. 1), S. 14f.; Mader, Kunstdenkmäler (wie Anm. 1), S. 539f.

Abb. 19: *Bronzeelemente vom Grabmal des Paulus von Worms und seiner Gemahlin (Foto: Ingeborg Klinger).*

Dabei griff sie nicht nur auf eine große lokale Vorgängerin gegen Ende des 16. Jahrhunderts zurück: die Fassadenmalerei an der Alten Universität, sondern auch auf jene an bürgerlichen Bauten, speziell am Hof zum grünen Baum, dem Rathaus.[29] Vermutlich war es wiederum Karl Manninger, der diese Arbeiten geschaffen hat. Der erwähnte Paulus von Worms aber soll uns gleich erneut beschäftigen, und zwar unter dem Aspekt Bürgerstolz und Fürstenglanz.

Abb. 20: *Ehemalige Trinkstube an der Theaterstraße (historische Aufnahme Stadtarchiv Würzburg).*

[29] Vgl. Markus Josef Maier, Würzburg zur Zeit des Fürstbischofs Julius Echter von Mespelbrunn (1570–1617). Neue Beiträge zu Baugeschichte und Stadtbild, Würzburg 2016, S. 166–170 (Alte Universität), S. 207f. (Hof Grünbaum), S. 237 (Bauernhof).

Mit der Bürgerspitalkapelle (geweiht 1371[30]) entstand, einige Jahre vor Errichtung der Marienkapelle (Grundsteinlegung 1377[31]), ein bescheidener, aber sicherlich schmucker Bau, der an der recht prominenten Straßenkreuzung nicht zu übersehen war (Abb. 21).

Abb. 21: *Portal der Spitalkirche an der Semmelstraße (Foto: Ingeborg Klinger).*

[30] Vgl. Braun/Trenschel, Bürgerspital (wie Anm. 1), S. 4.
[31] Vgl. Kummer, Kunstgeschichte Würzburg (wie Anm. 9), S. 50.

Noch heute zeugt das ursprüngliche Trichterportal mit seiner feingliedrigen Geschmeidigkeit von der fortgeschrittenen Gotik. Keinerlei Kapitellgebilde scheiden Durchgangs- und Bogenzone; vielmehr scheint sich der wie gefältelt wirkende Stein in einer durchgehenden Bewegung zu krümmen. Dergleichen gab es an der nur wenig jüngeren Karmelitenkirche St. Barbara[32] und später – erheblich aufwendiger – an der Marienkapelle. Dezent, aber raffiniert unterteilte ein feiner Grat mit folgender flacher Kehle die Gewände der Spitzbogenfenster. Die Öffnungen waren ursprünglich mit Stab- und Maßwerk gefüllt (Abb. 22, 23).

Abb. 22: *Stabwerkreste an einem Fenster der Spitalkirche (Foto: Ingeborg Klinger).*

Abb. 23: *Maßwerkreste an einem Fenster der Spitalkirche (Foto: Ingeborg Klinger).*

Ein Rippengewölbe überspannte das Altarhaus. Vielleicht war ein solches auch für den Saalraum geplant. Kam es aufgrund der sozialen und politischen Entwicklungen nicht zustande? Das Spital entstand aus patrizischem Selbstbewusstsein heraus. Doch die Gründerfamilie derer vom Steren kehrte ihm und der Stadt schließlich den Rücken, da die Bischofsmacht auf die wirtschaftliche Elite immer einengender wirkte.[33]

[32] Laut Muth 1372 weitgehend vollendet; vgl. Hanswernfried Muth, Ansichten aus dem alten Würzburg 1545–1945, Teil 1. Aus der Graphischen Sammlung des Mainfränkischen Museums Würzburg, Würzburg 1998, S. 346f.

[33] Vgl. Winfried Schich, Würzburg im Mittelalter. Studien zum Verhältnis von Topographie und Bevölkerungsstruktur, Köln/Wien 1977, S. 227–231. S. 231f.: Der letzte vom Steren als Spitalmeister (Johann V., Enkel des Gründers) stirbt 1373.

Dieser Antagonismus zwischen Anspruch und Beschränkung zeigt sich auch in der Echterzeit auf eigentümliche Weise. Als nämlich besagter Paulus von Worms starb, hinterließ er auch Geld, mit dem seine Testamentsvollstrecker Philipp Mercklein und Hans Steinbickel 1581/82 einen Neubau im Spital realisierten.[34] So weit könnte man dieses Unternehmen als Fortsetzung echt bürgerlichen Gestaltungswillens betrachten. In der Formensprache der Architektur aber offenbarte sich eine klare Anlehnung an die offensichtlich als vorbildlich erachteten Bauten des Fürstbischofs. Das ist keineswegs ein kunsthistorischer Befund anhand der Stilkritik; den besagten Bau gibt es nicht mehr, lediglich seinen Inschriftenstein an der heutigen Theaterstraße (Abb. 24).[35]

Abb. 24: *Giebelbau im Innenhof des Bürgerspitals; noch echterzeitlicher Widerhall des Pfründnerhaus-Giebels von 1581/82 (historische Aufnahme Stadtarchiv Würzburg).*

Dafür sprechen die Schriftquellen. Die Testamentsvollstrecker erteilten nämlich den Bauauftrag an den vorhin schon erwähnten Wolf Beringer. Der war Stadtsteinmetz und wohl auch eine Art Architekt, auf jeden Fall eine der prägenden Figuren der Würzburger Bauszene ab den späten 1570er Jahren. Beringer sollte *den vörderen baw, am eckh gegen dem spittelthor uber gelegen, von mehrgedachts Paulußen von Wormbs siligen verlaßenschafft von newem aufferbawen.* Das Projekt erfolgte ausdrücklich *mit sonderlichem gnedigem consenß und verwilligung des hochwirdigen fürsten und herrn* (Julius Echter von Mespelbrunn). Als ob sie den engen Bezug zum Fürstbischof, der sich zugleich auch als Bürgermeister und Stadtrat ansah, öffentlich und dauerhaft demonstrieren wollten, verbanden sie eine bemerkenswerte Maßgabe mit dem Auftrag: Beringer hatte *alles steinwerck samt dem vördern gibell uff das seuberst mit gesimbsen, schnirckeln und muscheln wie in unsers gnedigen fürsten*

---

[34] Vgl. Maier, Würzburg (wie Anm. 29), S. 133–137 (dort auch die Zitate der folgenden Seite).
[35] Vgl. Braun/Trenschel, Bürgerspital (wie Anm. 1), S. 18.

und herrn Julierspittal zu machen. Diese Passage zeigt nicht nur, wie schon der früheste Bau Echters (Abb. 25) in der Stadt formsprachlich als Maßstab erachtet wurde. An dem neuen Spital des Mespelbrunners war quasi noch nicht der letzte Eimer Bauschutts entsorgt und schon führte es den Namen des Auftraggebers. Mit der eben skizzierten Thematik hängt auch der letzte Hauptpunkt zusammen: Kontinuität und Neuakzentuierung.

Abb. 25:
Johann Leypolt, Vogelschau des Würzburger Juliusspitals, 1603, Ausschnitt (Archiv des Martin von Wagner Museums Würzburg).

Wenn eingangs die Anmutung des Kapelleninneren als „lapidar“ bezeichnet wurde, so ist das keineswegs auf ein durchgehendes Stilwollen zurückzuführen. So werden in einer von Hans-Wolfgang Bergerhausen publizierten Schriftquelle Tafelgemälde und sonstige Bilder erwähnt, was auf einen gewissen Schmuck schließen lässt.[36] Noch instruktiver sind Fotoaufnahmen, wohl aus der Zeit um 1920, als laut Memminger das Gotteshaus renoviert wurde.[37] Die eine zeigt großflächige mittelalterliche Wandmalerei wohl im Chor. Zu erkennen ist eine große Christopherusfigur nebst kleineren weiteren Heiligen. Vermutlich gehören sie ungefähr der Erbauungszeit an (Abb. 26).

Abb. 26:
Frühere Wandmalereien im Chor der Spitalkirche (historische Aufnahme Stadtarchiv Würzburg).

[36] Hans-Wolfgang Bergerhausen (Bearb.), Quellen zur Geschichte des Bürgerspitals Würzburg 1500–1650, Würzburg 2014, S. 493 (Nr. 455); vgl. auch Mader, Kunstdenkmäler (wie Anm. 1), S. 538.

[37] Vgl. Memminger, Würzburgs Straßen (wie Anm. 2).

Der Saal indessen wurde in der Barockzeit neudekoriert bzw. umgestaltet, vielleicht unter dem Eindruck der Stuckierungen in Dom, Neumünster und Peterskirche (Abb. 27, 28).[38]

Abb. 27: *Barocke Wandmalerei in der Spitalkirche (historische Aufnahme Stadtarchiv Würzburg).*

[38] Vgl. Kummer, Kunstgeschichte Würzburg (wie Anm. 9), S. 143–147.

Abb. 28:
Barocke Wandmalerei in der Spitalkirche (historische Aufnahme Stadtarchiv Würzburg).

Jedenfalls ist eine Datierung 1725 fassbar. Ob sie sich auf diese Scheinarchitektur mit figurengefüllten Muschelnischen bezieht, ist nicht ganz klar. Noch üppiger und vor allem stärker raumgreifend als die malerischen Illusionen traten einst die Rokokoaltäre von Wolfgang von der Auvera (1742) und Peter Wagner (1764) auf den Plan, die 1945 zugrunde gingen (Abb. 29). Damit auch die zurückhaltende, aber malerisch betonende Wandfassung des frühen 20. Jahrhunderts.

Abb. 29: *Inneres der Spitalkirche vor 1945 (historische Aufnahme Stadtarchiv Würzburg).*

Bruch und Neuakzentuierung erfolgten nach dem II. Weltkrieg. Wandzierrate und Nebenaltäre verschwanden (Abb. 30).

Abb. 30: *Spitalkirche, Altargestaltung nach 1945 (historische Aufnahme Stadtarchiv Wurzburg).*

Der Hauptaltar breitete sich nun nicht mehr mit barocker Verve im Chorraum aus, bildete keine Architektur im Innenraum mehr aus. Vielmehr war er eine Art großer Prozessionsfahne – wie zuvor bekrönt von der Heiliggeisttaube, wie zuvor mit einer zentralen Marienfigur versehen. Nun aber nicht mehr mit einer Immakulata-Darstellung, sondern mit Maria als Mittelpunkt des Pfingstereignisses. Hier hatte man nicht nur geschickt das mächtige Wirken des Spitalpatrons vorgestellt – man hatte sich wiederum an einem fürstlichen Bau orientiert: konkret am Durchfahrtsportal der Alten Universität (Abb. 31).

Abb. 31: *Würzburg, Alte Universität, Hauptportal, Ausschnitt (Archiv Martin von Wagner Museum).*

In der ersten Hälfte der 1990er Jahre schlug das gestalterische Pendel wieder um und damit kehrte die Prägekraft des Voluminösen in die Spitalkapelle zurück (Abb. 32).

Abb. 32: *Julian Walter, aktueller Altar der Spitalkirche (Foto: Ingeborg Klinger).*

Das Aufgreifen alter Tendenzen und das Knüpfen neuer Bezüge gehen hier spielend ineinander über. Julian Walter bezog sich in seinem Schnitzaltar einerseits auf die ehrwürdige Form des Triptychons, andererseits fand er mit seinem Flügelgebilde eine deutliche Anspielung auf die gängige Darstellungsweise des Spital-Schutzherren. Kerbungen und Leisten knüpfen einen diskreten Bezug zur gotischen Architektur, wuchtige Knorpel an der Mensa erinnern an die Formensprache der Inschriftentafeln aus dem 17. Jahrhundert (Abb. 33).

Abb. 33: *Inschriftentafel im Chor der Spitalkirche, Detail (Foto: Ingeborg Klinger).*

Walter integrierte ferner die barocke Silbermadonna in eine Rundform, die an den modernen Hochaltar des Doms denken lässt oder an die Heiliggeist-Gloriole des Auvera-Altares (Abb. 28). Hinzu treten nun inhaltliche Veränderungen. Der Heilige Geist schwebt nicht mehr unangefochten an der Spitze, sondern wird von den Händen Gottes ausgesandt. Auf den Altarflügeln schlagen die in Kerbschnitt gehaltenen Stifter- und Wohltäterfiguren einen großen Bogen zur Frühzeit der Einrichtung. Zugleich weisen lockere erzählerische Sequenzen auf die Bestimmung der Einrichtung hin, was in der Geschichte der Altarkonzeption so nicht allzu häufig sein dürfte. Es verwundert durchaus und erinnert an ein anderes Monument in der Domstadt. Wiederum wirkte das Juliusspital vorbildgebend, nun mit seiner „Steinernen Stiftungsurkunde" und deren erzählerischem Potenzial (Abb. 34).[39]

[39] Vgl. Andreas Mettenleiter, Art. „Hans Rodlein, Stifterrelief (sog. „Steinerne Stiftungsurkunde") vom Portal des Juliusspitals" (Kat. Nr. 4.5), in: Dombrowski / Maier / Müller, Julius Echter (wie Anm. 27), S. 75–77.

Abb. 34: *Würzburg, Juliusspital, ehem. Portalrelief (Foto: Michael Bauch, Veitshöchheim, https://origin.img.fotocommunity.com/stiftungsrelief-5cbae2c5-610f-4e1e-9ad8bf0f713d5bcd.jpg?height=1080).*

Doch, und das ist die Pointe, man kehrte damit indirekt auch zu den Anfängen der Skulptur im Bürgerspital zurück. Übernahm nämlich Julius Echter auch, wie Andreas Mettenleiter gezeigt hat, Ideen der Denksteingestaltung von den hessischen Hohen Spitälern[40], so bediente er sich für die Grundkoordinaten der Stiftungsurkunde beim Bürgerspital: ich meine damit Stifterfigur und Dreifaltigkeit im Gnadenstuhl (Abb. 8).

3. Ausblick

Abschließend sei der Fokus auf ein einziges Objekt gerichtet, das Tradition, Kontinuität und die Kraft zum Neubeginn auf faszinierend programmatische Weise in sich bündelt: das „Logo" des Spitals, die Heilig-Geist-Taube. Jede Zeit stellt sie auf neue dar, betont andere Aspekte. Bisweilen nur fleißiger Gehilfe Gottvaters, emanzipiert sie sich immer wieder. Nie zur Regungslosigkeit verdammt wie ein Wappenadler, spricht sie den Betrachter direkt an. Sehr aussagekräftig, ja programmatisch, ist hier die Version Julian Walters am Altar (Abb. 32). Triumphal erhebt der Vogel seine Schwingen – nicht als putziges Täubchen, sondern als prächtiger Phönix, der aus allen Fährnissen immer wieder neu und stark hervorsteigt. So möge es auch dem Bürgerspital viele weitere Jahrhunderte ergehen.

---

[40] Andreas Mettenleiter, Das Juliusspital in Würzburg. Entwicklungslinien vom frühneuzeitlichen Pfründnerspital über Armen- und Universitätsklinik zum modernen Stadtkrankenhaus, in: Arndt Friedrich / Fritz Heinrich / Christine Vanja (Hg.), Das Spital am Beginn der Neuzeit. Soziale Reform in Hessen im Spiegel europäischer Kulturgeschichte. Zum 500. Geburtstag Landgraf Philipps des Großmütigen, Petersberg 2004, S. 163–174, bes. S. 163–165; vgl. Maier, Würzburg (wie Anm. 29), S. 488.

„Singen wie die Engel im Himmel“ – Musica sacra in Iphofen

Josef Endres

1. „Schwer beladen mit kostbaren Schätzen“ – Zur Geschichte der Iphöfer Musikalien

Zum ersten Mal seit Jahrhunderten erklang am 18. Oktober 2016 in der Stadtpfarrkirche St. Veit in Iphofen wieder historische Kirchenmusik, wie sie vor der Säkularisation regelmäßig die festlichen Kirchen Frankens erfüllt hatte. Kaum einer der zahlreichen Zuhörer hätte für das ausgehende 18. Jahrhundert in einer kleinen Landstadt wie Iphofen eine derartig glanzvolle, barocke Klangpracht vermutet.

Die Wiederentdeckung und Zusammenführung zumindest eines Teils des einst umfangreichen Bestandes Iphöfer Musikhandschriften im Diözesanarchiv des Erzbistums Bamberg war für den Musiklehrer und Organisten Harald Kraus Anlass und Verpflichtung, die historischen Noten in einem öffentlichen Kirchenkonzert zum Klingen zu bringen und auf diese Weise die lange, reiche Musiktradition in St. Veit lebendig werden zu lassen. Am 13. Mai 2017 wurde der Verein „Musikfreunde St. Veit Iphofen“ gegründet, der sich die Förderung des musikhistorischen Erbes und Restaurierung der historischen Orgel zum Ziel gesetzt hat.

Trotz dieser Musikbegeisterung blieben viele Fragen zu den Iphöfer Musikalien bisher unbeantwortet. Hintergründe ihrer Entstehung und Nutzung lagen ebenso im Dunkel wie ihr plötzliches Verschwinden aus dem Pfarrarchiv Iphofen. Wie gelangten zumindest Reste der Handschriften in die Archive in Würzburg und Bamberg, die sich erst seit Kurzem über umfangreichere Iphöfer Musikalienbestände freuen können?[1] Wann und aus welchen Gründen verschwanden die Musikalien aus Iphofen? Wurden sie verkauft, wie die einst zahlreichen Musikinstrumente in der Kirche St. Veit? Warum wurden sie dann nicht in den Rechnungen der Kirchenstiftung erfasst?

Auf all diese Fragen bietet die Literatur zur Stadtgeschichte kaum Antworten. Bisher hatte sich nur Hanns Dennerlein mit den Iphöfer Musikalien

---

Folgende Abkürzungen werden verwendet:
AEB = Archiv des Erzbistums Bamberg
PfarrA Ip = Pfarrarchiv Iphofen
RISM = Répertoire International des Sources Musicales (Internationales Quellenlexikon der Musik)
StadtA Ip= Stadtarchiv Iphofen

[1] Im Rahmen der Erfassung von Musikalien in Franken wurden 1983 weder im Diözesanarchiv Würzburg noch im Diözesanarchiv Bamberg Iphöfer Musikhandschriften verzeichnet (Jahresbericht der Universitätsbibliothek Würzburg 1983, Würzburg 1983, S. 67).

beschäftigt. 1953 inventarisierte er die Iphöfer Bestände[2], die damals schon nicht mehr in Iphofen lagerten. Über ihren ungewöhnlichen Verwahrungsort hielt Dennerlein fest: „Die Iphofer Bestände wurden vor längerer Zeit durch den verdienten Altertumsfreund, Herrn Luitpold Maier – Würzburg, vor dem Verderb gerettet und werden von ihm zugunsten der ausgebombten St. Josephspfarrei Würzburg verwahrt."[3] Damit rückte Luitpold Maier ins Blickfeld. Wer er war und wie er in Besitz der Musikalien gelangte, ließ Dennerlein in seiner Publikation offen.

Mit dem Tod Maiers im Jahr 1967 waren die Iphöfer Bestände plötzlich unauffindbar und damit für die Forschung nicht mehr nutzbar. Da sich unter den Iphöfer Musikalien auch Werke des Komponisten Wolfgang Joseph Emmerig (1772–1839) befanden[4], wandte sich Thomas Emmerig aus Regensburg 1978 bei der Erstellung seiner Dissertation über diesen Komponisten hilfesuchend, aber vergeblich an Hanns Dennerlein und sah sich schließlich gezwungen, die Iphöfer Bestände in seiner Arbeit als verschollen abzuschreiben.[5] Entsetzt und enttäuscht klagte Dennerleins Witwe Helga: „125 erhaltene Werke konnten doch nicht einfach verschwinden!"[6]

Lange war völlig unklar, welchen Weg die Iphöfer Musikalien genommen hatten. Erst ein 1994 im Iphöfer Pfarrhaus anonym abgegebener und bisher unbeachteter Pappkarton mit verschiedensten Handschriften und Notizen ermöglichte genauere Recherchen. Völlig ungeordnet enthält er neben wertvollen Quellen zur Stadtgeschichte auch einige Briefe und persönliche Aufzeichnungen Luitpold Maiers, die Rückschlüsse auf die Geschichte der Musikalien zulassen. Die Zusammenschau dieser Texte mit den Archivalien in den beiden Iphöfer Archiven ermöglichte es, den Weg der Musikhandschriften zu rekonstruieren.

Die Auswertung dieser Quellen ergab folgendes Bild: Zahlreiche Handschriften entstanden zwischen 1786 und 1838, als Erwin Gräfner als „Rector Chori" agierte und die Iphöfer Kirchenmusik ihren glanzvollen Höhepunkt erreichte. Nach dessen Tod gab sein Schwiegersohn, der Würzburger Verwalter und Holzunterkäufer Kilian Saam, Handschriften und Drucke aus Gräfners Besitz an den Pfarrer zurück.[7] Etliche, aber längst nicht alle der in diesem Rahmen einzeln aufgelisteten Handschriften aus Gräfners Besitz finden sich später in Dennerleins gedruckter Übersicht aus dem Jahr 1953 wieder.[8]

---

2 Hanns Dennerlein, Ältere Kirchenmusik aus Iphofen, in: Die Mainlande. Geschichte und Gegenwart. Main-Tauber-Post, 4. Jahrgang Nr. 8, Würzburg 25.04.1953, S. 29f.; ders.: Musik des 18. Jahrhunderts in Franken. Die Inventare der Funde von Ebrach, Burgwindheim, Maria Limbach und Iphofen. Vorabdruck aus dem 92. Bericht des Historischen Vereins Bamberg, Münsterschwarzach 1953.

3 Dennerlein, Musik des 18. Jahrhunderts (wie Anm. 2), S. 4.

4 Ebd., S. 36, 41; PfarrA Ip, R 925, Beleg Nr. 25, Rechnung der Goebhardtischen Buchhandlung in Würzburg vom 25.11.1819: „1 Emmerig Missa solemnis opus III".

5 Brief Thomas Emmerigs an Hanns Dennerlein (18.04.1978), Antwort Hanns Dennerleins (20.04.1978), freundl. Hinweis von Helga Dennerlein, Bamberg.

6 Brief vom 30.09.2001 an den Verfasser.

7 PfarrA Ip, B VI 1 (08.05.1838): Einzeln verzeichnet wurden 81 Musikhandschriften bzw. Drucke als Eigentum der Kirche (41 Messen, 3 Requien, 4 Vespern, 15 Sinfonien, 18 Marianische Antiphonen, Offertorien und Arien) sowie 95 Werke aus den persönlichen Beständen Gräfners (20 Messen, 27 Sinfonien, 2 Vespern, 6 verschiedene Versionen des Te Deum, 40 Arien und dergleichen).

8 In beiden Verzeichnissen finden sich z. B. Werke von Dreyer, Bühler, Emmerig, Lasser und Pausch.

Im August 1900 wurden die damals noch vorhandenen „Musikalien“ im Inventarverzeichnis der Kirchenstiftung Iphofen aufgelistet, wobei man, dem Zeitgeschmack entsprechend, den alten Musikhandschriften nur geringen Wert beimaß.[9] Die aktuellen und häufig genutzten Werke wurden neben den Musikinstrumenten im Schrank neben der Orgel aufbewahrt, die nicht mehr gebrauchten alten Handschriften deponierte man im Archivraum des Pfarrhauses. Dort entdeckte sie der in Herzogenaurach geborene Luitpold Maier (1887–1967), ein Bankbeamter der Würzburger Filiale der Bayerischen Hypotheken- und Wechselbank, als er 1933 den Stammbaum seiner Schwiegermutter, einer geborenen Lang, vervollständigte.[10] Nebenberuflich war er heimatgeschichtlich interessiert, bezog 1941 die historischen Räume im Rödelseer Tor[11] und plante die Erstellung einer Geschichte der Stadt Iphofen. Dabei gelangte er jedoch über erste Bleistiftnotizen nicht hinaus.[12] Abgedruckt wurde über Iphofen nur seine Rezension zum Heimatspiel „Lunz Kröhn“ von Josef Seitz.[13]

Erst 1994 und 2016, lange nach Maiers Tod, kehrten Teile aus seinem Nachlass in die Iphöfer Archive zurück, darunter auch der anonym abgegebene Pappkarton. Bei der mühevollen Einordnung der zurückgegebenen Archivalien in den jeweils zugehörigen Aktenbestand wird immer wieder erschreckend deutlich, wie rigoros und schonungslos Maier bei seinen Recherchen in Iphofen vorgegangen sein muss. Für seine Privatsammlung entnahm er verschiedenen Archivbeständen unersetzliche Handschriften, die ihm interessant erschienen, wie z. B. das „Mirakelbuch der Wallfahrt zum hl. Blut“[14] oder den „Index der geistlichen Urkunden von 1595“, aus anderen entfernte er einzelne Seiten, versah sie mit roten Anstreichungen und Klebestreifen zum Abheften und dauernden Verbleib in seinen privaten Leitzordnern.[15] Die Iphöfer Archive weisen heute schmerzliche Lücken auf, wichtige Informationen zur Stadtgeschichte fehlen.

---

9 PfarrA Ip, B VI 19: „Gegen 80 alte Messen mit den Noten für Instrumentalbegleitung, die im Ankauf wohl über 500 Mark gekostet, jetzt aber nur mehr den Papierwert haben. Ebenso folgende fünf neuere: 20 Offertorien und Graduale, 10 Tantum ergo, 15 Requiem, 14 Vespern, 5 Oratorien für die Charwoche“.

10 PfarrA Ip, A II 8, Brief Luitpold Maiers an Pfarrer Kaspar Montag (23.08.1933).

11 StadtA Ip, B 69 (20.12.1940).

12 PfarrA Ip, Nachlass Maier, Bleistiftaufzeichnungen: „Iphofen. Verfaßt von Luitpold Maier, Würzburg 1944“.

13 Josef Seitz, Lunz Krohn. Der Aufrührer von Iphofen. Lokal-historisches Heimatspiel in 4 Bühnenbildern aus der Zeit der Bauernkriege 1525, Scheinfeld 1926. Maier korrigierte zu Recht den Titel des Heimatspiels. Schneider Seitz, „ein schlichter, ehrsamer Handwerksmann“, sei Opfer eines Lesefehlers geworden und habe „Luntz“ statt „Kuntz“ gelesen. Dann bietet Maier einen Überblick über die Belegstellen in den Ratsprotokollen zu „Kuntz Krön“, der „dem Geiste jener bewegten Zeit voll und ganz huldigte.“ Dabei unterlaufen auch ihm Fehler in der Transkription. Nach Maier soll Krön 1516 zum „Wachgold-Einwohner“ (vgl. StadtA Ip, B 25, fol. 73r: „Wachgeltner“ d. h. Einnehmer des Wachgeldes) ernannt worden sein, nach seinem Tod sei sein Name in Iphofen nicht ausgestorben. Als angeblichen Beleg dafür nennt Maier die Weinlage „Grönsberg“, heute Kronsberg; Fränkisches Volksblatt, 29.07.1926, S. 4.

14 Vgl. Josef Endres, Hl. Blut in Iphofen. Mit einer Edition des Mirakelbuchs, Münsterschwarzach 2007, S. 9.

15 Nummerierte Seiten lassen sich in der Regel etwas leichter zuordnen, z. B. die mit „Nro. 25“ rechts oben gekennzeichnete Seite aus Maiers Leitzordner „St. Veit“, die der Heimatforscher mit der dicken roten Überschrift „Todenkreuz“ versehen hat. Sie entstammt dem Bd. R 911 des Pfarrarchivs mit den gebundenen Rechnungsbelegen St. Vitus 1805/06. Die Seite Nr. 179 (15.03.1747) aus Maiers Nachlass wurde aus dem Bd. 6 im Pfarrarchiv herausgerissen, auch die Seite Nr. 154 (07.04.1768) entstammt diesem Band.

Aus Notizen, Briefen und Postkarten in Maiers Nachlass lässt sich erschließen, wann und unter welchen Umständen der Antiquitätensammler die Iphöfer Musikalien erwarb. Mit dem Wissen des Iphöfer Pfarrers und Ehrenbürgers Kaspar Montag (Pfarrer in Iphofen von 1926–1958), der den wahren Wert Iphöfer Archivalien und Kunstschätze verkannte und unter anderem auch dem Verkauf eines spätgotischen Altars zum äußerst günstigen Preis von 1 200 Reichsmark nach Eichstätt zustimmte[16], gelangten die Musikhandschriften angeblich als „Noten für den Kirchenchor der ausgebombten Würzburger St.-Josefs-Pfarrei" an Luitpold Maier.

Ein erster Transport wertvollen Archivguts aus dem Iphöfer Pfarrarchiv in die Würzburger Privatwohnung des Antiquitätensammlers erfolgte wahrscheinlich am 28. November 1946.[17] Als Dank kündigte Maier an, seine aktuelle Forschungsarbeit über Iphofen, die nie zum Druck gelangte, dem Pfarrer persönlich widmen zu wollen[18], dem er zudem großzügig gestattete, seine „neuen", von Pater Benvenut Stengele allerdings schon 1887 veröffentlichten[19] wissenschaftlichen Erkenntnisse, für deren Richtigkeit er persönlich haften wollte, erneut zu publizieren.[20]

---

16 Über den Verkauf des spätgotischen Iphöfer Altars nach Eichstätt notierte der Kunsthistoriker Ferdinand von Werden am 15.07.1940 in sein Tagebuch: „Um für die freigelegte Doppelkapelle auf der Nordseite einen eindrucksvollen Altar [...] zu erwerben, habe ich Reverendissimo davon berichtet, daß ich einen Dreifaltigkeits-Altar kenne [...] – ein spätgotisches Schnitzwerk fränkischen Gepräges um 1520/30 etwa – in der Bürgerspital-Kirche von Iphofen, zwischen Nürnberg und Würzburg. [...] Es bestünde meines Erachtens die Möglichkeit, da der Kaplan im Felde stehe und sonst außer dem Stadtpfarrer niemand Verständnis habe, d. h. ein maßgebendes Urteil in solchen Dingen, daß wir diese hl. Dreifaltigkeit [...] erwerben, denn der Pfarrer sei mir gewogen, wie ich glaube. Zu diesem Zwecke würde ich die Oberin Laumayer im dortigen Bürgerspital, die ich kenne, eine aus der Nähe von Eichstätt stammende Mallersdorfer Schwester, mobil machen können, um bei Pfarrer und Bürgermeister zu sondieren. Der Bürgermeister sei nicht gerade kirchlich gesinnt, aber seine Gemahlin werde von der genannten Oberin gepflegt in ihren Leiden. – Die Sache könnte klappen und das Unternehmen gelingen."
10.–22.10.1940: „Der Lastwagenfahrer Hans Schellkopf, mein ehemaliger Ministrant, ein kerniger Katholik auch in diesen schweren Zeiten der Kirchenverfolgung, hat den Altar gelegentlich einer Dienstfahrt von Iphofen hiehergebracht. Mit Schwester Psalmodia und Schwester Piala in Iphofen hatte ich schon verabredet, die Stücke möglichst unauffällig wegbringen zu lassen, quod ita factum est. Auch Fremde haben den Iphöfer Altar wiederholt besichtigt und möchten gerne Näheres wissen über Erwerb und Herkunft etc. – sed tacendum est!"; Ferdinand von Werden, Tagebücher zur Restaurierung des Domes zu Eichstätt 1938–1945. Aus den Beständen der Universitätsbibliothek Eichstätt. I. Texte, Bd. 2, Wiesbaden 1999, S. 85f., 92. Vgl. zum Verkauf dieses Altars: StadtA Ip, B 69, S. 27, Stadtratsbeschluss vom 08.08.1940. Weitere der im August 1892 durch den Architekten Josef Stärk verzeichnete Kunstwerke in der Kirche St. Veit, z. B. ein Renaissance-Kronleuchter aus Messing mit zwölfarmigem Kerzenhalter, der an Marienfesten feierlich entzündet wurde, gelten heute als verschollen; PfarrA Ip, B VI, 6, neue Registratur, S. 15, Nr. 88. Vgl. StadtA Ip, R 50 (1623), 1212 (1630).

17 PfarrA Ip, neue Registratur, S. 3 Nr. 89, Brief Luitpold Maiers aus Würzburg an den Geistlichen Rat Kaspar Montag (21.11.1946): Maier drückte seine „Freude über die in Aussicht gestellten Noten für unseren Kirchenchor" aus. „Am Donnerstag [28. November 1946] früh [...] gegen 10 Uhr" wollte er beim Pfarrer „vorsprechen".

18 Ebd.: „Ich habe ein Heft begonnen ‚Unveröffentlichtes aus der Geschichte Ihrer Pfarrei'. [...] Das Heft wurde erst begonnen und wird Ihnen persönlich von mir gewidmet aus Dank für die bereitwillige Unterstützung, die Sie mir bei der Forschung über Iphofen jederzeit gewährt haben."

19 Pater Benvenut Stengele, Die Pfarrei Iphofen und das Gnadenbild Birklingen (Mittelfranken), in: Kalender für katholische Christen 47, Sulzbach 1887, S. 95–101.

20 PfarrA Ip, B VI 6 sowie neue Registratur, S. 3, Nr. 89: Brief Luitpold Maiers an Pfarrer Kaspar Montag vom 26.11.1948: „[...] Ich habe mich der angenehmen Mühe unterzogen, aus Dankbarkeit Ihnen gegenüber einen bisher in der Geschichte Ihrer Pfarrei bei den Gläubigen tief eingewurzelten Irrtum ein für allemal auf Grund urkundlicher Nachweise und kunstkritischer

Zwei Jahre später folgte eine zweite Lieferung unersetzlicher Archivalien aus Iphofen. Maier jubelte, er sei „in Würzburg schwer beladen mit kostbaren Schätzen für unseren Kirchenchor glücklich gelandet.“[21] Alte Repertorien des Pfarrarchivs und spätere Anfragen an Maier aus Iphofen lassen Rückschlüsse auf die Art dieser „kostbaren Schätze“ zu, die der „Liebhaber und Sammler alter Dinge (für seine) umfangreiche und vielseitige Privatsammlung zusammentrug.“[22] Wahrscheinlich war damit der einst reichhaltige, unersetzliche Urkundenbestand des Pfarrarchivs gemeint.[23]

Auch wenn er sich primär als „Historiker“, nicht aber als „Musikkenner“ verstand[24], erkannte Maier doch schnell, welchen „Schatz“ er in Iphofen nicht nur mit den wertvollen Urkunden, sondern auch mit den Musikalien geborgen hatte, vor allem als ihn Anfragen interessierter Musikwissenschaftler erreichten.

Hanns Dennerlein, der 1951 mit seinen Berichten über einen „musikalischen Schatzfund“ in Ebrach[25] in der Musikwelt Aufmerksamkeit erregt und bei seinen umfangreichen Recherchen festgestellt hatte, dass der Ebracher Kantor P. Georgius Metzger in Iphofen verstorben war[26], vermutete richtig, dass „Ebracher oder ähnliche Kirchenmusik des 18. Jh. sich noch in Iphofen vorfinden“ könnte. Seine Anfrage richtete er zunächst an das Pfarramt Iphofen, wo er diese Bestände ganz selbstverständlich vermutete.

Pfarrer Kaspar Montag verwies ihn an Maier in Würzburg „als besonderen Kenner der Iphöfer und Herzogenauracher Archivbestände“[27], dem es dann vorbehalten blieb, dem Forscher zu erläutern, warum sich die Musikalien nicht wie erwartet in Iphofen, sondern in Maiers „Turm in Würzburg“[28] befanden und wie er sie „vor dem Verderb gerettet“ hatte. Dennerlein war beeindruckt, nachdem Maier ihm die Inventarisierung der Bestände gestattet hatte: „Mit

---

Untersuchungen richtig zu stellen und übertrage Ihnen bereitwilligst das Recht der Publizierung dieser Feststellung im Interesse der Kirchen- und Heimatgeschichte Ihrer Pfarrei, für deren Richtigkeit ich Ihnen hafte [...]“.

21 PfarrA Ip, neue Registratur, S. 3, Nr. 89, Abschrift: B VI 6 (26.11.1948).

22 Formulierung auf der Informationstafel im Stadtmuseum Herzogenaurach zur Charakterisierung des Ehrenbürgers Luitpold Maier.

23 Pfarrer Moritz Abel verzeichnete im Repertorium vom 25.08.1926 neben vielen anderen heute fehlenden Archivalien unter „Fach XI“ einen reichen Urkundenbestand, z. B. „ältere Urkunden über Kirche und Pfarrei, ältere Urkunden gebunden, ältere Urkunden lose“ usw. Am Schluss seines Repertoriums vermerkte er: „Die Akten in Fach XVIII Nr. 7 harren noch der Sichtung; ebenso die alten Urkunden in Fach XI Nr. 1, die für die Geschichte der Pfarrei wie der Stadt hochwichtige Daten enthalten mögen“ (PfarrA Ip, A 1 1). Worum es sich dabei handeln könnte, verraten zwei aus dem Nachlass Maiers nach Iphofen zurückgegebene Urkundenverzeichnisse: ein älteres Repertorium des Stadtschreibers Brunner vom 04.01.1831, das zahlreiche Urkunden aus dem 14. und 15. Jahrhundert auflistet (PfarrA Ip, Nachlass Maier) und vor allem ein „Index der geistlichen Urkunden von 1595“ mit Hinweisen auf einen für die historische Forschung unersetzlichen Urkundenbestand, der bis ins 13. Jahrhundert zurückreicht (PfarrA Ip, Nachlass Maier). Vgl. auch: StadtA Ip, A 643, Verzeichnis der Urkunden (1835).

24 PfarrA Ip, Nachlass Maier, Brief Luitpold Maiers an Dr. Adam Gottron vom 12.09.1954.

25 Im Nachlass Maiers findet sich mit roten Anstreichungen: Hanns Dennerlein, Ein musikalischer Schatzfund. Die wiedergefundene Ebracher Klostermusik, in: Fränkische Blätter für Geschichtsforschung und Heimatpflege, wissenschaftliche Beilage zur Heimatzeitung „Fränkischer Tag“, 27.01.1951, Nr. 2, S. 7f.

26 PfarrA Ip, Sterbematrikel: Der aus Markelsheim stammende Georgius Metzger, ehemaliges Konventsmitglied in Ebrach, verstarb am 13.06.1820 in Iphofen, wo er auch bestattet wurde.

27 PfarrA Ip, Nachlass Maier, Brief Hanns Dennerleins an Luitpold Maier vom 18.05.1951.

28 PfarrA Ip, Nachlass Maier, Brief Hanns Dennerleins an Luitpold Maier vom 02.06.1951.

Ihrer Rettung der Iphöfer Barockmusikalien haben Sie sich ein Verdienst erworben, für das Ihnen ebenso sehr Dank gebührt wie für die gütige Mitteilung an mich. Gerne sehe ich mir, wenn ich etwa am 23.6. oder später in den Turm nach Würzburg komme, Ihre Schätze an, die einiges Wertvolle enthalten. Selbstverständlich bleiben diese bei Ihnen bzw. Ihrer Kirche. Ich bin zufrieden, wenn ich inventarisieren darf."[29] Regelmäßig berichtete er über seine Forschungsergebnisse: „Haben Sie recht herzlichen Dank für die prompte Zusendung der Desiderata, die noch rechtzeitig kamen, um für Salzburg überprüft und bearbeitet zu werden. Auf der Tektur des Pihlerschen (Bühler) Glorias findet sich tatsächlich eine Paukenstimme, die zu keiner der Mozartmessen passt, also auf ein verlorengegangenes Werk hinweist, sofern es kein Falsifikat war wie das Salve Reginaterzett, welches die hahnebüchenste Fälschung ist, die mir je zu Gesicht kam. Die Malzard-Messe ist das Werk eines meist Maltzat geschriebenen Komponisten, der zeitweise in Salzburg geweilt hat. Die Komposition, mit schon nachmozartschem Espressivo, ist beachtlich und würde bei Wiederauffallung [Wiederaufführung] Aufsehen erregen. [...]".[30]

Nachdem Dennerlein 1953 seine Forschungsergebnisse publiziert hatte[31], wurde der Musikhistoriker Dr. Adam Gottron (1889–1971) aus Mainz auf die Iphöfer Bestände aufmerksam. Auch er wandte sich zunächst an den Iphöfer Pfarrer, der ihn an Maier verwies.[32]

Gottrons Bitte um Einsichtnahme in die Missa in F des in Heidingsfeld geborenen Mainzer Hofkonzertmeisters Kreusser[33] beantwortete Maier mit einer überraschenden Verkaufsofferte.[34] Musikhistoriker Gottron wusste natürlich, dass es sich um Musikalien handelte, die originär nach Iphofen gehören, und dass ohne stiftungsaufsichtsrechtliche Genehmigung eine rechtmäßige Veräußerung unmöglich war. Deshalb blieb er vorsichtig zurückhaltend: „[...] Nun muss ich Sie um eine Aufklärung bitten, da ich doch weiß, dass die Messe von Herrn Dr. Dennerlein als Besitz der Pfarrkirche von Iphofen katalogisiert worden ist. Es könnte also doch nur der Pfarrer von Iphofen zugunsten seiner Kirche die Messe verkaufen [...]."[35] Das allerdings bestritt Maier energisch und verwies auf seinen persönlichen Beitrag zur Rettung historischen Archivguts: „Ich habe fragliche Bestände, die in einem feuchten Gewölbe herumlagen und von Flüchtlingen zum Anzünden benutzt wurden, recht und redlich *für mich* [i. O. unterstrichen] erworben. [...] Danken wir Gott, dass ich wenigstens einen

---

29 PfarrA Ip, Nachlass Maier, Postkarte Hanns Dennerleins an Luitpold Maier vom 02.06.1951.

30 PfarrA Ip, Nachlass Maier, Postkarte Hanns Dennerleins an Luitpold Maier vom 08.08.1951.

31 Hanns Dennerlein, Ältere Kirchenmusik (wie Anm. 2), S. 29f.; ders., Musik des 18. Jahrhunderts (wie Anm. 2).

32 PfarrA Ip, Nachlass Maier, Brief Dr. Adam Gottrons an Luitpold Maier vom 16.08.1954: „Leider konnte mir der Herr keine Auskunft über die bei ihm vorhandenen Noten, die Dr. Dennerlein beschreibt, geben. Er gab mir aber Ihre Anschrift und bat mich, ich möge mich an Sie wenden, da Sie besser wie er selber Bescheid wüßten".

33 PfarrA Ip, Nachlass Maier, Brief Dr. Adam Gottrons an Luitpold Maier vom 16.08.1954.

34 PfarrA Ip, Nachlass Maier, Brief Luitpold Maiers an Dr. Adam Gottron vom 31.08.1954: „Die Erledigung Ihrer Bitte [...] war mir erst heute möglich, da ich wegen der Bauleute in meinem Hause den kostbaren Schatz verlagert hatte. Sollten Sie für die Beilagen besonderes Interesse haben, so wäre ich nicht abgeneigt, solche gegen einen angemessenen Preis Ihnen zu überlassen [...]". Der Posteinlieferungsschein für die Sendung der gewünschten Handschrift nach Mainz liegt dem Nachlass Maiers bei.

35 PfarrA Ip, Nachlass Maier, Brief Dr. Adam Gottrons an Luitpold Maier vom 08.09.1954.

Teil dieses Schatzes vor dem Untergang noch retten konnte […].“[36] Mit dem „feuchten Gewölbe“ war der Archivraum im Pfarrhaus gemeint, und da mit der Beschreibung der unhaltbaren Zustände in Iphofen auch der verantwortliche Pfarrer und Maiers großherziger Gönner in ein schiefes Licht geraten konnte, beeilte er sich hinzuzufügen, Pfarrer Kaspar Montag treffe „keinerlei Verschulden“.

Rettete Maier die Musikalien wirklich „vor dem Untergang“ und gebührt ihm Dank für den Schutz unersetzlichen Kulturguts? Seine Behauptung, das Pfarrhaus sei damals mit Flüchtlingen überbelegt gewesen, trifft zu, wie ein Brief des Pfarrers aus dem Jahr 1954 anschaulich beweist.[37] Maiers Argumentation, er habe die alten Handschriften vor dem Untergang in einem mit Flüchtlingen überfüllten Pfarrhaus gerettet, ist also nachvollziehbar.

Die Musikalien wollte er für sich persönlich erworben und den Verwendungszweck (Kirchenchor der ausgebombten St. Josephspfarrei Würzburg) „freiwillig bestimmt“ haben. Damit besitze er allein „nach wie vor das Verfügungsrecht“. Die „Höhe des Liebhaberpreises“ stellte er in Gottrons Ermessen. In den Iphöfer Kirchenstiftungsrechnungen 1946/47 findet die im November 1946 erfolgte Transferierung der Musikalien nach Würzburg keine Erwähnung, unerwähnt bleibt auch die zweite Lieferung vom November 1948. Deshalb muss man annehmen, dass in beiden Fällen keine Geldzahlung erfolgte, die in den Rechnungen erfasst worden wäre, und dass Maier mit seiner Formulierung „recht und redlich für mich erworben“ von einer Schenkung ausging.

Der Iphöfer Pfarrer Max Groll (Pfarrer in Iphofen von 1958–1979), Nachfolger Kaspar Montags, sah das wohl anders und mühte sich um Rückgabe der in Würzburg lagernden Iphöfer Archivalien, soweit sie noch nicht veräußert waren. Maier war inzwischen in seine Heimatstadt Herzogenaurach verzogen, hatte einige „Schätze“ aus seiner umfangreichen Privatsammlung dem Stadtmuseum übergeben und sich große Verdienste um die Erforschung der Geschichte Herzogenaurachs erworben.[38] Die Iphöfer Stadtgeschichte stand nun nicht mehr im Fokus seines Interesses. Drängende Fragen des Iphöfer Pfarrers nach den im Pfarrarchiv abgängigen Archivalien beantwortete er ablehnend mit dem pauschalen Hinweis auf den Urkundenbestand anderer Archive, die alternativ als Informationsquelle genutzt werden könnten.[39] Bis zu seinem Tod

---

36 PfarrA Ip, Nachlass Maier, Brief Luitpold Maiers an Dr. Adam Gottron vom 12.09.1954.

37 PfarrA Ip, Bd. 92, S. 324f. (17.06.1954), A X 23 (29.06.1954): Kaspar Montag wandte sich hilfesuchend an Bürgermeister und Generalvikariat, beklagte, dass er noch immer nicht über seine Wohnräume frei und ungestört verfügen könne, bat um Räumung des Pfarrhauses „von den lästigen Personen“, gab seiner Gemeinde vor dem Gottesdienst öffentlich bekannt: „Seit 1939, also seit 15 Jahren, habe ich Fremde im Pfarrhof, zuerst Evakuierte aus der Rheinpfalz und Köln, dann Ausgebombte aus Nürnberg, seit 1945, also seit 9 Jahren Heimatvertriebene. In wahrer Caritas habe ich diese aufgenommen (notabene bis zur Stunde ohne jede Entschädigung!) und bin so meiner Pfarrgemeinde mit gutem Beispiele vorangegangen. […] Ihr sollt es wissen, wie man mit Eurem alten Pfarrer umgeht.“

38 Helmut Biehler, 100 Jahre Amtsblatt der Stadt Herzogenaurach, Beilage im Amtsblatt Nr. 44/1998, S. 3: „Der unermüdliche Luitpold Maier beleuchtet im Heimatblatt in unzähligen Ausgaben vor allem in den 30er Jahren nahezu alle Aspekte der Stadtgeschichte“. Am 27.11.1951 wurde Maier zum Ehrenbürger ernannt, auch eine Straße trägt seinen Namen. Er war Gründungsmitglied des Historischen Vereins und Mitinitiator des Herzogenauracher Stadtmuseums.

39 PfarrA Ip, neue Registratur, S. 3, Nr. 89, Brief Luitpold Maiers vom 26.01.1964: „In Beantwortung Ihres geschätzten Schreibens vom 25. d. M. […] muß ich Ihnen leider mitteilen, daß die

1967 bewohnte Maier das Herzogenauracher Spitalgebäude und heutige Stadtmuseum, wo in zwei Räumen Teile seiner umfangreichen Privatsammlung präsentiert werden.

Im Jahr 2001 begannen im Pfarrarchiv Iphofen die Recherchen zur Wiederauffindung der vermissten Archivalien. Hanns Dennerlein war 1986 verstorben, aber seine Ehefrau Helga konnte sich noch gut an die umfangreichen Arbeiten ihres Mannes zur Inventarisierung der Musikalien in Würzburg erinnern. Im Juli 2001 wurden einige Iphöfer Musikhandschriften aus Dammbacher Privatbesitz dem Diözesanarchiv Würzburg übergeben. Weitere Quellen, die Maier im Rahmen seiner privaten Ahnenforschung aus dem Stadtarchiv Iphofen entnommenen und dem Kreisheimatpfleger überlassen hatte, gelangten nach dessen Tod an das Stadtarchiv Herzogenaurach. Diese Bestände wurden im November 2016 an das Stadtarchiv Iphofen abgegeben, sodass gegenwärtig in Herzogenaurach „keine weiteren Archivalien zu Iphofen vorhanden" sind.[40] Die 2001 dem Diözesanarchiv Würzburg übergebenen Iphöfer Musikalien wurden im Zuge einer Bestandszusammenführung am 29. Oktober 2013 an das Diözesanarchiv Bamberg transferiert, wo inzwischen auch die Restbestände aus dem Pfarrarchiv Iphofen lagern.

Im Jahr 2015 bearbeitete die deutsche RISM-Arbeitsgruppe, die sich die Katalogisierung historischer Musikhandschriften zum Ziel gesetzt hat, die Iphöfer Bestände im Diözesanarchiv Bamberg und machte sie damit wissenschaftlich nutzbar. Das Internationale Quellenlexikon der Musik, die weltweit größte Datenbank zum Nachweis von handschriftlichen und gedruckten Musikquellen zwischen 1600 und 1850, verzeichnet für die Pfarrei St. Veit in Iphofen 146 Musikalien.[41] Wie Besitzervermerke eindeutig erkennen lassen, entstammen etliche davon dem Nachlass Maier.[42] Vieles bleibt verschollen, und in den Iphöfer Archiven klaffen schmerzliche Lücken. Trotzdem lassen die noch vorhandenen Quellen auf ein überraschend reiches musikalisches Leben des späten 18. und frühen 19. Jahrhunderts schließen, das in Iphofen genauso in Vergessenheit geriet wie das Schicksal der Musikhandschriften. Zur Aufführung gelangten Werke von Beethoven, Mozart, Haydn, Carl Maria von Weber, aber auch von fränkischen Komponisten wie Umstatt, Waßmuth, Sterkel und Küffner.

Erledigung der Angelegenheit mir zur gegenwärtigen Jahreszeit unmöglich ist. [...] Zur gegenwärtigen Jahreszeit kann ich unmöglich das Haus verlassen und würde es nie riskieren, nach Würzburg zu fahren. Nachdem mein Umzug Hals über Kopf von dort nach hier erfolgte, sind aus meinen noch dort befindlichen Sachen unmöglich das Gewünschte, das übrigens schon aus den zurückfolgenden Beilagen zur Genüge ersichtlich ist, ausfindig zu machen von fremder Hand. [...] Die Urkunden dürften Sie sicherlich auch im Würzburger Staatsarchiv oder Ordinariatsarchiv und nicht letzten Endes im Iphöfer Stadtarchiv erfahren können".

40 Auskunft der Leiterin des Stadtmuseums und Stadtarchivs Herzogenaurach zur Anfrage vom 20.02.2017.

41 AEB, Katalog der Musikhandschriften der Pfarrei Iphofen, Rep. 60 PfarrA Iphofen St. Veit, Gottfried Heinz-Kronberger, RISM, laufende Arbeiten (Musikhandschriften).

42 Vgl. z.B. Dennerlein, Musik des 18. Jahrhunderts (wie Anm. 2), S. 38: „Pausch, Missa Toni C [...] Ex musicalibus E Graessner ppria" entspricht RISM: Pausch, Eugen, Missa Toni C, Besitzervermerk auf Umschlag unten rechts „E Musicalibus E: Graefner mpp"; Dennerlein, S. 37: „Kraft, Missa Toni F, Mihi Graessner" entspricht: RISM: Krafft, Joseph, Missa Toni F, Besitzervermerk auf org-part f. 1 unten rechts: „Mihi E. Graefner" usw.

Ohne zu ahnen, dass Maier kurze Zeit vorher die Iphöfer Archivalien nach Würzburg gebracht hatte, mahnte der Vorstand und musikalische Leiter des Gesangvereins, Oberlehrer Johann Ruckdeschel[43], in seiner Stadtchronik aus dem Jahr 1950: „Schon seit alter Zeit wurde ja in Iphofen die Kirchenmusik besonders gepflegt. Zur höchsten Ehre Gottes ertönten alle Sonn- und Festtage vierstimmige Lobgesänge und Messen vielfach mit Musikbegleitung (figuriert) in unserer schönen Pfarrkirche, und religiöse Volkslieder verherrlichten die Gottesdienste und frommen Wallgänge. [...] Die zahlreichen Musikalien im Orgelschranke und im Pfarrhause sind Beweise des einstigen, manchmal hervorragenden musikalischen Könnens und sind als künftige Altertumswerte nicht zu verschleudern".[44]

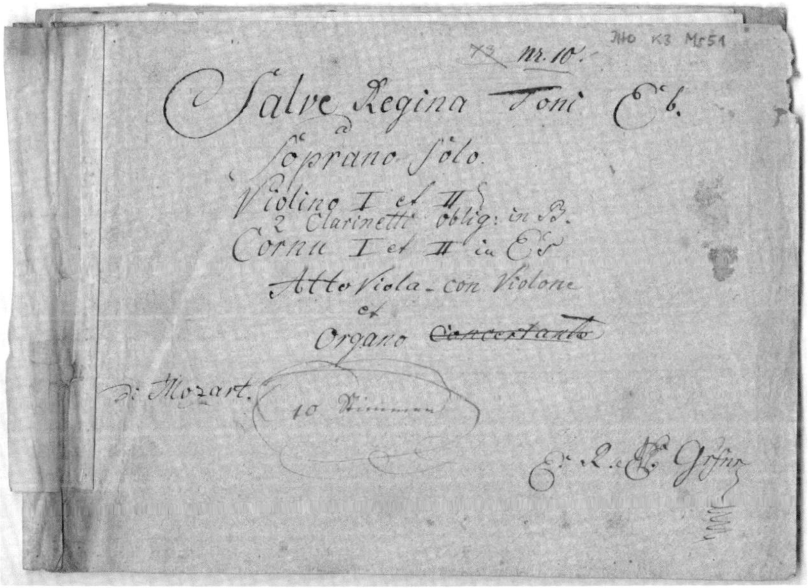

Abb. 1: *Iphöfer Musikhandschrift mit Erwin Gräfners Besitzervermerk (AEB Rep. 60 PfarrA Iphofen St. Veit, IHO K 3 Ms 51).*

2. Gräfner, Molitor und Mader – Gestalter der Kirchenmusik in ihrem sozialen Kontext

Die wiederentdeckten Iphöfer Musikalien machten neugierig auf den sozialen Kontext ihrer Entstehung. Schon Dennerlein war aufgefallen, dass einige Texte Besitzervermerke tragen, die für ihn aber wenig aussagekräftig blieben. Die Aufschrift „Mihi Graefner" auf zahlreichen Handschriften wusste er nicht

[43] PfarrA Ip, A III 6, undatierte Häuserliste: Ruckdeschel bewohnte mit seiner Frau Anna geb. Schmitt und seinen Kindern Lina (* 1898), Hans (* 1900), Hermann (* 1902) und Ernst (* 1905) Haus Nr. 52.

[44] StadtA Ip, Buch 24, S. 106f. (24.02.1950).

zu deuten und las „Mihi Graessner“.[45] Auch die Vermerke „ex re musica Joh. Adami Molitor Cantoris Iphofensis“, „ad me Mader J.“ und „Geschenk für den Chor ad St. Vitum in Iphofen 31.10.1837 von Pfarrer Urban“ erschienen rätselhaft.

Auf welche Personen und Zusammenhänge verweisen diese Namen? Welche besondere Rolle spielten diese Persönlichkeiten für Kirchenmusik in Iphofen? In welcher Form wurden die Konzerte in St. Veit organisiert und durchgeführt? Nur auf der Grundlage einer kleinschrittigen und differenzierten Analyse der Quellen im Iphöfer Stadtarchiv und Pfarrarchiv sowie im Archiv des Erzbistums Bamberg waren diese Fragen zu beantworten.

Dass Johann Adam Molitor (1763–1830) seine Unterschrift auf etlichen Handschriften anbrachte, ist leicht nachvollziehbar. Als Kantor war er für die Kirchenmusik und damit für Abschrift und Aufbewahrung der Musikalien verantwortlich. Auch die Bemühungen des Pfarrers Adam Friedrich Urban (von 1834 bis 1845 Pfarrer in Iphofen) um die musikalische Ausgestaltung der Gottesdienste überrascht nicht, aber welche Rückschlüsse lassen sich aus den Aufschriften „Gräfner“ und „Mader“ ziehen?

Erwin Gräfner (1756–1838) wurde im Jahr 1786 die Rektorenstelle in Iphofen übertragen. Dass er damit auch musikalische Leitungsaufgaben übernahm, erläuterte Pfarrer Urban nach dem Tod des Schulmeisters.[46] Wer war dieser einflussreiche Rektor Gräfner? Wie gelang ihm der Aufbau eines glanzvollen Kirchenorchesters in einer Zeit tiefgreifender politischer Umstrukturierungen? Welche Rolle spielte sein Vater, der Organist Andreas Gräfner (1727–1801)? Der Besitzervermerk „ad me Mader“ verweist auf eine weitere musikalische Institution in der Stadt, den Türmer. Welche Verpflichtungen übernahm Johann Mader (1761–1821) als „Stadtmusikus“?

In der folgenden Darstellung sollen die wichtigsten Akteure städtischer Musikpflege in ihren Funktionen und ihrem jeweiligen Wirkungskreis charakterisiert werden. Türmer, Schulmeister, Kantor, Organist, Chormusiker, Singjungen und viele mehr trugen in ihrem Zusammenwirken dazu bei, dass die Iphöfer Kirchenmusik überregionale Bedeutung gewinnen konnte, sie standen aber auch in Konkurrenz. Konflikte um Leitungsfunktionen und Gestaltung musikalischer Präsentationen blieben nicht aus.

An der Finanzierung der Musiker beteiligte sich nicht nur die Kirche, sondern auch der städtische Rat. Nur so konnte in einer kleinen Landstadt ein mit 21 Musikern überdimensioniertes Kirchenorchester bestehen. Rat und Kirche konkurrierten aber auch in ihren Rechtsansprüchen bei der Besetzung der Stellen für Kirchendienst und Schule.

Nach Auswertung der Quellen ergibt sich das Bild eines komplexen, von Zusammenarbeit und Konflikten geprägten Gefüges verschiedenster Personen und Institutionen. Exemplarische Einblicke in Formen und Phasen des reichen musikalischen Lebens einer würzburgischen Landstadt werden möglich.

---

45 Dennerlein, Musik des 18. Jahrhunderts (wie Anm. 2), S. 36–41.

46 PfarrA Ip, C VIII 4 (26.05.1838): „Die gegenwärtig seit dem letzten April erledigte Rektorsstelle war ursprünglich für den Unterricht der gesamten männlichen Jugend bestimmt und hatte nebst diesem auch noch die oberste Leitung des Chordienstes in sich begriffen, woher auch der Name ‚Rektor‘ entstand, weil er den Chor regierte.“

3. „Allein aufzuspielen berechtigt“ – Der Türmer auf St. Veit

Hauptaufgabe des Türmers und Grundlage städtischer Sicherheit war die verantworungsvolle Wache im Turmobergeschoss von St. Veit. Feuer innerhalb der Mauern sollte „er mit der Glocken melden“, Brände außerhalb der Stadt „mit dem Horen [Horn] antzeigen und alsdann ein Schuß oder zwen Schuß thun.“[47] Die ständige Präsenz des Wachpersonals war unverzichtbar und ein Verlassen des Wachplatzes zunächst nur im Ausnahmefall gestattet.[48] Mit hinzutretenden, wachsenden Verpflichtungen des Türmers als Stadtmusikus war diese zeitraubende, primäre Wachfunktion nur schwer zu vereinbaren, mehrfache Modifikationen waren erforderlich. Eine Regelung aus dem Jahr 1675 entlastete den Türmer und band die Bürger in den aktiven Wachdienst mit ein: „Ufm Kirchthurn sollen künftighin die Burger von 8 bis 11 Uhr wachen und alle Stundt mit dem Wachthorn ein Zeichen geben. Von Mitternacht ahn aber bis am Tag soll der Thürner die Wacht haben und umsehen.“[49] War er durch seine vielfältigen musikalischen Aufgaben zeitlich gebunden, konnte der Türmer dem Bürgermeister einen Ersatzmann für den Wachdienst benennen.[50] Er war nun primär Berufsmusiker, die Wachfunktion trat zurück, die Musikpflege rückte ins Zentrum seiner Dienstaufgaben.[51]

Er war zuständig für alle musikalischen Veranstaltungen und die Gestaltung der Gottesdienste, beherrschte mehrere Musikinstrumente, sollte „musiciren helfen“[52] und bei den Wirten aufspielen.[53] Mit seinem Gesellen musste er „die Music in der Kirchen versehen“[54] und zum feierlichen Umgang oder zum Hochamt die Posaune blasen.[55]

Im Obergeschoss des Turmes der Stadtpfarrkirche St. Veit sollte er gemäß seinem Eid aus dem frühen 16. Jahrhundert nicht nur „alle Stund das gewöhnliche Zeichen mit dem Horn geben“[56], zur Signalgebung waren weitere Blasinstrumente in Gebrauch.

[47] StadtA Ip, B 22, fol. 21v; R 33 (1601): Auf dem Kirchturm war eine Muskete deponiert.

[48] StadtA Ip, B 22, fol. 21v; R 33 (1601): „Thurner eydt: Ein Thurner sol [...] des Thurens getreulich hutten und allen reisigen Gezeug anplasen und von dem Thuren on erleubnus Schultheßen oder Burgermeisters nit steigen. [...] Und so er mit einem reden will, uff der virten Staffel zu stehn verbleyben. [...] Auch hat ein Thurner die Freiheit, alle xiiii tag einmal herab ins Badt oder sunst zu dem Wein zu gehen, jedoch mit Erleubnus Schultheßen oder Burgermeisters, und zu Mittag alerst herab steygen, und wen man die Wechterglocken [ergänzt durch: zu Nacht] leuth, widerumb hinauff steigen sol“.

[49] StadtA Ip, B 34 (16.03.1675).

[50] StadtA Ip, B 48, S. 507f. (24.09.1807).

[51] Vgl. Günter Dippold, Gebrauchsmusik in der frühneuzeitlichen Stadt: die Türmer, in: Frankenland 5 (2008), S. 325–332, bes. S. 328.

[52] StadtA Ip, B 20, fol. 15r (1724).

[53] StadtA Ip, B 35 (14.10.1698): „Dem Wirth ist gesagt worden, kein jung Gesindt mehr über die Zeit, als Sommer über 10 und Winter über 9, im Wirthshaus zu leidten. Und so einer oder der ander nit wollten auf sein, Wirths, Wort geben, sollte er, Wirth, solches Herrn Burgermeistern anzeigen. Desgleichen ist dem Thürner gesagt wordten, über gemelte Zeit niemant mit Spielen aufzuwarthen“.

[54] StadtA Ip, B 34 (11.03.1673).

[55] Josef Endres, Iphofen. Entwicklung einer würzburgischen Landstadt von ihren Anfängen bis in die Echterzeit, Dettelbach 2000, S. 379; vgl. Diözesanarchiv Würzburg, Dekanats-Akten, Iphofen G, Kasten 1, Rechnung 1616/1617.

[56] StadtA Ip, B 44, S. 572f. Das Signalhorn des Türmers wird in der kulturhistorischen Sammlung der Stadt verwahrt.

Der Türmer sollte „allen reisigen Gezeug anplasen […] und so er ein Wether ersihet, mit dem clein Horn [ersetzt durch: Drumetten] blasen ‚In Gottes Nahmen wallen wir', item sein Weidhoren des nachts und morgens zu rechter Zeit melden, auch den Tag und Nacht anblasen […]. Wenn er ein Geren im Felde und sunst, was Veintschaft betrifft, ersiht, sol er in die Drumeten stossen und des Anzeig thun. […] Ein Durner soll alwegen nach Mitternacht wachen, und wann es schlecht [schlägt], soviel als es geschlagen, mit dem Horen [Horn] underschiedtlich melden."[57] Im Jahr 1569 vereinbarte man mit dem Türmer Wilhelm Feuerlein, er solle „alle Nacht umb zwolff Uhr mit der Drumetten plasen."[58]

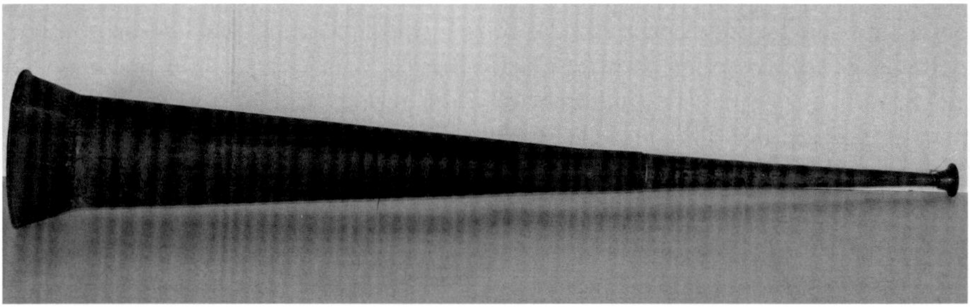

Abb. 2: *Signalhorn des Türmers, kulturhistorische Sammlung Iphofen, Inventarnummer 2, Länge: 95 cm (Foto: Karen Rönninger).*

Die Entlohnung erfolgte „nach Inhalt zu bederseits gehaltener Kerbhöltzer".[59] Da der verantwortungsvolle und für die Sicherheit der Stadt unerlässliche Türmerdienst in Iphofen finanziell nur unzureichend honoriert wurde, muss nicht verwundern, dass einige Amtsträger ihren Aufgaben nicht gerecht wurden und ihr Amt schnell wieder aufgaben. Im Rahmen ihrer Vereidigung bzw. Amtsenthebung wurden die Türmer namentlich in den Ratsprotokollen verzeichnet.[60]

---

57 StadtA Ip, B 22, fol. 21r–21v. Im ersten erhaltenen Iphöfer Ratsprotokoll aus dem 15. Jahrhundert wurde die Aufnahme der Türmer für die Stadttore und die einzelnen Wehrtürme verzeichnet; StadtA Ip, B 24, fol. 15r: Rödelseer Tor 1422, fol. 27r: Einersheimer Turm 1427, fol. 40r–40v: Gräbenturm, neuer Gräbenturm 1429. Der Kirchturm St. Veit findet 1564 Erwähnung, als ein Streit zwischen dem Pfarrer und dem Türmer Jorg Endres eskalierte. Dieser hatte sein Abwasser bedenkenlos aus dem Turmfenster entsorgt und auf diese Weise den Pfarrer auf dem darunterliegenden Friedhof erbost. Die Ratsherren mussten schlichtend eingreifen: „Der Durner soll den Pfarherr zufriden lassen und nit Ursach zu Hader geben, desgleichen nit herab gissen, er seh dann niemand uff dem Kirchhoff, den er treffen mocht. Zu dem sol er, der Pfarherr, inne, Durner, auch zufriden lassen und seines Kirchambts wardten und keiner dem andern Ursach geben"; StadtA Ip, B 26, fol. 136r: 25.04.1557.

58 StadtA Ip, B 27, S. 68, ähnlicher Eintrag S. 5 (1567).

59 StadtA Ip, R 42 (1614).

60 Im Jahr 1464 amtierte Türmer Endres (StadtA Ip, B 24, fol. 159r), 1552 Hans Seitz (B 26, fol. 87v), 1555 Jorg Endres (B 26, fol. 105r, R 29), 1556 Hans Seitz (B 26, fol. 121r), 1563 Blasius Raupphardt aus Volkach (B 26, fol. 228v: 1563), 1564 Jorg Endres (B 26, fol. 236r: 1564), 1564 Veidt Gotz aus Schwäbisch Hall (B 26, fol. 241v: 1564), 1568 Sigmund Bin (B 27, S. 5: 1567), ab 1569 Wilhelm Feuerlein (B 27, S. 57: 1568, S. 68: 1569), 1576 wurde Linhard Scheffer aus Oberschwarzach als neuer Türmer angenommen (B 27, S. 249, Endres, Iphofen [wie Anm. 55], S. 90), 1577 Wolf Gemmerer aus Waldmünchen (B 27, S. 263, 268; Endres, Iphofen [wie Anm. 55], S. 90), 1579 Hans Wagner (B 27, S. 307), 1582 Hans Weigand aus Werneck (B 27, S. 403), 1583 Wilhelm Feuerlein (B 27, S. 424), 1584 David Feuerlein (B 27, S. 437), 1585 Heinrich Ochs aus Gerolzhofen (B 27, S. 485), 1588 Georg Schwarz (B 27, S. 521, B 28, S. 9), 1592

Verärgert beschwerte sich Jobst Gabriel Huebner „wegen liederlicher Bezahlung, so allhier gar gemein“, erreichte damit aber nur eine sehr geringe Gehaltszulage.[61] „Weilen die Bestallung gering, die Mühe hingegen groß“, entschloss er sich 1677 notgedrungen, seinen Dienst zu quittieren.[62]

Mit Geigenspiel bei Hochzeitsfeiern und anderen musikalischen Darbietungen konnten sich die Türmer einen nicht unerheblichen Zusatzverdienst verschaffen, aber auch Ärger mit dem Publikum einhandeln.[63]

Der ab 1733 amtierende Türmer Ignatius Sturm versah seinen Dienst äußerst unzuverlässig und musste wegen seines inakzeptablen „sauischen Aufführens“ mehrfach ermahnt werden.[64] Er vernachlässigte sogar seine musikalischen Verpflichtungen während des Sonntagsgottesdienstes und wurde deshalb in den Strafturm gelegt.[65] Offenbar in finanziellen Nöten verteidigte er seinen alleinigen Anspruch auf die Gestaltung aller musikalischen Veranstaltungen in Iphofen sowohl gegenüber einem Gastwirt[66] als auch gegenüber dem Violinisten Johann Beck, der seinerseits darauf hinwies, „dass er das ganze Jahr aufn Chor

---

leistete David Huebner seinen Eid (B 29: 15.08.1592), 1598 und 1602 war Georg Rörer Stadttürmer (R 32, 34). 1603 wachte Valentin Schrimpf (B 30, fol. 143r), 1605 wurde Klaus Rauppart aus Stadtschwarzach verpflichtet (B 30: 23.04.1605), 1607 Alexander Öhlmann aus Marktbreit (B 30: 22.09.1607), im Juni 1608 Georg Raif aus Würzburg (B 30, fol. 182r: 07.06.1608) und im November Georg Wolz (B 30, fol. 185r: 29.11.1608). 1649–1651 amtierte Sebastian Hillebrandt aus Windsheim, der 1650 und 1651 wegen seines „Unfleißes“ ermahnt wurde (B 33, fol. 19r: 28.12.1649, B 33, fol. 29v: 19.11.1650, fol. 38v: 30.10.1651, R 73: 1651). Im August 1669 sagte Hans Jörg Kirchner seinen Dienst in Iphofen auf (B 34: 23.08.1669), einen Monat später übernahm Hans Jörg Waltner aus Dinkelsbühl sein Amt (B 34: 29.09.1669). 1673–1677 war Jobst Gabriel Huebner Iphöfer Türmer (B 34: 11.03.1673 und 21.10.1673), 1682 trat Hans Peter Böhl seinen Dienst an (B 34: 15.10.1682), 1696 wird der Türmer Paul Bamberger erwähnt, der nach Ochsenfurt abziehen wollte (B 34: 07.04.1696).

61 StadtA Ip, B 34 (23.02.1674).

62 Der Stadtschreiber kommentierte knapp: „Man wird ihme, Thurner, an seinem Glückh nit hinderlich sein, sondern mit dem verlangten Abschiedt und Zahlung an Handen gehen“; StadtA Ip, B 34: 05.05.1677. Seinen Aufgaben im Rahmen der Kirchenmusik hatte Huebner trotz seines Ausscheidens aus dem aktiven Türmerdienst weiterhin nachzukommen. Die Ratsherren drohten mit Entzug der Befreiung von bürgerlichen Verpflichtungen wie Fron- und Wachdienst, wenn er „nit fleißiger in die Kirch und ufm Cohr zur Music khommen wollte.“ Auch sein Nachfolger Hans Peter Böhl wurde ermahnt, weil er „uf der Orgel sich nit fleißig exercire“; B 34: 13.05.1684.

63 StadtA Ip, B 34 (16.02.1692): Waren die Gäste mit der präsentierten Musik nicht einverstanden, dann konnte der Beifall auch ausbleiben, wie Hans Peter Böhl leidvoll erfahren musste. Im Jahr 1692 hatte er für Valentin Bornweiß bei „seiner gehaltenen Hochzeith und Ehrntag aufgespielet“, dabei aber offenbar zu sehr dem Wein zugesprochen und das Spielen vergessen. Der mit der musikalischen Umrahmung seiner Hochzeitsfeier unzufriedene Bräutigam hatte „wegen seiner Truncken und Faulheit ihme, Thürner, die Geigen zerschlagen“, und nun war die Kostenfrage zu klären. Der Rat fand ein salomonisches Urteil: „Als ist zu dem Ende der Thäter Hans Valtin Bornweiß von wegen begangener Vermessenheit pro 2/3tel und dan der Thürner seines erwiesenen Ungehorsambs und Trägheit willen pro 1/3tel an der Geigen zu tragen gestraft“.

64 StadtA Ip, B 36 (10.07.1733), B 39, fol. 91v: Am 22.01.1745 sollte Sturm wegen seiner „üblen gestrigen Aufführung und s. v. seuischen Wesens halben“ 2 Gulden Strafe zahlen (B 38: „wegen seines ohnlängstigen sauischen Aufführens“). 1747 bat Sturm, man möge „ihme, sein Weib und Kindtern verschohnen und ihme länger das Brod genissen lassen. Er verspricht bey Gott, sich ins kunftige anders aufzuführen und Leben, Lebensarth zu ändern und wan er den ersten Fehler begehn werdte, er sich sein Urtheil selbst fellen und vom Thurn abziehen wollte.“ Der Rat beschloss: „Dem Thurner wurd auf sein bittliches Anhalten der Dienst hinwiederum zugesaget, dabey aber ernstlichen anbedeutet, daß, wan er nur den geringsten Fehler begehen würdte, er ipso facto cassiret werden solle“; B 38: 27.04.1747. Fast identische Formulierung: B 40: 04.01.1747, 27.04.1747, 04.05.1747).

65 StadtA Ip, B 37 (09.03.1736). Bestätigung im Amt für ein Jahr: 06.04.1741; StadtA Ip, B 38.

66 StadtA Ip, B 40 (27.07.1747): Der Türmer warf dem Wirt vor, er habe „frembte Musicanten öfters schon gehabt“. Ein Bekannter des Wirts entgegnete, „was es ihne anginge, er mögte Musi-

seine Diensten thuen müßte", an den einträglichen außerkirchlichen musikalischen Verpflichtungen des Türmers aber nicht partizipierte.[67] Als die Krankheit seines Sohnes Sturm in eine ausweglose finanzielle Situation brachte, lenkte der Rat ein, gewährte eine Unterstützung zu den Heilkosten[68] und „wegen der zeithero gehabten vielen Trauer und sehr schlechten Verdienstes" ein Malter Dinkel zusätzlich.[69]

1763 entschied sich die Mehrheit der Ratsherren für den aus Dornheim zugezogenen Joseph Weckert (Weckard) als neuen Stadttürmer, wobei sich dieser nicht nur verpflichten musste, die jüngere Tochter seines Amtsvorgängers zu heiraten, sondern zudem in den beiden engen Turmzimmern seine Schwiegermutter mitzuversorgen.[70] Lebensmittel, Trinkwasser und Brennholz waren mühsam mit einem Seil hochzuziehen.[71] Wie schon sein Amtsvorgänger erhielt Weckert acht Gulden Zulage für die „Haltung eines Gesellen", der ihn vertreten konnte.[72] Bei der musikalischen Ausgestaltung bürgerlicher Lustbarkeiten genoss auch Weckert eine Monopolstellung, die er so ausgiebig nutzte, dass er dabei manchmal seinen nächtlichen Wachdienst vernachlässigte.[73]

Allzu ausschweifende Feiern und den als unsittlich geltenden alten Schleifertanz im Dreivierteltakt, dem angeblich die Darstellung einer Liebeswerbung zugrunde lag, suchte der Rat zu unterbinden, und 1765 wurde Weckert „bey 5 fl. Straf" verboten, „in das Schleiffen zu geigen", denn aller „in denen Predigen von der Canzel gegebenen Ermahnungen ohngeachtet" waren die „Nachtschwermereyen" der Jugendlichen und „der ärgerliche sogenannte Schleifferstanz noch bis dato nicht abgestellet."[74] Noch bis ins 20. Jahrhundert blieb die

---

canten hernehmen, wo er her wolte, und wolte sehen, wer es ihme wehren wollte." Als Sturm nachts um drei Uhr in seinen Turm zurückkehren wollte, wurde er von drei Knechten des Wirts „sehr übel mit Schlägen tractiret". Es wurden ihm „2 Löcher in Kopf geschlagen, daß er zu Boden gesuncken seye." Das Stadtgericht verhängte eine zweitägige Turmstrafe für die Attentäter; vgl. auch: StadtA Ip, B 41 (13.03.1760).

67 StadtA Ip, B 41, S. 79 (23.01.1755), S. 99 (31.07.1755).

68 StadtA Ip, B 41, S. 113 (15.01.1756); vgl. zur finanziellen Situation des Türmers Sturm, der „sich kümmerlich ernehret": B 38 (02.05.1754).

69 StadtA Ip, B 41, S. 122 (11.03.1756).

70 StadtA Ip, B 42, S. 217f. (17.02.1763): „[...] Nach vorstehenden Votis der Joseph Weckher von Dornheim mit 11 als denen mehristen Votis zum Thurner gekühret worden mit dem austruckhlichen Vorbehalt jedoch, daß er die jüngere Thurnerstochter heyrathen und deren Mutter, so lang solche bey ihme verbleiben wolle, die Hausmannsnahrung geben und solche also lebenslenglich erhalten solle. Sofern aber solche wegen Ungemaglichkeith des Thurns als anderen Ursachen nicht mehr bey ihme verbleiben wollte, er solcher jährlich 8 fl. an Geld, 1½ Malter Korn, 2 Klafter Schayd und 100 Wellen zum Unterhalt lebenslänglich geben zu wollen, sich verbindlich machen".

71 StadtA Ip, R 129 (1612), R 1950, Nr. 185 (08.01.1805), R 1910, Nr. 326 (19.01.1808). Immerhin war in einem der beiden Turmzimmer ein Ofen vorhanden. Im Jahr 1650 fertigte der Büttner einen Wasserständer und Zugeimer (R 72: 1650).

72 StadtA Ip, A 571 (23.01.1765).

73 StadtA Ip, B 43, S. 205 (02.03.1769). Mehrmals übersah Weckert auf seinem Turm Brände in Nachbarorten und erhielt am 21.04.1774 eine Geldstrafe (B 44, S. 33). Das Ignorieren des Brandes in Hohenfeld 1779 entschuldigte Weckert damit, dass das Feuer vor Mitternacht ausgebrochen sei. Daraufhin wurde er erneut ermahnt „daß der Thürner nicht nur nach Mitternacht, sondern vor und nach Mitternacht fürohin zu wachen schuldig seyn solle" (B 44, S. 572: 04.03.1779). In der Mitte des 17. Jahrhunderts hatte es die Regelung gegeben, dass die Bürger von 20 Uhr bis 23 Uhr auf dem Kirchturm zu wachen und stündlich mit dem Horn ein Zeichen zu geben hatten, erst ab Mitternacht war bis zum Morgen der Türmer zuständig (B 34: 16.03.1675).

74 StadtA Ip, B 42, S. 392–406.

Tanzmusik in Iphofen für die Kirche ein Ärgernis[75], zumal einige junge Burschen nach reichlichem Alkoholgenuss randalierten und dabei 1706 mutwillig den Driller zerstörten.[76]

Der Türmer sollte „das neue Jahr herumblasen“ und spielte sogar in Mainbernheim zum Jahrmarkt oder zur Kirchweih auf, wofür er dem Mainbernheimer Türmer eine Entschädigungszahlung zu leisten hatte. Eine entsprechende Regelung galt für musikalische Darbietungen auswärtiger Türmer und Musikanten in Iphofen. War der Iphöfer Türmer verhindert, blies sein Kollege aus Mainbernheim mit seinem Gesellen „das newe Jahr an“.[77]

Im Jahr 1791 bat Weckert vor dem Rat „wegen angewandelter Schwächligkeit um die Beysitzung seines dermaligen Thurnersgesellen Johann Mader“ (1761–1821), der Weckerts Tochter Ursula heiratete und die Türmerwohnung bezog.[78] Im Rahmen seiner Amtsverpflichtung als neuer Stadttürmer wurde Mader ausdrücklich an seine Aufgaben zur Mitgestaltung der Kirchenmusik erinnert.[79]

Als die Iphöfer Gastwirte seine obligatorischen musikalischen Darbietungen bei Zunfttagen und Heiratsfeierlichkeiten zu umgehen suchten, sicherte ihm der Rat der Stadt am 22. Januar 1800 erneut das Recht zu, „daß er bei auskommenden Hochzeiten und Zunfttägen ganz allein aufzuspielen berechtigt wäre,

---

75 StadtA Ip, B 51 (17.05.1827): „Bey der überhand nehmenden Unmoralität der jüngeren Leute und besonders der Dienstboten hat man für gut befunden, die Tanzmusiken zu verringern und zwar nur den ersten Sonntag im Monat solche zu gestatten, mit Ausnahme der Advents- und Fastenzeit, dann die Markttage, Kirchweih- und Fastnachstage“. Pfarrer Urban klagte 1841: „[...] Die Aeltern wirken nicht mit und die Ortspolizei ist zu wenig thätig. Die oft gebetene Reinigung der Straßen nächtlicher Weile von der herumschwärmenden Jugend, die sorglichere Ueberwachung der Heckenwirthschaften, die Beschränkungen der Tanzmusik konnten bisher nicht erzielt werden. In letzterer Beziehung will man nur bemerken, daß in der jüngsten Zeit an Werktagen – zur Ärntezeit – die Schuster und Schneider am 21ten Junius, die Büttner am 5ten Juli, die Bäcker und Müller und Metzger am 3ten August, die Hammerzunft am 10ten August gelegenheitlich ihrer Jahrtage Tanzmusiken gehalten haben. [...]“; PfarrA Ip, A V 39: 18.09.1841. 1874 beschloss man eine Beschränkung der Tanzmusikbewilligungen auf die drei Fastnachts- und die drei Kirchweihabende sowie den Silvesterabend. Hinzu kam monatlich für jeweils einen der Iphöfer Wirte ein beliebiger Sonn- oder Feiertag; StadtA Ip, B 56: 01.12.1874. Pfarrer Nagengast mahnte: „[...] Die Folgen der Fröhnung dieser Vergnügungen sind der Verlust von Arbeitslust und Arbeitskraft, körperliche und besonders sittliche Entnervung und Verschwendung des Arbeitslohnes. Hier wird der Grund gelegt zur Unmäßigkeit, zur Unzucht, zur Eifersucht mit nachfolgenden Streitigkeiten und Schlägereien [...]; PfarrA Ip, A IV 23: 12.08.1903.

76 Driller: Drehkäfig zur Bestrafung und öffentlichen Zurschaustellung. StadtA Ip, B 35 (07.04.1706): „Nachdeme den Osterdienstag nachts viele junge Bursch in Wirthshaus über das herrschaftliche Gebot die ganze Nacht durch gesoffen und getanzet, auch sonsten Ungelegenheit angefangen, als ist die Sach undersuchet und alle die zugegen geweste Mannspersohnen jeder mit 1 Pfund Wax und die Mägdlein aber ½ Pfund zur Straf der Kirchen angehalten worden, vorbehaltend aber, dass gegen die jenige, so den Driller abgebrochen, genauer inquiriert und auf Befinden der Scherpf nach gestraft werden sollen“.

77 StadtA Ip, B 44, S. 517f. (17.12.1778), R 75 (1653): „4 lb 14 dn dem Mainbernheimer Thürner zur Verehrung geben, als selbiger mit seinem Gesellen das newe Jahr angeblasen“.

78 StadtA Ip, B 46, S. 7–10 (10.03.1791), Vereidigung als Stadttürmer: 24.03.1791, Bestätigung im Amt: 01.03.1794 (B 46, S. 14, 386 f.); vgl. auch: PfarrA Ip, A VI 9 (1791).

79 StadtA Ip, B 46, S. 9f. (10.03.1791): „Übrigens aber hätte sich der neue Stadtthurner Mader die Direction des Herrn Rector Chori sowohl als die Tractirung eines jeden Instruments gefallen zu lassen, insbesondere aber eine gute Einverstandnis mit anderen Chormusicanten zu unterhalten, über dieses aber jedesmalen auf den Chor mit einen tauglichen Gesellen, mithin mit 2 Persohnen, zu erscheinen und bey einen besonderen Musictag niemermehr ohne besondere Erlaubnis ausbleiben.“

wobei er ohnehin erbietig wäre, bei der Kirchweih und Fasnachtstägen sich 8 Tag zuvor ein Gasthaus für seine Person und Gesellschaft auszuwählen."[80]

Offizielle Feierlichkeiten waren ohne seine Mitwirkung undenkbar. Am 26. August 1805 wurde die Stadt durch den bayerischen Kommissär Thürheim an Preußen übergeben. Maders Aufgabe war es, sich mit seinen acht Musikern um eine angemessene musikalische Umrahmung des üppigen Festbanketts auf dem Rathaus zu kümmern.[81] Wie die erhaltenen Musikhandschriften mit seinem Besitzervermerk belegen, war Mader auch für die Abschrift der Noten für die Kirchenmusik zuständig.[82]

Nachdem am 26. Juni 1807 der Blitz zum wiederholten Male in den Turm der Stadtpfarrkirche eingeschlagen hatte, stellte Johann Mader am 6. August 1807 den ungewöhnlichen und überraschenden Antrag, eine Wohnung außerhalb des Kirchturms beziehen zu dürfen. Schon seinen Amtsvorgänger mit seiner Familie hatten die häufigen Blitzeinschläge in „Todesforchten" versetzt. „Zum Glück hatte sich aber einige Minuten vor dem Einschlage die Frau des Mader, deren Mann über Land war, mit ihrer Familie vom Thurm herunter begeben", und nur deshalb waren 1807 keine Verletzten zu beklagen.[83]

Mit der Ablehnung seines Wunsches gab Mader sich nicht zufrieden, und im September mussten die überraschten Ratsherren feststellen, dass der Tür-

---

80 StadtA Ip, B 47, S. 384.

81 StadtA Ip, R 1908 (26.08.1805); Josef Endres, Vom Hochstift zum Königreich, in: Mainfränkisches Jahrbuch 55 (2003), S. 64–95, hier S. 77.

82 „ad me Mader J."; Dennerlein, Musik des 18. Jahrhunderts (wie Anm. 2), S. 39; AEB, IHO K1 Ms04: Anonym, Regina coeli.

83 StadtA Ip, A 611, B 45, S. 564 (17.08.1789): „[...] Belohnung deren Handwerksleuthen, welche bey den Gewitterschlag an Stadtkirchenthurn den 12ten Juli sich besonders ausgezeichnet [...]"; vgl. auch Andreas Brombierstäudl, Dies und das aus Iphofens Vergangenheit, Scheinfeld 1992, S. 126–128. Trotz zahlreicher Unwetterschäden konnte man sich zunächst nicht für einen Blitzableiter entscheiden und erkundigte sich in „einem Brief an Herrn Professor Bickel in Würzburg, [...] ob nicht der auf diesen Thurn anzubringende Blitzableiter schädliche Wirkungen auf die nahe liegenden Gebäude machen könnte"; StadtA Ip, R 176, S. 102: 1789. Erst 1812 wurde ein Blitzableiter angebracht: „Nachdem [...] im Jahre 1807 am 26ten Juny abends nach 4 Uhr ein von Abend herangezogenes Ungewitter nach einigen minder bedeutenden Explosionen der Blitz wieder einschlug, jedoch ohne zu brennen oder sonst zu schaden, so fand man von Seite des Magistrats für nothwendig, einen Blitz Ableiter durch den Mechanicus Johann Florian Brock aus Ansbach fertigen und durch den Thurndecker Tobias Heinlein aus Neustadt an der Aisch den 19ten November 1812 anmachen zu lassen"; PfarrA Ip, nicht archivierte Bestände, Text aus der Turmkugel St. Veit 19.11.1812; StadtA Ip, R 198 (1812), R 1917, Nr. 66 (19.11.1812); vgl. Andreas Brombierstäudl, Aus dem Archiv geplaudert, Münsterschwarzach 2008, S. 89. StadtA Ip, B 48, S. 497–499: „Der Stadtmusikus Mader dahier überreicht eine schriftliche Vorstellung, in welcher er bittet, daß, weil erst kürzlich der Blitz in den hohen Kirchthurn als seiner dermaligen Wohnung eingeschlagen und dieser Fall sich schon mehrmals in der Vorzeit ereignet habe, wodurch sowohl ihm als seiner Familie der längere Aufenthalt sehr schädlich und sogar lebensgefährlich werden könne, daß ihm statt dieser eine andere Wohnung angewiesen oder der Miethzins hiezu aus der bürgermeisteramtlichen Kassa bestritten werden möge. Damit aber die nöthige Wache auf dem Thurn nicht unterlassen werde, so hat derselbe zugleich sich verbindlich gemacht, an der Belohnung des aufzustellenden eigenen Wächters etwas aus seinem Salario zu übernehmen [...]. Resolution: Da bereits auf Anschaffung eines tüchtigen Wetterableiters auf den hiesigen Stadtkirchthurn bey höchster Behörde angetragen ist und für dieses Jahr wohl nicht mehr ein neuerlicher Wetterschaden zu befürchten seyn dürfte, die Tag- und Nachtwache aber den wesentlichsten und nützlichsten Theil seines Dienstes ausmache, so könne der Stadtmusicus Mader nach einstimmigem Gutachten des Magistrats von seiner bisherigen Obliegenheit nicht entbunden werden, jedoch solle ihm bis zur Aufstellung des Blitzableiters erlaubt seyn, bey jedesmaligem Anzug eines Gewitters den gefahrvollen Thurn mit seiner Familie verlassen zu dürfen"; StadtA Ip, A 619: Bericht des Magistratsdirigenten Christian Ludwig Zinn über den Blitzeinschlag am 26.06.1807.

mer „bereits vor ohngefehr 6 Wochen vom Thurn in ein Privathaus mit seiner Familie abgezogen“ war. Nach nochmaliger Prüfung der Sachlage wollten die Ratsherren „daher auch nicht gerade darauf bestehen, daß er mit seiner zahlreichen Familie den engen Raum des Thurmes bewohnen müsse“. Mader wurde aber verpflichtet, den Wachdienst persönlich zu versehen. Sollte er „auswärtige musicalische Aufwartungen“ machen, hatte er vorher den Bürgermeister zu informieren und einen tüchtigen Ersatzmann für den Wachdienst zu benennen, „wozu er jedoch weder alte Weiber noch Kinder vorschlagen“ durfte. Die Familie Mader bezog eine Wohnung im Haus Nr. 46 (Kirchgasse 33) unmittelbar neben dem Kirchturm.[84]

Am 14. Juni 1821 trat Mader die Türmerstelle an Johann Hess ab, der am 1. Oktober dieses Jahres, kurz nach Maders Tod, offiziell als Türmer eingestellt wurde. Wie in Iphofen üblich heiratete er die Tochter seines Amtsvorgängers und verpflichtete sich zur Versorgung der Witwe Mader.[85] Im Dekret vom 12. Oktober 1821 wurden die Rechte und Pflichten der Türmer in Iphofen, ihre Aufgaben bei der Mitgestaltung des musikalischen Lebens, aber auch ihre differenzierte Entlohnung von städtischer und kirchlicher Seite mit Geld und Naturalien nochmals ausdrücklich festgelegt.[86] Im Elternhaus des Johann Heß in der Kirchgasse[87] wurde sicher viel musiziert, und durch seinen Vater, den

---

[84] StadtA Ip, B 48, S. 505–508 (24.09.1807); PfarrA Ip, A III 1 (1820).

[85] StadtA Ip, B 50, S. 69 (12.10.1821), B 51, Teil 1, S. 169–171 (18.02.1831); PfarrA Ip, A VI 3 (16.06.1821). Nach dem Tod seiner ersten Ehefrau Barbara (geb. Mader, *März 1800) war Johann Heß in zweiter Ehe mit Barbara Seibold aus Volkach verheiratet; PfarrA Ip, A VI 5, C V 34.

[86] StadtA Ip, B 50, S. 69–72: „Decretum an den Thurmer Johann Hess, welcher 1821 am 1ten Oktober angestellt wurde: Da kürzlich der Thürmer Mader mit Tod abgegangen, so wurde Johann Heß, Sohn des Sebastian Hess in Iphofen, welcher die Tochter des Verlebten namens Barbara ehligte und alle Fähigkeiten zu einem tüchtigen Thürmer besitzt, als solcher vom hiesigen Stadtmagistrate angenommen und aufgestellt. Derselbe bezieht daher, wie bisher Johann Mader, den Gehalt eines Thürmers und Stadtmusikus dahier, nämlich: 63 fl. 25 Kreuzer an ständiger Geldbesoldung, 8 fl. für die Unterhaltung der Uhr, 5 Scheffel 5/32 Metzen Korn, 2 Scheffel 2 28/32 Metzen Dinkel, 11 Klafter Scheit a 4 fl. per Klafter, 400 Wellen a 4 fl. per 100, und hat in Genuß die freie Wohnung auf dem Thurme zu 10 fl. im Anschlag, ½ Morgen Garten am Rödelseer Thor zu 5 fl. im Anschlag, 1/8 Morgen Krautfeld zu 1 fl. im Anschlag, 1 Eichelrecht zu 24 Kreuzer im Anschlag. Jährlich aus der Kämmerei: 2 fl. 2 Kreuzer aus der St. Vituspflege, 2 fl. 14 ½ Kreuzer an Baarem und 6 3/8 Maß Wein Jahresgewächs aus der St. Martinspflege. Jedoch ist er verbunden, an die Witwe des verlebten Thürmers Johann Mader jährlich bis zu ihrem Ableben abzureichen: 22 fl. an baarem Gelde, 2 Scheffel Korn, 3 Klafter Scheit und ihr den dritten Theil des Gartens am Rödelseer Thore in Genuß zu lassen. Derselbe hat sich übrigens der Direktion des Rektors Chori zu unterwerfen, sich die Traktirung eines jeden Instruments gefallen zu lassen, jedesmal auf dem Chor mit noch einem Musikus zu erscheinen und die größtmöglichste Sorge dafür zu tragen, daß mit den übrigen Chormusikanten ein gutes Einverständnis unterhalten werde. Er darf ferner ohne besondere Erlaubnis des Magistrats an einem besonderen Musiktage sich nicht von hier entfernen, so wie er überhaupt bei jedesmaliger Verlassung der Stadt, falls er auswärts aufspielt, die Anzeige beim Bürgermeister zu erstatten hat. Er hat früh, mittags und abends abzublasen und die strengste Feuerwache bey Tag und bei Nacht, worin er sich bei Vermeidung einer angemessenen Zurechtweisung oder Strafe nichts zuschulden kommen lassen darf. Derselbe erhält endlich die Zusicherung, daß er berechtigt sei, bei allen Lustbarkeiten, sowohl den gewöhnlichen Tanzmusiken in den Wirtshäusern als auch an Zunfttägen, Hochzeiten und Bällen aufzuspielen, jedoch, wie sich von selbst versteht, die Verbindlichkeit habe, bei solchen Gelegenheiten und besonders bei Bällen für eine vollständig besetzte und gute Musik zu sorgen, 8 Tage vor dem jährlichen Kirchweihfeste aber sich ein Wirtshaus, wo er aufspielen werde, auszuwählen. Die Entrichtung einer allenfallsigen Gewerbesteuer bleibt dem königlichen Rentamte überlassen. Gegenwärtiges Dekret wird dem Johann Hess, Thürmer, zu seiner Darnachachtung ausgefertigt“.

[87] Haus mit der alten Nr. 74, heute Kirchgasse 22; PfarrA Ip, A III 1, 1820.

Musikus Sebastian Heß[88], Sohn des hochfürstlich schwarzenbergischen Kanzleiboten Wolfgang Heß, der sich im November 1797 in Iphofen niedergelassen hatte, waren Johann und seine beiden Brüder von Jugend an bestens mit dem Iphöfer Musikleben vertraut.[89]

Der Türmer verstand sich nun primär als Stadtmusikus, seine Wächteraufgaben traten in den Hintergrund. Diese Tendenz hatte sich schon abgezeichnet, als der Rat dem Johann Mader trotz anfänglicher Sicherheitsbedenken gestattet hatte, seine feste Wachposition auf dem Turm zu verlassen und eine Privatwohnung zu beziehen. Bezüglich der Feuerwache berief sich nun auch Stadttürmer Heß auf Zugeständnisse, die man schon seinem Schwiegervater Johann Mader gemacht hatte. War dessen Amtsvorgänger Weckert noch streng ermahnt worden, „daß der Thürner nicht nur nach Mitternacht, sondern vor und nach Mitternacht fürohin zu wachen schuldig seyn solle“[90], so galt das für Mader und Heß nicht mehr und man griff auf die alte Regelung aus dem 17. Jahrhundert mit reduzierten Wachzeiten für den Türmer zurück. Auf Nachfrage wurde dem Türmer Heß gestattet, mit der Feuerwache erst um 24 Uhr zu beginnen.[91]

In seiner nun dominierenden Funktion als Stadtmusikus kümmerte sich der Türmer um die Beschaffung und Instandhaltung der Musikinstrumente[92], er leitete aber auch die Platzkonzerte des damals modernen „türkischen Musikkorps“. Hatte die „Janitscharenmusik“ während der Belagerung Wiens 1683 noch Furcht und Schrecken verbreitet, so wurden die aus dieser Musik abgeleiteten Musikkorps im späteren 18. Jahrhundert in allen Heeren Deutschlands zur Selbstverständlichkeit. Im beginnenden 19. Jahrhundert eilten die Bürger begeistert zu den Platzkonzerten der „türkischen Musik“. Da die alten Instrumente untauglich geworden waren, erwarb der Iphöfer Rat 1823 während einer Würzburger Verkaufsmesse eine große Trommel, einen Halbmond mit Glocken und drei Messingteller. Als Blechblasinstrument stand weiterhin der altertümliche Serpent zur Verfügung.[93]

Am 16. Februar des folgenden Jahres konnte man während der Feierlichkeiten zum 25-jährigen Regierungsjubiläum Maximilians I. den Klang der neuen Instrumente bewundern. Das mit 22 Mann besetzte „türkische Musikkorps“ spielte auf, unter der Schuljugend wurde Brot verteilt, und um „auf das allerhöchste Wohl Seiner Majestät unseres allergnädigsten Königs und deren Familie“ würdig anstoßen zu können, beschränkte man sich nicht auf Iphöfer Wein, sondern bemühte sich um besonders edle, lange gereifte Spitzenweine aus Würzburg. Ob die „6 Bouteils 1811er Steinwein und 6 Bocksbeutel 1783er Wein“, die man für 27 fl. eigens vom jüdischen Weinhändler Haenlein (Haenle)

---

88 PfarrA Ip, C V 33, 34.

89 PfarrA Ip, A VI 5 (18.11.1797).

90 StadtA Ip, B 44, S. 572 (04.03.1779).

91 StadtA Ip, B 51, Teil 1, S. 169–171 (18.02.1831): Ein Wächter sollte den Türmer wecken, und „zum Beweise, daß er wirklich wache“, sollte er „alle Stunden ein Zeichen mit dem Horn geben“.

92 PfarrA Ip, R 944 (28.03.1840): Heß bezeugt die Notwendigkeit einer Geigenreparatur.

93 StadtA Ip, B 50, S. 82 (17.07.1823), R 1935, Beleg Nr. 200 (18.02.1824): Christoph Fröhlich putzt „Halbmond“ und repariert „Wirbeltrommel“, R 206, Inventarverzeichnis (26.04.1825); Hartmut Heller, Janitscharenmusik für Kinderhände. Aus Nürnberger Spielzeugmusterbüchern des 19. Jahrhunderts, in: Frankenland 8 (1991), S. 336–347, hier S. 337f.

aus Mainbernheim hatte kommen lassen, trotz ihres enormen Alters wirklich noch alle Erwartungen erfüllten, ist nicht überliefert. Der 1783er soll der beste Wein im 18. Jahrhundert gewesen sein, und auch 1811 freute man sich in Iphofen nach einem „heißen und brennenden“ Sommer über einen vorzüglichen Wein. „Der Most wurde wegen seiner Stärke und seines Feuers dem Branntwein fast ähnlich“.[94]

Besonders effektvoll kam die türkische Musik zur Geltung, als am 6. Juli 1826 König Ludwig I. die Nürnberger Straße südlich der Stadt passierte. Magistrat, Gemeindebevollmächtigte, Schuljugend, Landwehrmannschaft sowie die gesamte Bürgerschaft bereiteten ihm einen festlichen Empfang. Alle Glocken wurden geläutet, sogar einen Triumphbogen hatte man vorbereitet, und das 26 Mann starke „türkische Musikkorps“ unter Leitung des Stadtmusikus brillierte mit klingendem Spiel. Bei heißem Sommerwetter wurden drei Eimer und 30 Maß 1824er Wein ausgeschenkt, allein die Musiker vertranken 26 Maß.[95]

Bei der musikalischen Umrahmung der Gottesdienste hatte sich der Türmer den Anordnungen des Chorregenten zu fügen, was dem selbstbewussten und impulsiven Johann Heß nicht leichtfiel. Immerhin war er Stadtmusikus und damit Amtsträger, den auch der Rektor respektieren musste.[96] Als Heß sich weigerte, an der feierlichen musikalischen Ausgestaltung des Sonntagsgottesdienstes mitzuwirken und zudem den Austritt seines Sohnes Eduard aus dem Kirchenchor erklärte, kam es zum offenen Eklat, und der Türmer musste „Abbitte leisten“.[97] Unverzichtbar war der Stadtmusikus beim Empfang kirchlicher Würdenträger. Zum Besuch des Bamberger Erzbischofs präsentierte Heß vom Kirchturm aus seine „Nachtmusik“[98], auf Wunsch konnte auch bei Taufen

---

[94] StadtA Ip, R 206, Ausgaben, S. 70 (1823/24), R 1935, Beleg Nr. 197 (1823/24), A 619, Text aus dem Turmknauf (19.11.1812); PfarrA Ip, nicht archivierte Bestände, Aufzeichnungen aus der Turmkugel St. Veit (1812); vgl. Bernhard Weisensee, Winzers Freud – Winzers Leid. Der fränkische Weinbau und seine Ernten in 1200 Weinjahren. Witterung – Menge – Güte, Würzburg 1982, S. 49, 51.

[95] StadtA Ip, B 51, S. 1 (05.07.1826), R 208, S. 84, 125.

[96] Vgl. zum Selbstverständnis des Stadtmusikus: Heinrich W. Schwab, Der Stadtmusicus als Amtsträger, in: Anzeiger des Germanischen Nationalmuseums 1993, Nürnberg 1993, S. 98–106.

[97] StadtA Ip, A 617 (03.11.1861): Chorregent Maier klagte vor dem Magistrat über das ordnungswidrige Benehmen des Türmers: „Es ist in den hiesigen Kirchen eingeführt, daß an Festtagen während des Vormittagsgottesdienstes die üblichen Interate geblasen werden. Nachdem nun heute, als am Dankfeste der erste Trompeter auf dem Chore, Michael Fröhlich, wegen Krankheit am Besuche des Gottesdienstes verhindert war und der bisherige zweite Trompeter Albert Fröhlich den Chor nicht mehr mit seiner Gegenwart beehrt, so ersuchte ich den Stadtthürmer Heß mit dem zweiten Hornisten Neder die Interate zu blasen. Dieser Aufforderung gab derselbe nicht nur keine Folge, sondern erklärte vor den anwesenden Chormusikern, er wolle sehen, wer ihm dieses befehlen könnte und stellte mir dazu noch in Aussicht, daß ich von ihm verklagt würde. Da der Thürmer zu Iphofen auf Grund seiner Instruktion sich auf dem Chor zum Spielen eines jeden Instrumentes, wozu es der Chorregent für nöthig hält, gebrauchen lassen muß und ich für den Chorregentendienst, der wohl keine besonderen Einnahmen, aber desto mehr Plagen und Unannehmlichkeiten mit sich bringt, dann schon recht schön danken müßte, wenn die Musiker auf dem Chor meinen Anordnungen nicht Folge zu leisten hätten, so theile ich diesen Sachverhalt mit und bitte den Inculpaten [Beschuldigten] zu veranlassen, daß derselbe sein Unrecht anerkennen und vor den Chormusikern Widerruf leiste.“ Maier gab sich erst zufrieden, als Heß während der folgenden Magistratssitzung „das Ungeeignete seines Benehmens anerkannte und Abbitte leistete.“

[98] PfarrA Ip, A V 39 (31.07.1844): Über die Bezahlung für diesen Dienst konnte man sich zunächst nicht einigen. Pfarrer Urban formulierte in seinem Brief an den Magistrat unmissverständlich:

„vom Thurm abgeblasen“ werden[99], wie das vor allem in Orten mit protestantischer Bevölkerung zu verschiedenen Anlässen üblich war.[100]

4. Musikdirigent Röhheuser statt Türmer und Stadtmusikus

In der zweiten Hälfte des 19. Jahrhunderts rückte der Wachdienst wieder ins Zentrum der Türmeraufgaben, die vorher dominierenden musikalischen Verpflichtungen übernahmen private Berufsmusiker.

Zwar führte Heinrich Heß[101] noch wie sein Vater Johann den offiziellen Titel „Stadtmusikus“, der Magistrat schränkte aber seine Kompetenzen für die Gestaltung des musikalischen Lebens spürbar ein und ordnete an: „Das dem Thürmer seither zugestandene Vorrecht gegen andere Musiker hat für die Zukunft wegzufallen.“ Für die musikalische Ausgestaltung kirchlicher Festtage und Begleitung der Prozessionen war schon 1838 „das freiwillige Musikkorps“ zuständig.[102]

Heinrich Heß übte sein Amt nur kurz aus, und bereits am 1. Juni 1867 trat der „Militär-Hautboist Michael Kirchner zu Würzburg“ seinen Dienst in Iphofen an.[103] Seine Musik gefiel, und unter der Bedingung, „daß der Stadtthürmer Kirchner alle Sonn- und Feiertage mit voller Musik vom Thurme abbläst“, gewährte ihm der Magistrat eine monatliche Zulage von vier Gulden.[104]

„Der hiesige Stadtthürmer Heß, der für die bei der Anwesenheit Sr. Excellenz des hochwürdigsten Herrn Erzbischofes demselben dargebrachte Nachtmusik wie billig seine Vergütung in Anspruch nimmt, machte dem Unterzeichneten gestern die Eröffnung, daß ihm auf desfallsiges Ansuchen bei begrüßter Behörde der Bescheid ertheilt worden, er solle sich an den halten, der sie bestellt. Soll damit auf den Unterzeichneten hingedeutet seyn, so weiß man wahrlich nicht, was man denken soll, und sieht sich veranlaßt, der wahrscheinlich unfreiwilligen Vergessenheit einiger Maßen zu Hilfe zu kommen. War nicht am 18. Juni, Dienstag vormittags der Herr Bürgermeister und Herr Magistratsrath Mend bei dem Unterzeichneten und sagte ersterer nicht ausdrücklich: ‚Wir haben uns berathen, wie es bei der Ankunft des Herrn Erzbischofs gehalten werden soll, und wollen uns nun auch mit Ihnen benehmen, was etwa nach Ihrer Meinung geschehen soll? Wir denken halt an dem Thore einige Bäume aufgestellt, desgleichen vor der Spitalkirche und vom Rathause bis zur Kirche; *und dann eine Nachtmusik*‘ [i. O. unterstrichen]? Solche Äußerung wird nicht wohl geleugnet werden wollen und können; wird aber auch den Zweifel lösen, wer bestellt habe. Soviel zur Verständigung in fraglicher Sache, die hoffentlich ihre Lösung finden wird.“

99 PfarrA Ip, B VII 1 (01.12.1845).

100 Richard Scharnagel, Musik vom Marktbreiter Kirchturm. Musikalische Zeugnisse aus vier Jahrhunderten, in: Jahrbuch für den Landkreis Kitzingen, Dettelbach 2010, S. 237–247, hier S. 240.

101 Nach dem Tod des Johann Heß beauftragte der Magistrat dessen Witwe Barbara mit dem Türmerdienst; StadtA Ip, B 54, S. 157: 05.12.1865. Deren Sohn Heinrich fungierte bis zu seiner offiziellen Amtseinführung am 01.02.1866 als ihr Stellvertreter und verpflichtete sich zur Versorgung der Mutter; StadtA Ip, B 54, S. 163f.: 01.02.1866. Noch im gleichen Monat heiratete er Carolina Theresia Margaretha Schätzlein aus Eibelstadt; PfarrA Ip, A VI 8: 10.02.1866; StadtA Ip, B 54, S. 165: 06.02.1866.

102 StadtA Ip, B 54, S. 164 (01.02.1866); PfarrA Ip, R 943, Beleg Nr. 47 (29.09.1838): „Das freiwillige Musik Chor“ (Mitglieder des Musikkorps: Christoph Fröhlich, Jakob Fröhlich, Friedrich Heß, Sebastian Heß, Franz Kelber, Barthel Popp, Michael Popp, Johann Molitor et Consorten) quittiert über „zwanzig fünf Gulden rheinisch, Belohnung wegen abgehaltener Musik bey den jährlichen Festtägen in der Kirchen, dann bei den öffentlichen Prozessionen.“

103 StadtA Ip, B 55, S. 5 (02.05.1867). Ansässigmachungs- und Verehelichungsgesuch am 25.06.1867; StadtA Ip, B 55, S. 9.

104 StadtA Ip, B 55, S. 21 (20.12.1867).

Als der kränkelnde Kirchner seinen Dienst in Iphofen aufkündigte und die Stadt verließ, übertrug der Magistrat am 1. Mai 1878 die Türmeraufgaben an Martin Ohlhaut aus Mömbris bei Aschaffenburg, der im Februar dieses Jahres bereits die Organistenstelle in Iphofen übernommen hatte.[105] Von seinen traditionellen musikalischen Verpflichtungen wurde der Türmer nun endgültig entbunden, sein Aufgabenbereich beschränkte sich auf die Wächterfunktion. Die Stadt- und Chormusikerdienste übernahm der Musikdirigent Johann Röhheuser mit seiner Musikkapelle, die nach den Anordnungen des Kirchen-Chorregenten bei der Kirchenmusik, bei den Engelämtern an den Donnerstagen, aber auch auf dem Chor mitwirkte, die Prozessionen in und außerhalb der Kirche mit Musik begleitete und sogar „das übliche Abblasen vom Pfarrkirchenthurme herab an Sonn- und Feiertagen“ besorgte.[106] Der Türmer musste es sich „gefallen lassen, daß von dem Thurme herab in seiner Dienstwohnung das übliche Abblasen besorgt wird.“[107]

Als Martin Ohlhaut wegen Unterschlagung am 15. August 1880 seines Amtes enthoben wurde[108], folgten der Taglöhner Nikolaus Weigand[109] und später der Schneider Jakob Spreuer[110] als Stadttürmer. Nach dem Tod Spreuers[111] im Jahr 1895 amtierte dessen Witwe Magdalena als letzte Türmerin Iphofens mit kurzer Unterbrechung bis ins 20. Jahrhundert.[112] Ab dem 1. April 1907 wurde die „Stadttürmerei nicht mehr besetzt.“[113]

5. Rector et Cantor Ludi

Bis zur Trennung von Schul- und Kirchendienst im 20. Jahrhundert trug der Schulmeister die Hauptverantwortung für die Pflege der Kirchenmusik. Zusammen mit seinen Schülern und dem Kantor unterstützte er den Chorgesang.[114]

Bei seiner Amtseinführung als Schulmeister zu St. Veit wurde Casparus Kerbe aus Neustadt im Jahr 1511 auf seine vielfältigen Aufgaben im Rahmen der Pflege der Kirchenmusik hingewiesen und versprach, „den Stant mit Singen und anderm getrewlich zu versehen, der Orgelen zu warten und zu schlahen, einen gelerten, vleyssigen und zuchtigen Gesellen zu einem Cantor anzunemen

---

105 StadtA Ip, B 56, S. 159 (05.02.1878), S. 162 (11.04.1878).
106 StadtA Ip, A 617 (06.05.1878 und 09.05.1878, 02.06.1878).
107 StadtA Ip, B 56, S. 163f. (26.04.1878).
108 StadtA Ip, A 615 (09.05.1881), vgl. Brombierstäudl, Dies und das (wie Anm. 83), S. 185.
109 StadtA Ip, B 57, S. 6 (15.07.1880).
110 StadtA Ip, B 58, S. 68 (11.01.1886), S. 227 (11.05.1890); PfarrA Ip, nicht archivierte Bestände, Einwohner 1893.
111 Brombierstäudl, Dies und das (wie Anm. 83), S. 186.
112 StadtA Ip, B 59, S. 181 (02.07.1895). Im Jahr 1902 wurden die Stadttürmeraufgaben dem Organisten Hans Herrlein übertragen; StadtA Ip, B 60, S. 264, Nr. 37: 24.01.1902. Ab dem 01.06.1903 versah den Dienst wieder Magdalena Spreuer; StadtA Ip, B 60, S. 422, Nr. 121: 26.05.1903.
113 StadtA Ip, B 61, S. 306 (09.03.1907).
114 StadtA Ip, U 22 (01.06.1436): Schulmeister zu St. Veit; vgl. zu den Schulen in Iphofen: Endres, Iphofen (wie Anm. 55), S. 287–291, 388f. Als Johann Ratßmann 1451 als Schulmeister angenommen wurde, verpflichtete er sich, „daß er von unserer Lieben Frewen gesungener Meß nicht mer vordern sol das Jar dann xi fl.“; StadtA Ip, B 24, fol. 93r; ähnlich 1457; StadtA Ip, B 24, fol. 115v.

auf sein Costung, und ist sein Lone von der Orgelen ein Jare drey Gulden".[115] Er sollte „die Wirtzheuser meiden, der Schul fleissig obligen, damit ein Cantor oder jemants anderst ein gut Beispiel und Exempel von ime lern".[116]

Grundlage der Entlohnung des Schulmeisters bildete die Pfründe des von Pfarrer Waldmann fundierten Beneficiums Animarum.[117]

Schulmeister und Kantor sorgten für die musikalische Umrahmung von Beerdigungen, „Seelmessen" und „Vigilien".[118] Sangen sie bei Hochzeiten, hatten sie ein einklagbares Anrecht auf Brautsuppe, Suppenfleisch, zwei Brote und zwei Maß Wein.[119] Die Mahlzeiten nahmen Lehrer und Kantor meistens im Spital ein, an Feiertagen speiste der Schulmeister beim Pfarrer.[120]

Bei der Ausgestaltung der Iphöfer Kirchenmusik orientierten sich die Schulmeister nicht nur am Würzburger, sondern auch am Bamberger Vorbild. Als Johann David Hämmerlein aus dem Iphöfer Schuldienst ausschied, übergab er „eine Specification underschidlicher musicalischer Bücher, welche er zue hiesiger Kirchen Notturft von Bamberg anhero bringen lassen." Im Magistrat entschloss man sich gerne zum Ankauf, „weilen diese Bücher der Kirchen dienlich und nothwendig sein."[121]

---

[115] StadtA Ip, B 25, fol. 37v (1511).

[116] StadtA Ip, B 18 (1573).

[117] Endres, Iphofen (wie Anm. 55), S. 113–115; PfarrA Ip, Bd. 9 (1673): „Beneficium Animarum dictum S. Michaelis oder die Seel-Pfründt, so hiesiger Schulmeister genieset"; AEB, Pfarrakt 269, II, 4 (1598), 10 (1670); PfarrA Ip, A X IV, Punkt 3 des Rezesses (17.02.1780). Die Mitwirkung des Schulmeisters beim Kirchengesang z.B. durch das Singen des „Salve Regina" wurde durch die St. Martins- und St. Veitspflege (PfarrA Ip, R 19: 1522, R 178: 1553), aber auch durch fromme Stiftungen finanziert. 1436 erließ Hans Johann dem Paulus Floess die Zinszahlung für seine Schulden. Für dieses Geld sollte der Schulmeister zu St. Veit vierteljährlich „Unser Liben Frauen Mess [...] helfen besingen"; StadtA Ip, U 22; PfarrA Ip, nicht archivierte Bestände, Index der geistlichen Urkunden von 1595, fol. 24. Zum Heil seiner Seele stiftete 1446 der Ratsherr Johann Schoder 10 Pfund Wachs. „Sulch tzehen Pfunt Wachs sullen jerlichen und ewiglichen gefallen an die gesungen Meß, die man dann anheben wirt zu singen von unsers Herrn Leychnam alle Donderstag"; StadtA Ip, B 3 fol. 3v. Paulus Schrimpf und seine Frau Dorothea stifteten für die Bruderschaft der Becken und Mühlknechte zwei Pfund Wachs, „die weyl er lebe zu singen Vigilen Selmes"; StadtA Ip, B 171, fol. 17r: 15./16. Jh. Die Jahrtagsstiftungen beinhalteten in der Regel eine alljährliche „gesungene Vigil und Selmeß" (Endres, Iphofen [wie Anm. 55], Anhang 4, S. 388: 13.01.1442), ein Totenamt am Abend vor dem Jahrtag des Stifters, das als „Vigil choral" oder als „Vigil figural" gestaltet wurde; PfarrA Ip, Bd. 43.

[118] StadtA Ip, B 26, fol. 173v (1559).

[119] Endres, Iphofen (wie Anm. 55), S. 288; vgl. dazu auch StadtA Ip, B 34 (22.01.1676).

[120] 1507 wird Schulmeister Paul Frank genannt (StadtA Ip, B 25, fol. 7r: 15.09.1507), 1555 wurde Endres Holander als Iphöfer Schulmeister verpflichtet und im folgenden Jahr zusammen mit dem neuen Kantor Christof Seiler aus Eger in seinem Amt bestätigt (B 26, fol. 116v, 125v). Der aus Eger stammende Kantor Jakob Adler speiste am Sonntag beim Pfarrer und an Werktagen im Spital (B 26, fol. 171r: 1559). Dem 1560 als Kantor angenommenen Linhardt Bruckner stand ebenfalls ein Tisch im Spital zu, wobei er wie Adler Anspruch auf „ein Seidle Wein" hatte (B 26, fol. 177v). Weitere Schulmeister und Kantoren: 1566: Kantor Johannes Filweber (PfarrA Ip, R 182), 1573: Schulmeister Marsilius Gugelein und Jorg Eckerlein, Kantor Jakobus Scheblein (StadtA Ip, B 27, S. 143, R 30), 1574: Kantor Joachim Ruger (StadtA Ip, B 27, S. 191), 1576: Schulmeister Wolfgang Friedrich Jordan aus Ochsenfurt, Kantor Valentin Wanst aus Salzungen (B 27, S. 218), 1579: Schulmeister Johannes Hohn aus Würzburg (B 27, S. 318), 1585: Schulmeister Balthasar Hetzel aus Schwabach (B 27, S. 487), 1604: Kantor Wolfang von der Linden (PfarrA Ip, R 185), 1608: Kantor Balthasar Hetzel (R 186), 1655: Kantor Hans Georg Schmitt aus Großlangheim (StadtA Ip, B 32, 28.08.1655 und 09.02.1656), 1679: Kantor Johann Peter Mohr (B 34: 23.02.1679). Das Bruderschaftsbuch U.L.F zu St. Veit aus dem Jahr 1617 verzeichnet unter den verstorbenen Mitgliedern: Schulmeister zu St. Veit Marsilius Gugelein und seine Frau Sara, Schulmeister Benedikt Schönherr, Kantor Wolfgang von der Linden (PfarrA Ip, A VIII 1).

[121] StadtA Ip, B 34 (17.01.1679).

Von besonderer Bedeutung für die Pflege lateinischer Kirchenmusik war die Lateinschule[122], für die Magister Bonifacius Frobenius (1537–1584)[123] im Jahr 1569 eine umfangreiche Schulordnung fertigte[124], die „musica“ als Pflichtfach vorsah. Für beide Klassen legte er fest: „Zwischen 12 und Eins [soll] die halbe Stund gelesen, die ander halbe Stund geubt werden mit Singen alle weg an Mittwoch und Sambstag“, vor allem der Kantor sollte „mit Singen fleissig üben“.

Als Stadtherr ermunterte Bischof Friedrich von Wirsberg zur Pflege der traditionellen lateinischen Responsoria und untersagte den Iphöfern ausdrücklich das Singen „aufrührerischer lutherischer Psalmen“.[125] Mit dem „Umsingen“ dieser Responsoria konnten sich arme Schüler ein kleines Zubrot verdienen. Wie notwendig das für viele war und wie schwer manchem das Auswendiglernen der lateinischen Wechselgesänge fiel, verrät ein ungewöhnlicher Bittbrief von vier bedürftigen Iphöfer Schülern.[126] Üblich waren das „Herumsingen der Singjungen“ am Gründonnerstag[127], das von Rektor und Kantor organisierte „Sebastiani- und Catharinasingen“ an den Festtagen der Heiligen vor den Häusern der Stadt[128], aber auch das Singen vor dem heiligen Grab, wobei jeder der „Buben“ mit einem Weck entlohnt wurde.[129]

Zur besonderen musikalischen Ausbildung besuchte der junge Andreas Löffelder ab 1567 die Singschule des Klosters Ebrach.[130] Er war Mitglied eines im ausgehenden 16. und beginnenden 17. Jahrhundert einflussreichen Familienverbands in der Stadt. Der mehrfache Bürgermeister Valentin Löffelder wird

---

[122] Siegfried Gmeinwieser, Kirchenmusik, in: Walter Brandmüller, Handbuch der bayerischen Kirchengeschichte, Bd. 2: Von der Glaubensspaltung bis zur Säkularisation, St. Ottilien 1993, S. 981–996, bes. S. 993.

[123] Vgl. zu Magister Frobenius: Endres, Iphofen (wie Anm. 55), S. 276, 282, 290, 329, 358, 341, 346f., 352.

[124] StadtA Ip, B 18 (1569).

[125] StadtA Ip, A 642 (25.11.1559): „[...] Ferners kommen wir euch nit pergen, daß uns glaublichen angelanget, wie ihr wider den Prauch und Herkommen der allgemainen christlichen und catholischen Kirchen euch unterstehen solt, den armen Schulern zu verbieten, lateynische Responsoria und Gesenge vor den Heusern nach Brot zu singen, sunder mussen der neuen auffrurischen und lutherischen Psalmen und verfurischen Lieder sich geprauchen, welchs uns dann [...] zu geringem Gefallen raichen thut [...]. Demnach ist an euch unser ernstlicher Bevelh, zuverlessiger, entlicher Will und Maynung, ihr wollet nit allain die arme Jugent und Schuler wider altem christlichen Prauch mit Singung der lateynischen, gotseligen Geseng im geringsten nit hindern oder irren [...]“. Antwort aus Iphofen: „[...] Zum andern, dass Euer Furstliche Gnaden glaublicher Bericht, wie wir wider den Prauch und Herkumen der allgemeinen christlichen und catholischen Kirchen uns unterstehen und den armen Schulern lateinische Responsoria vor den Heusern umb Brodt zu singen verbieten soldten, solches alles ist uns frembt [...]“.

[126] StadtA Ip, A 571 (01.02.1629): „Wir können nit underlaßen, dem Herrn zu schreiben, dann wir können uns nimer behelfen mit Prott, dann wann wir gleich umbsingen, so bekommen wir Brot, das wir zu Nacht essen und dannoch nit genug dran haben. [...] Ist derohalben unser untertheniges und gantz hochfleißiges Bitten an den Herrn, daß er etwan sehen wolle, daß er zuwegen bringe, daß man uns die Wochen noch einen Leb Brott aus dem Spital gebe, wir haben ja alle Sambstag einen Leb, aber wan wir zu 4 Theilen machen, so bekombt einer nit viel, dan die Leb seint gering. Wir können auch nit umb gehen, den Herrn zu klagen, von wegen des Jacob Königs. Dann er ist nun allbereit ein Jahr uff der Schul und wann etwan ein ander Responsorium kombt, so können wirs in 14 Tagen nit von ihm haben, daß ers lernt. Schlagen wir ihn dann, so greint er und klagt es seiner Mutter [...]“.

[127] StadtA Ip, R 183, S. 64 (1797).

[128] StadtA Ip, B 43, S. 181 (17.11.1768), A 571 (04.12.1779). Bedürftigen Singjungen wurde für ihre „aufn Chor geleiste(te)n Dienste“ auf Kosten der Schulpflege ein Zuschuss zum Kauf von Kleidung gewährt; StadtA Ip, B 38 (01.03.1753).

[129] PfarrA Ip, R 182 (1566).

[130] Endres, Iphofen (wie Anm. 55), S. 290.

im Jahrtagsverzeichnis als Schulgründer genannt.[131] Für die Iphöfer Singschule waren Chorstühle auf der Evangelienseite reserviert[132], wo heute noch drei musizierende Engel mit Kleingeige, Laute und Portativ an den einstigen Stellenwert der Kirchenmusik in Iphofen erinnern. Sie schmücken die Konsole unter der Iphöfer Chormadonna aus dem frühen 15. Jahrhundert.[133]

Abb. 3: *Drei musizierenden Engel an der Konsole der Chormadonna in St. Veit (Foto: Josef Endres).*

Der Responsorienvortrag durch den Schulmeister gehörte zum festen Ritual beim Empfang eines neu gewählten Würzburger Bischofs in der Iphöfer Stadtpfarrkirche.[134] Für den Amtsantritt des Bischofs Konrad II. von Thüngen

---

[131] PfarrA Ip, Bd. 36 (1768).

[132] PfarrA Ip, Bd. 7 (23.03.1773): „Bleibt die Evangeliiseitn denen Rechten nach der Priesterschaft und der Singschul vorbehalten, wo zwar gemeiniglich etliche Stühl leer verbleiben, die jedoch für andere mehrmalen ankommende Geistliche billigst zu reservirn seynd".

[133] Gisela Kohrmann, Vom Schönen Stil zu einem neuen Realismus. Unbekannte Skulpturen in Franken 1400–1450, Studia Jagellonica Lipsiensia, Bd. 7, Memmingen 2014, S. 111–119.

[134] Ausführlich beschrieb der Stadtschreiber den Empfang des Bischofs Konrad von Bibra im Jahr 1540: „[...] Darnach gieng der Amptman sampt einem Rath vor dem Fursten bis zu dem Thor, gieng die Procession vor, und als der Furst zu dem Pfarrhove kam, steig er ab und gieng in den Chor in das mitler Gestul under dem Himel, der gestelt hinder den Heiligen Kreutz Altar. Und nachdem der Schulmeister in dem Eingehn das Responsorium ‚Iustum deduxit' gesungen und der Furst in Chor gedreten, sang man ‚Te Deum laudamus', under dem alle Glocken geleuth wurden [...]"; StadtA Ip, B 22, fol. 74. Ähnlich verfuhr man, als Julius Echter als neuer Bischof in die Iphöfer Kirche St. Veit einzog und feierlich auf den Chor „hinter dem Kreutz Altar unter dem Himmel" geführt wurde. Unter Leitung des Magisters Bonifacius Frobenius sang man ebenfalls das Responsorium „Iustum deduxit Dominus per vias rectas" (Den Gerechten führte der Herr auf rechtem Weg) aus dem Gregorianischen Repertoire, dann wurde „das Te Deum laudamus in vier Stümb gesungen", wobei „die Orgel einen Fers umb den andern geschlagen"; StadtA Ip, B18: 1574.

(1519–1540) hatte man sich in Iphofen eine besondere musikalische Überraschung ausgedacht und schickte eine zwanzig Mann starke Delegation zur Feier nach Würzburg. Die in den Landesfarben rot und weiß gekleideten Iphöfer, angeführt von Fahnenträger, Pauker und Pfeifer, erregten Aufsehen und allgemeine Bewunderung.[135]

Im Sinne der katholischen Reform wurden die Kinder in den Iphöfer Schulen nach dem kleinen Katechismus des Petrus Canisius (1521–1597) unterrichtet und sangen geistliche Lieder aus dem Gesangbuch des Johannes Leisentritt (1527–1586).[136]

6. „Kirchen und Schul in schlechtem Stand" – Vernachlässigung der Kirchenmusik

Da zunächst nur wenige Honoratioren das Musikleben in Iphofen prägten, war die Qualität des Unterrichts, aber auch der musikalischen Darbietungen stark von der jeweiligen Lehrerpersönlichkeit abhängig. In dieser Hinsicht hatte Magister Frobenius in der zweiten Hälfte des 16. Jahrhunderts Maßstäbe gesetzt, denen seine zahlreichen Nachfolger im Schuldienst nicht immer gerecht werden konnten.[137]

Als der alte Schulmeister Balthasar Hetzel, dem der Dienst schon einmal „durch seinen Unfleiß [...] ufgekündet worden"[138], „mit dem Singen in der Kirchen nimmer fortkommen" konnte[139], entschieden sich die Ratsherren 1629 für Michael Khümmerer (Khünner) als neuen Schulmeister, der täglich das „Salve Regina" singen sollte. Er hatte in Würzburg studiert und anschließend das Kantorat in Ochsenfurt übernommen. Von 1622 bis 1625 war er in Iphofen

[135] StadtA Ip, B 25, fol. 101 (September/Oktober 1519).

[136] AEB, Pfarrakt 259, Pfarrei Iphofen, Urkundenkopien Nr. 5, fol. 11r (ca. 1590).

[137] Von 1585 bis 1601 führte der Kantor Balthasar Hetzel(ides) die Lateinschule (StadtA Ip, A 571: 20.12.1608). 1609 erhielten Balthasar Hetzelides und seine Ehefrau Anna vom Pfleger der Lateinschule in Iphofen ein Darlehen (U 124: 09.09.1608). Hetzel schlug den aus Rothenburg ob der Tauber stammenden Ratsherren Benedikt Schönherr als seinen Nachfolger vor (B 30, fol. 117r: 03.02.1601; AEB, Pfarrakt 269, II, 6: 18.02.1601), dem 1602 der „lateinische[n] Schuldienst" in Iphofen übertragen wurde; StadtA Ip, B 30, fol. 128r: 03.01.1602, fol. 131r: 09.02.1602, R 34: 1602; PfarrA Ip, R 185: 1604. Weitere Schulmeister nach dem Tod des Benedikt Schönherr: 1606: Johannes Rübinger aus Stadtschwarzach (AEB, Pfarrakt 269, II, 7: 01.03.1606; StadtA Ip, B 30, fol. 170v: 09.06.1606), 1624/1627: Balthasar Hetzel (B 31, fol. 156v, 158r, 230r: 20.07.1624 und 17.08.1624, 09.10.1627; PfarrA Ip, R 201: 1627), 1632–1634: Michael Khümmerer (StadtA Ip, R 1213: 1632, R 1214: 1633, B 32: 25.02.1634), 1636/1637: Melchior Eschmann bzw. Äschmann (StadtA Ip, B 32: 17.05.1636 und 07.08.1637; PfarrA Ip, R 208: 1637), 1649/1651–1654: Nikolaus Glaber, der 1616 als Kantor ausgeschieden war (StadtA Ip, B 30, fol. 217r: 31.12.1616, B 32: 16.05.1649, B 33: 30.08.1653, R 73: 1651, R 1215: 1652, R 1216: 1653, R 1217: 1654), 1652: Johann Georg Faber, Kantor (PfarrA Ip, A VIII 1), 1655/1656/1658: Georg Ernst Götzman, Organist und Schulmeister (StadtA Ip, R 77: 1655, B 32: 08.01.1656, A 571: 14.02.1658, 17.03.1658, 22.03.1658), 1661–1664/1666: Heinrich Klickelman (PfarrA Ip, R 222, 223, 224, 225; StadtA Ip, B 110), 1677: Johann Friedrich Fischer (StadtA Ip, B 34: 06.03.1677), 1678: Hans David Hämmerlein, der schon ein Jahr später wieder ausschied (StadtA Ip, B 34: 22.01.1678, 17.01.1679), 1682: Veit Ulrich Albert, später Bürgermeister (StadtA Ip, B 34: 15.10.1682, 28.11.1682, 25.01.1687 und 05.04.1687, 17.03.1691 und 26.05.1691).

[138] AEB, Pfarrakt 269, II, 9 (09.12.1616); StadtA Ip, B 30, fol. 217r (31.12.1616).

[139] StadtA Ip, B 31, fol. 269r, 270r (03.03.1629).

Kantor, dann Schulmeister in Ochsenfurt gewesen.[140] Doch auch diese Wahl erwies sich nicht als Glücksgriff, und 1634 sah man sich gezwungen, den lateinischen Schulmeister sogar vor den Rat zu zitieren, wo man ihn nachdrücklich darauf hinwies, „daß er ins khünftig fleißiger sein" solle.[141]

Unübersehbar sind die Folgen des Dreißigjährigen Krieges für das kulturelle Leben in Iphofen, der Kampf ums nackte Überleben trat in den Vordergrund, der Schulfriede war gefährdet. Kantor Wolfgang Wilhelm Goll beschwerte sich „in Betrohung und erhaltener Schlegereysachen uf der Schuel verübt."[142] „Weilen die Bürger mit der großen Kriegsanlage höchlich beschwert", mussten die Bitten des Schulmeisters Melchior Eschman (Äschmann) um eine Gehaltszulage abgewiesen werden.[143] Fehlte ein kompetenter Iphöfer Schulmeister für die musikalische Ausgestaltung der Prozessionen und Umgänge, bat man den Willanzheimer Kollegen, die Kitzinger Musikanten „mit ihren Seidenspillen" oder die „alte Schulmeisterin" um Unterstützung.[144]

In den letzten Jahrzehnten des 17. Jahrhunderts verfielen Kirche und Schule zusehends, die Schulmeister wechselten häufig, die Kirchenmusik wurde nur noch unzureichend gepflegt. Eine zur Abstellung der Mängel angeordnete Schulvisitation brachte nicht die erhoffte Neuausrichtung.[145]

Als löbliche Ausnahme können allein die Mitglieder der Musikerfamilie Molitor gelten, die mit ihrem außerordentlichen Engagement das Musikleben in Iphofen prägten. Ab 1668 mühte sich Schulmeister Johann Adam Molitor in Zusammenarbeit mit dem Kantor Georg Wilhelm Sayler redlich um die Pflege der Musik in der würzburgischen Amtsstadt, stieß dabei aber auf heftigen Widerstand.[146] Als er einen begabten Jungen, „so sich zur Music zimblich wohl anließe", in die Schule aufnehmen und individuell fördern wollte, reagierten die Ratsherren mit Unverständnis, stellten sich geschlossen und energisch gegen ihn und seine außergewöhnlichen musischen Interessen.[147] Schulmeister Franz Adam Molitor, der seine rechtmäßige Entlohnung mehrfach einklagen musste[148], entschloss sich schließlich zur Aufkündigung des Schuldienstes.[149]

---

[140] StadtA Ip, B 31, fol. 91r, 273v (12.02.1622, 07.04.1629), A 571 (02.08.1625), R 1212 (1630), R 1214 (1633); PfarrA Ip, R 203a (1629).

[141] StadtA Ip, B 31, fol. 178r (20.09.1625), fol. 269r–269v (03.03.1629), B 32 (02.07.1634).

[142] StadtA Ip, B 31, fol. 257r–257v (21.07.1628), A 571 (24.02.1628). Wolfgang Wilhelm Goll war vorher Gerichtsschreiber und Schulmeister in Retzbach.

[143] StadtA Ip, B 32 (17.05.1636 und 16.08.1636). Am 12.05.1629 hatte Melchior Eschmann aus Schlüsselfeld den Kantordienst in Iphofen übernommen (StadtA Ip, B 31, fol. 274v).

[144] PfarrA Ip, R 215 (1645): „[...] als in Abwesen eines Schuelmeisters der Schulmeister zu Wiellenzheimb in der Charwochen und Osterfeiertäg das Singen bey dem Gottesdienst verrichtet"; R 223 (1662): „1 fl. 12 dn den Musicanten zu Kitzingen, welche mit ihren Seidenspillen den Processionen und Umbgangen beygewohnt"; R 213 (1643), ähnlich R 218 (1648): „25 dn der alten Schuelmeisterin, so den Musicanten ihre Partes nacher gedachtem Detelbach getragen."

[145] StadtA Ip, B 34 (06.08.1672).

[146] StadtA Ip, A 571 (03.10.1668), B 34 (23.02.1674 und 28.04.1674, 26.10.1675).

[147] StadtA Ip, B 34 (11.05.1675): „Das Begehren wirdt abgeschlagen, in Erwegung, durch des Jungen Musiclernen der Schulmeister die übrige Kinder mit den Lehren vernachlässigt. Gestalten dann ihme, Schulmeistern, hiemit ernstlich anbefohlen wirdt, daß er ins künftig täglich nit länger dann 1 Stund, nemblich von 12 bis 1 Uhr mit der Music, die übrige Zeith aber mit anderer Instruction bey den Schulkindern zubringen und selbige zu besserer Ehrerbiethigkeit und Zucht, besonders im Gottesdienst, als zeithero anweisen solle zc."

[148] StadtA Ip, B 34 (13.12.1675, 07.05.1676).

[149] StadtA Ip, B 34 (19.12.1676).

1687 mahnte der verärgerte Bischof Johann Gottfried von Guttenberg die Iphöfer Ratsherren, „daß Kirchen und Schul bey euch gar in schlechtem Stand."[150] Ein Blick auf die Schulmeister des ausgehenden 17. Jahrhunderts zeigt, dass man bei der Suche nach qualifizierten Lehrern und Musikern wirklich nicht immer eine glückliche Hand bewies.

Nach der Entlassung des Veit Ulrich Albert, der sich mit dem Pfarrer überworfen hatte[151], entschied man sich im Jahr 1691 für Clemens Bissert. Dieser hatte sich „Zeit seines Hierseins und sonst überall wohl verhalten", und man hoffte, „daß er zu solchem Dienst qualificirt" war. Schnell musste man aber feststellen, dass es besser gewesen wäre, sich nicht allein auf das Wohlverhalten des Kandidaten zu verlassen, sondern seine Kompetenzen genauer zu überprüfen. Auf Druck der unzufriedenen Ratsherren entschloss sich Bissert schon nach drei Jahren im Amt, den Schuldienst zu quittieren. Er hoffte nur, „daß man ihm solchen Schimpf nit anthuen und auf bedürfenten Fall einen ehrlichen Abschiedt mittheilen würde."[152]

Heftige Klagen gab es auch über den 1694 präsentierten[153] Nachfolger Bisserts, Jakob Heyl aus Escherndorf. Schon als ihn die Iphöfer abholten, wurden sie von den Escherndorfern, die ihren Schulmeister nicht ziehen lassen wollten, „mit schimpf- und ehrnverletzlichen Worten" empfangen. Heyl verbrachte viel Zeit in seiner Heimatgemeinde, vernachlässigte Iphofen[154] und setzte zudem die Anstellung seines unzuverlässigen Sohnes Heinrich als Organist und Kantor durch.[155] Der Pfarrer urteilte über Heinrich Heyl, „daß selbiger seine Dienst als Organist und Cantor nicht recht verrichte, mehr den Kirben [Kirchweih] und Wirthshäusern als seiner Kirch und Schuel und Orgel obwarte".[156] Zwei Ratsherrn, die mit der Untersuchung des Falles betraut waren, urteilten gnädiger, „es were mehrern Theils der Eltern Schuldt, daß die Kinder nichts lernten und keine Subiecta da weren, es mögte Schulmeister sein und werdten, wer da wollte."[157] Vergeblich mühte sich Pfarrer Schunck, den unfähigen Organisten Heinrich Heyl durch den talentierten Johannes Boveri zu ersetzen.[158]

Zum Leidwesen vieler Iphöfer war der bereits 1694 aus dem Schuldienst ausgeschiedene Clemens Bissert weiterhin im Kirchendienst tätig mit „Miserere und Rorate, Engelmess und alle Sonn- und Feyertag, ingleichen mit Wahlfahrten singen".[159] Pfarrer Lorenz Helbig beschwerte sich 1697 über ihn: „Daß Herr Clemens Bissert sich so schlegt auf der Orgel im Singen einstelle, ob

---

150 PfarrA Ip, Bd. 7 (24.07.1687); StadtA Ip, B 34 (05.02.1695).
151 AEB, Pfarrakt 269, II, 11 (1690).
152 AEB, Pfarrakt 269, II, 12 (11.02.1691); StadtA Ip, B 34 (23.01.1691, 17.03.1691, 16.01.1693, 14.08.1694, 21.08.1694), B 35 (08.10.1706).
153 StadtA Ip, B 34 (06.10.1694). Jakob Heyl hatte sich bereits 1678 um den Iphöfer Schuldienst beworben; StadtA Ip, B 34: 13.12.1678.
154 AEB, Pfarrakt 269, II, 13 (12.11.1694); StadtA Ip, B 34 (05.02.1695 und 08.10.1695), B 35 (06.02.1700).
155 StadtA Ip, B 34 (01.12.1696), B 35 (01.03.1698).
156 StadtA Ip, B 35 (27.11.1700).
157 StadtA Ip, B 35 (18.12.1700).
158 StadtA Ip, B 35 (12.02.1701).
159 StadtA Ip, B 34 (05.03.1695).

nit rathsamer were, einen Cantoren anzunehmen, sonderlich bestündte seine Saumseligkeit auf Mutter Gottes und anderen hohen Festen, da er gar nit erschiene und sein Ambt im Singen nit verrichte."[160]

Zwei Jahre später klagte der Pfarrer erneut über Bissert, der es sogar wagte, die aufstrebenden jungen Herrn Boveri und Orthemer, „die die Music wohl verstunden", als mögliche Konkurrenten und überflüssige Neuerer von der Kirchenmusik auszuschließen und die Rivalen „auf der Orgel nit leiden wollte". Der Beschuldigte bat um Verständnis, wenn er sich „nit besserer Höfligkeit bemühte, wan Frembdte auf die Orgel kämen", und verwies darauf, er allein halte sich an die Vorgabe, „jedesmal nach der Elevation ein teutsches Lied zu singen, welches der Orthemer und Boveri nit achteten, sondern vielmehr auf allerhand Muteten bedacht wehren."[161] Im Gegensatz zu Bissert zeigte Johann Boveri, der 1716 in Iphofen sein Bürgergeld entrichtete[162], großes musikalisches Können und stieg in Würzburg zum Mitglied der „Hochfürstlichen Hof- und Cammer-Musici" auf.[163] Trotz seiner musikalischen Defizite gelang auch Clemens Bissert ein Karrieresprung: 1704 wurde er in den Rat der Stadt aufgenommen, ab 1706 amtierte er sogar als Centgraf.[164]

Der Streit zwischen Bissert und Boveri und dessen Hinweis auf „ein teutsches Lied" veranschaulicht den wechselnden Musikgeschmack. Lange Zeit prägte der gregorianische Choralgesang als wesentlicher Bestandteil der Liturgie die Kirchenmusik. Im Mittelalter war die als heidnisch geltende Instrumentalmusik im Gottesdienst verpönt. Gemäß der Liturgiereform des Konzils von Trient wurde im ausgehenden 16. Jahrhundert die mehrstimmige Figuralmusik eingeführt. Die Instrumentalmusik trat gleichberechtigt neben die traditionelle Vokalmusik.[165] Durch die Reformation begünstigt, gewannen deutsche Lieder zunehmend an Bedeutung, der lateinische gregorianische Gesang trat zurück, und die weltliche, von der Orgel begleitete Musik hielt Einzug in den Gottesdienst.

Im katholischen Iphofen, das „in medio Lutheranorum [...] eingeschrenckt" lag, vollzog sich dieser Wandel mit einiger Verzögerung, denn man suchte sich von den Lutheranern abzugrenzen. Am Ende des 16. Jahrhunderts wurde in der Würzburgischen Amtsstadt „kein lut[h]erischer Gevatter [...] in Kindtstauffen zugelassen", und im Gottesdienst nutzte man Leisentritts Gesangbuch der katholischen Reform. Doch letztlich konnten auch die eindringlichen Warnungen des Bischofs Friedrich von Wirsberg vor den „aufrührerische[n] lutherische[n] Psalmen" und seine Mahnung zur „Singung der lateynischen,

[160] StadtA Ip, B 35 (19.01.1697).
[161] StadtA Ip, B 35 (05.12.1699).
[162] StadtA Ip, B 35 (12.09.1716).
[163] Würzburger Hof- und Staatskalender für das Jahr 1752, S. 56.
[164] StadtA Ip, B 36 (25.09.1732), R 1981, Ausgaben an Wein (1704).
[165] Dieter Kirsch / Lenz Meierott, Geistliche und weltliche Musik in den mainfränkischen Territorien: Würzburg, freie Reichsstadt Schweinfurt und Aschaffenburg, in: Peter Kolb / Ernst-Günter Krenig (Hg.), Unterfränkische Geschichte, Bd. 4/2: Vom Ende des Dreißigjährigen Krieges bis zur Eingliederung in das Königreich Bayern, Würzburg 1999, S. 561–622, bes. S. 574; Gmeinwieser, Kirchenmusik, Bd. 2 (wie Anm. 122), S. 993.

gotseligen Geseng“ den Sieg des deutschen Lieds, das von den Gläubigen nach Kräften mitgesungen werden konnte, auf Dauer nicht verhindern. Obwohl sein Nachfolger, Bischof Julius Echter, die Position der lateinischen Gregorianik im Gottesdienst zu stärken suchte, so unterstützte er doch die Verbreitung des Gemeindegesangs in der Volkssprache.[166] Die Inventarverzeichnisse der Iphöfer Kirchen bieten Einblick in die Musikalienbestände und dokumentieren diesen Wandel.[167] In der Kirchenbeschreibung um 1610 werden die 1609 renovierte „Orgel im Chor“, „teutsche[r] Gesang“ und „Gesangbücher von 4, 5, 6, 8 Stimmen“ ausdrücklich erwähnt.

Nicht mehr benötigte gregorianische Handschriften fanden als Einbandmaterial Verwendung und blieben auf diese Weise in den Iphöfer Archiven fragmentarisch erhalten. Als Umschlag für ein Zinsregister der Martinskirche (StadtA Ip, B 113) nutzte man das Fragment einer Minuskelhandschrift aus dem 11. oder 12. Jahrhundert, als Einband für eine Pfarreibeschreibung (PfarrA Ip, Bd. 8) verwendete man Inkunabelblätter aus Georg Reysers Antiphonarium Herbipolense.

166 Gmeinwieser, Kirchenmusik, Bd. 2 (wie Anm. 122), S. 994; StadtA Ip, A 642 (25.11.1559); AEB, Pfarrakt 259, Pfarrei Iphofen, Urkundenkopien Nr. 5, Regelung des Pfarrers Johannes Hertengreiff, fol. 11r (ca. 1590); PfarrA Ip, Bd. 6, Nr. 74 (31.01.1712); vgl. Alexander J. Fisher, Lectiones Sacrae. Musik um 1600 in Würzburg, in: Damian Dombrowski / Markus Josef Maier / Fabian Müller (Hg.), Julius Echter. Patron der Künste. Konturen eines Fürsten und Bischofs der Renaissance, Berlin / München 2017, S. 319–322.

167 Unter den 1531 für St. Veit verzeichneten Büchern findet sich ein „Bapier Psalter, ein Vigilien Buch und ein Hymnarium, ein alter Psalter der alten Schrift, ein alt Antiphonar, zwei neue Vesper Bücher Winter und Sommer Zeit, etliche alt Vigilien Bücher“; PfarrA Ip, nicht archivierte Bestände, inventarium Sancti Viti anno 1531. Im Inventarverzeichnis für die Kirche St. Martin und zum Hl. Grab aus dem Jahr 1518 werden unter anderen Bücher aufgelistet: „ein new Gradual pergamen, zwei alt Gradual, das ein bergamen, zwei cleine Gradual, ein birgamine Antiphonarium, ein cleiner burgamene Antiphonarium, zwei Vesper Buchlein, vier alte Psalter, ein bapirin Psalterlin, ein new Vigil Buch“; StadtA Ip, B 114. In der Pfarrbeschreibung um 1610 werden für St. Veit genannt: „[...] 2 Gradualia alt, 4 Antiphonaria von Papyr alt, 4 Antiphonaria von Pergament alt, 5 Psalteria sampt den Hymnis alt, 1 neu geschriben Hymnus kurz, 3 Vigil Bucher alt, 1 kleins Breviarium, so sie im Chor brauchen, 1 geschriebenes Responsoribuch samt den Hymnis und etlichem andern teutschen Gesang uff die schul und Kirchen gestifft worden, verschiedene Gesangbücher von 4, 5, 6, 8 Stimmen seindt auch vorhanden, so man braucht in der Schulen undt Kirchen“; PfarrA Ip, nicht archivierte Bestände, Kirchenbeschreibung ca. 1610. Im Verzeichnis der Bestände im Schrank neben der Orgel aus dem Jahr 1838 wurden neben zahlreichen neueren Werken aufgelistet: „[...] ein mit Messing beschlagenes Antiphonale Würzburg 1749, ein Choralbuch respec. Psalterium ohne Titelblatt und Jahrzahl, ein desgl. mangelbares, ferner ein Hebdomadarium, Mainz 1665, ferner vom Mainzer Choralbuch den Sommer- und Wintertheil, Mainz 1666, ebenso ein Graduale, Mainz 1671, endlich ein geschriebenes Buch Antiphonae et Hymni ad Vesperas per Annum nebst 3 Stationbüchlein [...]“; PfarrA Ip, B VI 1: 09.05.1838. Das genannte Mainzer Choralbuch aus dem Jahr 1666 findet sich heute in der kulturhistorischen Sammlung Iphofen. Unter Johann Philipp von Schönborn (1605–1673), zugleich Bischof von Würzburg und Erzbischof von Mainz, wurde 1671 der Mainzer Choral für die Diözese Würzburg offiziell als gültig anerkannt; vgl. Guido Fackler, Fränkische Identitäten in Würzburgs musikalischen Alltagskulturen: Wider das Schubladendenken regionaler Musikforschung, in: Frankenland 6 (2008), S. 389–400, bes. S. 391.

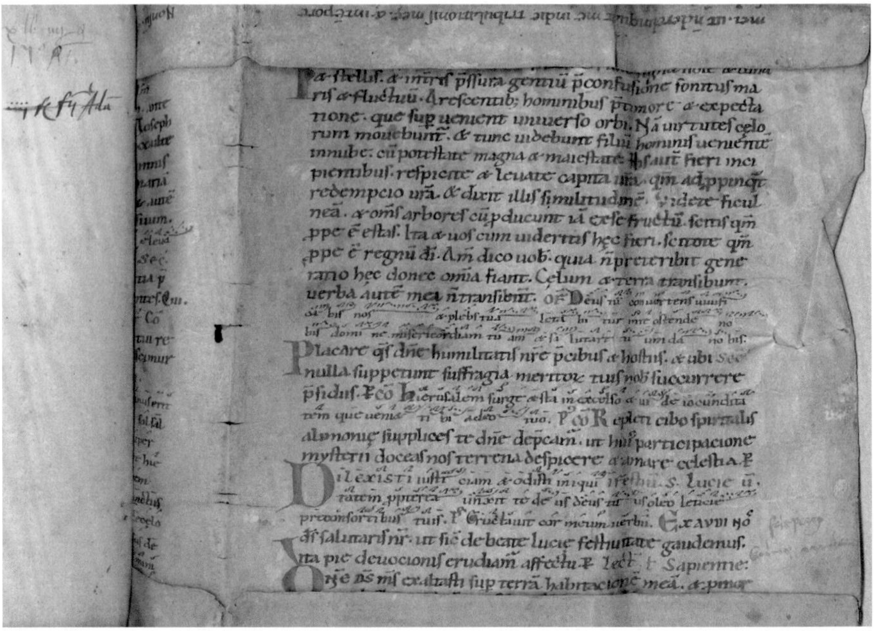

Abb. 4: *Erste Seite eines Doppelblattes mit Texten und Gesängen zum Advent aus dem 11. oder 12. Jahrhundert. Dieses Fragment einer Pergamenthandschrift mit St. Galler Neumen über dem Minuskeltext wurde als Einbandmaterial für ein Zinsregister der Martinskirche (StadtA Ip, B 113; 1499–1512) verwendet. Da auf der Blattrückseite die Antiphonen zu den fünf Psalmen der ersten Weihnachtsvesper nach dem römischen cursus verzeichnet wurden, kann die Handschrift nicht für ein Kloster gefertigt worden sein, denn dort folgte man dem cursus monasticus, der nur vier Vesperpsalmen kannte (freundl. Hinweis von Pater Rhabanus Erbacher OSB, Abtei Münsterschwarzach; Foto: Susanne Kornacker).*

7. „Weilen der patronus dahier sein ius patronatus dermassen in empor schwingen will, gleichsam als wäre solches ein uneingeschränktes Recht, das von keinem Marckstein wüsste noch einen zu leiten hätte“ – Herrschafts- und Führungsanspruch des Iphöfer Rats

Unter Berufung auf das von Graf Wilhelm zu Castell 1457 erworbene Patronatsrecht durchbrach der Iphöfer Rat das Bildungsmonopol der Kirche, und die Ratsherren entschieden weitgehend frei und unabhängig über die Besetzung der Schulstellen.

In Würzburg hingegen suchte man derartige Eigenmächtigkeiten zu unterbinden und die Unterrichtsqualität zu sichern. Als die Iphöfer Ratsherren ihren Schulmeister Georg Ernst Götzman wegen „Fluchen, Schwöhren und Gotteslästern“ selbstherrlich abgesetzt hatten, nahm das die geistliche Regierung mit Befremden zur Kenntnis und sah sich zum Eingreifen gezwungen.[168] Mit mehreren Dekreten mühten sich die Würzburger Bischöfe um Hebung des Schulwesens und Pflege der Kirchenmusik. In seinem Schreiben vom 2. November 1704 bedauerte Bischof Johann Philipp von Greiffenclau die mangelnde Pflege der Figuralmusik und erinnerte die Schulmeister nachdrücklich an ihre Pflichten.[169]

Penibel achtete er auf die Auswahl der Kirchenlieder und ließ den Iphöfern 1712 ein neues Gesangbuch zukommen. Pfarrer Johannes Reß (Pfarrer in Iphofen von 1704–1754) bedankte sich höflich, schickte das bisher genutzte Gesangbüchlein zurück und schilderte dem Geistlichen Rat in Würzburg anschaulich, wie begeistert in Iphofen gesungen wurde.[170] Man pflege „die uhralte Kirchengesäng, so allezeit allhier noch gesungen worden seind“. Üblich seien zu den Marienfesten „Maria ist geboren“, „Maria rein verehren“, „O Maria noch so schön“, zu den Festen der Apostel „O ihr Freunde Gottes“, zu Weihnachten „Lasst uns das Kind wiegen“, „Gegrüßt seist du o Jesulein“, das Jahr hindurch „Sooft ich mir bild Jesum ein“, „Jesus ist gar ein süßer Nam“, „Gelobt sei Gott der Vater“, „Nun lobet Gott im hohen Thron“ usw. Der Pfarrer schließt mit einem Hinweis auf die lateinischen Lieder: „Was hie und dort lateinisch mit undergesäet ist, das singen wir nicht mentaliter als wie die Engel im Himmel.“ Einige der genannten Lieder finden sich in Sebastian Pörtners Würzburger Gesangbuch aus dem frühen 19. Jahrhundert wieder.[171]

Bischof Friedrich Karl von Schönborn fragte gezielt nach, „ob Er, Schul-Rector wie auch Cantor, die sothanem Ambt erforderliche Eigenschafften besitze, [...] was für Music und Kirchen-Gesang bey zu haltenden Sonn- und Feyertäglichen Gottes-Dienst dermahlen üblich und in Gebrauch seynd, ferner was für Fundationes zu sothaner Music vorhanden? Auch was deswegen jährlich ausgegeben werde?“[172] Derartig kleinschrittige, obrigkeitsstaatliche

---

[168] „Wir müßen mit zimblichen Befrembten vernehmen, wie daß ihr den von hieraus euch praesentirten Schulmeister eigenmächtig cassirt und abgeschaffet. Weilen euch aber dergleichen ohne unseren Vorwißen und Consens zu thuen keineswegs gebühret, sondern die Amotion von uns begehret und erwartet haben soltet, als würdt im Nahmen des hochwürdigsten unsers gnedigsten Churfürsten und Herrn von Maintz zc. als Bischofen zu Wirzburg [Johann Philipp von Schönborn] und Ordinarii euch hiemit ernstlich anbefohlen, daß ihr besagten Schulmeister widerumb annehmen, behalten und seinen Dienst ruhig abwarten laßen.“ Nach genauerer Überprüfung der Vorwürfe wurde der Beschuldigte schließlich doch aus dem Schuldienst entfernt, StadtA Ip, A 571: 01.,08.,16.04.1658, 20.08.1658, 02.12.1659.

[169] Der Bischof monierte, dass „die an denen meisten Orthen und Kirchen nebst verschafften Orgelen introducirte figural Music wiederumb in Abfall gebracht und die von dero Herrn Vorfahren hochstrühmlich vermittels in Druck gegebenen Catholischen Gesangbüchern durch die Music gesuchte Beförderung der Ehr und Lob Gottes fast gäntzlich negligiret werde“. Zur Förderung des Gesangsunterrichts ordnete er an: „Damit die Jugent, bevorab die jenige Knaben, so vor anderen darzu tauglich zu seyn scheinen, in der Music fleissig unterwiesen, zu diesem End gewiesse Sing-Stundten ohnaußsetzlich gehalten und nichts unterlassen werden solle, was zu Beförderung dieses Wercks nutzlich seyn kan. Inmassen dann die Rectores, Schulmeister und Cantores hierinfals ihre Obligation zu erfüllen wissen werden“; PfarrA Ip, Bd. 6.

[170] PfarrA Ip, Bd. 6 (31.01.1712). Einen Überblick über den älteren Bestand ermöglicht ein Inventar aus dem Jahr 1658: „An neuen Choralbüchern zu St. Veit: 2 Responsoria, 2 Vigilbücher, 6 neue Gesangbücher, Lamentationes Jeremiae Prophetae, 1 Gradual, 2 neue Antiphonaria, 1 klein Antiphonarium, 2 Officia S. Angeli Custodi, 1 neue Agend; StadtA Ip, A 611: 06.03.1658.

[171] Sebastian Pörtner, Katholisches Gesangbuch für den öffentlichen Gottesdienst im Bisthume Würzburg, Würzburg 1846, S. 128 (Gelobt sey Gott der Vater!), S. 184 (So oft ich mir bild' Jesum ein), S. 340 (O ihr Freund Gottes allzugleich!).

[172] PfarrA Ip, Bd. 6 (03.11.1740).

Kontrollen waren nötig, weil die selbstherrliche und eigenmächtige Vergabe der Schul-, Kantor- und Organistenstellen durch den Rat nicht immer auf der Grundlage des Leistungsprinzips erfolgte. Nicht selten gaben persönliche Familienbindungen bei der Auswahl der Bewerber den Ausschlag, wie die vielfältigen, komplexen Absprachen zur Ämterverteilung zwischen den Mitgliedern der Familien Heyl und Röllinger zeigen.

Lange blieb Pfarrer Schunck erfolglos in seinem Bemühen um Amtsenthebung des unfähigen Organisten und ungeliebten Kantors Heinrich Heyl, denn dieser wurde von seinem Vater, dem Schulmeister Jakob Heyl, nach Kräften gestützt. Der Pfarrer kritisierte die Ämterhäufung bei den Mitgliedern der Familie Heyl und argumentierte, „es wer seine Meinung, daß eine Mutation in der Schuel vorgenommen werde und der Röllinger zum Cantor angenommen werde. Es schicke sich nit, daß der Vater Schulmeister und er Cantor were. Es förchte sich keiner vor dem andern und thue in die Länge kein guet."[173]

Der vorgeschlagene Johann Kaspar Röllinger wurde tatsächlich als neuer Kantor präsentiert, löste den glücklosen Heinrich Heyl ab und trat am 11. Mai 1708 in den Iphöfer Schuldienst ein, wobei ihm vom Rat eine Beförderung zum Rektor nach dem Tod seines Schwiegervaters in Aussicht gestellt wurde.[174] Eine effektive und dauerhafte Problemlösung war das jedoch nicht, denn Jahrzehnte später teilten sich Mitglieder der Familie Röllinger die weltlichen Kirchendienste ähnlich geschickt wie vorher Vater und Sohn Heyl. Wie abgesprochen, besetzte Johann Kaspar Röllinger 1717 die Rektorenstelle[175], seinem Sohn Vitus Udalricus wurde wenig später das Kantorat übertragen, die Kirchendienste blieben also in der Familie.

Allerdings bat Kantor Vitus Udalricus Röllinger im April 1741 um eine Entbindung von seinen Funktionen, weil „er sein Fortun besser gefunden und zu Kitzingen das Kantorat erhalten".[176] In Iphofen hatte er seinen siebzigjährigen Vater, den Rektor Johann Kaspar Röllinger, im Schul- und Kirchendienst unterstützt, und mit der Übernahme seiner neuen Aufgaben in Kitzingen ergab sich die dringende Notwendigkeit einer Neubesetzung der Kantorenstelle.[177]

Viel Überzeugungskraft der Iphöfer Ratsherren und eine Gehaltszulage waren erforderlich, um den in Ochsenfurt höher entlohnten Kantor Andreas Heinert[178] zu einem Umzug nach Iphofen zu bewegen. Im Mai übernahm der neue Kantor, „ein guter Musicus", sein Amt in Iphofen, wobei Bürgermeister und Rat ihm den Wechsel auf die besser dotierte Rektorenstelle in Aussicht stellten, falls diese vakant werden sollte.[179] Dabei dachte man gar nicht daran, bei der Regierung in Würzburg eine Genehmigung für diese Regelungen einzuholen.

---

173 StadtA Ip, B 35 (15.10.1700).
174 StadtA Ip, B 35 (22.09.1708).
175 StadtA Ip, B 35 (08.05.1717).
176 StadtA Ip, B 38 (06.04.1741). Vitus Udalricus Röllinger heiratete eine Iphöferin und besaß hier Haus und Güter. Deshalb kehrte er schon im Oktober nach Iphofen zurück; StadtA Ip, B 38: 06.10.1741.
177 PfarrA Ip, Bd. 6 (10.12.1742).
178 PfarrA Ip, Bd. 108, S. 79: Andreas Heinert *22.04.1717 in Ebern, ab 1737 verheiratet in Ochsenfurt mit Anna Maria, geb. Zang, *03.02.1715 in Frickenhausen; StadtA Ip, B 38 (26.06.1745): Bürgerrecht für Andreas Heinert in Iphofen.
179 StadtA Ip, B 38 (19.05.1741).

Der selbstbewusste Iphöfer Pfarrer Johannes Reß (1704–1754), den man in etliche dieser Absprachen zur Ämterbesetzung überhaupt nicht oder erst nachträglich einbezogen hatte, protestierte heftig gegen das eigenmächtige und selbstherrliche Verhalten des Rats.[180]

Ratsherren und Bürgermeister hingegen beriefen sich auf das alte, von Graf Wilhelm zu Castell 1457 erworbene Patronatsrecht[181], unterstrichen, dass „dem Stadtrath als patrono [...] alleinig das ius praesentandi zukommt", betonten ihre Vorrangstellung und lehnten jegliche Einflussnahme der Kirche auf die Besetzung der Schul- und Kantorenstelle ab.[182]

1737 kam es zum offenen Eklat, als die Ratsherren sogar die üblichen Zahlungen an Kirchner und Kantor verweigerten, weil diese auf der Würde ihres Amtes beharrten und sich sträubten, zusammen mit Schweine-, Kuh-, Gänsehirten alljährlich am Peterstag (22. Februar) demütig vor dem Rat als Bittsteller aufzutreten.[183]

Pfarrer Reß klagte dem Bischof, „weilen der patronus dahier sein ius patronatus dermassen in empor schwingen will, gleichsam als wäre solches ein uneingeschränktes Recht, das von keinem Marckstein wüsste noch einen zu leiten hätte."[184]

Bischof Friedrich Karl von Schönborn entschied in dieser aufgeheizten Stimmung salomonisch, berücksichtigte die Interessen des Rates, ohne dabei die Würde der Kirchendiener zu verletzen. Er forderte den Iphöfer Amtsverweser auf, „Schul- und Kirchenbedienten zu bedeuten, daß sie um die Addition bey Burgermeister und Stattrath gebührendt ansuchen, auch jährlich bey demselben (jedoch nicht an eben dem Tag, wo die Hirdt und andere gemeine Diener erscheinen) sich persöhnlich sistieren sollen."

Der Bürgermeister erläuterte die Position des Rats in dieser Frage und erklärte, dass das umständliche alljährliche Vorstellungsprocedere für Kirchner und Kantor keineswegs bedeute, „daß sie jedesmahlen umb ihre Bestallung neuerlich ansuchen solten", sondern dass der Rat nur deswegen „darauf beharre, damit ihme als Benefactori durch dergleichen persönliche Aufwartung die gezimende Ehr erwiesen werde."[185]

Bei der Besetzung der Schulstellen verfuhren die Ratsherren weiterhin nach Gutdünken. Nach der aus Altersgründen erfolgten Resignation des langjährigen Rektors Johann Kaspar Röllinger wurden dessen Funktionen im Jahr 1747 wie vorher abgesprochen auf Heinert übertragen. Interessant ist dabei die Reihenfolge, die das Selbstverständnis und den Machtanspruch der Ratsherren, die demonstrativ auf ihrem ius praesentandi beharrten, veranschaulicht: Ohne

---

180 StadtA Ip, B 40 (05.10.1746, 29.03.1747).
181 Endres, Iphofen (wie Anm. 55), S. 108.
182 StadtA Ip, B 40; PfarrA, Bd. 6, Nr. 169 (29.03.1747).
183 AEB, Pfarrakt 269, II, 17 (02.12.1737): „Aus Ursach, weilen der Stadtrath in Iphofen das ius patronatus zur Pfarrey ad Sanctum Vitum hat, trachtet er dessentwegen die arme Kirchendiener dahin zu vermögen, alljährlich auf den Peterstag (oder wan ein neuer Burgermeister erwehlet wird) mit denen s. v. [mit Verlaub] Schwein-, Kühe- und Gänshirten offentlich in der Rathsstuben zu erscheinen."
184 AEB, Pfarrakt 269, II, 17 (23.08.1737).
185 AEB, Pfarrakt 269, II, 17 (28.02.1738); PfarrA Ip, Nachlass Maier (23.05.1738); StadtA Ip, B 38 (04.03.1745): Kantor, Kirchner und Türmer baten weiterhin alljährlich vor dem Rat um ihre Additiones, „als sie verhofften, sollte verdienet und ihr Diensten gethan zu haben".

die erst am 24. März erfolgte bischöfliche Bestätigung aus Würzburg abzuwarten[186], überreichte Bürgermeister Franz Dietrich Vollandt dem neuen Rektor bereits am 15. März die gesiegelte Anstellungsurkunde[187], am 6. April wurde Heinert vor den Rat zitiert, um seine „Pflichten abzuleisten" und „darüber zur Handgelübtnuß genummen".[188] Im Gegenzug trat im Dezember 1747 wie von den Akteuren geplant auf Vorschlag[189] Kaspar Röllingers dessen zweiter Sohn Heinrich Röllinger die bisher von Heinert besetzte Kantorenstelle an.[190] Man vollzog also bei der Ämtervergabe einen internen Wechsel nach vielfältigen persönlichen Absprachen, wobei sicher nicht allein auf die Kompetenzen der Kandidaten geachtet wurde.

8. „Lehrart und Methode in dem gnädigst angeordneten Gymnasio" – Musikausbildung im Würzburger Schulseminar

Mit der 1768 in Würzburg beschlossenen und 1770 realisierten Gründung des Lehrerseminars, in dem eine solide Musikausbildung mit Choral- und Figuralmusik, Gesang und Orgelspiel obligatorisch war[191], sucht Bischof Adam Friedrich von Seinsheim derartige wechselseitige persönliche Vereinbarungen und vor allem Eigenmächtigkeiten des Rats bei der Ernennung der Kirchendiener zu unterbinden. Im Interesse der Schüler und eines kompetent erteilten Unterrichts sollte nun die Qualifikation des Lehrpersonals in den Vordergrund treten.

Zu den „Fragstücken", die jeder Kandidat „von seinem Ortspfarrer schriftlich beantwortet und verschlossen" für die Aufnahmeprüfung zum Schulseminar in Würzburg mitzubringen hatte, gehörten nicht nur die Fragen, ob der Kandidat „nicht dem Trinken, Spielen, Zanken und Schlägereyen ergeben seye" und „ob er nicht in Wirthshäusern, besonders beym Tanzen mehrmal aufgespielet und sich etwa noch über dieses unanständig dabey betragen habe", die Schulkommission interessierte sich auch für die musikalischen Kompetenzen der Bewerber und wollte genau wissen, „ob und in welchen Gattungen der

---

186 StadtA Ip, B 38 (11.01.1748), B 40 (14.04.1747, 11.01.1748); PfarrA Ip, Bd. 6, Nr. 172 (29.01.1748).

187 PfarrA Ip, Nachlass Maier, Bd. 6 Nr. 170 zuzuordnen (15.03.1747): „Demnach Burgermeister und Rath der Statt Iphofen das durch Resignation Caspari Röllingers, alterlebten Rectoris, erledigte Rectorat dem Andreas Heinerth, einige Jahr hero hier gestandenem Cantori, auf sein bittliches Ansuchen gegen die bishero von gemeiner Statt jährlich abgereichte Bestallung großgunstig conferirt hat, als ist demselben gegenwertiges Decret, umb sich gehöriger Orthen darmit legitimiren zu können, unter hervorgetruckhten gemeiner Statt größeren Insigels hiruber zugestellet worden, so geschehen Iphofen, den 15. Martii 1747 [Stadtsiegel] Frantz Dietrich Vollandt p. t. Burgermeister".

188 StadtA Ip, B 42 (06.04.1747).

189 StadtA Ip, B 38 (06.03.1747).

190 StadtA Ip, B 38 (16.12.1747), PfarrA Ip, Bd. 108, S. 81. 1765 übernahm Heinrich Röllinger (*14.04.1725, †29.07.1772) die Rektorenstelle in Aschach, kehrte aber 1768 wieder als Kantor nach Iphofen zurück; vgl. StadtA Ip, B 18 (21.10.1768).

191 Hans-Michael Körner, Schulen, Gymnasien und Universitäten im Wandel der Bildungspolitik, in: Peter Kolb/Ernst-Günter Krenig (Hg.), Unterfränkische Geschichte, Bd. 4/1: Vom Ende des Dreißigjährigen Krieges bis zur Eingliederung in das Königreich Bayern, Würzburg 1998, S. 437–473, bes. S. 439f.

Musik er unterrichtet sey, ob er auch darinn schon öffentlich sich gezeiget und ob Pfarrer mit ihm zufrieden gewesen."[192]

Dem Iphöfer Pfarrer wurde aus Würzburg mitgeteilt, „daß er den alda für die Knaben-Schul neu angenohmenen Cantoren, dann den teutschen Schulmeister, einen nach dem andern, zur schicklichen Zeit anhero zur hochfürstlichen geistlichen Regierung bescheiden solle, damit dieselben behörig examinirt und aprobiert werden mögen."[193] Wie nicht anders zu erwarten, protestierten Bürgermeister und Rat zunächst heftig gegen diese Anordnung, denn die Neuregelung bewertete man als Eingriff in die traditionellen Rechte der Stadt.[194]

Ein Dekret des Adam Friedrich von Seinsheim brachte Klarheit, prangerte die traditionelle, auch in Iphofen übliche Praxis der Ämtervergabe offen an und legte fest, dass bei Neubesetzung von Lehrerstellen nur noch Kandidaten des Schullehrerseminars Berücksichtigung finden sollten.[195] Im Sinne dieses Dekrets entschied man sich in Würzburg nach dem Tod Heinrich Röllingers am 7. Oktober 1772 nach Überprüfung der Kompetenzen des Kandidaten und „geschehener fleissiger Erkundigung über seinen bisherigen frommen Lebenswandel" für Michael Krämer als geeigneten Nachfolger.[196]

In Iphofen war man jedoch noch nicht zur Preisgabe alter Rechte bei der Auswahl der Kandidaten bereit, berief wenige Tage später mit Georgius Bezel und Martinus Voit zwei eigene Bewerber zur Prüfung vor den Rat und entschied sich schließlich für letzteren als Kantor, legte ihm allerdings nahe, „auf Verlangen gnädigster Herrschaft die Lehrart und Methode in dem gnädigst angeordneten Gymnasio zu erlernen." Entschuldigend verwies man darauf, dass sich von den Würzburger Kandidaten keiner eingefunden habe und der Iphöfer Pfarrer die Entscheidung des Rats mittrage.[197]

In Würzburg konnte man sich darauf natürlich nicht einlassen und beharrte auf der Amtseinführung Michael Krämers, der pflichtgemäß „Rhetoricam absolvirt und in dem neuen Schul-Seminario zu Wirzburg Information genommen" hatte. Demonstrativ wurde er am 7. Januar 1773 den widerspenstigen Iphöfern als neuer Kantor präsentiert.[198]

Hatte man in Würzburg geglaubt, mit diesem konsequenten und massiven Vorgehen alle Probleme gelöst zu haben, so sollte man sich täuschen, denn der oktroyierte Kandidat stieß in Iphofen auf eisige Ablehnung. Geschickt

---

[192] PfarrA Ip, C I 1 (02.09.1783).
[193] PfarrA Ip, Bd. 6, Nr. 156 (04.12.1769).
[194] PfarrA Ip, Bd. 6, Nr. 157 (08.01.1770).
[195] PfarrA Ip, Bd. 6, Nr. 158 (25.09.1771): „Also wollen und verordnen Wir hiemit gnädigst, daß zu desto sicherer Erreichung Unseres hierunter hegenden heilsamsten Endzweckes bey künftigen Erledigungs-Fällen die Aufnahm deren Schulmeisteren niemahlen mehr von der bloßen Willkuhr deren nicht soviel auf die Wohlfahrt ihrer Kinderen, als auf anderen Nebenabsichten bedachter Gemeinden so schlechterdings abhangen, sondern derley Schul-Bestellungen jederzeit aus der Zahl deren hierzu besonders abgerichtet- und befähigter Candidaten Unseres Schul-Seminarii hergenommen, mithin das anzustellende Subjectum aus mehreren von Unserer Schul-Commission durch Bericht vorzuschlagender Candidaten gewählet, und Uns auf Gutachten Unserer Geistlichen Regierung zur gnädigsten Approbation vorgestellet werden solle"; Körner, Schulen (wie Anm. 191), S. 439.
[196] PfarrA Ip, B 108, S. 81: * 1750 in Volkach, verheiratet zu Volkach 26.01.1773 mit Maria Theresia geb. Spiler aus Neustadt an der Saale, * 1750; Bd. 6, Nr. 173 (07.10.1772).
[197] StadtA Ip, B 43, S. 501f. (27.10.1772).
[198] PfarrA Ip, Bd. 108, S. 81 (18. Jh.).

nutzte man jede Gelegenheit, den neuen Kantor mit entwürdigenden Vorwürfen vor den Rat zu zitieren.[199] Konnte ein Kantor, der angeblich inmitten andächtiger Wallfahrer betrunken nach Dettelbach torkelte, von seinen Schülern als Respektsperson akzeptiert werden? Entnervt und gedemütigt gab Krämer schon nach zwei Jahren auf und übergab sein Amt an Franz Kohlmann, den vormaligen Schulrektor aus Großeibstadt.[200]

Noch in der Mitte des 19. Jahrhunderts erinnerten sich die Ratsherren gerne an ihre traditionellen Rechte bei der Besetzung der Schulstellen und äußerten gegenüber dem königlichen Landgericht: „In älterer Zeit hatten auch Bürgermeister und Rath das Recht der Präsentation auf die hiesigen Schulstellen. Auf welche Weise und aus welchen Gründen dieses Recht später dem Magistrat entzogen wurde, ist hierorts nicht bekannt und auch nicht aus den magistratischen Acten zu ersehen."[201]

Wie vorher die Würzburger Bischöfe achtete auch die bayerische Regierung auf eine solide Ausbildung der Lehrkräfte und bereitete sie auf ihre musikalischen Aufgaben vor. Mit wöchentlich sechs Lehr- und sechs Übungsstunden fand die Musikausbildung in der bayerischen Verordnung zur Lehrerbildung Berücksichtigung. Die angehenden Lehrer wurden im Klavier- und Orgelspiel, Violinspiel, Generalbass und im Gesang unterrichtet.[202] 1906 verwies man im königlichen Staatsministerium des Innern für Kirchen- und Schulangelegenheiten auf ein Verzeichnis der Absolventen der Akademie der Tonkunst in München und der königlichen Musikschule in Würzburg. Auf dieses Verzeichnis sollte in Zukunft bei der Besetzung von Chorregenten-, Kantoren- und Organistenstellen zurückgegriffen werden.[203]

9. „Separation des Sexus in der Schul" – Mädchenschule

Nach der Gründung einer eigenständigen Mädchenschule stand mit Anstellung eines Mädchenschullehrers ein weiterer Akteur zur Bereicherung der Iphöfer Kirchenmusik zur Verfügung.

Die Einrichtung dieser Schule verdanken die Iphöfer einer Anregung des Kitzinger Pfarrers, der sich 1765 in bischöflichem Auftrag um Sitte und Moral in Iphofen kümmern sollte.[204] Vor dem Rat erklärte er: „Primo wäre das Laster der Unzucht, so etwa von denen sächsischen Einquartierungen noch herstammen, allzusehr in Schwang, secundo wäre, alle[r] in denen Predigen von

[199] StadtA Ip B 44, S. 45 (17.06.1774): „Demnach der Cantor Krämer bey lezthiniger Procession von Dettelbach auf Iphofen so betruncken war, daß er nebst dem teutschen Schulmeister zurückgeblieben und der alleinige Rector die Procession begleitet, hierdurch aber sowohl denen Erwachsenen als auch der Schuljugend nur Aergernis gegeben würde, als wurd ihme, Cantor Krämer, diese liederliche Aufführung für das erstemal verhoben und sich führohin auferbaulicher aufzuführen anbefohlen und keine Gelegenheit zu geben, daß man nicht mit schärferer Andung mit ihme verfahre".

[200] PfarrA Ip, Bd. 108, S. 81.

[201] StadtA Ip, A 617 (17.10.1855).

[202] PfarrA Ip, C I 2 (15.05.1857).

[203] StadtA Ip, A 616 (24.04.1906).

[204] StadtA Ip, B 42, S. 392–406 (07.02.1765); PfarrA Ip, A X 23 (07.02.1765, 05.03.1765, 24.03.1765, 01.07.1765).

der Canzel gegebenen Ermahnungen ohngeachtet, der ärgerliche sogenannte Schleifferstanz noch bis dato nicht abgestellet." Zwar seien „Nachtschwermereyen auf das scherpfeste verboten, ohneracht dessen aber gleichwohlen in allhiesiger Stadt noch sehr frequentiert." Um „diese Unordnungen abzustellen", schlug er unter anderem vor, „zu berathschlagen, wie die Abänderung in der Schul dahin gemacht werde, daß jedes Geschlecht alleinig und fürohin nicht mehr untereinander, gleich wie auch die Gottfridische Kirchenordnung besaget, in der Schule abgesöndert werde."

In Iphofen war man verwundert, warum nicht der Iphöfer, sondern der Kitzinger Pfarrer mit dieser „der ganzen Orthschaft nachtheiligen Anzeig" beauftragt worden war, man wehrte sich heftig gegen die Anschuldigungen, bestritt, „daß das Laster der Unkeuschheit unter anderen Orten in alhiesiger Stadt Iphofen besonders grassire" und verwies darauf, dass „seith 10 Jahren 5 Persohnen, welche ledigen Standes, geschwängeret, dann 11, welche vor der Zeit post matrimonium gebohren." Das seien doch sehr niedrige Zahlen, und die Übeltäter seien jederzeit mit Kirchenstrafen, aber z. B. auch mit „öffentlicher Tragung eines ströhernen Kranzes abgestraft" worden. Dem Türmer sei „bey 5 fl. Straf verbotten, [...] in das Schleiffen zu geigen", und schließlich, „soviel die Separation des Sexus in der Schul betreffe, so wäre schon zu soviel Vorsorge getan, daß die Mägdlein allein und die Knaben auch allein sowohl in der Rector- als Cantorschuhl sitzeten." Für weitere Maßnahmen brauche man angesichts einer Zahl von immerhin 226 Schülerinnen und Schülern Bedenkzeit.

Drei Jahre später hatte man auf Anregung des Pfarrers Johann Erwin Klingenhuber (Pfarrer in Iphofen von 1767–1778) endlich eine Lösung gefunden, „die Jugend beyderley Geschlechts wurde voneinander abgesondert und denen Mägdlein ein eigener Lehrmeister angeordnet", dem die finanziellen Mittel zugesprochen wurden, mit denen man vorher einen Stadtphysikus unterhalten hatte. Diese Aufgaben eines „dritten teutschen Schulmeisters für die weibliche Jugend" übernahm der bisherige Kantor Joseph Grönerth, der seine Kantoratsstelle an den aus Aschach zurückgekehrten Heinrich Röllinger zurückgab. Grönerth musste sich verpflichten, dass er „an Walltägen die Procession sowohl in als außer der Stadt begleite und alle Donnerstäge, Sonn- und Feyertäge die Orgel frequentire und allda mit anderen Music mache [...]. Mit einer Laich zu gehen solle er nicht verbunden seyn, solle auch kein Requiem noch Anniversaria mitzusingen schuldig sein, es seye dann, er würde hierzu angefordert und verlanget."[205]

Im Jahr 1772 wünschten sich angesichts einer grassierenden Seuche viele Iphöfer den Stadtphysikus zurück, dessen Besoldung man auf den Mädchenschulmeister übertragen hatte, denn die Kranken mussten sich auf den Bader beschränken oder auswärtige Ärzte aufsuchen. Deshalb forderten die Viertelmeister und ein Bürgerausschuss, auf die alte Regelung mit zwei Lehrern zurückzugreifen, „daß der Rector die Buben lehren und der teutsche Schul-

[205] Endres, Iphofen (wie Anm. 55), S. 290; AEB, Pfarrakt 269, II, 21 (1768); PfarrA Ip, Bd. 6, Nr. 154 (19.08.1768), Nr. 155 (14.10.1768); PfarrA Ip, Nachlass Maier: responsa Iphovii 24.07.1769, Nachlass Maier mit der Nr. 153 dem Bd. 6 im Pfarrarchiv zuzuordnen, Dekret aus Würzburg (07.04.1768); StadtA Ip, B 18 (21.10.1768). Am 13.06.1771 wurde dem Joseph Grönerth der Dienst in der Mädchenschule erneut für ein Jahr übertragen; StadtA Ip, B 43.

meister bey Instruirung seiner Mägdlein verbleiben" sollte.[206] Doch die Mädchenschule blieb bestehen, und 1785 richtete man im oberen Rathaussaal, der durch eine Trennwand abgeteilt wurde, neue Schulräume ein.[207] Nach dem Tod des „Mägdleinschulmeisters" Joseph Grönert entschied man sich für den Lehrerssohn und Willanzheimer Kantor Johann Michael Kraus aus Hergolshausen, der „sowohl im Singen als Geigen, auch Orgelschlagen, nicht weniger im Schreiben seine Prob dergestalten gut und wohl abgeleget, daß sämtliche, Rath und Viertelmeister, damit sehr wohl zufrieden seynd." Die Entscheidung fiel umso leichter, als Kraus eine Seminarausbildung genossen hatte, über die „neue Art zu Schreiben" informiert war und sich zudem bereit erklärte, Grönerts Witwe zu heiraten und für die fünf unmündigen Kinder zu sorgen.[208] 1857 wurde die untere und 1860 auch die obere Mädchenschule dem Orden der Armen Schulschwestern übertragen.

Die Mädchen lernten nicht nur Stricken[209], zusammen mit den Jungen erforschten sie auch die heimische Flora. Wöchentlich an zwei Schultagen unterrichtete Gärtner Lorenz Klühr die Kinder im Fach „Gärtnereikunde". Gemäß der Anordnung des Fürstbischofs Franz Ludwig von Erthal legte Klühr im Jahr 1792 unter der Leitung des Bauinspektors Gräfner einen Industriegarten „für die Schuljugend beiderley Geschlechts" an.[210] Bei regelmäßigen Exkursionen zur Landwehr erteilte der Gärtner den Kindern „Unterricht in der Baumzucht und anderen Gartengewächsen".[211]

Zu Beginn des 19. Jahrhunderts bestanden in Iphofen zwei Knaben- und zwei Mädchenschulen. Den Unterricht leiteten der Rektor, der Kantor und die Elementarlehrer. Zusammen mit dem Türmer kümmerte sich der Rektor um die Vokal- und Instrumentalmusik. Besoldet wurden auch ein eigener Organist und mehrere Chormusiker.[212]

10. Schulen bei St. Veit und Hl. Grab

Wegen der engen Verbindung zwischen Schul- und Kirchendienst befanden sich sowohl Lehrerwohnung als auch Schulgebäude in Kirchennähe. Für die zunächst getrennten Pfarreien St. Veit und St. Martin war jeweils ein eigenes Schulgebäude mit eigenem Schulmeister vorhanden.[213] In der Rechnung

206 StadtA Ip, B 43, S. 493–495 (10.09.1772).

207 StadtA Ip, B 45, S. 241 (24.09.1785), R 173, S. 76–77, 91 (1785). Diese Regelung hatte Bestand bis 1805, als die neue preußische Regierung im Obergeschoss des Rathauses eine Gerichtsstube einrichten ließ; StadtA Ip, B 48, S. 359: 03.09.1805.

208 StadtA Ip, B 44, S. 574 (04.03.1779).

209 StadtA Ip, B 46, S. 12 (17.03.1791).

210 StadtA Ip, R 179, S. 66 (1792), B 46, S. 297 (02.05.1793).

211 StadtA Ip, B 45, S. 750f. (13.01.1791), R 179, S. 65 (1792).

212 StadtA Ip, B 21, S. 26f. (1825).

213 Das Wohnhaus des Schulmeisters von St. Veit stand in der ersten Hälfte des 17. Jahrhunderts auf dem Kirchhof nahe der Stadtpfarrkirche; StadtA Ip, B 31, fol. 157v: 09.08.1624. 1605 bemühte sich Andreas Pröschel, Kirchner im Gräbenviertel, um die Einrichtung einer „teutschen Schuel"; StadtA Ip, A 571: 17.12.1605. 1622 war Jakob Johannes Pröschel „Schulmeister und Kirchner im Greben", war aber mit seiner Besoldung unzufrieden (StadtA Ip, A 611: 29.04.1622, B 31, fol. 96v: 30.04.1622) und wurde noch im selben Jahr von Johann Stübig aus Schlüsselfeld abgelöst; StadtA Ip, B 31, 13.08.1622, A 571: 14.08.1624. 1627 präsentierte der Pfarrer im Gräben

aus dem Jahr 1632 wird ein „erkauftes Schuelhaus“ für das Grabenviertel erwähnt.[214] Bei geringer Schülerzahl konnte zwischen den Schulen beider Pfarreien eine Konkurrenzsituation entstehen.[215] Die Not nach dem Dreißigjährigen Krieg führte zur Auflösung der Schule neben der Kirche zum Hl. Grab[216], und auch die alte Stadtschule bei St. Veit[217] war 1669 in einem so desolaten Zustand[218], dass man sich 1685 zu einem Neubau entschloss, der im Jahr 1687 fertiggestellt wurde.[219]

1712 und auch im folgenden Jahr diskutierte man im Rat darüber, das Schulhaus von 1687 zu verkaufen und an die Stelle der einstigen ruinösen Benefiziathäuser[220] an der nördlichen Stadtmauer nahe der Kirche St. Veit einen neuen, dreigliedrigen Baukomplex für Schulmeister, Kantor und Kirchner zu setzen, um so „die sambtlichen Kirchbedienten beyeinander einzulogiren.“[221] Im Jahr 1714 nahmen diese Pläne Gestalt an, und man beschloss, „die Schuhl aufn Kirchhof zu transferiren in die Beneficiathäuser“ und die Gebäude vom Friedhof abzugrenzen.[222] Im neuen, zweistöckigen Baukomplex wohnten Rektor, Kantor und Kirchner. Im Erdgeschoss waren die Rektors- und Kantorsschule eingerichtet.[223]

Im ausgehenden 18. und beginnenden 19. Jahrhundert plante man ein neues Schulgebäude.[224] Nach dem Scheitern dieser Baupläne erwarb die Stadt am 23. November 1826 von Andreas Körner und Johann Trapp den Wenkheimer Hof in der Kirchgasse zur Nutzung als Knabenschule.[225] Als auch dieses Gebäude den ansteigenden Schülerzahlen nicht mehr entsprach, entschloss man sich zum Neubau neben dem Rathaus, der 1878 bezogen werden konnte.

Valentin Gadt aus Münnerstadt als neuen Schulmeister; StadtA Ip, B 31, fol. 217r: 20.03.1627. Zur Besoldung des Schulmeisters: PfarrA Ip, R 142 (1631).

[214] PfarrA Ip, R 143 (1632).

[215] StadtA Ip, B 31, fol. 243v (11.03.1628): Im Jahr 1628 verbot der Magistrat dem neuen Kantor Wolf Wilhelm Goll, zusätzlich zu seinem regulären Unterricht „Vor- und Nachmittag alle wegen ein Stundt Rechenschuel zu halten, [...] weylen hierdurch dem Schulmeister im Greben sein Nahrung etlicher maßen entzogen würdte“.

[216] PfarrA Ip, Bd. 8, fol. 43r (07.04.1669): „Pfarr Martini oder zum Hl. Grab Beschreibung: [...] Hat kein Schuelhaus, sondern ist solches wegen Armuth zugrundtgangen undt gehen die Kinder zu St. Veit in die Stadtschul“; StadtA Ip, B 35 (08.04.1702).

[217] StadtA Ip, B 153, fol. 6r: Haus Nr. 46, heute Kirchgasse 33; R 79: Im Jahr 1657 waren auch im Wenkheimer Hof Schulräume eingerichtet worden.

[218] PfarrA Ip, Bd. 8, fol. 27v–28r (07.04.1669): „Das Schuelhaus betreffend: Ist solches gahr gering mit 2 kleinen oberen Stüblein und 2 kleinen Kämmerlein, darinnen die arme Schuelknaben wohnen. Die undere Stueben zur Schul gebraucht würdt, also dass solche durch einen Schuelmeister bewohnen gahr zu gering auch gahr sehr baufällig. Die gemeine Stadt ist solche in Bauwesen zu erhalten schuldig, aber wegen Armuthey wenig darinnen gebawet wurdt. Die Schulkinder betreffend: Seyndt selbiger Winterszeit bey 90, Sommerszeit aber 30 in 40“.

[219] StadtA Ip, B 153, fol. 6v, B 225, fol. 34r: Haus Nr. 49, heute Kirchplatz 2; PfarrA Ip, Bd. 6, Nr. 108 (24.07.1687).

[220] PfarrA Ip, Bd. 8, fol. 2v (07.04.1669): „Die Beneficiat Heuser betreffend: Seynd solche nichts mehrers als Steinhaufen, so schon vor 40 Jahren zue solchem Ruin kommen“.

[221] StadtA Ip, B 35 (30.03.1712, 30.04.1712, 29.04.1713, 12.08.1713).

[222] StadtA Ip, B 35 (24.03.1714, 14.04.1714); B 36 (16.04.1733): Im Jahr 1733 wurde der Maurer Hans Schwarzhans mit der Errichtung einer „Mauer aufm Kirchhof vor den Schulhäusern“ beauftragt.

[223] StadtA Ip, R 175 (1787).

[224] StadtA Ip, B 45, S. 217 (25.07.1785), S. 300 (13.05.1786), R 1906, Inventarium an Grundrealitäten, Zugang (1821/22): „Ein Haus beim Rathaus, welches das neue Schulhaus werden soll. Zur Zeit zum Einlegen bestimmt“.

[225] StadtA Ip, B 51, S. 20 (23.11.1826), Haus Nr. 57, heute Kirchgasse 32.

11. Der Organist

Während in der Nachbarstadt Ochsenfurt schon im Jahr 1505 ein eigenständiger Organist tätig war[226], gehörte in Iphofen das Spielen der Orgel zunächst zum Aufgabenbereich des Schulmeisters[227] oder des Kantors[228], eigenständige Organisten wurden seit dem ausgehenden 16. Jahrhundert zusammen mit den Kalkanten entlohnt.[229]

Während des Dreißigjährigen Krieges fehlten die finanziellen Mittel, und erst 1650 wurde der Mainbernheimer Kapitelskeller Hans Georg Bayer, der in Iphofen als Organist tätig war, für seine Mühen entschädigt, nachdem „selbiger bey die 7 Jahr lang die Orgel geschlagen und darvon kheine Bestallung gehabt" hatte.[230] In den Jahren 1656 und 1657 schlug der Schulmeister die Orgel, ein Schneider versah den Kalkantendienst.[231] 1671 suchten Schulmeister und Kantor erneut im benachbarten lutherischen Mainbernheim musikalische Unterstützung und baten „den Organisten daselbsten, uff die osterliche Feyertäg die Orgel zu schlagen."[232]

Da das Erlernen des Orgelspiels in Iphofen zunächst nur schwer möglich war, erklärte sich der Rat gerne zu Gegenleistungen bereit, wenn ein Organist sein Können an lernwillige und begabte Iphöfer Jugendliche weitergab. Als der an Lepra erkrankte Stoffel Finck bat, seinem Sohn Christoph anstatt einer Besoldung für dessen Organistendienst „den Tisch und die Kost" im Spital zu vergönnen, forderte der Rat als Gegenleistung die Bereitschaft zur Vermittlung der Kenntnisse und Fertigkeiten des Orgelspiels[233], das sehr hoch eingeschätzt wurde, wie Differenzierungen in der Entlohnung der Kirchenbediensteten zeigen: Von „der Vigil und Ampt" erhielten der Schulmeister drei, der Kantor zwei, der Orgelzieher einen, der Organist aber vier Batzen.[234]

Nicht nur im Orgelspiel sollten interessierte Jugendliche unterrichtet werden. Als 1699 die „Reitzensteinische Kompagnie" in Iphofen in Quartier lag, beeilte man sich, die vorhandenen Trommeln zu reparieren und nutzte die Gelegenheit, einen Tambour zu bitten, drei Iphöfer Jungen auch das Trommelspiel zu lehren.[235]

---

226 Johann Baptist Kestler, Beschreibung von Ochsenfurt, Würzburg 1845, S. 240.
227 StadtA Ip, B 25, fol. 37v (1511).
228 StadtA Ip, B 27, S. 72 (1570).
229 StadtA Ip, R 31 (1594): Organist Peter Pockh, R 32 (1598), B 30, fol. 100v (08.01.1600), R 33 (1601): Organist Andreas Rosen, B 30, fol. 181v (22.03.1608): Organist und Bürgerssohn Christoph Finckh.
230 Alternative Schreibweisen: „Beher", „Bähr"; StadtA Ip, B 32 (07.09.1648), B 33 (25.02.1651), R 72 (1650), R 73 (1651), R 75 (1653), R 77 (1655), R 80 (1658); PfarrA Ip, A VIII 1 (1652).
231 StadtA Ip, R 78 (1656), R 79 (1657).
232 StadtA Ip, R 84 (1671).
233 StadtA Ip, R 34 (1602), B 30, fol. 138r (03.08.1602): „Dargegen soll er die Orgel mit allem Vleiß ohne Clag versehen, so auch inzwischen eines Rathsverwandten, Bürgern oder Inwohners Sohn alhie ein solches zu lehrnen begehrte, soll er dasselbig hiemit auch zu thun verpflicht sein." Zudem sollte er „sich der Gebühr nach im Spital verhalten, niemandem Ursach zu Clagen geben oder über das Essen sich beschweren".
234 StadtA Ip, B 34 (05.05.1677).
235 StadtA Ip, R 88 (1699).

12. „Die geschundene Magd“ – Die Orgel in St. Veit

Wo die erste Orgel in St. Veit ihren Platz hatte und wie sie aussah, bleibt unklar, einige erhaltene Reparaturbelege bieten Stoff für Hypothesen. Die Kostenaufstellung für die Reparatur im Jahr 1555 durch den Pfarrer von Castell lässt vermuten, dass über Fußbodenniveau gearbeitet wurde, denn es waren nicht nur Leitern, sondern auch umfangreiche Gerüstbauarbeiten erforderlich. Über eine oberhalb der Orgel liegende kleine Tür hatte der Organist Zugang, als geschnitzte gotische Zieraufsätze fertigte man „drei Gespreng für das Positif“.[236] Ein Gerüstbau war auch 1614 erforderlich, und der Gotteshausmeister verbuchte wiederum Kosten für „44 Streng und Strick [...], so zum Gerüst, als die Orgel renovirt, gebraucht worden“.[237]

Diese Reparaturbeschreibungen stützen die These des Orgelbaumeisters Andreas Hemmerlein von einer „Schwalbennestorgel“ an der Chornordwand über der alten Sakristei mit Unterbringung der Bälge im zweiten Turmgeschoss.[238] Die obere Westempore, auf der die Orgel heute ihren Platz hat, war noch nicht erbaut.[239] Trotz mehrfacher Reparaturen[240] war die Orgel 1669 nur noch bedingt gebrauchstüchtig.[241] Die Bürgermeisterrechnung aus dem Jahr 1700 verzeichnet den im Vorjahr in Würzburg in Auftrag gegebenen „newen hochen Altar in der Pfarrkirch Sanct Veit“ sowie die Orgel, die inzwischen auf

---

[236] StadtA Ip, B 26, fol. 107r (1555); PfarrA Ip, R 179 (1555), R 180 (1556/57): Im Jahr 1556 besichtigte der Casteller Pfarrer die Orgel und beseitigte einige Mängel. Das Instrument wurde mit einem „Fhellschloss“ gesichert, und „ob der Orgll“ wurde ein „Dhurle“ eingesetzt; StadtA Ip, R 77 (1655): „3 lb 10 dn Hans Düren für zwey Geyßfähl [Ziegenfelle], so zue der Orgel verbraucht worden, bezahldt“; R 78 (1656): Der Spengler wird für Blei bezahlt, „so zu dem Regal in der Kirchen verbraucht wordten“; PfarrA Ip, R 223 (1662): Dem Schlosser „1 lb 10 dn von 2 Schlüßel an die Sacristey und Regal sambt den Schloß auszubesseren zalt“.

[237] PfarrA Ip, R 190 (1614).

[238] Andreas Hemmerlein / Martin Rieß, Bestandsaufnahme der Joh. Ph. Seuffert / Mann-Orgel von 1751 / 1986 in der kath. Stadtpfarrkirche St. Veit zu Iphofen, Cadolzburg 2017, S. 10. Die Bürgermeisterrechnung aus dem Jahr 1612 verzeichnet die Entlohnung des Organisten und des Orgelziehers Michael Wirsing; StadtA Ip, R 129: 1612. Auch ein „Glockenspiel“ befand sich neben dem Hochaltar; PfarrA Ip, R 978, Beleg Nr. 59: 30.12.1875.

[239] PfarrA Ip, Nachlass Maier, Kirchenbeschreibung ca. 1610: „Kirchbau zu St. Veit in der Stadt: ein schöner, loblicher, ansehlicher Bau mit schönen, hohen 14 Seulen, hochgewelbt. Ein Mangel darin daß kein Pergula fur die Manspersonen in der Höhe, müssen all untenstehen in der Vierung herumb, und in den Beygewelben [...] hat ein Orgel im Chor oben gut, ist anno 1609 [...] durch Herrn Joann Ullrich Figutum Orgelmachern renovirt worden. Das Corpus aber oben alt“.

[240] StadtA Ip, B 26, fol. 107r (1555), PfarrA Ip, R 179 (1555); PfarrA Ip, Nachlass Maier, Kirchenbeschreibung ca. 1610 (Orgelreparatur 1609); PfarrA Ip, R 213 (Orgelreparatur durch den Ochsenfurter Orgelmacher Lorenz Vinck 1643); PfarrA Ip, R 225 (Besichtigung durch den Bamberger Orgelmacher 1664); StadtA Ip, R 82, fol. 30 (Reparatur durch Lorenz Hoffmann, Orgelmacher aus Arnstein 1668).

[241] Endres, Iphofen (wie Anm. 55), S. 380; vgl. PfarrA Ip, Bd. 8, fol. 16v (1669), Bd. 9, Nr. 42 (1673): „Ist ein grosses, aber altes, schlechtes und zerstimpeltes Orgelwerckh, eng ahn der feuchten Mauer stehendt, vorhanden, dessen ein oder anderes Register aus Mangel zinnern Pfeiffen uhngangbahr. Mögen auch, wegen gemeiner Armuthey, uhneracht es zue Gottes Ehr hoch vonnöthen, noch nit repariert werden. Und wann solches Werckh von der feuchten Mauer nit transferiert wirdt, es vermuethlich in kurzer Zeit nimmermehr zu gebrauchen sein wirdt“. Andreas Brombierstäudl, Aus vergilbten Blättern, Mainbernheim 2006, S. 196–198: Eines der vier ältesten erhaltenen spielbaren fränkischen Positive des 17. Jahrhunderts wird heute in der kulturhistorischen Sammlung aufbewahrt. StadtA Ip, R 1458: Die Schleifladenorgel aus dem Jahr 1691 befand sich im Bürgerspital und wurde 1783 durch den Iphöfer Orgelmacher Marquard repariert.

der „Bohrkirchen" (Empore) ihren Platz gefunden hatte.[242] Diese nicht mehr vorhandene Empore kann man zwischen den beiden später erbauten heutigen Westemporen lokalisieren.

Mehrere Reparaturen des „sehr schathaften" Instruments standen an. Im August 1706 kam der Kitzinger Orgelmacher nach Iphofen, im November dieses Jahres der Würzburger Hoforgelmacher Johann Hoffmann. Als „wegen der goße[n] Dürrung des Sommer[s]" im Jahr 1719 die „vilen Fündtil in der Orgel [...] zuruckgangen", war eine erneute Reparatur unumgänglich. Aus dem Bericht des Kitzinger Orgelmachers Johann Adam Brandenstein (1657–1726) ist ersichtlich, dass die Iphöfer Orgel mit zwei Windladen und 10 Registern ausgestattet war (Abb. 5).[243] Im Jahr 1742 kümmerten sich Orgelmacher und Organist gemeinsam um erneut aufgetretene Schäden.[244]

Da alle Reparaturversuche nicht den gewünschten Erfolg brachten, entschloss man sich im Jahr 1751, bei Johann Philipp Seuffert (1693–1780) in Würzburg eine neue Orgel in Auftrag zu geben, die noch heute St. Veit ziert.[245] Die finanzielle Grundlage für diese Anschaffung bildete ein großzügiges Legat des Iphöfer Bürgers Jakob Thoma. Mit Rücksicht auf das hohe Alter von Pfarrer Johann Reß (Pfarrer in Iphofen 1704–1754) übernahmen Bürgermeister und Rat die Verhandlungen mit dem Orgelmacher, man legte aber Wert auf die Feststellung, dass damit keine Verpflichtung zur Übernahme aller Kosten verbunden sei.[246]

Am 19. November 1751 transportierten Iphöfer Bauern die Orgel mit ihren Fuhrwerken von Würzburg nach Iphofen, wo sie von Seuffert mit zwei Gesellen und Würzburger Schreinern aufgerichtet wurde. Bürgermeister Niever kümmerte sich um die zum Aufbau erforderlichen Materialien und Hilfskräfte, Übernachtungsmöglichkeiten für die Würzburger Handwerker, Verpflegung und Wein.[247]

---

[242] StadtA Ip, R 88, fol. 65r (1699), R 89, fol. 55v (1700). 1708 arbeitete der Schlosser „an der Orgel in der Bhorkhirchen"; StadtA Ip, R 1985.

[243] StadtA Ip, R 95, fol. 74v, 80r (1706), R 1983 (10.11.1706): „30 Thaler, als 26 Thaler vor Reparirung der sehr schathaften Orgel der Stattpfahrkirchen Iphofen und 4 Thaler vor 5 grosse Pfeuffen in das Posaun Register, so neu gemacht worten nebst 6/8 1703er Gewechs seint mir Ents Bemeltem veraccortirter massen von Herrn Burgermeister Niclaus Joseph Dummer zu Recht vergnügt worden, worüber ich bescheine. Johann Hoffmann, Orgelmacher zu Würzburg". StadtA Ip, R 109, fol. 67v, R 1996, Beleg Nr. 51 (11.09.1719): Johann Adam Brandenstein berichtet, er habe „nicht andters geköndt, als die beydtn Windladten so wohl in Werck als Bedall föllig herrundter zu thuen und alle Fundtil doppelt frisch beledtert und gefundtene Feller in der selben ausgebessert, ferner alle Pfeuffn groß und glein musen ausheben und solche in Einsetzunng derselben wiedterumb gelöth und ausgebeßert wie auch die Belch, nach dem das föllige Werck als 10 Register durchaus und föllig gestimmt".

[244] StadtA Ip, B 38 (12.07.1742): „Weilen die Orgel in der Stadtpfarrkirchen sehr ruinirt, viele Pfeifen umbliegen und viele andere nicht anstimmen, auch die Windladen und Blasbelche sehr ausgehen, als soll solche nechstere Wochen zu repariren angefangen werdten und solle dem Orgelmachern und Organisten täglichen 12 Batzen miteinander abgegeben werdten."

[245] Hermann Fischer und Theodor Wohnhaas datieren diesen Orgelneubau in die Zeit um 1760 und schreiben das Instrument dem Schweinfurter Orgelbauer Voit oder dem Würzburger Hoforgelbauer Johann Philipp Seuffert zu; Hermann Fischer/Theodor Wohnhaas, Historische Orgeln in Unterfranken, München/Zürich 1981, S. 150. Iphöfer Archivalien und ein Klebezettel auf der Rückseite des Windkastens der Orgel belegen eine Entstehung in Würzburg im Jahr 1751.

[246] StadtA Ip, B 38 und B 40 (28.01.1751, 01.07.1751, 02.09.1751, 04.05.1752). Jakob Thoma bewohnte Haus Nr. 181 im vierten Viertel neben der Kellerei des Domkapitels; StadtA Ip, B 153, fol. 28r.

[247] StadtA Ip, B 38 und B 40 (19.11.1751, 16.12.1751, 27.01.1752), R 142, S. 77, 82, 97 (1753).

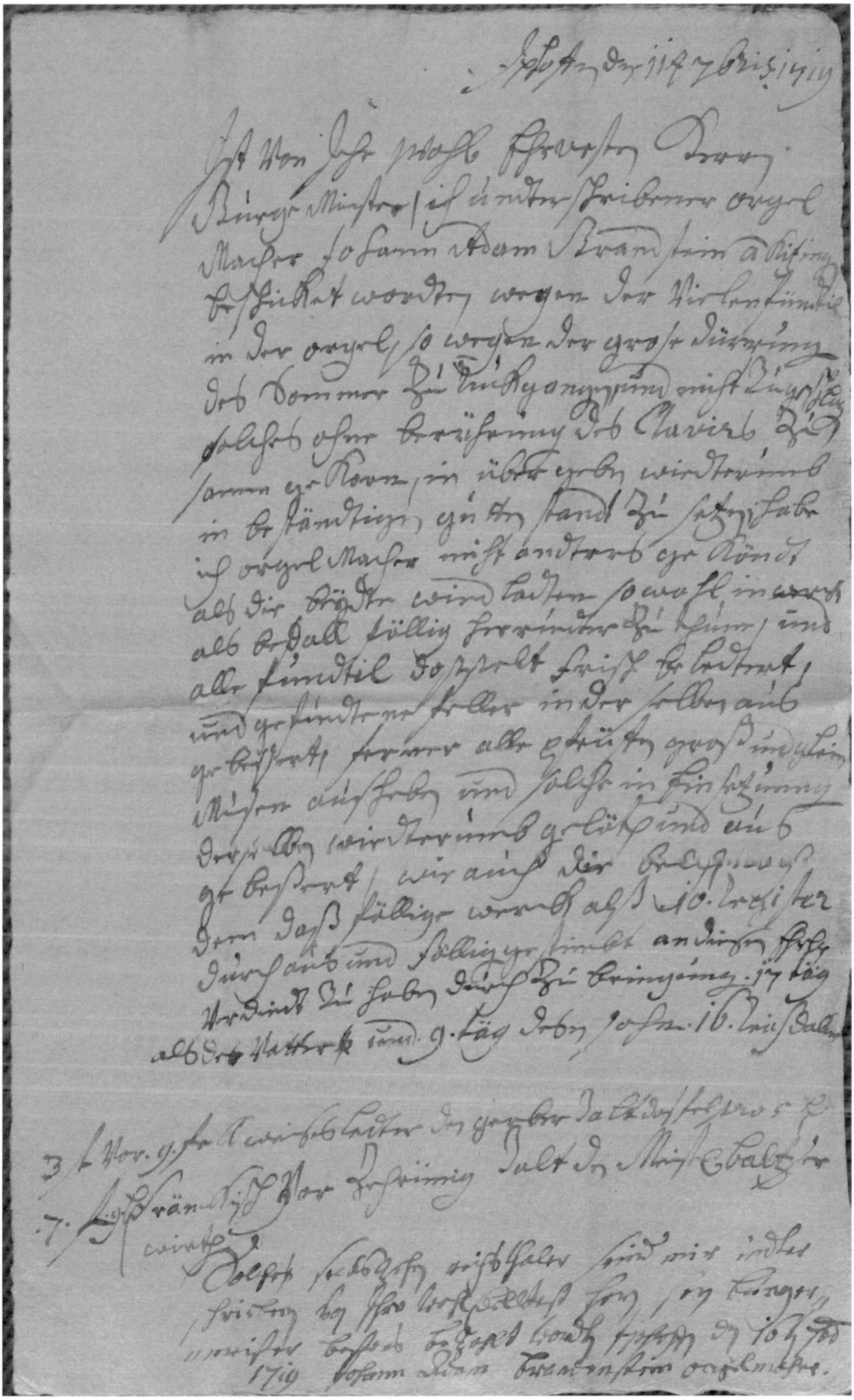

Abb. 5: *Beleg zur Orgelreparatur durch den Kitzinger Orgelmacher Johann Adam Brandenstein im September 1719 (StadtA Ip, R 1996).*

Im Jahr 1759 wurde das neue Instrument durch den Würzburger Domorgelmacher Adam Adolf Otto erstmals gründlich repariert. Zahlreiche weitere, nicht immer fachmännische Reparaturen folgten. In einem Brief an den Iphöfer Organisten Hans Ruck klagte Clemens Hamberger OSB 1980: „Vor meinem Klostereintritt arbeitete ich zeitweise im Orgelbau und lernte so viele im Krieg beschädigte kleinere und große Orgeln kennen. Doch was ich nun in Iphofen antraf, stellte alles bisherige in den Schatten! Das war so deprimierend und erschütternd, daß ich nicht umhin kann, Ihnen zu schreiben. [...] Zur Zeit ist [die Orgel] eine ‚geschundene Magd', die entehrt und verwahrlost am Boden liegt." Nach dem letzten massiven Eingriff in den historischen Bestand durch die Gebrüder Mann aus Marktbreit urteilte man im Bayerischen Landesamt für Denkmalpflege enttäuscht: „Abgesehen vom Gehäuse ist mehr als die Hälfte des jetzigen Orgelwerkes völlig neue Substanz."[248]

13. Orgelempore in St. Veit

In der Mitte des 18. Jahrhunderts war in St. Veit nur eine einzige Empore vorhanden, auf der nicht nur die imposante Orgel, sondern auch die jungen männlichen Kirchgänger Platz finden mussten. Pfarrer Klingenhuber klagte: „Demnach die alhiesige Inwohnere und sonderlich die Jugend (sich) also vermehren, daß die Kirche solche nicht mehr faßet, sonderlich aber die Emporkirche nicht erklecklich seyn will, daß die dahin gewöhnlich gehende junge Männer und Unverheyrathete alda Platz nehmen können, sondern sich theils auf der Emporstiege, theils in der Orgel und allerhand Winkeln aufhalten müssen. Bey diesen Umständen aber öftere Excesse und ungebührliche Aufführungen vorgegangen und noch vorgehen."[249] Zur Lösung dieses Problems beschloss man im Rat am 4. Februar 1773, die bisherige Empore mit der Orgel anzuheben, um darunter Platz für eine 200 Personen fassende zweite Empore zu schaffen.

Noch im Jahr 1773 erfolgte in einem ersten Arbeitsschritt die Anhebung der Orgel, die von Iphöfer Zimmerleuten in ihre neue Position gebracht wurde. Der Kitzinger Orgelmacher Franz Zettler erhielt 10 Gulden „von dieser Orgel wiederum rein zu stimmen, die Blasbälch aufeinander zu legen und einige Abänderung mit dem Clavier zu machen."[250]

[248] Reparaturen an der Orgel: StadtA Ip, R 148, S. 90, 114, 122 (1759), B 47 (04.07.1801): Franziskanerbruder Aloysius von Schwarzenberg (1801); StadtA Ip, A 619 (11.11.1817, 03.12.1817, 06.04.1818, 18.04.1818), R 203, fol. 151v Baukosten (30.09.1818), R 1903, fol. 182r (30.09.1819); PfarrA Ip, R 456, S. 38 (1817/18), R 923, Belege Nr. 24, 25 (11.03.1818, 24.08.1818); PfarrA Ip, R 928, Beleg Nr. 32 (14.11.1822), R 933, Beleg Nr. 62 (19.07.1828); StadtA Ip, B 51 (23.07.1828, 18.09.1828): Hoforgelmacher Johann Philipp Albert Seuffert (1817, 1822, 1828); StadtA Ip, B 54 (29.05.1863, 18.06.1863): Johann Michael Bittner (1863); StadtA Ip, B 60 (30.03.1900): Heinrich Dillig (1900); StadtA Ip, B 60 (14.08.1902, 19.02.1903): Schlimbach und Sohn (1903); PfarrA Ip, A V 30 (05.09.1913): Josef Bittner (1913) usw.; Informationen zu weiteren Reparaturen und zu den Bauteilen der Orgel: Hermann Fischer, Der Orgelbauer Johann Philipp Seuffert und seine Nachkommen in Würzburg, Kirrweiler und Wien (Quellen und Forschungen zur Geschichte des Bistums und Hochstifts Würzburg 71), Würzburg 2015, S. 250–254; Hemmerlein/Rieß, Bestandsaufnahme (wie Anm. 238); PfarrA Ip, nicht archivierte Bestände (08.09.1980): Brief von Br. Clemens Hamberger OSB Abtei Münsterschwarzach; PfarrA Ip, nicht archivierte Bestände (10.10.1986): Schreiben des bayer. Landesamtes für Denkmalpflege.

[249] PfarrA Ip, B V 2 (04.02.1773); StadtA Ip, B 43, S. 513–515 (04.02.1773).

[250] StadtA Ip, R 161, S. 80, 114–116 (1773).

Abb. 6: *St. Veit, Emporen (1773 und 1785) mit Seuffertorgel (1751) (Foto: Josef Endres).*

In einem zweiten Arbeitsschritt wurde 1785 darunter die zweite Empore gefertigt, konzipiert vor allem für die männliche Jugend, denn auch Pfarrer Franz Kaspar Klinger (Pfarrer in Iphofen von 1782–1786) hatte moniert, dass „sich ein großer Theil der Jugend auf Stiegen, in Winkeln und wo sie nur Platz finden kann, auch unter dem ledigen Weibsvolke, aufhalten muß."[251] Stadtzimmermann Georg Tauber entwarf die Pläne[252] und führte den Bau zusammen mit Johann und Sebastian Popp aus.[253]

Das Stimmen „von zwey Registern in der Stadtorgel" übernahm dieses Mal der Iphöfer Organist Andreas Gräfner.[254] Zur oberen Orgelempore hatten nun nur noch er und das Chorpersonal Zutritt. Drei Jugendliche, die unerlaubt eingedrungen waren und den Blasebalg der Orgel beschädigt hatten, wurden mit 6, 10 und 12 „verhältnismäßigen Schlägen zum warnenden Beyspiel der Schuljugend belegt."[255] 1787 verkleidete Schreinermeister Hack die vier Säulen der Emporen mit Holz, Michael Böhm fertigte die neuen Stuckdecken.[256]

14. Andreas Gräfner als Organist

Zahlreiche Iphöfer Organisten von unterschiedlichem musikalischen Können und wechselndem Fleiß prägten die Qualität der Kirchenmusik in St. Veit. Nachdem der unfähige Heinrich Heyl im Jahr 1707 verstorben war, übernahm Johann Adam Luckmayer für viele Jahre den Organistendienst.[257] Nach dessen Tod blieb die Organistenstelle zunächst vakant. Vergeblich hoffte man auf einen kompetenten Nachfolger, der die Witwe mit ihren fünf unmündigen Kindern heiraten und den Dienst fortführen sollte.[258]

Auch wenn eine Ehe mit der Witwe Luckmayer für den noch ledigen, 23-jährigen Sommeracher Kantor Johann Andreas Gräfner (1727–1801) keine Option war, trat er doch am 30. April 1750 vor den Iphöfer Rat und trug vor, „wie er in Erfahrung gebracht habe, daß der hiesige Organist mit Todt abgegangen und dadurch der Dienst vacant wordten seye, wollte dahero sich darum bey Rath gemeldet und umb Conferirung dieses Dienstes bittlich angesuchet haben. Er verspricht gemeiner Stadt, seine Diensten wohl zu versehen und sich guth aufzuführen." Der 30. April war ein Donnerstag, und während des Got-

---

[251] PfarrA Ip, B V 2 (17.06.1785).

[252] StadtA Ip, B 45, S. 203 (25.06.1785), S. 206f. (30.06.1785).

[253] StadtA Ip, B 45, S. 243 (17.11.1785). Mit ihren Fuhrwerken transportierten Iphöfer Bauern gratis das erforderliche Bauholz; StadtA Ip, R 173, S. 69: 1785. Auch eine neue Treppe zu den Emporen war erforderlich. Für die Maurer- und Steinhauerarbeiten war Sebastian Schiffmayer zuständig; StadtA Ip, R 173, S. 68f.: 1785. Bretterboden und Holzbrüstung fertigte Schreinermeister Albert; StadtA Ip, B 45, S. 258f.: 12.01.1786.

[254] StadtA Ip, R 173, S. 68 (1785).

[255] StadtA Ip, B 47, S. 78–81 (11.05.1797).

[256] StadtA Ip, R 175, S. 71 (1787).

[257] StadtA Ip, B 35 (10.09.1707). Ab 1740 bewohnte Luckmayer das Haus in der Langen Gasse 21; PfarrA Ip, Bd. 25. 1743 beschwerte er sich über seine zu geringe Entlohnung, dass er „sich vexiren lassen müßte, daß der Schuljung mehr habe als er, als wollte er nochmahls darumen bittlichen angesuchet haben in Hoffnung, er werdte nicht trostlos gelassen werdten"; StadtA Ip, B 38: 14.03.1743.

[258] StadtA Ip, B 38 (12.06.1745, 04.12.1745, 17.02.1746), B 39, fol. 142v (04.12.1745).

tesdienstes vor der Ratssitzung hatte sich der Supplikant „in dem Engelambt in seiner abgelegten Prob wohl verhalten." Er brachte die nötigen Mittel auf, um in Iphofen eine „ehrliche Wohnung" zu finden, weshalb die Ratsherren gerne auf sein Angebot eingingen, zunächst aber nur 32 Gulden und ein Malter Dinkel als Entlohnung bewilligten.[259] Mit Gräfners Amtsantritt wurde die Grundlage für die spätere Entfaltung der Iphöfer Kirchenmusik gelegt, die unter der Leitung seines ältesten Sohnes Erwin als „Rector Chori" ihre Blüte erleben sollte.

Am 13. Januar 1755 heiratete Andreas Gräfner in Sommerach die aus Geiselwind stammende Dorothea Stockinger[260], und nachdem er in Iphofen im zweiten Viertel nahe St. Veit ein Haus[261] erworben hatte, wurde ihm am 12. Juni dieses Jahres das Bürgerrecht zugesagt.[262] Im folgenden Jahr wurde er als Schöffe des Centgerichts eingesetzt.[263] Er war Bruderschaftspfleger und übernahm 1761 auch die Aufgaben eines Gotteshauspflegers zu St. Veit.[264] Am 27. Februar 1764 verstarb seine erste Ehefrau, die ihm drei Kinder geboren hatte.[265] Schon im folgenden Jahr heiratete er Maria Ursula, Tochter des Iphöfer Büttnermeisters Stephan Raeth[266], die er, obwohl sie 13 Jahre jünger war[267], um 19 Jahre überleben sollte. Dieser zweiten Ehe entsprossen acht Kinder.[268] Trotz seines impulsiven Charakters, auf den eine tätliche Auseinandersetzung mit dem Ratsherrn Philipp Schell am 10. Februar 1771 morgens vor der hl. Messe schließen lässt[269], gelang ihm 1773 der Aufstieg in den Rat der Stadt.[270]

Als der Organist im vorgerückten Alter von 74 Jahren und dem Tode nahe „wegen seinen beihabenden kränklichen Umständen" seine Kräfte schwinden fühlte, informierte er seine Ratskollegen schriftlich über seine konkreten Vorstellungen von seinem Nachfolger. Er schlug vor, seinem begabten ältesten Sohn Johann Erwin, seit 1786 Schulrektor, zusätzlich sowohl das einflussreiche Ratsherren- als auch das Organistenamt zu übertragen.[271]

Gegen diese dem 45-jährigen Erwin Gräfner zugedachte Ämterhäufung und Machtkonzentration opponierte ausgerechnet Georg Philipp Bissert, obwohl er doch selbst mehrere städtische Ämter bekleidete und damit über erheblichen Einfluss in der Stadt verfügte. Der Sohn des Ratsherrn, Centgrafen und

---

259 StadtA Ip, B 38 und B 40 (30.04.1750). Andreas Gräf(f)ner wurde am 10.05.1727 in Sommerach geboren; PfarrA Ip, Bd. 108, S. 109. Gehaltszulagen: 01.03.1753, 07.06.1753; StadtA Ip, B 38. Entlohnung für die regelmäßige Pflege der Orgel: 07.06.1794; StadtA Ip, B 46, S. 427f.
260 PfarrA Ip, B 108, S. 109.
261 PfarrA Ip, Bd. 25, S. 10, Bd. 28.
262 StadtA Ip, B 41, S. 93, 119.
263 StadtA Ip, B 41, S. 148 (07.10.1756).
264 PfarrA Ip, Bd. 30, Titelblatt.
265 PfarrA Ip, Bd. 108, S. 109: Johann Erwin (* 06.03.1756), Maria Barbara (* 03.03.1758), Johann Georg (* 23.07.1760).
266 PfarrA Ip, Bd. 108, S. 602.
267 PfarrA Ip, Bd. 108, S. 109: Ursula Räth, * 15.07.1740, verheiratet ab 1765, † 05.06.1782.
268 PfarrA Ip, Bd. 108, S. 109: Elisabeth Barbara (* 24.03.1766), Catharina Elisabeth (* 13.02.1768, † 30.08.1771), Anna Maria Susanna (* 14.04.1771), Georg Franz (* 29.12.1773), Sophia Veronica (* 20.12.1774), Johann Albrecht Christian (* 07.02.1777), Joseph Adamus (* 03.02.1780), Maria Magdalena (* 14.11.1781).
269 PfarrA Ip, A IV 22 (13.05.1771).
270 StadtA Ip, B 38, zweites Blatt vor der Seitenzählung.
271 StadtA Ip, A 615 (09.02.1801).

Zollbereiters Franciscus Josephus Bissert[272] und Enkel des Schulmeisters und Centgrafen Clemens Bissert war Apotheker, Rössleinswirt, Spitalverwalter, zudem noch Bürgermeister. Er argumentierte, „daß er zu dieser Organistenstelle mit einem großen Kostenaufwand seinen Sohn habe bis daher befähigen lassen“ und versicherte, er werde sich weiterhin intensiv um dessen Ausbildung bemühen. Die Ratsherren folgten seiner Argumentation, und nach dem Tod Andreas Gräfners im Jahr 1801 übernahm Georg Philipp Bisserts 23-jähriger Sohn Georg Andreas für viele Jahre den Organistendienst in Iphofen.[273] Als Mitglied eines angesehenen Familienverbandes bewohnte er das stattliche, für seinen Urgroßvater Clemens 1724–1726 errichtete Barockhaus neben dem Mittagsturm. Selbst als er nahezu taub war, wagte es niemand, ihm sein Organistenamt streitig zu machen. Nur seinem Sohn Michael, der bei Kantor Molitor und Rektor Heß das Orgelspiel erlernt hatte, gestattete er es, ab 1845 die Orgel für ihn zu spielen, als er selbst dazu nicht mehr in der Lage war.[274]

Auf Bissert folgten die Organisten Martin Ohlhaut, Herrlein sen., Herrlein jun., Kaspar Schlicht, Johann Ruckdeschel, Franz Hack[275], Hans Ruck sen.[276] und Hans Ruck jun.

15. Erwin Gräfner als „Rector Chori“

Unter der Leitung des Knabenkantors und Rektors Johann Erwin Gräfner (1756–1838) erlebte die Iphöfer Kirchenmusik ihre Blütezeit. Zahlreiche Musikalien tragen seine Handschrift oder wurden von ihm beschafft. Er war es, der den Musikgeschmack in der Stadt prägte. Mit Energie und Durchsetzungskraft schuf er die finanziellen Grundlagen für ein glanzvolles Kirchenorchester, auf das man in der kleinen würzburgischen Landstadt mit Stolz blickte.

Da Gräfner für die Planung und Durchführung der Kirchenkonzerte die Hauptverantwortung trug, hatte sich auch der Türmer und Stadtmusikus der „Direktion des Rectors Chori zu unterwerfen“.[277]

Als Lehrer der oberen Knabenschule, als Sänger und Dirigent auf dem Chor erhielt der Rektor eine angemessene Entlohnung in Form einer allgemein üblichen Mischbesoldung von Geld, Naturalien (Korn, Dinkel, Hafer, Wein[278], Holzrecht) sowie freie Wohnung im Schulhaus[279] und die Nutzung einer Wiese

[272] Franz Joseph Bissert * 13.12.1706 als Sohn des Centgrafen Clemens Bissert und seiner Ehefrau Maria Margaretha, Bürgeraufnahme am 09.08.1730, † 25.12.1746; StadtA Ip, B 36; PfarrA Ip, Matrikel.

[273] StadtA Ip, A 615 (25.06.1801), B 47 (09.02.1801, 25.06.1801), B 48, S. 213 (02.08.1804). Der am 28.08.1778 geborene Georg Andreas entstammte Georg Philipp Bisserts zweiter Ehe mit Maria Elisabeth Zolner aus Gerolzhofen; PfarrA Ip, Bd. 108, S. 115, 473.

[274] StadtA Ip, A 617 (03.02.1850), A 643 (12.12.1834): Seine Jugend verbrachte Andreas Bissert im Haus Nr. 41. Später zog er in die Lange Gasse Nr. 150 um. Dieses großräumige Anwesen bewohnten auch der Schullehrergehilfe Johann Michael Molitor sowie die Musiker Friedrich und Sebastian Heß; StadtA Ip, A 26 (ca. 1838).

[275] StadtA Ip, Buch 24, S. 507, A 616 (30.04.1908).

[276] Altbürgermeister Johann Ruck verstarb im August 1964; PfarrA Ip, R 598.

[277] StadtA Ip, B 50, S. 71 (12.10.1821).

[278] Belege über zusätzliche Weineinkäufe verraten, dass der Kantor den Iphöfer Wein sehr schätzte; PfarrA Ip, R 421, 427.

[279] PfarrA Ip, A III 1 (1820): Haus alte Nr. 42, Kirchplatz 4.

und eines Ackers nahe dem Rödelseer Tor. Insgesamt ergab sich die Gesamtsumme von 417 Gulden 11¼ Kreuzern. Zur Einschätzung der Kaufkraft ist ein Blick auf die Preisentwicklung in der ersten Hälfte des 19. Jahrhunderts hilfreich.[280]

Als Sohn des Stadtorganisten, Gotteshauspflegers und Ratsherren Andreas Gräfner wurde Erwin am 6. März 1756 in Iphofen geboren[281], war zunächst Knabenkantor[282] und „lateinischer Schullehrer"[283], eine Terminologie, die auf die Aufgabenverteilung in den Iphöfer Schulen im Jahr 1755 Bezug nimmt.[284] Am 20. November 1780 heiratete er Anna Barbara Koch, Tochter des Amtsverwesers Martin Koch in Leuzendorf.[285]

Nach dem Tod Andreas Heinerts wurde ihm im April 1786 dessen Funktion als Rektor übertragen, gleichzeitig übernahm der „deutsche Schulmeister"[286] Johann Michael Schubert die bisherigen Aufgaben Gräfners als Knabenschullehrer, während die Tochter des Türmers Weckert die Mädchenschule leitete.[287] Alle drei Aspiranten hatten „nach gnädigster Vorschrift in hochfürstlichem Schuhlseminario gestanden und daselbsten die zum Lehramt erforderliche[n] Fähigkeiten erprobet", hatten also das Würzburger Lehrerseminar besucht.

Gräfner betreute das traditionelle „Herumsingen im Winter" und erteilte Unterricht in der Sonntagsschule, „deren Beschwehrnis bey dem Unterrichte

---

[280] PfarrA Ip, C IV 1 (14.01.1833): „Fassion über das jährliche Diensteinkommen des zeitlichen Lehrers an der obern Knabenschule zu Iphofen, welcher als Sänger und Dirigent auf dem Chor angestellt ist: an Geldbesoldung aus der Gemeindekasse: 119 fl. 5½ Kreuzer. [...] Aus beiden Gotteshäusern: Wegen der das Jahr über abgehaltenen Aemter und gestifteten Jahrtage für die Musik, worunter 7 fl. 45 Kreuzer als Überhauptvergütung für Anschaffung der Saiten auf die kleinen Armgeigen, als 6 Violinen und 2 Altviolen, begriffen sind: 35 fl. 2¾ Kreuzer [später korrigiert zu: 27 fl. 17¾ Kreuzer]. An Akzidenzien von Hochzeiten und Leichen im Überhauptanschlage vom ehemaligen Magistrate bestimmt 1811: 40 fl. (von einer Hochzeit 20 Kreuzer, von einer Kindsleiche 20 Kreuzer, von der Leiche eines Erwachsenen mit 3 Exequien 1 fl. 15 Kreuzer), [...] aus der Gemeindekasse an Antheil wegen zweyer verlobter Prozessionen in der Stadt jährlich 17 Kreuzer, für den Genuß eines Eichelrechts wegen Seltenheit des Anfalls im Jahre 10 Kreuzer".
Preisentwicklung in Iphofen (1 Gulden = 60 Kreuzer): PfarrA Ip, Nachlass Maier, Urkunde aus dem Turmknauf 1812; StadtA Ip, A 619, A 620: Im Jahr 1812 kostete der achtpfündige Laib Brot, bayerisches Gewicht, in Iphofen 24 Kreuzer, das Pfund Kalbfleisch 10 Kreuzer, das Pfund Schweinefleisch 10 Kreuzer; im Jahr 1853 kostete der achtpfündige Laib Brot 31 Kreuzer, das Pfund Kalbfleisch 9 Kreuzer, das Pfund Schweinefleisch 14 Kreuzer; im Jahr 1864 kostete der achtpfündige Laib Brot 24½ Kreuzer, das Pfund Kalbfleisch 9½ Kreuzer, das Pfund Schweinefleisch 16 Kreuzer.

[281] PfarrA Ip, nicht archivierte Bestände, Verzeichnis aller Gemeindemitglieder in der katholischen Kirchengemeinde Iphofen 1834, Haus Nr. 12; PfarrA Ip, Bd. 108, S. 109.

[282] StadtA Ip, A 571 (04.12.1779): Als Kantor betreute er 1779 auch das „gewöhnliche Herumsingen an Catharina Tag".

[283] StadtA Ip, B 45, S. 296 (18.04.1786).

[284] StadtA Ip, B 41, S. 89f. (24.04.1755): Auf Anregung des Pfarrers Johann Christoph Wittmann (Pfarrer in Iphofen 1754–1767) wurde 1755 beschlossen, „die Mägdlein alleinig dem Cantorn zu geben und darzu noch die Jungen, die die principia latina zu erlernen anfangen thäten, dem Rectorn aber alleinig die Knaben und diejenige, die Argumenta componiren thäten, zu überlassen".

[285] PfarrA Ip, Bd. 108, S. 80, 109, 720.

[286] 1785 wohnte der deutsche Schulmeister im Zeughaus, Haus Nr. 126, heute Marktplatz 12; StadtA Ip, B 49: 22.06.1752, R 173, S. 77: 1785. Zwei Jahre später war dort die Lehrerin der Mädchenschule untergebracht: „Ein in Annis 1754 et 1755 neu erbautes Haus auf dem Markt, von welchem der untere Stock zum Zeughaus aptiret worden, in welchem die Feuer Machinen, Kessel, Leitern, Bretter und dergleichen aufbehalten werden, den obern Stock bewohnet dermalen die Mägdleinsschullehrerin gratis"; StadtA Ip, R 175: 1787.

[287] StadtA Ip, B 45, S. 296–299 (18.04.1786).

der schon etwas steiferen und daher unbiegsameren Knaben nicht leicht verkennbar ist und deshalben auch lästig wird".[288] Zudem übernahm er die Aufgaben des Chordirigenten und Sängers in der Kirche. Unterstützt und entlastet wurde er dabei von Kantor Johann Adam Molitor (1763–1830), der eine ähnliche Musikbegeisterung zeigte wie sein namensgleicher Urahn aus dem frühen 17. Jahrhundert.[289] Mit Eifer beteiligte sich der Kantor beim Kopieren von Handschriften für die Kirchenmusik.[290] Für seine Mühe wurde er nur unzureichend entschädigt und klagte, „wie der dasige Kantorsgehalt so geringfügig seye, daß er ohnmöglich mit seiner Hausfamilie bestehen könne", drohte sogar, Iphofen zu verlassen und sich nach einer anderen Schulstelle umzusehen.[291]

Obwohl einige Ratsherren eine Inkompatibilität zwischen dem Rektor- und Ratsherrenamt monierten, gelang Erwin Gräfner schon wenige Tage nach dem Tod seines Vaters Andreas, der am 19. März 1801 im Alter von 74 Jahren verstarb, der Aufstieg in den Rat als dessen Nachfolger.[292] Das Gräfnerwappen auf der Wappentafel der Ratsherren zeigt im rechten Feld drei mit Gold umrandete, rote Rauten vor blauem Hintergrund und links auf rot-schwarzem Hintergrund einen im Erdreich steckenden Spaten.[293]

Abb. 7: *Wappen der Familie „Gräffner", kulturhistorische Sammlung Iphofen, Inventarnummer 86 (Foto: Josef Endres).*

[288] StadtA Ip, B 47, S. 310–313 (11.05.1799), R 1949, Nr. 33 (09.04.1803).
[289] PfarrA Ip, R 911 (1806), R 1159 (30.11.1816).
[290] PfarrA Ip, R 444, S. 23 (1805), R 911, Beleg Nr. 29 (23.08.1806).
[291] StadtA Ip, B 47, S. 299 (27.04.1799).
[292] PfarrA Ip, Sterbematrikel; StadtA Ip, B 47, S. 616–618 (23.03.1801), S. 628f. (02.05.1801); Brombierstäudl, Dies und das (wie Anm. 83), S. 105f.
[293] Wappentafel in der kulturhistorischen Sammlung Iphofen, gefertigt im Jahr 1736 von einem Maler aus Rödelsee und später mit den jeweils aktuellen Ratsherrenwappen ergänzt; StadtA Ip, R 125, S. 96.

Im Kirchendienst übernahm Erwin Gräfner vielfältige Aufgaben: Er teilte die Betstunden für die ewige Anbetung ein[294], führte als Pfleger von 1804 bis 1811 die Rechnungen für die Kirche St. Martin, er zeichnete verantwortlich für die Entlohnung des Kantors, des Organisten, der Singjungen und des Balgtreters oder Kalkanten.[295] Besonders begabten Schülern wie dem Singjungen Hack ermöglichte er eine Weiterbildung in Wien.[296]

Kleinere Defekte an den Musikinstrumenten korrigierte er entweder selbst oder beauftragte ortsansässige Handwerker. Für größere Schäden an den wertvollen Streichinstrumenten waren die Geigenmacher Xaver Meindl in Würzburg, Georg Michael Scheinlein in Langenfeld und die Experten aus der traditionsreichen Geigenbauerfamilie Widhalm in Nürnberg zuständig.[297]

Gräfner fertigte Abschriften zahlreicher Musikhandschriften, die er zudem bearbeitete und korrigierte. Damit trug er wesentlich zur Anschaffung der heute in Resten erhaltenen Musikalien bei. Gerne griff er auf klassische Werke zurück, sodass ihn die Vertreter der Kirchenverwaltung mahnten, auf „alles unnöthig prunkende Opernwesen zu verzichten."[298]

Im Jahr 1791 fertigte er Abschriften von einem Requiem und sechs Messen[299] des damals modernen und allgemein geschätzten Komponisten Eugen Pausch aus Neumarkt in der Oberpfalz (1758–1838), 1807 kollationierte er eine Kirchenmesse von W. Müller[300], 1809 eine Messe von Georg Anton Kreusser,

---

[294] PfarrA Ip, R 429 (1790), R 433 (1794).

[295] PfarrA Ip, R 911 Nr. 14 (19.08.1806).

[296] StadtA Ip, R 1908, Nr. 45 (29.09.1805).

[297] PfarrA Ip, R 439, S. 40 (1801): Instrumentenmacher Paulus in Marktbreit repariert und bezieht den „großen Violon Bogen"; R 912 Nr. 42 (13.10.1807): Spenglermeister Andreas Wintzheimer repariert Trompete und Waldhorn; R 446, S. 31 (1807/08), R 913, Beleg Nr. 48 (08.11.1807): Quittung Gräfners über 36 Kreuzer „für Reparirung einer Kirchen Violin"; R 447a, S. 28 (1808/09), R 914, Beleg Nr. 32 (05.02.1809): Carl Friedrich Pötzscher quittiert über „zwey Gulden rh. für 12 messingene neue Stiftchen auf die Kirchentrompeten und Waldhörner und 1 Violonsaiten auf den Kirchenviolon"; Beleg Nr. 33 (08.01.1809): Johann Popp quittiert über „20 xr rh. vor einen Vi(o)lonbogen neu zu beziehen, dann 10 xr vor einen neuen Steig auf die kleine Baßgeigen zu machen, 2 xr vor etliche Luftrieße an benanter Geige zu verleumen"; R 448, S. 22 (1809/10), R 915, Beleg Nr. 43 (27.02.1810): Christian Friedrich Pötzscher quittiert über „zwey Gulden 45 xr rh. für 4 neue messinge Grumbögen auf die Kirchen Waldhörner ad S. Vitum"; R 457, S. 44 (1818/19), R 924 (02.02.1819): Reparatur des großen Violons durch den Geigenmacher Michael Dieterich in Birklingen; R 459, S. 40 (1820/21), R 926, Beleg Nr. 37 (26.03.1821): (Andreas) Schaller quittiert über „3 fl. 37 xr für Reparierung 3 Kirchen Geigen mit Abnahme der Deckel und für 6 Steig auf die Violine"; R 461, S. 37 (1822/23), R 928, Beleg Nr. 33 (24.03.1823): Geigenmacher Leopold Widhalm in Nürnberg quittiert über 20 Gulden 38 Kreuzer „für Reparatur der Iphoefer Kirchen Geigen, als 3 Violin, 1 Viola und 1 Violoncello theils mit einer neuen Decke, mit neuen Griffblättern, Saitenhaltern, Steg zc. zu machen"; R 467a, S. 56 (1828/29), R 934, Beleg Nr. 46 (28.09.1829): Geigenmacher Georg Michael Scheinlein aus Langenfeld quittiert über 7 Gulden 41 Kreuzer „für reparirte 2 Kirchen Violin"; R 470, S. 59 (1831/32), R 937, Beleg Nr. 52 (27.04.1832): Georg Michael Scheinlein quittiert über 2 Gulden 6 Kreuzer „für Reparirung vier Kirchen Violine"; R 472, S. 58 (1833/34), R 939, Beleg Nr. 42 (13.05.1834): Geigenmacher Xaver Meindl in Würzburg quittiert über „drey Gulden 49 xr für eine Violinreparatur", R 474, S. 54 (1835/36), R 941(08.10.1836): Andreas Schaller quittiert über 30 Kreuzer „für einen Steg auf den großen Stadtkirchen Violon zu fertigen".

[298] PfarrA Ip, B I 17 (24.05.1835).

[299] PfarrA Ip, R 430 (1791); vgl. Dennerlein, Musik des 18. Jahrhunderts (wie Anm. 2), S. 38.

[300] PfarrA Ip, R 912, Beleg Nr. 30: „Drey Gulden rh., eine Kirchenmesse Auth. W. Müller, Stimme vor Stimme zu collationiren, die vielen Fehler zu verbessern, auf 32 Bögen zu copiren und die 2 Clarinettstimmen in die Orgelstimme zu setzen nebst Regalpapier und sonstigen Schreibmaterialien sind aus der Gotteshauspflege ad St. Vitum mit Bewilligung Sr. Hochwürden Herrn Dechants Endes Benanntem gezahlet worden, worüber quittiret wird. Iphofen, 23. März 1807, E. Gräfner Rector".

des aus Heidingsfeld stammenden kurfürstlich-mainzischen Konzertmeisters der Klassik. Den zahlreichen Vertonungen des „Ave Maria" fügte der Rektor eine eigenhändige hinzu.[301] In Gräfners Besitz befanden sich Werke von Biazzo (Neuzuweisung RISM: Neubauer), Bühler, Hasse, Holzmann, Joseph Krafft, Lasser, Malzat, Mozart, Pleyel, Scheibl, Wreden und viele mehr. Auch Werke von Joseph Umstatt, der zur Elite der Bamberger Hofmusik gehörte, der in Würzburg tätigen Komponisten Waßmuth, Sterkel und Küffner sowie Röllingers Vertonung des „Miserere" gelangten zur Aufführung. Das Verzeichnis des Chorregenten Heß und die Kirchenrechnungen geben Einblick in den einst umfangreichen Iphöfer Musikalienbestand, Gräfners Abschriften, Abfolge und Datierung der Ankäufe.

Chormusiker und Kantor unterstützten den Rektor tatkräftig bei seiner Kopistentätigkeit, er war Kunde in der Gundelachischen Buchhandlung in Kitzingen, in der Goebhardtischen Buchhandlung in Würzburg oder bei Anton Böhm in Augsburg. Mit speziellen Musikwünschen wandte er sich an den Iphöfer Buchbinder Wittmann, den Rödelseer Schulmeister Halbig und den Würzburger Hof- und Kammermusikus Andreas Neubert.[302]

---

301 PfarrA Ip, R 447a, S. 36 (1808/09), R 914, Beleg Nr. 60 (26.09.1809): Quittung Gräfners: „Ein Gulden 40 Kreuzer rh. Vergütung, eine Kirchenmesse Auth. Kreusser auf 12 Bögen feinen Doppeltpapiers in groß folio abzuschreiben samt Materialien und die 2 Oboenstimmen in die Orgelstimmen zu übersetzen"; StadtA Ip, nicht archivierte Bestände, Musikalienverzeichnis des Chorregenten Heß (10.07.1858), S. 20, Nr. 2 Ave Maria.

302 PfarrA Ip, B VI 1; Dennerlein, Musik des 18. Jahrhunderts (wie Anm. 2), S. 36–40; AEB, Katalog der Musikhandschriften der Pfarrei Iphofen; Willy Spilling, Kleine Mainfränkische Musikgeschichte, in: Frankenland 4 (1952), S. 24–27, bes. S. 26; StadtA Ip, nicht archivierte Bestände, Musikalienverzeichnis des Chorregenten Heß (10.07.1858); PfarrA, R 426, S. 39 (1787): Rektor Gräfner kauft 12 neue Messen; R 427, S. 39 (1788): Kauf neuer Messen, Reparatur einer Trompete; R 428, S. 40 (1789): „6 Reichsthaler für 6 neue musikalische Vesper"; R 429, S. 39 (1790): 6 neue Messen, ein Requiem; R 430, S. 41 (1791): „6 Messen und ein Requiem di Bausch [Pausch]"; R 431, S. 39: „6 Messen, 6 Miserere, 6 Requiem und 1 Te Deum laudamus"; R 432 S. 39 (1793): Trompetenreparatur, Messen, Miserere, Requiem; R 433, S. 39 (1794): „Missa solemni[s] di Bleiel [Pleyel] und eine Simphonie di Kozebueh (RISM: Kozeluh, StadtA Ip, Verzeichnis des Chorregenten Heß, S. 22, Symphonien: Kozzeluch in D); PfarrA Ip, R 440, S. 40 (1802): sechs gedruckte Messen von Lasser; R 442, S. 40 (1804): „5 eingedruckte Vespern von Dreyer"; R 443, S. 43 (1809): „6 gedruckte musikalische Requiemsmessen Auth. Dreyer, R 458, S. 41 (1819/19); R 925, Beleg Nr. 25 (25.11.1819): Quittung der Goebhardtischen Buchhandlung in Würzburg über 9 fl. für „1 Ohnewalds VI Missae opus VI, Emmerig Missa solemnis opus III, Groll VI Missae opus I"; R 460, S. 40 (1821/22), R 927, Beleg Nr. 36 (14.11.1821): Joseph Schropp quittiert über „fünf Gulden 18 xr für 6 gedruckte Messen von Bühler opus X"; Beleg Nr. 37 (10.04.1822): Hof- und Kammermusikus Andreas Neubert in Würzburg (vgl. Dieter Kirsch, Zur Geschichte der Würzburger Hofmusik im 19. Jahrhundert, in: Mainfränkisches Jahrbuch für Geschichte und Kunst 48 [1996], S. 199–223, bes. S. 206, 223, 229) quittiert über „sieben Gulden 27 xr rh. für Kirchenmusikalien, als 2 Vespern von Emmerig, 1 Stabat Mater von Emmerig (gedruckt), 4 Requiems Missae von Bühler mit 3 Libera, sämmtliche Stücke vielstimmig"; Beleg Nr. 38 (01.05.1822): Quittung der Goebhardtischen Buchhandlung in Würzburg über 3 Gulden 12 Kreuzer für „Bühler III Miserere und I Stabat Mater"; R 462, S. 38 (1823/24), R 929, Beleg Nr. 49b (04.12.1823): Die Gundelachische Buchhandlung in Kitzingen quittiert über drei Gulden 44 Kreuzer für 16 gedruckte Offertorien und Gradualien; R 465, S. 72 (1826/27), R 932, Beleg Nr. 50 (28.08.1827): Quittung der Gundelachischen Buchhandlung „über zwey Gulden rh. für 3 gedruckte musikalische Requiem v. Ohnewald"; R 466, S. 69 (1827/28), R 933, Beleg Nr. 71 (01.01.1827): Der Iphöfer Buchbinder Wittmann quittiert über „sechs Gulden 52 xr rh. für [...] 1 gedruckte Missa pastoritia v. Bühler mit 18 Stimmen und eine von Kluger mit ebenso vielen Stimmen"; R 474, S. 55 (1835/36), R 941, Beleg Nr. 67 (03.08.1836): Schullehrer Georg Halbig aus Rödelsee quittiert über drei Gulden „für drei lithographierte Kirchenmessen von Joseph Lutz"; Beleg Nr. 68 (16.09.1836): Anton Böhm aus Augsburg quittiert über 5 Gulden 56 Kreuzer für „1 Müller: Missa pastoritia, 1 Störcher: Geburt Christi, 1 Ohnewald: Hymni

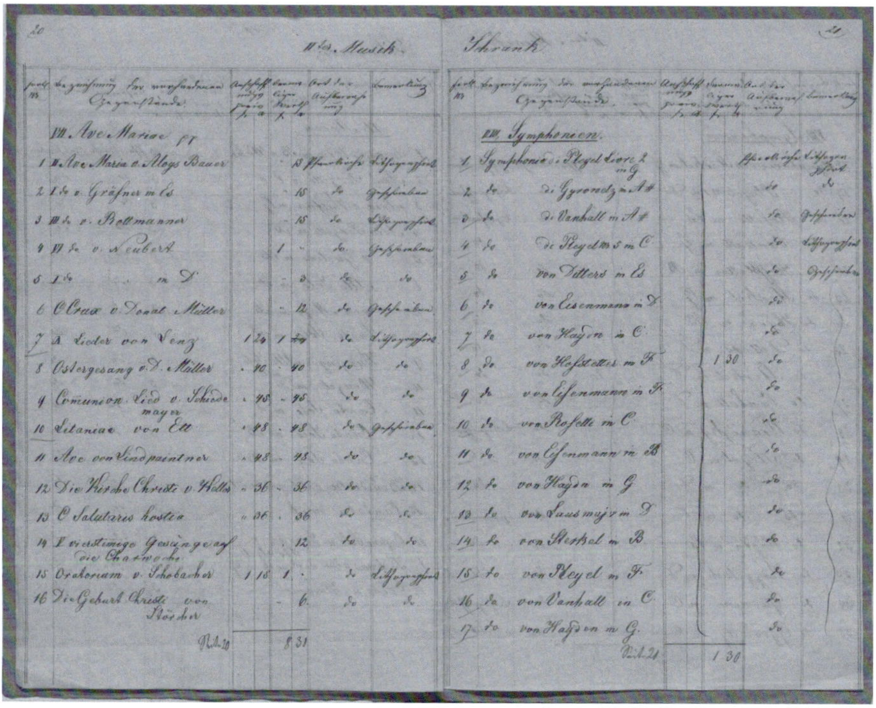

Abb. 8: *Verzeichnis des Chorregenten Heß vom 10. Juli 1858 über die Musikalien in Iphofen, S. 20f. (StadtA Ip, ohne Signatur).*

Nach dem Urteil Dennerleins bieten die erhaltenen Iphöfer Musikhandschriften „ein gutes Beispiel des Repertoires einer musikpflegenden Landstadt zur napoleonischen Zeit".[303] Obwohl Iphofen von den vielfältigen Auswirkungen der Koalitionskriege und der Säkularisation massiv betroffen war[304], kam die Kirchenmusik unter der kompetenten Leitung des erfahrenen Rektors Gräfner nicht zum Erliegen.

Die häufigen Herrschaftswechsel in der Stadt, die zum Zankapfel bayerischer, französischer, preußischer, großherzoglich-würzburgischer sowie österreichischer Machtgelüste wurden, nutzte der Rat geschickt, um sich von unliebsamen Würzburger Reglementierungen im Schulwesen zu befreien. Man erinnerte sich an die alten städtischen Rechte bei der Besetzung der Schulstellen, disqualifizierte die Mädchenschullehrerin Elisabeth Schnurr als inkompetent und argumentierte, „die Lehrerin an der hiesigen Mägdleinsschule namens Elisabetha Schnurrin seie bekanntlich von Seiten der ehemalig hochfurstlich

Vespertini, 1 Schmid: Missa pastoritia"; R 475, S. 54 (1836/37), R 942, Beleg Nr. 57 (28.03.1837): „Anton Böhm in Augsburg quittiert über 10 Gulden 24 Kreuzer für „1 Müller: Messe opus 84, 1 Müller: Offertorien 2 Hefte, 1 Müller: Hochamt, 1 Lutz: antiphonae, 1 Bauer: Ave Maria, 1 Aufzüge, feyerl., 1 Mösl: Aufzüge Nr. 4 et 5, 1 Winkler: Choräle"; Beleg Nr. 58 (30.08.1837): Anton Böhm quittiert über 4 Gulden 12 Kreuzer für „Müller, Missa pastoritia"; Beleg Nr. 59 (17.04.1837): Die Chormusiker Christoph Fröhlich und Balthasar Weigand quittieren über 3 Gulden 4½ Kreuzer „für ein Requiem in Ton F von Compos. A. Wühr [...] zu schreiben".

303 Dennerlein, Musik des 18. Jahrhunderts (wie Anm. 2), S. 4.

304 Endres, Vom Hochstift zum Königreich (wie Anm. 81).

würzburgischen Schulcommission der hiesigen Stadt ohne vorhere Rückfrage im Jahr 1802 aufgebürdet worden.“ Zudem benötigte die neue preußische Herrschaft den als Mädchenschule eingerichteten oberen Rathaussaal als Gerichtsstube, andere Schulräume für die Mädchen waren kurzfristig nicht zu finden. Deshalb beschloss der Rat, „dem Schulwesen eine andere Einrichtung zu geben und dem Rector Herrn Gräfner die sämtliche männliche, dem Cantor Herrn Molitor aber alle weibliche Jugend anzuvertrauen.“

Diesen beiden Lehrkräften zollten die Ratsherren höchsten Respekt. Dem Kantor Johann Adam Molitor könne „die ganze Stadt das Zeugnis eines rechtschaffenen und eifrigen Lehrers nicht absprechen.“ Deshalb gestand man ihm „und seiner zahlreichen Familie [...] aus dem Gehalte der ehemaligen Lehrerin“ ebenso eine Besoldungszulage zu wie „dem geschickten und durch die Übertragung der ganzen männlichen Schuljugend mit müheseligen Schularbeiten überhäuften Herrn Rector Graefner.“[305]

Nachdem Kantor Johann Adam Molitor verstorben war, wurde am 26. April 1830 Sebastian Aßmann aus Rodheim als Kantorei- und Schulverweser eingesetzt[306], bereits am 25. Januar 1831 löste ihn Franz Mielinger ab.[307] Nach dessen Tod wurde am 12. Januar 1838 Johann Adam Molitors talentierter Sohn Johann Michael, der schon als Achtzehnjähriger die Kirchenmusik mit seinem Flötenspiel bereichert hatte, zum Mädchenlehrer und Kantor in Iphofen befördert.[308] Wie schon sein Vater Johann Adam fertigte auch er mehrere Abschriften verschiedener Kirchenmusikalien.[309]

Als alle Kriegswirren überdauernde Konstante und fester Orientierungspunkt für die Iphöfer Kirchenbesucher trotzte Rektor Erwin Gräfner mit seinen Musikern den vielfachen Herrschaftswechseln vom Hochstift Würzburg bis zum endgültigen Übergang der Stadt an das Königreich Bayern im

---

[305] StadtA Ip, B 48 (24.10.1805, 13.03.1806, 03.05.1806). Später ergab sich folgende Unterrichtsverteilung für die 277 Iphöfer Schulkinder: „Bei den 3 Schulen in Iphofen sind drey Lehrer angestellt, nämlich Erwin Gräfner als erster Lehrer für die größeren Knaben, Johann Adam Molitor, zweiter Lehrer für die größeren Mädchen, und J. Sebastian Schlund als Elementarlehrer für die kleinen Kinder beiderlei Geschlechts“; PfarrA Ip, R 1159: 30.11.1816; vgl. StadtA Ip, R 1910a, Nr. 455, 456 (30.05.1808).

[306] PfarrA Ip, C II 1 (20.04.1830). Die Immobilien (Wohnhaus Nr. 188 im 3. Stadtviertel, Weinberge im Pfaffensteig usw.) der Familie Molitor wurden nach dem Tod der Kantorswitwe Elisabetha Molitor am 13.11.1834 öffentlich auf dem Rathaus an den Meistbietenden verkauft; Allgemeiner Anzeiger für das Königreich Bayern: gerichtliche und polizeiliche Bekanntmachungen, München, Nr. 83, 15.10.1834, S. 1357.

[307] PfarrA Ip, R 936, Beleg Nr. 22 (04.07.1831).

[308] PfarrA Ip, C VIII 4 (04.02.1838); Quartalschrift für praktisches Schulwesen. Mit besonderer Rücksicht auf das Königreich Bayern, 2. Jahrgang, erstes Quartalheft, Augsburg 1838, S. 131. Johannes Michael Molitor, *24.02.1807 als Sohn des Johann Adam Molitor und seiner Ehefrau Maria Margaretha geb. Krieger aus Königshofen im Grabfeld; PfarrA Ip, Taufmatrikel, C V 35; vgl. StadtA Ip, A 617 (05.10.1825). Nach dem Tod ihres Mannes verkaufte Michael Molitors Witwe Margaretha im Jahr 1846 ein „zum Cantorsdienste auf der Orgel nothwendiges von ihrem verstorbenen Mann mit besonderem Fleiße zusammengeschriebenes Choral- und Gesangbuch“ an die Kirchenpflege; PfarrA Ip, R 951, Beleg Nr. 77: 04.05.1846. Die Aufgaben Molitors übernahm zunächst Kantor Heumann (PfarrA Ip, R 951, Beleg Nr. 62: 18.06.1846, C II 1: 14.03.1850) und bereits am 15.08.1850 Georg Johann Maier aus Schillingsfürst (PfarrA Ip, C II 1: 16.09.1850).

[309] PfarrA Ip, R 472, S. 57 (1833/34), R 939, Beleg Nr. 34 (07.08.1834); R 474, S. 54 (1835/35), R 941, Beleg Nr. 66 (08.08.1836): Hilfslehrer Michael Molitor quittiert über 36 Kreuzer „für zwey abkopierte Grabgesänge“.

Jahr 1810. Die „königlich baierische Separatvertragsvollzugscommission zu Erlangen“ installierte neue Verwaltungsstrukturen, hinterfragte kritisch alle Ausgaben in Iphofen, monierte Gräfners Kostenberechnung für die Saiteninstrumente und ordnete für die Zukunft die Einholung einer Genehmigung vor der Anschaffung von Musikalien an. Angesichts der finanziellen Engpässe in Iphofen verwundert nicht, dass auch über die Besoldung des Rektors diskutiert wurde und das königliche Generalkommissariat des Rezatkreises die Hafer- und Brennholzabgabe an Gräfner und den Kantor Molitor kritisierte.[310]

16. Das Kirchenorchester

In seinem Bemühen um Hebung der Iphöfer Kirchenmusik konnte der Rektor auf eine Gruppe kompetenter Musiker zurückgreifen. Der Iphöfer Chormusiker Christoph Fröhlich beeindruckte auch die Prüfungskommission in der Nachbarstadt Ochsenfurt. Seiner Bewerbung auf die dort vakante Türmerstelle hatte er eine Liste von Musikstücken beigefügt, die er vortragen wollte, um seine Fähigkeiten zu beweisen, darunter eine Eigenkomposition. Obwohl Fröhlich in seiner Probe vor dem Ochsenfurter Rektor am 10. Mai 1827 überzeugte, konnte er nicht als neuer Türmer eingestellt werden. Das Landgericht Ochsenfurt begründete die Ablehnung mit dem allgemeinen Funktionswandel des Türmeramts.[311]

Christoph Fröhlich musizierte also weiterhin im Iphöfer Kirchenorchester, das Gräfner zielstrebig erweiterte. Zunächst dominierten die Streicher, für die 1768 Geige, Bassgeige, Bratsche, 1790 „eine neue Altviola“ und 1794 „eine neue Violin“ angekauft wurden. Für den Gottesdienst im Gräbenviertel mussten die „kleinen 6 Kirchengeigen“ von der Stadtpfarrkirche St. Veit in die Blutskirche gebracht werden.[312]

Ab 1816 bemühte sich der „Rector Chori“ um Ergänzung des Ensembles, unterstützte den Vorschlag des Türmers Mader zur Anschaffung neuer Blasinstrumente und attestierte deren „höchstnöthigen Bedarf“. Nachdem der erfahrene Neustädter Stadtmusikus Johann Christoph Scherzer (1778–1832)[313] bestätigt hatte, dass das von Mader eingeholte Angebot von 129 Gulden im Preis nicht überzogen war, entschloss man sich am 5. April 1818 zum Kauf von zwei Inventionshörnern, zwei Trompeten und zwei Buchsbaumklarinetten bei

---

[310] StadtA Ip, A 626a (28.02.1810, 13.09.1810), R 199, Beilagen (09.09.1814).

[311] „Die Tätigkeit eines Stadttürmers ist kein Wächterdienst mehr, sondern der Türmer ist Musiklehrer, um die in Ochsenfurt äußerst tief gesunkene Musik wieder herzustellen. Ein polizeilich erforderlicher Wächterdienst durch einen Stadttürmer ist auch im Bayerischen Verwaltungssystem nicht vorgesehen, schon gar nicht die Zwitterstellung eines Wächters und Musiklehrers“; zitiert nach Hans Hohe, Bewerbung um die freie Ochsenfurter Stadttürmerstelle, in: Frankenland 3 (2002), S. 217–219, hier S. 219.

[312] PfarrA Ip, R 233, S. 39 (1768); R 429, S. 39 (1790); R 433, S. 39 (1794); R 448, S. 22 (1809/10); R 915, Beleg Nr. 45 (04.08.1810): Barthel Popp quittiert über „fünfzig fünf Kreuzer rh. für Ausbesserung des zum Hin- und Hertragen der kleinen 6 Kirchengeigen bestimmten Kastens für beyde Gotteshäuser“.

[313] Vgl. Wolfgang Mück, Der kgl. bay. Musikmeister Jacob Philipp Adolph Scherzer (1815–1864), Neustadt a. d. A., 1996, S. 16f., 26.

dem Instrumentenmacher Karl Gottlob Pötscher aus Zwota in Sachsen. Zwei der heute in der kulturhistorischen Sammlung aufbewahrten Hörner fertigte der Münchner Hofinstrumentenmacher Michael Saurle, die Gravur „C. Fr. Herold in Würzburg" auf den Trompeten könnte auf eine Reparatur im Jahr 1857 zurückzuführen sein.

Um die Beschaffung weiterer Blasinstrumente kümmerte sich Stadtmusikus Johann Heß. Auf seine Anregung hin erwarb die Kirchenstiftung im Jahr 1823 eine Flöte und ein Klappenflügelhorn, 1831 zwei Klarinetten und 1838 ein neues Fagott.[314]

Die Inventarverzeichnisse von St. Veit dokumentieren die Zugänge an Musikinstrumenten.[315] Auch bei der Neuanschaffung der Noten rückten die Bläser in den Vordergrund. Vom Würzburger Stabstrompeter Georg Kreß beschaffte

---

[314] StadtA Ip: freundl. Hinweis von Frau Karen Rönninger; PfarrA Ip, R 455, S. 40 (1816/17), R 923, Beleg Nr. 8 (05.04.1818): Karl Gottlob Pötscher in Zwota quittiert „über hundertzwanzig neun Gulden rheinisch [...] für zwey neue Inventionshorn, zwey dergleichen Trompeten und zwey Klarinetten von Bux mit Mittelstücken", Beleg Nr. 9 (14.09.1816): Kostenvoranschlag des Stadttürmers Mader und Attest des Stadtmusikus Scherzer aus Neustadt, dass „der Preis dieser angeblichen Instrumente [...] ganz richtig" sei; R 456, S. 32 (1817/18): Ankauf von Hörnern, Trompeten und Klarinetten; R 461, S. 37 (1822/23), R 928, Beleg Nr. 25 (04.04.1823): Stadttürmer Johann Heß quittiert über „zwölf Gulden 16 xr rh. für eine neue Flöte mit 7 Klappen und 3 Mittelstücken, dann 3 neue Violinbögen"; R 462, S. 36 (1823/24), R 929, Beleg Nr. 25 (13.09.1823): Instrumentenhändler Anton Weinand in Würzburg quittiert über 28 Gulden 15 Kreuzer für ein Klappenflügelhorn; StadtA Ip, R 1935, Beleg Nr. 508 (18.01.1824): Schlossermeister Georg Strauß repariert für Stadtkämmerei ein Fagott; PfarrA Ip, R 469, S. 63 (1830/31), R 936, Beleg Nr. 45 (28.06.1831): Instrumentenmacher Carl Adler aus Bamberg quittiert über 39 Gulden „für zwey neue B-Clarinetten mit A-Stücken versehen und ganz neuer Invension"; R 476, S. 67 (1837/38), R 943, Beleg Nr. 71 (02.02.1838): Ernst Bissert quittiert „über 70 Gulden rheinisch für einen neuen Fagott"; R 925, Nr. 37 (23.06.1820): Reparatur der Horn- und Trompetenbögen sowie der „Setzstückchen" im Jahr 1820 durch den Spenglermeister Georg Schüll; R 495, S. 61, R 962, Beleg Nr. 68 (21.09.1857): Instrumentenmacher Friedrich Herold in Würzburg bescheinigt die „Reparatur einer Trompete für die Kirche zu Iphofen"; R 499, S. 48 (1860/61), R 966, Beleg Nr. 54 (02.05.1860), R 502, S. 48 (1863/64), R 969, Beleg Nr. 49 (25.10.1863): Klarinettenreparaturen durch den Bamberger Instrumentenmacher Karl Adler.

[315] PfarrA Ip, R 422, S. 45 (1782): „3 lb. 11 nd dem Spengler Pausback in Kitzingen von einer Trompeten zu repariren"; R 427, S. 39 (1788): Reparatur einer Trompete. Im Inventarverzeichnis vom 26.10.1818 wurden die neuen Klarinetten noch nicht verzeichnet: „An musicalischen Instrumenten: 2 Paucken, 1 großer Violon, 1 Violoncello, 5 Violinen, 2 Altviolen, 2 Trompeten, 4 Waldhorn nebst Zugehörung von Messing"; PfarrA Ip, R 456, S. 56; identische Aufstellung in R 453 für 1814/15; Verzeichnis 1826/27: „2 Paucken mit Wachstuchdecken, 1 großer Violon, 1 Violoncello, 5 Violinen, 2 Altviolen, 2 Clarinette, 2 Trompeten, 2 Inventionshörner, 1 neues Flügelklappenhorn [Klappenflügelhorn], 1 neue Flöte"; PfarrA Ip, R 465, S. 89f. Am 12.01.1835 waren vorhanden: „2 Pauken mit Wachsdecken, 1 großer Violon, 1 Violoncello, 5 Violinen, 2 Altviolen, 2 Clarinetten, 2 B-Clarinette[n] mit A-Stücken, 2 Trompeten, 2 aeltere Inventions Horn, 1 Flügelklappenhorn [Klappenflügelhorn], 1 Flöte." Die Instrumente wurden „zum Theil auf der Orgel und zum Theil in der Wohnung des Rectors Graefner" aufbewahrt; StadtA Ip, A 626. Bestand 1858: „zwei Pauken, ein großer Violon, ein kleiner Violon, ein Violoncello, sieben Violinen, zwei Altviolen, zwei alte, unbrauchbare C-Clarinetten, zwei neue C-Clarinetten, zwei B-Clarinetten mit A-Stücken, eine D-Floete mit Mittelstück, zwei Trompeten mit E-, Es-, D- und C-Bögen, zwei neue F-Trompeten mit Mundstücken, Stiften, Es-, D- und C-Bögen, ein Flügelklappenhorn [Klappenflügelhorn], zwei Münchner Horn mit 16 Bögen, zwei Stiften und zwei Mundstücken, zwei Trompetensordinen [Dämpfer], ein Fagott" sowie Kästen und Futterale zur Aufbewahrung; StadtA Ip, nicht archivierte Bestände. Ein zweites Violoncello wurde 1872 von der Rentbeamtenwitwe Konrad erworben; PfarrA Ip, R 510, S. 27. Drei Jahre später kaufte man zwei B-Klarinetten; PfarrA Ip, R 513, S. 26: 1875, R 978, Beleg Nr. 60: 18.02.1875. PfarrA Ip, B VI 19, B VI 1: Im August 1900 wurden in einem „feste[n] Gehäuse bei der Orgel" auf der oberen Empore der Stadtpfarrkirche verwahrt: „2 Violinen [Widhalm], 5 Violinen mit Bögen, 2 Viola, 1 Violoncello (bes. gut), 1 Violoncello kl., 2 Contrabässe, 6 Clarinetten, 1 Fagott, 2 Kessel-Pauken, 2 Naturhörner, 2 Trompeten, 1 chromatisches Horn, 1 altes Flügelhorn".

Gräfner „6 a[r]rangierte Ouvertüren, achtstimmig“, wobei er unterstrich, dass diese Anschaffung „einem dringenden Bedürfnisse gesteuert worden sey.“[316]

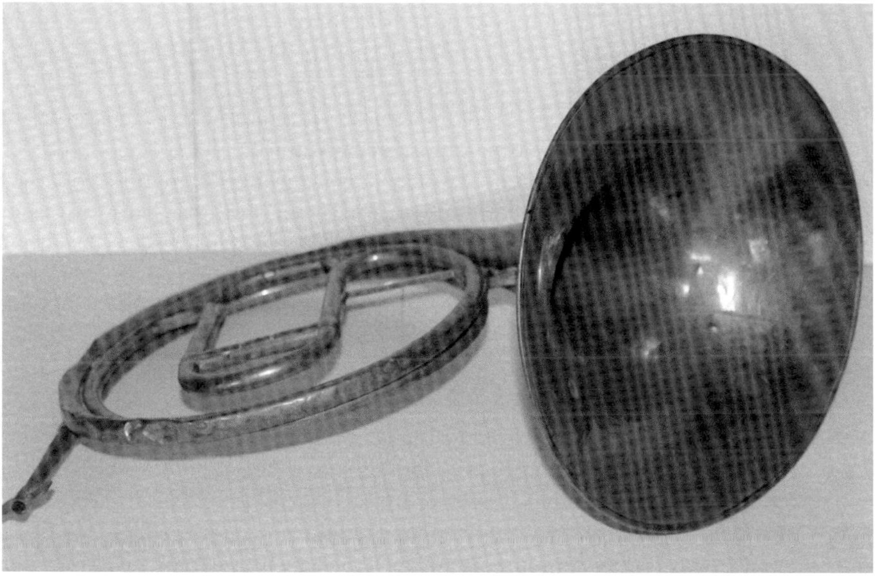

Abb. 9: *Horn von Michael Saurle aus München, kulturhistorische Sammlung Iphofen, Inventarnummer 119 (Foto: Karen Rönninger).*

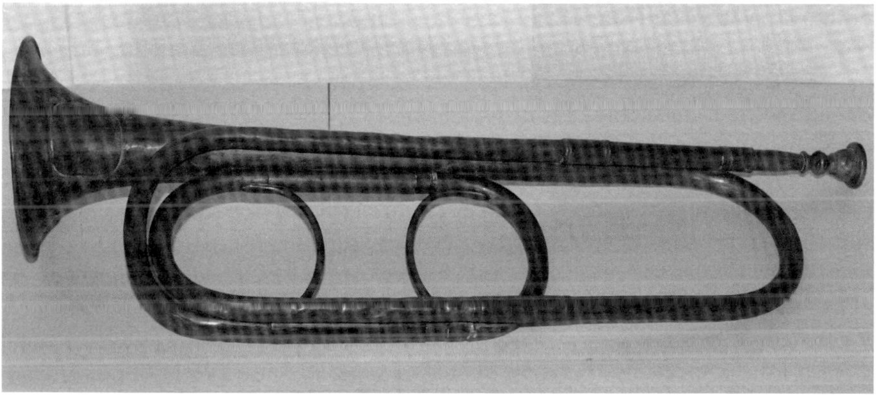

Abb. 10: *Trompete mit dem Namenszug Christian Friedrich Herolds aus Würzburg, kulturhistorische Sammlung Iphofen, Inventarnummer 116 (Foto: Karen Rönninger).*

Das Iphöfer Kirchenorchester wuchs von 11 Chormusikern im Jahr 1818 auf die stattliche Zahl von 21 Musikern im Jahr 1835, und das in einer Stadt von nicht einmal 2000 Einwohnern. Ein derart umfangreicher Personalstamm und häufige Proben waren nach Meinung Gräfners erforderlich, „wenn die jetzige neue Kirchenmusik vollständig soll aufgeführt werden“. Auch um eine ange-

[316] PfarrA Ip, R 472, S. 58 (1833/34), R 939, Beleg Nr. 44 (19.02.1834).

messene finanzielle Ausstattung für die Bedürfnisse der Kirchenmusik kümmerte sich der Rektor.[317]

Mit dem Hinzutreten zahlreicher Bläser ergab sich die Notwendigkeit einer Umstimmung der Orgel: „Da nun die außerordentliche Übelstimmung der Orgel mit dem übrigen Musicchore auch den der Musikkunst unkundigen Zuhörern auffallend“ war, wurde der Würzburger Orgelbauer Johann Philipp Albert Seuffert (1763–1834) bei seiner umfangreichen Reparatur im Jahr 1817 beauftragt, auf eine Anpassung der Stimmhöhe der Orgel an die der neuen Blasinstrumente zu achten. Um ein harmonisches Klangbild von Bläsern, Streichern, Orgel und Sängern zu gewährleisten, notierte Seuffert in sein Verzeichnis der „höchstnothwendigen Reparaturen an der großen Orgel der Stadtpfarrkirche zu Iphofen: Stehet die Orgel in der Stimmung einen ¼tels Ton zu tief, wo die Blasinstrumente nicht damit einstimmen, daher die 16 Register einstimmig und rein mit den Blasinstrumenten vereinst werden.“ „Wegen der bedeutenden Höhe von 22 und Länge von 20 Schuh dieser Orgel, welche dadurch beinahe ganz neu hergestellet wird“, hielten die Ratsherren die Reparaturkosten von 316 Gulden, die je zur Hälfte von der Kämmereikasse und der Gotteshauspflege St. Veit getragen wurden, für durchaus angemessen.[318]

Trotz Seufferts umfassenden Renovierungsarbeiten konnte Gräfner mit der Orgelmusik in St. Veit nicht zufrieden sein, denn ein heikles Problem blieb ungelöst: Wie sollte man mit einem nahezu tauben Organisten verfahren, der in keiner Weise bereit war, seinen Platz freiwillig zu räumen?

Am 21. Juli 1834 schilderte der Rektor die angespannte Situation auf der Orgelempore von St. Veit: „Daß der bey der Kirche angestellte Organist Bissert taub ist, bedarf wohl keiner Anzeige noch eines Beweises, wohl aber, daß das bezeichnete Uebel täglich zunimmt. Die nächste unvermeidliche Folge ist daher, daß bey Aufführung der Kirchenmusiker sowie bey anderen Gelegenheiten häufige, mißliebige Stöhrungen vorfallen. Aus Mangel an Gehör ist es deshalb unvermeidlich, um nur eines anzuführen, daß er im Tempo immer nachlässt, es am Ende ganz verliert und ein sogenanntes Umweichen des zu produzierenden Stücks herbeiführt.“[319] Um zu verhindern, dass Andreas Bissert das Tempo ständig verschleppte und damit den Charakter der Musikstücke veränderte, schlug Gräfner vor, der Organist solle in Zukunft bei allen musikalischen Darbietungen „jederzeit einen Violon-Geiger sich zugesellen“, was Bissert nur unter der Voraussetzung akzeptieren wollte, dass er sich nicht an der Entlohnung des zusätzlichen Musikers beteiligen musste.

---

[317] Vgl. zur Einwohnerzahl: Josef Endres, „Betteln wird wieder allgemein.“ Erscheinungsformen und Lösungsversuche der „sozialen Frage“ in Iphofen, in: Mainfränkisches Jahrbuch 61 (2009), S. 187–235, bes. S. 189f.; PfarrA Ip, B VII 1 (23.01.1835): Kirchenmusiker 1835: Sebastian Heß, Matthäus Roth, Barthel Popp, Georg Friedrich Heß, Christoph Fröhlich, Franz Kelber jun., Johann Rückel, Balthasar Weigand, Johann Molitor, Jakob Fröhlich, Nikolaus Bäuerlein, Georg Bäuerlein et Consorten; B I 17 (18.10.1836): Antrag Gräfners auf angemessene Entschädigung der Kirchenmusiker; R 970 (06.03.1866): Kirchenmusiker im Jahr 1866: Friedrich Heß, Balthasar Weigand, Michael Popp, Valentin Fröhlich, Jakob Fröhlich, Johann Rückel, Franz Eduard Heß, Adam Probst, Lorenz Neder, Albert Fröhlich, Jakob Trapp, Nikolaus Pauli.

[318] StadtA Ip, A 619 (11.11.1817, 03.12.1817, 06.04.1818, 18.04.1818), R 203, fol. 151v, Baukosten (30.09.1818), R 1903, fol. 182r (30.09.1819); PfarrA Ip, R 456, S. 38 (1817/18), R 923, Belege Nr. 24, 25 (11.03.1818, 24.08.1818).

[319] PfarrA Ip, C III 1 (21.07.1834).

„Zur Vermeidung alles andachtstörenden Gedudels mit der Orgel“ erarbeitete das Pfarramt differenzierte Regelungen für die Musiker, um „die sich fast täglich häufenden unangenehmen Stöhrungen beym Gottesdienste vom Chor herab, die allerdings von der nicht abzuändernden Harthörigkeit des Organisten herrühren“, zu verhüten.[320] Im August 1834 war Bissert 56 Jahre alt geworden und dachte noch lange nicht ans Aufhören. Gräfner sollte es nicht mehr erleben, dass er seinen Platz an der Orgel räumte, und auch Pfarrer Urban hoffte vergeblich auf „die Erledigung der mit einem tauben Individuum besetzten Organistenstelle.“[321]

Trotz aller Schwierigkeiten war der „Rector Chori“ bestrebt, an der Realisierung der unter König Ludwig I. propagierten „allerhöchste Willensmeinung, welche in der musikalischen Ausbildung eine Beförderung der Nationalbildung“ erkannte, kräftig mitzuwirken[322] und war damit so erfolgreich, dass ihm Anerkennung von höchster Stelle zuteilwurde. Am 3. Oktober 1829 meldete das Münchner Conversationsblatt: „Se. Maj. der König haben sich vermöge allerhöchster Entschließung vom 20. August des Jahres allergnädigst bewogen befunden, dem Rector und Lehrer an der obern Knabenschule zu Iphofen Erwin Gräfner die Ehrenmünze des königlichen Ludwigsordens huldvollst zu verleihen.“[323] Auch der Regierungspräsident des Rezatkreises und spätere Staatsrat Joseph von Stichaner war begeistert vom Glanz der Iphöfer Kirchenmusik, als er am 10. September 1837 Iphofen besuchte.[324]

---

320 PfarrA Ip, C III 1 (01.01.1835): „1. Da der Organist taub ist, so hat der Rector und Cantor darauf achtzuhaben, daß derselbe nicht eher mit der Orgel schweige oder nicht früher intonire als der Geistliche fertig ist, was leicht seyn wird, sobald alles unnöthige Schwätzen unterbleibt.
2. Dem Organisten geht ingleichen die Weisung zu, sich den Anordnungen des Rectors pünktlich zu fügen, die Orgel nach Verschiedenheit des Gottesdienstes gehörig zu dämpfen, besonders bey Leichenämtern, unter der hl. Wandlung jedesmal ganz feierlich leise zu spielen und nichts Unpassendes vorzutragen, ingleichen die Psalmen in den Vespern gehörig zu begleiten und die Melodien deshalb zu lernen.
3. Der Herr Rector als Chorregent wird dafür sorgen, daß zur Vermeidung alles andachtstörenden Gedudels mit der Orgel, besonders bey Choralämtern, der Gesang fortgesetzt wird, bis der Geistliche fertig ist [...]. Nach der Wandlung gedenkt man demnächst nach dem Beyspiele anderer Orte 4 stimmige deutsche Lieder einzuführen und
4. ebenso ist bey den Leichen das Lied am Haus nicht eher zu enden als die Einsegnung geschlossen ist und das Miserere jedesmal vor dem Eintritt des Gottesackers mit Requiem aeternam zu schließen.
5. Ganz im Einklang mit dem oben sub 1 Gesagten wird es stehen, wenn man erwartet, das Sängerpersonale werde künftig den Organisten so zu leiten wissen, daß er beym Respondiren nicht eher einfällt als der Priester fertig ist, [...] beym Gratias agamus Domino Deo nostro nicht zulassen, daß er schon beym Domino mit den schreien[d]sten Registern einfalle und sich befleißen, alle jedesmal zu respondiren, was zu ihrem Geschäfte sozusagen vorzugsweise gehört. Auch erwartet man, daß alle beym Anfange zugegen sind, namentlich bey den Vigilien und Verspern.
6. Erwartet man vom Organisten, daß er diesen nothwendigen Anordnungen sich bereitwillig unterziehe, die Bemerkungen des Rectors und Cantors nicht unbeachtet lasse oder vielmehr gar eine gewisse Empfindlichkeit darüber äußere, umso mehr als dieselben mit gewohnter Freundlichkeit sie machen werden“.

321 PfarrA Ip, C VIII 4 (26.05.1838).

322 PfarrA Ip, C VIII 4 (07.08.1836).

323 Münchner Conversations-Blatt Nr. 142, S. 667 (03.10.1829); vgl. auch: Regierungsblatt für das Königreich Bayern, München 1829, Spalte 754 (20.08.1829); Der bayerische Volksfreund für Recht und Wahrheit, Nr. 159, München 03.10.1829; Königlich Bayerisches Intelligenzblatt für den Rezat-Kreis, Nr. 81, Ansbach 10.10.1829, Spalte 1403.

324 PfarrA Ip, C VIII 4 (26.05.1838).

17. Das „leidenschaftliche Benehmen“ des Rektors Gräfner

Im vorgerückten Alter von 74 Jahren fühlte Rektor Gräfner seine Kräfte schwinden. Zwar widmete er sich weiterhin seinen musikalischen Verpflichtungen, erteilte Lateinunterricht in der Schule und versprach, „in der Schule sowohl als in der Kirche sich allen Verrichtungen auch ferner zu unterziehen, soweit es seine Kräfte gestatten“, bat aber, ihm einen Gehilfen zur Seite zu stellen, den er selbst verpflegen wollte. Der Rat sollte ihm nur eine jährliche Zulage von 15 Gulden gewähren.[325] Eine Entlastung des alten Mannes schien dringend geboten, denn mit dem Kirchendienst waren für die Lehrkräfte, also auch für den Rektor, vielfältige, belastende Aufgaben verbunden. Alle Lehrer waren verpflichtet, täglich um 7 Uhr mit ihren Schülern an der hl. Messe teilzunehmen und zudem regelmäßig vorzubeten. Nur vom Vorbeten wurde Gräfner „in gerechter Berücksichtigung seines Alters“ suspendiert.[326] Pfarrer Urban, als Lokalschulinspektor zuständig für die geistliche Schulaufsicht, reagierte jedes Mal heftig und unnachsichtig auf unentschuldigtes Fernbleiben der Lehrer vom Gottesdienst oder von der Christenlehre.[327]

Die außergewöhnliche Leistungsfähigkeit, die ihn in seinen Jugendjahren ausgezeichnet hatte, konnte Rektor Gräfner in seinen letzten Lebensjahren nicht mehr aufbringen, und Pfarrer Urban sah sich zu mehrfachen Rügen veranlasst, die er demonstrativ im Protokoll festhalten ließ: „Dem Rektor Gräfner wurde bedeutet, daß, wenn noch einmal, wie heute wiederholt geschehen, die Orgel der Martinskirche in der Frühmesse uneröffnet bliebe, die ihm angezeigte Drohung vollzogen werden würde. Um indes jede Ausrede zu beseitigen, soll ein Duplikat des Schlüssels nachgefertigt und dem Kirchner behändigt werden, damit er nöthigenfalls die Orgel öffnen könne.“[328] Besonders verärgert

[325] PfarrA Ip, C VIII 3 (08.06.1830).

[326] PfarrA Ip, C III 2 (03.08.1834): „Bey dem Wiederanfang der Schulen sieht sich die unterfertigte Localinspection veranlaßt, an die sämtlichen Herrn Lehrer folgende Erinnerungen und Anordnungen ergehen zu lassen:
1. Die gesetzlichen Schulstunden sind gewissenhaft einzuhalten und die Abwesenden ohne Rücksicht aufzuschreiben.
2. Sämtliche Schulkinder sind zum Besuch der täglichen Pfarrmesse um 7 Uhr anzuhalten und genaue Aufsicht zu pflegen über die Abwesenden, die Säumigen aber sofort anzuzeigen.
3. Eben deshalb ist es nothwendig, was keiner besonderen Erinnerung bedarf, daß sämtliche Lehrer täglich in der hl. Messe erscheinen, um ihre Lehre durch ihr Beyspiel zu kräftigen. Im Verhinderungsfalle haben sie sich zu entschuldigen.
4. Haben künftighin die sämtlichen Herrn Lehrer in den Wochenmessen zur größeren Erbauung vorzubeten die Meßgebethe und zwar wochenweise in der Art, daß Herr Rector Gräfner in gerechter Berücksichtigung seines Alters dispensirt wird [...]“.
PfarrA Ip, C VIII 4 (10.02.1839): „Den hiesigen Lehrern wurde bedeutet, daß sie des guten Beispiels wegen künftig in der Predigt zu verbleiben hätten, was auch zur Handhabung der Aufsicht nothwendig ist. Ebenso muß jedes Wegbleiben aus der Messe an den Werktagen entschuldigt werden, was eigentlich keiner Erinnerung bedarf“.

[327] PfarrA Ip, C III 1 (26.07.1841): „Lehrer Schlund wird seit einiger Zeit wieder rückfällig und bleibt von der Christenlehre weg. Wie nachtheilig dies auf den vorschriftsmäßigen Besuch derselben von Seite der Schuljugend wirke, bedarf wohl keiner näheren Begründung. Ebensowenig wird derselbe einen Beweis für die Pflichtmäßigkeit der Theilnahme seinerseits fordern. Daß es übrigens gegen alle Subordinationsverhältnisse gleichwie gegen die gute Sitte verstößt, unentschuldigt wegzubleiben wegen etwaiger nicht zum Dienste gehörigen Arbeiten ist klar. Um nun jeder mißliebigen Maßregel für die Zukunft überhoben zu sein, möge diese schriftliche Zurechtweisung genügen.“

[328] PfarrA Ip, C VIII 4 (06.12.1835).

war der Pfarrer über Gräfners „leidenschaftliches Benehmen", mit dem er bis kurz vor seinem Tod an all seinen Funktionen halsstarrig festhielt und Aushilfen im Chordienst strikt ablehnte.[329]

Vor allem deshalb zog Urban, nachdem Gräfner am 30. April 1838 im Alter von 82 Jahren verstorben war[330], ein bitteres Resümee und beklagte den Niedergang der Schule: „Denn der verlebte Rektor Gräfner hatte in den letzten Jahren seines Wirkens nicht mehr, beim besten Willen, die nöthige Energie und die darauf folgende siebenjährige interimistische Versehung hat nach Ausweis der Visitationsprotokolle und der Censurbücher eben nicht die erfreulichsten Resultate gebracht. Damit also die Schule zu ihrer früheren Vollkommenheit sich wieder hebe, thut ein Mann noth, der mit Gründlichkeit Fleiß und Ausdauer verbindet und durch sein moralisches Übergewicht vorzüglich die jungen Brauseköpfe der Sonntagsschule im Zaum halte."

Andererseits lobte Urban, dass die Kirchenmusik durch das Wirken Gräfners „einen besonderen Grund der Vollkommenheit dahier behauptete", und mahnte, darauf zu achten, „daß in dieser Beziehung ein Rückschritt nicht stattfinde, weshalb ein Tenorist vorzugsweise ins Auge zu fassen ist."[331]

18. Gräfners Nachfolger

Dass Gräfner kaum zu ersetzen war, wusste auch Urban: „Denn schwer wird sich ein Individuum finden, das die obere Knabenschule im Verein mit der Chorregentenstelle und den lateinischen Unterricht zu übernehmen im Stande wäre." Deshalb begnügte man sich zunächst damit, die Aufgaben Gräfners auf dessen bisherigen Gehilfen zu übertragen.[332] Erst im folgenden Jahr entschied man sich für Karl Max Dammer aus Fürth, von dem man erhoffte, dass er Gräfners umfassenden Aufgaben als Rektor, Chorregent und Oberknabenlehrer gewachsen war. Am 9. Oktober übergab ihm Pfarrer Urban Gräfners Nachlass an „Musikalien und Choralbüchern".[333] Doch weder Dammer noch der am 7. Juni 1843 als neuer Oberknabenlehrer und Iphöfer Chorregent eingeführte Michael Heß konnten an Gräfners Leistungen in der kompetenten und souveränen Führung der Chormusiker anknüpfen.[334]

An die Stelle der natürlichen Autorität Gräfners trat die durch strenge Reglementierungen des Rats gestützte Amtsautorität des jeweiligen Rektors. „Da in neuerer Zeit gegen die Chormusiker verschiedene Beschwerden eingelaufen und zwischen diesen selbst mißliebige Reibereyen eingetreten sind", sah sich der Stadtmagistrat gezwungen, „zur Beseitigung von Willkührlichkeiten, durch welche der Gang der Ordnung, wie solchen die Würde des pfarr-

[329] PfarrA Ip, C VIII 4 (09.04.1837).
[330] PfarrA Ip, M 18.
[331] PfarrA Ip, C VIII 4 (26.05.1838).
[332] PfarrA Ip, C VIII 4 (06.05.1838).
[333] PfarrA Ip, B VI 1 (09.10.1839); vgl. auch PfarrA Ip, C VIII 5 (04.11.1839); StadtA Ip, B 51 (19.11.1839).
[334] PfarrA Ip, C III 7 (07.06.1843).

amtlichen Gottesdienstes und der Zweck der Erbauung fordert, gestört wird", umfassende Maßnahmen zu treffen.[335] Um die Autorität des Chorregenten zu stärken, wurde dessen Vorrangstellung in einem Neun-Punkte-Katalog ausdrücklich bekräftigt: Die Zahl der Chormusiker wurde auf 18 Personen festgesetzt, die nach ihren vom Stadttürmer zu bewertenden musikalischen Fähigkeiten in Klassen mit unterschiedlicher Entlohnung eingeteilt wurden. Die Remuneration (Belohnung) der Musiker durch Stadtkämmerei und Kirchenstiftung wurde nicht mehr im Voraus, sondern nur auf Widerruf und in Abhängigkeit von „Benehmen, Thätigkeit und Fleiß der Chormusiker" gewährt. Die Verteilung der Gelder stand allein dem Chorregenten zu. Zur Orgelempore hatten nur der Organist und Mitglieder des Chors Zutritt.

Der Musikgeschmack der Nachfolger Gräfners spiegelt sich in den regelmäßigen Neuanschaffungen für Musikalien. Angekauft wurden Werke von Gänsbacher[336], Witzka[337], Bühler[338], Schiedermayr[339], Diabelli[340], Winkler[341], Kammerlander[342], aber auch von Haydn, Carl Maria von Weber, Georg Joseph Vogler, Louis Algeyr, Michael Sintzel und vielen anderen.[343]

Besondere Wertschätzung genoss nun wieder der Gesang, und „zur Beseitigung eines von jeher gefühlten Gebrechens der hiesigen Kirchenmusik" bereicherten ab 1846 Sopransängerinnen die Musik in St. Veit.[344] Man achtete auch

---

335 PfarrA Ip, B VII 1 (31.05.1844).

336 PfarrA Ip, R 476, S. 67 (1837/38), R 943, Beleg Nr. 70 (16.09.1838): eine Messe von Johann Baptist Gänsbacher (Quittung des Musikalienverlegers Anton Böhm in Augsburg).

337 PfarrA Ip, R 476, S. 67 (1837/38), R 943, Beleg Nr. 70 (16.09.1838): Carl Bonaventura Witzkas Vesperae (Quittung des Musikalienverlegers Anton Böhm in Augsburg).

338 PfarrA Ip, R 485, S. 89 (1846/47), R 952, Beleg Nr. 85 (24.03.1847): Abschrift einer deutschen Messe von Franz Bühler durch Balthasar Weigand.

339 PfarrA Ip, R 489, S. 69 (1850/51), R 956, Beleg Nr. 68 (04.10.1850), 69 (06.10.1850): Schulgehilfe Kaspar Stümmer fertigt die Abschrift von zwei Messen Schiedermayrs (Stümmer: „Karl Schiedermaier", nicht „Johann Baptist Schiedermayr" wie RISM, Iphofen).

340 PfarrA Ip, R 500, S. 47 (1861/62), R 967, Beleg Nr. 45 (09.09.1862): Chorregent Maier kauft Landmesse von Anton Diabelli; PfarrA Ip, R 502, S. 48 (1863/64), R 969, Beleg Nr. 50 (24.10.1863): Messen op. 49, 108 und 109 von Diabelli aus der Barth'schen Musikalienhandlung in Würzburg.

341 PfarrA Ip, R 505, S. 36 (1866/67): Requiem von „M. J. Winkler".

342 PfarrA Ip, R 512, S. 31 (1875), R 977, Beleg Nr. 61 (20.07.1874): Chorregent Maier quittiert für „die Messe von Horack [Horák] Nr. 8 und Nr. 2" und „für die Festmesse von Kammerlander".

343 PfarrA Ip, R 476, S. 67 (1837/38), R 943, Beleg Nr. 70 (16.09.1838): Algeyrs Trauergesänge, Sintzels Salve Regina (Quittung des Musikalienverlegers Anton Böhm in Augsburg); R 485, S. 89 (1846/47), R 952, Beleg Nr. 86 (24.07.1847): Abschrift einer lateinischen Messe von Haydn durch Kantor Heumann; R 469, S. 59 (1857/58), R 963, Beleg Nr. 49 (27.04.1858): von dem Nürnberger Provisionsreisenden Theodor Boulan „drei Requiems von Robert Johann Nepomuk Führer"; Beleg Nr. 50 (01.05.1858): von Stadtschreiber Knab in Mainbernheim „eine Messe von C. M. v. Weber und eine von Haydn"; Beleg Nr. 51 (01.05.1858): von Stadtschreiber Knab „eine Messe von Haydn und eine von Abt Georg Joseph Vogler"; R 503, S. 48 (1864/65), R 970, Beleg Nr. 55 (01.03.1865): Quittung der Barth'schen Musikalienhandlung in Würzburg (Georg Barth) für „1 Müller D. Requiem op. 146 m. Instr., 1 Kalliwoda Messe op. 137"; R 506, S. 30 (1868), R 972, Beleg Nr. 53 (20.02.1867): Rechnung der „R. Wagner'schen Lithographie-Anstalt in Waldsee: 1 Exemplar lateinische und deutsche Fest-Vesper von E. G. Stehle, herausgegeben zum Vortheil des Paramenten-Vereins"; Beleg Nr. 55 (31.12.1868): Quittung von Johann Rückel in Iphofen für „Abschreiben der Lochner'schen Festmesse für den hiesigen Kirchenchor"; Beleg Nr. 56 (09.09.1868): Gerichtsschreiber Brehm in Scheinfeld kopiert „Arie von Wühr, Arie von Bühler, Wührs Vesper, Schiedermaier Vesper, Müllers Vesper"; R 507, S. 30 (1869), R 973, Beleg Nr. 59 (15.07.1869): Quittung von Johann Rückel für „Abschreiben der Festmesse von M. Becker".

344 PfarrA Ip, R 952 (1846/47).

weiterhin auf die Pflege der Saiteninstrumente durch den Instrumentenmacher Karl Adam Hörlein in Kitzingen und ab 1866 in Würzburg.[345]

19. Die cäcilianische Reform

Der Verfasser des Artikels „Kirchen-Musik“ in der bekannten Krünitz-Encyklopädie urteilte 1786 über den damals noch aktuellen Musikgeschmack und die Abkehr vom traditionellen Choral: „Man hat hernach diesen Choral nicht nur mehrstimmig gemacht, sondern ihm noch verschiedene andere Formen gegeben und einige Stimmen davon verschiedentlich ausgeziert, daher der so genannte figurirte Gesang entstanden ist, von welchem jetzt so viel Mißbrauch gemacht wird, daß man oft bey der Kirchen-Musik sich besinnen muß, ob man in der Kirche oder in der Oper sey.“[346]

Im Rahmen der cäcilianischen Reform mühte man sich um Abstellung dieser Missstände und suchte eine Neuorientierung. Als Namenspatronin und Patronin der Kirchenmusik wählte man die heilige Caecilia, die sich der Legende nach während eines Hochzeitsmahls von der üblichen weltlichen Musik abgewandt und mit innerer Stimme ein Lied zu Gott gesungen haben soll. Ludwig I. persönlich hatte das Protektorat des neu belebten Cäcilienbündnisses in München übernommen und 1832 die Choralpflege zum Schwerpunkt kirchenmusikalischer Praxis gemacht[347], 1868 bildete sich der „Cäcilienverein zur Förderung der Kirchenmusik in allen Ländern deutscher Zunge“.

Im Bistum Würzburg konnte sich die cäcilianische Reform um 1880 durchsetzen, und 1881 bestand auch im Dekanat Iphofen ein Pfarr-Cäcilienverein.[348] Die Rückbesinnung auf den gregorianischen Choral löste orchesterbegleitete Messen ab.[349] Chorregent Maier setzte sich zum Ziel, „auf Verbesserung des Volksgesangs in der Kirche besonderen Fleiß zu verwenden“, was er „durch Einübung der Kirchenlieder in den oberen Schulen und gemeinschaftliche Proben in der Kirche“ erreichen wollte.[350] Auch unter der Leitung seines Nach-

---

[345] PfarrA Ip, B I 17 (01.03.1842): „Wenn Tit. IV auf den Zweck Nr. 8 ‚Musikalien und Instrumente‘ die Etatsposition überschritten ist, so beruht dies auf der unvorhergesehenen unaufschieblichen Reparatur der Violinen. Im Unterlassungsfalle würde eine Störung des öffentlichen Gottesdienstes eingetreten seyn, und überdies ließ sich der Betrag der Reparatur im Voraus nicht angeben.“ R 500, S. 47 (1861/62), R 967, Beleg Nr. 49 (27.09.1862): K. A. Hörlein in Kitzingen repariert am „großen Kirchenviolon ein[en] Sprung“ usw.; R 505, S. 36, Belege Nr. 81 und 82 (1866/67): K. A. Hörlein in Würzburg repariert Saiteninstrumente; R 507, S. 30 (1869), R 973, Beleg Nr. 61 (10.07.1869): K. A. Hörlein in Würzburg repariert eine Violine.

[346] Johann Georg Krünitz, oekonomisch-technologische Encyklopädie, oder allgemeines System der Staats-, Stadt-, Haus- und Landwirthschaft und der Kunstgeschichte [...], Acht und dreyßigster Theil, Berlin 1786, S. 584.

[347] Siegfried Gmeinwieser, Kirchenmusik, in: Walter Brandmüller, Handbuch der bayerischen Kirchengeschichte, Bd. 3: Von der Säkularisation bis zur Gegenwart, St. Ottilien 1991, S. 863–874, bes. S. 865.

[348] PfarrA Ip, A V 40 (06.12.1881).

[349] Ulrich Konrad, Musikpraxis, Musikerziehung und musikalisches Gewerbe, in: Peter Kolb/ Ernst-Günter Krenig (Hg.), Unterfränkische Geschichte, Bd. 5/2: Von der Eingliederung in das Königreich Bayern bis zum beginnenden 21. Jahrhundert, Würzburg 2002, S. 191–246, bes. S. 194.

[350] StadtA Ip, A 615 (21.11.1877).

folgers, des Chorregenten Albert[351], pflegte man in Iphofen nun verstärkt den „kirchlichen Volks- und Chorgesang" und orientierte sich dabei an den Vorgaben in den umfangreichen Rezensionenkatalogen des Cäcilienvereins.[352] Die zahlreichen für St. Veit neu eingekauften „musikalischen Werke für cäcilianischen Kirchenchor" z.B. von Haller oder Mitterer dokumentieren den veränderten Musikgeschmack.[353] Mit Vorliebe präsentierte man dem Publikum nun Werke des Tiroler Komponisten Franz Schöpf (1836–1915)[354], des Cäcilianisten Josef Gregor Zangl (1821–1897) oder das „Ave Maria" und „Salve Regina" des Regensburger Reformers Johann Georg Mettenleiter (1812–1858), eines besonderen Kenners des gregorianischen Chorals.[355] Neue Musikalien bestellte man gerne beim Verlag „Böhm und Sohn" in Augsburg, der die Reformideen mittrug.[356]

20. Der Gesangverein als „erster und nobelster Verein"

Die Wertschätzung des geistlichen, aber auch weltlichen Lieds fand am 18. Januar 1866 ihren Ausdruck in der Gründung des Gesangvereins „zur Pflege des Männergesangs und der geselligen Unterhaltung". Der „sangesfrohe" Stadtpfarrer Georg Rienecker (Pfarrer in Iphofen von 1863–1866) hatte die Gründung nachhaltig unterstützt, „der Gesangverein wurde in Iphofen der erste und nobelste Verein."[357] Die musikalischen Leiter des Gesangvereins waren in der

---

[351] PfarrA Ip, R 519 (1881), R 521 (1883).

[352] PfarrA Ip, A V 40 (21.10.1878), R 522 (1884).

[353] PfarrA Ip, B VI 19: „Neuere musikalische Werke für cäcilianischen Kirchenchor: Missa ad St. Joanem B. von Schweitzer, Missa von Pilland op. 14[b], Missa in hon. Sct. Walburg von Pilland, Missa Jesu Redemptor von Kaim, Missa sexta von Haller, Missa septima von Haller, Missa octava von Haller, Missa tertia von Haller, o sanctissima von Diebold, Missa in hon. Ss. Cordis Jesu von Singenberger, 5 einstimmige Messen, Requiem in Es von Leitner 2× mit einfacher Begleitung von 4 Blech-Instrumenten, 11 Offertorien von Stein, Pange lingua von Schöpf, Antiphonae d. B. M. V. von Mitterer, Organum comitans ad Graduale Rom. von Haberl und Hanisch, 3 Römische Gradualbücher, 2 Choralbücher für die Charwoche, ein Orgelbuch, Missa Ave Jesu, 2 Missa Haller opus 20, Organum ad Grad. Rom. von Schildknecht, 2 Haller opus 21, Leitner Requiem"; Gmeinwieser, Kirchenmusik, Bd. 3 (wie Anm. 347), S. 869.

[354] PfarrA Ip, R 523 (1885), R 524 (1886), R 525 (1887), R 990 (1887).

[355] StadtA Ip, ohne Signatur, Verzeichnis des Chorregenten Heß vom 10.07.1858, Beilage: Rechnung von Friedrich Pustet (09.12.1873); PfarrA Ip, R 511, S. 25 (1873), R 976, Beleg Nr. 53 (17.10.1873): Rechnung der Friedrich Pustet'schen Buchhandlung in Regensburg: jeweils eine Messe von Mettenleiter, Zangl und Witt sowie drei Messen von Greith; Beleg Nr. 54 (09.12.1873): Balthasar Weigand quittiert „über 1 fl. 30 xr für Abschreiben der einzelnen Stimmen zur Messe von C. Greith op. XIII", R 522 (1884), R 987, Beleg Nr. 58 (03.10.1884): Friedrich Pustet liefert „1 Cäcilienvereinskatalog, [...], 1 Greith, op. 25, 1 Mettenleiter, op. 21, Part. und Stimmen, 1 Mettenleiter, Salve Regina Part. und Stimmen, 1 Mettenleiter, Ave Maria Part. und Stimmen"; Gmeinwieser, Kirchenmusik, Bd. 3 (wie Anm. 347), S. 868.

[356] Gmeinwieser, Kirchenmusik, Bd. 3 (wie Anm. 347), S. 869; PfarrA Ip, R 943 (29.09.1838), R 525 (1887), R 990 (1887), R 553 (1915).

[357] StadtA Ip, Buch 24, S. 508–511. Abdruck der Gründungsurkunde in: Andreas Brombierstäudl, Die Chronik des Gesangvereins 1866 Iphofen, in: 125 Jahre Gesangverein Iphofen 1866–1991, Scheinfeld, 1991, S. 13–24, hier S. 16. Als Vereinsvorstände amtierten nach der Auflistung Hans Ruckdeschels: kgl. Rentamtmann Conrad († 1871), Oberförster Recknagel, Privatier Valentin Örtel, Dr. Alexander Götz, Magistratsrat Andreas Storg († 1926), Oberlehrer Johann Ruckdeschel, Postagent Johann Pfriem, Bäckermeister Johann Brönner, Bäckermeister Adolf Stöhr († 1933) und Kaufmann Julius Storg; StadtA Ip, Buch 24, Kapitel 93, S. 508. Weitere Vorsitzende und Chorleiter bei Brombierstäudl, Chronik des Gesangvereins (siehe oben), S. 15.

Regel auch Chorregenten und somit verantwortlich für die Kirchenmusik. In St. Veit dominierte nun der cäcilianische Gesang, die in Iphofen lange geschätzten, glanzvollen Messen mit Musikbegleitung gehörten der Vergangenheit an, und der von Gräfner mühevoll aufgebaute feste Stamm von Chormusikern wurde obsolet. Der im Jahr 1897 aus Feuchtwangen zugezogene Lehrer Georg Bezold[358], musikalischer Leiter des Gesangvereins und Chorrektor, argumentierte in seiner Bitte um eine höhere Entlohnung mit seinen gewachsenen Aufgaben im Rahmen der cäcilianischen Reform: „So erfordert die Einübung der rein cäcilianischen Messen viel größere Mühe und Anstrengung und bedeutend mehr Proben als Messen mit Musikbegleitung." Da die Orchestermusik nun nicht mehr dominierte, nahm Bezold kaum Notiz davon, dass „nun seit Ostern die bisherigen Chormusiker ihre Mitwirkung versagten."[359]

21. Trennung von Schul- und Kirchendienst

Mit der Übernahme der Chorregentenstelle durch den Lehrer, Kantor[360] und musikalischen Leiter des Gesangvereins Kaspar Schlicht im Jahr 1904 endete in Iphofen der Purismus der in der Kirchengemeinde vielfach abgelehnten cäcilianischen Reform. Anlässlich seiner Amtsübergabe an seinen Nachfolger Herrlein resümierte Schlicht: „Bei meinem Antritt wurde die streng cäcilianische Kirchenmusik mit ihren streng ausgeführten Choraleinlagen gepflegt. Dieselben mißfielen in der Gesamtgemeinde und wurde in der Pflege der genannten Musik Einhalt gemacht. Der seinerzeit hochwürdige Herr Geistliche Rat Nagengast ließ mir freie Wahl und war meine Hauptaufgabe als Chorregent während meiner 17jährigen Tätigkeit darauf gerichtet, die gemäßigt strenge, würdevolle und mehr den vierstimmigen Satz beobachtende Musik mit schönen Melodien einzuführen und mit den mir zur Verfügung stehenden Sängern und Sängerinnen tüchtig zu proben. Ohne mich selbst zu loben, kann ich bescheiden versichern, daß die Musik allen meinen Kirchenvorständen, besonders Herrn Geistlichen Rat Nagengast, Herrn Pfarrer Abel, allen bei uns vorübergehend weilenden Christen, besonders Seiner Excellenz Herrn Erzbischof Schork, Abert, Senger zc. sehr gut gefallen."[361] Zusammen mit dem Lehrer und Kantor Johann Ruckdeschel hatte Chorrektor Kaspar Schlicht im Jahr 1908 auch den Organistendienst übernommen.[362]

Weiterhin war in Iphofen die Musikbegeisterung groß, aber die Leitungsfunktionen lagen nun nicht mehr allein beim Schulmeister als „Rector Chori". Mit der Begründung, dass in Iphofen „ziemlich viel Personen Musik treiben", wurde 1907 Theodor Müller aus Hammelburg als Musiklehrer engagiert.[363] Um

[358] PfarrA A III 6: Lehrer Bezold bewohnte das Haus Nr. 52.
[359] PfarrA Ip, B VII 1 (31.07.1898).
[360] PfarrA Ip, A III 6,7: Wie Rektor Albert bewohnte Kantor Kaspar Schlicht mit seiner Tochter Maria und seinen beiden Söhnen Franz und Carl Haus Nr. 52 bzw. 53.
[361] PfarrA Ip, B VI 1 (26.10.1921); Erzbischöfe von Bamberg: Joseph von Schork, Friedrich Philipp von Abert; Weihbischof im Erzbistum Bamberg: Adam Senger.
[362] StadtA Ip, A 616 (14.05.1908).
[363] StadtA Ip, A 616 (29.06.1907).

einer Verarmung des musikalischen Lebens entgegenzuwirken, entschloss sich der Stadtmagistrat im Mai 1910 nach langen Diskussionen sogar zur Anstellung eines eigenen „städtischen Musikmeisters".[364] Michael Mäckler[365] verwies auf seine langjährige Erfahrung als Musiker in der Kapelle Wirsing in Volkach sowie bei Mühlbauer in Kitzingen und verpflichtete sich „zur Begleitung der Prozessionen und auch allen anderen musikalischen Verrichtungen" sowie „an nachfolgenden Feiertagen, als Ostersonntag, Himmelfahrt Christi, Fronleichnam (Ein- und Ausgang der Oktaven, wenn es die Zeit erlaubt), Johanni, Heinrich und Kunigunde, Kirchweih, eine Stunde auf dem Marktplatz Musik zu machen" und zudem „alle drei Jahre einen Knaben der Stadt Iphofen, der jedoch das vierzehnte Lebensjahr erreicht haben muss, in der Musik zu unterrichten."[366] Alle Musiker der Stadt sollten sich dem neuen Musikmeister freiwillig unterstellen.

Die über Jahrhunderte andauernde, enge Verflechtung zwischen Schule und Kirche endete mit den veränderten Machtstrukturen nach dem Ersten Weltkrieg. Nach der Machtübernahme Eisners in Bayern stieg der frühere Volksschullehrer Johannes Hoffmann, der Schule und Staat aus den „Umstrickungen der Kirche" zu befreien suchte, zunächst zum Kultusminister und nach Eisners Ermordung am 21. Februar 1919 zum Bayerischen Ministerpräsidenten auf.[367] Bereits 1919 erschien eine Verordnung über die Trennung von weltlichem Kirchendienst und Schuldienst, und mit dem Gesetz vom 24. März 1920 konnte der weltliche Kirchendienst von den Volksschullehrern nun nur noch im Rahmen einer freien Vereinbarung übernommen werden.[368]

Hauptlehrer Ruckdeschel nutzte diese Gelegenheit zur Befreiung von der langjährigen geistlichen Schulaufsicht und kündigte nicht nur seinen Kantor-, sondern auch seinen Organistendienst. Knapp formulierte der engagierte Lehrer und spätere Ehrenbürger[369] in seinem Brief an die Kirchenverwaltung: „Es sind Gründe persönlicher Ehre und Standesinteressen, die mich veranlassen, eine seit 30 Jahren liebgewordene Beschäftigung aufzugeben".[370]

Die Zeit der großen Kirchenkonzerte in Iphofen gehörte endgültig der Vergangenheit an, am 11. Juli 1915 wurden die Saiteninstrumente für 1400 Mark an den Musikinstrumentenhändler Ernst Reinh. Voigt in Markneukirchen (Sachsen) verkauft[371], die als wertlos erachteten Musikhandschriften überließ

---

[364] StadtA Ip, A 616 (12.05.1910).
[365] StadtA Ip, A 616 (27.12.1909): * 17.04.1875 in Stadtschwarzach.
[366] StadtA Ip, A 616 (17.02.1910).
[367] Karl Dienst, Kirche – Schule – Religionsunterricht. Untersuchung im Anschluss an die Kirchenkampfdokumentation der EKHN [Evangelische Kirche in Hessen und Nassau], Berlin 2009, S. 237.
[368] PfarrA Ip, B VII 6 (23.06.1920).
[369] StadtA Ip, B 68 (17.03.1937).
[370] PfarrA Ip, B VII 6 (03.05.1920).
[371] PfarrA Ip, B VI 3, B VI 19 (VI. Musikalien, a) Musikinstrumente).
Ein vor dem Verkauf eingeholtes Gutachten von Karl Niedt aus Würzburg bietet einen Überblick über die veräußerten Instrumente.
PfarrA Ip, B VI 3 (08.11.1913): „Violinen: eine echte Leop. Widhalm, 1814, tadellos erhalten, ohne jeden Riss, Originalhals, hervorragend schönes Exemplar, Wert: M. 400; eine echte Leop. Widhalm, 1814, mit einem kleinen Sprung an der Decke und an dem Boden, ohne Futter, Originalhals, Wert: M. 300; eine alte Mittenwalder, ca. 150 Jahre alt, Stimmfutter, Schnecke aus späterer Zeit (Inschrift: Stainer). Wert: M. 80; eine alte Geige, Arbeit wie Niggl-Füssen, ca. 130 Jahre

man 1946 und 1948 dem Sammler Luitpold Maier, und die Erinnerung an die Zeit der glanzvollen Kirchenmusik in St. Veit verblasste. Eine würdevolle und feierliche musikalische Ausgestaltung hoher Kirchenfeste bleibt heute dem Gesangverein und dem 1959 gegründeten Musikzug der Freiwilligen Feuerwehr vorbehalten.

22. Fazit

Musik zur feierlichen Ausgestaltung des Gottesdienstes, aber auch zur Umrahmung von Prozessionen, Wallfahrten und Beerdigungen hat in Iphofen eine lange Tradition. Zunächst dominierte der gregorianische Choralgesang. Als Einbandmaterial für städtische oder kirchliche Register blieben einige der alten gregorianischen Pergamenthandschriften fragmentarisch erhalten. Bereits im ausgehenden 11. oder beginnenden 12. Jahrhundert, und damit lange vor der Stadterhebung Iphofens, entstand eine lateinische Minuskelhandschrift, die später als Umschlag für ein Zinsregister der Martinskirche Verwendung fand. Neumen über den Texten dienten als Anhaltspunkt für die gesangliche Gestaltung.

Durch die Reformation begünstigt, ergänzten ab dem 16. Jahrhundert deutsche Lieder den gregorianischen Choral. Im Bemühen um Abgrenzung von den Lutheranern vollzog sich dieser Wandel im katholischen Iphofen mit einiger Verzögerung. Mit Durchführung der Trienter Liturgiereform trat Instrumentalmusik neben die traditionelle Vokalmusik.

Ein eigenständiger Organist ist in der zweiten Hälfte des 16. Jahrhunderts nachweisbar, vorher schlugen Schulmeister und Kantor die Orgel, die vermutlich als „Schwalbennestorgel" an der Chornordwand zu lokalisieren ist. Die heute noch vorhandene, im Jahr 1751 gebaute Seuffertorgel wurde 1773 mit der Empore angehoben und fand auf der neuen oberen Westempore ihren Platz.

Sowohl bei der Bestellung als auch bei der Finanzierung der Musiker konkurrierten Kirche und Stadt. Unter Berufung auf das von Graf Wilhelm von Castell 1457 erworbene Patronatsrecht beriefen sich die Ratsherren selbst dann noch auf ihr ius praesentandi bei der Besetzung der Schul- und Kantorstellen, als Bischof Adam Friedrich von Seinsheim den Vorrang der Absolventen des Würzburger Lehrerseminars per Dekret festgelegt hatte.

Die musikalische Leitung der Kirchenmusik oblag dem Schulmeister als „Rector Chori". Ihm hatte sich auch der Türmer unterzuordnen, obwohl er

alt, Stimmstockfutter, Schnecke nicht dazu gehörig, Wert: M. 120; eine alte Mittenwalder, Boden nicht eingelegt, Boden und Zargen wurmstichig, Wert M. 60; eine alte Mittenwalder, gesund und gut erhalten und ohne Futter. Der Lack auf der Decke ist durch offenes Liegen etwas verwittert, Wert: M. 150; eine echte Scheinlein-Langenfeld 1831, alles zusammengehörig, tadellos erhalten, Original, Wert: M. 250.
Cellis: ein Geissenhoff-Wien, 1827, Stimmriss, schlecht erhalten, Wert: M. 80; ein altes bayerisches Instrument, schlecht, Wert: M. 25.
Violas: eine sächsische Viola, gelb, gewöhnliches Instrument, Wert: M. 20; eine alte Mittenwalder Viola, Stimmriss am Boden, Futter in der Decke und Boden, Wert: M. 75.
Ein Kontrabass von Staudinger, Würzburg, Wert: M. 150".

als Stadtmusikus bis in die Mitte des 19. Jahrhunderts eine Monopolstellung genoss, denn er gestaltete alle privaten und öffentlichen Feierlichkeiten und stand an der Spitze des 26 Mann starken „türkischen Musikkorps".

Ihre Blütezeit erlebte die Iphöfer Kirchenmusik unter Führung des Rektors Erwin Gräfner (1756–1838). Ein Orchester von 21 Chormusikern präsentierte den Kirchenbesuchern in der würzburgischen Landstadt von nicht einmal 2000 Einwohnern Messen von Mozart und Haydn, aber auch Werke der Bamberger und Würzburger Komponisten Umstatt, Waßmuth und Küffner. Zunächst dominierten die Streicher, ab 1816 erfolgte eine Ergänzung durch Blasinstrumente, wodurch eine Umstimmung der Orgel erforderlich wurde. Die Iphöfer Kirchenmusik gewann überregionale Bedeutung und fand auch in Bamberg und München Beachtung.

Mit dem Cäcilianismus wurden die Orchestermusiker und der Türmer als Stadtmusikus überflüssig. Private Berufsmusiker übernahmen die Musikpflege. Zu Beginn des 20. Jahrhunderts wurde der Schul- vom Kirchendienst abgetrennt, der Schulmeister als „Rector Chori" verlor an Bedeutung. Die lange Tradition der Iphöfer Kirchenmusik rückte aus dem Blickfeld öffentlicher Wahrnehmung.

Erst die Wiederentdeckung und Katalogisierung der in Resten erhaltenen Iphöfer Musikhandschriften erinnerte an die reiche Musikgeschichte der einstigen würzburgischen Amtsstadt. Die Förderung dieses musikhistorischen Erbes ist wesentliches Ziel des im Mai 2017 gegründeten Vereins „Musikfreunde St. Veit".

Verwaltungsstrukturen und ausgewählte Rechnungen der Linien des Hauses Wertheim im 18. und zu Beginn des 19. Jahrhunderts

Dieter Michael Feineis

1. Der Besitz der Wertheimer Linien und die Geschichte der Verwaltung

1.1 Übersicht

Aufgrund des Reichsdeputationshauptschlusses verlor Fürst Dominik Konstantin zu Löwenstein-Wertheim-Rochefort (1762–1814), der jüngeren, katholischen Linie der Grafen von Wertheim zugehörig, die Grafschaft Püttlingen, die Herrschaften Scharfeneck und Cugnon und seine übrigen niederländischen Besitzungen. Die Grafen Johann Karl Ludwig (1740–1816) und Friedrich Karl (1743–1825) zu Löwenstein-Wertheim-Virneburg, der älteren, evangelischen Linie zugehörig, hatten auf ihre Grafschaft Virneburg verzichten müssen. Paragraph 14 des Reichsdeputationshauptschlusses [am 24. Februar 1802 verabschiedet und am 27. April 1802 vom Kaiser ratifiziert] regelte die Entschädigungen, die das Haus Löwenstein erhalten sollte.[1]

Folgende Abkürzungen werden verwendet:
fl. = Gulden
frk. = fränkisch
Gf. = Grafschaft
Hs. = Herrschaft
LWR = Löwenstein-Wertheim-Rosenberg
LWV = Löwenstein-Wertheim-Virneburg
QM = Quadratmeilen
rh. = rheinisch
StAWü = Staatsarchiv Würzburg
StAWt-G = Staatsarchiv Wertheim Gemeinschaftsarchiv der Wertheimer Grafen und Fürsten
StAWt-F = Staatsarchiv Wertheim Freudenbergisches Archiv
StAWt-R = Staatsarchiv Wertheim Rosenbergisches Archiv

[1] Literatur:
Joseph Aschbach, Geschichte der Grafen von Wertheim von den ältesten Zeiten bis zu ihrem Erlöschen im Mannesstamm im Jahr 1556, 1.–2. Teil (2. Teil: Wertheimisches Urkundenbuch), Frankfurt a.M. 1843; Werner Eberth, Die Säkularisation 1802/03 im Gebiet des heutigen Landkreises Bad Kissingen. Die Säkularisation der Zisterze Bildhausen, Bad Kissingen 2003; Hermann Ehmer, Geschichte der Grafschaft Wertheim, Wertheim 1989; Alfred Friese, Die ältesten Steuerverzeichnisse der Grafschaft Wertheim, in: Historischer Verein Alt-Wertheim e.V. Jahrbuch 1954, S. 46–66; ders., Entwicklungsgeschichte der Grafschaft Wertheim im hohen und späten Mittelalter, in: Wertheimer Jahrbuch 1960, S. 19–23; ders., Haid und die böhmischen Besitzungen des Hauses Löwenstein, in: Heimatkreis Tachau (Hg.), 700 Jahre Haid, Nürnberg 1964, S. 11–15; Pius B. Gams, Personalstand der s[so] g[enannten] „ständigen" Klöster im Bisthume Würzburg zur Zeit ihrer Aufhebung im J[ahr] 1802–3, in: Archiv des Historischen Vereins von Unterfranken und Aschaffenburg 27 (1884), S. 165–200; Adam Christian Gaspari, Der Deputations-Receß mit historischen, geographischen und statistischen Erläuterungen und einer Vegleichungs-Tafel, Erster und Zweyther Theil, Hamburg 1803 (von besonderer Bedeu-

Übersicht über die Besitzungen:

Name	Fläche in QM	Einwohner	Bemerkungen
1. Gemeinschaftliche Besitzungen			
Gf. Wertheim	5	13 700	darin Kondominatsort Remlingen (mit Castell)
2. Rocheforter Besitzungen			
Hs. Breuberg	4,5	9 100	Kondominat mit Erbach
Hs. Habitzheim und Nauses	1,5	2 000	
Amt Heubach	0,75	1 000	
Hs. Rosenberg	1,5	2 000	
Hs. Scharfeneck	1	3 000	
Amt Abstatt	1	2 000	unter württembergischer Landeshoheit
Niederländische Besitzungen	5	12 000	unter österreichischer Landeshoheit
Hs. Püttlingen	3	8 000	unter französischer Landeshoheit
Böhmische Besitzungen	9	18 000	unter österreichischer Landeshoheit
Insgesamt LWR privativ	*27,25*	*56 100*	

tung ist im 2. Teil, S. 141–151 § 14 des Reichsdeputationsrezesses, Die Fürsten und Gafen von Löwenstein-Wertheim betreffend); Sven Christian Gläser, Die Mediatisierung der Grafschaft Wertheim. Der juristische Kampf eines kleinen Reichsstandes gegen den Verlust der Landesherrschaft und seine Folgen (Rechtshistorische Reihe 336), Frankfurt a. M. 2006; Stefan Grathoff, Mainzer Erzbischofsburgen (Geschichtliche Landeskunde 58), Stuttgart 2005; Norbert Hofmann, „Ältere" und „Altfürstliche" Linie. Der Kurztitel der Fürsten zu Löwenstein-Wertheim und die Fürstenerhebung der Linie Löwenstein-Wertheim-Freudenberg, in: Wertheimer Jahrbuch 1981/82, S. 149–172; ders. unter Mitwirkung von Hans Semmler, Inventar des löwenstein-wertheim-rosenbergschen Karten- und Planselekts im Staatsarchiv Wertheim 1725–1835, Stuttgart 1983; Otto Kienitz, Die Fürstlich-Löwenstein-Wertheimischen Territorien und ihre Entwicklung, in: Historischer Verein Alt-Wertheim e. V. Jahrbuch 1919, S. 33–104; Erich Langguth, Die Gründung des Augustiner-Chorherrenstifts Triefenstein 1102 in neuem Licht. Bislang unerkannte Traditionsnotizen entdeckt, in: Wertheimer Jahrbuch 2002, S. 11–38; Peter Müller, Von der Registratur der Hofkanzlei zum fürstlichen Zentralarchiv – Geschichte des Fürstlich Löwenstein-Wertheim-Freudenbergschen Archivs, in: Wertheimer Jahrbuch 1999, S. 155–196; Gustav Rommel, Virneburg, in: Historischer Verein Alt-Wertheim e. V. Jahrbuch 1954, S. 43–45; Leonhard Scherg, Die Zisterzienserabtei Bronnbach 1802/03 – Säkularisation und Auflösung, in: Werheimer Jahrbuch 2002, S. 127–203; Christian Schreck, Hofstaat und Verwaltung der Fürsten von Löwenstein-Wertheim-Rochefort im 18. Jahrhundert (Historische Studien der Universität Würzburg 5), Rahden in Westfalen / Leidorf 2006; Thomas Steinmetz, Burg Freudenberg am Main, in: Wertheimer Jahrbuch 2001, S. 105–133; Harald Stockert, Adel im Übergang: die Fürsten und Grafen von Löwenstein-Wertheim zwischen Landesherrschaft und Standesherrschaft 1780–1850 (Veröffentlichungen der Kommission für geschichtliche Landeskunde in Baden-Württemberg: Reihe B: Forschungen 144), Stuttgart / Berlin / Köln 2000; ders., Die Fürsten und Grafen von Löwenstein-Wertheim als Landesherren – Existenzbedingungen und Handlungsspielräume am Ende des 18. Jahrhunderts, in Wertheimer Jahrbuch 2000, S. 183–201; ders., Vom Gewinner der Säkularisation zum Opfer der Mediatisierung. Das Haus Löwenstein-Wertheim zwischen dem Frieden von Lunéville und der Gründung des Rheinbundes, in: Zeitschrift für Württembergische Landesgeschichte 61 (2002), S. 293–304; Wilhelm Störmer, Zur Grundherrschaft der Grafen von Wertheim, in: Wertheimer Jahrbuch 1963/64, S. 18–23; Adam Joseph Uhrig, Das St. Matthildis-, Georgia- und Walburgis-Büchlein mit der Geschichte des Dorfes und der Herrschaft Umpfenbach, Würzburg 1885 (2. Aufl.); Gerda Zimmermann, Der Hofstaat der Fürstbischöfe von Würzburg von 1648–1803, Würzburg 1976.

Name	Fläche in QM	Einwohner	Bemerkungen
3. Virneburger Besitzungen			
Gf. Löwenstein	3	7000	unter württembergischer Landeshoheit
Gf. Virneburg	3	2600	
Gf. Limpurg	1,5	2000	
Insgesamt LWV privativ	*7,5*	*11600*	

Tabelle 1: *Die Besitzungen der Löwenstein-Wertheimer 1789 (Daten basierend auf: Stockert, Adel im Übergang [wie Anm. 1], S. 38).*

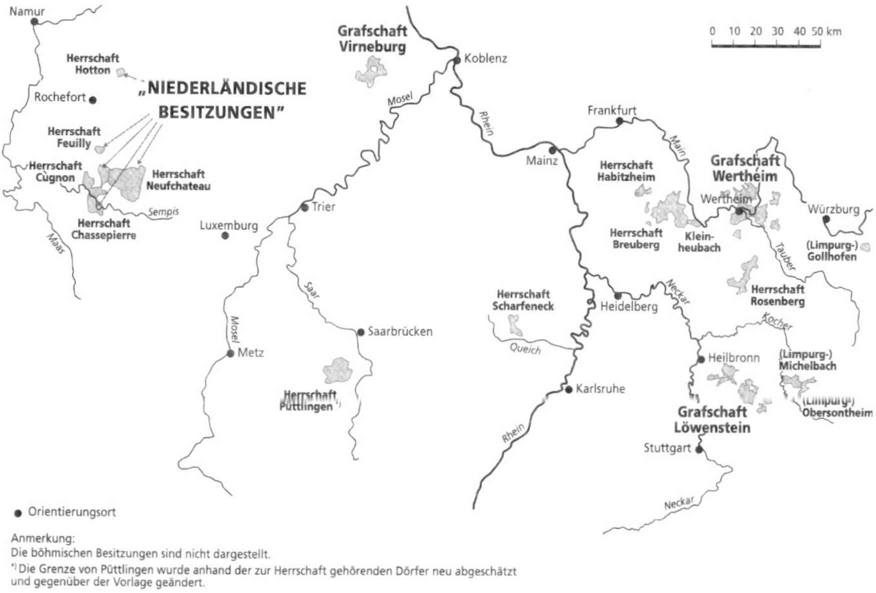

Karte 1: *Die Besitzungen der Löwenstein-Wertheimer 1789 (Abb. entnommen aus: Stockert, Adel im Übergang [wie Anm. 1], S. 37; Vorlage: Ehmer, Geschichte der Grafschaft Wertheim [wie Anm. 1], S. 196).*

Als Entschädigung für den Verlust der linksrheinischen Besitzungen wurden dem *Fürsten* die würzburgischen Ämter Rothenfels und Homburg zugesprochen, ferner die Klöster Bronnbach, Neustadt und Holzkirchen sowie die würzburgischen Verwaltungen Widdern und Talheim und schließlich auch die würzburgischen Rechte und Einkünfte in der Grafschaft Wertheim. Gleichzeitig wurde aber bestimmt, dass der Fürst zugunsten des Kurfürsten von Bayern auf das Amt Homburg und die Propstei Holzkirchen, die ihm zugesprochen worden waren, gegen eine noch auszuhandelnde Entschädigung zu verzichten habe.

Die Entschädigungslande der *Grafen* waren zwar kleiner, aber immerhin noch recht ansehnlich. Sie umfassten das würzburgische Amt Freudenberg, die Kartause Grünau, das Stift Triefenstein und die mainzischen Dörfer Mondfeld, Rauenberg, Wessental und das würzburgische Trennfeld. Den größten Teil der an das Haus Löwenstein fallenden Ländereien stellte das Hochstift Würzburg. Hierbei handelte es sich vor allem um Gebiete, die früher zur Grafschaft gehört hatten und nach 1598 im Zuge des Heimfalls der Würzburger Lehen von Fürstbischof Julius Echter eingezogen worden waren. Dazu gehörte das Amt Freudenberg und eine Anzahl Dörfer des Amtes Rothenfels.[2]

Verglichen mit den linksrheinischen Verlusten nimmt sich die Entschädigungsmasse hinsichtlich ihrer Fläche und Einwohnerzahl gering aus – die Rocheforter Linie verlor Gebiete von etwa neun Quadratmeilen mit 23 000 Einwohnern, wurde jedoch nur mit fünfeinhalb Quadratmeilen und 13 000 Einwohnern entschädigt. Ähnlich stand es um die Virneburger Linie; deren Verluste von drei Quadratmeilen und 2 600 Einwohnern standen nur eineinhalb Quadratmeilen mit rund 3 800 Einwohnern als Kompensation gegenüber. Auffällig war jedoch der Vorteil des Entschädigungsgeschäftes in finanzieller Hinsicht. Die neuen Einnahmen für das fürstliche Haus betrugen jährlich etwa 130 000 Gulden, die der gräflichen Linie etwa 40 000 Gulden. Damit übertrafen sie den Wert der alten Besitzungen bei Weitem, den man intern auf insgesamt 66 000 Gulden veranschlagte. Von nicht zu unterschätzender Bedeutung war außerdem, dass der Grundbesitz der ehemaligen Klöster dem herrschaftlichen Domanialvermögen einverleibt und so zu einer wichtigen „Quelle des Reichtums“ nach der Mediatisierung wurde.

Untrennbar mit dem Erwerb der Entschädigungslande verbunden war die Übernahme der auf ihnen lastenden Schulden, die im Falle der ehemals mainzischen bzw. würzburgischen Gebiete mit den übrigen Rechtsnachfolgern dieser Territorien ausgehandelt werden mussten. Den Löwenanteil machten dabei die Bestreitung der Pensionen für die Geistlichen der säkularisierten Klöster und Hochstifte aus. Die Gesamtsumme der hieraus resultierenden Belastungen betrug für die Rocheforter Linie rund 1,3 Millionen Gulden (hiervon rund 600 000 Gulden an Pensionen für die Klöster Bronnbach und Neustadt, 580 000 Gulden für die Pensionen der Würzburger Geistlichen, jeweils auf 25 Jahre gerechnet), beim gräflichen Haus können sie auf etwa 350 000 Gulden geschätzt werden. In dieser Hinsicht waren die Löwensteiner gegenüber den Leiningern in Amorbach im Vorteil. Diese wurden für ihren Totalverlust zwar reich entschädigt, gleichzeitig aber auch mit Lasten in Höhe von 4,25 Millionen Gulden befrachtet.[3]

---

[2] Vgl. Ehmer, Geschichte der Grafschaft Wertheim (wie Anm. 1), S. 222, 227.

[3] Vgl. Stockert, Adel im Übergang (wie Anm. 1), S. 117f., 126–128.
Zu den Besitzungen der Fürsten und Grafen von Löwenstein-Wertheim Ende des 18. Jahrhunderts vgl. ebd., S. 28–38. Zu den Besitzungen des Hauses Löwenstein-Wertheim-Rochefort vgl. auch Schreck, Hofstaat und Verwaltung (wie Anm. 1), S. 17–21 sowie Stockert, Vom Gewinner (wie Anm. 1), S. 297f.

	Gemein-schaftliche Besitzungen		LWE privativ		LWF privativ	
	Fläche in QM	Einwohner	Fläche in QM	Einwohner	Fläche in QM	Einwohner
1. Baden	3	11 200 (Gf. Wertheim	3	4 000 (Rosenberg, Bronnbach, Widdern)	1	2 700 (Freudenberg)
2. Bayern	2	2 500 (Gf. Wertheim)	4	11 400 (Rothenfels, Heubach)	0,5	1 700 (Triefenstein)
3. Württemberg			1	1 000 (Abstatt)	4,5	7 900 (Löwenstein, Limpurg)
4. Hessen-Darmstadt			6	11 100 (Breuberg, Habitzheim)		
5. Böhmen			9	18 000		
Insgesamt	*5*	*13 700*	*23*	*45 500*	*6*	*12 300*

Tabelle 2: *Die Besitzungen der Löwenstein-Wertheimer 18[illegible]9 (Daten basierend auf: Stockert, Adel im Übergang [wie Anm. 1], S. 189).*

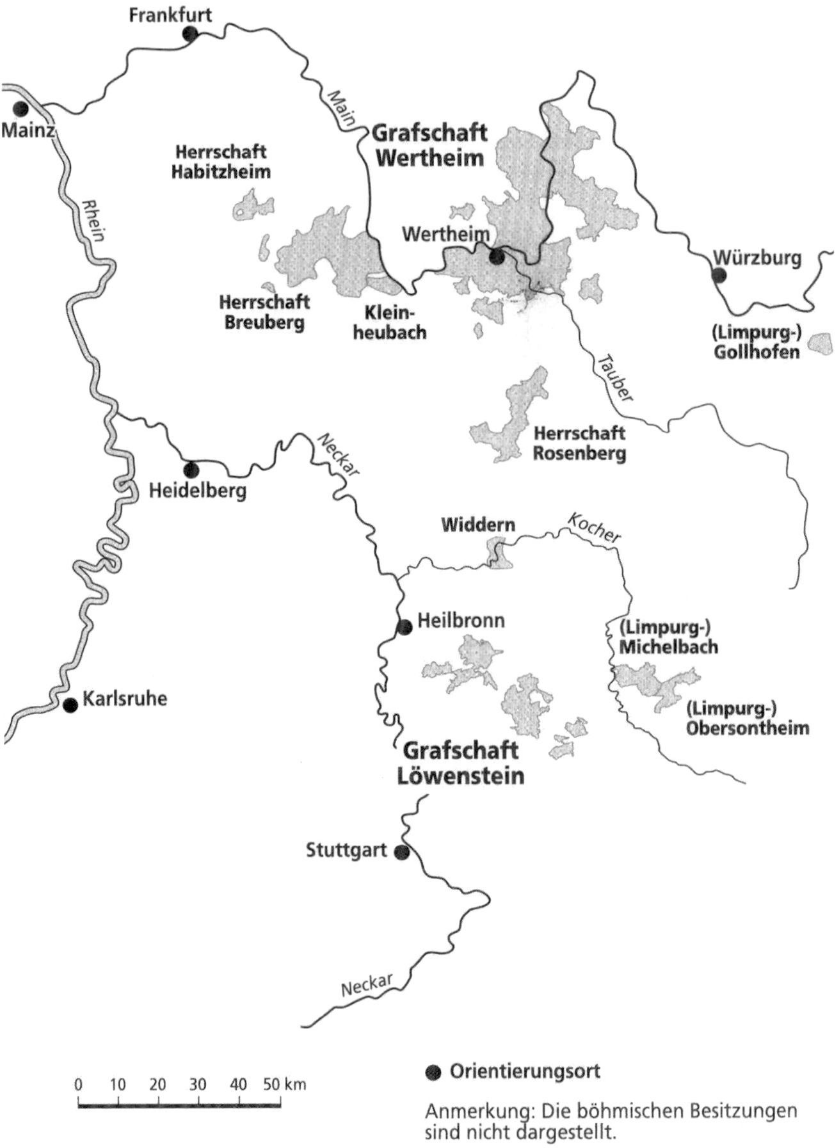

Karte 2: *Die Besitzungen der Löwenstein-Wertheimer 1803 (Abb. entnommen aus: Stockert, Adel im Übergang [wie Anm. 1], S. 129).*

Im Jahr 1919 teilten sich die Besitzungen der beiden Linien Freudenberg (ältere Linie) und Rosenberg (jüngere Linie) wie folgt auf:

Angestammter Grundbesitz des Gesamthauses, welchen beide Linien *ungeteilt* in Besitz und Genuss haben:

- die Schlossruine zu Wertheim,
- einzelne wenige Grundstücke in Bettingen, Dertingen u. a. von geringer Bedeutung.

Angestammter gemeinschaftlicher Grundbesitz, der im *alleinigen* Besitz und Genuss der *Freudenbergischen Linie* ist:

- die Hälfte der Grafschaft Wertheim,
- die Grafschaft Löwenstein (mit Ausschluss von Abstatt),
- Teile der ehemaligen Grafschaft Limpurg.

Angestammter gemeinschaftlicher Grundbesitz, der im *alleinigen* Besitz und Genuss der *Rosenbergischen Linie* ist:

- die Hälfte der Grafschaft Wertheim,
- Abstatt mit zugehörigem Vohenlohe und Wildeck,
- einzelne vormalige Lehen von Württemberg, die sich im Mannesstamm der fürstlichen Linie Rosenberg vererbt haben, so in Großerlach, Schmidhausen u. a., im Ganzen in 13 Gemarkungen; rund 714 Hektar,
- die Hälfte der alten Herrschaft Breuberg.

Fürstlich *Löwensteinisch-Freudenbergischer Privatbesitz:*

- in der Stadt Wertheim die Kemenate (= Freudenbergische Domänenkanzlei) und weitere Gebäude,
- der Eichler Hofgarten, der Reinhardshof, der Neuhof, der Tremhof,
- Freudenberg mit dem Laukenhof,
- Hofgut Hochhausen mit Grundstücken in Impfingen u. a. (seit 1803),
- in Kreuzwertheim das Schloss mit Garten, Äckern, Wald und Weinbergen, teils angestammt, teils zur Abrundung angekauft,
- das Schlossgut Triefenstein: Schloss, Kirche, Garten, Äcker und Wiesen (seit 1803),
- die Kartause Grünau (seit 1803),
- das Hofgut Umpfenbach, teils alter Freudenbergischer Besitz, teils 1815 von Fürst Johann Karl käuflich erworben, teils 1835–1888 gekauft,
- der „Limpurger Forst“ in Gollhofen (Mittelfranken). Derselbe ist Bestandteil der Grafschaft Limpurg und wurde durch Landteilungsrezess vom 1. März 1775 erworben (Gollhofen war erst Hohenlohisch, darauf Limpurgisch; seit 1772 gehörte die Hälfte des Orts zu Limpurg-Sontheim-Michelbach, vorher zum Amt Speckfeld),
- außerdem kleinerer Besitz an landwirtschaftlichem Gelände in 13 bayerischen und vier badischen, an Forstgelände in acht bayerischen und sieben badischen Gemarkungen. Weinberge in Hasloch, in Kreuzwertheim am Bellstein, Kaffelstein und in den Wettenburger Weinbergen, am Remberg, in der Frühmess, im Sand; in Homburg am Kallmuth und bei Lengfurt am Altenberg.

Fürstlich *Rosenbergischer Privatbesitz:*

- in Bayern: Kleinheubach; im Rentamtsbezirk Lohr in neun, im Rentamt Lengfurt in 13 Gemarkungen (darunter die Waldgemarkung Park mit der Karlshöhe); im Rentamt Klingenberg (mit Erbach-Schönberg gemeinschaftlich in drei Gemarkungen Gelände und Wald) und Aschaffenburg in drei Gemarkungen (in Mömlingen nur Wald; in Eisenbach und Obernburg Gelände mit Erbach-Schönberg gemeinschaftlich); im Rentamt Amorbach in vier Gemeinden Gelände; im Rentamt Würzburg in einer Gemarkung (Greußenheim). Außerdem Weinberge bei Würzburg und Homburg (Kallmuth), gekauft vom Bayerischen Ärar 1872,
- in Baden: Landwirtschaftliches Gelände in 24 Gemarkungen (davon in Steinbach, Steinfurt, Buch am Ahorn und Gerichtstetten mit Löwenstein-Freudenberg gemeinsam); außerdem noch Forstgelände in 16 Gemarkungen,
- in Hessen: Hofgüter und Grundstücke in 29 Gemarkungen und Waldstücke in 14; dazu die Jagden und Fischereien, als Besitz garantiert durch Staatsvertrag vom 15. Juni 1829,
- in Württemberg: Widdern (in Talheim kein Besitz mehr),
- in Preußen: Weingüter bei Hallgarten, Östrich und Hattenheim (erworben 1875; weiter dazu erworben 1899, 1901 und 1907),
- in Österreich: in Böhmen die Herrschaften Haid usw., im Salzburgischen Schloss Fischhorn (gemeinsam mit Fürst Lichtenstein).

Im Jahr 1919 beträgt der Fürstlich Löwenstein-Wertheim-Rosenbergische Besitz im Deutschen Reich 13 500 Hektar, in Böhmen 13 884 Hektar, zusammen 27 384 Hektar; der Fürstlich Löwenstein-Wertheim-Freudenbergische Besitz im Ganzen 7 247 Hektar, wovon auf Württemberg (Löwenstein 1 874, Limpurg 854) 2 729 Hektar kommen, auf Baden 2 394 Hektar, auf Bayern 2 124 Hektar.[4]

1.2 Titulatur der beiden Linien des Hauses Löwenstein-Wertheim

Nach der Wiederaufnahme der gemeinschaftlichen Regierung im Jahr 1644 wurde eine genauere Unterscheidung beider Linien durch den Titel unumgänglich. So nannte sich die ältere, evangelische Linie „Löwenstein-Wertheim-Virneburg", die jüngere, katholische „Löwenstein-Wertheim-Rochefort".[5] Nach der Erhebung des Grafen Maximilian Carl zu Löwenstein-Wertheim-Rochefort in den Reichsfürstenstand am 3. April 1711 ging man dazu über, zwischen den „Grafen" und den „Fürsten" zu Löwenstein-Wertheim zu unterscheiden. Dieser Sprachgebrauch wurde bis 1812 beibehalten. Nach der Standeserhöhung der älteren Linie am 19. November 1812 suchte diese sich

---

[4] Vgl. Kienitz, Die Fürstlich-Löwenstein-Wertheimischen Territorien und ihre Entwicklung (wie Anm. 1), S. 101–103. Zu den Territorien der Grafen und Fürsten von Löwenstein-Wertheim am Ende des Alten Reiches vgl. Ehmer, Geschichte der Grafschaft Wertheim (wie Anm. 1), S. 196.

[5] Zu den Grafschaften Virneburg und Rochefort vgl. Ehmer, Geschichte der Grafschaft Wertheim (wie Anm. 1), S. 161–163.

durch den Zusatz „Fürsten zu Löwenstein-Wertheim ältere Linie“ gegenüber der jüngeren Linie abzuheben; diese konterte am 18. Dezember 1812 mit dem Zusatz „Altfürstlich Löwensteinische Linie“. Auf Anordnung des Großherzogs von Baden nahmen beide Linien im Sommer 1813 die heute noch üblichen Titel „Fürsten zu Löwenstein-Wertheim-Freudenberg“ (= ältere Linie) bzw. „Fürsten zu Löwenstein-Wertheim-Rosenberg“ (= jüngere Linie) an.

1.3 *Geschichte der Verwaltung (Zentralbehörden)*

1.3.1 Gemeinschaftliche Rentei Wertheim

1608 übertrug Graf Ludwig III. zu Löwenstein-Wertheim (1530–1611) die Verwaltung der Grafschaft Rochefort und der Niederländischen Herrschaften seines Hauses seinem jüngeren Sohn Johann Dietrich (1585–1644). Im November 1610 heiratete dieser Josina von der Mark; am 13. Februar 1611 starb in Wertheim Graf Ludwig III. Im Oktober 1611 war die Erbteilung abgeschlossen: Die Grafschaft Löwenstein fiel an die beiden älteren Söhne Ludwigs III., Christoph Ludwig (1568–1618) und Ludwig IV. (1569–1635), die Grafschaft Rochefort, die Niederländischen Herrschaften und die Herrschaft Breuberg bekamen die beiden jüngeren, Wolf Ernst (1578–1636) und Johann Dietrich (1585–1644). In gemeinschaftlichem Besitz blieb die Grafschaft Wertheim mit ihrem Zubehör. Persönliche wie politische Gründe – die Familie Josinas von der Mark war katholisch, die Grafschaft Rochefort und die Niederländischen Herrschaften lagen im Einflussbereich der französischen Krone und der spanischen Habsburger – führten zur Entfremdung und schließlich zur Trennung Johann Dietrichs von seinen Brüdern: Er trat zum katholischen Glauben über und schloss sich der kaiserlichen Seite an, während Christoph Ludwig, Ludwig und der auf dem Breuberg sitzende Wolf Ernst auf der Seite der Union und der Schweden standen.

Nach dem Tod von Johann Dietrich am 6. März 1644 konnte der von den evangelischen Grafen allein verbliebene Friedrich Ludwig (1598–1657), Sohn Christoph Ludwigs, zusammen mit seinem katholischen Vetter Ferdinand Carl (1616–1672) in Wertheim die Regierung antreten.

Die Grafschaft Wertheim war nach der Erbteilung 1611 für längere Zeit gemeinschaftlich geblieben, und sie wurde es wieder 1644. Für sie bestanden die alten Oberbehörden weiter: die – nunmehr wieder gemeinschaftliche – Regierung, die zugleich die Aufgaben eines Konsistoriums und einer Justizkanzlei wahrnahm, und die Rentei, die nun als „gemeinschaftliche Rentei Wertheim“ firmierte. Zu berücksichtigen ist hier auch die „Obereinnahme“, die die Kontribution (Schatzung) einzog, die zur Bestreitung der Militärausgaben diente.[6]

---

[6] Die Löwensteiner Linien unterhielten gemeinsam ein Militärkontingent in der Grafschaft, das sich 1806 aus insgesamt 31 Mann zusammensetzte. Darüber hinaus hatten beide Seiten eine kleine Privatkompanie; vgl. Stockert, Adel im Übergang (wie Anm. 1), S. 49. Zu den Titulaturen vgl. Ehmer, Geschichte der Grafschaft Wertheim (wie Anm. 1), S. 241f. und Hofmann, „Ältere“ und „Altfürstliche“ Linie (wie Anm. 1).

Daneben schufen jedoch beide Linien eigene Oberbehörden für die jeweiligen privativen Besitzungen. Beide hielten dabei an der Bezeichnung „Regierung“ fest und gaben die Bezeichnung „Rentei“ auf.

1.3.2 Die jüngere Linie Löwenstein-Wertheim-Rochefort (= Löwenstein-Wertheim-Rosenberg)

Die katholische Linie Löwenstein-Wertheim-Rochefort[7] schuf als Oberbehörde für die Wirtschaftsverwaltung ihrer Besitzungen die vom Hauskeller verwaltete „Privatkellerei“. Sie wurde um 1690 in eine Kollegialbehörde mit der Bezeichnung „Kammer“, ab 1744/45 „Hofkammer“ umgewandelt. Beide Oberbehörden, Regierung und Hofkammer, waren zugleich im Rahmen ihrer Ressorts für die oberste Forstverwaltung zuständig.

Erster Beamter der Regierung war bis 1732 der Kanzler. Mit Reinhard Werner von Calckum gen. von Lohausen ernannte Fürst Dominik Marquard (1690–1735; Sohn von Maximilian Karl 1656–1718 und Enkel von Ferdinand Carl 1616–1672) am 29. Juli 1732 erstmals einen dem Kanzler übergeordneten Regierungspräsidenten. Fürst Carl Thomas (1714–1789) bestätigte nach seinem Regierungsantritt von Lohausen als Regierungspräsident und ernannte ihn gleichzeitig zum Hofkammerpräsidenten. Diese Koppelung beider Ämter blieb für den Rest des 18. Jahrhunderts die Regel – freilich eine Regel mit Ausnahmen. Neben dem Präsidenten gab es jedoch weiterhin, wenn auch nicht ununterbrochen, den Kanzler.

Um 1746 ging Carl Thomas zur Regierung aus dem Kabinett über. Der jeweilige Kabinettsreferendar hatte Sitz und Stimme in Regierung und Hofkammer. Über ihn übte der Fürst eine weitgehende Kontrolle beider Oberbehörden aus. Wohl aus eben diesem Grund wurde der Kabinettsreferendar zeitweilig wieder aufgegeben. Fürst Dominik Constantin (1762–1814), Neffe und Nachfolger Carl Thomas’, ernannte am 8. Juni 1789 den bisherigen Hof- und Kabinettsrat Johann Philipp von Hinckeldey zum Hofkanzler. Gleichzeitig schuf er die aus den Geheimen Räten von Regierung und Hofkammer gebildete Geheime Konferenz, an deren Beratungen er selbst teilnahm. Sie gewann besondere Bedeutung, als der Fürst Ende November 1792 als Reaktion auf wiederholte Sympathiekundgebungen der Wertheimer für die Französische Republik seine beiden Oberbehörden an die Residenz Kleinheubach verlegte. Die Rückkehr beider Behörden nach Wertheim Ende 1802, die opportun geworden war, weil die Hauptmasse der Entschädigungslande[8] der Fürsten zu Löwenstein-Wert-

---

[7] Für den Untersuchungszeitraum sind folgende Fürsten von Bedeutung: Maximilian Karl (1656–1718, seit 1711 Fürst); Dominik Marquard (1690–1735), seine Söhne waren Karl Thomas (1714–1789, er starb ohne Nachkommen) und Theodor Alexander (1722–1780); Dominik Konstantin (1762–1814, er regierte seit 1789). Die Nachkommen von *Karl* Thomas (1783–1849, er regierte seit 1814) führen das katholische Haus Löwenstein-Wertheim-Rosenberg bis heute; vgl. Harald Stockert, Adel im Übergang (wie Anm. 1), S. [XXXVII–XXXIX].

[8] Nach § 14 des Reichsdeputationshauptschlusses vom 24.03.1803 wurden der jüngeren Linie des Hauses Löwenstein die würzburgischen Ämter Rothenfels und Homburg zugesprochen, ferner die Klöster Bronnbach, Neustadt und Holzkirchen sowie die würzburgischen Verwaltungen Widdern und Talheim und schließlich auch die würzburgischen Rechte und Einkünfte in der Grafschaft Wertheim. Gleichzeitig wurde aber bestimmt, dass der Fürst zugunsten des

heim näher bei Wertheim lag, bedeutete das Ende der Geheimen Konferenz. Stattdessen wurde mit dem Geheimen Referendar Joseph Johann Nepomuk von Faber wiederum ein Kabinettsreferendar ernannt. Der Besitzanfall von 1802/03 gab Fürst Dominik Constantin Anlass, eine weitere oberste Behörde zu errichten. Bis zum Jahr 1802 lagen die Forstsachen teils bei der Regierung, teils bei der Hofkammer. Im Dezember 1802 wurde mit dem Oberforstamt Nürnberg eine Behörde geschaffen, die für die technisch-wissenschaftliche Seite des Forst- und Jagdwesens sowie für das Forstpersonal im Reich und in den seit 1712 erworbenen Böhmischen Herrschaften zuständig war. 1806 wurde das Oberforstamt aufgehoben.

Aufgrund der Rheinbundakte vom 12. Juli 1806 fielen, von wenigen Ausnahmen abgesehen, die Lande der Mindermächtigen den Rheinbundstaaten zu. Die Besitzungen der Fürsten und Grafen zu Löwenstein-Wertheim im Reich wurden unter Baden (Gebiete am linken Mainufer), den Fürstprimas (Gebiete am rechten Mainufer), Hessen-Darmstadt (Herrschaften Breuberg, Habitzheim und Heubach) und Württemberg (Grafschaft Löwenstein mit Amt Abstatt, Herrschaft Limpurg-Gaildorf, Amt Widdern mit Talheim) aufgeteilt.

Den Mediatisierten verblieben aufgrund von Art. 27 der Rheinbundakte ihre Herrschafts- und Feudalrechte, soweit sie nicht wesentliche Bestandteile der Souveränität waren. Die neuen Landesherren forderten jedoch, dass die Mediatisierten ihre hoheitlichen Aufgaben einer Justizkanzlei, ihre Finanz- und Güterverwaltung dagegen einer Domanialkanzlei zu übertragen hätten. Fürst Dominik Constantin kam diesem Gebot nach, indem er am 4. Dezember 1807 – zunächst provisorisch – Regierung und Hofkammer auflöste und aus den bisherigen Regierungsräten eine – privative – Justizkanzlei, aus den bisherigen Kammerräten eine Domanialkanzlei bildete. Die seit Ende 1809 mit den Grafen zu Löwenstein-Wertheim gemeinschaftliche Justizkanzlei („Fürstlich und Gräflich Löwenstein-Wertheimische gemeinschaftliche Jutiz-Cazley") blieb in Wertheim, während die weiterhin privative Domanialkanzlei samt Haupt- und Fideikommisskasse nach Kleinheubach verlegt wurde.

Die neuen Souveräne beschränkten allerdings die Zuständigkeit der patrimonial-herrschaftlichen Justizkanzleien bald auf die Justizsachen. So wurde den Mediatisierten die Errichtung einer weiteren Behörde zugemutet, welche für die Polizeisachen und die fürstlichen Haus- und Familiensachen zuständig sein sollte. Auf Vorschlag seiner Justizkanzlei gliederte Fürst Dominik Constantin daraufhin die Domanialkanzlei in zwei Sektionen: Die 1. Sektion mit Sitz in Wertheim war künftig für die Polizei- sowie für die fürstlichen Haus- und Familiensachen zuständig, die 2. Sektion mit Sitz in Kleinheubach für die Kameral-, Forst- und Hofökonomiesachen. Das Organisationsedikt der neuen Behörde, die als „Fürstlich-Löwensteinische Domainen-Kanzley" firmierte,

---

Kurfürsten von Bayern auf das Amt Homburg und die Propstei Holzkirchen gegen eine noch auszuhandelnde Entschädigung zu verzichten habe.

Die Entschädigungslande der älteren Linie waren kleiner. Sie umfassten das würzburgische Amt Freudenberg, die Kartause Grünau, das Stift Triefenstein und die mainzischen Dörfer Mondfeld, Rauenberg, Wessental und das würzburgische Trennfeld; vgl. Ehmer, Geschichte der Grafschaft Wertheim (wie Anm. 1), S. 227.

unterzeichnete der Fürst am 17. Dezember 1810. Nachdem mit Beginn des Jahres 1821 nur noch ein gemeinsames Journal geführt wurde, verschwanden im Lauf des Jahres 1840 unter Fürst Karl (1783–1849) auch die Zuschreibungen an die Sektionen aus den Akten. Die Behörde blieb unter nur unwesentlich geänderter Firma („Fürstlich Löwenstein-Wertheim-Rosenberg'sche Domänenkanzlei") bis heute fürstliche Zentralverwaltung.[9]

1.3.3 Die ältere Linie Löwenstein-Wertheim Virneburg (= Löwenstein-Wertheim-Freudenberg)[10]

Auch hier ist zunächst zu unterscheiden zwischen der Regierung und der Hofkammer. Allerdings sind die Verwaltungsstrukturen der älteren Linie Löwenstein-Wertheim nicht so gut untersucht wie die der jüngeren Linie. Da oft mehrere Grafen sich die Regierung teilten – im Jahr 1750 lebten fünf regierende Grafen – gab es die „Hochgräfliche Gemeinschaftskammer" mit ihrer Kasse. Daneben gab es separate Kammerrechnungen der verschiedenen Linien. So existiert z. B. aus dem Jahr 1731/32 die Kammerrechnung der Vormünder für die Nachkommen von Graf Heinrich Friedrich (1682–1721) und die Kammerrechnung von Graf Ludwig Moritz (1678–1741) (vgl. Kap. 2.2.1). Im Jahr 1781/82 gab es eine gemeinsame Kammerrechnung für die Grafen Johann Ludwig Vollrath (1705–1790) [Vollrathsche Linie], Friedrich Ludwig (1706–1796) und Friedrich Karl Gottlob (1743–1825) [Karlsche Linie] (vgl. Kap. 2.2.2).

Unter dem Fürsten Georg Wilhelm Ludwig (1775–1855) [Vollrathsche Linie] gab es z. B. neben der Generalkassarechnung der Vollrathschen Linie von 1830/31 noch die Gemeinschaftliche Kammerrechnung und die Fideikommisskapitalrechnung, die auch Fürst Karl Ludwig Friedrich (1781–1852) [Karlsche Linie] betraf (vgl. Kap. 2.2.3). Zu den Rechnungen der Generalrezeptur der Karlschen Linie von 1779/80–1811/12 (StAWt-F, R 48) vgl. auch Kap. 2.2.2. Die Nachkommen des Bruders von Fürst Georg Wilhelm Ludwig, Wilhelm Ernst Ludwig Karl (1783–1847) [Vollrathsche Linie], führen als Fürsten zu Löwenstein-Wertheim-Freudenberg die ältere Linie bis heute weiter, da Fürst Karl Ludwig Friedrich (1781–1852) [Karlsche Linie] ohne Nachkommen verstarb.[11]

---

9 Vgl. Hofmann, Inventar (wie Anm. 1), S. 11–15, 31–35.

10 Für den Untersuchungszeitraum sind folgende Grafen bzw. Fürsten von Bedeutung:
Graf Heinrich Friedrich (1682–1721); sein Sohn Johann Ludwig Vollrath (1705–1790) gründete die Vollrathsche Linie; sein Sohn Friedrich Ludwig (1706–1796) starb ohne Nachkommen; sein Sohn Karl Ludwig (1712–1779) gründete die Karlsche Linie; sein Sohn Johann Philipp (1713–1757) starb ohne Nachkommen; sein Sohn Wilhelm Heinrich (1715–1773) starb ohne Nachkommen.
Vollrathsche Linie: Johann Karl Ludwig (1740–1816; seit 1812/13 Fürst); seine Söhne waren *Georg* Wilhelm Ludwig (1775–1855; seit 1816 Fürst; er starb ohne Nachkommen) und *Wilhelm* Ernst Ludwig Karl (1783–1847). Die Nachkommen von *Wilhelm* Ernst Ludwig Karl führen das evangelische Haus Löwenstein-Wertheim-Freudenberg bis heute.
Karlsche Linie: Friedrich Karl Gottlob (1743–1825; seit 1812/13 Fürst); sein Sohn *Karl* Friedrich (1781–1852, seit 1825 Fürst) starb ohne Nachkommen, ebenso sein Sohn Friedrich Christian *Philipp* (1782–1850).
1852 wurden die Vollrathsche und die Karlsche Linie vereinigt; vgl. Stockert, Adel im Übergang (wie Anm. 1), S. [XXXVIf.].

11 Vgl. Ehmer, Geschichte der Grafschaft Wertheim (wie Anm. 1), Stammtafel-Auszug der Grafen und Fürsten von Löwenstein; vgl. dazu die Kap. 2.2 und 2.3.

Die Behördenorganisation der Freudenberger Linie war weitaus bescheidener als die der Rosenberger. Angesichts der geringeren Einkünfte und der Teilung in die Vollrathsche und Karlsche Linie stand nur wenig Geld für die Verwaltung zur Verfügung. Wie Fürst Dominik Konstantin gründeten auch Johann Karl Ludwig (1740–1816) [Vollrathsche Linie] und Friedrich Karl Gottlob (1743–1825) [Karlsche Linie] 1808 eine eigene Domänen- und Justizkanzlei. Das Personal der letzteren wurde wie auf der Rosenberger Seite nach 1810 der Domänenkanzlei angegliedert, die jedoch nicht nochmals in Sektionen untergliedert wurde.[12]

2. Ausgewählte Rechnungen aus den Wertheimer Verwaltungsbehörden[13]

2.1 *Die alte Grafschaft Wertheim*

2.1.1 Gemeinschaftliche Rentei Wertheim

Exemplare der Gemeinschaftsrechnungen (StAWt-R, R 94; StAWt-G, R 7[14]) sind heute sowohl im Gemeinschaftsarchiv als auch im Rosenbergschen Archiv zu finden.

Jahr	1716/17	1798/99	1803/04	1830/31
Einnahmen Geld (fl.)				
Rezess	2218	1204	2572	2881
Beständige Beeth	780	975	780	374
Beeth, die Würzburg der Rentei vorenthält (916 fl.)				
Ohmgeld (Stadt Wertheim)	253	343	306	60
Ohmgeld (Land). Bei 14 Ortschaften aus den Ämtern Laudenbach, Remlingen, Freudenberg, Schweinberg wird das Ohmgeld von Würzburg vorenthalten	308	326	323	63
Verkaufte jährliche Fron				
Einnahmen aus Mühlen				
Verliehene Höfe	6200	7071	7438	4249
Verkauftes Korn	26	204	92	15
Verkaufter Dinkel	16	221		
Verkaufter Hafer	17			
Verkaufte Früchte			361	202
Zehnten zu Wenkheim			2212	1632
Summe	9657	13786	23517	24151

12 Vgl. Stockert, Adel im Übergang (wie Anm. 1), S. 203f.

13 In der Untersuchung werden häufig nicht alle Einzelpositionen der Originalrechnungen aufgeführt, sondern nur die wichtigsten. Deshalb ist oft die Endsumme höher als die Summe der aufgeführten Einzelpositionen.

14 Bei der Bestellung im Archiv muss beim Bestand das jeweilige Rechnungsjahr mit angegeben werden. In Kapitel 2.1.1 wurden die Rechnungen StAWt-R 94 (Jahr 1716/17), StAWt-R 94 (Jahr 1798/99), StAWt-R 94 (Jahr 1803/04), StAWt-R 94 (Jahr 1830/31) benutzt.

Ausgaben Geld (fl.)				
Haus Löwenstein jüngere Linie	3257	3932	5359	986
Haus Löwenstein ältere Linie	3257	3907	5194	986
Herrschaftsgericht Kreuzwertheim				2391
Mühlenbau und -unterhaltung	131	295	454	1706
Bauausgaben	83		183	117
Einbringung Zehnt	24	473	754	1331
Herbstkosten	22		56	
Kellerkosten	21		24	
Insgemein	43		3804	
Summe	7299	11901	20413	14942
Einnahmen Früchte (Malter bzw. Fuder)				
Korn - Rezess	342	0	19	579
Korn - Gesamt	1414	967	1266	1446
Dinkel - Rezess	5	0	0	0
Dinkel - Gesamt	239	396	565	476
Hafer - Rezess	156	0	0	2
Hafer - Gesamt	721	463	513	480
Wein - Gesamt	7		9	3
Ausgaben Früchte (Malter bzw. Fuder)				
Korn jeweils zur Hälfte an beide Häuser	986	792	1056	616
Korn - Gesamt	1131	967	1266	1442
Dinkel jeweils zur Hälfte an beide Häuser	198	332	396	338
Dinkel - Gesamt	239	396	565	476
Hafer jeweils zur Hälfte an beide Häuser	464	418	450	366
Hafer - Gesamt	535	463	513	483
Wein jeweils zur Hälfte an beide Häuser	4		9	3

Bis zum Ende des Alten Reiches wird bei der Einnahme „Beeth“ (aus den Ortschaften Freudenberg, Helmstadt, Lengfurt, [Markt-]Heidenfeld, Erlenbach, Holzkirchhausen, Bösenzell [= Wüstenzell], Holzkirchen, Tiefenthal) vermerkt, dass Würzburg 916 Gulden frk. und 100 Gulden frk. Judenschutz der Rentei vorenthält.

Im Jahr 1716/17 erfolgt die Geldabgabe der gemeinschaftlichen Rentei bei der jüngeren Linie an Fürst Maximilian Karl (1656–1718) und bei der älteren Linie an die Grafen Wilhelm Friedrich, Ludwig Moritz (1678–1741) und Heinrich Friedrich (1682–1721). Bei den Geldabgaben an die beiden Linien ist in den Jahren 1716/17 und 1798/99 kein großer Unterschied zu erkennen, 1803/04 steigen sie an, 1830/31 sind sie stark zurückgegangen.

2.1.2 Obereinnahme (Schatzungsrechnungen)

Die Schatzung[15] wurde von jeder der beiden Wertheimer Linien erhoben. Im Jahr 1800 wurden in den Ortschaften auf dem Land insgesamt 64 (2 × 32) Schatzungsfüße und in der Stadt Wertheim 32 (2 × 16) Schatzungsfüße erhoben.

In den folgenden Tabellen befinden sich ausgewählte Positionen. Die Rechnungen gehen von Petri [Cathedra] bis Petri [Cathedra] = 22. Februar.

---

[15] Aus der Schatzung wurden die Militär- und Kriegsausgaben bestritten. 1717/18 unterhielt Wertheim drei Kompanien, darunter eine Dragonerkompanie; StAWt-R, R 87 Rechnung 1717/18. In einem Jahr ohne besondere Belastungen bestand die Kontribution (Schatzung) in Wertheim aus 12 Schatzungsfüßen; im Hochstift Würzburg umfasste sie 24 Simpla; im Erzstift Mainz wur-

Obereinnahme Haus Löwenstein ältere Linie (Virneburger Linie)[16]:

Jahr	1797	1800
Einnahmen (fl.)		
Rezess	8691	3898
Aus anderen Verrechnungen	600	0
Stadt Wertheim (16 Schatzungsfüße)	1400	1600
Land (32 Schatzungsfüße)	11724	11724
Chausséegeld	0	0
Aufgenommene Kapitalien	0	0
Auf herrschaftlichen Befehl	1159	0
Summe	23770	17326
Ausgaben (fl.)		
Hingeliehene Kapitalien	4778	0
Auf herrschaftlichen Befehl	85	78
Fränkischer Kreis	872	0
Kriegskasse	7657	3786
Bestallungen	1464	1384
Schatzungsnachlass	6	0
Summe	17699	12490

Obereinnahme Haus Löwenstein jüngere Linie (Linie Rochefort)[17]:

Jahr	1797	1800
Einnahmen (fl.)		
Rezess	4333	3385
Aus anderen Verrechnungen		
Stadt Wertheim (16 Schatzungsfüße)	1400	1600
Land (32 Schatzungsfüße)	11717	11717
Chausséegeld	0	0
Aufgenommene Kapitalien	0	3333
Summe	19571	20122
Ausgaben (fl.)		
Auf herrschaftlichen Befehl		
Fränkischer Kreis		
Kriegskasse	7059	3786
Bestallungen	1524	1524
Schatzungsnachlass	873	1209
Abgetragene Kapitalien		3333
Summe	14830	17986

den 4 Quartale eingezogen; vgl. Dieter Michael Feineis, Die Kontribution im Hochstift Würzburg im 18. Jahrhundert, in: Würzburger Diözesangeschichtsblätter 75 (2012), S. 149–170. Die Rechnungsführung und Geldverwaltung der Wertheimer Obereinnahmen wurden von den jeweiligen Kammern erledigt.
In den Jahren zwischen 1790 und 1800 waren die Löwensteiner als kriegsführender Reichsstand zu Geld- und Naturallieferungen an die kaiserliche Armee verpflichtet. Bis 1800 sollten die Kriegskosten auf über 300 000 fl. anwachsen, die sich aus knapp 400 000 Einquartierungen (pro Mann pro Tag), Naturallieferungen und außerordentlichen Kosten zusammensetzten. Insgesamt gab es 288 Extraschatzungen, die von den Gemeinden der Grafschaft erhoben wurden; vgl. Stockert, Adel im Übergang (wie Anm. 1), S. 102.

16 StAWt-F, R 76; bei der Bestellung im Archiv muss beim Bestand das jeweilige Rechnungsjahr mit angegeben werden.

17 StAWt-R, R 87; bei der Bestellung im Archiv muss beim Bestand das jeweilige Rechnungsjahr mit angegeben werden.

Landesschuldentilgungskasse[18]:

Schuldentilgungskasse (ausgewählte Positionen)			
StAWt-F, R 58			
StAWt-R, R 28			
Jahr	1803	1804	1805
Einnahmen (fl.)			
Rezess	6201	4136	2198
Fleischakzis	1437	1340	1412
Fürstl. Obereinnahme	2932	2932	2932
Gräfl. Obereinnahme	2932	2932	2932
Gemeinschaftl. Rentei	496	515	545
Aufgenommene Kapitalien			17040
Summe	17671	15245	31374
Ausgaben (fl.)			
Auf besonderen Befehl			10826
Abgetragene Kapitalien	7724	5830	7260
Zins für Passivkapitalien	5053	6582	5587
Summe	13535	13046	23965

Mit den Einnahmen aus der Schatzung versuchte man auch Kriegsschulden zu tilgen. Die Exemplare der Schuldentilgungskasse sind sowohl im Freudenbergischen als auch im Rosenbergischen Archiv zu finden.

Eine Analyse der Einkünfte der beiden Linien des Hauses Wertheim (Virneburger Linie und Linie Rochefort) wird durch die Buchführung erschwert. Man praktizierte das Prinzip des Überschussetats, was bedeutete, dass die Erhebungs- und Verwaltungskosten auf den unteren Verwaltungsebenen vorab bestritten und nur die Überschüsse an die Zentralkasse abgeliefert wurden. Die Übersicht über die Gesamteinnahmen ging dadurch verloren.[19]

2.2 *Rechnungen der älteren Linie des Hauses Löwenstein-Wertheim (Virneburger Linie)*

Als sich im Verlauf des 18. Jahrhunderts dauerhaft zwei Seitenzweige innerhalb der Virneburger Linie etablierten, verstärkte dies die Tendenzen zur Ausbildung separater Linienverwaltungen in Form privater Kabinette und Kassen. Insbesondere die finanziell erfolgreichere Vollrathsche Linie (Graf Johann Ludwig Vollrath, 1705–1790) baute seit Anfang des 19. Jahrhunderts ihren eigenen Verwaltungsapparat aus. 1790 ordnete Graf Johann Carl Ludwig (1740–1816) in einem Familiengesetz die Einrichtung einer eigenen Haupt- und Generalkasse (vgl. Kap. 2.2.2) und einer Hofkasse seiner Speziallinie an, denen ein General-

---

[18] Im Jahre 1802 wurde die Einführung einer Landesschuldentilgungskasse beschlossen. Nach dem Ende der Kriegswirren unternahmen die Regierungen der beiden Wertheimer Linien vielfältige Anstrengugnen, um den angehäuften Schuldenberg, der auf der Grafschaft lastete, abzutragen. Die Bezahlung der Tilgungsraten sollte zwar wie bisher durch Schatzungen erfolgen – nun wurden aber auch verschiedene Steuern (Ohmgeld, Fleisch- und Mehlakzise) erhöht; vgl. Stockert, Adel im Übergang (wie Anm. 1), S. 103f.

[19] Vgl. ebd., S. 50.

finanzdirektor übergeordnet sein sollte. Die tatsächliche Einrichtung der beiden Kassen verzögerte sich zunächst, erfolgte dann allerdings zum 1. Januar 1800. Fürst Georg Wilhelm Ludwig (1775–1855), der Sohn Johann Carl Ludwigs, hat 1829 darüber hinaus sein Kabinett in eine eigenständige Kollegialbehörde umgewandelt, die als Georg Ludwigsche Domänenkanzlei firmierte. Die beiden Linienverwaltungen wurden erst nach dem Aussterben der Karlschen Linie (Fürst *Karl* Ludwig Friedrich, 1781–1852) im Jahr 1852 wieder vereinigt.[20]

2.2.1 Kammerrechnungen des Grafen Heinrich Friedrich (1682–1721) bzw. der Vormünder seiner Kinder und des Sohnes seines Stiefonkels, nämlich des Grafen Ludwig Moritz (1678–1741)

	Graf Heinrich Friedrich (StAWt-F, R 49)		Graf Ludwig Moritz (StAWt-F, R 42)
Jahr	1716/17	1731/32 (½ Jahr)	1730/31 (unvollständig)
Einnahmen Geld (fl.)			
Rezess	17	0	
Vom Grafen			950
Abgelegte Kapitalien	10		
Zinsen	89		
Verkaufter Wein	1655		
Von der gemeinschaftlichen Rentei	1417	559	1731
Forstamt			878
Zoll			1493
Stadt Wertheim	490	0	290
Kellerei Wertheim		755	
Von der Grafschaft Löwenstein	0	1894	2211
Von der Grafschaft Virneburg	1208	750	
Kellerei Gerichtstetten	131	143	269
Judenschutz	168		283
Judeneinzugsgeld	6		
Summe	5311	4102	
Ausgaben Geld (fl.)			
Deputate, Appanagen (gräfl. Familie)	2495	2337	2860
Bestallungen (Diener)	1162	592	148
Apotheker	63	110	
Schuldentilgung			961
Kapitalzinsen			572
Victualien	200	83	
Erkauftes Fleisch	431	90	
Schmalz	39	16	
Salz	18	3	
Fische und Krebse	31	3	
Jagd und Fischerei		100	
Summe	5161	4188	

Die vorhergehende Tabelle enthält ausgewählte Positionen. Die Rechnungslegung erfolgte an Georgi (23. April).

---

[20] Vgl. Müller, Von der Registratur der Hofkanzlei (wie Anm. 1), S. 162. Zum Stammbaum vgl. Anm. 10 der vorliegenden Untersuchung.
Nach dem Aussterben der Karlschen Linie im Jahr 1852, als Fürst Georg Wilhelm Ludwig seinen Vetter beerbte, waren günstigere Voraussetzungen für den Neuaufbau einer rationalisierteren Verwaltung gegeben; vgl. Stockert, Adel im Übergang (wie Anm. 1), S. 204.

2.2.2 Kammerrechnung des Grafen Johann Ludwig Vollrath (1705–1790) aus dem Jahr 1781/82 [gemeinsame Kammer der Vollrathschen und der Karlschen Linie] und Generalkasse des Grafen (Fürsten) Johann Karl Ludwig (1740–1816)[21] aus dem Jahr 1803/04 [Vollrathsche Linie] und des Grafen (Fürsten) Friedrich Karl Gottlob (1743–1825) [Karlsche Linie] aus den Jahren 1803/04 und 1811/12

Kammerrechnung (Manuale)
(StAWt-F, R 49)
Jahr 1781/82

Einnahmen Geld (fl.)		Ausgaben Geld (fl.)	
Rezess	370	Auf gemeinherrschaftlichen Befehl	2078
Herrschaftlicher Befehl	30	An die Herrschaften	20561
Abgelegte Kapitalien	80	Pensionen und Leibrenten	490
Zinsen	192	Besoldungen	1318
Aufgenommene Kapitalien	1200	Hingeliehene Kapitalien	270
Von der gemeinschaftlichen Rentei	2310	Kapitalzinsen	390
Gräfl. Forstamt Wertheim	2500		
Gräfl. Zahlamt Wertheim	4534		
Gräfl. Kellerverwaltung Wertheim	2745		
Gräfl. Kellerei Wertheim	3410		
Grafschaft Löwenstein	1858		
Forstamt Löwenstein	3000		
Grafschaft Virneburg	4485		
Amt Gerichtstetten	350		
Strafen	113		
Summe	27190	Summe	25940

Generalkasse (Vollrathsche Linie)
(StAWt-F, R 50)
Jahr 1803/04

Einnahmen Geld (fl.)		Ausgaben Geld (fl.)	
Rezess	8955	Zur Hofkasse	11261
Ausstände	1707	Dotations- und Deputatgelder	3266
Kammerkasse	25344	Appanage	4400
Limpurg Sontheimer Revenuen	3090	Besoldungen und Pensionen	5431
Limpurg Michaelbacher Revenuen	16624	Auf besonderen Befehl	8717
Löwensteiner Naturalgefälle	2549	Erkaufte Weine und Naturalien	650
Verkaufte Früchte	5051	Erkauftes Mobiliar	71
Zur Hofconsumtion abgegebene Früchte	1931	Baukosten, Baumaterialien	1395
Abgelegte Kapitalien	111941	Junge Herrschaften: Reisen, Unterhaltung	3790
Zinsen aus Aktivkapitalien	11476	Prozesskosten	67
Besondere Anweisungen	5591	Diäten, Reisekosten	5180
		Ausgeliehene Kapitalien	96382
		Abgelegte Kapitalien	28929
Summe	195163	Summe	169544

21 Zu Johann Karl Ludwig vgl. Stockert, Adel im Übergang (wie Anm. 1), S. 25f. Zum Stammbaum vgl. Anm. 10 der vorliegenden Untersuchung.

General-Rezeptur (Karlsche Linie)		
(StAWt-F, R 48)		
Jahr	1803/04	1811/12
Einnahmen Geld (fl.)		
Rezess	6177	8536
Gemeinsame Kammerkasse	31734	17520
Limpurg Sontheimer Revenuen	1300	380
Löwensteiner Früchte- und Weingefälle	1050	1050
Verkauftes Getreide und Wein	2608	13932
Abgelegte Kapitalien	0	0
Zinsen aus Aktivkapitalien	158	99
Aufgenommene Kapitalien zu 5% Zins	36681	0
Summe	80106	43945
Ausgaben Geld (fl.)		
Zu eigenen hohen Händen	21648	8000
Wittum und Deputat	800	400
Sustentationsgelder	2000	2393
Besoldungen	1175	2224
Auf besonderen Befehl	26095	1161
Ausgeliehene Kapitalien	0	
Kapitalzinsen und abgelegte Kapitalien	14670	10309 (Zinsen)
Summe	66982	27409

1803/04 weist die Generalkasse der Vollrathschen Linie Kapitalien in Höhe von 341 461 Gulden (111 941 fl. abgelegte Kapitalien + 229 520 fl. [11 476 fl. = 5 % Zinsen]) aus. Die General-Rezeptur der Karlschen Linie weist 1803/04 Kapitalien in Höhe von 3 160 Gulden (158 fl. = 5 % Zinsen) und Schulden in Höhe von ca. 293 400 fl. (14 670 fl. = 5 % Zinsen) aus. Zur Gesamtentwicklung der Aktiv- und Passivkapitalien bei der Vollrathschen und der Karlschen Linie vgl. Anm. 28 der vorliegenden Untersuchung.

2.2.3 Löwenstein-Freudenbergische gemeinschaftliche Kammerrechnung 1830/31 und die Generalkasse des Fürsten Georg Wilhelm Ludwig (1775–1855)[22] für das Jahr 1830/31 [Vollrathsche Linie]

Die nachfolgenden Tabellen enthalten ausgewählte Positionen. Rechnungslegung ist an Georgi (23. April); Rechnungen der Karlschen Linie in diesem Zeitraum wurden in der Untersuchung nicht berucksichtigt.

Wie aus der nachfolgenden Tabelle ersichtlich ist, weist 1830/31 die Fideikommisskapitalrechnung [der Fideikommiss wurde nach dem Erbvertrag von 1790 errichtet] ein Kapital von 254 405 Gulden aus. Aus dieser Rechnung werden 6 817 Gulden an die gemeinschaftliche Kammerrechnung überwiesen. Die Kammer weist Schulden in Höhe von 219 000 Gulden (Zinsen für Passivkapitalien 10 950 fl. = 5 %) aus; 1781/82 betrugen die Schulden der Kam-

---

[22] Zu Georg Wilhelm Ludwig vgl. Stockert, Adel im Übergang (wie Anm. 1), S. 196–198. Zum Stammbaum vgl. Anm. 10 der vorliegenden Untersuchung.

mer 7800 Gulden (wie aus Kap. 2.2.2 „Kammerrechnung 1781/82 Ausgaben" ersichtlich, betrugen damals die Kapitalzinsen 390 fl.). 1830/31 erhielt sowohl der Fürst der Vollrathschen Linie als auch der Fürst der Karlschen Linie 6900 Gulden aus der Kammer.

Kammerrechnung (beide Linien) (StAWt-F, R 49a)	
Jahr	1830/31
Einnahmen Geld (fl.)	
Rezess (pro 1829)	2464
Ausstände (pro 1829)	29
Kellerei Wertheim (pro 1829/30)	250
Kellerei Wertheim	1870
Gemeinschaftl. Rentei Wertheim	361
Gemeinschaftl. Amtsverweserei	
Gerichtstetten (pro 1829/30)	237
Amt Freudenberg	
Rechnungsgelder (pro 1829/30)	324
Gefälle (pro 1829/30)	400
Amt Triefenstein	
Amtsgelder (pro 1829/30)	155
Amtsgelder	2255
Grafschaft Löwenstein Gemeinschaftl. Rentamt	
Kellerei, Forstamt (pro 1829/30)	1408
Kellerei, Forstamt	3117
Sulzbacher Gefälle (pro 1829/30)	477
Sulzbacher Gefälle	732
Domänenkanzlei, Taxamt	591
Verglichene Gefälle mit Löwenstein-Rosenbe	12187
Aufgenommene Kapitalien	19297
Abgelöste Kapitalien	3000
Kapitalzinsen	52
An Restituendis	734
Von besonderen Fideikommissgeldern	6817
Summe pro 1829	5768
Summe pro 1830	51062
Gesamtsumme	56830
Ausgaben Geld (fl.)	
An Fürst Georg Wilhelm Ludwig	6900
An Fürst Carl Ludwig Friedrich	6900
Domänenkanzlei, Taxamt	585
Klösterliche Personen	850
Abtragung Passivkapitalien	24909
Ersatz Fideikommiss-Kapitalien	1000
Besoldungen	2432
Zinsen für Passivkapitalien	10950
Restituendis	369
Summe	55563

Fideikommisskapitalrechnung (Vollrath) (StAWt-F, R 49a)	
Jahr	1830/31
Kapitalienrechnung (fl.)	
Bargeld	45
Ausgeliehene Kapitalien	243605
Restituendis	10754
Summe Fideikommisskap.	254405
Einnahmen Geld (fl.)	
Rezess	229
Kapitalzinsen	1479
Zins von 200000 fl.	
Kommisskapital	9750
Abgetragene Kapitalien	26621
Forstamt Wertheim (Michelriether u. Steinbacher Revier)	3239
Verkaufte Gebäude und Güter	2500
Restituendis	1200
Summe	45608
Ausgaben Geld (fl.)	
Gemeinschaftl.Kammerkasse	6817
Beiden Fürsten	
Zur privaten Nutzung	148
Ausgeliehene Kapitalien	7290
Holzhauerlohn	297
Kauf v. Häusern und Gütern	600
Restituendis	724
Summe	15880

Generalkasse (Vollrathsche Linie)
(StAWt-F, R 50)

Jahr	1830/31		1830/31
Einnahmen Geld (fl.)		Ausgaben Geld (fl.)	
A. Rückstände vorhergehender Jahre	13488	A. Rückstände	8434
	7915		
B. Laufendes Rechnungsjahr		B. Laufendes Rechnungsjahr	
I. Fürstlicher Hof		I. Fürstlicher Hof	
Erbschaftsgelder	389	Regierender Fürst	3828
Hofjagden	1131	Fürstin Charlotte	805
		Erbprinz	1900
		Fürstin Malvina zu Isenburg	1459
		Prinz Wilhelm (Appanage)	10300
		Hofdienerschaft	1308
		Hofverwaltung	6099
		Marstall	3756
		Jagden	1815
II. Grundeigentum		II. Grundeigentum	
Mietzins	295	Gebäude	1121
Hof- und Lustgärten	472	Hof- und Lustgärten	2687
Verpachtete Güter	470	Weinberge	1307
III. Zentralverwaltung	28	III. Zentralverwaltung	
		Besoldungen	3647
		Postporto und Botenlohn	264
IV. Gefälle, Überschüsse der Rezepturen		IV. Für Naturalien	
Gemeinschaftskammerkasse	33008	Wein	74
Unmitttelbare Lieferungen von Rezepturen	3142	Holz	448
Kellerei und Rentei Wertheim	319		
Privatadministration Löwenstein	932		
Rentamt Obersontheim	2924		
Rentamt Michelbach	10000		
Rentamt Gollhofen	813		
Rentamt Umpfenbach	0		
Naturalien			
Verkaufter Wein und Branntwein	2373		
Früchte	843		
Holz	402		
V. Zinsen aus Aktivkapitalien		V. Zinsen für Passivkapitalien	15211
Fürstliche Fideikommisskasse	3562	VI. Abgetragenen Kapitalien	56675
Privatverlassenschaft (Ernestina)	4447	VII. Ausgeliehene Kapitalien	4731
VI. Aufgenommene Kapitalien	52135	VIII. Mildtätige Zwecke	
		Pensionen u. Gnadengelder	3619
		Almosen	848
Summe (Soll)	139986	Summe (Soll)	132462
Summe (Empfang)	139682	Summe (Zahlung)	124027

Die Generalkasse der Vollrathschen Linie weist 1830/31 Schulden in Höhe von 304 220 Gulden (15 211 fl. Zinsen für Passivkapitalien = 5 %) aus. Zur Gesamtentwicklung der Aktiv- und Passivkapitalien bei der Vollrathschen und der Karlschen Linie vgl. Anm. 28 der vorliegenden Untersuchung.

2.2.4 Zusammenfassung

Vergleicht man die Einnahmen [ab 1781/82 in der Vollrathschen Linie] der 1803 erhaltenen Entschädigungslande mit den verloren gegangenen linksrheinischen Besitzungen, so ergibt sich folgendes Bild:

Einnahmen in den aufgeführten Rechnungen (vgl. vorherige Tabellen) aus der verloren gegangenen Grafschaft Virneburg[23]: 1716/17: 1 208 Gulden; 1731/32 (halbes Jahr): 750 Gulden; 1781/82: 4 485 Gulden.

Finanzstruktur der als Entschädigung erhaltenen Besitzungen:

– Kartause Grünau im Jahr 1717[24]:

Geldeinnahmen (fl.) in ausgewählten Positionen: Rezess 467; Pfennigzinsen 57; Zinsen von hingeliehenen Kapitalien 82; Besthaupt 9; Fron 49; Mühlen und Wiesen 41; verkauftes Getreide 655; verkaufter Wein 470; Summe 1926.

Geldausgaben (fl.) in ausgewählten Positionen: Dienstboten 101; Handwerker 46; gesalzener und grüner Fisch 254; Speisen 131; Summe 1543.

Naturaleinnahmen (Getreide in Malter, Wein in Fuder) in ausgewählten Positionen: Weizen 89; Dinkel 93; Korn 636; Hafer 477; Wein 19.

Naturalausgaben (Getreide in Malter, Wein in Fuder) in ausgewählten Positionen: Weizen 64; Dinkel 64; Korn 466; Hafer 298; Wein 11.

– Chorherrenstift Triefenstein im Jahr 1800[25]:

Geldeinnahmen (fl.) in ausgewählten Positionen: negativer Rezess von 10 573; Grundzinsen 209; Zinsatzungen 61; aufgenommene Kapitalien 3 524; Zinsen aus 22 126 fl. hingeliehenem Kapital 1 090; Besthaupt 308; Handlohn 207; verliehene Häuser und Keller 171; verliehene Mainfahrt 592; Wiesenbestand 500; verliehener Kleinzehnt 173; verkaufte Früchte und Mehl 1 686; verkauftes Holz 320; Pfarreigefälle 119; verkauftes Vieh 525; Summe 10 258 (ohne den negativen Rezess).

Geldausgaben (fl.) in ausgewählten Positionen: Acker- und Feldbau 192; Bauwesen und Schmiede 185; Erntekosten 174; Gewandkammer 735; Holzhauerlohn 278; Kapitalzinsen 276; Kirche 84; für die Bedürfnisse der Kanoniker 735; grünes Fleisch 1825; Konfitüre 188; Gewürz, Zucker, Kaffee 270; Salz 128; Mehl 230; Gänse, Tauben, Spanferkel 137; Gemüse 54; Gebäck 97; Schmalz 436; erkauftes Vieh 616; Weinbergskosten 852; gekaufter Wein 3 009; Handwerkskosten 282; Dienstboten 449; Summe 12 666 (ohne den negtiven Rezess).

Naturaleinnahmen (Getreide in Malter, Wein in Fuder) in ausgewählten Positionen: Weizen 70; Dinkel 81; Korn 1141; Hafer 763; Wein 42.

Naturalausgaben (Getreide in Malter, Wein in Fuder) in ausgewählten Positionen: Weizen 52; Dinkel 29; Korn 648; Hafer 323; Wein 18.

– Freudenberger Amtsrechnung aus dem Jahr 1801[26]:

Das Amt kam beim Heimfall der Würzburger Lehen im Jahr 1612 von Wertheim an Würzburg.

---

[23] Vgl. Anm. 5 der vorliegenden Untersuchung.
[24] StAWt-F, R 14 – Jahr 1717.
[25] StAWt-F, Repertorium 75, Nr. 192 (= Jahr 1800); vgl. Gams, Personalstand (wie Anm. 1), S. 198–200.
[26] StAWü, Rechnung 39665.

Geldeinnahmen (fl.) in ausgewählten Positionen: Rezess 4373; Beständige Zinsen 541; Rauchpfund 70; Besthaupt 6; Zunftgefälle 25; Einzugsgeld 11; Leibshühner 15; Kapitalzinsen 22; Frongeld 24; Wiesenzins 10; Verkaufte Früchte 308; Holzverkauf 1723; Kleiner Zehnt 40; Heuzehnt 15; Mainfahrbestand 37; verkauftes Wildpret 53; Summe 7369.

Geldausgaben (fl.) in ausgewählten Positionen: Hofkammer 2297; Rauchpfunde an Hofkammer 70; Baukosten 47; Dienerbesoldung 84; Summe 2916.

Naturaleinnahmen (Getreide in Malter) in ausgewählten Positionen: Korn (Rezess 16; Gült 96; Zehnt 19; Summe 135); Hafer (Rezess 12; Gült 37; Zehnt 10; Summe 60); Dinkel (Zehnt 2).

Naturalausgaben (Getreide in Malter) in ausgewählten Positionen: Korn (Futteramt 3; Bestallung 43; Verkauf 66; Summe 114); Hafer (Bestallung 18; Verkauf 9; Summe 29); Dinkel (Verkauf 2).

Statistik: Einwohner: Freudenberg (256 Männer, 297 Frauen, 343 Söhne, 330 Töchter, 15 Knechte, 41 Mägde); Boxtal (60 Männer, 67 Frauen, 76 Söhne, 69 Töchter, 2 Knechte, 5 Mägde); Ebenheid (40 Männer, 41 Frauen, 59 Söhne, 52 Töchter, 10 Knechte, 9 Mägde); Juden (6 Männer, 5 Frauen, 15 Söhne, 10 Töchter, 2 Mägde, 1 Knecht).

Mit Triefenstein und dem Amt Freudenberg erhielt man ein großes Waldgebiet und Grundbesitz. 1830/31 werden in der Kammerrechnung (vgl. vorherige Tabellen) keine Einnahmen aus Triefenstein und Freudenberg verzeichnet.

Die Einkünfte der älteren Linie des Hauses Löwenstein-Wertheim (Virneburger Linie) waren bescheidener als die der jüngeren Linie des Hauses Löwenstein-Wertheim (Linie Rochefort). Allerdings macht es die fragmentarische Überlieferung der Kassenbücher sowie die Verbuchung der Einnahmen in verschiedenen Kassen unmöglich, ein differenziertes Bild von der finanziellen Situation zu bekommen. Einer 1807 an Baden übergebenen Übersicht zufolge betrugen die Einnahmen der gräflichen Kammerkasse in den 1780er Jahren durchschnittlich 32300 Gulden (46 Prozent davon kamen aus der Grafschaft Wertheim und 33 Prozent aus der Grafschaft Löwenstein). Dies war ein Bruchteil dessen, was das Haus Löwenstein-Wertheim-Rosenberg für sich verbuchen konnte (vgl. Kap. 3). Hiervon wurden etwa 70 Prozent in jeweils gleich großen Anteilen an die einzelnen Kassen der gräflichen *Speciallinien (Vollrathsche und Karlsche Linie)* abgeführt. Aufschlussreich erscheint ein Blick in die privaten Rechnungsbücher der Vollrathschen bzw. Karlschen Linie. Während Graf Friedrich Karl Gottlob (1743–1825, Karlsche Linie)[27] in den beiden letzten Geschäftsjahren des 18. Jahrhunderts an Nettoeinnahmen knapp 40000 Gulden verbuchte, konnte Graf Johann Karl Ludwig (1740–1816, Vollrathsche Linie)[28] über mehr als das Doppelte verfügen. Seine Einnahmen betrugen zwischen 80000 und 100000 Gulden. Dies änderte sich nach 1803 nur geringfügig, die Nettoeinnahmen beider Seiten stiegen durch die Gebietserwerbungen um etwa zehn Prozent, während sich gleichzeitig die jährliche Kreditaufnahme auf Karlscher Seite bis 1806 nahezu verdoppelte. Die Vollrathsche Linie verfügte über mehr Besitzungen, vor allem im Limpurgischen.

---

[27] Zu Friedrich Karl Gottlob vgl. Stockert, Adel im Übergang (wie Anm. 1), S. 26–28.
[28] Zu Johann Karl Ludwig vgl. ebd., S. 25f.

Auch hatte Johann Karl Ludwig bei seinem Regierungsantritt 1790 eine rigorose Sparpolitik verordnet und eine Neuorganisation des gräflichen Finanzwesens vorgenommen mit dem Ziel, die vorgefundenen Schulden abzutragen. Einen wichtigen Beitrag zur wirtschaftlichen Gesundung dürften Verkäufe von Grundstücken und Höfen geleistet haben. Die Rechnungsbücher nach 1800 weisen aus, dass von einem hohen Schuldenstand der Vollrathschen Linie keine Rede mehr sein kann – im Gegenteil, obwohl sie rund 180 000 Gulden Passiva verbuchten, konnten sie selbst zur gleichen Zeit Gelder in der Höhe von 270 000 Gulden verleihen, deren Zinsen als Einnahmen verbucht wurden. Schuldner waren unter anderem die Castellsche Kreditkasse, die Rocheforter Verwandten sowie Graf Friedrich Karl Gottlob. Völlig anders stellte sich die Situation auf dessen Seite dar. Seine Schulden betrugen knapp 200 000 Gulden, ohne dass er über entsprechende Aktivkapitalien verfügte. Die Gesamtschulden der beiden Virneburger Grafen wurden 1807 gegenüber der badischen Regierung mit 531 706 Gulden beziffert.[29]

2.3 *Rechnungen der jüngeren Linie des Hauses Löwenstein-Wertheim (Linie Rochefort)*

2.3.1 Kammerrechnungen des Fürsten Maximilian Karl zu Löwenstein (1656–1718)

(StAWt-R, R 1)

Jahr	1716/17	1717/18
Einnahmen Geld (fl.)		
Rezess	63182	64789
Türkensteuer	2650	
Vom Fürsten		37018
Grafschaft Wertheim:		
Gemeinschaftliche Rentei	3229	3132
Forstamt	1508	1400
Zinsen	740	716
Zollamt	3694	2903
Stadt Wertheim	843	843
Oberschultheißenamt	144	196
Kellerei Gerichtstetten und Faktorei Königheim	1031	350
Münze	0	
Judenschutz	368	366
Herrschaftsmühlen	22	37
Schäfereien	687	388
Herrschaft Breuberg	0	0
Amt Habitzheim	2650	1520
Amt Wildeck	1601	1200
Grafschaft Scharfeneck	1536	700
Grafschaft Rochefort und niederländische Herrschaften	0	0
Böhmische Herrschaften		17700
Verkaufter Wein	0	391
Verkaufte Früchte	1424	4970
Kapitalien	6000	20
Zinseinnahmen	62	448
Summe	92046	134374

[29] Vgl. ebd., S. 56f.

Ausgaben Geld (fl.)		
An den Gnädigen Herrn	3395	0
Appanagen	0	0
Deputat an Fürst Dominik	6000	6000
Auf gnädigen Befehl	815	
Erkaufte Güter	1988	23063
Zinsen	1500	1502
Zehrungskosten	1410	629
Geistlichkeit	131	130
Bestallungen	1401	1442
Baukosten	1766	2846
Hausmeisterei	4723	9006
Erkaufter Wein	178	540
Summe	27257	92755

2.3.2 Kammerrechnungen der Fürsten Theodor Alexander (1722–1780) und Dominik Konstantin (1762–1814)[30] zu Löwenstein

(StAWt-R, R 1)			
Jahr	1779/80	1780/81	1786/87
Einnahmen Geld (fl.)			
Rezess	430	203	369
Ämter im Reich			
Kellerei Wertheim	*1800*	*891*	*1163*
Forstamt Wertheim	*662*	*298*	*722*
Gemeinschaftliche Rentei	*1711*	*2287*	*910*
Gerichtstetten	*180*	*0*	*740*
Abstatt (bei Löwenstein)	*2742*	*3100*	*1371*
Rosenberg	*8470*	*6232*	*15718*
Kleinheubach	*0*	*390*	*0*
Breuberg	*21479*	*17907*	*25922*
Klosterverwaltung Höchst	*0*	*0*	*0*
Rentei Habitzheim	*10602*	*6060*	*3800*
Rentei Scharfeneck	*6366*	*8940*	*14974*
Summe	54374	46310	65683
Herrschaften in den belgischen Niederlanden			
Hotton, Cugnon, Chassepierre, Neufchateau, Havresse			
Summe	25405	19316	42438
Böhmen und Österreich			
Haid, Skupsch, Bernaditz, Wocoritz, Zebau, Schwanberg, Horaschdowitz, Wojnitz, Wezdorf in Österreich			
Summe	0	0	1195
Summe Rezess, Reich, Belgien, Böhmen	*79799*	*65626*	*109317*
Verkaufter Wein	1287	12	0
Aufgenommene Kapitalien	0	36820	198500
Summe	81879	102907	309843

[30] Zu Dominik Konstantin vgl. ebd., S. 23–25. Zum Stammbaum vgl. Anm. 7 der vorliegenden Untersuchung.

Ausgaben Geld (fl.)			
Fürsten	481	1985	13132
Fürstin	18200	1885	2250
Appanagen	748	7000	2385
Verpflegung	4127	18374	18613
Besoldungen	2320	7235	3952
Bezahlte Hauptschulden	27853	43817	212650
Bezahlte Zinsen	11403	6546	15104
Hofkleidung	3122	573	1308
Marstall	1745	2808	3445
Gottesdienste (Kleinheubach...)	891	772	532
Bauunterhalt	2745	1549	2664
Zehrung Räte,Diener	830	3198	4457
Summe	81753	102538	310567

Die vorhergehenden Tabellen enthalten ausgewählte Positionen aus den Kammerrechnungen. Rechnungslegung ist an Georgi (23. April).

2.3.3 Wertheimer Hauptkassa-Rechnung des Fürsten Dominik Konstantin zu Löwenstein (1762–1814) aus dem Jahr 1803/04 und die Fideikommiss-Kassenrechnungen aus den Jahren 1803–1805 [Errichtung des Fideikommiss nach dem Erbvertrag von 1790]

(StAWt-R, R 1)
Jahr 1803/04

Einnahmen Geld (fl.)	
Rezess	0
Fürstliche Balleien im Reich	
Von den alten Besitzungen	
Kellerei Wertheim	*28558*
Weinkellerei Wertheim	*350*
Forstamt Wertheim	*2474*
Gemeinschaftliche Rentei	*3100*
Gemeinschaftliche Münzverwaltung	*1650*
Gerichtstetten	*1323*
Abstatt (bei Löwenstein)	*7914*
Rosenberg	*15172*
Kleinheubach	*3761*
Breuberg	*26424*
Habitzheim	*15109*
Klosterverwaltung Höchst	*0*
Teilsumme alter Besitz	108944
Von den neuen Besitzungen	
Kellerei Rothenfels	*5840*
Zollamt Rothenfels	*6421*
Forstamt Rothenfels	*31157*
Klosterrentei Neustadt	*24709*
Rentei Bronnbach	*33351*
Kameralamt Würzburg	*11275*
Widdern und Talheim	*1052*
Rentei Wörth	*2127*
Amt Homburg	*28000*
Teilsumme neuer Besitz	144470
Balleien in Böhmen	53399
Bayerische Beiträge	
Fürstl. Hauptkontributionskasse	*3237*
Rothenfelser Amstkontributionskasse usw.	*9371*
Summe Bayerische Beiträge	12609
Aufgenommene Kapitalien	343224
Zinsen	5722
Gesamtsumme	670465

Ausgaben Geld (fl.)	
Fürst	37200
Fürstin	700
Erbprinz	10250
Prinz Konstantin	6645
Prinz Wilhelm	1100
Wittumsgelder	3600
Besoldungen	18243
Oberforstamt	3007
Pensionen	
Pensionen (Wertheim, Breuberg...):	*5378*
Pensionen Bronnbach:	
Geistliche	*16239*
Weltliche	*891*
Pensionen Neustadt:	
Geistliche	*8375*
Weltliche	*723*
Teilsumme Pensionen	34772
Baukasse	3000
Kirchenfond	4000
Hofkasse	81763
Schuldendienst	294331
Kanzlei	1471
Prozesskosten	1975
Entschädigungen und Besitzergreifungskosten	132402
Gesamtsumme	656465
Rezess	13719

Die vorhergehenden Tabellen enthalten ausgewählte Positionen. Rechnungslegung ist am 1. Mai. 1803/04 wurden 343 224 Gulden an Kapitalien aufgenommen. Die ausgeliehen Kapitalien betrugen 114 440 Gulden (5 722 fl. Zinsen = 5 %). Beim Schuldendienst wurden 276 105 Gulden zurückbezahlt und 18 226 Gulden (= 5 %) an Zinsen für 364 520 Gulden Schulden ausgegeben (276 105 fl. + 18 226 fl. = 294 331 fl.).

Fideikommissrechnung (Rosenberg)
(StAWt-R, R 16)

Jahr	1803/04	1804/05
Einnahmen Geld (fl.)		
Rezess	506	2257
Ausstände	1545	2108
Ältere Rechnungsausstände	200	
Verkaufte Grundstücke	3041	12280
Herrschaft Neuses, übrige Acquisitionen	2882	2986
Passivkapitalien	0	16549
Aktivkapitalien	400	1600
Zinsen	236	284
Depositen-Gelder	203	0
Summe	9105	38158
Ausgaben Geld (fl.)		
Neue Acquisitionen	1337	19904
Aktivkapitalien	1000	100
Abgetragene Kapitalien	0	50
Kapitalzinsen	2127	2536
Depositen-Gelder	203	0
Ausstände	2108	13396
Summe	6847	36224

2.3.4 Die Wertheimer Hauptkassa-Rechnung des Fürsten Karl Thomas zu Löwenstein (1783–1849)[31] aus dem Jahr 1830/31

StAWt-R, R 1
Jahr 1830/31

Einnahmen Geld (fl.)	
Rezess	6417
Ersatzposten ex monitis	0
Renten	36640
Restituendis	
Haider Hauptkasse	
An erhaltenen Zuschüssen	*8275*
Teilsumme Restituendis	26000
Vorschüsse	4803
Fürstliche Spezialrezepturen	
Abstadt	*5962*
Bronnbach	*3165*
Breuberg	*31312*
Gerichtstetten	*271*
Glaskasse zu Einsiedeln	*0*
Glaskasse zu Weibersbrunn	*2650*
Haid in Böhmen	*18452*
Kleinheubach	*860*
Habitzheim	*11858*
Homburg	*1820*
Nauses	*2868*
Neustadt a.M.	*23180*
Rosenberg	*16287*
Rothenfelser Rentei	*9031*
Rothenfelser Forst	*28554*
Verwaltung Talheim	*2288*
Verwaltung Widdern	*374*
Wörth	*0*
Wertheim	
Gemeinschaftliche Rentei	*599*
Kellerei	*13015*
Weinkellerei	*543*
Forst	*0*
Tax Kassa	*73*
Taxkassa Kreuzwertheim	*255*
Teilsumme Spezialrezepturen	173426
Fürstl. Fideikommisskasse	1245
Ewige jährliche Renten	30862
Konventionsmäßige Beiträge	
Von den Souveränitätsbehörden	2903
Aktivkapitalien und Zinsen	1530
Aufgenommene Kapitalien	226957
Gesamtsumme Soll	513957
Gesamtsumme Empfangen	471333

Ausgaben Geld (fl.)	
Reste	82600
Sustentation und Appanagen	49225
Besoldungen	24397
Pensionen, Zivildiener	2730
Kloster-Pensionen	3589
Unterhalt Kammerpferde	520
Kanzleibedürfnisse	1613
Hingeliehene Kapitalien	1000
Jährliche Renten	3682
Vertragsmäßige Schulden	4686
Vorschüsse	4803
Heimgezahlte Kapitalien	152781
Zinsen von Passivkapitalien	95429
Geldverlust	5470
Gebühren (Gericht usw.)	1334
Reisekosten	519
Porto	1000
Almosen	108
In andere Verwaltungen	83986
Auf Vorschüsse	41569
Insgemein	15
Gesamtsumme Soll	562071
Gesamtsumme Zahlung	467949
Rezess	3384

Die vorhergehende Tabelle enthält ausgewählte Positionen. Rechnungslegung der Wertheimer Hauptkassa-Rechnung ist am 1. Mai.[32]

[31] Zu Fürst Karl Thomas vgl. Stockert, Adel im Übergang (wie Anm. 1), S. 191–193. Zum Stammbaum vgl. Anm. 7 der vorliegenden Untersuchung.

[32] Zu den einzelnen Rezepturen wie das Amt Abstatt oder Wildeck, das Amt und Rentamt Breuberg, das Rentamt Bronnbach und das Rentamt Würzburg, das Amt und Rentamt Habitzheim mit Kellerei Nauses, die Ämter und Renteien Heubach und Wörth, die Höchster Klosterfonds, die Rentämter Neustadt und Rothenfels, das Amt und Rentamt Rosenberg, das Amt und Rentamt Scharfeneck, die Grafschaft Wertheim und die gemeinschaftliche Rentei Wertheim mit Amtsverweserei Gerichtstetten, die Amtsverwaltung Widdern und die Zehntverwaltung Talheim an der Schozach, die Böhmischen Herrschaften und die Besitzungen in Österreich vgl. Hofmann, Inventar (wie Anm. 1), S. 16–38.

2.3.5 Die Haider Hauptkassa-Rechnung des Fürsten Karl Thomas zu Löwenstein (1783–1849) aus dem Jahr 1830/31

StAWt-R, R 63
Jahr 1830/31

Einnahmen Geld (fl.)		Ausgaben Geld (fl.)	
Rezess	4014	Abfuhren an die Hauptkasse in Wertheim	10222
Ablieferungen:		Besoldungen und Pensionen	7767
Haid	5266	Zurückgezahlte Passiva und Zinsen	14118
Weseritz	16502	Besoldungen	2027
Zurückgezahlte Aktiva und Zinsen	18		
Neu aufgenommene Passiva	19177		
Summe	45171	Summe	43507

Die vorhergehende Tabelle enthält ausgewählte Positionen. Rechnungslegung der Haider Hauptkassa-Rechnung ist am 1. Oktober.

2.3.6 Zusammenfassung[33]

Vergleicht man die Einnahmen der 1803 erhaltenen Entschädigungslande mit den verloren gegangenen linksrheinischen Besitzungen, so ergibt sich folgendes Bild: Einnahmen in den aufgeführten Rechnungen (vgl. vorherige Tabellen) aus der verloren gegangenen Grafschaft Rochefort und den niederländischen

[33] Was die Finanzstruktur der als Entschädigung erhaltenen Besitzungen betrifft, so kann man bei den Klöstern davon ausgehen, dass ihr säkularisiertes Vermögen eine Jahresrendite von ca. 3 % ergab. So warf das Vermögen der Zisterze Ebrach in Höhe von 3772507 fl. 120399 fl. als jährliche Einkünfte ab; vgl. Dieter Michael Feineis, Die Finanzstruktur der Abtei Ebrach im 18. Jahrhundert, in: Würzburger Diözesangeschichtsblätter 74 (2012), S. 617–646, bes. S. 644. Das Vermögen der Zisterze Bildhausen betrug bei der Säkularisation 2500000 bis 3000000 fl., was bei einem Zinssatz von jährlich 2,5 % eine jährliche Rendite von 75000 fl. bedeutete; vgl. Eberth, Die Säkularisation (wie Anm. 1), S. 51. Das Vermögen der Prämonstratenserabtei Oberzell betrug 591806 fl. im Jahre 1803 (seine jährliche Rendite konnte man also mit 14795 fl. ansetzen); vgl. Georg Link, Klosterbuch der Diöcese Würzburg, Bd. 2: Geschichte der Klöster und klösterlichen Institute, Würzburg 1876, S. 261–264; Dieter Michael Feineis, Untersuchungen zur Finanz- und Wirtschaftsgeschichte des Hochstiftes Würzburg im 18. Jahrhundert (Quellen und Forschungen zur Geschichte des Bistums und Hochstifts Würzburg 49), Würzburg 1996, S. 468; Gams, Personalstand (wie Anm. 1).
Zu den jährlichen Einkünften von säkularisiertem Kirchenbesitz finden sich bei Gaspari, Zweiter Teil (wie Anm. 1) folgende Angaben: Hochstift Würzburg 3000000 fl. (S. 33), Erzstift Mainz 2000000 fl. (S. 226), Hochstift Bamberg 1500000 fl. (S. 33), Fürstabtei und Bistum Fulda: Kammer 400000 fl. und Obereinnahme 90000 fl. (S. 132), Fürstabtei Kempten 250000 fl. (S. 37), Abtei Waldsassen 200000 fl. (S. 38), Abtei Weingarten mit Propsteien 140000 fl. (S. 134), Abtei Ottobeuren 100000 fl., Abtei Kaisheim 90000 fl., Abtei Roggenburg 75000 fl., Abtei Irsee 60000 fl. (S. 38). Die jährlichen Einkünfte der Reichsstadt Schweinfurt werden mit 20000 fl. und die der Reichsdörfer Gochsheim und Sennfeld mit 10000 fl. angegeben (S. 39).
In § 51 des Reichsdeputationshauptschlusses wurde die jährliche Sustentation der geistlichen Regenten geregelt: Für Fürstbischöfe betrug das Minimum 20000[!] fl. und das Maximum 60000[!] fl. Fürstäbte und Pröpste des ersten Ranges erhielten das Minimum der Fürstbischöfe; für alle anderen Fürstäbte betrug das Minimum 6000 fl. und das Maximum 12000 fl. Die gefürsteten Äbtissinnen erhielten ein Minimum von 3000 fl. und ein Maximum von 6000 fl. Für Reichsprälaten, Äbtissinnen und Äbte galt ein Minimum von 2000 fl. und ein Maximum von 8000 fl. Es wurde jedoch „der Großmuth der künftigen Landesherrn kein Ziel gesetzt“. Der letzte Fürstbischof von Würzburg Georg Karl von Fechenbach (Fürstbischof 1795–1808) erhielt für das Fürstbistum Würzburg jährlich 60000 fl. und als Koadjutor für das Fürstbistum Bamberg jährlich 30000 fl. Als Sustentation für den Fürstbischof von Lüttich musste er jährlich 3000 fl. und für den Fürstbischof von Basel jährlich 1500 fl. abgeben. § 53 und § 64 des Deputationsrezesses bestimmten, dass die Kapitulare und Kanoniker der Domstifte und der Ritterstifte und der Mediatstifter neben ihren Wohnungen 90 % ihres bisherigen Einkommens erhielten; vgl. Gaspari, Zweiter Teil (wie Anm. 1), S. 303–312, 322, 324.

Herrschaften[34]: 1716/17 und 1717/18 werden in den Wertheimer Kammerrechnungen keine Einnahmen aufgeführt; 1779/80: 25405 Gulden; 1780/81: 19316 Gulden; 1786/87: 42438 Gulden.

Finanzstruktur der als Entschädigung erhaltenen Besitzungen:

– Zisterzienserkloster Bronnbach im Jahr 1797/98[35]:

Geldeinnahmen (fl.) in ausgewählten Positionen: Rezess 1415; Pfennigzinsen 290; aufgenommene Kapitalien 2100; Zinsen aus 2000 fl. hingeliehenem Kapital 100; Handlohn 612; Besthaupt 142; Schatzung 928; Wiesenzins 611; verkaufter Weizen im Hof zu Würzburg 1157; verkauftes Korn im Kloster 1702 und im Hof zu Würzburg 1835; verkaufter Dinkel im Kloster 713; verkaufter Hafer im Kloster 1566 und im Hof zu Würzburg 661; verkaufter Wein 9; verkauftes Holz 427; verkaufte Hammel 2310; verkaufte Wolle 359; verkauftes Vieh 323; verkaufte Häute 563; Summe 37088.

Geldausgaben (fl.) in ausgewählten Positionen: Almosen 352; Zinsen für 45000 fl aufgenommenes Kapital (21000 fl. wurden neu aufgenommen) 1462; Jägeratzung 210; Dienerbesoldung 3865; für Tuch 1632; für Baumaterial 1487; für Kaffee und Zucker 949; für Mastochsen 9385; Dörrfisch, gesalzener und grüner Fisch 3278; gekaufter Hopfen 502; gekaufte Gerste 1398; gekaufter Wein 2971; Wein- und Gartenbau 608; Reisekosten 756; Insgemein 4688 (darunter 2387 fl., die den Hofbeständnern von den Franzosen abgenommen wurden); Summe 35050.

Naturaleinnahmen (Getreide in Malter, Wein und Bier in Fuder) in ausgewählten Positionen: Weizen 203; Dinkel 648; Korn 2327; Hafer 937; Wein 26; Bier 72.

Naturalausgaben (Getreide in Malter, Wein in Fuder) in ausgewählten Positionen: Weizen 179; Dinkel 551; Korn 1671; Hafer 868; Wein 20.

Statistik: Das Kloster zählte außer Abt und Prior 32 Mönche, 4 Fratres und ca. 55 Bedienstete. Es besaß große Klosterhöfe, war aber durch die Franzosenkriege stark in Mitleidenschaft gezogen.

– Benediktinerkloster Neustadt am Main:

Im Jahr 1857 wurden bei einem Brand im ehemaligen Kloster zahlreiche Archivalien vernichtet, darunter auch die Klosterrechnungen.[36]

Im Jahr 1556 hatte das Kloster folgende Geldeinnahmen (fl.): Geldzinsen: 116; Erlös aus 229 Malter Korn: 525; Handlohn, Besthaupt, Bußen: 12; Wiesennutzung: 71; Wasserzoll: 9; Summe 766.

Geldausgaben (fl.): Kapitalzinsen: 20; Dienstboten 212; Summe 690.

Naturaleinnahmen (Getreide in Malter, Wein in Fuder): Weizen 125; Korn 674; Hafer 372; Wein 19.

Naturalausgaben (Getreide in Malter, Wein in Fuder): Weizen und Korn 665; Hafer 250; Wein für die Haushaltung.

Der letzte Neustädter Abt Johann Weigand erhielt vom Fürsten anstelle einer Pension eine Abfindung von 18000 Gulden. Bei der Säkularisation fielen

---

[34] Vgl. Anm. 5 der vorliegenden Untersuchung.

[35] StAWt-R, R 79 Jahr 1797/98.

[36] Vgl. Rudolf Langhans / Bernd Bippur (Hg.), Festschrift zur 1200-Jahr-Feier des Klosters Neustadt am Main, Neustadt a.M. 1969, S. 57, 59–61.

15 000 Morgen Klosterwald an den Fürsten zu Löwenstein-Wertheim-Rosenberg.[37]

– Rothenfelser Amtsrechnung aus dem Jahr 1717[38]:

Geldeinnahmen (fl.): Rezess 483; beständige Zinsen 897; Rauchpfund 211; Besthaupt 7; Strafen von Zünften 25; Einzugsgeld 37; Nachsteuer 1; Leibshühner 149; Jägeratz 87; Schiffsatz 180; Wiesenzins 264; Schäfereien 127; Kleinzehnt 44; Weizenverkauf 131; Kornverkauf 559; Haferverkauf 610; Dinkelverkauf 4; Weinverkauf 23; Heuverkauf 154; Strohverkauf 94; Summe 4 256.

Geldausgaben (fl.): Hofkammer Würzburg 1 500; Rauchpfunde an Hofkammer 211; Schiffsatz an Hofkammer 180; Jägeratz an Hofkammer 87; Baukosten 47; Dienerbesoldung 288; wegen des Gestüts im Hof Lindenfurt 885; erkauftes Stroh 99; Summe 3 608.

Naturaleinnahmen (Malter): Weizen (Rezess 80, Gült 71, Zehnt 1. Summe 154); Korn (Rezess 1023, Gült 218, Zehnt 126, Summe 1 428); Hafer (Rezess 859, Gült 156, Zehnt 57, Summe 1 132); Wein (Rezess 3 Fuder, neu 4 Fuder).

Naturalausgaben (Malter): Weizen (Bestallung 7, Verkauf 43, Summe 75); Korn (Bestallung 122, Verkauf 229, Summe 395); Hafer (Bestallung 144, Verkauf 361, Summe 523); Wein (Bestallung 3 Fuder).

Statistik:

Ortschaften: Rothenfels, Windheim, Bergrothenfels, Erlach, Pflochsbach, Sendelbach, Roden, Ansbach, Waldzell, Steinfeld, Karbach, Birkenfeld, Greußenheim, Hafenlohr, Esselbach, Oberndorf.

Wiesen (Morgen): Herrschaftswiesen bei der Stuterei 266; Wiesen beim Amtmann, Keller und Zentgraf 117.

Waldungen (in Morgen) des Hochstifts Würzburg am Spessart ca. 20 000; Waldungen mit Jagdgerechtigkeit (Rothenfels, Bergrothenfels, Windheim: 3 000; Karbach: 100; Birkenfeld: 700; Ansbach: 800; Greußenheim: 550; Zimmern und Roden: 550; Waldzell: 600; Pflochsbach: 93; Steinfeld: 1 000; Sendelbach: 295; Erlach: 60).

Wildpret an die fürstliche Hofhaltung: 6 Hirsche, 2 Schweine, 10 Spießer, 1 Schmaltier, 7 Bachen, 3 Wildkälber, 9 Rehe, 3 Auerhähne, 1 Wildgans.

Nach der Rechnung der Wertheimer Haupt-Kassa (vgl. vorherige Tabellen) im Jahr 1803/04 erbrachten Kellerei, Zollamt und Forstamt Rothenfels zusammen 43 418 fl., die Klosterrentei Neustadt a. M. 24 709 fl., die Rentei Bronnbach 33 351 fl. und das Kameralamt Würzburg („Bronnbacher Hof“) 11 275 fl. Im Jahr 1830/31 wurden aus Rentei und Forstamt Rothenfels 37 585 fl., aus Neustadt a. M. 23 180 fl. und aus Bronnbach 3 165 fl. an Einnahmen verzeichnet.

---

[37] Vgl. Georg Link, Klosterbuch der Diöcese Würzburg, Bd. 1: Geschichte der Benediktinerklöster, Würzburg 1873, S. 123–343, bes. S. 190, 215f.; vgl. Gams, Personalstand (wie Anm. 1), S. 178–181.

[38] StAWt-R, R 76 Jahr 1717.

Trotz hoher Einnahmen weisen die Rechnungen aus den Jahren 1786/87, 1803/04 und 1830/31 beim Fürstenhaus Löwenstein-Wertheim-Rosenberg[39] einen hoher Schuldenstand aus, den man durch hohe Kapitalaufnahmen auszu-

---

[39] Die Fürsten residierten standesgemäß in dem 1726–1732 erbauten Schloss Kleinheubach. Für einen Falken war man bereit, 1600 fl. (= ca. 80000 Euro) auszugeben; StAWt-R, R 1 Rechnung 1716/17. Große finanzielle Belastungen verursachten die Franzosenkriege (1792–1803).
Zum Vergleich mit Wertheim sei die *Staatsfinanzwirtschaft Bayerns* während des 18. Jahrhunderts betrachtet. Bis weit in die zweite Hälfte des 18. Jahrhunderts hinein bestand das staatsfinanzwirtschaftliche Grundaxiom: Der Landesherr hat die *Kosten für seinen Hofstaat* und für die *Regierungstätigkeit* aus den Erträgen seines *Kammergutes* und der finanziellen Nutzung seiner Regale selbst zu tragen. Nur ein – möglichst gering zu haltender – offener Deckungsrest ist von Fall zu Fall durch eine direkte Partizipation der Untertanen an den Staatsausgaben über die Erhebung direkter Steuern zu decken.
Der Staatshaushalt der bayerischen Kurfürsten war nach drei großen Finanzierungsaufgaben gegliedert:
1. das Hofzahlamt: in seinen Bereich gehörten z. B. die kurfürstliche Hofhaltung, die Besoldungen und Pensionen der Beamten, die auswärtige Politik, wohltätige Zwecke, das Salinenwesen;
2. das Kriegszahlamt;
3. das Schuldentilgungswerk.
Die Staatsausgaben im 18. Jahrhundert:
Die beiden größten Ausgabeposten des *Hofzahlamtes* (für das Kurfüstentum ohne die Oberpfalz), die Hofausgaben und die Besoldungen, erhöhten sich in der Zeit von 1701–1799 (Hofausgaben 1701: 751000 fl. – 1799: 1136000 fl. – Steigerung um 51 %; Besoldungen 1701: 295000 fl. – 1799: 849000 fl. – Steigerung um 188 %). Der Jahresdurchschnitt aller Ausgaben des Hofzahlamtes ist in den Jahren 1770–1780 mit rund 1,8 Millionen fl. anzusetzen.
Die *Ausgaben des Kriegszahlamtes* schwankten im 18. Jahrhundert von Jahr zu Jahr in großem Ausmaß. Doch lassen sich die Kriegskosten (Spanischer Erbfolgekrieg, Österreichischer Erbfolgekrieg) nicht aus dem Militär-Budget entnehmen, nicht zuletzt, weil Subsidien, Anleihen etc. nicht im Militär-Budget ausgewiesen wurden. Die friedensmäßigen Militärausgaben dürften sich im 18. Jahrhundert im großen Durchschnitt auf 1 bis 1,2 Millionen fl. pro Jahr belaufen haben (etwa 61 % des Hofzahlamtes). Die Stärke des Heeres betrug in den Jahren 1748 und 1778 etwa 19500 Mann.
Das *Schuldentilgungswerk* schließlich hatte in der zweiten Hälfte des 18. Jahrhunderts jährlich Ausgaben zwischen 500000 fl. und 1 Million fl. für Schuldzinsen und Amortisationen zu tätigen.
Die *Staatsausgaben insgesamt,* soweit sie im Budget eines der drei genannten Etat-Ämter ausgewiesen sind, betrugen in der zweiten Hälfte des 18. Jahrhunderts im Schnitt jährlich 3,8 Millionen fl.
Die *Einkünfte des Hofzahlamtes* (Jahresdurchschnitt 1770–1780):
Erträgnisse des Kammergutes (Reichenhaller Salzgefälle, Salzburger Salzgefälle, Bräugefälle, Forstgefälle, Münzeinnahmen, Bergwerksausbeute, Fischereigefälle, Kastengefälle, Scharwerksgelder): 1067400 fl. Maut- und Acciseeinkünfte (Zoll): 400000 fl. Lehensgefälle: 7000 fl. etc.
Insgesamt jährliche Summe: 1609000 fl.
Einkünfte des Schuldentilgungswerkes (Jahresdurchschnitt 1770–1780):
Das Schuldentilgungswerk verfügte jährlich über etwa 300000 fl. „eigene" Einkünfte und musste, so weit es ging, die restlichen Beträge aus der Landschaftskasse (direkte Steuern) „zugewiesen" bekommen; diese betrugen etwa 700000 fl.
Der Schuldenausweis betrug 1720: 20000000 fl. und 1798: 15350000 fl.
Einkünfte des Kriegszahlamtes (Jahresdurchschnitt 1770–1780):
Insgesamt jährliche Summe: etwa 1185000 fl.
Geht man in den genannten (Normal)jahren von einem gesamten Geldaufkommen von jährlich 3,8 Millionen fl. aus, so bedurften davon 1,7 Millionen fl. (etwa 45 %) der landschaftlichen Genehmigung *(landschaftliche Gefälle).* Das bedeutete eine spürbare Beschneidung des kurfürstlichen Absolutismus durch die Ständevertretung. Die restlichen 2,1 Millionen fl. resultierten aus dem Kammergut.
Lässt man dieses Einteilungskriterium außer acht und untersucht den Steueranteil am Gesamt-Staatseinkommen, so ergibt sich folgende Zweiteilung:
1. Summe der Steuern: direkt (1750000 fl.) – indirekt (1050000 fl.) – Summe (2800000 fl.).
2. Summe der Einnahmen aus dem Kammergut: 1000000 fl.
Gesamteinnahme: 3800000 fl.
Bei den direkten Steuern spielte die Landsteuer die dominierende Rolle. Das 1745 festgelegte, zu repartierende Steuersimplum betrug (brutto) für die Landsteuer 317000 fl. und für die Stände-

gleichen suchte (1803/04: Schuldendienst 294 331 fl.; aufgenommene Kapitalien 343 224 fl.; 1830/31: aufgenommene Kapitalien 226 957 fl.; heimgezahlte Kapitalien 152 781 fl.; Zinsen für Passivkapitalien 95 429 fl., was bei einem Zinssatz von 5 % 1 908 580 fl. Passivkapital entspricht). In weit geringerem Umfang gilt das im Jahr 1830/31 für die ältere Linie (vgl. Kap. 2.2).

Seit 1790 wurden die Einnahmen von Gütern und Gerechtsamen nicht mehr in der Hauptkasse verbucht. In diesem Jahr beschloss die Rocheforter Regierung die Gründung einer eigenen Fideikomisskasse zur Bewahrung und Vermehrung des herrschaftlichen Stammgutes, über die alle hierzu in Frage kommenden Transaktionen abgewickelt wurden. Auf diese Weise ergibt sich für die Nettoeinnahmen der Rocheforter Linie in den letzten beiden Jahrzehnten des 18. Jahrhunderts das folgende Bild:

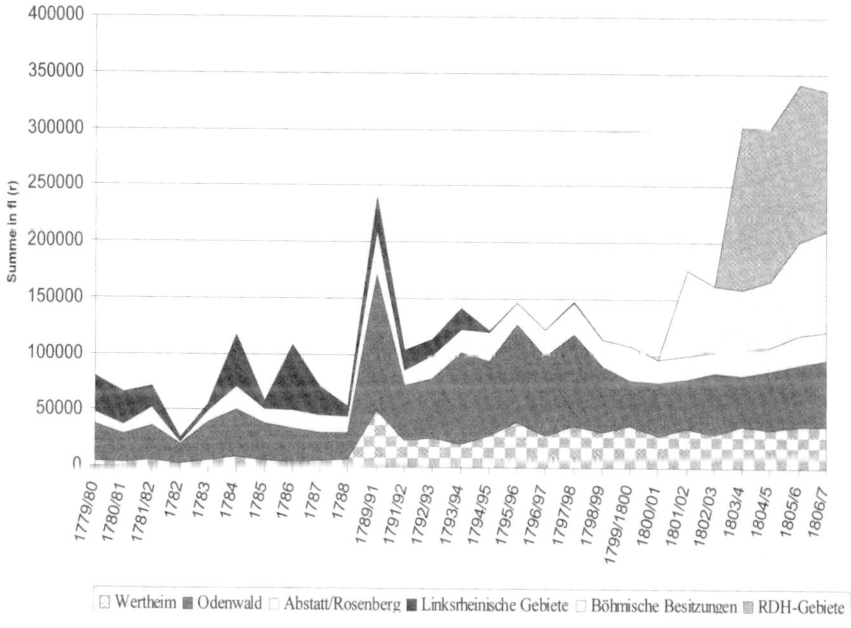

Diagramm 1: *Die Einnahmen der Löwenstein-Wertheim-Rocheforter Linie 1779–1806 (Abb. entnommen aus: Stockert, Adel im Übergang [wie Anm. 1], S. 51).*

Die Grafik weist aus, wie nach dem Regierungswechsel von 1789 die jährlichen Nettoeinnahmen aus den Renteien deutlich anstiegen. Beliefen sie sich in den 1780er Jahren auf durchschnittlich 70 000 Gulden, so waren es in den

steuer 68 000 fl. In der Regel wurden während der zweiten Hälfte des 18. Jahrhunderts vier Landsteuersimpla (zu Lichtmess, Georgi, Jakobi, Michaeli) und zwei Ständesteuersimpla erhoben. Das ergab insgesamt (brutto) 1 404 000 fl.
Nach diesen Werten betrug das Steueraufkommen insgesamt 73 % aller Staatseinnahmen. Bei einer Einwohnerzahl von etwa 900 000 in Ober- und Niederbayern (in Preußen stieg durch die 3. Polnische Teilung 1795 die Bevölkerung von 5,5 Millionen auf 8,7 Millionen; vgl. Christopher Clark, Preußen. Aufstieg und Niedergang 1600–1947, München 2008 [8. Aufl.], S. 342) bedeutete das im Jahresdurchschnitt von 1770–1780 eine Steuerlast von über 3 fl. pro Kopf oder von etwa 16 fl. je Familie; vgl. Eckart Schremmer, Die Wirtschaft Bayerns, München 1970, S. 247–263.

1790er Jahren rund 120 000 Gulden Eine Ursache hierfür lag in der Neustrukturierung der Buchführung – die früher vorab abgezogenen Sonderposten für Besoldung und Pensionen in den einzelnen Renteirechnungen wurden nun in der Hauptkasse verbucht, weshalb die Renteieinnahmen höher angesetzt werden konnten. Gleichzeitig machte sich eine geänderte Konjunkturlage mit steigenden Fruchtpreisen bei gleichzeitig wachsender Inflation bemerkbar.

Der Anstieg der Einkünfte nach 1789 kompensierte durchaus den Rückgang der Zahlungen aus den besetzten linksrheinischen Gebieten, die ab 1795 völlig versiegten. Deutliche Mehreinnahmen gab es allerdings erst nach 1800, als die böhmischen Einnahmen vollständig in der Hauptkasse verbucht werden konnten.[40]

Mit einem durchschnittlichen Revenueneinkommen von etwa 120 000 Gulden im Jahr zwischen 1790 und 1800 war die Rocheforter Linie unter ihren mindermächtigen Standesgenossen durchaus wohlhabend. Das linksrheinische Fürstentum Leiningen, das nach dem Reichsdeputationshauptschluss direkter Nachbar der Löwenstein-Wertheimer im Odenwald und im Taubertal werden sollte, verfügte in den 1780er Jahren über Nettoeinnahmen von rund 110 000 Gulden, wobei jährlich der gleiche Betrag zur Schuldentilgung aufgewendet werden musste. Deutlich ist der Abstand zu den größeren Reichsständen. Baden verfügte Ende des 18. Jahrhunderts über rund 900 000 Gulden an jährlichen Nettoeinnahmen und war praktisch schuldenfrei.

Einen ungemeinen Geldsegen brachten – die Grafik weist es aus – die Gebietsgewinne aufgrund des Reichsdeputationshauptschlusses, die den Verlust der linksrheinischen Besitzungen mehr als kompensierten. Insbesondere die reichen Wälder im Spessart erwiesen sich als einträglicher Zugewinn. Auf diese Weise stieg das durchschnittliche jährliche Nettoeinkommen um das Doppelte auf nunmehr über 300 000 Gulden an.

Mit den Einnahmen stiegen auch die Schulden des fürstlichen Hauses Löwenstein-Wertheim-Rochefort. Während man in einigen Jahren keine oder nur geringe Summen leihen musste, gab es 1786 und 1789 ungemein hohe Kreditaufnahmen, die der Umschuldung dienten und die durch Hausverträge gedeckt waren. Im Hausvertrag vom 23./28. März 1789 zwischen Karl Thomas (1714–1789) und Dominik Konstantin (1762–1814) wurde festgesetzt, dass Dominik Konstantin Schulden in Höhe von 400 000 Gulden[41] von seinem Onkel übernehmen sollte. Zur Bestreitung dieser Umschuldung sowie zum Ankauf weiterer Herrschaften (Nauses, Elsch) wurden 1790 gegen Verpfändung der Besitzungen im Reich beim Landgrafen von Hessen-Kassel Kredite über insgesamt 500 000 Reichstaler, im Ganzen etwa 892 000 Gulden aufgenommen. Bereits diese Zahl, die beinahe das Siebenfache der jährlichen Nettoeinnahmen ausmachte, unterstreicht die hohe Verschuldung des fürstlichen

---

[40] Bis zu Beginn des 19. Jahrhunderts dienten die böhmischen Revenuen zum Abtrag der dortigen Schulden; vgl. Schreck, Hofstaat und Verwaltung (wie Anm. 1), S. 88. 1735 betrugen bei Gesamteinkünften von 92 635 fl. die Einnahmen aus den böhmischen Besitzungen 40 000 fl.; vgl. ebd., S. 20.

[41] Die Hälfte der Schulden lastete auf den Besitzungen im Reich, die andere Hälfte auf den Besitzungen in Böhmen; vgl. ebd., S. 87.

Hauses. Eine Staatsschuld in Höhe von etwa des Vierfachen der jährlichen Einnahmen betrachtete man damals im Rahmen des üblichen. Bis zu den Besitzveränderungen durch den Reichsdeputationshauptschluss betrugen die Zins- und Tilgungsraten an den Nettoeinnahmen anteilig rund 30 Prozent, wobei sie nach 1799 stetig zunahmen. Nicht inbegriffen waren hierbei die böhmischen Schulden. Verglichen mit dem linksrheinischen Fürstentum Leiningen, bei dem in den 1780er Jahren beinahe 90 Prozent der jährlichen Einnahmen zur Bestreitung des Schuldendienstes verwendet wurden, standen die Rocheforter damit deutlich besser da. Im Jahr 1800 belief sich ihr Schuldenstand auf 1 066 628 Gulden Nicht mit einberechnet sind hierbei die auf der Grafschaft lastenden Landesschulden, die sich aufgrund der kriegerischen Wirren im letzten Jahrzehnt des 18. Jahrhunderts dramatisch vermehrt hatten. Ende des Jahres 1806 beliefen sie sich auf über 110 000 Gulden

Verbunden mit den Besitzgewinnen 1802/03 war die Aufnahme neuer Kredite zur Bestreitung der Verhandlungskosten (250 000 Gulden) und Bestechungsgelder sowie die Übernahme hoher Schulden von den säkularisierten Territorien. Beides zusammen machte rund 1,5 Millionen Gulden[42] aus. Der Schuldendienst stieg demnach um ein Vielfaches. 1803–1806 betrugen die jährlichen Rück- und Zinszahlungen zwischen 200 000 Gulden und 300 000 Gulden, mithin wurden 70 bis 90 Prozent der Nettoeinnahmen abgeführt.[43]

Zur Bestreitung des Schuldendienstes entschloss sich 1803 die fürstliche Regierung, eine Anleihe über 530 000 Gulden[44] aufzunehmen. Als Sicherheit für die Anleihe wurden die Revenuen der Entschädigungslande angegeben. Rückzahlungsbeginn war das Jahr 1813. Damit erhielten die fürstlichen Kassen erst einmal eine Atempause.[45]

3. Die Fürsten von Löwenstein-Wertheim als Standesherren nach der Mediatisierung

Mit dem Verlust der Landeshoheit mussten die ehemaligen Reichsstände auf sämtliche Einnahmen verzichten, die auf ihre Position als Landesherren zurückgingen. Hierunter fielen neben Gerichtsgefällen, Taxen, Zöllen, Steuern und Chausseegeldern meist auch Verbrauchsabgaben wie das Ohmgeld oder die Akzise. Demgegenüber sollte den Mediatisierten gemäß Artikel 27 der Rheinbundakte aus dem Jahr 1806 die Ausflüsse aus der Grund-, Zehnt- und Leibeigenschaft sowie zunächst auch der niederen Gerichtsbarkeit verbleiben. Außerdem verpflichtete Artikel 30 die Staaten, einen entsprechenden Anteil der Schulden der Standesherren zu übernehmen.

---

[42] Noch dramatischer gestalteten sich die Verhältnisse im Fürstentum Leiningen nach seiner Transferierung in den Odenwald, wo man die zu übernehmenden Schulden auf 4,25 Millionen fl. schätzte; vgl. Stockert, Adel im Übergang (wie Anm. 1), S. 55.
[43] Vgl. ebd., S. 50–56.
[44] Das Fürstenhaus Leiningen nahm 1,9 Millionen fl. auf; vgl. ebd.
[45] Vgl. ebd., S. 135f.

Bei der Schuldenübernahme gab es in Wertheim über die diversen Landeskassen keine Diskussion. Von den 110050 Gulden auf der Landesschuldentilgungskasse lastenden Schulden der Grafschaft Wertheim übernahm Baden 77950 Gulden, der Rest ging an den Dalbergstaat. Die jährlichen Gesamteinnahmen bei der Rocheforter-Rosenberger Linie setzte Baden auf 243549 Gulden, bei der Virneburger Linie auf 74256 Gulden fest. Diese beiden Summen bildeten fortan den Grundansatz für das Ausscheidungsgeschäft, der auch von den übrigen Staaten übernommen wurde, in denen die Wertheimer Besitzungen hatten. Von diesen Einnahmen fielen 23288 Gulden bzw. 10915 Gulden, mithin 11 bzw. 15 Prozentz, direkt an die souveränen Staaten.

Das Äquivalent zur Gefällausscheidung war die Schuldenabteilung zwischen den Souveränen und den Standesherren. Baden splittete die Verbindlichkeiten der Mediatisierten in Landes-, Kammer- und Privatschulden auf. Während die ersteren anstandslos von den Staaten übernommen wurden und die letzteren den Standesherren verblieben, war die Ausscheidung der Kammerschulden Ausgangpunkt zahlreicher Meinungsverschiedenheiten.

Überraschenderweise ging dieses Geschäft bei den Löwensteinern relativ reibungslos vor sich. Baden übernahm einen Teil der Kammerschulden beider Linien – im Falle des Rosenberger Hauses waren es rund 54000 Gulden, im Falle der Freudenberger rund 19000 Gulden. Beide Summen entsprachen in etwa dem Anteil der von Baden eingezogenen Revenuen aus den Kammerkassen. Ähnlich verfuhr man mit den 1803 von den Fürsten und Grafen übernommenen Pensionslasten für die ehemaligen Klosterinsassen. Sowohl Baden als auch später Bayern überwiesen hierfür jährlich Zahlungen, die als *Souveränitätsbeiträge* in der Rosenberger Hauptkasse verbucht wurden. Bis 1848 summierten sie sich auf rund 250000 Gulden

Keine Regelung hinsichtlich der Kammerschuldenübernahme wurde mit dem Dalbergstaat getroffen. 1818 erklärte sich der Nachfolgestaat Bayern bereit, zur Entschädigung für die aufgehobenen Wertheimer und Rothenfelser Zölle eine jährliche Rente von 8370 Gulden zu zahlen und bezeichnete dies im Nachhinein als seinen Anteil für die Schuldenübernahme.

Hessen-Darmstadt erklärte sich in einem Vertrag von 1813 bereit, eine Pauschalsumme von 92000 Gulden zu zahlen, mit der sämtliche Ansprüche des Rosenberger Hauses hinsichtlich der Gefäll-, Diener- und Schuldenausscheidung ausgeglichen werden sollten. Nachverhandlungen erbrachten 1825 eine weitere Zahlung von 60000 Gulden

Zwischen Württemberg und der Freudenberger Linie kamen erst 1855 und 1867 Verträge zustande, denen zufolge die Ansprüche der Fürsten mit 85000 Gulden bzw. 65000 Gulden abgegolten wurden. Beide löwensteinische Linien verloren zwischen 20 und 25 Prozent ihrer Einkünfte.

Für die Einnahmen in der Rosenberger Hauptkasse aus den einzelnen Renteien ergibt sich für die erste Hälfte des 19. Jahrhunderts folgendes Bild: Das Diagramm veranschaulicht deutlich einen Rückgang der Revenueneinnahmen von über 300000 Gulden zu Beginn des Jahrhunderts auf etwa 200000 Gulden um 1850.

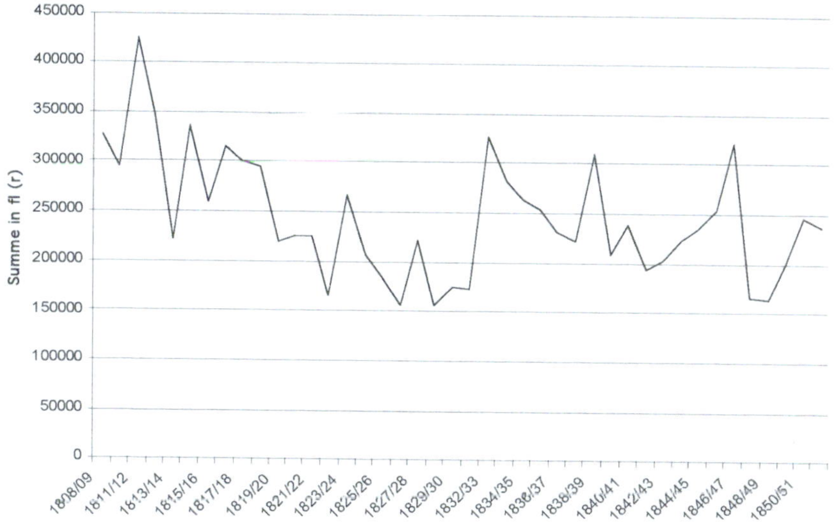

Diagramm 2: *Die Einnahmen der Löwenstein-Wertheim-Rosenberger Linie 1806–1853 (Abb. entnommen aus: Stockert, Adel im Übergang [wie Anm. 1], S. 211).*

Wie bereits zu Zeiten des Alten Reiches krankte die rosenbergische Finanzwirtschaft während der ersten Hälfte des 19. Jahrhunderts an ihrem hohen Schuldenstand. Nach dem Tod des Fürsten Dominik Konstantin im Jahr 1814 sah sich die Domänenkanzlei einer erdrückenden Schuldenlast von über 2 Millionen Gulden gegenüber. Der Anteil des Schuldendienstes an den Gesamteinnahmen belief sich damals auf durchschnittlich 90 Prozent. In den Jahren 1835/36 entschloss man sich daher zu einer gigantischen Umschuldungsaktion zu recht günstigen Zinssätzen. Nahezu sämtliche Darlehen wurden zurückgezahlt, im Gegenzug nahm der Fürst bei den Bankiers Hirsch und Rothschild mehrere Kredite mit einem Umfang von insgesamt 2,1 Millionen Gulden auf. Deren Laufzeit erstreckte sich auf 50 Jahre, als Pfand dienten sämtliche Revenuen in Baden und Bayern sowie die bayerische Zoll- und die Homburger Rente. Dies trug zur Konsolidierung des Haushaltes bei. 1848 wurde der gesamte Schuldenstand auf 2 679 012 Gulden beziffert, dem Revenuen mit einem Kapitalisierungswert (Faktor 20) in Höhe von 6,8 Millionen Gulden gegenüberstanden. Eine dauerhafte Entlastung brachten jedoch erst die Ablösegelder aus der Grundentlastung. Diese Zahlungen wurden erstmal Mitte der 1820er Jahre überwiesen, ihr Umfang steigerte sich langsam, er war in den 1850er Jahren am höchsten und versiegte nach 1875. Verbucht wurden sie in der Fideikommisskasse. Bis 1850 wurden an abgelösten Gefällen rund 326 000 Gulden verbucht, bis 1870 steigerte sich der Betrag auf knapp 2 Millionen Gulden. Dieser Betrag wurde von den Rosenbergern zunächst für die Schuldentilgung verwendet. Darüber hinaus setzen sie die Gelder in der Grunderwerbspolitik ein. Schwerpunkt der Grunderwerbspolitik war Böhmen.[46] Bis Ende des 19. Jahrhunderts

46 Allein für die Herrschaft Lichtenstein bzw. für die Güter Kopetzen, Prostibor und Lipna wurden in den Jahren 1857 bis 1861 insgesamt 808 000 fl. aufgewandt; vgl. ebd., S. 216.

stieg der Grundbesitz des Hauses Löwenstein-Wertheim-Rosenberg auf insgesamt 27384 Hektar an, die jeweils zur Hälfte im Kaiserreich bzw. in Böhmen lagen. Der größte Grundbesitzer unter den Standesherren war der Fürst von Thurn und Taxis, der über 124000 Hektar verfügte.

Der Familienzweig Löwenstein-Wertheim-Freudenberg[47] hatte keine ähnlich ertragreichen Waldungen und Einkünfte wie die Rosenberger Vettern. Er musste sich mit rund 60000 Gulden (Vollrathsche Speziallinie) bzw. 35000 Gulden (Karlsche Speziallinie) bescheiden. Demgegenüber stand ein Schuldenberg von über 531000 Gulden (99336 fl. gemeinschaftliche Kammerkassenschulden und 270355 fl.bzw. 162035 fl. Privatschulden für die beiden Grafen Friedrich Karl bzw. Johann Karl Ludwig) im Jahr 1806. Einen Geldsegen brachte den Freudenbergern 1821 der Vergleich im Divisionsprozess, aufgrund dessen die Rosenberger Linie 200000 Gulden überwies. Neben umfangreichen Kammerkassenschulden hinterließ die 1852 ausgestorbene Karlsche Linie ihrem Erben, dem Vollrathschen Vetter Georg, Privatschulden in Höhe von 11000 Gulden. Dieser hatte sich, dank der Divisionssumme und nicht zuletzt dank der erhaltenen Ablösungsgelder noch in der ersten Hälfte des 19. Jahrhunderts sanieren können. Bis 1848 hatte er rund 220000 Gulden an Ablösungsgeldern erhalten, in den darauffolgenden Jahren sollten es noch einmal 593000 Gulden sein. Wie sehr sich die finanzielle Situation für die Vollrathsche Linie bereits in den 1840er Jahren entspannt hatte, unterstreichen umfangreiche Gebietsankäufe in Böhmen. Bis 1904 wurden diese Besitzungen jedoch wieder verkauft. Das Haus Löwenstein-Wertheim-Freudenberg konzentrierte sein Engagement auf seine traditionellen Gebiete in Baden, Bayern und Württemberg. Ende des 19. Jahrhunderts umfasste hier sein Besitz 7242 Hektar.[48]

---

47 Zum Stammbaum vgl. Anm. 7 der vorliegenden Untersuchung.
48 Vgl. Stockert, Adel im Übergang (wie Anm. 1), S. 206–219.

Zu Strukturproblemen des Frühneuzeitlichen Militärs: Würzburger Subsidientruppen in der Endphase des Österreichischen Erbfolgekriegs 1747–1749[1]

Florian Zwießler

1. Einführung

„Und nun hatte der neue Bischof von Würzburg freie Hand, den erwähnten Subsidien-Vertrag mit Holland am 19. März 1747 zu genehmigen, und es eilten alsbald seine in Sold gegebenen zwei Regimenter v. Draxdorf und v. Hutten [...] ihrer neuen Bestimmung ins ferne Ausland entgegen. Sie fanden Gelegenheit genug, durch beobachtete treffliche Disziplin, sowie durch Muth, Treue und Unerschrockenheit vor dem Feinde sich die vollkommenste Achtung der holländischen Nation zu erwerben [...].“[2]

Mit diesen Worten beschrieb der Würzburger Legationsrat und Historiker Carl Gottfried Scharold (1769–1847) in seiner Darstellung der Militärpolitik des Hochstifts Würzburg (1835) den Einsatz zweier Würzburger Subsidienregimenter im Österreichischen Erbfolgekrieg. Demnach hatte Bischof Anselm Franz von Ingelheim (1746–1749) am 19. März 1747 nach längeren Verhandlungen einen Vertrag mit der Republik der Vereinigten Niederlande abgeschlossen, kraft dessen zwei Würzburger Regimenter zu je 800 Mann für die Summe von 100 000 Gulden in den Dienst und Sold der Generalstaaten gegeben wurden.[3]

Wenngleich Scharold die „treffliche Disziplin“, den Mut, die Treue und die „Unerschrockenheit vor dem Feinde“ der Würzburger Soldaten lobte[4], zeichnen die Quellen ein gänzlich anderes Bild: Die gesamte Kampagne der beiden Regimenter in den Niederlanden 1747 bis 1749 war geprägt von hohen Verlusten

Folgende Abkürzung wird verwendet:
StAWü = Staatsarchiv Würzburg

[1] Der vorliegende Aufsatz basiert auf der Arbeit des Verfassers zur Erlangung des Bachelorgrades, angefertigt am Lehrstuhl für Neuere Geschichte der Julius-Maximilians-Universität Würzburg, mit dem Titel „Der Einsatz Würzburger Truppen im Österreichischen Erbfolgekrieg unter besonderer Berücksichtigung des Problems der Desertion“ aus dem Jahr 2016. Dank gilt Herrn Professor Dr. Wolfgang Weiß für die Aufnahme des Beitrages in die Würzburger Diözesangeschichtsblätter, dem Betreuer der Bachelorarbeit, Herrn Privatdozenten Dr. Frank Kleinehagenbrock, Herrn Dr. Winfried Romberg für die hilfreichen Anmerkungen bei der Überarbeitung des Aufsatzes und Herrn Dr. Markus Naser für die Erstellung der Karte (s. Abb. 2).

[2] Karl Gottfried Scharold, Geschichte der vom ehemaligen Hochstifte Würzburg mit verschiedenen auswärtigen Mächten geschlossenen Militär-, Allianz- und Subsidien-Verträge, in: Archiv des Historischen Vereins von Unterfranken und Aschaffenburg 3/1 (1835), S. 1–28, hier S. 19.

[3] Eduard Hagen, Die Fürstlich Würzburgische Hausinfanterie von ihren Anfängen bis zum Beginne des Siebenjährigen Krieges 1636 – 1756 (Darstellungen aus der bayerischen Kriegs- und Heeresgeschichte 19), München 1910, S. 193.

[4] Scharold, Subsidien-Verträge (wie Anm. 2), S. 19.

durch Krankheit und hauptsächlich Desertion, während die würzburgischen Soldaten hingegen kaum Gefechtsbeteiligungen zu verzeichnen hatten. Indes fand die zum Teil heroisierende Beschreibung dieses Fremdeinsatzes der Würzburger Regimenter im Österreichischen Erbfolgekrieg in der Geschichtsschreibung des 19. Jahrhunderts Eingang in modernere Darstellungen.[5]

Bis heute fehlt eine ausführliche und umfassende Darstellung der Militärkampagne von 1747 bis 1749 sowie zur Subsidien- und Militärpolitik des Hochstifts Würzburg im Allgemeinen. Lediglich die älteren Arbeiten von Scharold, Helmes und Hagen[6] beschäftigen sich eingehender mit diesem besonderen Kapitel der Würzburger Militärgeschichte, welche in der neueren Literatur bisher ebenfalls nur partiell aufgearbeitet wurde. Hervorzuheben sind hierbei die wegweisenden Publikationen von Bernhard Sicken zu verschiedenen Aspekten der Würzburger Militärgeschichte sowie Walter Kopps meist zuverlässiger Überblick zur Wehrgeschichte Würzburgs.[7] Die Subsidienpolitik des Hochstifts Würzburg wird in Herbert Schotts Studie zur Würzburger Außenpolitik thematisiert sowie in Wilsons Übersichtsdarstellung „German Armies", dessen Arbeiten die maßgebliche Literatur zu den Subsidienverträgen in der Frühen Neuzeit darstellen.[8]

Wertvolle Vergleichsstudien zum Militär geistlicher und weltlicher Territorien im 18. Jahrhundert bilden die Werke von Kroll, Nowosadtko, Thewes und Reder[9] auf Basis der grundlegenden methodischen Ansätze Kroeners und

---

5 Beispielsweise schrieb Julius Henle in seinem Beitrag zum Heerwesen des Hochstifts Würzburg aus dem Jahr 1898, den Würzburger Soldaten sei es gelungen, sich während des Einsatzes in den Niederlanden „vielfach aus[zu]zeichnen", was wiederum Georg-Wilhelm Hanna in seine biographische Darstellung des Würzburger Generalwachtmeisters Johann Georg von Hutten weitgehend unkritisch übernahm: Julius Henle, Über das Heerwesen des Hochstifts Würzburg im 18. Jahrhundert (Darstellungen aus der bayerischen Kriegs- und Heeresgeschichte 7), München 1898, S. 4; Georg-Wilhelm Hanna, Die Ritteradligen von Hutten, ihre soziale Stellung in Kirche und Staat bis zum Ende des Alten Reiches (Inaugural-Dissertation in der Fakultät Geschichts- und Geowissenschaften der Otto-Friedrich-Universität Bamberg), Bamberg 2006, S. 203.

6 Scharold, Subsidien-Verträge (wie Anm. 2), S. 1–28; Hermann Helmes, Aus der Geschichte der Würzburger Truppen (1628 – 1802) (Neujahrsblätter der Gesellschaft für Fränkische Geschichte IV), Würzburg 1909; Hagen, Hausinfanterie (wie Anm. 3), S. 69–203.

7 Bernhard Sicken, Das Wehrwesen des fränkischen Reichskreises, Aufbau und Struktur (1681–1714), 2 Bde., Nürnberg 1967; ders., Die Streitkräfte des Hochstifts Würzburg gegen Ende des Ancien Régime. Beobachtungen zur Organisation und Sozialstruktur, in: Zeitschrift für bayerische Landesgeschichte 47 (1984), S. 691–744; ders., Müßiggänger und liederliche Burschen. Beobachtungen zur militärischen Aushebung ländlicher Außenseiter im Hochstift Würzburg Mitte des 18. Jahrhunderts, in: Paul Leidinger / Dieter Metzler (Hg.), Geschichte und Geschichtsbewusstsein. Festschrift Karl-Ernst Jeismann zum 65. Geburtstag, Münster 1990, S. 269–307; Walter Kopp, Würzburger Wehr. Eine Chronik zur Wehrgeschichte Würzburgs (Mainfränkische Studien 22), Würzburg 1979.

8 Herbert Schott, Im Kräftespiel der Reichspolitik – die ›Außenpolitik‹ des Hochstifts, in: Peter Kolb / Ernst-Günther Krenig, Unterfränkische Geschichte, Bd. 4/1: Vom Ende des Dreißigjährigen Krieges bis zur Eingliederung in das Königreich Bayern, Würzburg 1998, S. 17–65; Peter H. Wilson, German Armies. War and German politics, 1648 – 1806, London 1998; ders., War, state and society in Württemberg, 1677–1793, Cambridge 1995, S. 74–96.

9 Stefan Kroll, Soldaten im 18. Jahrhundert zwischen Friedensalltag und Kriegserfahrung: Lebenswelten und Kultur in der kursächsischen Armee; 1728–1796, Paderborn 2006; Jutta Nowosadtko, Stehendes Heer im Ständestaat: das Zusammenleben von Militär- und Zivilbevölkerung im Fürstbistum Münster 1650–1803, Paderborn 2011; Guy Thewes, Stände, Staat und Militär. Versorgung und Finanzierung der Armee in den Österreichischen Niederlanden 1715–1795 (Schriftenreihe der Österreichischen Gesellschaft zur Erforschung des 18. Jahrhunderts 14), Wien 2012; Andreas Reder, Ohne einige Begnadigung auffgehencket…? Deserteure

Pröves.[10] Den aktuellen Forschungsstand zur Problematik der Desertion in den frühneuzeitlichen Heeren spiegeln die Publikationen Sikoras wider.[11] Die Sozialstruktur und Sozialgeschichte des Militärs im 17. und 18. Jahrhundert ist im Kontext der Unterschichtenforschung durch die Arbeiten Hansens, von Hippels und mit regionaler Schwerpunktsetzung für Franken durch Schubert weitgehend untersucht worden.[12]

Die vorliegende Arbeit widmet sich einer bisher fehlenden ausführlicheren Darstellung des Einsatzes der Würzburger Truppen zu Ende des Österreichischen Erbfolgekrieges und untersucht diesen hinsichtlich des Strukturproblems der hohen Desertionsrate unter den Würzburger Soldaten. Wie eingangs festgestellt, übertrafen die Verluste durch Desertion den Abgang an Gefallenen und durch Krankheit verstorbenen Soldaten bei Weitem und stellten ein existenzielles Problem für die Regimentskommandeure dar.

Zunächst sollen zur Kontextualisierung die Grundzüge und Leitlinien der Würzburger Militär- und Subsidienpolitik erläutert werden. Hierbei wird neben den Beweggründen der Würzburger Landesherren für den in dieser Epoche auffällig häufigen Abschluss von Subsidienverträgen auch die Fragestellung behandelt, ob das hochstiftische Militär im 18. Jahrhundert in seiner Ausprägung und im Vergleich zu anderen geistlichen und weltlichen Territorien eine Besonderheit darstellte.

Im zweiten Teil der Arbeit folgt die quellennahe Aufarbeitung des Einsatzes der beiden würzburgischen Regimenter in den Niederlanden 1747 bis 1749. Zunächst soll zur Einordnung in Kapitel 3.1 ein kurzer Überblick über den Verlauf des Österreichischen Erbfolgekriegs gegeben werden. Danach werden die Verhandlungen und das Zustandekommen des Subsidienvertrags mit den Generalstaaten unter Berücksichtigung der politisch mitbestimmenden Rolle

---

im Hochstift Bamberg (1750–1795), in: Berichte des Historischen Vereins Bamberg 150 (2014), S. 167–193.

10 Bernhard Kroener, Soldat oder Soldateska? Programmatischer Aufriss einer Sozialgeschichte militärischer Unterschichten in der ersten Hälfte des 17. Jahrhunderts, in: Militärgeschichtliches Forschungsamt (Hg.), Militärgeschichte. Probleme – Thesen – Wege (Beiträge zur Militär- und Kriegsgeschichte, Bd. 25), ausgewählt und zusammengestellt von Manfred Messerschmidt/Klaus A. Maier/Werner Rahn/Bruno Thoß, Stuttgart 1982, S. 100–123; Bernhard R. Kroener/Ralf Pröve (Hg.), Krieg und Frieden. Militär und Gesellschaft in der Frühen Neuzeit, Paderborn u. a. 1996; Zum frühneuzeitlichen Einquartierungssystem: Ralf Pröve, Der Soldat in der ‚guten Bürgerstube'. Das frühneuzeitliche Einquartierungssystem und die sozioökonomischen Folgen, in: Bernhard Kroener/ders. (Hg.), Krieg und Frieden: Militär und Gesellschaft in der frühen Neuzeit, Paderborn/München u. a. 1996, S. 191–217

11 Michael Sikora, Disziplin und Desertion: Strukturprobleme militärischer Organisation im 18. Jahrhundert (Historische Forschungen 57), Berlin 1996; ders., Das 18. Jahrhundert. Die Zeit der Deserteure, in: Ulrich Bröckling/ders. (Hg.), Armeen und ihre Deserteure. Vernachlässigte Kapitel einer Militärgeschichte der Neuzeit, Göttingen 1998, S. 86–111; ders., Verzweiflung oder ‚Leichtsinn'? Militärstand und Desertion im 18. Jahrhundert, in: Bernhard R. Kroener/Ralf Pröve (Hg.), Krieg und Frieden: Militär und Gesellschaft in der frühen Neuzeit, Paderborn/München u. a. 1996, S. 237–264.

12 Ernst Willi Hansen, Zur Problematik einer Sozialgeschichte des deutschen Militärs im 17. und 18. Jahrhundert, in: Zeitschrift für historische Forschung 6 (1979), S. 425–460; Wolfgang von Hippel, Armut, Unterschichten, Randgruppen in der Frühen Neuzeit (Enzyklopädie Deutscher Geschichte, Bd. 34), München 2013 (2. Aufl.); Ernst Schubert, Arme Leute Bettler und Gauner im Franken des 18. Jahrhunderts (Veröffentlichungen der Gesellschaft für Fränkische Geschichte Reihe IX, Darstellungen aus der fränkischen Geschichte, Bd. 26), Neustadt a. d. A. 1990 (2. Aufl.), bes. S. 138–150.

des Domkapitels sowie die Vorbereitungen für die Kampagne in den Niederlanden betrachtet (Kap. 3.2). Anschließend wird in Kapitel 3.3 der Einsatz der Würzburger Truppen im Hinblick auf strukturelle sozial- und militärgeschichtliche Aspekte und Probleme, wie etwa das Sanitäts- und Versorgungswesen und die Desertion untersucht. Hierfür werden die umfangreich überlieferten Berichte der Würzburger Obristen und Kriegskommissare an den Würzburger Hof sowie die monatlichen Standtabellen der Regimenter herangezogen.

Im auswertenden Teil der Arbeit (Kap. 4) wird die Problematik der hohen Desertionsrate unter den Würzburger Soldaten eingehend thematisiert, wobei insbesondere den Fragen nach den Ursachen für die Desertion sowie schlaglichtartig dem Schicksal der Deserteure nachgegangen wird. Bei der Betrachtung der Gründe für den hohen Abgang an Fahnenflüchtigen wird zunächst die zeitgenössische Berichterstattung der Regimentskommandeure und Kommissare mit den dort genannten Ursachen der Desertion ausgewertet. Danach bildet eine tiefergehende Analyse der Sozialstruktur des Würzburger Militärs den Schwerpunkt des Kapitels 4.3 Zuletzt wird auf die Disziplinierung und Bestrafung der Deserteure eingegangen. Abschließend seien die Ergebnisse der Arbeit kurz zusammengefasst und Forschungsperspektiven aufgezeigt.

Die wichtigsten archivalischen Quellen zur Erstellung dieser Arbeit bildeten die zahlreichen Akten zum Themenkomplex in der Archivaliensammlung des Historischen Vereins von Unterfranken und Aschaffenburg.[13] Das umfangreiche Aktenmaterial ermöglicht trotz einiger Lücken und der fehlenden Überlieferung des Würzburger Hofkriegsrats eine ausführliche Aufarbeitung der Kampagne der Würzburger Truppen und der dahinterstehenden Subsidienpolitik des Hochstifts.

Zur Rekrutierungspraxis des Würzburgischen Militärs liefern zudem die Gebrechenamtsakten[14] sowie die Protokolle des Domkapitels und der Kollegiatstifte St. Burkard und Neumünster[15] wichtige Informationen. Neben den Hofkammerprotokollen[16] erwiesen sich die privaten Chroniken des Würzburger Domvikars Johann Andreas Geisler sowie die Aufzeichnungen des gut informierten Hoffouriers Johann Christoph Spielberger als äußerst hilfreich.[17] Die offizielle Sammlung der hochfürstlich Würzburgischen Landesverordnungen sowie die gedruckte Quellenedition zu den Berichten der diplomatischen Vertreter des Kaiserhofs in München an die Staatskanzlei in Wien ergänzen als normative bzw. diplomatische Quellen die vergleichsweise gute Quellenlage.[18]

---

[13] Staatsarchiv Würzburg (StAWü), HV Ms. f 35, 645e, 645f, 654 I, 654 II, 655, 661, 662.

[14] StAWü, Gebrechenamtsakten, VI W33, V W87 N795.

[15] StAWü, Würzburger Domkapitelsprotokolle (WDKP) 1747, 1748; StAWü, Kapitelsprotokolle des Ritterstifts St. Burkard zu Würzburg (KPB) Bd. 69; StAWü, Kapitelsprotokolle des Kollegiatstiftes Neumünster zu Würzburg Bd. 28.

[16] StAWü, Hofkammerprotokolle (HKP) 1747, 1748, 1749.

[17] StAWü, HV Ms. q 176a–d: „Unterschiedliche Begebenheiten und Vorfälle des Hochfürstl. Würzburgischen Hofs…" (1746–1755) des Hoffouriers Johann Christoph Spielberger (1714–1791); StAWü, HV Ms. f 205: „Geringe, doch zuverläßige unterschiedliche Sachannotationen so sich hie und dort, besonderß in das Würzburgische zugetragen" (1729/1746–1774) des Domvikars Johann Andreas Geißler (1702–1774).

[18] Sammlung der hochfürstlich-wirzburgischen Landesverordnungen, welche in geist- und weltlichen Justiz-, Landgerichts-, criminal-, Polizey-, cameral-, Jagd-, Forst- und andern Sachen

2. Zum Würzburger Militär in der Frühen Neuzeit

2.1 Das Würzburger Militärwesen ab 1675

Das Hochstift Würzburg verfügte seit 1675 über ein stehendes Heer von durchschnittlich 2 000 bis 4 000 Mann, wobei die Personalstärke zwischen Kriegs- und Friedenszeiten stark schwankte.[19] Bereits ab 1672 wurde in Würzburg zwischen Privat- und Kreistruppen unterschieden, da die Würzburger Bischöfe auch in Friedenszeiten häufig mehr als die doppelte Zahl Soldaten unter Waffen stehen hatten als durch die Reichsbeschlüsse gefordert war.[20] Diese freidisponiblen Privattruppen ermöglichten es den Landesherrn, unabhängig von einem Einsatzes der Kreiskontingente, für den Schutz des Territoriums sorgen zu können und erhöhten auf diplomatischer Ebene den Bündniswert des Hochstifts. Dabei waren die Würzburger Regimenter generell für den Einsatz im Verband mit Reichs- und/oder Partikularstreitkräften konzipiert.[21]

Etwa gleichzeitig mit der Einrichtung eines stehenden Militärs begann der Ausbau der militärischen Infrastruktur im Hochstift. Als erster Kasernenbau in Würzburg galt lange die „Alte Kaserne in der Schottenau" neben dem Schottenkloster, welche zwischen 1700 und 1715 entstand.[22] Unter den Militärfachleuten Andreas Müller[23] (1667–1720) und dessen Nachfolger Balthasar Neumann (1687–1753) wurde die militärische Infrastruktur des Hochstifts deutlich erweitert.[24] 1723 bis 1727/17 erfolgte der Bau der 2 000 Mann fassenden

---

[...] verkündet worden sind, 2. Teil [1729–1770], Würzburg, 1776; Alois Schmid (Hg.), Die Berichte der diplomatischen Vertreter des Kaiserhofes aus München an die Staatskanzlei zu Wien während der Regierungszeit des Kurfürsten Max III. Joseph (Quellen zur neueren Geschichte Bayerns II, Bd. 1), München 2000.

19 Winfried Romberg (Bearb.), Das Bistum Würzburg 7: Die Würzburger Bischöfe 1617–1684 (Germania Sacra, Dritte Folge 4, Die Bistümer der Kirchenprovinz Mainz), Berlin / New York 2011, S. 50f.; ders. (Bearb.), Das Bistum Würzburg 8: Die Würzburger Bischöfe 1684–1746 (Germania Sacra. Dritte Folge 8, Die Bistümer der Kirchenprovinz Mainz), Berlin u. a. 2014, S. 43.

20 Hagen, Hausinfanterie (wie Anm. 3), S. 77f.; Sicken, Streitkräfte (wie Anm. 7), S. 695. Als Haustruppen werden im Allgemeinen die militärischen Einheiten weltlicher Fürsten bezeichnet, als Privattruppen die Truppen geistlicher Fürsten, welche von den Kreistruppen und den Landesausschusstruppen der jeweiligen Territorien unterschieden wurden. In der Praxis wurden beide Kontingente häufig aus denselben Einheiten gebildet oder einzelne Truppenteile je nach Bedarf zu den Kreis- bzw. Haustruppen verlegt.

21 Sicken, Streitkräfte (wie Anm. 7), S. 695.

22 Kopp, Würzburger Wehr (wie Anm. 7), S. 60; Wolfgang Bühling, Kaserne und Lazarett im Hochstift Würzburg 1636–1802, Würzburg 1997, S. 20. Allerdings existierten bereits 1675 „Paraquen hind[er] dem Schodten Closter", welche zumindest als kasernenähnliche Einrichtung gelten dürfen und damit zu den ältesten Kasernenbauten in den Residenzstädten des Alten Reichs zählen, vgl. Bernhard Sicken, Stadt und militärische Anlagen. Historische Entwicklung im Stadtraum – dargestellt am Beispiel der Landstreitkräfte, in: Hanns Hubert Hofmann (Hg.), Stadt und militärische Anlagen – Historische und raumplanerische Aspekte, Hannover 1977, S. 15–148, S. 38.

23 Johann Valentin Kirchgessner, Gryphus Principalis sive Typus Boni Principis duodecim Titulis repræsentatus et [...] Ioanni Philippo [...] Episcopo Herbipolensi [...] oblatus humillime, Würzburg 1712, S. 328; ebd., S. 321–329 findet sich eine Übersicht über die Würzburger Haus- und Kreistruppen unter Johann Philipp II. von Greiffenclau.

24 So wurde ab 1708 mit dem Bau des Zeughauses auf der Festung Marienberg begonnen und die seit 1658 bestehende Gieshütte erweitert; vgl. Romberg (Bearb.), Würzburger Bischöfe 1617–1684 (wie Anm. 19), S. 376; ders. (Bearb.), Würzburger Bischöfe 1684 – 1746 (wie Anm. 19), S. 252.

„Neuen Kaserne“ am Mainufer unterhalb des Sandertors.[25] Eine fortschrittliche, militärtechnische Neuerung stellte die Einführung eiserner Ladestöcke für die Gewehre 1738/39 dar.[26] Knapp zehn Jahre später wurde 1750 nach längeren Planungen das Militärspital nördlich des Schottenklosters fertiggestellt.[27] Neben den in Würzburg befindlichen Militärgebäuden verfügte das Hochstift über Kasernen- und Garnisonsbauten in der Festung Königshofen sowie an den kleineren Truppenstandorten Kitzingen und Walkershofen.[28]

Die Aufsicht und Verwaltung des Militärwesens oblag dem Hofkriegsrat, welcher sich aus zehn bis 15 Mitgliedern der Hofkammer, dem Hofkammerpräsidenten, des Offizierskorps und anderen höheren Verwaltungsvertretern zusammensetzte und als fachspezifisches Beratungsorgan für den Bischof fungierte. Zwischen Hofkriegsrat und Hofkammer bestand eine enge Verbindung, wobei der Präsident der Hofkammer stets auch die Leitung des Hofkriegsrates innehatte und zumeist mehrere Hofkammerräte im Hofkriegsrat vertreten waren.[29] Die eigentlichen Führungs- und Intendanturaufgaben übernahmen die Regimentskommandeure und das Kriegskommissariatspersonal, welches für den Kriegseinsatz fallweise personell aufgestockt wurde.[30] Diese Form der Militärverwaltung durch den Hofkriegsrat mit enger Verknüpfung zur Hofkammer und durch Kriegskommissariate war im 17. und 18. Jahrhundert weit verbreitet. Prominentestes Beispiel stellte die Militärverwaltung am Wiener Hof dar, während unter den geistlichen Territorien beispielsweise die Militärverwaltung des Hochstifts Münster sehr ähnliche Strukturen wie in Würzburg aufweist.[31]

Freilich war das so organisierte Würzburger Militär nur eines der kleineren im alten Reich: Zu Beginn des 18. Jahrhunderts umfassten die Armeen der weltlichen Kurfürsten von Bayern, Brandenburg, Sachsen, Hannover und der Pfalz jeweils mehr als 10 000 Mann, welche im Kriegsfall auf 20 000 bis 30 000 Soldaten aufgestockt werden konnten.[32] Die Landesherren mittlerer weltlicher

---

[25] Bühling, Kaserne und Lazarett (wie Anm. 22), S. 23; ebd., S. 26 findet sich eine Tabelle der Würzburger Kasernengebäude bis 1802, welche auch die hier nicht aufgeführten kleineren Unterkunftsgebäude an Neutor, Rennwegertor und die 1717 erbaute Husarenstallung enthält.

[26] Bemerkenswerterweise erfolgte die Umstellung auf eiserne Ladestöcke in Würzburg früher als bei den Armeen der Großmächte Österreich (1742–1744) und Frankreich (1745); vgl. Romberg (Bearb.), Würzburger Bischöfe 1684 – 1746 (wie Anm. 19), S. 550.

[27] Bühling, Kaserne und Lazarett (wie Anm. 22), S. 53–88. 1761 und 1772 entstanden noch eine kleinere Gardistenkaserne und der Gardistenbau in der Kapuzinergasse; vgl. ebd., S. 23–26.

[28] Ebd., S. 89–97, 102–107, 112–114.

[29] Sicken, Streitkräfte (wie Anm. 7), S. 696; Herbert Schott, Das Verhältnis der Stadt Würzburg zur Landesherrschaft im 18. Jahrhundert (Quellen und Forschungen zur Geschichte des Bistums und Hochstifts Würzburg 48), Würzburg 1995, S. 88.

[30] Sicken, Streitkräfte (wie Anm. 7), S. 696; vgl. Kapitel 3.2: Berufung des Feldkriegskommissars Johann Adam Heinrich Zapf. Zur Organisation des Würzburger Militärwesens und dessen personeller Besetzung: StAWü, Des Fürstlichen Hochstiffts Wirtzburg … Hoff-Stands- und Staatskalender … 1748, [Würzburg] 1748, S. 57–66.

[31] Hans Schmidt, Militärverwaltung in Deutschland und Frankreich im 17. und 18. Jahrhundert, in: Bernhard R. Kroener / Ralf Pröve (Hg.), Krieg und Frieden. Militär und Gesellschaft in der Frühen Neuzeit, Paderborn u. a. 1996, S. 25–45, bes. S. 41; Nowosadtko, Stehendes Heer (wie Anm. 9), S. 50–59. Allgemein zur Militärverwaltung durch Kriegsrat und Kriegskommissariate: Gerhard Papke, Von der Miliz zum Stehenden Heer. Wehrwesen im Absolutismus (Handbuch zur deutschen Militärgeschichte 1648 – 1939, Bd. 1/I), München 1983, S. 258–273.

[32] Wilson, German Armies (wie Anm. 8), S. 104f. Der „Militärstaat“ des „Soldatenkönigs“ Friedrich Wilhelm I. von Preußen (1713–1740) hatte noch ein weitaus größeres Mobilisierungspotenzial.

Territorien wie die Herzöge von Württemberg, Braunschweig-Wolfenbüttel, Sachsen-Gotha-Altenburg oder Hessen-Kassel geboten über je 3000 bis 10000 Mann.[33] Häufig wurde insbesondere den geistlichen Reichsständen ein geringerer Militarisierungsgrad als den weltlichen Territorien und eine gewisse militärische Zurückhaltung zugeschrieben, welche sich demnach hauptsächlich auf die Bereithaltung von Kontingenttruppen für Reich und Reichskreis beschränkte.[34] Diese Kreiskontingente, aus denen sich die Reichsarmee zusammensetzte, wurden in ihren Herkunftsterritorien nach beendetem Kriegseinsatz entweder aus Kostengründen demobilisiert oder aber in Friedenszeiten in die Privattruppen des Landesherren eingegliedert.[35] Unter den geistlichen Reichsständen verfügten das Hochstift Würzburg mit seinem etwa 3000 Mann starken Militär, das Fürstbistum Münster[36] mit ca. 3500 bis 4000 Soldaten und Kurmainz[37] mit 3000 Soldaten über die zahlenmäßig größten Streitmächte und konnten sich dabei durchaus mit weltlichen Territorien vergleichbarer Größe messen. In Würzburg, Münster und Mainz lag der Anteil an Soldaten bei etwa ein bis 1,3 Prozent der Gesamtbevölkerung, in Bamberg, Eichstätt, Fulda, Hildesheim und Paderborn hingegen nur bei 0,2 bis 0,3 Prozent.[38]

2.2 *Zur Problematik von Militär- und Staatsfinanzen*

Mit dem Übergang zum „miles perpetuus" im 17. Jahrhundert gingen auch in den kleineren und mittleren Territorien des Heiligen Römischen Reichs tiefgreifende Veränderungen von gesamtstaatlicher Dimension einher: Der Aufbau und die Unterhaltung stehender Heere brachte auf institutioneller Ebene neben der Einrichtung neuer Behörden aufgrund der immensen finanziellen Mehrbelastung vor allem die „Verwirklichung des Steuerstaates" mit sich.[39] Zu den steigenden Ausgaben für den Ausbau der Verwaltung und den Aufwendungen für die Hofhaltung und Bautätigkeit der Landesfürsten kamen nun die Kosten für die Finanzierung der stehenden Streitkräfte, welche die Ressourcen insbesondere der kleineren und mittleren Territorien an Belastungsgrenzen brachten.[40] Für das Hochstift Würzburg als einem der kleineren Reichsterri-

---

33 Ebd., S. 105.

34 Kurt Andermann, Die geistlichen Staaten am Ende des Alten Reiches, in: Historische Zeitschrift 271 (2000), S. 593–619; Peter Hersche, Intendierte Rückständigkeit. Zur Charakteristik des Geistlichen Staates im Alten Reich, in: Georg Schmidt (Hg.), Stände und Gesellschaft im Alten Reich (Veröffentlichungen des Instituts für Europäische Geschichte Mainz Abteilung Universalgeschichte: Beiheft 29), Stuttgart 1989, S. 133–149, bes. S. 136f.

35 Nowosadtko, Stehendes Heer (wie Anm. 9), S. 41; Sicken, Wehrwesen (wie Anm. 7), S. 37.

36 Nowosadtko, Stehendes Heer (wie Anm. 9), S. 10.

37 Hersche, Intendierte Rückständigkeit (wie Anm. 34), S. 137.

38 Ebd., S. 137.

39 Bernhard Sicken, Der Dreißigjährige Krieg als Wendepunkt: Kriegführung und Heeresstruktur im Übergang zum *miles perpetuus*, in: Heinz Duchhardt (Hg.), Der Westfälische Friede: Diplomatie – politische Zäsur – kulturelles Umfeld – Rezeptionsgeschichte (Historische Zeitschrift, Beihefte; Neue Folge 26), München 1998, S. 581–598, bes. S. 581f.

40 Hermann Caspary, Staat, Finanzen, Wirtschaft und Heerwesen im Hochstift Bamberg (1672–1693), Bamberg 1976, S. 347. Allgemein zu den Finanzen des Hochstifts: Dieter Michael

torien bedeutete der Unterhalt stehender Streitkräfte eine immense Herausforderung: Beispielsweise sah sich Bischof Johann Philipp II. von Greiffenclau-Vollraths (1699–1719) während des Spanischen Erbfolgekrieges (1701–1714) im April 1701 unter dem Protest des Domkapitels gezwungen, den immensen Militärausgaben mit Steuererhöhungen zu begegnen.[41]

Auch während der kriegsüberschatteten Regierungszeit Friedrich Karls von Schönborn (1729–1746) machten die Ausgaben für das Militärwesen mit ca. 47 Prozent den größten Posten der hochstiftischen Gesamtjahresausgaben aus.[42] Bei der für das Militärwesen zuständigen Obereinnahme summierten sich die Zahlungen für das Militär auf über 80 Prozent ihrer jährlichen Gesamtausgaben, welche hauptsächlich aus den direkten und indirekten Steuern finanziert wurden.[43] Als unter Friedrich Karl von Schönborn die Kosten für das Militär aufgrund von Kriegseinsätzen, der Anschaffung neuer Monturen etc. die Mittel der Obereinnahme weit überstiegen, wurde erneut versucht, durch Steuererhöhungen Abhilfe zu schaffen, was den Staatsfinanzen jedoch keine langfristige Erleichterung brachte.[44] Am Ende der Regierungszeit Friedrich Karls von Schönborn verbuchte die Obereinnahme 1745 nach zahlreichen Militäreinsätzen ein Minus von knapp 300 000 Gulden.[45]

Die Problematik erdrückender Militärausgaben betraf jedoch keineswegs nur die kleinen und mittleren Reichsterritorien. Auch in mächtigen Staaten, wie beispielsweise der Habsburgermonarchie, lag der Finanzbedarf für das Militärwesen in Friedenszeiten bei etwa 50 Prozent der gesamten Staatsausgaben, wobei die Kosten im nicht seltenen Kriegsfall auf über 90 Prozent der Gesamtausgaben anstiegen und teilweise sogar die Gesamteinnahmen übertrafen.[46] Die Folge war eine enorme Verschuldung, welche um 1740 bei ca. 45 bis 48 Millionen Gulden lag.[47] Angesichts der zahllosen militärischen Konflikte ließ sich eine dauerhafte Deckelung der Militärausgaben jedoch nicht durchsetzen, weshalb die habsburgische Militärpolitik bis in die zweite Hälfte des 18. Jahrhunderts von massiven Aufrüstungsphasen zu Beginn und radikaler Abrüstung zu Ende eines Konflikts geprägt war.[48]

Feineis, Untersuchungen zur Finanz- und Wirtschaftsgeschichte des Hochstiftes Würzburg im 18. Jahrhundert (Quellen und Forschungen zur Geschichte des Bistums und Hochstifts Würzburg 49), Würzburg 1996; Thomas Heiler, Die Finanzen des Hochstifts Würzburg im 18. Jahrhundert, in: Würzburger Diözesangeschichtsblätter 47 (1985), S. 159–189.

41 Helmes, Geschichte der Würzburger Truppen (wie Anm. 6), S. 46.

42 Heiler, Finanzen (wie Anm. 40), S. 171.

43 Ebd., S. 160, 168.

44 Ebd., S. 168. Zur Militärpolitik unter Friedrich Karl von Schönborn siehe Kopp, Würzburger Wehr (wie Anm. 7), S. 77–86.

45 Heiler, Finanzen (wie Anm. 40), S. 168.

46 Michael Hochedlinger, Zum Problem der Kriegsfinanzierung in der Habsburgermonarchie, in: Peter Rauscher (Hg.), Kriegsführung und Staatsfinanzen. Die Habsburgermonarchie und das Heilige Römische Reich vom Dreißigjährigen Krieg bis zum Ende des habsburgischen Kaisertums 1740, Münster 2010, S. 81–136, bes. S. 117.

47 Ebd., S. 119.

48 Ebd., S. 118f.

2.3 *Würzburger Militärbündnisse im Spannungsfeld innerer und äußerer Zugzwänge*

Eine willkommene Möglichkeit zur Generierung zusätzlicher Einnahmen und zur zeitweisen Fremdfinanzierung des stehenden Heers bot der Abschluss sogenannter Subsidienverträge. Dabei überließen die Landesherren ihre Streitkräfte gegen die Zahlung von Geldern für einen bestimmten Zeitraum fremden Staaten innerhalb oder außerhalb des Reichsverbandes.[49] Die rechtliche Grundlage für derartige Verträge bildete dabei die im Osnabrücker Frieden von 1648 in IPO Art. 8 § 2 festgeschriebene völkerrechtliche Bündnisfreiheit, welche explizit auch Bündnisse mit ausländischen Staaten einschloss.[50]

Bereits 1366 hatte das Hochstift Würzburg ein dauerhaftes Schutzbündnis mit der Krone Böhmen geschlossen, die sogenannte Erbeinung vom 20. August 1366[51], das im militärischen Notfall die gegenseitige Stellung von Truppen vorsah.[52] Die seit Ferdinand I. von Österreich (1527–1564) de facto in Händen der Habsburger liegende Erbeinung entwickelte sich jedoch schließlich zu einem Instrument habsburgischer Gefolgschaft. Dabei forderte die kaiserliche Seite mit Verweis auf die altehrwürdige Erbeinung die Würzburger Bischöfe mehrfach und durchaus regelmäßig zur Truppenstellung auf, wobei diese Verträge vielmehr den Charakter bilateraler Subsidienverträge denn eines gemeinsamen Schutz- und Trutzbündnisses besaßen.[53] So bestätigte Bischof Johann Hartmann von Rosenbach (1673–1675) 1675 die Erbeinung und verpflichtete sich zur formal unentgeltlichen Stellung zweier Infanterieregimenter sowie eines Kavallerieregiments, für dessen Werbung und Ausrüstung indes 60 000 Reichstaler an das Hochstift gehen sollten.[54] Weitere Bestätigungen der Erbeinung folgten unter Christoph Franz von Hutten (1724–1729) im Jahr 1726 und Friedrich Karl von Schönborn 1730.[55]

---

49 Diese auch als Truppenverleihung, Truppenvermietung oder abwertend als Soldatenhandel bezeichnete Praxis ist hauptsächlich durch die Truppenvermietung des Landgrafen Friedrich II. von Hessen-Kassel an England während des Amerikanischen Unabhängigkeitskrieges (1775–1783) bekannt. In der älteren Literatur überwiegt die negative Bewertung der Subsidienverträge, welche demnach von den deutschen Fürsten ausschließlich als Einnahmequelle betrachtet wurden; vgl. Max Braubach, Die Bedeutung der Subsidien für die Politik im spanischen Erbfolgekriege, Bonn / Leipzig 1923, S. 5f. Neuere Studien relativieren diese negative Beurteilung und beurteilen die Subsidienverträge als gängige Praxis der Militär- und Bündnispolitik, wobei insbesondere die Arbeiten Peter H. Wilsons zu diesem Themenkomplex maßgeblich sind: Wilson, War, state and society (wie Anm. 8), S. 74–96; ders., The German ‚Soldier Trade' of the Seventeenth and Eighteenth Centuries: A Reassessment, in: The International Historical Review 18 (1996) 4, S. 757–792. Allgemein zu Subsidien: Papke, Wehrwesen im Absolutismus, S. 194 – 199; Nowosadtko, Stehendes Heer (wie Anm. 9), S. 61.

50 Antje Oschmann (Hg.), Die Friedensverträge mit Frankreich und Schweden 1: Urkunden (Acta Pacis Westphalicae 3/B: 1/1), Münster 1998, S. 130.

51 Alfred Wendehorst (Bearb.), Das Bistum Würzburg, Teil 2: Die Bischofsreihe von 1254 bis 1455 (Germania Sacra, Neu Folge 1, Die Bistümer der Kirchenprovinz Mainz), Berlin / New York 1969, S. 82.

52 Scharold, Subsidien-Verträge (wie Anm. 2), S. 1.

53 Romberg (Bearb.), Würzburger Bischöfe 1617 – 1684 (wie Anm. 19), S. 445, 473f.; ders., Würzburger Bischöfe 1684 – 1746 (wie Anm. 19), S. 446.

54 Ders., Würzburger Bischöfe 1617 – 1684, S. 445.

55 Ders. (Bearb.), Würzburger Bischöfe 1684 – 1746 (wie Anm. 19), S. 374, 446.

Damit wandelte sich die Vertragsfigur der Erbeinung nach und nach zum geschäftsorientierten Subsidienmodell, wobei die Würzburger Landesherren seit der zweiten Hälfte des 17. Jahrhunderts ihre Privattruppen im Rahmen von Subsidienverträgen regelmäßig an das Haus Habsburg verliehen.[56] Diese Entwicklung begann unter Peter Philipp von Dernbach (1675–1683), welcher korrespondierend zum Aufbau eines stehenden Heers im Hochstift Würzburg einen Allianzvertrag mit Kaiser Leopold I. (1658–1705) schloss und damit den entscheidenden Schritt hin zur Armierung des Hochstifts sowie den damit einhergehenden zukünftigen bündnis- und militärpolitischen Verpflichtungen ging.[57] Dem Vertrag zufolge hatte das Hochstift dem Kaiser 6000 Soldaten zu stellen und zu unterhalten, um im Gegenzug – neben der Zahlung von 70000 Gulden Subsidien pro Jahr – von der lästigen Einquartierung landfremder Kreistruppen befreit zu sein.[58] Gegenüber dem Domkapitel rechtfertigte Dernbach diesen Schritt damit, dass die Bereitstellung der Truppen pro Jahr lediglich Ausgaben in Höhe von 265000 Gulden verursache, während die Einquartierung fremder Einheiten mit 1050000 Gulden pro halbem Jahr zu Buche schlagen würde.[59] Zudem musste Dernbach lediglich die Hälfte der vereinbarten 6000 Soldaten neu aufstellen und es wurde ihm gestattet, im Gefahrenfall zur Landesverteidigung auf die zu stellenden Truppen zurückgreifen zu dürfen.[60]

Unter Bischof Johann Philipp II. von Greiffenclau folgte ein weiterer Subsidienvertrag mit dem Kaiser, kraft dessen das Hochstift 4000 Soldaten gegen jährliche Subsidienzahlungen von 380000 Gulden stellte.[61] In der Folge wurde der Vertrag in den Jahren 1706, 1707 und 1712 trotz erheblicher Zahlungsrückstände von kaiserlicher Seite verlängert, bis die Würzburger Truppen nach dem Ende des Spanischen Erbfolgekriegs 1714 in das Hochstift zurückkehrten.[62]

1733 bis 1736 unterstützte Bischof Friedrich Karl von Schönborn das kaiserliche Heer mit etwa 4600 Mann im Polnischen Thronfolgekrieg, wobei diese Truppenbereitstellung auf die bereits erwähnte Verlängerung der Erbeinung 1730 zurückging.[63] 1738 wurde dieser Kontrakt dergestalt verlängert, dass Würzburg erneut ein Regiment von 2300 Soldaten zum Einsatz im Türkenkrieg dem kaiserlichen Kommando unterstellte.[64] Obwohl Schönborn seine Truppen 1730 bis 1740 trotz der anhaltend schlechten kaiserlichen Zahlungsmoral – erst 1735 wurden Subsidienzahlungen aus der Zeit des Spanischen Erbfolgekriegs beglichen[65] – dem Kaiser bereitwillig zur Verfügung gestellt hatte, vollzog er

---

[56] Scharold, Subsidien-Verträge (wie Anm. 2), S. 1–28; Sicken, Streitkräfte (wie Anm. 7), S. 695.
[57] Romberg (Bearb.), Würzburger Bischöfe 1617–1684 (wie Anm. 19), S. 473–506; Hans Jürgen Wunschel, Die Außenpolitik des Bischofs von Bamberg und Würzburg Peter Philipps von Dernbach (Schriften des Zentralinstituts für Fränkische Landeskunde und allgemeine Regionalforschung an der Universität Erlangen-Nürnberg 19), Neustadt a.d.A. 1979, S. 107–113.
[58] Wunschel, Dernbach (wie Anm. 57), S. 107–113.
[59] Wilson, German Armies (wie Anm. 8), S. 53.
[60] Wunschel, Dernbach (wie Anm. 57), S. 110.
[61] Hagen, Hausinfanterie (wie Anm. 3), S. 123–167; Romberg (Bearb.), Würzburger Bischöfe 1684–1746 (wie Anm. 19), S. 215f.; Scharold, Subsidien-Verträge (wie Anm. 2), S. 13.
[62] Scharold, Subsidien-Verträge (wie Anm. 2), S. 13–15.
[63] Ebd., S. 15; Hagen, Hausinfanterie (wie Anm. 3), S. 169–178; Romberg (Bearb.), Würzburger Bischöfe 1684–1746 (wie Anm. 19), S. 446–449.
[64] Scharold, Subsidien-Verträge (wie Anm. 2), S. 16; Hagen, Hausinfanterie (wie Anm. 3), S. 178–192.
[65] Braubach, Bedeutung der Subsidien (wie Anm. 49), S. 160–162.

nach dem Tod Karls VI. (1740) und dem darauffolgenden Ausbruch des Österreichischen Erbfolgekriegs (1740–1748) eine Kehrtwendung seiner bisherigen Subsidien- und Militärpolitik[66]: Neben seiner vorsichtig taktierenden Haltung gegenüber dem Wittelsbacher Karl VII., welche ihm einen immensen Ansehensverlust in Wien einbrachte[67], verweigerte er den Habsburgern 1741 eine aufgrund der Erbeinung geforderte Truppenstellung von 1 000 Mann und setzte auf strikte Neutralität.[68]

Kurz vor seinem Tod hatte Schönborn noch Verhandlungen über einen Subsidienvertrag mit den niederländischen Generalstaaten begonnen, welche allerdings erst unter seinem Nachfolger Anselm Franz von Ingelheim in einen Vertragsabschluss mündeten.[69] Auch nach Ablauf dieses hier untersuchten Subsidienvertrags mit den Generalstaaten 1747 bis 1749 bemühte sich das Hochstift Würzburg um den Abschluss weiterer Traktate. Noch während des Einsatzes der hochstiftischen Truppen in den Niederlanden versuchte der Würzburger Obrist Karl Reinhard von Drachsdorf die Möglichkeit eines Folgevertrages mit den Generalstaaten auszuloten.[70] Auch 1749 verhandelte der fürstliche Geheimrat Franz Wilhelm von Heß in den Niederlanden über einen erneuten Kontrakt, welcher jedoch aufgrund der schlechten Finanzlage und des mangelnden Bedarfes der Generalstaaten nicht zustande kam.[71]

Generell herrschte in Friedensphasen ein Überangebot an Subsidientruppen, weshalb auch die Verhandlungen mit Kurhannover 1750 unter Karl Philipp von Greiffenclau (1749–1754) vorerst ergebnislos blieben. Erst fünf Jahre später gelang Bischof Adam Friedrich Graf von Seinsheim (1755–1779) der Abschluss eines Subsidienvertrages mit Kurhannover, welcher die Bereithaltung von drei Bataillonen zu je 800 Mann für Wartegelder von 60 000 Gulden pro Jahr beinhaltete.[72] Nach dessen Ablauf folgte am 16. September 1756 unter dem Eindruck des Siebenjährigen Krieges (1756–1763) ein Subsidienvertrag mit Kaiserin Maria Theresia über die Überlassung von zwei Regimentern mit insgesamt 4 000 Soldaten, eines davon unentgeltlich und das andere für knapp 80 000 Gulden.[73] Zwei weitere Subsidienprojekte mit den Generalstaaten 1773 und mit Frankreich 1774 ließen sich hingegen nicht realisieren.[74]

Unter den Motiven für den Abschluss der zahlreichen Subsidienverträge stand, wie bereits angedeutet, die Aussicht auf zusätzliche finanzielle Einnahmen an erster Stelle. So drückte beispielsweise Bischof Karl Philipp von Greiffenclau in einem Schreiben an das Würzburger Domkapitel unumwunden seine Hoffnung auf den Abschluss eines neuen Subsidienvertrags aus, da so

---

[66] Romberg (Bearb.), Würzburger Bischöfe 1684–1746 (wie Anm. 19), S. 451f.
[67] Karl Ottmar von Aretin, Das Alte Reich 1648–1806, Bd. 2: Kaisertradition und österreichische Großmachtpolitik (1648–1745), Stuttgart 2005 (2. Aufl.), S. 445.
[68] Romberg (Bearb.), Würzburger Bischöfe 1684–1746 (wie Anm. 19), S. 453.
[69] Scharold, Subsidien-Verträge (wie Anm. 2), S. 17–19.
[70] Schreiben des Obristen Karl Reinhard von Drachsdorf an Anselm Franz von Ingelheim vom 03.09.1748; StAWü, HV Ms. f 662.
[71] Scharold, Subsidien-Verträge (wie Anm. 2), S. 20f.; StAWü, HV Ms. f 655.
[72] Hagen, Hausinfanterie (wie Anm. 3), S. 198f.
[73] Helmes, Geschichte der Würzburger Truppen (wie Anm. 6), S. 72.
[74] Harald Ssymank, Fürstbischof Adam Friedrich von Seinsheims Regierung in Würzburg und Bamberg (1755–1779) (Inaugural-Dissertation der Philosophischen Fakultät der Julius-Maximilians-Universität Würzburg), Würzburg 1939, S. 88f.

für die Erhaltung unserer Kriegs-Mannschaft ohnehin ergehender Auslaag ein frembder Beytrag erlanget und nahmhafte Summen alljährlichen in das Landt zu dessen großen Vortheil eingebracht würden.[75]

So verlockend die Aussicht auf die fremden Subsidiengelder auch war, so ernüchternd stellte sich häufig die Gesamtrechnung dar: Die hochstiftischen Truppen wurden für einen fest vereinbarten Betrag verliehen, welcher jedoch meist erst nach Ablauf des Vertrags beglichen wurde. Für sämtliche Kosten vor und während des Einsatzes ging das Hochstift somit in Vorleistung. Nicht selten überstiegen die Ausgaben für die Bereitstellung der Truppen und deren Unterhalt im Feld die vertraglich geregelten Subsidiengelder, die oft nicht fristgemäß und in voller Höhe bei der würzburgischen Kasse eintrafen. Wie bereits erwähnt, hatte Johann Philipp von Greiffenclau Kaiser Leopold I. 1701 4 000 Soldaten für jährliche Subsidien von 380 000 Gulden auf drei Jahre überlassen. Das Königreich Böhmen, welches die kaiserlichen Subsidienzahlungen an das Hochstift entrichten sollte, befand sich jedoch ständig mit großen Summen im Rückstand. Im Jahr 1716 beliefen sich die offenen Subsidiengelder bereits auf 754 134 Gulden und erst 1735 wurde das Hochstift mit einer einmaligen Zahlung von 316 898 Gulden abgefunden.[76]

Im Finanzhaushalt der Würzburger Obereinnahme stellten die kaiserlichen Subsidien nur einen geringen Posten dar. Zwischen 1729 und 1744 lag die größte Subsidienzahlung bei 73 236 Gulden im Jahr 1739, was nur etwa 15,5 Prozent der Gesamteinnahmen des Jahres 1739 ausmachte.[77] Mit Ausnahme des Jahres 1743 (9,5 Prozent) blieb der Anteil der kaiserlichen Subsidiengelder an den Gesamtjahreseinnahmen stets unter 4,5 Prozent.[78]

Mit ihrer Subsidienpolitik verfolgten die Würzburger Landesherren jedoch keineswegs ausschließlich finanzielle Interessen. Insbesondere bei Verträgen mit der kaiserlichen Seite standen meist politische Erwägungen im Vordergrund. Im 17. und 18. Jahrhundert zielte die Politik der Würzburger Bischöfe aus politischem und konfessionellem Kalkül stets auf eine enge Anbindung an den habsburgischen Kaiserhof. Von ihrer treuen Unterstützung erhofften sich die Würzburger Schutz und Garantien für das Hochstift in Zeiten politischer Unsicherheit.[79] Daher stellten die Bischöfe von Würzburg ihre Privattruppen dem Reichsoberhaupt bereitwillig zur Verfügung, welche oft und gerne auf deren Waffenhilfe zurückgriffen.[80] Seit Aufstellung eines stehenden Militärs im Hochstift Würzburg 1675 bis zum Jahr 1746 standen die würzburgischen Truppen immerhin mehr als ein halbes Dutzend Mal im Rahmen von derlei Verträgen in kaiserlichen Diensten.[81] Lediglich 1741 verweigerte Schönborn Wien die aufgrund der Erbeinung geforderte militärische Unterstützung.[82]

---

75 Schreiben vom 06.07.1749; StAWü, Adel 1278.
76 Braubach, Bedeutung der Subsidien (wie Anm. 49), S. 160–162.
77 Feineis, Finanz- und Wirtschaftsgeschichte (wie Anm. 40), S. 174–178.
78 Ebd.
79 Sicken, Streitkräfte (wie Anm. 7), S. 692.
80 Kopp, Würzburger Wehr (wie Anm. 7), S. 50–115; Helmes, Geschichte der Würzburger Truppen (wie Anm. 6), S. 2.
81 Scharold, Subsidien-Verträge (wie Anm. 2), S. 2–20.
82 Romberg (Bearb.), Würzburger Bischöfe 1684–1746 (wie Anm. 19), S. 453.

Für die Würzburger Bischöfe war dabei der politische Nutzen der Subsidienverträge häufig wichtiger als zusätzliche Einnahmen. Als Friedrich Karl von Schönborn 1733 Kaiser Karl VI. im Polnischen Thronfolgekrieg mit zwei Regimentern unterstützte, stellte der Würzburger Landesherr 2000 Mann unentgeltlich, lediglich Sold und Verpflegung übernahm der Kaiser.[83] Auch während des Spanischen Erbfolgekriegs stand das Hochstift trotz bereits erwähnter ausstehender Zahlungen treu auf Seiten des Kaisers und verlängerte den im Jahr 1701 geschlossenen Vertrag am 23. Juli 1705. Obwohl die kaiserlichen Gelder auch danach nur zögerlich flossen, schlossen die Würzburger am 24. Dezember 1706 einen zusätzlichen Kontrakt. Bemerkenswert erscheint hierbei der Umstand, dass Würzburg bereits vor Abschluss des Vertrages von 1701 noch offene Forderungen von 353000 Gulden an den Wiener Hof hatte.[84] Für Johann Philipp II. von Greiffenclau standen dabei, wie schon bei Dernbach, sicherheitspolitische Aspekte wie Quartierfreiheit und bevorzugter militärischer Beistand im Vordergrund[85], die finanzielle Bedeutung der Verträge schien hingegen zweitrangig gewesen zu sein.

Obwohl es für die Würzburger Regenten angesichts der hohen Kosten für das stehende Heer letztlich kaum eine andere Handlungsalternative als den regelmäßigen Abschluss von Subsidienverträgen gab[86], überwogen zumindest in Bezug auf die kaiserlichen Traktate meist die politischen Interessen der Würzburger Landesherrn. Gleichfalls zeigt sich die enge Anbindung des Hochstifts an den Wiener Hof: Mit den habsburgischen Kaisern gingen die Würzburger Bischöfe nicht nur die meisten Subsidienverträge ein, sondern schlossen auch keine derartigen Verträge mit auswärtigen Staaten, welche nicht durch das Einverständnis und die Interessen Wiens gedeckt gewesen wären, was die Grundsituation der „Scheinsouveränität"[87] eines mindermächtigen Reichsstandes festigte.[88]

Der häufige Abschluss von Subsidienverträgen derart diskrepanter Natur zwischen großen und finanzstarken Staaten mit kleineren und schwächeren Territorien war im 17. und 18. Jahrhundert gängige Praxis. Während die Adhoc-Anwerbung von Subsidientruppen für die großen Mächte meist einfacher, schneller und wohl auch kostengünstiger war, als selbstständig aufwendige Rekrutierungsmaßnahmen im eigenen Territorium durchzuführen, verfolgten sie im Abschluss von Subsidienverträgen mit kleineren Staaten sehr wohl auch politische Motive. Durch die regelmäßige Zahlung von Subsidiengeldern gerieten kleinere Territorien geradezu zwangsläufig in finanzielle Abhängigkeit der mächtigeren Vertragspartner, wodurch diese ihren politischen Einfluss ausweiteten. Auch die mindermächtigen Landesherren konnten von den Subsidienverträgen auf finanzieller und politischer Ebene profitieren. Häufig stand dabei der finanzielle Aspekt sogar hinter der Aussicht auf hilfreiche poli-

83 Helmes, Geschichte der Würzburger Truppen (wie Anm. 6), S. 61f.
84 Ebd., S. 46.
85 Romberg (Bearb.), Würzburger Bischöfe 1684–1746 (wie Anm. 19), S. 215.
86 Schott, Außenpolitik (wie Anm. 8), S. 41.
87 Pius Dirr, Die Geschichte der Reichskriegsverfassung und die Laxenburger Allianz, Erlangen 1901, S. 4.
88 Romberg (Bearb.), Würzburger Bischöfe 1617–1684 (wie Anm. 19), S. 526.

tische Verbindungen zurück.[89] Friedrich der Große (1740–1786) beschreibt die tragische Rolle der Kleinstaaten zwischen gemittelter Leistungsfähigkeit und reichspolitischer Mindermacht in Bezug auf die Subsidientraktate wie folgt: [...] *Die Herzoge von Braunschweig, Württemberg und Gotha, der Landgraf von Hessen, der Bischof von Bamberg und Würzburg, Fürsten, die mit Hilfe von Subsidien einige Truppen stellen können, aber für die große Politik wenig bedeuten. Frankreich, das Kaiserhaus, England und wir* [Preußen] *bestimmen die Haltung dieser Fürsten.*[90]

Neben weltlichen Territorien nutzten auch geistliche Staaten dieses Instrument der Militär- und Bündnispolitik, wenngleich deren Beteiligung an Subsidienverträgen in der Literatur zum Teil vernachlässigt wurde.[91] Beispielsweise überstellte das Fürstbistum Münster seine Truppen seit Bischof Christoph Bernhard von Galen (1650–1678) mehrfach im Rahmen von Subsidienverträgen in den Dienst auswärtiger Staaten, wie England, Frankreich, Holland und Dänemark.[92] Auch in der Politik des Kölner Kurfürsten Clemens August von Bayern (1723–1761) nahmen Subsidienverträge eine tragende Rolle ein.[93] Französische Subsidiengelder verpflichteten den Kurfürsten 1734 und 1740 jedoch nicht zur sofortigen Truppenüberstellung, sondern lediglich zur Bereithaltung von Truppen in einer Stärke von 10000 Mann.[94]

Die Subsidienpolitik des Hochstifts Würzburg in all ihrer im Folgenden zu beschreibenden Problematik, wenn nicht Aporie, bildete somit im Vergleich sowohl mit weltlichen als auch mit geistlichen Territorien keine Ausnahme.

3. Der Subsidienvertrag mit den Generalstaaten 1747–1749

3.1 Zum Österreichischen Erbfolgekrieg (1740–1748)

Der Tod des ohne männlichen Erben dahingeschiedenen Kaiser Karls VI. am 20. Oktober 1740 führte in Europa zu einer neuen, spannungsgeladenen politischen Situation, welche der Monarch zu Lebzeiten durch die Pragmatische Sanktion zu verhindern gehofft hatte.[95] Doch entwickelte sich diese Nachfolgeregelung aus österreichisch-dynastischer Perspektive hin zu einem gesamteuropäischen Problem, da sich für die übrigen europäischen Großmächte eine günstige Gelegenheit ergeben hatte, von der nun eingetretenen Schwächephase der Habsburger profitieren zu können.

---

[89] Wilson, War, state and society (wie Anm. 8), S. 85–88.

[90] Friedrich Meinecke/Hermann Oncken (Hg.), Klassiker der Politik, Bd. 5: Friedrich II. Die politischen Testamente, Berlin 1922, S. 211.

[91] Andermann, Die geistlichen Staaten (wie Anm. 34), S. 614.

[92] Nowosadtko, Stehendes Heer (wie Anm. 9), S. 62.

[93] Ebd., S. 62.

[94] Wilson, German Armies (wie Anm. 8), S. 229, 252; Willi Paetzer, Die Bedeutung der militärischen Fragen im Verhältnis des Kölner Domkapitels zum Landesherrn, in: Frank Günther Zehnder (Hg.), Im Wechselspiel der Kräfte. Politische Entwicklungen des 17. und 18. Jahrhunderts, Köln 1999, S. 267–285, bes. S. 278.

[95] Aretin, Das Alte Reich, Bd. 2 (wie Anm. 67), S. 413; Peter Claus Hartmann, Karl Albrecht – Karl VII. Glücklicher Kurfürst – Unglücklicher Kaiser, Regensburg 1985, S. 175.

Neben der noch offenen Problematik der Nachfolge Karls VI. auf den Kaiserthron, meldete zunächst Karl Albrecht von Bayern aufgrund einer wittelsbachisch-österreichischen Erbverbrüderung aus dem Jahr 1546 Ansprüche auf das österreichische Erbe vor Karls VI. Tochter Maria Theresia (1740–1780) an.[96] Gleichzeitig überfiel Friedrich II. von Preußen (1740–1786) am 16. Dezember 1740 das wichtige, aber weitgehend ungeschützte Schlesien. Nach der Niederlage der österreichischen Truppen am 10. April 1741 bei Mollwitz gegen die zahlenmäßig überlegene preußische Armee stieg auch in Frankreich, Spanien und Sachsen die Kriegsbereitschaft gegenüber den angeschlagenen Habsburgern. Spanien unter Philipp V. und Friedrich August von Sachsen erhoben nun Ansprüche auf österreichisches Gebiet.[97] Dies führte im Juni 1741 zur Bildung einer französisch-preußisch-bayerischen Allianz gegen Österreich, das wiederum Großbritannien und die Niederlande unterstützten.[98]

Nach der Schlacht bei Dettingen vom 27. Juni 1743, in welcher der sogenannten „Pragmatischen Armee“ aus österreichischen, britischen und hannoverschen Truppen ein Sieg über die französische Armee unter Marschall Noailles gelang, verlagerte sich der westliche Kriegsschauplatz in die Niederlande.[99] Die militärischen Erfolge der Habsburger führten jedoch zu einem abermaligen Kriegseintritt Preußens, da Friedrich II. eine Rückeroberung Schlesiens befürchtete. Der französisch-preußischen Allianz vom Juni 1744 folgten französische Angriffe auf die Österreichischen Niederlande und der preußische Einmarsch in Böhmen mit der Eroberung Prags im September 1744.[100] Nachdem ein Vorstoß Friedrichs II. auf Wien scheiterte, mussten sich die Preußen im Dezember 1744 unter schweren Verlusten nach Schlesien zurückziehen, wo ihm wiederum eine österreichische Armee gegenüberstand, als der schwer bedrängte Kaiser Karl VII. am 20. Januar 1745 überraschend verstarb.[101]

Die Kaiserwahl Franz Stephans von Lothringen am 13. September 1745 erfolgte nun unter völlig anderen Bedingungen als die Wahl von 1742. Österreich hatte am 22. April 1745 mit Bayern den Frieden von Füssen geschlossen und die französischen Truppen zurück über den Rhein drängen können.[102] Bereits Ende des Jahres 1745 folgte der Friedensschluss zwischen Preußen und Österreich im Frieden von Dresden, der jedoch die Abtretung Schlesiens an Preußen besiegelte.[103] Frankreich, welches nach dem Frieden von Füssen jede Berechtigung, seine Truppen auf Reichsterritorium operieren zu lassen, verloren hatte, konzentrierte sich nun verstärkt auf den niederländischen Kriegsschauplatz, wo es den Truppen unter Marschall Moritz von Sachsen am 20. Februar 1746 gelang, Brüssel einzunehmen.[104] Die Generalstaaten waren nach längerem

96 Aretin, Das Alte Reich, Bd. 2 (wie Anm. 67), S. 413.
97 Ebd., S. 416; Hartmann, Karl Albrecht (wie Anm. 95), S. 176f.
98 Michael Hochedlinger, Austria's Wars of Emergence. War, State and Society in the Habsburg Monarchy 1683–1797, London u. a. 2003, S. 249f.
99 Aretin, Das Alte Reich, Bd. 2 (wie Anm. 67), S. 448f.
100 Hochedlinger, Austria's Wars (wie Anm. 98), S. 257.
101 Aretin, Das Alte Reich, Bd. 2 (wie Anm. 67), S. 457f.
102 Karl Ottmar von Aretin, Das Alte Reich 1648–1806, Bd. 3: Das Reich und der österreichisch-preußische Dualismus (1745–1806), Stuttgart 1997, S. 21–25.
103 Ebd., S. 25.
104 Ebd.; vgl. Gerd Treffer, Moritz von Sachsen – Marschall von Frankreich, Regensburg 2005, S. 239–245.

Zögern auf Seiten Maria Theresias in den Erbfolgekrieg eingetreten und hatten 1743 Hilfstruppen in das Reich entsandt, weshalb sich Frankreich in der Folge zunächst gegen die österreichischen Niederlande wandte.[105] Als Frankreich im April 1747 in Holländisch-Flandern einfiel, um den in sich zerstrittenen Generalstaaten der friedensfreundlichen Partei Argumente zu liefern, erreichte es das genaue Gegenteil: Der Angriff auf eigenes Territorium führte zu einem Erstarken der Kriegspartei und einem allgemeinen Aufstand gegen die bisherige patrizische Herrschaft der sog. Regenten, in dessen Folge der Oranier Wilhelm IV. (1747–1751) zum Statthalter der Generalstaaten ernannt wurde[106], nachdem dieses Amt seit 1702 vakant gewesen war.[107]

Der Auftrieb und die Euphorie, welche die Erhebung des neuen Statthalters in den Generalstaaten zunächst ausgelöst hatte, verebbten jedoch nach der schweren Niederlage gegen die Franzosen in der Schlacht von Laffeldt (2. Juli 1747) unweit von Maastricht und dem Fall Bergen op Zooms (18. September 1747) im westlichen Teil des niederländischen Brabant rasch und die Friedensbewegung in Holland gewann an Unterstützern.[108] Erste Friedensverhandlungen wurden im Oktober 1746 im niederländischen Breda aufgenommen und im Januar 1747 in Aachen fortgesetzt. Den französischen Erfolgen in den Niederlanden stand ein Bündnis der Habsburgermonarchie mit Russland gegenüber, welches die Stellung von 37000 russischen Soldaten vorsah, was die Friedensverhandlungen beschleunigte.[109] Nach einem Vorfriedensvertrag vom 30. April 1748 endete der Österreichische Erbfolgekrieg schließlich im Frieden von Aachen am 18. Oktober 1748.[110]

3.2 *Diplomatische Verhandlungen und Vorbereitungen der Kampagne*

In der Spätphase des Österreichischen Erbfolgekriegs war der niederländische Diplomat Baron Tjaart van Aylva damit betraut, bei den deutschen Klein- und Mittelstaaten Truppen zur Verstärkung der niederländischen Armee gegen Frankreich zu requirieren.[111] Im Februar 1746 reiste van Aylva auch an den Würzburger Hof, um den Würzburger Bischof Friedrich Karl von Schönborn vom Abschluss eines Subsidienvertrages mit den Generalstaaten zu überzeugen. Zuvor hatte er bereits mit Hessen-Darmstadt und Waldeck Subsidienverträge abschließen können, welche er dem Bischof als Verhandlungsgrundlage

105 Nicolas Japikse, Die Oranier. Statthalter und Könige in den Niederlanden, München 1939, S. 305f.
106 Ebd., S. 306; Reed Browning, The War of the Austrian Succession, Stroud Gloucestershire 1994, S. 304f; Horst Lademacher, Geschichte der Niederlande. Politik – Verfassung – Wirtschaft, Darmstadt 1983, S. 174–176.
107 Marjolein C. 't Hart, War, Finances and the Structure of the Dutch State, in: Ronald G. Asch/Heinz Duchhardt (Hg.), Der Absolutismus – ein Mythos? Strukturwandel monarchistischer Herrschaft (Münstersche historische Forschungen 9), Köln u.a. 1996, S. 329–349, bes. S. 334f.
108 Browning, Austrian Succession (wie Anm. 106), S. 313–321.
109 Hochedlinger, Austria's Wars (wie Anm. 98), S. 262.
110 Ebd., S. 263; Thomas R. Kraus, „Europa sieht den Tag leuchten …" Der Aachener Friede von 1748 (Beihefte der Zeitschrift des Aachener Geschichtsvereins 5 = Veröffentlichungen des Stadtarchivs Aachen 10), Aachen 1998, S. 35f.
111 Schmid (Hg.), Berichte (wie Anm. 18), S. 66.

vorlegte.[112] Nach ersten positiven Verhandlungen reiste der niederländische Gesandte weiter nach München, wo der kaiserliche Gesandte Rudolph Graf von Chotek den bayerischen Kurfürsten Max III. Joseph ebenfalls zum Abschluss eines Subsidienvertrags mit den Generalstaaten drängte.[113] Diese Verhandlungen mündeten schließlich in den Abschluss eines Vertrages am 21. Juli 1746, kraft dessen eine Streitmacht von immerhin 7000 Mann in den Dienst der Niederlande gegeben wurde.[114] Auch die Verhandlungen mit dem Hochstift Würzburg standen kurz vor dem endgültigen Abschluss, als sie durch den Tod Friedrich Karls von Schönborn am 26. Juli 1746 ein abruptes Ende fanden.[115]

In der kurzen Zeit des Interregnums hatte jedoch das Würzburger Domkapitel die Absicht eines baldigen Vertragsabschlusses mit den Generalstaaten erneut bekräftigt und dabei gleichzeitig dem Wiener Gesandten Graf von Chotek die Bereitschaft für den Abschluss weiterer Subsidienverträge mit dem Kaiserhof zugesichert.[116] Knapp zwei Wochen nachdem Anselm Franz von Ingelheim anstelle des vom Kaiserhof bevorzugten Kandidaten, dem Mainzer Erzbischof Johann Friedrich Karl von Ostein, zum neuen Würzburger Bischof gewählt worden war, erkundigte sich dieser nach dem kaiserlichen Einverständnis für die Wiederaufnahme der Subsidienverhandlungen mit den Generalstaaten. Rudolph Graf von Chotek ließ sich dabei, sichtlich um eine versöhnliche Annäherung bemüht, vom Würzburger Landesherrn versichern, dass dieser *im nöthigen Fall* auch die kaiserliche Armee mit würzburgischen Truppen unterstützen werde, wobei der Bischof seine *ohnverfälschte dienstbegierde gegen beyderseits Kayserliche Mayestäten bezeug*[te] und erklärte, *seine reichständische teutsche patriotische obliegenheiten werckthätig erfüllen zu wollen.*[117] Dennoch gab Anselm Franz von Ingelheim vorerst keine konkrete Zusage über eine zeitnahe Überlassung von Privattruppen an das Haus Habsburg, da, so vermutete Chotek, *ihme fordersambst die Holländische conditionen wegen den dabey befindlichen anwerb-gelteren anstandiger seyn mögten.*[118]

Vermutlich am 19. März 1747 konnte der vorgängige Vertrag zwischen dem Hochstift und den Generalstaaten endgültig ratifiziert werden, wonach am 1. Juli 1747 zwei Infanterieregimenter mit je zehn Kompagnien à 80 Mann für eine Summe von 100000 holländischen Gulden in den Dienst der Generalstaaten wechselten.[119] Die finalen Verhandlungen im Frühjahr 1747 liefen scheinbar unter völliger Geheimhaltung ab. In der Sitzung des Domkapitels

---

[112] Scharold, Subsidien-Verträge (wie Anm. 2), S. 17.
[113] Schmid (Hg.), Berichte (wie Anm. 18), S. 259f.
[114] Ebd., S. 403; Alois Schmid, Staatsverträge des Kurfürstentums Bayern 1745–1765 (Schriftenreihe zur Bayerischen Landesgeschichte 95), München 1991, S. 41–48.
[115] Romberg (Bearb.), Würzburger Bischöfe 1684–1746 (wie Anm. 19), S. 467.
[116] Schreiben des kaiserlichen Gesandten Rudolph Graf von Chotek vom 30.08.1746; StAWü, HV Ms. f 654 I.
[117] Schmid (Hg.), Berichte (wie Anm. 18), S. 466f.
[118] Ebd., S. 467.
[119] Hagen, Hausinfanterie (wie Anm. 3), S. 193. Der Vertrag ist in den einschlägigen Beständen des Staatsarchivs Würzburg nicht im Original überliefert, es finden sich lediglich Vertragsentwürfe. Daher ist die genaue Laufzeit des Vertrages nicht mit Sicherheit festzustellen. Scharold schreibt von einer Vertragsdauer von zwei Jahren, während der Hoffourier Johann Christoph Spielberger in seinen Aufzeichnungen von sechs Jahren ausgeht, was jedoch kaum realistisch erscheint. Nach Spielberger könnte der endgültige Vertragsabschluss auch durch den niederlän-

vom 15. Mai 1747 stellten die Domkapitulare verärgert fest, dass ihnen bis dato weder ein Traktat zum Gutachten vorgelegt worden sei, noch der Konsens des Domkapitels zum Einsatz des Militärs in den Generalstaaten eingeholt worden sei, obwohl Ingelheim durch seine Wahlkapitulation hierzu verpflichtet sei.[120] Auf Anfrage des Domkapitels antwortete der Hofkanzler, selbst er sei nicht in die Verhandlungen involviert, welche im Übrigen noch nicht abgeschlossen seien, und der Bischof werde den Vertrag dem Domkapitel bei Zeiten vorlegen.[121] Zur Domkapitelsitzung am 27. Mai 1747 ließ Ingelheim den ungeduldigen Kapitularen vermelden, die Verträge seien immer noch nicht unterzeichnet und er habe große Bedenken, deren Inhalt *bekannt zu mach, in deme kein anderer Stand in überlassung der trouppen solche favorable conditione von denen Staaten erhalten habe.*[122] Erst am 7. Juni 1747 erhielt das Domkapitel Einsicht in die konkreten Vertragsinhalte, welche den Kapitularen tatsächlich *zimmlich vortheilhafftig zu seyn* schienen: So solle der gemeine Soldat täglich zwei Laib Brot nebst dem großen Sold ohne Abzüge erhalten und mit Holz und Licht versehen werden. Ausfallende Soldaten müssten zwar durch das Hochstift ersetzt werden, wofür das Hochstift pro Mann jedoch 50 Gulden vergütet bekomme. Im Fall einer Gefangennahme würden die würzburgischen Soldaten durch Austausch niederländischer Soldaten ranzioniert und nach Ende der Kampagne sollten die Generalstaaten noch ein halbes Jahr länger die vereinbarten Soldzahlungen leisten. Insgesamt blieben dem Hochstift nach Abzug aller Ausgaben überschlägig somit jedes Jahr 10 000 bis 12 000 Gulden pro Regiment übrig, weshalb das Domkapitel beschloss, keine Einwände gegen den Abschluss des Vertrags zu erheben.[123]

Obwohl das genaue Unterzeichnungsdatum des Subsidienvertrags nicht mit Sicherheit belegbar ist und auch kein Original in Urkundenform überliefert ist, sondern lediglich Konzepte, war der Kontrakt, als er dem Domkapitel zum Gutachten vorgelegt wurde, höchstwahrscheinlich schon geschlossen. Immerhin erhielt der würzburgische Generalfeldmarschall-Lieutenant Christoph Karl Freiherr von Bastheim bereits am 24. Mai 1747 den bischöflichen Befehl, die beiden Infanterieregimenter Hutten und Drachsdorf innerhalb von vier Wochen marschfertig zu machen.[124] Auch war schon am 16. April 1747 der niederländische Gesandte Karl Friedrich Graf von Wartensleben zur Musterung und Übernahme der Regimenter in Würzburg eingetroffen.[125] Zeitgleich war der Neffe des Würzburger Bischofs und Mainzer Domkapitular Karl Joseph Freiherr von Schmittberg zur weiteren Abwicklung des Handels in die Niederlande entsandt worden.[126] Weshalb Ingelheim das Domkapitel, welches seine positive Einstellung zum Subsidienvertrag mit den Generalstaaten bereits

---

dischen Gesandten Karl Friedrich von Wartensleben am 14.05.1747 erfolgt sein; vgl. Scharold, Subsidien-Verträge (wie Anm. 2), S. 19; StAWü, HV Ms. q 176a, Bl. 42v.

[120] StAWü, WDKP 1747, S. 280–282.
[121] StAWü, WDKP 1747, S. 294–299.
[122] StAWü, WDKP 1747, S. 306f.
[123] StAWü, WDKP 1747, S. 346f. und 381f.
[124] Dekret Ingelheims an Bastheim vom 24.05.1747; StAWü, HV Ms. f 35, Bl. 9r.
[125] StAWü, HV Ms. q 176b, Bl. 111r.
[126] Schreiben vom 09.04.1747; StAWü, HV Ms. f 35, Bl. 6r.

1746 bekundet hatte, dennoch so lange im Unklaren gelassen hatte, kann nicht abschließend geklärt werden. Immerhin hätte das Domkapitel gemäß der Wahlkapitulation von 1746 frühzeitig von den Verhandlungen in Kenntnis gesetzt werden müssen. Möglicherweise weist die Geheimhaltung und das Übergehen des Domkapitels auf gewisse Unregelmäßigkeiten bei der Verwendung der niederländischen Subsidiengelder hin, welche in der zeitgenössischen Chronik des Domvikars Johann Andreas Geisler angedeutet werden. Im Rahmen seiner Kritik am Subsidienvertrag stellt er die Behauptung auf, dass die niederländischen Subsidiengelder durch Bischof Ingelheim zweckentfremdet wurden: [...] *ist der Contract mehr schädlich als nüzlich und die Camer oder das Land hat entweder kein oder gar ein klein nuz, destomehr la bourse prive du prince, et de son neven Schmiedberg.*[127]

Für die Kampagne in den Niederlanden wurde das Regiment Hutten unter Generalwachtmeister Johann Georg von Hutten dem Kommando des neu ernannten Obristen Anton Ulrich von Ritterich Freiherrn von Radmannsburg unterstellt, da die Generalstaaten für den Rang des Generalwachtmeisters keine Verwendung hatten, während Obrist Karl Reinhard von Drachsdorf sein Regiment selbst kommandierte und als dienstälterer Obrist den Gesamtbefehl über beide Regimenter innehatte.[128]

Für die Organisation vor Ort (Geldzahlungen, Logistik usw.) und die Berichterstattung an den Würzburger Hof wurde per Dekret vom 27. Mai der Amtsverweser des Amtes Jagstberg, Johann Adam Heinrich Zapf, zum Feldkriegskommissar für die beiden Regimenter bestellt.[129] Um für das geistliche Wohl der beiden, größtenteils katholischen Regimenter Fürsorge zu treffen, bat Bischof Anselm Franz von Ingelheim den Jesuitenprovinzial Adam Huth um die Überlassung zweier Feldpatres für die Dauer der Kampagne.[130] Den Transport der Würzburger Truppen übernahm der Würzburger Unternehmer Johann Philipp Öhninger, mit welchem am 10. Juni 1747 eine Übereinkunft über die Verschiffung von 1600 Mann, 220 Pferden und 42 Wägen für eine Bezahlung von 5000 Gulden vereinbart worden war.[131]

Zwei Tage vor der Musterung und Übergabe der Truppen wurden in einer feierlichen Zeremonie die vier Regimentsfahnen von Weihbischof Johann Bernhard Mayer geweiht und den Fähnrichen übergeben.[132] Schließlich wurden beide Regimenter samt Offizieren am 30. Juni 1747 vor dem Sandertor

[127] StAWü, HV Ms. f 205, S. 109. Aufgrund fehlender Überlieferung kann Geislers Anschuldigung jedoch nicht überprüft werden.

[128] Kopp, Würzburger Wehr (wie Anm. 7), S. 86. Zu Johann Georg von Hutten siehe Hanna, Hutten (wie Anm. 5), S. 200–206.

[129] StAWü, HKP 1747, Bl. 483.

[130] Die Wahl fiel auf die beiden Patres Peter Schaffer und Jakob Jäger, welche jeweils einem Regiment zugeordnet wurden; vgl. Schreiben des Jesuitenprovinzials Adam Huth an den Würzburger Bischof vom 17.06.1747; StAWü, HV Ms. f 35, Bl. 18.

[131] Vertrag mit Johann Philipp Öhninger vom 10.06.1747; StAWü, HV Ms. f 654 I.

[132] Hoffourier Spielberger berichtet ausführlich von der Weihezeremonie: [...] *So bald nun solche von denen 4 Fähnrich auf einen auf dem Plaz vor dem* [...] *Thor bey der Haubtwacht* [...] *geleget waren, so prasentierte der Neue* [...] *Obriste von Ritterich Dem* [...] *Obermarschall den Hamer zum 2ten Nagel einzuschlagen, denn den 1sten hatte der Weybischoff am altar bey der benediction eingeschlagen, welche dann alle andern* [...], *sowohl Ministri als cavaliers, dann auch Officiers mit denen nägel eingschlagen folgeten.;* StAWü, HV Ms. q 176b, Bl. 139r.

durch Graf von Wartensleben gemustert und anschließend in niederländischen Dienst übernommen.[133]

Anhand der Verhandlungs- und Vorbereitungsphase lässt sich ein vielfältiges Interessengeflecht erkennen, dessen zahlreiche Beteiligte bereits in der Planungsphase der Militärkampagne die unterschiedlichsten Intentionen verfolgten und schließlich zu verwirklichen hofften: Während für Ingelheim in erster Linie der finanzielle Aspekt des Subsidienvertrags zählte – ob zu seinem eigenen Vorteil oder dem des Hochstifts sei dahingestellt –, bot sich für die Administration am Würzburger Hof die Gelegenheit, sich insbesondere bei den Verhandlungen auf diplomatischem Parkett auszuzeichnen und profilieren zu können. In ähnlicher Weise eröffnete der Einsatz dem Offizierskorps die Chance auf Bewährung und Beförderung. Ganz gegensätzlich stellte sich die Situation hingegen für die einfachen Soldaten dar, denen fernab der Heimat vielfältige Strapazen und Entbehrungen bevorstanden (vgl. Kap. 4).

3.3 Die operative Rolle der Würzburger Regimenter auf dem niederländischen Kriegsschauplatz

Am Mittwoch den 12. Juli 1747 notierte der Würzburger Hoffourier Johann Christoph Spielberger sodann den „Abmarsch der holländischen Völckern".[134] Samt 42 Wagen, 220 Pferden und einigen Wäschefrauen verließen die beiden Regimenter in den Schiffen Öhningers die Residenzstadt.[135] Die geplante Route sah den Transport über den Main und anschließend den Rhein entlang bis Düsseldorf vor; ihren genauen Einsatzort kannten die Würzburger noch nicht.

Bereits zwei Tage nach der Abfahrt berichtete Obrist Drachsdorf aus Kleinostheim an den Würzburger Hof, in der letzten Nacht seien trotz aller Vorsichtsmaßnahmen *4 Mann als nemblich drey von dem Meinigen dann einer von Wirtzburg Ritterischem Regiment desertiert, einfolglich sich anjetzo bey beyden Regimenter in Summa ein abgang von 6 Mann sich entäußert.*[136] Mittlerweile war dem vorausgereisten Feldkriegskommissar Zapf in Köln eröffnet worden, dass die würzburgischen Truppen zunächst im niederländischen Arnheim gemustert werden sollten. Der Schiffer Öhninger, mit welchem nur der Transport bis Düsseldorf vertraglich geregelt worden war, weigerte sich zunächst, den weiteren Transport bis Arnheim zu übernehmen, konnte jedoch von Zapf zur Weiterfahrt überredet werden.[137] Auch im weiteren Ver-

---

[133] StAWü, HV Ms. q 176a, Bl. 47r: Wartensleben dokumentierte die Übernahme der beiden Regimenter in ausführlichen Übernahmetabellen. Eine Reproduktion der Übernahmetabelle des Regiments Ritterich findet sich im Anhang.

[134] StAWü, HV Ms. q 176b, Bl. 147v.

[135] Hagen, Hausinfanterie (wie Anm. 3), S. 194.

[136] StAWü, HV Ms. f 35, Bl. 27f.

[137] StAWü, HV Ms. f 35, Bl. 31f. Wie sich herausstellen sollte, waren nicht nur die von Zapf in Aussicht gestellten Zusatzzahlungen für Öhninger entscheidend. Im September 1747 erhoben die Generalstaaten nachträglich Zollforderungen: Zwar waren die Soldaten und deren Gepäck vom Zoll befreit, der Unternehmer Öhninger hatte aber auf eigene Rechnung und im Nebengeschäft Bretter mitgeführt und in Arnheim verkauft, welche nun ordnungsgemäß besteuert werden sollten; vgl. StAWü, HV Ms. f 654 I.

lauf des Truppentransportes erlitten beide Regimenter Verluste durch Desertion, obwohl die beiden Obristen die Sicherheitsmaßnahmen erhöht hatten und bei den Zwischenhalten und Nachtlagern stets Wachen aufstellen ließen. Am 22. Juli 1747 schrieb Obrist Drachsdorf aus dem Feldlager bei Neuss, seit dem Aufbruch am 12. Juli 1747 seien bei beiden Regimentern bisher insgesamt 23 Mann desertiert und ein weiterer ertrunken. Sieben Soldaten wären sogar *bey hellen tag* entlaufen, wobei die Schildwachen auf die Flüchtenden schossen, jedoch keinen mehr trafen. Vier weitere Deserteure konnten immerhin von den aufgestellten Wachen ergriffen werden. Daher werde *demnach über diese annoch in verhafft gehaltenen Ausreisser der Obrist von Ritterich zu Arnheim nach passierter Musterung ein Kriegsrecht formieren lassen.*[138]

Zwei Tage später erreichten die würzburgischen Streitkräfte Arnheim. Bei der dortigen Musterung durch den holländischen Bevollmächtigten Rittmeister von Hoet gelang es Feldkriegskommissar Zapf, den Abgang von mittlerweile 29 Mann zum Teil zu ersetzen und zu vertuschen, weshalb von Hoet nur 22 fehlende Soldaten bemängelte.[139] Von Arnheim marschierten die beiden Regimenter über Nimwegen nach 's-Hertogenbosch.[140] Erst jetzt sickerten nach und nach nähere Informationen über den Einsatzort der würzburgischen Streitmacht zu den Obristen durch, welche sich schließlich konkretisieren sollten: Die beiden bischöflichen Regimenter sollten als Teil einer großen Entsatzarmee der belagerten Festung Bergen op Zoom Entlastung bringen.[141] Auf Befehl des französischen Generalmarschalls Hermann Moritz von Sachsen belagerte Ulrich von Löwendal seit Juli 1747 mit einer 30000 Mann starken Armee Bergen op Zoom. Die strategisch bedeutsame Festung in Nordbrabant wurde durch eine Garnison von etwa 4000 Soldaten unter dem 86 Jahre alten General Cronstrom verteidigt.[142] Nachdem nun das Ziel bekannt war und der Kriegseinsatz täglich näher rückte, stieg die Unruhe unter den Würzburger Soldaten und es kam zu regelrechten Desertionswellen. Allein während des Nachtmarsches vom 28. auf den 29. Juli 1747 desertierten 20 Mann. Am 29. Juli 1747 schlossen sich beide Regimenter den niederländischen Truppen Karl Friedrichs von Waldeck an, welcher zwar kurz darauf seinen Posten als Oberbefehlshaber der Generalstaaten niederlegte, seine Haustruppen jedoch in niederländischen Diensten beließ.[143] In 's-Hertogenbosch stießen die beiden Würzburger Regimenter zu den gesammelten niederlandischen Einheiten unter Jan Sicco von Schwarzenberg, welche am 2. August Oudenbosch unweit Bergen op Zoom erreichten.[144]

---

[138] StAWü, HV Ms. f 35, Bl. 33f.
[139] StAWü, HV Ms. f 35, Bl. 38f.
[140] Hagen, Hausinfanterie (wie Anm. 3), S. 194.
[141] Browning, Austrian Succession (wie Anm. 106), S. 319; StAWü, HV Ms. f 35, Bl. 40f; W. A. van Ham, De vesting Bergen op Zoom men bijbehorende werken, in: J. Sneep (Hg.), Atlas van historische vestingwerken in Nederland, Noord-Brabant, Utrecht 1996, S. 47–66.
[142] Browning, Austrian Succession (wie Anm. 106), S. 318f.; Matthew Smith Anderson, The War of the Austrian Succession, 1740–1748, London 1995, S. 173f.
[143] StAWü, HV Ms. f 35, Bl. 40f.; Gerhard Menk, Die Beziehungen zwischen Waldeck-Pyrmont und den Niederlanden in der Neuzeit, in: Horst Lademacher (Hg.), Oranien-Nassau, die Niederlande und das Reich. Beiträge zur Geschichte einer Dynastie, Münster 1995, S. 223–258, bes. S. 243.
[144] Hagen, Hausinfanterie (wie Anm. 3), S. 194.

Vermutlich bei Oudenbosch erteilte der neue Oberbefehlshaber Schwarzenberg dem würzburgischen Obristen Drachsdorf den Befehl, mit seinem Regiment die Verteidigungslinie bei Bergen op Zoom zu verstärken. Drachsdorf verweigerte jedoch den Gehorsam mit dem Hinweis, er habe das Recht, sich seinen Einsatzort *(poste honneur)* selbst aussuchen zu dürfen und ziehe es vor, bei der Hauptarmee Schwarzenbergs zu bleiben. Schwarzenberg gab den Befehl direkt an das Regiment Ritterich weiter, welches nun in die Kampflinie bei Bergen op Zoom verlegt wurde.[145] Noch vor dem Abmarsch des Regiments Ritterich an den Gefechtsschauplatz desertierten am 2. August 1747 insgesamt 15 Mann.[146] Kurz darauf folgte der erste Gefechtseinsatz, als Teile des Regiments am 10. August 1747 das französisch besetzte Dorf Wouw knapp sechs Kilometer von Bergen op Zoom entfernt angriffen.[147] Wie Feldkriegskommissar Zapf berichtete, scheiterte der Angriff aufgrund fehlender Abstimmung, verwirrenden Befehlen und chaotischen Zuständen ziemlich kläglich.[148] Das Regiment Ritterich verzeichnete nach dem Angriff 21 Gefallene und 32 Verwundete.[149]

Die räumliche Trennung der beiden Regimenter bedeutete für Feldkriegskommissar Zapf zudem eine große logistische Herausforderung. In einem Bericht an den Würzburger Bischof beklagte er, dass er den genauen Standort der würzburgischen Truppen oft nicht kenne, weshalb er nicht wisse, wie er den Regimentern die nötigen Gelder für Sold und Verpflegung überbringen solle. Zudem würde der Transport der Kranken und Verwundeten von Seiten der Generalstaaten so schlecht und nachlässig organisiert, dass er auf eigene Rechnung zusätzliche Wägen für den Krankentransport beschaffen müsse.[150] Bis Mitte September 1747 hatten die würzburgischen Truppen keine weitere Gefechtsbeteiligung vorzuweisen. Während das Regiment Drachsdorf in der Etappe nahe Oudenbosch weiter unter hohen Desertionszahlen litt, ging die Desertion im Regiment Ritterich beim Einsatz in der Belagerungslinie stark zurück, doch war ein Großteil der Mannschaft des Obristen Ritterich erkrankt.[151]

Gemäß des Subsidienvertrags lag die Versorgung der Kranken und Verwundeten in der Zuständigkeit der Generalstaaten, welche, wie angedeutet, ihren Pflichten jedoch nur sehr unzureichend nachkamen. Die Kranken mussten in abgelegene Spitäler in Rotterdam, 's-Hertogenbosch und Breda transportiert werden, aus denen kaum ein Würzburger Soldat zurückkehrte. Auch Schreiben des Feldkriegskommissars an die Spitäler über den Verbleib der eingelieferten Männer blieben unbeantwortet. Dies erscheint kaum verwunderlich, glaubt man Zapfs Beschreibung der niederländischen Spitäler. Demnach waren diese sehr schlecht ausgestattet und das dortige Personal erhielt überdies für die *Abschneidung einer Handt oder Fuß jedesmahl eine*[n] *Ducaten* [...] [weshalb] *ihnen eine geringe Blessur bald hinlänglich* [war] *diese Ducaten verdien*[t]

145 StAWü, HV Ms. f 35, Bl. 42r.
146 StAWü, HV Ms. f 661.
147 Hagen, Hausinfanterie (wie Anm. 3), S. 195.
148 StAWü, HV Ms. f 35, Bl. 45–48.
149 StAWü HV Ms. f 661, Bl. 15f.
150 StAWü, HV Ms. f 35, Bl. 45–48 (13.08.1747).
151 StAWü, HV Ms. f 35, Bl. 57–59, StAWü, HV Ms. f 661, Bl. 19.

zu machen.[152] Problematisch an der räumlichen Entfernung der Spitäler war zudem, dass die Kranken und Verwundeten dort dem unmittelbaren Schutz des Regiments und ihres Kommandeurs entzogen waren. In den Spitälern verursachten die fremden Soldaten generell nur zusätzliche Kosten, weshalb die Soldaten dort nicht selten bewusst vernachlässigt wurden.[153] Feldkriegskommissar Zapf schlug dem Bischof daher vor, die Kranken und Verletzen an einem separaten Ort der Obhut des eigenen Regimentfeldschers zu überlassen, wo dieselben *sicherer und* [...] *auch mit weniger Kosten hergestellet* [werden könnten].[154] Scheinbar waren Zapfs Maßnahmen einigermaßen erfolgreich, konnte doch der Feldscher des Regiments Ritterich, Friedrich Karl Thein, am 5. Oktober 1747 berichten, dass von den seit dem 12. Juli verletzten und verwundeten 470 Mann des Regiments bis dato immerhin 344 kuriert werden konnten.[155]

Am frühen Morgen des 16. Septembers 1747 gelang es Ulrich von Löwendal Bergen op Zoom durch einem Überraschungsangriff unter vergleichsweise geringen Verlusten einzunehmen, worauf die französischen Truppen ein Blutbad an der Zivilbevölkerung anrichteten, welches europaweit verurteilt wurde. Zwar konnte ein Teil der Festungsbesatzung ins nördlich gelegene Steenbergen fliehen, dennoch gerieten etwa 2000 Mann in französische Gefangenschaft.[156] Im Kampf um Bergen op Zoom verlor das Regiment Ritterich elf Mann im Gefecht, 28 gerieten in Gefangenschaft und 75 Soldaten wurden verwundet.[157] Obrist Drachsdorf hatte hingegen nur einen Gefallenen, dafür aber 91 Gefangene zu beklagen.[158] Nach dem Fall der Festung Bergen op Zoom verblieben beide hochstiftischen Regimenter größtenteils im Lager bei Oudenbosch. Die Einheiten des Obristen Drachsdorf blieben für die gesamte Dauer des Aufenthaltes in den Niederlanden ohne weitere Gefechtsbeteiligung, während Obrist Ritterich im November 1747 20 Tote und bei der Einnahme des Forts Lillo bei Antwerpen durch französische Truppen am 7. Oktober 1747 neun Gefangene zu verzeichnen hatte.[159] Wohl Anfang Oktober kehrten die ersten in Gefangenschaft geratenen Würzburger Soldaten zu ihren Regimentern zurück, allerdings ohne Montur (Uniform, Gewehr, Patronentasche und Bayonett) und sonstige Ausrüstung. Feldkriegskommissar Zapf, welcher zwischenzeitlich erkrankt war, erkundigte sich nun beim Bischof, ob er die Rückkehrer nach dem Vorbild der bayerischen und hessischen Einheiten erneut ausrüsten oder aufgrund der knappen finanziellen Mittel einen sparsameren Ausweg suchen solle. Zapf kaufte schließlich alte Monturen unterschiedlicher Regimenter zusammen und ließ diese nach Art der würzburgischen Uniformen zurechtmachen.[160] Obwohl der Austausch der Würzburger Gefangenen beim Gegner durch Soldaten der

---

152 StAWü, HV Ms. f 35, Bl. 73–75.
153 Kroener, Soldat oder Soldateska (wie Anm. 10), S. 116.
154 StAWü, HV Ms. f 35, Bl. 73–75 (01.09.1747).
155 StAWü, HV Ms. f 661, Bl. 19.
156 Browning, Austrian Succession (wie Anm. 106), S. 319f.; Hagen, Hausinfanterie (wie Anm. 3), S. 195.
157 StAWü, HV Ms. f 661, Bl. 17f und 22f.
158 StAWü, HV Ms. f 661, Bl. 24f.
159 StAWü, HV Ms. f 661, Bl. 28f.; Hagen, Hausinfanterie (wie Anm. 3), S. 196.
160 StAWü, HV Ms. f 35, Bl. 87–90.

Niederlande vertraglich festgeschrieben worden war, scheint auch diese Bestimmung in der Praxis nicht vollends angewandt worden zu sein. So befanden sich im Oktober 1748 noch 66 Soldaten des Regiments Drachsdorf und 17 Soldaten des Regiments Ritterich in französischer Gefangenschaft.[161]

Ende Oktober 1747 begannen alsdann die Planungen für die Winterquartiere der niederländischen und auswärtigen Truppen. Wie auch die Verantwortlichen der übrigen Einheiten, versuchte Kriegskommissar Zapf den Statthalter der Vereinigten Provinzen der Niederlande Wilhelm IV. zur Zuteilung eines vorteilhaften Quartierstandortes für die beiden Würzburger Regimenter zu bewegen. Insbesondere die Küstenorte waren aufgrund des rauen Klimas bei den von Krankheiten gebeutelten Truppen äußerst unbeliebt. Dabei hoffte Zapf durch seine alte Freundschaft zum Leibchirurgen des Statthalters, eines gebürtigen Würzburgers, eine gewisse Bevorzugung bei der Verteilung der Quartiere zu erreichen.[162] Offensichtlich waren Zapfs Bemühungen erfolgreich, bekamen die Würzburger in Venlo doch ein vergleichsweise angenehmes Winterquartier zugeteilt.

Obrist Drachsdorf schien über den lange ersehnten Ortswechsel hocherfreut zu sein. So schrieb er kurz vor dem Abmarsch seines Regiments aus Steenbergen am 3. November 1747, es sei ganz entsetzlich, wie die Krankheiten *in diesem ungesunden Orth* überhandnähmen. Obwohl die eigenen niederländischen Truppen das hiesige Klima besser gewohnt seien, wäre die Krankheits- und Sterberate dort ebenso hoch, wenn nicht sogar höher.[163] Drachsdorfs Meinung von den niederländischen Spitälern war offenbar nicht die beste, schrieb er doch weiterhin, er werde zur Vermeidung weiterer Todesfälle die 80 Kranken seines Feldlazaretts per Schiff nach Venlo transportieren und in der Obhut seines Regimentsfeldschers belassen, anstatt diese in den umliegenden Spitälern versorgen zu lassen.[164] Während des Marsches der Würzburger nach Venlo breiteten sich die Krankheiten weiter aus, sodass die Obristen unterwegs insgesamt elf zusätzliche Wägen für den Transport der Kranken erwerben mussten.[165] Einige erkrankte Offiziere, denen die Ärzte zu einer Luftveränderung geraten hatten, bekamen die Erlaubnis, ihr Winterquartier in der Heimat Würzburg zu verbringen. Die übrigen Offiziere wurden in der überlaufenen und überbelegten Garnisonstadt Venlo in Bürgerhäusern einquartiert, während die einfachen Soldaten größtenteils in der dortigen Kaserne untergebracht wurden.[166] Da aber die Generalstaaten die Verpflegung der Soldaten in Garnison nicht übernahmen, sah sich Zapf gezwungen, die nötigen Lebensmittel möglichst preiswert auf eigene Rechnung einzukaufen, weshalb er nicht mit den privaten Lieferanten, sondern direkt mit den einheimischen Bäckern verhandelte. Die entstandenen Mehrkosten versuchte Zapf an anderer Stelle wieder hereinzuholen. Statt die beschädigten Gewehre von örtlichen Büchsenmachern reinigen und reparieren zu lassen, plante er, die Waffen von den eigenen Soldaten instand

---

[161] StAWü, HV Ms. f 661, Bl. 58–61.
[162] StAWü, HV Ms. f 35, Bl. 92f.
[163] StAWü, HV Ms. f 35, Bl. 102f.
[164] StAWü, HV Ms. f 35, Bl. 102f.
[165] StAWü, HV Ms. f 35, Bl. 106f.
[166] StAWü, HV Ms. f 35, Bl. 108f.

setzen zu lassen, wogegen jedoch die Kommandanten beider Regimenter protestierten, da diese darin einen zusätzlichen Grund für Desertion sahen.[167]

Die Geldzahlungen aus Würzburg an den Feldkriegskommissar wurden über verschiedene Bankiers und Agenten (Solliciteure) in Frankfurt und Den Haag abgewickelt. Bereits seit Abreise der Truppen aus Würzburg trafen diese jedoch andauernd verspätet oder nicht in voller Höhe bei den Truppen ein. Als die Zahlungen im Dezember 1747 abermals stockten, nahm die finanzielle Lage beider Regimenter bedrohliche Ausmaße an. Zur Monatsmitte berichtete Zapf verzweifelt, er sei nicht mehr imstande, mehr Geld auf Kredit aufzubringen und wisse nicht mehr, wie er die Versorgung der Soldaten bestreiten solle.[168] Nach gegenseitigen Schuldzuweisungen, wonach die beauftragten Agenten und Bankiers für die Verzögerung verantwortlich wären, wurde Kriegskommissar Zapf, welcher den Bischof bereits zuvor sogar um seine Dimission gebeten hatte[169], als Sonderbevollmächtigter nach Den Haag geschickt, wo er für die künftigen Geldtransfers und Abrechnungen zuständig sein sollte. Seinen Posten als Feldkriegskommissar übernahm ab Januar 1748 Andreas Friedrich Mohr.[170]

Scheinbar wurde am Würzburger Hof Ende des Jahres 1747 auch die Besetzung der Regimentskommandeure in Frage gestellt. Obrist Drachsdorf bat Bischof Ingelheim am 24. Dezember 1747 ebenfalls um Entlassung, da ihn in Würzburg *viele heimliche feinde und miß gönner* [...] *in ungnad setzen und stürtzen woll*[t]*en.*[171] Tatsächlich wurde Anfang des Jahres 1748 Obrist Anton Ulrich von Ritterich Freiherr von Radmannsburg durch Johann Ferdinand Balthasar Kolb Freiherr von Rheinsdorf ersetzt, während Karl Heinrich Freiherr von Berlepsch die Führung des Regiments Drachsdorf übernahm. Drachsdorf selbst wurde ehrenhalber im März 1747 zum Generalwachtmeister befördert und blieb bis 1749 als Oberbefehlshaber bei den beiden Regimentern in den Niederlanden.[172] Vermutlich war die hohe Desertionsrate der Grund für die Kritik an den Obristen Ritterich und Drachsdorf. Bereits Ende August 1747 deutete Drachsdorf in einem Schreiben an den Bischof an, seine besagten Feinde am Würzburger Hof würden die Desertion zum Anlass nehmen, ihn zu denunzieren und seine Befähigung als Regimentskommandant in Frage stellen. Drachsdorf verteidigte seinen Führungsstil mit dem Hinweis, er träfe sämtliche Entscheidungen im Konsens mit seinen Stabsoffizieren und dem Obristen Ritterich.[173] Ritterich wiederum antwortete auf die Kritik aus Würzburg, er habe keinerlei Schuld an den hohen Desertionszahlen, immerhin habe er bei seinem Regiment kaum noch Abgange an Fahnenflüchtigen zu verzeichnen, seitdem er vom Drachsdorf'schen Regiment entfernt in der Linie von Bergen op Zoom stehe.[174] Scheinbar verstummten die Kritiker zunächst, bis die Zahl an Deser-

[167] StAWü, HV Ms. f 35, Bl. 113–116.
[168] StAWü, HV Ms. f 35, Bl. 117–120.
[169] StAWü, HV Ms. f 35, Bl. 113–116.
[170] StAWü, HV Ms. f 645f, Teilakt Korrespondenz und Berichte, Produkt 2.
[171] StAWü, HV Ms. f 35, Bl. 121f.
[172] Hagen, Hausinfanterie (wie Anm. 3), S. 196.
[173] StAWü, HV Ms. f 35, Bl. 67f.
[174] StAWü, HV Ms. f 35, Bl. 71f.

teuren im Winterquartier Venlo wieder stark zunahm. Allerdings kann nicht ausgeschlossen werden, dass den personellen Veränderungen in der Führungsebene der beiden Regimenter auch noch andere Ursachen zugrunde lagen.

Kurz vor Jahreswechsel 1747/48 erhielten die Würzburger Truppen den Befehl, aus ihrem Winterquartier Venlo in die Gegend von Breda zu marschieren, eine Strecke von etwa vier Tagesmärschen, von wo aus sie nach kurzem Aufenthalt im Februar 1748 wieder nach Venlo zurückkehrten.[175] Ende Januar 1748 war die Mannschaftsstärke des Regiments Ritterich auf 447 Mann und des Regiments Drachsdorf auf 385 Mann gesunken, wobei die sich in französischer Gefangenschaft befindlichen Soldaten nicht als Abgang gezählt wurden.[176] Damit hatten die Würzburger Truppen mit 832 Mann in den ersten sechs Monaten der Kampagne mehr als die Hälfte ihrer ursprünglich 1600 Soldaten verloren. Da im April 1748 die jährliche Musterung der Regimenter durch die niederländischen Dienstherren bevorstand, nach deren Ergebnis die Soldzahlungen für das kommende Jahr festgelegt werden sollten, begannen am Würzburger Hof Anfang Februar 1748 konkrete Planungen zur Entsendung neuer Rekruten in die Generalstaaten. Bischof Anselm Franz von Ingelheim plante, knapp die Hälfte der geplanten Verstärkungstruppe von 830 Mann durch die Ämter, Stifte und Klöster des Hochstifts rekrutieren zu lassen.[177] Am 5. Februar 1748 erging ein entsprechendes Landmandat, kraft dessen die genannten Institutionen bis Ende des Monats eine bestimmte Anzahl wehrfähiger Männer nach dem Schatzungsfuß (Steuerquote) zum Kriegskommissariat abzustellen hatten.[178] Für jeden eingelieferten Rekruten sollten zwölf Gulden vergütet werden, wobei die Obereinnahme die Kosten für die Montur übernahm. Den Stellen aber, welche dem Befehl nicht fristgerecht Folge leisteten, drohte die zwangsweise Aushebung der geforderten Mannschaften per Losverfahren und auf deren eigene Kosten. Das Domkapitel sollte beispielsweise 17 Mann rekrutieren, während das Ritterstift St. Burkard zwei und das Stift Neumünster einen Mann zu stellen hatten.[179] Im Domkapitel regte sich zunächst Widerstand gegen den landesherrlichen Befehl, da nicht nur die Frist zu kurz angesetzt worden sei, sondern es auch außerordentlich schwer wäre, genügend Rekruten auszuheben, *da mancher Recrout 100 und mehrere Gulden koste.* Stattdessen gab das Domkapitel dem Bischof zur Antwort, er möge für die Rekrutierung doch die dafür vorgesehenen niederländischen Subsidiengelder verwenden und das Land von den zusätzlichen Kosten verschonen.[180] Ingelheim entgegnete daraufhin, dass die befohlene Zwangsrekrutierung doch keine besondere Belastung für seine Untertanen darstelle. Immerhin wären die Ämter und Stifte unter seinem Vorgänger Friedrich Karl von Schönborn 1734 zur Rekrutierung von 900 Soldaten verpflichtet worden. Außerdem *vagireten* [im Hochstift

---

[175] StAWü, HV Ms. f 35, Bl. 131f.; StAWü, HV Ms. f 645f, Teilakt Korrespondenz und Berichte, Produkt 3.
[176] StAWü, HV Ms. f 661, Bl. 38f. und 40f.
[177] StAWü, HKP 1748, S. 101.
[178] StAWü, KPB 69, Bl. 43f.; eine Transkription des bischöflichen Mandats findet sich im Anhang.
[179] StAWü, WDKP 1748, S. 122; StAWü, KPB 69, Bl. 45r; StAWü, Kapitelsprotokolle des Kollegiatstiftes Neumünster zu Würzburg 28 (1748), Bl. 10v.
[180] StAWü, WDKP 1748, S. 122–124.

Würzburg] so *viel heernlose und dem public nur beschwehrliche Leuth herum, welche ausgehoben und zu Soldaten gebraucht warden könnten*, sodass die Subsidiengelder dafür nicht verschwendet werden bräuchten.[181] Schlussendlich fügte sich das Domkapitel dem bischöflichen Befehl und gab seinen mediaten Bürgermeistern und Schultheißen die Anweisung, geeignete Männer *in geheim* [zu] *inquirieren* und *wann keine leuth an die 12 fl handgeld zu haben wären hierzu noch etliche 20 fl* [zu] *legen.*[182] Auch in der Chronik des Würzburger Domvikars Geisler wurde Kritik an der Zwangsrekrutierung laut. So schrieb Geisler, aufgrund der hohen Verluste bei den Subsidienregimentern sei *der fürst auf das schädlichste principum gefallen, und hat welche* [Soldaten] *von den amthern nach der Schazungs Fuß stellen lassen unter hoher Straff. Der unterthan muss alles thun, der fürst häthe solche von den holländischen geldern recrutieren sollen, das wäre vor dem land ein nuz und vor der Cammer kein schad gewesen.*[183]

Am 23. März 1748 verließen 830 Rekruten unter der Führung von Obristlieutenant Gottfried Ludwig Moser von Filseck Würzburg und gelangten per Schiff nach Nimwegen, wo sie am 6. April 1748 der Musterung unterzogen wurden.[184] Die beiden würzburgischen Regimenter in Brabant waren indes am 26. März nach Moergestel und Oisterwijk abmarschiert, von wo sie wiederum am 8. April in die Orte Gilze und Dorst nahe Breda verlegt wurden.[185] Zwei Tage später trafen die Rekruten im Lager Gilze ein. Während des Transports waren von Würzburg bis Gilze bereits 66 Mann der Nachrekrutierung desertiert.[186] Durch die neu eingetroffene Verstärkung zählte das Regiment Drachsdorf am 13. April 1748 immerhin wieder 788 Mann, das Regiment Ritterich, das seit der Dimission des Obristen Anton Ulrich von Ritterich wieder als Regiment Hutten bezeichnet wurde, bestand aus 767 Mann.[187] In den folgenden Tagen erlitten beide Regimenter abermals herbe Verluste durch Desertion: Am 18. April zählte das Regiment Drachsdorf noch 746, das Regiment Hutten noch 740 Soldaten, wobei von ersterem immerhin zwölf und von letzterem noch vier Deserteure aufgespürt werden konnten.[188]

Den kompletten Sommer 1748 verbrachten beide Regimenter im Feldlager bei Leur unweit Breda ohne besondere Vorkommnisse. Lediglich die beiden Feldpatres Peter Schaffer und Jakob Jäger beschwerten sich Mitte Mai beim Bischof über die von Drachsdorf eigenmächtig festgelegten Gottesdienstzeiten. Sie sähen sich nicht in der Lage, *von weltlicher sonderlich uncatholische[r] Obrigkeit in geistlichen Sachen* [...] *befehl an*[zu]*nehmen* und wären ansonsten gezwungen, ihr ohnehin beschwerliches Seelsorgeamt niederzulegen.[189]

---

[181] StAWü, WDKP 1748 S. 132–134.
[182] StAWü, WDKP 1748 S. 132–134.
[183] StAWü, HV Ms. f 205, S. 108.
[184] StAWü, HV Ms. f 205, S. 109; StAWü, HV Ms. f 645f, Teilakt Korrespondenz und Berichte, Produkt 27.
[185] StAWü, HV Ms. f 645f, Teilakt Korrespondenz und Berichte, Produkt 23 und 28.
[186] StAWü, HV Ms. f 645f, Teilakt Korrespondenz und Berichte, Produkt 29.
[187] StAWü, HV Ms. f 661, Bl. 48f.
[188] StAWü, HV Ms. f 645f, Teilakt Korrespondenz und Berichte, Produkt 32.
[189] StAWü, HV Ms. f 645f, Teilakt Korrespondenz und Berichte, Produkt 48. Wie der Streit beigelegt wurde, ist nicht bekannt. Allgemein zum Themenkomplex Militärgeistliche in der Frühen

Im Herbst 1748 neigte sich der Österreichische Erbfolgekrieg dem Ende zu. Bereits am 30. April 1748 war auf dem Friedenskongress in Aachen ein Vorfriedensvertrag zwischen Frankreich, England und den Generalstaaten unterzeichnet worden, welcher die Einstellung der Kampfhandlungen binnen sechs Wochen festlegte.[190] Während die Würzburger Soldaten das Jahr 1748 tatenlos in verschiedenen Feldlagern verbrachten, bemühte sich Generalwachtmeister Drachsdorf und der würzburgische Gesandte Karl Joseph Freiherr von Schmittberg intensiv um eine Verlängerung des Subsidienvertrags mit den Generalstaaten nach Abschluss des Friedensvertrags.[191] Am 18. Oktober 1748 wurde der endgültige Friedensvertrag in Aachen unterzeichnet, welcher den Österreichischen Erbfolgekrieg schließlich beendete.[192] Da Würzburg die Hoffnung auf die Verlängerung des Subsidienvertrags noch nicht aufgegeben hatte, verblieben die beiden Regimenter noch in den Niederlanden und nahmen ihr Winterquartier zunächst in Oisterwijk und Moergestel, ehe sie im Februar 1749 nach Maastricht gelangten.[193]

Nachdem die Verhandlungen über eine Verlängerung des Subsidienvertrags im Frühjahr 1749 aufgrund der zerrütteten Finanzen der Generalstaaten und deren mangelnden Bedarfes scheiterten, versuchten die würzburgischen Bevollmächtigten nun wenigstens die ausstehenden Subsidiengelder einzutreiben. Die Abrechnung war wegen der undurchsichtigen Zahlungsmodalitäten seitens mehrerer Bankiers und Agenten geradezu chaotisch. Neben zahlreichen Rechnungsfehlern und veruntreuten Geldern weigerten sich die finanziell schwer gebeutelten Generalstaaten, sämtliche offene Forderungen zu begleichen. In Würzburg entschloss man sich daher, den Hofkammerdirektor Franz Wilhelm von Hess in die Niederlande zu entsenden, um die Unstimmigkeiten in der Abrechnung zu prüfen und die säumigen Zahlungen einzufordern.[194] Um dabei einen gewissen Druck auf die Generalstaaten auszuüben, wurde beschlossen, die beiden Regimenter nach Vorbild der Kurbayerischen Truppen so lange in den Niederlanden zu belassen, bis sämtliche Zahlungsrückstände getilgt worden wären.[195] Am 14. April 1749 schrieb Generalwachtmeister Drachsdorf nach Würzburg, er habe von Statthalter Wilhelm IV. den Befehl erhalten, mit beiden Regimentern am 18. April 1749 nach Würzburg aufzubrechen; er werde dem Marschbefehl auch Folge leisten, obwohl bisher nur die geringe Summe von gerade einmal 6 000 Gulden für die Abreise an Feldkriegskommissar Mohr ausgezahlt worden seien.[196] Vermutlich erschien den Verantwortlichen in Würzburg die Heimkehr beider Regimenter schließlich

---

Neuzeit: Michael Kaiser/Stefan Kroll (Hg.), Militär und Religiosität in der Frühen Neuzeit (Herrschaft und soziale Systeme in der Frühen Neuzeit 4), Münster 2004; Franz Brendle/Anton Schindling (Hg.), Geistliche im Krieg, Münster 2009.

190 Kraus, Aachener Friede (wie Anm. 110), S. 25.

191 StAWü, HV Ms. f 662; StAWü, HV Ms. f 645f, Teilakt Korrespondenz und Berichte, Produkt 73.

192 Kraus, Aachener Friede (wie Anm. 110), S. 35f.; Browning, Austrian Succession (wie Anm. 106), S. 361f.

193 Hagen, Hausinfanterie (wie Anm. 3), S. 197.

194 StAWü, HKP 1749, S. 204.

195 StAWü, HKP 1749, S. 234; Schreiben Drachsdorfs an das Domkapitel vom 07.04.1749, StAWü, HV Ms. f 662.

196 Schreiben Drachsdorfs an den Bischof vom 14.04.1749, StAWü, HV Ms. f 662.

doch wirtschaftlicher zu sein, als die Truppen bis zum Ende der Finanzverhandlungen über die ausstehenden Gelder in Maastricht stehen zu lassen, da Drachsdorf am 19. April 1749 mit seinen Soldaten gen Heimat aufbrach. Die Mannschaftsstärke des Regiments Drachsdorf war inzwischen auf 539 Mann, die des Regiments Hutten auf 601 Mann abgesunken.[197]

Hofkammerdirektor Hess blieb fast den kompletten Sommer 1749 in Den Haag, um das chaotische Rechnungswesen ins Reine zubringen. Erst am 19. August 1749 wurde vermeldet, die ausstehenden Forderungen von 477 927 Gulden seien nun vollkommen liquidiert.[198] Noch im April 1750 beschäftigte sich die Hofkammer mit den monatlichen Abrechnungen der Jahre 1747 und 1748 des mittlerweile verstorbenen Kriegskommissars Zapf, welche sich als sehr fehlerhaft herausstellten.[199] Ob sich der Subsidienvertrag schlussendlich finanziell für Würzburg gelohnt hat, kann aufgrund der Quellenlage nicht mehr geklärt werden. Zumindest stellten bereits zeitgenössische Beobachter, wie der bereits erwähnte Domvikar Geisler, den Nutzen des Subsidienvertrags für das Hochstift in Frage.[200]

Am 7. Mai 1749 kehrten die Würzburger Subsidientruppen nach knapp zwei Jahren stark dezimiert wieder in die Residenzstadt zurück. In den Aufzeichnungen des Hoffouriers Spielberger wird die Ankunft der beiden Regimenter wie folgt beschrieben: *Von denen allhiesigen nach Holland* [...] *abgeschickten und nachmahlens auch recroutierten ad 22 Hundert Mann Soldaten seyend heut 1 032 zurückgekommen, und haben nachdem sie auf dem Residenzplatz Paradiert hatten, ein jeder 1 Maas Wein und 1 Laib Brod bekommen.*[201]

Am Ende des militärischen und nicht zuletzt finanziellen Abenteuers waren inklusive der 830 nachgeschickten Rekruten insgesamt 2 430 würzburgische Soldaten in die Generalstaaten entsandt worden. Bis zum 23. April 1749, zwei Wochen vor ihrer Ankunft in Würzburg, hatten beide Regimenter insgesamt 1 292 Mann (53 Prozent) verloren.[202] Wegen der unvollständigen Überlieferung der Standtabellen und Lageberichte der Obristen kann nur das Schicksal von 925 abgehenden Soldaten einwandfrei geklärt werden. Mindestens 528 Soldaten desertierten während der Kampagne (57 Prozent der 925), 254 starben durch Krankheiten (27 Prozent der 925). Bezogen auf die 2 430 insgesamt eingesetzten Soldaten lag die Desertionsrate bei schätzungsweise 30 Prozent, die Verluste durch Krankheit betrugen 15 Prozent. Tatsächlich dürfte der Anteil an Deserteuren etwas niedriger und der Prozentsatz der Sterbefälle etwas höher sein, da insbesondere für die zweite Hälfte des Jahres 1748 von geringen

[197] Schreiben Drachsdorfs an den Bischof vom 23.04.1749, StAWü, HV Ms. f 662.
[198] StAWü, HKP 1749, S. 662.
[199] Mitschrift der Hofkammersitzung vom 18.04.1750, StAWü, HV Ms. f 654 II.
[200] Vgl. Geislers Aussagen zu möglichen Unregelmäßigkeiten bei der Verwendung der Subsidiengelder in Kap. 3.2.
[201] StAWü, HV Ms. q 176a, Bl. 146r; Die von Spielberger angegebene Zahl von 2 200 Mann ist um 230 Mann zu niedrig angesetzt. Auch die angegebenen 1 032 Rückkehrer sind vermutlich zu niedrig veranlagt, da beide Regimenter knapp zwei Wochen zuvor noch aus 1 140 Mann bestanden hatten.
[202] Sämtliche Zahlen sind den Standtabellen beider Regimenter und den Lageberichten des Obristen und Generalwachtmeisters Drachsdorf entnommen; vgl. StAWü, HV Ms. f 35; StAWü, HV Ms. f 645f, Teilakt Korrespondenz und Berichte; StAWü, HV Ms. f 654 II; StAWü, HV Ms. f 661.

Desertionszahlen und schlimmen Krankheitswellen berichtet wurde, jedoch keine verlässlichen Zahlen für diesen Zeitraum vorliegen. Exakt beziffert werden können indes die Gefechtsverluste, welche sich mit 52 Mann nur auf zwei Prozent der insgesamt eingesetzten Soldaten beliefen, 119 Männer gerieten zeitweise in Gefangenschaft.

Auch die kurbayerischen Truppen erlitten herbe Verluste durch Krankheit und Desertion während ihres Einsatzes in den Niederlanden 1746 bis 1749.[203] Allein während des Marsches von Ingolstadt nach Köln verlor das 771 Mann zählende Regiment Preysing 200 Soldaten durch Fahnenflucht, und als im Februar 1749 bayerische Truppen in kaiserliche Dienste übergehen und in den Niederlanden verbleiben sollten, desertierten in wenigen Tagen 474 Mann.[204] Derartige Desertionswellen bildeten zwar die Ausnahme, doch insgesamt waren die Verluste der bayerischen Truppen durch Desertion wohl ähnlich hoch wie bei den Würzburger Regimentern. Bei den österreichischen Truppen finden sich Berichte über einen täglichen Abgang von 20 bis 30 Deserteuren im Jahr 1747.[205] Abschließend lässt sich festhalten, dass die hohe Desertionsrate unter den Würzburger Truppen in den Niederlanden für das 18. Jahrhundert keine Besonderheit darstellte. Beispielsweise lag die Desertionsrate des französischen wie auch des preußischen Heeres in der ersten Hälfte des 18. Jahrhunderts schätzungsweise bei knapp 20 Prozent[206], während die kursächsische Armee zwischen 1717 und 1728 fast jeden dritten Infanteristen durch Fahnenflucht verlor.[207] Die Desertion stellte somit eine „relativ übliche Verhaltensweise“[208] innerhalb der frühneuzeitlichen Armeen dar.

4. Das Problem der Desertion während der Kampagne

4.1 Gefahren und Widrigkeiten des Soldatenlebens

Neben der Desertion als „disfunktionale[m] Strukturmerkmal des absolutistischen Heeres“[209] lassen sich generell Krankheit und Verwundung als kennzeichnende Grundübel des frühneuzeitlichen Militärwesens konstatieren. Statistisch gesehen fielen nur etwa 10 Prozent der im Verlauf eines Krieges gestorbenen Soldaten direkt auf dem Schlachtfeld.[210] 30 Prozent erlagen ihren Verwundungen, während die übrigen 60 Prozent mangelhafter Versorgung,

[203] Karl Staudinger (Bearb.), Geschichte des bayerischen Heeres, Bd. 3.2: Geschichte des kurbayerischen Heeres unter Kurfürst Karl Albrecht – Kaiser Karl VII. – und Kurfürst Max III. Joseph 1726 – 1777, München 1909, S. 901 – 961.
[204] Ebd., S. 906, 957.
[205] Sikora, Disziplin und Desertion (wie Anm. 11), S. 121.
[206] Sikora, Zeit der Deserteure (wie Anm. 11), S. 90.
[207] Kroll, Soldaten im 18. Jahrhundert (wie Anm. 9), S. 524.
[208] Sikora, Zeit der Deserteure (wie Anm. 11), S. 91.
[209] Hansen, Sozialgeschichte (wie Anm. 12), S. 436.
[210] Bernhard R. Kroener, „Das Schwungrad an der Staatsmaschine“? Die Bedeutung der bewaffneten Macht in der europäischen Geschichte der Frühen Neuzeit, in: Bernhard R. Kroener / Ralf Pröve (Hg.), Krieg und Frieden. Militär und Gesellschaft in der Frühen Neuzeit, Paderborn u. a. 1996, S. 1 – 23, bes. S. 11.

Krankheiten und Infektionen zum Opfer fielen.[211] Die zugrundeliegenden Ursachen bedingten sich dabei gegenseitig: So führte beispielsweise eine unzureichende Lebensmittelversorgung zu Unzufriedenheit unter den Soldaten, womit zunächst der Anreiz zur Desertion stieg, welche im Falle einer dauerhaften Unterversorgung sogar zur lebenserhaltenden Notwendigkeit wurde.[212] Gleichzeitig bedeutete die mangelhafte Ernährung einen erheblichen Anstieg des Krankheitsrisikos, Krankheiten wie Typhus waren die Folge.[213] Diese typischen Lagerkrankheiten breiteten sich in Massenquartieren mit immenser Geschwindigkeit aus, wobei sie „aufgrund der allgemeinen Notsituation [des Krieges] nur ungenügend bekämpft werden“[214] konnten. In den Kriegen der Frühen Neuzeit kann von einer Sterberate von durchschnittlich bis zu 30 Prozent der Iststärke einer Armee ausgegangen werden, was sich jedoch nicht generalisieren lässt.[215] Hinzu kommen Desertionsraten zwischen 8 Prozent[216] bis hin zu 20–30 Prozent, wie beispielhaft am Ende des vorigen Kapitels erläutert, was in der Summe die immense Fluktuation in den frühneuzeitlichen Heeren ausmachte. Die hohen Verluste, verursacht durch Krankheiten und Desertion, waren neben den weiteren Faktoren, wie der unzureichenden Sanitäts- und Krankenversorgung, mangelnder Verpflegung und fehlender Mittel für Ausrüstung und Montur, Charakteristika frühneuzeitlicher Feldzüge[217], weshalb die hier betrachtete Kampagne durchaus als beispielhaft gelten darf.

Bei der Untersuchung der Ursachen für die hohe Desertionsrate unter den Würzburger Truppen während ihres Einsatzes in der Fremde geben die Schreiben und Berichte der Obristen und Feldkriegskommissare Hinweise auf die Motivationen und Gründe der Fahnenflüchtigen. Vier wieder aufgegriffene Deserteure gaben überraschenderweise zu Protokoll, ein Grund für ihre Flucht sei die Beschaffenheit des dortigen Brotes, welches *kohlschwartz* sei und den *Leuthen sehr frembt vorkomme.*[218] Auch in späteren Berichten, etwa im Schreiben des Obristen Drachsdorf vom 30 Juli 1747, wird auf das den Soldaten gereichte Brot als Antrieb zur Desertion verwiesen: […] *Bey einigen vorgeschützet werden will, als wär die Haupt Ursach dieser grossen desertion das brodt, welches zwar gegen dem Wirtzburger etwas schlecht und sehr feucht* [ist] *wie es hier zu seyn pfleget.*[219]

Bei diesem Brot handelte es sich um das in Westfalen und den Niederlanden verbreitete Roggenschwarzbrot, welches bis heute unter dem Namen Pumpernickel bekannt ist. Es war im Vergleich zu hellem Weizenbrot deutlich kostengünstiger herzustellen und blieb länger haltbar, weshalb die Generalstaaten zur Verpflegung der eigenen und ausländischen Soldaten darauf zurückgriffen.[220]

211 Ebd., S. 11.
212 Sikora, Verzweiflung oder ‚Leichtsinn'? (wie Anm. 11), S. 242f.
213 Ebd. S. 242; Kroener, Soldat oder Soldateska (wie Anm. 10), S. 108–111.
214 Kroener, Soldat oder Soldateska (wie Anm. 10), S. 116.
215 Kroner, Schwungrad an der Staatsmaschine (wie Anm. 210), S. 11.
216 Ebd., S. 10.
217 Vgl. Kroener, Soldat oder Soldateska (wie Anm. 10), S. 100–123; Sikora, Zeit der Deserteure (wie Anm. 11), S. 102.
218 StAWü, HV Ms. f 35, Bl. 31f. (22.07.1747).
219 StAWü, HV Ms. f 35, Bl. 40f.
220 Thewes, Stände, Staat und Militär (wie Anm. 9), S. 213. – Noch in den Befreiungskriegen 1813/14 verabscheuten die durch das Rheinland ziehenden deutschen Truppen das dort üb-

Wenngleich der Feldkriegskommissar und die beiden Obristen die Abneigung gegen das fremde Brot bis zu einem gewissen Grad nachvollziehen konnten, sahen sie darin keinen gerechtfertigten Desertionsgrund, schließlich würden auch die kaiserlichen, bayerischen, hessischen und niederländischen Truppen mit demselben Brot verpflegt.[221] Wie weit in Franken der ausschließliche Genuss von Weizenbrot eingewurzelt war, belegen im weiteren Zusammenhang von Hungerkrisen die wiederholten Mandate zur Verwendung von reinem Roggenbrot einerseits oder Streckung des Brotes mit Kartoffeln oder Gerste andererseits. Doch blieben all diese Maßnahmen wegen allgemeinen Widerstrebens temporär und fanden keinen Eingang in die dauerhafte Gesetzgebung der gedruckten Landesverordnungen.[222]

Möglicherweise lassen die Beschwerden über das Brot weitergehende Rückschlüsse über die Qualität der Soldatenverpflegung zu. Die Nahrungsmittelversorgung der Armee lag üblicherweise in den Händen privater Unternehmer, welche das Brot zu einem vertraglich geregelten Festpreis an die Truppen lieferten. Dabei versuchten die Lieferanten einen möglichst hohen Profit aus der Armeeversorgung zu erzielen, was die Brotqualität stark beeinträchtigte.[223]

Zudem befand sich der Brotpreis in den Niederlanden ab 1746 bedingt durch die hohe Truppenkonzentration auf einem Rekordniveau, was zu Verknappung und Verteuerung führte.[224] Feldkriegskommissar Zapf verhandelte beispielsweise während des Aufenthalts in Venlo direkt mit den einheimischen Bäckern und konnte mit 7,4 Kreuzern pro sechs Pfund Brot günstigere Konditionen heraushandeln, als ihm die dortigen Lieferanten mit 8,4 Kreuzern boten. Zapf befürchtete jedoch einen baldigen Anstieg des Brotpreises, da die Verlegung weiterer Einheiten nach Venlo bevorstand.[225]

Eine weitere Ursache für Unzufriedenheit unter den Soldaten und damit einhergehender Desertion in den ersten Monaten der Kampagne hatte ihren Grund in den schlechten Lebensbedingungen der Soldaten. So heißt es in einem Bericht vom 2. August 1747, eine der *ursachen dieser Desertion mögen wohl seyn die forcirte Marches. Da mir in der nacht um 11 Uhr öfterst aufgebrochen um in beständigen sandwegen erst nach mittag um 4 uhr in Lager angelanget wo das wasser eine Stund weegs weit zu hohlen warn, Stroh und Holtz aber nach dem holländischen schönen gebrauch öfters erst abends um*

---

liche Schwarzbrot als *Schweinsbrot,* zitiert nach Chronik des Präzeptors Johann Krantz. Das Jülicher Land 1792–1818, hg. v. Heinz Spelthahn, Pattern 1993, S. 111 (Notiz 1814). Vgl. Winfried Romberg, Religion und Revolution im französischen und preußischen Rheinland. Frühultramontane Standortfindung in der Jülicher Chronik des Präzeptors Krantz, in: Geschichte im Bistum Aachen. Zeitschrift des Geschichtsvereins für das Bistum Aachen (2007/2008), S. 51–125, bes. S. 85–88.

221 StAWü, HV Ms. f 35, Bl. 87–90.

222 StAWü, Würzburger Archivalien 403: Mandat betr. Mischbrot aus Korn und Gerste vom 28.11.1740, ebenso Mandat betr. Mischbrot aus Korn und Kartoffeln vom 07.01.1741. Vgl. Walter Scherzer, Der Kartoffelanbau im Gebiet des Hochstifts Würzburg, in: Die Mainlande 4 (1953), S. 83f., 87f., bes. S. 84; Romberg (Bearb.), Würzburger Bischöfe 1684–1746 (wie Anm. 19), S. 509. Freundliche Mitteilung von Dr. Winfried Romberg, Würzburg.

223 Kroener, Soldat oder Soldateska (wie Anm. 10), S. 109; Thewes, Stände, Staat und Militär (wie Anm. 9), S. 216f.

224 Thewes, Stände, Staat und Militär (wie Anm. 9), S. 237f.

225 StAWü, HV Ms. f 35, Bl. 113–116.

8 uhr; zu weilen auch gar nicht angekommen.[226] Über die Gründe für die hohe Desertionsrate schrieb Obrist Ritterich zur selben Zeit an den Würzburger Bischof, diese sei nicht weiter verwunderlich in Anbetracht der *zu wasser und Land, so tags als nachts* [...] [ohne genügend] *Rasttag* [...] *forcierten Marchen und dabey erlittenen Mangel an Lebensmitteln, gutem Wasser und Fourage, welche nur öfters Abgehet auch von schlechter güte ist, dahero bereits viele Officiers- und zwey herrschaftliche Waagen Pferdte gefallen.*[227] Aus beiden Berichten geht hervor, dass es bereits in den ersten Wochen des Aufenthalts der würzburgischen Regimenter in den Niederlanden zu Versorgungsengpässen kam. Zusätzlich zu strapaziösen Märschen und mangelhafter Verpflegung litten die Soldaten noch unter den schlechten Wetterverhältnissen und dem ungewohnten Klima, was in der Summe den Ausbruch von Krankheiten begünstigte. Unter diesen Umständen erschien vielen Deserteuren die Flucht oder das Gefangenenlos zur Verbesserung der eigenen Lebensumstände und damit der Überlebenschancen als einziger Ausweg.[228]

Allerdings berichtete Obrist Ritterich am 31. August 1747 aus der Linie bei Bergen op Zoom, er habe, obwohl sein Regiment *In der Belagerung solcher gestalten in dienst lieget, daß der Mann nur die 6te bißweilen auch 5. Nacht etliche Stunden in Sicherheit seines Lebens, auf der bloßen Erde, bey der kalten und ungesunden Seeluft* [...] *und* [...] *sparsamer Kost* verbrächte, seitdem keinen einzigen Deserteur gehabt.[229] Die Aussage Ritterichs, welcher sich damit wegen der hohen Desertionszahlen zu verteidigen hoffte, muss stark angezweifelt werden. Sind in der Standtabelle seines Regiments vom 31. August 1747 doch immerhin zehn Deserteure und sechs sonstig verloren gegangene Soldaten aufgelistet.[230] Trotzdem sank die Desertionsrate beim Regiment Ritterich in der Verteidigungslinie von Bergen op Zoom im Vergleich zum bei der Hauptarmee verbliebenen Regiment Drachsdorf trotz der wesentlich schlechteren Bedingungen erheblich. Möglicherweise hatte der Frontdienst eine disziplinierende Wirkung oder es fehlte den Soldaten schlicht an Gelegenheit zur Flucht.

Mitte August 1747 ging Obrist Drachsdorf Gerüchten nach, in das hiesige Lager hätten sich womöglich *einige Wirtzburger Weibsbilder* [...] *eingeschlichen*, welche zahlreiche Soldaten zur Desertion verführt hätten, was sich jedoch nicht bestätigte.[231] Stattdessen erfuhr Drachsdorf durch französische Fahnenflüchtige, zahlreiche Würzburger Deserteure wären zu den französischen Truppen übergelaufen, wo diese mit Pässen ausgestattet werden würden und schließlich über Straßburg und Mannheim zurück in würzburgisches Territorium gelangten. Ein Großteil dieser Soldaten war vor Beginn der Kampagne von den Kreistruppen zu den Subsidienregimentern abkommandiert worden. Nun hätte sich unter den vormaligen Kreissoldaten das Gerücht verbreitet, bei ihrer Rückkehr nach Würzburg würden sie ohne Bestrafung wieder als Solda-

[226] Schreiben ohne Absender (vermutlich stammt der Bericht von Heinrich Zapf) vom 02.08.1747; StAWü, HV Ms. f 662.
[227] StAWü, HV Ms. f 661, Bl. 8–13.
[228] Sikora, Verzweiflung oder ‚Leichtsinn' (wie Anm. 11), S. 242.
[229] StAWü, HV Ms. f 35, Bl. 71f.
[230] StAWü, HV Ms. f 661, Bl. 15f.
[231] StAWü, HV Ms. f 35, Bl. 57–59.

ten in das Kreiskontingent eingegliedert.[232] Scheinbar war einigen Deserteuren tatsächlich die Rückkehr nach Würzburg gelungen. So schrieb Feldkriegskommissar Zapf am 9. Oktober 1747, die in Würzburg befindlichen Deserteure hätten sich sogar noch trotz Desertion und ohne entsprechendes Schuldbewusstsein beschwert, ihnen wären statt der vereinbarten sechs Kreuzer pro Tag nur fünf Kreuzer ausbezahlt worden. Zapf wies die Vorwürfe zurück und erklärte, der Sold von sechs Kreuzern würde ordnungsgemäß und in voller Höhe an die Soldaten ausgezahlt.[233] Zwar war die Unterschlagung von Soldgeldern eine durchaus verbreitete Praxis[234], im vorliegenden Fall versuchten die in der Heimat verhafteten Deserteure jedoch höchstwahrscheinlich, durch ihre Aussage mildernde Umstände zu erreichen, da die unvollständige Bezahlung nach dem Kriegsrecht als Entschuldigungsgrund eingestuft werden konnte.[235]

Unbestritten spielten auch die Angst und Furcht vor dem Gefechtseinsatz eine wichtige Rolle.[236] Über den gesamten Zeitraum der Kampagne 1747 bis 1749 lassen sich mehrere zeitlich versetzte Desertionswellen feststellen. Die erste große Desertionswelle ereignete sich noch während des Transports in die Niederlande, die zweite auf dem Anmarsch der beiden Regimenter von Arnheim zum Einsatzgebiet Bergen op Zoom und in der darauffolgenden Zeit im dortigen Feldlager, die dritte während des Aufenthalts beider Regimenter in der Garnisonstadt Venlo und die letzte größere Desertionswelle kurz nach Ankunft der neuen Rekruten im April 1748. Insbesondere die starke Desertion während des Transfers nach Arnheim und während des Marsches nach Bergen op Zoom lässt sich durch die Furcht vor einem Gefechtseinsatz begründen, war doch ein Großteil der bis zum 1. August 1747 desertierten Soldaten damals noch ohne Gefechtserfahrung.[237] Vor allem aber löste die Bekanntgabe des Einsatzortes Bergen op Zoom eine erneute Massendesertion aus. So ergriffen während des Nachtmarsches vom 28. zum 29. Juli 1747 immerhin 20 Soldaten die Flucht. Obrist Drachsdorf schrieb am 30. Juli 1747 nach Würzburg, er vermute, *daß diese Leuth durch die Furcht Zum desertieren veranlasset worden* wären, nachdem die Regimenter *bey letzterem marche* [...] *zu dem Fürst waldeckischen Chor gestossen* waren. Viele Soldaten vermuteten daher, es werde demnächst *zu einer Action kommen*.[238] Die Angst vor dem ersten Kampfeinsatz mag auch eine Erklärung für die hohe Zahl an Fahnenflüchtigen bei der Nachrekrutierung im April 1748 sein. Noch vor Eintreffen bei den Würzburger Kampftruppen desertierten mit 66 von 830 Rekruten immerhin knapp 8 Prozent der nachgesandten Verstärkung, welche hauptsächlich aus frisch Angeworbenen ohne militärische Erfahrung bestand, die, wie ausgeführt, mehr oder weniger zum Dienst gezwungen worden waren.[239] Allerdings greift die Furcht der Soldaten vor dem Kriegseinsatz als Erklärungsansatz der

---

[232] StAWü, HV Ms. f 35, Bl. 57–59.
[233] StAWü, HV Ms. f 35, Bl. 87–90.
[234] Sikora, Disziplin und Desertion (wie Anm. 11), S. 192f.
[235] Kroll, Soldaten im 18. Jahrhundert (wie Anm. 9), S. 530.
[236] Sikora, Disziplin und Desertion (wie Anm. 11), S. 162–179.
[237] Bei der Mehrzahl der Deserteure reichte die Dienstzeit nicht zum letzten Gefechtseinsatz der Regimenter zurück; vgl. StAWü, HV Ms. f 661, Bl. 3–13.
[238] StAWü, HV Ms. f 35, Bl. 40f.
[239] StAWü, HV Ms. f 645f, Teilakt Korrespondenz und Berichte, Produkt 29.

hohen Desertionsrate zu kurz, da das würzburgische Militär auch in Friedenszeiten während der Stationierung in hochstiftischem Territorium einen stetigen Abgang an Fahnenflüchtigen zu ersetzen hatte.[240]

4.2 *Fremdrekrutierung*

Von den Würzburger Obristen als Desertionsursache sehr gefürchtet waren die Rekrutierungspraktiken preußischer Werboffiziere. Deren Methoden reichten von Drohungen über Gewaltanwendung bis hin zur Entführung, wobei sie sich keineswegs nur auf preußische Territorien beschränkten und auch in Franken berüchtigt waren.[241] Nicht umsonst hatte sich Bischof Friedrich Karl von Schönborn mit zweifelhaftem Erfolg bemüht, die als „Menschenräuber“ und „Gewalttäter“ bezeichneten preußischen Werber aus dem Hochstift zu vertreiben.[242] Bald nach dem Aufbruch aus Würzburg sahen sich die Würzburger Truppen mit diesem Problem konfrontiert. Zapf berichtete dem Bischof am 22. Juli aus Düsseldorf von der *forcht einer starcken Desertion wegen denen hier um und um liegenden Preysischen werbern.*[243] Vor anstehenden Märschen durch preußisches Gebiet rechneten die Obristen bereits mit einem gewissen Mannschaftsabgang, was sich zumeist bewahrheiten sollte. Als beispielsweise die Würzburger Regimenter auf dem Weg ins Venloer Winterquartier durch preußisches Territorium marschierten, desertierten mindestens drei Grenadiere. Zapf befürchtete daher, *diese gelegenheit zu deserteuren werde diesen Winter annoch manchen dazu verleiten.*[244]

Während das Überlaufen zu preußischen Einheiten hier zumindest teilweise freiwillig geschah, waren auch gewaltsame Rekrutierungen keine Seltenheit. Im Januar 1748 verschleppten preußische Werber den Regimentsfeldscher des Regiments Drachsdorf in die Festung Wesel, wo er sich beim dortigen Festungskommandanten darüber beschwerte und seine Freilassung erwirken konnte.[245]

Häufig wurde in der Literatur auf den hohen Ausländeranteil der Armeen in der Frühen Neuzeit als Desertionsrisiko hingewiesen.[246] Einzeluntersuchungen etwa zur kursächsischen Armee und der Herkunfts- und Personalstruktur preußischer Regimenter scheinen die These zu bestätigen, dass ausländische Soldaten eher zur Fahnenflucht neigten als Inländer.[247] Zwar kann der Auslän-

---

[240] Standtabellen der Jahre 1749 und 1750; StAWü, HV Ms. f 645e.

[241] Sikora, Zeit der Deserteure (wie Anm. 11), S. 92f.; Sikora, Disziplin und Desertion (wie Anm. 11), S. 224; Bernhard Sicken, Die Preussische Werbung in Franken, in: Heinz Duchhardt (Hg.), Friedrich der Große, Franken und das Reich (Bayreuther Historische Kolloquien 1), Köln/Wien 1986, S. 121–156, bes. S. 135–152.

[242] Schubert, Arme Leute (wie Anm. 12), S. 140.

[243] StAWü, HV Ms. f 35, Bl. 31f.

[244] StAWü, HV Ms. f 35, Bl. 106f.

[245] StAWü, HV Ms. f 645f, Teilakt Korrespondenz und Berichte, Produkt 3.

[246] Sikora, Verzweiflung oder ‚Leichtsinn‘? (wie Anm. 11), S. 253–259; Sikora, Disziplin und Desertion (wie Anm. 11), S. 297–305.

[247] Kroll, Soldaten im 18. Jahrhundert (wie Anm. 9), S. 517–521; Jürgen Kloosterhuis (Bearb.), Bauern, Bürger und Soldaten. Quellen zur Sozialisation des Militärsystems im preußischen Westfalen 1713–1803, Bd. 1: Regesten (Veröffentlichungen der staatlichen Archive des Landes Nordrhein-Westfalen, Reihe C: Quellen und Forschungen aus den staatlichen Archiven 29), Münster 1992, S. XXXI, 226, 393.

deranteil im Würzburger Militär nicht quantifiziert werden, allerdings befanden sich unter den bis Anfang August 1747 desertierten Soldaten knapp 30 Prozent ausländische Deserteure, was vorbehaltlich eingehenderer Forschungen in etwa dem Anteil fremder Soldaten im Würzburger Militär entsprechen dürfte.[248]

Inwieweit die Identifikation des einzelnen Soldaten mit dem heimatlichen Hochstift und der Person des Bischofs als paternalistischer Herrscherfigur ausgeprägt war und dabei möglicherweise Einfluss auf die Entscheidung für oder gegen die Desertion hatte, ist schwerlich festzustellen. Grundsätzlich lässt sich jedoch schon in der Regierungszeit von Ingelheims Vorgänger Friedrich Karl von Schönborn ein „gewisses Unmutspotential“[249] in der Bevölkerung erkennen, „das über das zeitübliche Maß an Respektlosigkeit und Renitenz gegenüber der Herrschaft hinauszugehen drohte“[250], was beispielsweise an der hohen Zahl der Schanzverweigerer 1736 deutlich wird.[251] Zwar ist nicht zwingend davon auszugehen, dass diese eher negative Sichtweise des „Untertanen“ auf die hochstiftische Herrschaft die Desertion begünstigte, doch trug sie keinesfalls zur Stärkung der Soldatenmoral und damit einem verringerten Desertionsanreiz bei.

4.3 Sozialstruktur der Truppe und Unterschichten-Existenz

Weitere wichtige Aspekte zur Erklärung der hohen Desertionsrate liefert die Untersuchung der Sozialstruktur der Würzburger Truppen.[252] Die einzige Motivation zum Dienst in der Armee bestand in der Sicherung der Grundversorgung durch Sold, Verpflegung, Kleidung und Unterkunft sowie dem Handgeld, welches das wichtigste Lockmittel für einen freiwilligen Eintritt in die Armee war.[253] Allerdings war es keine Seltenheit, dass frisch geworbene Rekruten nach Erhalt des Handgeldes desertierten und sich bei nächster Gelegenheit erneut anwerben ließen, um eine weitere Handgeldzahlung zu erhalten.[254] Der geringe Sold und die widrigen Lebensumstände eines Soldaten waren nur für den ärmsten Teil der Bevölkerung attraktiv, für den der Soldatenstand allenfalls eine Verbesserung seiner noch schlechteren Lebensbedingungen bedeutete. Der Großteil der Würzburger Soldaten bestand somit aus Angehörigen der unteren sozialen Schichten des Hochstifts. Auch Ausländer aus benachbarten Territorien (v.a. Bamberg) oder den ritterschaftlichen Besitzungen stellten einen beträchtlichen Teil des hochstiftischen Militärs[255], während sich das Offizierskorps hauptsächlich aus Angehörigen des fränkischen Adels zusammensetzte.[256]

---

[248] StAWü, HV Ms. f 661, Bl. 3–13.
[249] Romberg (Bearb.), Würzburger Bischöfe 1684–1746 (wie Anm. 19), S. 526.
[250] Ebd.
[251] Schott, Das Verhältnis der Stadt Würzburg (wie Anm. 29), S. 232.
[252] Allgemein zur Sozialgeschichte des Militärs im 18. Jahrhundert: Hansen, Sozialgeschichte (wie Anm. 12), S. 425–460.
[253] Thewes, Stände, Staat und Militär (wie Anm. 9), S. 118f.; Sikora, Zeit der Deserteure (wie Anm. 11), S. 91.
[254] Sikora, Zeit der Deserteure (wie Anm. 11), S. 91.
[255] Sicken, Müßiggänger (wie Anm. 7), S. 276.
[256] Vgl. z.B. die Übernahmetabelle des Regiments Ritterich oder die Liste der abgehenden Offiziere bei Spielberger, StAWü, HV Ms. q 176a, Bl. 48f.; Hanna, Hutten (wie Anm. 5), S. 201.

Grundsätzlich galten für den Eintritt in den Militärdienst mindeste Anforderungen betreffs Körpergröße, Alter, Gesundheitszustand und Familienstand.[257] Generell bevorzugten die Landesherren unverheiratete Rekruten, einerseits da allgemein bekannt war, dass der Gemeine Soldat nicht in der Lage war, eine Familie zu ernähren und bettelnde Soldatenfrauen und Kinder ein erhebliches soziales Problem darstellten.[258] Andererseits wurde den Soldatenfrauen unterstellt, ihre Männer zu Ungehorsam, Desertion und Liederlichkeit zu verführen.[259] Häufig gelang es nicht, geeignete Rekruten in ausreichender Zahl anzuwerben, weshalb das Hochstift, wie im Falle der Nachrekrutierung von 1748 belegt, zunächst das Anforderungsprofil reduzierte und schließlich vermehrt auf die ohnehin arbeitsscheuen, vagabundierenden oder kriminellen Untertanen zurückgriff und dahinzielende Zwangsrekrutierungen veranlasste.[260]

So hatte der Würzburger Hofkriegsrat im März 1739 angesichts fehlender Rekruten beschlossen, sämtliche arbeitslosen, nichtsnutzigen und umherziehenden Männer zum Militär einzuziehen, weshalb Anfang April an alle Ämter des Hochstifts die Anweisung erging, innerhalb von zwei Wochen sämtliche hiesigen Müßiggänger, Bettler und Vagabunden in Listen zu erfassen und diese an die bischöfliche Regierung weiterzuleiten.[261] Diese Praxis war keineswegs neu, sondern bereits mit einigem Erfolg im Hochstift Bamberg, zuvor aber auch schon in Würzburg angewandt worden.[262]

Bernhard Sicken hat die Ergebnisse solcher Erfassungen von 1739 und 1741 hinsichtlich der Sozialstruktur der gemeldeten Personen ausgewertet, wobei die Ämter die Auflistung der Genannten hauptsächlich mit Armut, Gewalttätigkeit, Liederlichkeit, Trunksucht, ehemaligem Militärdienst, Diebstahl(verdacht), Wilderei oder schlicht Müßiggang begründeten.[263] Wie viele der aufgelisteten Personen tatsächlich in das Würzburger Militär eintraten, bleibt unklar. Der Namensabgleich der 1741 als Müßiggänger und Taugenichtse Gemeldeten mit 137 im Juli und August 1747 desertierten Soldaten liefert zwar keine Übereinstimmungen, was jedoch aufgrund der geringen Zahl an bekannten Deserteuren und der zeitlichen Distanz zur Erfassung 1741 nicht ungewöhnlich erscheint und deshalb keine Rückschlüsse auf den Erfolg der Maßnahme von 1741 zulässt.[264] Auch das im Februar 1748 zur Zwangsrekrutierung von neuen Rekruten erlassene bischöfliche Mandat gibt Hinweise auf die Sozialstruktur des Würzburger Militärs. Darin waren sämtliche Ämter, Stifte und Klöster aufgefordert worden, alle *liederliche[n] und müßige*[n], *jedoch Mannhaffte*[n] *Pursch*[en] [...], *welche nur dem Bettlen, und Müßiggang, ohne Arbeit, nachgehen, oder sonst zu Haus und Hof nichts oder wenig besitzen, und meistens dem liederlichen*

[257] Sicken, Müßiggänger (wie Anm. 7), S. 277.
[258] Schubert, Arme Leute (wie Anm. 12), S. 139, 145.
[259] Kroll, Soldaten im 18. Jahrhundert (wie Anm. 9), S. 221. Das negative Bild der Soldatenfrau findet sich auch in den bereits erwähnten, nicht bestätigten Gerüchten wieder, Soldatenfrauen hätten Würzburger Soldaten zur Desertion verleitet.
[260] Sicken, Müßiggänger (wie Anm. 7), S. 277.
[261] Ebd., S. 182; StAWü, Gebrechenamtsakten, V W 87 N795.
[262] Sicken, Müßiggänger (wie Anm. 7), S. 281. Zur sehr ähnlichen Soldatenrekrutierung im Hochstift Bamberg siehe Reder, Deserteure (wie Anm. 9), S. 172f.
[263] Sicken, Müßiggänger (wie Anm. 7), S. 305.
[264] StAWü, Gebrechenamtsakten, VI W 33; StAWü, HV Ms. f 661, Bl. 3–13.

Leben und verdächtigen Wild-Schiessen [nachgingen], bei den bischöflichen Werboffizieren zu melden, da die Orte schließlich ohnehin großes Interesse *an der Ausschaffung deren müßigen und unnützen Leuthen* hätten.[265]

Dementsprechend entschloss sich das Ritterstift St. Burkard, als Rekruten derer zwei, nämlich *Stephan Münch zu Kirchheim, welcher durch seine schändlich und sündhaffte lebensarth sowohl in dem Orth Kirchheim als in der nachbahrschafft* viel Ärger verursacht hatte und *Adam Luzen Wittib Sohn, so bereits vor 3. Monats in dem Zucht-Haus dahier gewesen und über welchen nach ambtmanns erstatteten bericht sich seine mutter neuerdings beklaget, daß er sich gegen ihr auflehne, und daß getreyd heimlich aus dem Haus trage*[,] zum Kriegskommissariat zu entsenden.[266] Eine ähnliche Rekrutenauswahl traf das Domkapitel, welches beispielsweise Moritz Nickel aus Eisenheim wegen *seiner üblen aufführung*, Klaus Schech aus Eisenheim, der *Vermögen durchgejaget* [...] *tag und nacht voll, ein flucher und schwörer, von deme keine besserung zu hoffen* sei, Hans Köberlein und Klaus Popp aus Eisenheim (beide *sehr liederlich*, zudem würden zwei Söhne Popps bereits als Soldaten im Würzburger Militär dienen), Hans Vogel aus Aschfeld (*sehr liederlich, alschon ein soldat gewesen*), Stephan Kraus aus Kleinochsenfurt (*ernehret sich, sein weib, und 2 kinder mit bettlen, und ist dem holzstehlen ergeben*) sowie die 14 und 17 Jahre alten Söhne der Schulmeisterswitwe zu Sulzdorf (*welche dem bettlen nachziehen*) für den Militärdienst ausersehen hatte.[267]

Bemerkenswerterweise wurde in der Domkapitelsitzung explizit darauf hingewiesen, dass sämtliche Personen *nicht mit gewalt zu soldaten zu zwing*[en] wären, sondern nur durch Überzeugungsarbeit zum Eintritt in die Armee bewegt werden könnten.[268] Dieser Umstand lässt erkennen, dass die Rekrutierung letztlich auf Freiwilligkeit basierte, galt die zwangsweise Werbung doch allgemein als rechtswidrig.[269] Eine Ausnahme bedeuteten Straftäter und Kriminelle, welche von Gefängnis und Zuchthaus zum Militär „begnadigt" werden konnten.[270] Teilweise wurden Straftäter sogar ausdrücklich zum Militärdienst verurteilt.[271] Unter den auserwählten Rekruten des Domkapitels traf dieser Sachverhalt auf den bereits genannten Moritz Nickel zu, dem *der schuz seines Verbrechens halben schon auffgekündet worden* war und der, sobald er gesehen werde, *in Arrest gesezet und getrachtet werden* [solle], *daß er sich zum Soldaten bequeme.*[272]

---

[265] StAWü, KPB 69, Bl. 43.
[266] StAWü, KPB 69, Bl. 45.
[267] StAWü, WDKP 1748, S. 148–150.
[268] StAWü, WDKP 1748, S. 151.
[269] Sikora, Disziplin und Desertion (wie Anm. 11), S. 222. Auch Pröve betont das „Prinzip der Freiwilligkeit" bei der Soldatenwerbung; vgl. Ralf Pröve, Zum Verhältnis von Militär und Gesellschaft im Spiegel gewaltsamer Rekrutierungen (1648–1789), in: Zeitschrift für historische Forschung 22 (1995), S. 191–223, bes. S. 208. Inwieweit die Betroffenen jedoch tatsächlich frei in ihrer Entscheidung waren, ist fraglich.
[270] Hippel, Unterschichten (wie Anm. 12), S. 30.
[271] Schubert, Arme Leute (wie Anm. 12), S. 141; Kroll, Soldaten im 18. Jahrhundert (wie Anm. 9), S. 163.
[272] StAWü, WDKP 1748, S. 151. Die Aufkündigung des Landesschutzes bedeutete den Landesverweis (die „Staatslosigkeit") des Betroffenen.

Zusammenfassend lässt sich festhalten, dass die Armee nicht zuletzt als „Korrekturanstalt für sozial abweichendes Verhalten“[273] beziehungsweise als „Instrument zur Sozialdisziplinierung“[274] fungierte und dem Hochstift so die Möglichkeit zur Abschiebung unnützer und unliebsamer Untertanen gab. Insbesondere das „Unterstecken“ von Kriminellen, Straftätern oder anderen, unfreiwillig Geworbenen, hatte jedoch eine verheerende Wirkung auf die Disziplin und den „Geist der Truppe“[275], vom negativen Bild des Soldaten in der Bevölkerung einmal abgesehen. Die Zusammensetzung des Militärs aus Vagabunden, Müßiggängern, Kriminellen und Bettlern begünstigte die Desertion, da, wie Sikora zutreffend feststellt, „Soldaten, die aus der nichtseßhaften Bevölkerung stammten, mit ungesicherten Lebensverhältnissen sehr viel vertrauter und eher bereit [waren], sich auf das Risiko einer Flucht einzulassen.“[276] Soziale Probleme ließen sich durch die Abschiebung zum Militär hingegen nicht längerfristig bzw. strukturell lösen. Dies galt erst recht in „policeylicher“, disziplinatorischer und sozialmoralischer Hinsicht. Von daher kaum verwunderlich, sah sich das Hochstift bereits wenige Monate nach der Rückkehr der Würzburger Regimenter aus den Niederlanden gezwungen, das Geldleihen der Soldaten als einer „versteckten Form des Bettelns“[277] zu reglementieren.[278]

Erst die kommende Generation in der Ära Bischof Adam Friedrichs von Seinsheim, welche der militärischen Aufklärung zumindest nahestand, sollte vorausdenkend auf die humanere Behandlung des „gemeinen Soldaten“ und daraus resultierend auf deren Loyalität als innerem Wert setzen.[279]

4.4 Deserteur-Schicksale im Spannungsfeld von patriarchalischem Regiment und Vergeltungsjustiz

Der Großteil der in den Niederlanden desertierten Würzburger Soldaten trat nach seiner Flucht wieder als Soldat in den Dienst eines anderen Regiments ein. Fernab der Heimat hatte der zumeist mittellose „Gemeine“ kaum eine andere Möglichkeit, seine Versorgung sicherzustellen, zudem lockte eine erneute Handgeldzahlung. Obwohl die Aufnahme fremder Deserteure generell verboten war oder durch zwischenstaatliche Auslieferungskartelle verhindert werden sollte, war die Rekrutierung flüchtiger Soldaten aufgrund des großen Bedarfs an neuen Rekruten zum Ausgleich der hohen Verluste gängige Praxis.[280] So

---

[273] Kroll, Soldaten im 18. Jahrhundert (wie Anm. 9), S. 163.
[274] Sicken, Müßiggänger (wie Anm. 7), S. 301.
[275] Sicken, Streitkräfte (wie Anm. 7), S. 698.
[276] Sikora, Verzweiflung oder ‚Leichtsinn‘? (wie Anm. 11), S. 263.
[277] Kopp, Würzburger Wehr (wie Anm. 7), S. 87.
[278] Landesverordnungen, 2. Teil (wie Anm. 18), S. 537, Nr. 377.
[279] Einführung eines neuen Kriegsdienstreglements am 21.04.1772; vgl. Kopp, Würzburger Wehr (wie Anm. 7), S. 97; Sammlung der hochfürstlich-würzburgischen Landesverordnungen, welche in geist- und weltlichen, Justiz-, Landgerichts-, peinlichen-, Polizey-, Kameral-, Jagd-, Forst- und andern Sachen von 1771 mit 1799 ergangen sind, 3. Teil [1771–1799], Würzburg, 1800, S. 30–40.
[280] Sikora, Disziplin und Desertion (wie Anm. 11), S. 230f. Beispielsweise schloss Kurbayern derartige Desertions-Kartelle mit Österreich (1745) und Frankreich (1757); vgl. Schmid, Staatsverträge (wie Anm. 114), S. 32, 100. Auch Würzburg hatte Desertions-Kartelle u. a. mit Frankreich geschlossen; vgl. Romberg (Bearb.), Würzburger Bischöfe 1684–1746 (wie Anm. 19), S. 468.

waren auch zahlreiche würzburgische Deserteure nach ihrer Flucht in niederländische Regimenter eingetreten und trotz Beschwerden der Würzburger Obristen nicht ausgeliefert oder zurückgebracht worden.[281]

Vereinzelten Deserteuren gelang die Rückkehr ins Hochstift, da Obrist Drachsdorf den Bischof bat, sämtliches Hab und Gut der zurückgekehrten Fahnenflüchtigen konfiszieren zu lassen, wie es per geltendem Mandat vorgesehen war.[282] Außerdem wurde am 2. Dezember 1747 ein weiteres Mandat erlassen, nach dem jeder Untertan bei einer Strafe von 42 Reichstalern dazu angehalten wurde, Soldaten nur nach Vorzeigen eines gültigen Passes passieren zu lassen und keinesfalls Soldaten ohne gültigen Pass zu beherbergen oder deren Montur abzukaufen.[283] Spielberger berichtet von zwei Deserteuren, welche Anfang August 1747 in Karlstadt eingetroffen waren.[284] Nach deren Verhaftung gelang einem der beiden die Flucht in die Kirche des Würzburger Karmelitenklosters, *allein es wurde Ihm kein pardonzettel ausgeliefert, sondern 18 Mann mousquetier um das Closter gestellt, er blieb aber darin über 6 tag und wurde endlich salviert.*[285] Der andere Deserteur sollte auf bischöflichen Befehl gehängt werden, doch „im [Hof]Kriegsraht wollte ihm keiner das leben abstrafen“[286], weshalb er sich wieder als Soldat beim Würzburger Militär verdingen konnte.

Einige Deserteure wurden bereits kurz nach ihrer Flucht wieder aufgegriffen und durch die Obristen per Kriegsgericht verurteilt. Üblicherweise hatten Deserteure mit dem Tod durch den Strang zu rechnen, in der Praxis wurden jedoch häufig Körperstrafen wie das weit verbreitete Gassenlaufen angewandt, da angesichts hoher Desertionszahlen jeder zusätzliche Abgang vermieden werden sollte und das blutige, durch die eigenen Kameraden zu verrichtende Exempel als abschreckend genug erachtet wurde.[287]

Auch die Würzburger Obristen ließen in dieser Sache zunächst „Gnade“ walten. Beispielsweise schrieb Obrist Ritterich im August 1747 nach Würzburg, die zuletzt aufgegriffenen Deserteure seien zwar einstimmig zum Tod durch den Strang verurteilt worden, von ihm aber begnadigt und mit Gassenlaufen bestraft worden, da er das Regiment angesichts des gegenüberstehenden feindlichen Heers um keinen Mann schwächen wollte. Ritterich schlug weiter-

---

281 Auszug aus der Hofkammersitzung (oder Hofkriegsratssitzung) vom 04.07.1749; StAWü HV Ms. f 654 II. Scheinbar wurde diese Praxis von niederländischer Seite in erheblichem Umfang ausgeübt, da nach einer Vereinbarung zwischen Österreich und den Generalstaaten 1747 die tägliche Desertionszahl bei den Österreichern von 20 bis 30 auf 5 bis 6 Mann zurückging; vgl. Sikora, Disziplin und Desertion (wie Anm. 11), S. 120f.

282 StAWü, HV Ms. f 35, Bl. 57–59; Landesverordnungen, 2. Teil (wie Anm. 18), S. 369, Nr. 275 (Mandat vom 23.01.1744).

283 Landesverordnungen, 2. Teil (wie Anm. 18), S. 515, Nr. 355.

284 StAWü, HV Ms. q 176a, Bl. 51v.

285 StAWü, HV Ms. q 176a, Bl. 51v. Tatsächlich galt das Kirchenasyl für Deserteure als unwirksam; vgl. Romberg (Bearb.), Würzburger Bischöfe 1684–1746 (wie Anm. 19), S. 568.

286 StAWü, HV Ms. q 176a, Bl. 51v.

287 Thewes, Stände, Staat und Militär (wie Anm. 9), S. 120; Reder, Deserteure (wie Anm. 9), S. 182; Gassenlaufen, auch als Gassenführen oder Spießrutenlauf bekannt, bezeichnet eine schwere Körperstrafe, bei der die Delinquenten zwischen zwei Reihen aufgestellter Soldaten durchlaufen mussten, welche die Verurteilten währenddessen mit Gerten auszupeitschen hatten; vgl. Sikora, Disziplin und Desertion (wie Anm. 11), S. 135.

hin vor, zur Abschreckung sämtliches Hab und Gut der Deserteure beschlagnahmen zu lassen und dies bei den Regimentern genügend bekannt machen zu lassen.[288] In Anbetracht der sozialen Herkunft der Würzburger Soldaten dürfte die Drohung ihre Wirkung in den meisten Fällen freilich verfehlt haben. Kriegskommissar Mohr berichtete Mitte Mai 1748 von einem desertierten Wagenknecht, welcher mitsamt Ausrüstungsgegenständen geflohen war und sich bei den niederländischen Truppen als Artillerieknecht verdingt hatte, der aber, *da die knechte hier zu land sehr hoch in lohn* [stünden] *und gleichwohl sehr rar zu haben* wären, begnadigt wurde und daher lediglich mit *derben worten seiner unthat verwiesen* wurde.[289]

Während der besonders starken Desertionswellen im August 1747 und nach Ankunft der Neurekruten im April und Mai 1748 sahen sich die Würzburger Obristen zur Abschreckung weiterer Deserteure gezwungen, einige Todesurteile öffentlich zu vollstrecken. Zumindest kurzfristig zeigte diese Maßnahme einen gewissen Erfolg, so berichtete Kriegskommissar Zapf am 29. August 1747, die Desertion habe bei dem Regiment Drachsdorf *seit der vorgehaltenen Execution nachgelassen.*[290] Ähnlich äußerte sich Obrist Drachsdorf, der am 2. Juni 1748 nach Würzburg berichtete, nach der *an 4* [Soldaten] *vollbrachter Execution* sei die Zahl der Deserteure beim Regiment Hutten auf vier Mann gesunken.[291] Dennoch blieben derartige Hinrichtungen die Ausnahme und dienten in erster Linie dazu, ein kategorisches Exempel zu statuieren. Außerdem galt die Todesstrafe für Rekruten oder Ersttäter gemeinhin als unverhältnismäßig[292], was auch Drachsdorf dazu bewog, Anfang Juni 1748 vier junge Deserteure, die zudem von anderen zur Desertion verleitet worden waren, von der Todesstrafe zu begnadigen und durch Gassenführen zu bestrafen.[293]

Für die Würzburger Soldaten in den Niederlanden 1747 bis 1749 stellte die Desertion insgesamt betrachtet kein besonders hohes Risiko dar, konnten diese sich doch sicher sein, bei einer Vielzahl auswärtiger Truppen ohne Probleme erneut rekrutiert zu werden, was nicht selten mit der Aussicht auf verbesserte Lebensbedingungen einherging. Der eklatante Mangel an Soldaten führte nicht selten zu einer vergleichsweise milden Bestrafung im Falle von Verhaftung. Auch die landesherrlichen Mandate zur Einziehung des Besitzes flüchtiger Soldaten zeigten bei den zuallermeist Mittellosen keine abschreckende Wirkung, weshalb die Würzburger Stäbe dem Problem der Desertion weitestgehend hilflos gegenüberstanden. Dabei handelte es sich jedoch um eine generelle Problematik, nicht umsonst war die Desertion „trotz drakonischer Strafandrohungen und Strafen eines der auffallendsten Merkmale der stehenden Heere des Absolutismus."[294]

---

288 StAWü, HV Ms. f 661, Bl. 8–13.
289 StAWü, HV Ms. f 645f, Teilakt Korrespondenz und Berichte, Produkt 47.
290 StAWü, HV Ms. f 35, Bl. 69f.
291 StAWü, HV Ms. f 645f, Teilakt Korrespondenz und Berichte, Produkt 53.
292 Sikora, Disziplin und Desertion (wie Anm. 11), S. 135.
293 StAWü, HV Ms. f 645f, Teilakt Korrespondenz und Berichte, Produkt 53.
294 Hippel, Unterschichten (wie Anm. 12), S. 31.

5. Fazit und Forschungsperspektiven

Die Betrachtung des knapp zweijährigen Fremdeinsatzes würzburgischen Militärs auf niederländischer Seite in der Endphase des Österreichischen Erbfolgekrieges 1747–1749 liefert zahlreiche Forschungsansätze im Bereich der Politik-, Militär- und Sozialgeschichte. Der in dieser Arbeit behandelte Subsidienvertrag mit den Generalstaaten einschließlich dessen Entstehungsgeschichte lassen zunächst einige bezeichnende Rückschlüsse auf die Außen- und Militärpolitik des Hochstifts Würzburg im 18. Jahrhundert zu: Der Abschluss von Subsidienverträgen stellte für die Würzburger Bischöfe hierbei ein gängiges Instrument der Außen- und Bündnispolitik dar, was ihnen erst durch den kostspieligen Unterhalt eigener stehender Streitkräfte ermöglicht wurde. Die auswärtigen Subsidiengelder leisteten wiederum einen Beitrag zu den hohen Militärausgaben des Hochstifts, wobei der finanzielle Aspekt zumindest in Bezug auf die zahlreichen Verträge mit dem Kaiserhof nicht selten hinter den politischen Erwägungen zurückstand. In der Subsidienpolitik des Hochstifts spiegelt sich die enge Anlehnung Würzburgs an die habsburgischen Kaiser, mit welchen der Großteil dieser Kontrakte geschlossen wurde. Auch im Rahmen des hier behandelten Truppenvertrags mit den niederländischen Generalstaaten kämpften die Würzburger Kontingente schlussendlich für das kaiserliche Interesse.

Fraglich bleibt jedoch, ob sich die Subsidienverträge aus rein finanzieller Perspektive für das Hochstift rentierten, waren doch mit den im Voraus festgelegten Subsidienzahlungen auch Kriegseinsätze verbunden, die, wie im konkreten Fall nachgewiesen, erhebliche Zusatzausgaben verursachten. Zum anderen war der Einsatz der Würzburger Truppen in den Niederlanden von hohen Verlusten gekennzeichnet, während die beiden Regimenter fast ausschließlich in Feldlagern verblieben und nur selten an Gefechtseinsätzen beteiligt waren. Insgesamt verlor Würzburg mehr als die Hälfte (53 Prozent) der eingesetzten Soldaten, wobei die hohe Desertionsrate von etwa 30 Prozent mit großem Abstand für die meisten Abgänge ursächlich war, gefolgt von krankheitsbedingten Todesfällen. Hier offenbaren sich Strukturprobleme des frühneuzeitlichen Militärwesens, galten derart hohe Verluste durch Desertion und Krankheit durchaus als üblich.

Die Untersuchung der Ursachen für die hohen Desertionszahlen während der Kampagne bringt neben den bekannten Motiven, wie den schlechten Lebensbedingungen der Soldaten, der Furcht vor dem Kriegseinsatz oder aggressiven Werbpraktiken preußischer Soldatenwerber, auch eher unerwartete Gründe zu Tage, wie kulturelle Differenzen, so etwa die Problematik unbekannten und fremdartigen Brotes. Eine wichtige Rolle spielte zudem die soziale Herkunft der Soldaten, wie die Analyse der Sozialstruktur und der Rekrutierungspraxis des Würzburger Militärs zeigt. Die Soldaten entstammten den unteren Schichten der hochstiftischen Bevölkerung und wurden aus Armen, Bettlern und Kriminellen rekrutiert, die sich wiederum eher anfällig für Disziplinlosigkeit und Desertion zeigten. So bedingten sich die verschiedenen strukturellen Problematiken zum Teil gegenseitig.

Zusätzlicher Forschungsbedarf bestünde hingegen hinsichtlich der Zusammensetzung des Offizierskorps, welches sich hauptsächlich aus Angehörigen des fränkischen Niederadels zusammensetzte. Weitere Forschungsperspektiven stellen beispielsweise das militärische Transportwesen (Art und Anzahl der Transportschiffe, Genehmigungen von Truppendurchzügen durch fremde Territorien etc.), der Einsatz von Militärgeistlichen oder die fiskaltechnische Heeresfinanzierung während des Kriegseinsatzes (Abwicklung der Zahlungen über Bankiers, Unternehmer, ausländische Agenten und Kriegskommissare) dar.

Abb. 1: *Übernahmetabelle des Regiments Ritterich vom 30. Juni 1747 (StAWü, HV Ms. f 654 I).*

Transkription des gedruckten Mandats des Würzburger Bischofs Anselm Franz von Ingelheim vom 5. Februar 1748; StAWü, Kapitelsprotokoll des Ritterstiftes St. Burkard 69, Bl. 43f.

Von Gottes Gnaden Anselm Franz, Bischof zu Wirtzburg, des Heiligen Römischen Reichs Fürst, und Herzog zu Francken

Nachdeme die gemeine Nothdurfft Unseres Fürstlichen Hoch-Stiffts Wirtsburg und Herzogthums zu Frankchen ohnumgänglich erforderet, Unsere geworbene Kriegs-Mannschafft sowohl zu unserem Fränckischen Creyß-Antheil, als auch zu unserem inheimischen Lands-Schutz in hinlänglichen und completen Stand ohnverlängt herzustellen; So haben Wir zu Erreichung dieser Unserer Lands-Fürst Vätterlicher Absicht die Werbungen in Unserern Fürstlichen Landen zwar zeitlich angeordnet, auch allen Lands-Herrlichen Vorschub, zumalen mit Darbiethung eines besonders mercklichen Hand-Gelds gegeben, nicht weniger Unseren sowohl Militar- als Civil-Bedienten die Ernst-gemessene Weißung ertheilet, hierzu auch ihres Orths den erforderlichen Fleiß und Dienst Pflicht-schuldigst zu leisten; Da aber gegen alle Vermuthung und Lands-Fürstliche Zuversicht in der That sich äusseren will, daß solche angeordnete Werbungen hier und dar nur obenhin von Unseren Beamten und Angehörigen besorget, meistens aber von denen Orthsvorstehern und Gemeinden selbst auf allerhand Mittel und Weeg mehr beschwehrlich und behinderlich gemacht, als ihrer aufhabenden Obliegenheit gemäß beförderet werden, wo doch einem jedem Lands-Orth und desselben Inwohneren an ihrer und der gemeinen Sicherheit, zugleich auch an der Ausschaffung deren müßigen und unnützen Leuthen selbst größten Theils gelegen ist; So werden Wir in Fürst-mildestem Anbetracht dessen, und daß die complete Herstellung unserer Lands-Kriegs-Mannschaft sowohl an Creys- als Hauß-Trouppen in die Länge nicht zu verschieben, sondern vielmehr denen Vorwaltenden Umstanden nach, annoch bey der gegenwärtigen Winters-Zeit zu beschleunigen, jedoch selbige durch ordentliche Werbung so geschwind nicht zu bewürcken seye, ohnumgänglich vermüßiget, solchen Kriegs-Mannschaffts-Abgang auf Unsere gesamte Fürstl. Landen nach dem Beyspiel anderer Hohen Lands-Herrschafften auf den Schatzungs- und Ausschuß- Fuß gemeinschaftlich ausschlagen, und eintheilen zu lassen; Es ergehet solchemnach an alle und jede Unseres Fürstlichen Hoch-Stiffts Wirtzburg und Herzogthums zu Francken angehörige Aemter, auch Stiffter, Clöster, und milde Stifftungen, ohne Ausnahm, Unser gnädigste und ernstliche Befehlch hiermit, daß ein jedes amt, auch Stifft, Closter und sonstige milde Stifftung die ihme oder Ihr nach Maas eines jeden Schatzungs- und Ausschuß-Beytrags zugetheilte Anzahl Kriegs-Mannschaft, wie solches Quantum diesem Unseren Lands-Fürstlichen Mandat besonders beygefüget ist, an tüchtigen und Musterhaften Leuten nächstens, und zwar bis zu End des gegenwärtigen Monats Februarii anhero zu Unserem Fürstlichen Kriegs-Commissariat ohnfehlbar stellen, und würcklich einlieferen, oder in ohnverhoffenden widrigen Fall gewärtigen solle, daß nach Verfliessung dieser angesezten und nicht zu übergehen seyender Frist die entweder gar nicht, oder nicht völlig gestellte tüchtig Mannschaft bey einem jeden saümigen im- oder mediaten Orth an seinem Ausschuß und lediger Mannschafft durch das Loos ausgezogen, und auf Kosten dieses saumigen Orts würcklich beygestelltet werden, wobey Wir gnädigst erklären, daß nicht nur von Unserer Fürstlichen Obere-Einnahm für einen jeden solchen stellenden Musterhafften Mann die völlige Montur angeschaffet, und statt des sonst üblichen geringeren Hand-Gelds, 12. fl Rheinisch für Hand-Geld gereichet werden sollen, sondern auch, daß dabey allenfals eine 6. jährige Capitulation zugestanden, imgleichen, wann hier und dar in Ortschafften ein oder mehrere inheimische liederliche und müßige, jedoch Mannhaffte Pursch sich befinden, welche nur dem Bettlen, und Müßiggang, ohne Arbeit, nachgehen, oder sonst zu Haus und Hof nichts oder wenig besitzen, und meistens dem liederlichen Leben und verdächtigen Wild-Schiessen nachhangen, von Unseren Beamten allenfals durch Amts-Zwang und Beyhülff Unserer Werb-Officieren angehalten, und zu Annehmung deren einem jeden wohlanständigen Kriegs-Diensten vermöget, und selbigem Orth, welches einen solchen unnützen, liederlichen und verdächtigen Pursch anhaltet, und beybringet, an seiner zugetheilten, und zu stellen seyender Mannschaffts-Anzahl abgeschrieben werden könne und solle.

Wie nun diese Unsere Lands-Fürstliche Verordnung, denen vorwaltenden Umständen nach, zu Unserem inheimischen Lands-Schutz und Fränckischen Crais-Behuef, auch zum besten der gemeinen Sach angesehen, auch nach dem kundbaren Beyspiel anderer Landschafften eingerichtet, anbey wegen nöthiger baldiger und vollständiger Herstellung Unserer sowohl Crais- als Haus-Trouppen ohnverschieblich ist; Also setzen wir zu Unseren Stifftern, Clöstern, und milden Stifftungen, Clöstern, und milden Stifftungen, auch Adelichen und verrechnenden Beamten das gnädigste Vertrauen, daß sie an dem Schuldigen best-gemeinten Befehls in ihren anvertrauten Aemtern und Vogteyen nichts erwinden lassen, sondern vielmehr mit Zuziehung deren Amts- und Vogtey-Schultheissen und einiger deren ansehnlichsten Gerichts- und Gemeinds-Leuthen sogleich die nöthige Anstalten, zu desselben Bewürckung machen, und so fort die einem jeden Amt und Orth zugetheilte tüchtige Mannschafft inner der obgedachten Frist anhero zu Unserem Fürstlichen Kriegs-Commissariat würcklich stellen, und im widrigen nicht veranlassen werden, daß nebst behöriger Andung, auch noch die abgängige Mannschaft ob-vermeldter massen aus des oder deren säumigen Gemeinden ihrer ledigen Ausschuß-Mannschafft ausgezogen, und auf ihre Kosten zu Ersetzung des Abgangs beygestellet werden müsse; Dieses ist Unser ernstlicher Will und Befehl, welcher von Orth zu Orth zu jeder Gemeind Wissenschafft zu verkündigen ist. Zu Urkund dessen haben Wir Uns nicht nur eigenhändig unterschrieben, sondern auch Unser Fürstlich Secret-Insiegel hieran wissentlich drucken lassen; So geben Wirtzburg den 5. Februarii 1748.

Anselm Franz Bischof und Reichs Fürst Zu Würzburg

Herzog zu Franken

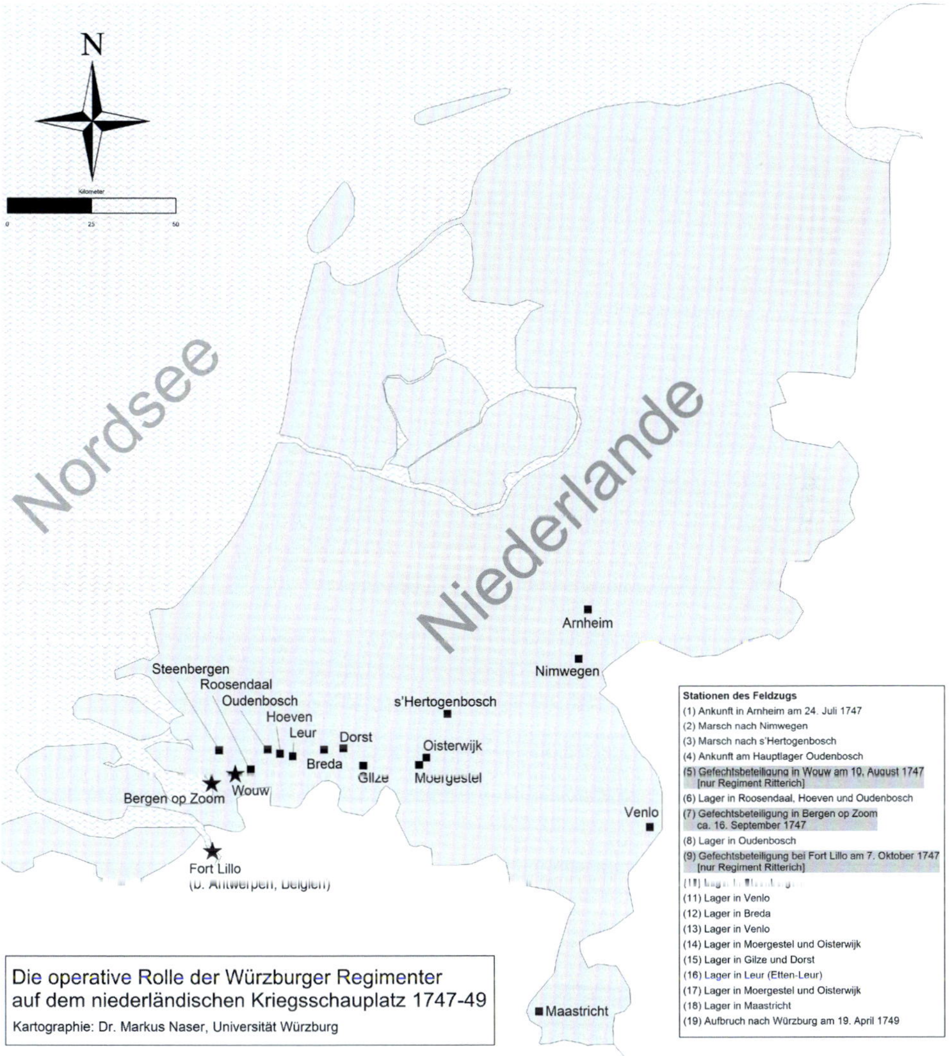

Abb. 2: *Die Gefechts- und Lagerstationen der Würzburger Truppen in den Niederlanden 1747–1749 (Karte: Dr. Markus Naser)*

Franz-Joseph Steins „Kurzgefaßte Geschichte Deutschlands“ (1864) – Geschichtsunterricht bei einem späteren Bischof von Würzburg

Jürgen Schmiesing

1. Nationale Identität und Geschichtsbild

Das Verhältnis der Katholiken zum protestantisch dominierten deutschen Nationalstaat war in den letzten Jahrzehnten ein vieldiskutiertes Thema der Katholizismus- und Nationalismusforschung. Trotz der oft konstatierten Distanz zu radikal-nationalen Organisationsformen haben zahlreiche Untersuchungen verdeutlicht, dass bei nationalen Identitäten und Idealvorstellungen erheblich nach der sozialen oder regionalen Herkunft der untersuchten Katholiken differenziert werden muss: nicht alle sahen sich nur als „Untermieter“ (Heinrich Lutz) im „Heiligen evangelischen Reich deutscher Nation“ (Adolf Stöcker). Parallel zum kleindeutsch-protestantischen Entwurf einer deutschen Nation gab es verschiedene im katholischen Bereich zirkulierende Entwürfe und Zugänge, etwa großdeutsch-habsburgische Modelle oder angeblich legitime Fortsetzungen der römischen-deutschen Reichstradition.[1]

---

[1] Als Auszug aus der umfangreichen Literatur zum Thema seien nur genannt Wolfgang Altgeld, Katholizismus, Protestantismus, Judentum. Über religiös begründete Gegensätze und nationalreligiöse Ideen in der Geschichte des deutschen Nationalismus (Veröffentlichungen der Kommission für Zeitgeschichte, Reihe B: Forschungen 59), Mainz 1992; Werner K. Blessing, Staat und Kirche in der Gesellschaft. Institutionelle Autorität und mentaler Wandel in Bayern während des 19. Jahrhunderts (Kritische Studien zur Geschichtswissenschaft 51), Göttingen 1982; ders., Gottesdienst als Säkularisierung? Zu Krieg, Nation und Politik im bayerischen Protestantismus des 19. Jahrhunderts, in: Wolfgang Schieder (Hg.), Religion und Gesellschaft im 19. Jahrhundert (Industrielle Welt 54), Stuttgart 1993, S. 216–253; Karl Buchheim, Ultramontanismus und Demokratie. Der Weg der deutschen Katholiken im 19. Jahrhundert, München 1963; Victor Conzemius, Kirchen und Nationalismen im Europa des 19. und 20. Jahrhunderts, in: Albrecht Langner (Hg.), Katholizismus, nationaler Gedanke und Europa seit 1800 (Beiträge zur Katholizismusforschung, Reihe B: Abhandlungen), Paderborn 1985, S. 11–50; Horst Gründer, Nation und Katholizismus im Kaiserreich, in: Albrecht Langner (Hg.), Katholizismus, nationaler Gedanke und Europa seit 1800 (Beiträge zur Katholizismusforschung, Reihe B: Abhandlungen), Paderborn 1985, S. 65–87; Manfred Hanisch, Für Fürst und Vaterland. Legitimitätsstiftung in Bayern zwischen Revolution 1848 und deutscher Einheit, München 1991; Rudolf Lill, Katholizismus und Nation bis zur Reichsgründung, in: Albrecht Langner (Hg.), Katholizismus, nationaler Gedanke und Europa seit 1800 (Beiträge zur Katholizismusforschung, Reihe B: Abhandlungen), Paderborn 1985, S. 51–63; Heinrich Lutz, Demokratie im Zwielicht. Der Weg der deutschen Katholiken aus dem Kaiserreich in die Republik 1914–1925, München 1963; Wilfried Loth, Katholiken im Kaiserreich. Der politische Katholizismus in der Krise des wilhelminischen Deutschlands (Beiträge zur Geschichte des Parlamentarismus und der politischen Parteien 75), Düsseldorf 1984; Rudolf Morsey, Die deutschen Katholiken und der Nationalstaat zwischen Kulturkampf und dem ersten Weltkrieg, in: Historisches Jahrbuch 90 (1970), S. 31–64; Helmut Walser Smith, German Nationalism and religious conflict. Culture, ideology, politics, 1870–1914, Princeton 1995; Barbara Stambolis, Nationalisierung trotz Ultramontanisierung oder: ‚Alles für Deutschland, Deutschland aber für Christus‘. Mentalitätsleitende Wertorientierung deutscher Katholiken im 19. und 20. Jahrhundert, in: Historische Zeitschrift 269 (1999), S. 57–97; Siegfried Weichlein, Nation und Region. Integrationsprozesse im Bismarck-

Vorstellungen nationaler Zugehörigkeit sind nicht angeboren und entstehen nicht im luftleeren Raum. Die Vermittlung eines spezifischen Geschichtsbildes nimmt als notwendige Vorbedingung für das kulturelle Eigen- und Fremdbild einen wesentlichen Platz in den meisten Theorien zur Nationalismusforschung ein.[2] Auf der Suche nach Einflussfaktoren bei der Entwicklung eines solchen Geschichtsbildes ist die Schule als Instanz sozialer Normierung besonders in den Blick zu nehmen. Entsprechende Forschungsansätze stehen allerdings vor methodischen Herausforderungen: Welche Quellen erlauben Aussagen über den wirklich vermittelten Unterrichtsstoff, wie steht es mit der tatsächlichen Rezeption seitens der Schüler? Die hier angesprochene Diskrepanz zwischen der Theorie des Lehrplans und der pädagogischen Praxis erschließt sich zweifellos jedem aus eigener Schulerfahrung. Tatsächlich wird man Ansätze wie die Analyse von Lehrplänen, Schulprogrammen, Schüleraufsätzen, die Schulbuchforschung und personengeschichtliche Arbeiten zum Schulwesen hinsichtlich der normativen Vermittlungskompetenz immer unter diesen heuristischen Vorbehalten anwenden müssen. Trotzdem ist das damit auch für die Katholizismusforschung verbundene Erkenntnispotenzial nicht zu unterschätzen.[3]

Die schulische Wissens- und Normenvermittlung war in der Moderne immer ein konfliktbehafteter Schnittpunkt der Ansprüche von Kirche und Staat. In Deutschland mussten dabei zusätzlich die konfessionellen Befindlichkeiten berücksichtigt werden, die an verschiedene Ereignisse von nationalgeschichtlicher Bedeutung geknüpft waren – man denke nur an die grundverschiedenen Interpretationen der Reformation! Selbst in Bayern wurde der gymnasiale Geschichtsunterricht wegen starker Bedenken von Kirchenvertretern von 1830 bis 1872 nur konfessionell getrennt und von Geistlichen erteilt.[4]

Vor diesem Hintergrund muss ein Schulbuch für den Geschichtsunterricht aus der Feder des späteren Bischofs von Würzburg und Erzbischofs von München und Freising, Franz-Joseph (von) Stein (1832–1909, Bischof 1879–1898, Erzbischof 1898–1909), als ein Glücksfall der Überlieferung bezeichnet werden.[5] Das Unterrichtswerk von 1864 zeigt nicht nur exemplarisch, wie ein

---

reich (Beiträge zur Geschichte des Parlamentarismus und der politischen Parteien 137), Düsseldorf 2004.

2 Vgl. Rolf-Ulrich Kunze, Nation und Nationalismus, Darmstadt 2005, bes. S. 48–87.

3 Vgl. etwa Reinhard Ilg, Bedrohte Bildung – bedrohte Nation? Mentalitätsgeschichtliche Studie zu humanistischen Schulen in Württemberg zwischen Reichsgründung und Weimarer Republik (Veröffentlichungen der Kommission für geschichtliche Landeskunde in Baden-Württemberg, Reihe B: Forschungen 203), Stuttgart 2015; Hans-Michael Körner, Staat und Geschichte im Königreich Bayern 1806–1918 (Schriftenreihe zur bayerischen Landesgeschichte 96), München 1992, bes. S. 413–563; Peter Meyers, Zur Problematik der Analyse von Schulgeschichtsbüchern, in: Geschichte in Wissenschaft und Unterricht 24 (1973), S. 722–739; Horst Schallenberger, Untersuchungen zum Geschichtsbild der wilhelminischen Ära und der Weimarer Zeit. Eine vergleichende Schulbuchanalyse deutscher Schulgeschichtsbücher von 1888 bis 1933, Ratingen 1964.

4 Vgl. Karl Filser, Geschichtsunterricht im Dienst von Staat und Kirche (19. Jahrhundert), in: ders. (Hg.), Theorie und Praxis des Geschichtsunterrichts, Regensburg 1974, S. 198–216, bes. S. 198–206; Helmut Beilner, Geschichtsunterricht vor 1918, in: Zeitschrift für bayerische Landesgeschichte 40 (1977), S. 641–675.

5 Franz-Joseph Stein, Kurzgefaßte Geschichte Deutschlands auf geographischer Grundlage nebst einem kurzen Abriß der besonderen Geschichte Bayerns, Würzburg 1864; vgl. Jürgen Schmiesing, Das Bistum Würzburg unter Franz-Joseph von Stein (1879–1898). Kirche, Staat und ultramontane Bewegung im Konflikt (Quellen und Forschungen zur Geschichte des Bistums und Hochstifts Würzburg 72), Würzburg 2015, S. 45–47. Knapp gewürdigt wurde das Lehrbuch bereits

solcher Unterricht gestaltet wurde – es zeigt auch, welche historischen Grundlagen der spätere Bischof als Basis seines Gemeinwesens sah. Ein knapper biographischer Überblick zu Franz-Joseph Stein soll daher zunächst die Relevanz einer textnahen Analyse seines Geschichtsbuches verdeutlichen.

2. Franz-Joseph Stein und sein Geschichtsbuch

Der spätere Bischof von Würzburg und Erzbischof von München und Freising wurde am 4. April 1832 in Amorbach als Sohn eines standesherrlichen Gerichtsschreibers geboren. Adelige und staatliche Stipendien ermöglichten dem früh verwaisten Jungen höhere Schulbildung und das Studium der Theologie in Würzburg. Bis zur Priesterweihe 1855 hörte er Vorlesungen an der örtlichen Fakultät, an der sich in jenen Jahren die Installation „römisch" gesinnter Professoren vollzog. In seiner Kaplanszeit wurde der junge Geistliche unter anderem 1858 nach Schweinfurt versetzt, wo ihm neben Seelsorge und Unterricht an der Lateinschule Zeit für eine theologische Promotion blieb. 1860 wurde Stein als Geschichts- und Religionslehrer an die Würzburger Lateinschule versetzt. In der folgenden Zeit verfasste er auch das im Folgenden behandelte Schulbuch. Die Tätigkeit im Schuldienst war für Stein ein Sprungbrett in das universitäre Lehramt. Ab 1865 fasste er dort gegen den Widerstand der Theologischen Fakultät Fuß: Offensichtlich wünschte sich die „römisch" orientierte Mehrheit des Kollegiums einen energischeren Unterstützer des „ultramontanen" Kurses als Stein, der speziell in den staatskirchenrechtlichen Auseinandersetzungen versöhnliche Ansichten vertrat. Seine Karriere vollzog sich damit in den bewegten Jahren des I. Vatikanischen Konzils, des Unfehlbarkeitsdogmas, des Kulturkampfes und der gerade in Bayern konfliktreichen nationalen Einigung Deutschlands.

Mit seiner politisch genehmen Haltung empfahl sich Stein dabei in einflussreichen Hofkreisen für höhere Aufgaben, weshalb er 1878 zum 82. Bischof von Würzburg ernannt wurde. Auch in diesem kirchlichen Leitungsamt bemühte er sich um ein gutes Auskommen zwischen Kirche und Staat, was angesichts der gleichzeitigen Auseinandersetzungen zu teils heftigen innerkirchlichen Kontroversen führte; bei der entschieden „römischen" Richtung im Klerus und vielen Vertretern des politischen Katholizismus war er dementsprechend unbeliebt. Für die bayerische Regierung galt er dennoch als geeigneter und vor allem in Rom durchsetzbarer Kandidat, als Ende 1897 der Posten des Münchener Erzbischofs neu besetzt werden musste. In verschiedenen Kontroversen um den politischen Katholizismus und den zunehmenden Antimodernismus des kirchlichen Lehramts hinterließ Stein auch in diesem Amt einen eher unglücklichen Eindruck, da seine Unentschlossenheit und Konfliktscheu für alle Beteiligten unbefriedigend war. Am 4. Mai 1909 verstarb der Erzbischof an den Folgen eines Schlaganfalls.[6]

---

in der nicht veröffentlichten Lizentiatsarbeit von Hans-Wolfgang Daigeler, Die wissenschaftliche Tätigkeit des Franz Josef von Stein, Würzburg 1969, S. 22f.

6 Zum Leben und Wirken Steins vgl. Schmiesing, Würzburg (wie Anm. 5).

In vielen der politischen und polemischen Auseinandersetzungen, die das Wirken Steins begleiteten, war die nationale Identität und Loyalität der angeblich „undeutschen" und „romhörigen" Katholiken ein wichtiges Deutungs- und Argumentationsmuster. Die überlieferte „Kurzgefaßte Geschichte Deutschlands" ermöglicht einen Einblick in die Idealvorstellung des Bischofs von einer zeitgemäßen inhaltlichen Gestaltung des Geschichtsunterrichts. Vor dem geschilderten Hintergrund dürfte es deshalb hochinteressant sein, welchen „Wissensschatz" Stein in nationalgeschichtlicher Hinsicht für vermittelnswert hielt.

Es ist immerhin beachtlich, dass Stein den Entschluss fasste, hierzu ein eigenes Buch vorzulegen: offenbar empfand er das bestehende Lehrmaterial als verbesserungswürdig. Laut Vorwort war die „Kurzgefaßte Geschichte Deutschlands auf geographischer Grundlage nebst einem kurzen Abriß der besonderen Geschichte Bayerns" für 13 bis 15 Jahre alte Schüler gedacht. Leider war nicht zu klären, in welchem Umfang das Buch an Schulen eingesetzt wurde. Die seltene bzw. fehlende Nachweisbarkeit in bibliothekarischen oder antiquarischen Katalogen lässt aber zumindest eine flächendeckende Einführung als Unterrichtswerk ausgeschlossen erscheinen. Das vom Verfasser verwendete Exemplar der Universitätsbibliothek Augsburg trägt einen älteren Stempel der Bibliothek des erst 1875 gegründeten Bildungsinstituts Cassianeum in Donauwörth, wobei der dortige Gebrauch ebenfalls unklar bleibt. Der auf gut 170 Seiten vorgelegte Entwurf einer Nationalgeschichte soll im Folgenden anhand neuerer Forschungen zu den entsprechenden nationalen „Mythen" textnah analysiert werden.[7]

3. Nationalgeschichte unter konfessionellen Vorzeichen?

Inhaltlich bleibt das Lehrbuch weitgehend bekannten Mustern der nationalen Geschichtsdarstellung im 19. und 20. Jahrhunderts treu.[8] Die deutsche Geschichte beginnt mit einer germanischen Vorgeschichte, über die anhand der römischen Autoren Caesar, Plinius und Tacitus besonders über die positiven „germanischen" Tugenden wie Sittlichkeit, Ehrlichkeit und Treue berichtet wird.[9] Die synonyme Verwendung der Begrifflichkeit „germanisch" und „deutsch" ist zeitgenössisch bekanntermaßen nicht untypisch: Varus „beleidigte die Deutschen durch Einführung römischer Gesetze, römischer Sprache und durch Auferlegung eines Tributs. Die Deutschen unter Anführung des tapferen Cheruskerfürsten Hermann (Arminius) [...]". Weitere Ereignisse

---

[7] Als Überblick vgl. Herfried Münkler, Die Deutschen und ihre Mythen, Hamburg 2011 (2. Aufl.). Nähere Ausführungen zu den erwähnten nationalhistorischen „Großereignissen" unterbleiben im Folgenden, hingegen wird ggf. auf die mythische, propagandistische oder polemische Instrumentalisierung verwiesen.

[8] Ein Vergleich mit anderen Unterrichtswerken dieser Ära wäre sicherlich reizvoll, zu Methodenfragen vgl. Meyers, Problematik (wie Anm. 3); Körner, Geschichte, (wie Anm. 3), S. 475–495.

[9] Stein, Geschichte (wie Anm. 5), S. 9. Zur Bedeutung der Tacitus-Rezeption im deutschen Nationalismus vgl. Münkler, Mythen (wie Anm. 7), S. 149–160.

der antiken Geschichte lässt Stein ebenfalls vermischt mit nationalen Motiven stattfinden: Arminius kämpfte mit dem Markomannenfürsten Marbod „um Vergrößerung des deutschen Völkervereins“, Marbod selbst kämpfte eher eigennützig um die Erweiterung seiner Macht. Interessanterweise bleibt hier die im deutschen Nationalismus beliebte Arminius- bzw. Hermanns-Rezeption, das Bild des uneigennützigen Anführers eines angeblich freien Germaniens, intakt. Eine antirömische Wendung, durch die die Hermanns-Darstellung oft auch eine antikatholische Spitze bekam, findet sich aber nicht.[10] Den Übergang zum Mittelalter bildet u. a. die sogenannte Völkerwanderung. In der Stein'schen Darstellung befinden sich hier „die deutschen Völkervereine“ oder die „Völker- oder Waffenbündnisse“ der „Deutschen“ auf dem Weg nach Süden. Während auf die zwischenzeitliche Neubewertung der „Völker“-Wanderung in der historischen Forschung nicht weiter eingegangen werden soll, ist zu beachten, dass bei Stein auch hierbei die Kontinuität zwischen „Germanen“ und „Deutschen“ gewahrt bleibt.[11]

Während die (heidnische) germanische Frühzeit als wichtiger Bezugsraum des deutschen Nationalismus gelten muss, erfüllte das Mittelalter diese Funktion besonders für die katholische Kirche im Zeitalter des „Ultramontanismus“. Diese Zeit vor der Glaubensspaltung wurde in politischer und gesellschaftlicher Hinsicht als eine Epoche von Einheit und Gemeinsinn idealisiert.[12] Stein behandelte in seiner Doppelstellung als Geistlicher und Religionslehrer u. a. die Bekämpfung der arabischen Expansion („der Lehre Muhameds“) durch Karl Martell und das hochgelobte missionarische Wirken des hl. Bonifatius. Aus fränkisch-regionalgeschichtlicher Sicht fällt die Berücksichtigung des hl. Kilian eher bescheiden aus, weshalb vielleicht von einer überregionalen Verbreitungsabsicht auszugehen ist.[13]

Allerdings erfuhren auch solche Episoden des Mittelalters Erwähnung, die wenige Jahre später zu Projektionsflächen des Kulturkampfes wurden. Ein einheitliches Bild ergibt sich dabei jedoch nicht. So wird etwa die Kaiserkrönung Karls des Großen in einer klaren Trennung der Herrschaftssphären innerhalb einer übergreifenden christlichen Einheit der Gewalten beschrieben: „Der römisch-deutsche Kaiser sollte in der Christenheit das weltliche Oberhaupt sein, wie der Papst das geistliche.“[14] Diese Geschichtskonstruktion zeigt sich – bei aller im Schulunterricht notwendigen Komplexitätsreduktion – deutlich an den kirchlichen Wunschvorstellungen der Zeit orientiert. Vergleichbar wäre diese Sphärentrennung unter Beibehaltung der Verbindung von Staat und Kirche in

[10] Zur Arminius-Rezeption vgl. Münkler, Mythen (wie Anm. 7), S. 165–179; Gerd Unverfehrt, Arminius als nationale Leitfigur: Anmerkungen zu Entstehung und Wandel eines Reichssymbols, in: Ekkehard Mai / Stephan Waetzoldt (Hg.), Kunstverwaltung, Bau- und Denkmal-Politik im Kaiserreich (Kunst, Kultur und Politik im Deutschen Kaiserreich. Schriften eines Projekt-Kreises der Fritz-Thyssen-Stiftung I), Berlin 1981, S. 315–341, bes. S. 315–324.

[11] Stein, Geschichte (wie Anm. 5), S. 10f.

[12] Frank Becker, Konfessionelle Nationsbilder im Deutschen Kaiserreich, in: Heinz-Gerhard Haupt / Dieter Langewiesche (Hg.), Nation und Religion in der deutschen Geschichte, Frankfurt a. M. 2001, S. 389–418, bes. S. 403–405; Beilner, Geschichtsunterricht (wie Anm. 4), S. 661.

[13] Stein, Geschichte (wie Anm. 5), S. 20f.

[14] Ebd., S. 25.

etwa mit den Forderungen der Würzburger Bischofskonferenz 16 Jahre zuvor.[15]

„Nach Canossa gehen wir nicht – weder körperlich noch geistig!“: Spätestens mit Bismarcks Ankündigung vom 14. Mai 1872 wurde die Rückprojektion des Kulturkampfes auf den mittelalterlichen Investiturstreit in der politischen Auseinandersetzung populär.[16] Mit welchem Hintergrundwissen konnte ein Schüler Steins diese Kampfansage wenige Jahre nach seinem Geschichtsunterricht aufnehmen? Die Darstellung des Investiturstreits in der „Kurzgefaßten Geschichte“ ist knapp und auf die wesentlichen Ereignisse und Protagonisten beschränkt. Heinrich IV. wird als unreif und mangelhaft erzogen dargestellt, was Bischof Adalbert von Bremen als Vormund verschuldet habe. Aus dieser mangelhaften Sozialisation heraus sollte offensichtlich das antipäpstliche Agieren erklärt werden. Weiterhin ist die Betonung der Verdienste von Papst Gregor VII. um die Bekämpfung von Simonie und Priesterehe bzw. -konkubinat bemerkenswert: Es überrascht, dass ein Theologe derartige potenzielle „Imageschäden“ des geistlichen Standes gerade vor 13- bis 15-jährigen Schülern thematisieren wollte, schließlich streift der Komplex des Zölibats notwendigerweise das sexuelle Gebiet.[17] Möglicherweise zeigte hier die Tätigkeit Steins in Schweinfurt Wirkung. Einige Jahrzehnte später gab es in der stark protestantisch geprägten Stadt nachweislich Auseinandersetzungen über diese Themen.[18] Zumindest unbewusst müsste Stein demnach eine Sensibilität für den Umgang mit historischen Schwächen kirchlicher Institutionen besessen haben, ein Feld, auf dem sich der „ultramontane“ Katholizismus schwer tat.

Besondere Berücksichtigung erfuhren in der mittelalterlichen Abteilung die Kreuzzüge, deren Verlauf und Ergebnisse jeweils für sich gewürdigt wurden.[19] Ebenso nationalistische wie anachronistische Züge trägt dabei die Beschreibung einer bekannten Episode des dritten Kreuzzuges: der Gefangennahme von Richard Löwenherz durch Herzog Leopold V. von Österreich. Die über den reinen Anlass hinausgehende Ehrbeleidigung Leopolds erfährt hier eine sichtlich nationale Interpretation. Hierbei handelt „der von Richard durch

---

[15] Zur Würzburger Bischofskonferenz vgl. Erik Soder von Güldenstubbe/Franz Ludwig Ganz, Die erste deutsche Bischofsversammlung 1848 in Würzburg, Würzburg 1998; Rudolf Lill, Die ersten deutschen Bischofskonferenzen, Freiburg 1964; Klaus Wittstadt, Die erste deutsche Bischofskonferenz in Würzburg 1848, in: Würzburger Diözesangeschichtsblätter 60 (1998), S. 433–460. Fragen der Rangfolge beider Gewalten und ggf. auch die Ableitung der einen aus der anderen waren zeitgenössisch durchaus der politischen Aktualisierung ausgesetzt, vgl. etwa Theobald Freudenberger, Die Universität Würzburg und das erste vatikanische Konzil. Ein Beitrag zur Kirchen- und Geistesgeschichte des 19. Jahrhunderts. Würzburger Professoren und Dozenten als Mitarbeiter und Gutachter vor Beginn des Konzils (Quellen und Beiträge zur Geschichte der Universität Würzburg 1), Neustadt a. d. A. 1969, S. 101f.

[16] Zu Bismarck und Canossa vgl. Münkler, Mythen (wie Anm. 7), S. 203–206. Zu beachten ist auch der in diesem Zusammenhang in Würzburg neu aufgelegte Kult um Bischof Adalbero „der, [...] als ein Opfer des im 11. Jahrhundert herrschenden Culturkampfes in der von ihm gestifteten Abtei zu Lambach in Oberösterreich starb“; Fränkisches Volksblatt, 06.10.1884. Vgl. Andreas Barz, Die Kirche St. Adalbero zu Würzburg, in: Würzburger Diözesangeschichtsblätter 52 (1990), S. 351–388, bes. S. 369f.

[17] Stein, Geschichte (wie Anm. 5), S. 38–40.

[18] Dieter Schorn, Das Verhältnis der beiden Kirchen zueinander in Schweinfurt im 20. Jahrhundert, in: Erich Schneider/Uwe Müller (Hg.), Spurensuche 1806–2006. 200 Jahre Pfarrei Heilig Geist – 200 Jahre Katholiken in Schweinfurt, Schweinfurt 2007, S. 181–200, bes. S. 186.

[19] Stein, Geschichte (wie Anm. 5), S. 45–51.

Besudelung des deutschen Banners beleidigte tapfere Herzog Leopold V. von Österreich [… indem er Richard] wegen des dem deutschen Banner angethanen Schimpfes erst nach dreizehn Monaten gegen Erlegung eines hohen Lösegeldes aus seiner Haft entließ“[20] – aus dem Wimpel des Babenberger-Herzogs war das „deutsche Banner“ geworden.[21] Ziemlich „modern“ wirkt dagegen die Darstellung der Modernisierungsfolgen aus den Kreuzzügen, die heute noch in ähnlichen Formulierungen in Geschichtsbüchern stehen könnte: „Durch den Verkehr mit dem Morgenlande in Folge der Kreuzzüge hob sich insbesondere Handel und Gewerbe, neue Erfindungen und Entdeckungen wurden gemacht, und so ward der Anstoß zu den künftigen großen Entdeckungsreisen gegeben. Die einzelnen Völker traten in engere Verbindung mit einander und das Städtewesen und die königliche Gewalt gewannen bedeutend.“[22]

Bei den in der Zeit der Kreuzzüge entstandenen Ritterorden fanden vor allem die Deutschordensritter („Deutschherrenorden“) stärkere Berücksichtigung, was ihrer besonderen Rolle bei der Entwicklung der deutschen Staaten geschuldet ist. Nach Ausführungen über die Rolle des Ordens bei der Eroberung und Christianisierung der später preußischen Gebiete in Ostmitteleuropa zeichnete Stein die Entwicklung in groben Linien weiter: „Obgleich der Hochmeister Albrecht von Brandenburg 1525 zur lutherischen Lehre übergetreten war und das Ordensland Preußen als weltliches Herzogthum unter der Oberhoheit Polens in Besitz nahm, so dauerte doch der Orden, der Kirche und dem deutschen Kaiser treu, fort, bis er endlich nach dem Wiener Friedensschluß 1809 im übrigen Deutschland, den österreichischen Kaiserstaat ausgenommen, aufgehoben wurde.“[23]

Tatsächlich ließe sich aus diesem Zitat ablesen, dass sich das moderne Preußen aus Polen heraus entwickelte. Angesichts der preußischen Dominanz in den zeitgenössischen Debatten über die Nationalbewegung hätte diese weitreichende Interpretation erhebliche Folgen für die Prägung der Schüler haben können: im preußisch-österreichischen Dualismus hätten die Hohenzollern so an Legitimität eingebüßt. Möchte man nur vorsichtige Folgerungen aus dieser Darstellung ziehen, so ist auf das vermittelte Bild der deutschen Nation einzugehen, das eindeutig großdeutsch gezeichnet wird: Österreich und Preußen werden als ausdrückliche Ausnahmen vom „übrigen Deutschland[s]“ erwähnt. Beide sind also nicht Teil dieses „übrigen Deutschland“, definieren es aber gewissermaßen: Es sind die deutschen Staaten, die nicht zu Preußen bzw. Österreich gehören – im Umkehrschluss zählen also beide fraglos zur deutschen Nation, ohne dass zunächst eine Rangordnung ausgesprochen wäre.

Ein konfessionell und kirchenpolitisch brisantes Feld berührte das Geschichtsbuch von Franz-Joseph Stein wieder mit den Hussiten und ihrer kriegerischen Niederschlagung im Spätmittelalter.[24] Angesichts der 1864 längst

---

[20] Ebd., S. 49.
[21] Zum historisch umstrittenen Hergang und den handelnden Personen vgl. etwa Robert-Tarek Fischer, Richard I. Löwenherz 1157–1199: Mythos und Realität, Weimar 2006, S. 192–194; Walter Koch, Art. „Leopold V.“, in: Neue Deutsche Biographie 14 (1985), S. 281–283.
[22] Stein, Geschichte (wie Anm. 5), S. 51.
[23] Ebd., S. 53.
[24] Ebd., S. 72f.

begonnenen Kampagnen von Pius IX. zur Stärkung der päpstlichen Stellung wirkt die Hus'sche Ablehnung des römischen Primats im Rückblick schnell wie eine historische Aktualisierung. Allerdings diente das recht breite Eingehen auf den Hussitismus vor allem der Einführung in das heraufziehende Zeitalter der Glaubensspaltung: Stein interpretierte den Hussitismus als einen Wegbereiter der Reformation. Angesichts der leichten Aktivierbarkeit konfessioneller Ressentiments, wie sie etwa der Krieg von 1866 schlagend zeigen sollte, war die Behandlung der Reformation in den Schulbüchern des paritätischen Königreichs Bayern ein Thema von politischer Brisanz. In diesem Spannungsfeld musste Stein also der Materie gerecht werden.

Seine Schilderung der Reformationsgeschichte beginnt – konfessionell objektiv, aber ohne Eingehen auf tieferliegende strukturelle Gründe – mit dem Sündenablass Leos X. („um nämlich den Bau der [...] Peterskirche in Rom vollenden zu können [...]"). Dessen Folgen bis zum Thesenanschlag und der Bannung Luthers bezeichnete Stein hingegen als das Ergebnis von „Mißbrauch, welchen Manche mit dem Ablasse trieben". Allerdings sah er für den Bruch mit Rom auch fünf tieferliegende Ursachen, „welche die kirchliche Trennung vorbereiteten und zu ihrer schnellen Ausdehnung beitrugen": 1. die Nachwirkungen des Hussitismus, 2. die Verweltlichung von Teilen der Geistlichkeit, auch einiger „Reichsbischöfe" („mehr weltliche Fürsten, als geistliche Oberhirten"), 3. der Wunsch nach Säkularisation kirchlichen Besitzes, 4. der Streit zwischen Humanisten und Theologen und den Einfluss auch der Astrologie[!], 5. die schnelle Verbreitung der neuen Ideen durch die Erfindung des Buchdrucks.[25] Bei der reformatorischen Vorgeschichte fällt auf, dass die im katholischen Bereich damals verbreitete Negativdarstellung der Person Luthers sorgfältig vermieden wird, vielmehr erscheinen seine idealistischen Motive durchaus nachvollziehbar.[26] Beim weiteren Verlauf der Glaubensspaltung hingegen treten eher die negativen Aspekte hervor. Eine gewalttätige Radikalisierung der reformatorischen Bewegung setzte demnach mit dem Schweizer Zwingli ein: „Nach dem Beispiele Luther's und Zwingli's erhoben sich die Wiedertäufer, an deren Spitze Thomas Münzer, ein Schüler Luthers stand".[27] In deutlich kritischer Distanz stellte Stein deren Programmatik dar. Das spätere Ende des Münsteraner Täuferreiches schilderte Stein gesondert und betonte dabei dessen „Gräuel"-Herrschaft, die Gütergemeinschaft und den Umsturz der Herrschaftsordnung.[28] Im gleichen Zusammenhang werden auch die Ereignisse des Bauernkriegs von 1524/25 geschildert. Als Anlass für die Rebellion der „durch Lasten hartbedrückten Bauern" nennt Stein die „Schriften des Ritters Ulrich von Hutten, sowie [...] die Predigt Luthers von der evangelischen Freiheit".[29]

Die Verantwortung für das Scheitern der Wiedervereinigungsbemühungen bzw. für die Vertiefung der Glaubensspaltung wird eindeutig den Protestanten

---

25 Ebd., S. 78f.

26 Ebd.; vgl. auch Münkler, Mythen (wie Anm. 7), S. 181–195; Klaus Wittstadt, Von der Polemik zur Ökumene. Der Beitrag Würzburger Theologen zu einem positiven Lutherbild, in: Würzburger Diözesangeschichtsblätter 45 (1983), S. 219–228.

27 Stein, Geschichte (wie Anm. 5), S. 81.

28 Ebd., S. 83.

29 Ebd., S. 81.

zugewiesen, vor allem mit der Weigerung, am Konzil von Trient teilzunehmen. Gleiches gilt für den Schmalkaldischen Krieg, die Vorbehalte gegen den „geistlichen Vorbehalt" des Augsburger Religionsfriedens und die zusätzliche innere Aufsplitterung des Protestantismus.[30] Entsprechend verhält es sich mit dem Ausbruch des Dreißigjährigen Krieges: Der „Prager Fenstersturz" ist das Ergebnis des evangelischen Protestes für illegal errichtete Kirchen. Noch deutlicher wird die Übernahme einer katholisch-kaiserlich gefärbten Perspektive an der Phaseneinteilung des Krieges in „den Krieg in Böhmen und in der Pfalz" sowie die Kriege „mit[!] den Dänen", „mit den Schweden" bzw. „mit den Schweden und Franzosen".[31]

In der Schilderung des weiteren Kriegsverlaufes betonte Stein unter anderem die Uneinigkeit des protestantischen Lagers und die antihabsburgische Motivation der französischen Intervention. Mit der Zerstörung Magdeburgs durch die kaiserlichen Truppen (1631) wird auch ein in der konfessionellen Polemik oft bemühtes Ereignis berücksichtigt. Kriegsgräuel und Schuldzuweisungen finden sich in dieser Darstellung jedoch nicht, vielmehr erschien die Zerstörung der Stadt als Resultat eines bedauerlichen Unfalles: „Inzwischen legte ein ausgebrochener Brand, an dem jedoch Tilly keine Schuld trägt, fast die ganze Stadt in Asche und viele Tausende kamen dabei um."[32] Gustav Adolf jedoch erhielt die Verantwortung für sein Vorgehen gegen die Stadt München persönlich zugewiesen.[33]

Die weitere Schilderung der Ereignisse bis zum Prager Frieden steht eher unter dem Eindruck der Beilegung des interkonfessionellen Konfliktes in den Grenzen des Reiches. „Die Macht der Schweden in Deutschland war gebrochen; doch setzten sie den Krieg mit Hülfe Frankreichs fort."[34] Das Interesse der Franzosen sei hierbei das Elsass gewesen. Die weitere Fortsetzung des Krieges erscheint aus dieser Perspektive somit als ein den „deutschen" Interessen zuwiderlaufendes Ergebnis der Intervention fremder Mächte. Die insgesamt erkennbare konfessionell-katholische Tendenz verbindet sich hier mit ahistorischen Deutungsmustern. Stein bewegte sich dabei durchaus im Rahmen verbreiteter katholischer Geschichtsinterpretationen.[35]

4. Zeitgeschichte mit politischer Rücksichtnahme?

Schließlich musste Stein in seiner übergreifend angelegten Abhandlung jene Ereignisse berühren, die damals noch zeitgeschichtlich waren. Erhebliche nationalgeschichtliche Konsequenzen entfaltete dabei ein Ereignis außerhalb der

30 Ebd., S. 83–89.
31 Ebd., S. 92f.
32 Ebd., S. 95.
33 Ebd.
34 Ebd., S. 97f.
35 Vgl. Becker, Nationsbilder (wie Anm. 12), S. 404; Frank-Michael Kuhlemann, Konfessionalisierung der Nation? Deutschland im 19. und frühen 20. Jahrhundert, in: Heinz-Gerhard Haupt/Dieter Langewiesche (Hg.), Nation und Religion in Europa. Mehrkonfessionelle Gesellschaften im 19. und 20. Jahrhundert, Frankfurt a. M. 2004, S. 27–63, bes. S. 40–46.

deutschen Grenzen, die Französische Revolution. Stein fand für ihren Ausbruch eher unbestimmte Erklärungsansätze: „Ungeheuere Staatsschulden, die ungleiche Besteuerung der Unterthanen, die Verbreitung des Unglaubens und die Gottlosigkeit Hoher und Niederer hatte im Jahre 1789 in Frankreich die Revolution hervorgerufen, die auch für die deutschen Länder gefahrdrohend wurde.“[36] Die folgende Darstellung zeigt sich sehr ereignisfixiert und kehrt mithin wieder völlig auf die deutsche Ebene zurück. Eine Problematisierung der monarchischen Legitimationskrisen erfolgt dabei nicht. Ebenso wenig wird die Bündnispolitik einiger deutscher Staaten und vor allem Bayerns mit Frankreich hinterfragt, die dem aufsteigenden Nationalismus widersprach.

Ebenso selektiv ist der Umgang mit dem weiteren Verlauf der deutschen Geschichte bis in den Zeitraum der Drucklegung im Jahr 1864. So erscheint der gerade erst beendete deutsch-dänische Krieg bereits gewissermaßen „historisiert“. Beachtenswert ist dabei das scheinbar einträchtige Vorgehen der deutschen Vormächte Österreich und Preußen gegen die nordische Monarchie, das doch realiter schnell eifersüchtiger Konkurrenz wich. Auch der ursprüngliche Gegensatz zwischen den Regierungen der deutschen Mittelstaaten und den Großmächten in der Schleswig-Holstein-Frage ist im Geschichtsbuch völlig geglättet.[37] Es überrascht deshalb auch nicht, dass die vorangegangene Revolution von 1848 auf der Ebene der deutschen Staaten keinerlei Erwähnung findet.[38] Die „Kurzgefaßte Geschichte“ zeigt demnach eine erhebliche Anpassungsfähigkeit an die herrschenden Machtverhältnisse und vor allem an die Positionierung der eigenen Regierung und deren nationalpolitische Konzeption.

In diesem Sinne ist es interessant, wie Stein den damaligen *status quo* mit einem durchaus positiven Bild des föderalen Systems vermittelte: „Seit der Vernichtung der napoleonischen Gewaltherrschaft wurde Deutschland von äußern Feinden verschont, und wenn auch hie und da sich Stürme erhoben, so legten sie sich bald wieder.“ Vielmehr befassten sich die deutschen Staaten mit inneren Reformen im Interesse der „Wohlfahrt ihrer Untertanen“. Auch die Stellung zueinander und gegenüber den anderen Mächten schien demnach unproblematisch: „Das Vaterland wird zugleich durch Heranbildung einer tüchtigen Armee gegen äußere, wie innere Gefahren geschirmt. Die Angelegenheiten, welche die einzelnen Staaten miteinander abzumachen haben, werden in der zu Frankfurt am Main tagenden Bundesversammlung verhandelt.“[39] Bekanntlich sollte dieses Ideal zwei Jahre später von der Realität eingeholt werden. Für Stein besaß „Deutschland“ in Form des Deutschen Bundes aber ein durchaus positiv besetztes Identifikationspotenzial. Die deutsche Geschichte schließt mit dem Satz: „Heil und Segen dem Vaterlande!“[40]

Insgesamt zeigt das im Lehrbuch enthaltene nationalgeschichtliche Curriculum eine deutlich großdeutsche und föderalistische, aber nicht extrem baye-

---

[36] Stein, Geschichte (wie Anm. 5), S. 116f.
[37] Grund waren nach Stein, ebd., S. 132f.: „die vielen gerechten Klagen der beiden nordalbingischen Herzogthümer Schleswig und Holstein über die gewaltsame Bedrückung von Seite Dänemarks“.
[38] Thema war diese allerdings im bayerischen Zusammenhang, s. u.
[39] Stein, Geschichte (wie Anm. 5), S. 132f.
[40] Ebd., S. 133.

risch-partikularistische Darstellung des Verfassers. Deutlich wird auch die (z. T. anachronistische) Abgrenzung des „Deutschen“ gegenüber anderen Nationen. Ein stark katholischer, aber in konfessioneller Hinsicht nicht gänzlich unkritischer Einschlag der Darstellung ist nicht zu übersehen. Gerade im Hinblick auf zeitgeschichtliche Ereignisse ist allerdings eine obrigkeitsloyale und entsprechend rücksichtsvolle Darstellung zu beobachten.

5. Engeres und weiteres Vaterland – Landesgeschichte im nationalen Umbruch

Für die Verwendung des Buches im bayerischen Schuldienst war für Stein die Berücksichtigung der Landesgeschichte unumgänglich. Auch hier waren für eine staatlich genehme Darstellung natürlich die bereits angesprochenen Problemfelder zu berücksichtigen. Gegenüber der 130-seitigen Darstellung der deutschen Geschichte fällt der „Abriß der Geschichte Bayerns“ mit gut 35 Seiten recht knapp aus, wenn man den bayerischen Stolz auf die staatliche Tradition in Rechnung stellt. Steins „Abriß“ unterteilt die bayerische Geschichte zunächst in die der einzelnen Landesteile. In der fränkischen Geschichte betonte er etwa die Rolle der Fürstbischöfe Julius Echter in seiner „sturmbewegten Zeit“ als Gründer des Juliusspitals und der Universität sowie Franz Ludwig von Erthal („ausgezeichneter Regent“).[41]

Die Darstellung des Königreichs Bayern ist hingegen, wie für zeitgenössische Schulbücher üblich, an den jeweiligen Königen orientiert. Max I. Joseph (1756–1825, König 1806–1825) versuchte demnach „die Wunden, die der große Völkerkampf [sc. die Napoleonischen Kriege] auch in seinem Bayernlande geschlagen, zu heilen [...]. In Bezug auf die kirchlichen Verhältnisse schloss Max I. mit dem Papste Pius VII. ein Concordat 1817 ab; im folgenden Jahre verlieh er großmüthig seinen Bayern eine Staatsverfassung oder Constitution, durch welche er ihnen die großen Rechte einräumte, an der Gesetzgebung und an der Besteuerung des Landes Theil zu nehmen.“[42]

Dem späteren Leser fällt auf, dass die Anfangszeit des Königreiches als Ergebnis französischer Bündnispolitik unterschlagen und der Erlass der Verfassung als reiner königlicher Gnadenakt dargestellt ist. In Anbetracht der Entstehungszusammenhänge überrascht diese Darstellungsweise allerdings nicht: Hatte ein Theologe als Verfasser eines gewissermaßen „königlich bayerischen Schulbuches“ hingegen eine derart kritische Darstellung gewählt und sich liberales Verfassungsdenken zu Eigen gemacht, wäre dies eher verwunderlich. Vielmehr bleiben hier die Legitimität und Souveränität des Königtums über alle Zweifel erhaben, die Betonung der konstitutionellen „Großzügigkeit“ ist sogar als monarchistisches Element zu sehen.

Auch Max I. Josephs „durch herrliche Geistesgaben ausgezeichneter Sohn“ Ludwig I. (1786–1868, König 1825–1848) wurde für seine Regierungsleistun-

[41] Ebd., S. 164.
[42] Ebd., S. 167.

gen gelobt. Neben der Förderung von Kunst und Wissenschaft würdigte Stein vor allem das Bemühen um die Religion durch den Bau von Kirchen und Klöstern. „Der Zollverein hatte ihm vorzüglich sein Entstehen zu verdanken, und was Kaiser Karl der Große nicht vermochte, das vollbrachte Ludwig I. – er schuf den Donau-Mainkanal, der den Rhein mit der Donau, und somit die Nordsee mit dem schwarzen [sic!] Meere verbindet." Stein stellt den Herrscher also, bei all dessen persönlicher Wertschätzung seiner bayerischen Königswürde keineswegs falsch, als einen Freund und Förderer eines engeren deutschen Zusammenwachsens dar. Das unrühmliche Ende von Ludwigs Regierung durfte dessen Bild im Schulunterricht natürlich nicht trügen: Die Affäre Lola Montez und die von ihr befeuerte Zeit der Unruhen fand daher auch keinerlei Erwähnung. Vielmehr „brach die französische[!] Revolution im Jahre 1848 aus, die auch nicht spurlos an Bayern vorbeiging. Ludwig I. trat in diesem Jahre vom Throne ab und zog sich in das Privatleben zurück [...]."[43]

Maximilian II. (1811–1864, König 1848–1864) wurde von Stein besonders für seine kultuspolitischen Reformen gelobt, neben der Förderung von Kunst und Wissenschaft namentlich auch für die Vergaben von Staatsstipendien. Möglicherweise schlug sich in diesem Punkt die Dankbarkeit Steins nieder, der in seiner Studienzeit zu den Begünstigten gezählt hatte. Im Wahlspruch des Herrschers „Für Gott und mein Volk" fasste Stein gewissermaßen die anderen hervorstechenden Eigenschaften zusammen. Während er die Frömmigkeit des Herrschers an den Umständen seines erst kurze Zeit zurückliegenden Ablebens zu belegen suchte, stellte Stein das patriotisch-nationale Empfinden des Herrschers bewusst in einen über Bayern hinausgehenden Kontext: „Aber nicht minder lag ihm auch das Wohl des größeren Vaterlandes, das Wohl ganz Deutschlands, am Herzen." Beleg dafür war ihm vor allem das Engagement des Königs in der Schleswig-Holstein-Frage namentlich auf der Frankfurter Fürstenversammlung von 1863.[44]

Große Hoffnungen trug das Buch in seinen letzten Zeilen dem frisch inthronisierten Ludwig II. (1845–1886, König 1864–1886) entgegen, wozu sich sein Autor durch die ersten Regierungsmaßnahmen berechtigt fühlte. Sicherlich mehr als nur eine Floskel war nach der warmherzig-patriotischen Darstellung das abschließende „Gott schütze König und Vaterland!"[45]

Die Ausführungen zur Geschichte des Königreiches Bayern zeigen Stein als einen streng monarchistischen Vertreter der Konzeption eines „engeren und weiteren Vaterlandes". Dieser Befund verbindet sich ziemlich nahtlos mit der bereits festgestellten föderalistischen Positionierung hinsichtlich der näheren Ausgestaltung dieses „weiteren Vaterlandes". Betont wird auch die Rolle der einzelnen bayerischen Monarchen beim engeren Zusammenwachsen des Deutschen Bundes. Zumindest implizit untermauert diese Rolle auch die Legitimität ihrer Stellung, vielleicht gar einer durchaus führenden in einem enger zusammengefassten deutschen Nationalstaat.[46] Von einer Vorstellung Bayerns

---

[43] Ebd., S. 168.
[44] Ebd., S. 169.
[45] Ebd., S. 169f.
[46] Vgl. etwa zu entsprechenden Interpretationen des Kaiserbriefs Ludwigs II. Körner, Geschichte (wie Anm. 3), S. 284f., 317–319.

als deutscher Führungsmacht kann hingegen mit Rücksicht auf die zuvor erwähnte prominente Darstellung Österreichs und Preußens nicht gesprochen werden.[47]

Erkennbar bleibt somit das „nationalpädagogische" Programm eines großdeutschen, föderal organisierten „weiteren" Vaterlandes, etwa in den Grenzen des Deutschen Bundes, tendenziell sicherlich unter habsburgisch-katholischer Führung. Daneben stand das „engere" bayerische Vaterland unter der legitim von Gottes Gnaden und zum Besten des Volkes regierenden Wittelsbacherdynastie. Das Stein'sche Schulbuch vermochte in dieser Hinsicht die ministeriellen Anforderungen an den Geschichtsunterricht zweifellos zu treffen, da die damals vorherrschende „Triasidee" herausgestellt wurde, das Konzept eines gesamtdeutschen Vaterlands mit Bayern als einflussreichster Mittelmacht.[48] Auch die bayerische Geschichte findet sich entsprechend wieder: Der emotionale Zugang über die Persönlichkeiten und Leistungen der Regenten sollte zur monarchischen Loyalität erziehen. Die persönliche Loyalität und die Vermittlung eines national-patriotischen Geschichtsbildes sollte die Treue zum Vaterland stärken.[49]

6. Historische Vorbildung für ein Leben im nationalen Staat?

In seiner Darstellung früherer Epochen hatte Stein an verschiedenen Stellen vorsichtig diverse „Problemstellen" umschifft, die zeitgenössisch konfliktreichen Aktualisierungen unterlagen. In seiner Darstellung der Zeitgeschichte sind die Rücksichtnahmen auf die politischen Verhältnisse kaum zu übersehen – einer an einem national-integrativen Geschichtsunterricht interessierten Regierung musste sein Schulbuch gefallen. Nachteilig wurde das Geschichtsbuch für Stein selbst im Laufe seiner späteren Karriere nicht: die diversen Regierungsgutachten betonen vielmehr seine vorbildliche patriotische und dynastieloyale Haltung.[50] Nach derartigen Vorstellungen ausgebildete Schüler begegneten den historisch inspirierten Elementen des nationalpolitischen Diskurses in den folgenden Jahren einigermaßen vorbereitet – allerdings sollten sich in der Realität andere als die nahegelegten Entwicklungslinien durchsetzen. Mit dem „offiziösen" Geschichtsbild der Nationalbewegung war manches Gelernte nicht in Einklang zu bringen, was einer nationalen Integration objektiv im Weg stehen musste. Ob eine solche Integration oder auch „Assimilation" an die durchsetzungsfähige kleindeutsch-preußische Idee im Rückblick wünschenswert erscheint, steht hingegen auf einem anderen Blatt.

---

[47] So lautet die Reihenfolge in der Aufzählung der Königreiche im Deutschen Bund (S. 132): Preußen, Bayern, Württemberg, Sachsen, Hannover. Da kein anderes zugrundeliegendes Ordnungsprinzip erkennbar ist, muss von dem der beigemessenen politischen Bedeutung ausgegangen werden. In einem bayerischen Schulbuch wäre Bayern sonst zur Hervorhebung eher an erster oder letzter Stelle genannt worden.

[48] Vgl. zur Triasidee Hanisch, Fürst (wie Anm. 1), S. 3–40; Filser, Geschichtsunterricht (wie Anm. 4), S. 209.

[49] Filser, Geschichtsunterricht (wie Anm. 4), S. 209f.; vgl. auch Hanisch, Fürst (wie Anm. 1), S. 326.

[50] Vgl. Schmiesing, Würzburg (wie Anm. 5).

Angesichts der größtenteils ausgesparten kritischen Aspekte der nationalen Entwicklungsgeschichte war der Unterricht Steins zugleich deutlich auf die Erziehung loyaler Staatsbürger, kritischer formuliert auf die Heranziehung von Untertanen ausgelegt. Für die Auseinandersetzungen um politische und individuelle Selbstbestimmung, die die kommenden beiden Generationen erleben sollten, war diese Vorbereitung natürlich nur unzureichend. Wie eingangs erwähnt, kann historische Schulbuchforschung die soziale Prägung von Individuen nur annäherungsweise erklären – ein Geschichtsunterricht wie der von Franz-Joseph Stein mag aber manche Ablösungsschwierigkeiten bei Vertretern dieser Generationen verständlicher machen.

„Angesichts einer solchen erdrückenden Last von staatsabträglichen, ja staatsfeindlichen Handlungen und rednerischen Entgleisungen...“

Das gegen Benefiziat Otto Schmitt in Kleinostheim am 1. September 1937 verhängte Schulverbot.

Eine Quellenedition

Tobias Haaf

In memoriam
Pfarrer Walter Lederer,
geboren am 28. März 1942,
zum Priester geweiht am 27. Juni 1971,
*gestorben am 21. Mai 2017.**

1. Auseinandersetzungen in der Schulfrage

In den Fragen der schulischen Bildung und Erziehung war die Konfrontation zwischen Nationalsozialismus und Katholizismus unausweichlich.[1] Hierüber konnten auch die prokirchlichen Bekenntnisse des Reichskanzlers Adolf Hitler in seiner Regierungserklärung vom 23. März 1933[2], in der er die Bedeutung der beiden christlichen Konfessionen für den Staat hervorhob, oder die positiv konnotierten Äußerungen in Regierungsverantwortung stehender Nationalsozialisten nicht lange hinwegtäuschen. So hatte der bayerische Kultusminister Hans Schemm fünf Tage nach Hitlers Regierungserklärung in einem Erlass vom 28. März 1933 *Über die religiöse und nationale Haltung der Lehrkräfte an den bayerischen Schulen* die Parole ausgegeben: „Unsere Religion heißt Christus, – unsere Politik heißt Deutschland“ und betont: „Christentum und Deutschtum sind die obersten Gesetze eines jeglichen Unterrichts.“[3] Doch

* *Pfarrer und Dekan Walter Lederer, dem ich mich durch meine Organistendienste und unsere Gespräche verbunden fühlte, die sich vor und nach den Gottesdiensten in der Pfarrei St. Norbert in meiner Heimatgemeinde Höchberg entsponnen haben, widme ich diesen Aufsatz. In der Todesanzeige, mit der sich seine Pfarrei von ihm verabschiedete, wird Walter Lederer als „Wegbegleiter und Freund“, „Mensch mit Ecken und Kanten“ und einer, „der ‚sein Herz auf dem rechten Fleck‘ hatte“, charakterisiert. Diese Charakterzüge verbinden ihn mit Otto Schmitt.*

1 Zu den Verhältnissen in Unterfranken vgl. Tobias Haaf, Von volksverhetzenden Pfaffen und falschen Propheten. Klerus und Kirchenvolk im Bistum Würzburg in der Auseinandersetzung mit dem Nationalsozialismus (Quellen und Forschungen zur Geschichte des Bistums und Hochstifts Würzburg 61), Würzburg 2005. – Zur Schulfrage vgl. bes. S. 40–134.
2 Vgl. ebd., S. 28f.
3 Amtsblatt des Bayerischen Staatministeriums für Unterricht und Kultus vom 28.03.1933. – Zu dem anfänglich christentumsfreundlicheren Kurs des Kultusministeriums vgl. Manfred Pirner,

schon bald erwies sich, dass derartige Bekenntnisse bloße Lippenbekenntnisse waren und selbst das am 10. September 1933 ratifizierte Konkordat zwischen dem Heiligen Stuhl und der Reichsregierung[4], das die Bekenntnis- und Religionsfreiheit garantierte und den katholischen Verbänden, Orden und Schulen sowie dem Religionsunterricht staatliche Protektion zusicherte, de facto keinen ausreichenden Schutz bot.

Der NS-Staat, der empfindlich auf jede Infragestellung seines weltanschaulichen und politischen Erfassungsanspruchs reagierte, war bemüht, die Einflussnahme der Kirche auf die Jugendlichen weitestgehend zurückzudrängen. Die Folgen dieser Politik zeigt der Chef des Sicherheitsdienstes des Reichsführers SS[5] in einem Lagebericht vom Mai/Juni 1934 auf: „'Ohne katholische Jugend keine katholische Zukunft!' heißt es in einem katholischen Flugblatt. Der Nationalsozialismus muss erwidern: Ohne nationalsozialistische Jugend keine deutsche Zukunft! Die deutsche Zukunft kann nicht zu Gunsten katholischer Ziele preisgegeben werden. So spielt sich der entscheidende Kampf zwischen Nationalsozialismus und Katholizismus ab als ein Kampf um die Jugend. Gekämpft wird: 1. Um die Schule, 2. Um die Jugendverbände."[6]

Zwischen Kooperation und Kampf. Evangelischer Religionsunterricht und christliche Erziehung in bayerischen Schulen während der Zeit des Nationalsozialismus (Studien zur Theologie 17), Würzburg 1998, S. 20–22 und 42–54. – Zu Hans Schemm vgl. Franz Kühnel, Hans Schemm. Gauleiter und Kultusminister 1891–1935, Nürnberg 1985.

4 Zu den Konkordatsverhandlungen vgl. Alfons Kupper, Staatliche Akten über die Reichskonkordatsverhandlungen 1933 (Veröffentlichungen der Kommission für Zeitgeschichte, Reihe A: Quellen 2), Mainz 1969 sowie Ludwig Volk (Bearb.), Kirchliche Akten über die Reichskonkordatsverhandlungen 1933 (Veröffentlichungen der Kommission für Zeitgeschichte, Reihe A: Quellen 11), Mainz 1969 und ders., Das Reichskonkordat vom 20. Juli 1933. Von den Ansätzen in der Weimarer Republik bis zur Ratifizierung am 10. September 1933 (Veröffentlichungen der Kommission für Zeitgeschichte, Reihe B: Forschungen 5), Mainz 1972. – Die Beiträge von Konrad Repgen, Reichskonkordats-Kontroversen und historische Logik, in: Manfred Funke u.a. (Hg.), Demokratie und Diktatur. Geist und Gestalt politischer Herrschaft in Deutschland und Europa, Bonn 1987, S. 158–177, sowie Matthias Stickler, Aufwertung des Nationalsozialismus? Die Konkordatspolitik der Katholischen Kirche im Deutschen Reich und Österreich im Spannungsfeld von Staatsloyalität und Regimekritik, in: Würzburger Diözesangeschichtsblätter 74 (2012), S. 713–739, führen in die wissenschaftliche Kontroverse zum Reichskonkordat ein. – Aufbereitet für den gymnasialen Religionsunterricht vgl. Tobias Haaf, Beiträge zur Unterrichtspraxis K 9.3, in: Katholisches Schulkommissariat in Bayern (Hg.), Materialien für den Religionsunterricht an Gymnasien. Katholischer Religionsunterricht Jahrgangsstufe 9 nach dem Lehrplan für das achtjährige Gymnasium in Bayern, München 2012, S. 17–21.

5 „Seit seiner Gründung [im August 1931] in raschem Aufbau begriffen, war es die Aufgabe des SD, die Gegner der NSDAP zu überwachen und Gefahren von der Partei abzuwenden. [...] Dem 1935 gegründeten SD-Hauptquartier unterstanden in den jeweiligen SS-Oberabschnitten SD-(Leit)-Abschnitte und SD-Außenstellen. Ein Netz von Vertrauensleuten (V-Männern) sorgte für den Nachrichtenfluss zur Zentrale, die ihrerseits in regelmäßigen Abständen Lageberichte zusammenstellte. 1934 wurde der SD zum alleinigen Nachrichtendienst der Partei erklärt, 1937 eine exakte Aufgabenteilung zwischen Gestapo und SD vorgenommen. Himmler sicherte sich mit dem SD das Monopol für die gesamte nachrichtendienstliche Tätigkeit der NSDAP. Der SD blieb daher immer eine Parteieinrichtung, und seine Mitglieder wurden von der NSDAP auch besoldet. Heydrich, der Gestapo und SD in Personalunion führte, bot die Gewähr für eine enge Kooperation zwischen beiden Institutionen."; Reinhard Rürup (Hg.), Topographie des Terrors. Gestapo, SS und Reichssicherheitshauptamt auf dem „Prinz-Albrecht-Gelände". Eine Dokumentation, Berlin 1993, S. 63. – Zu Aufbau und Organisation des SD vgl. weiterhin Jens Banach, Heydrichs Elite. Das Führerkorps der Sicherheitspolizei und des SD 1936–1945 (Sammlung Schöningh zur Geschichte und Gegenwart), Paderborn u.a. 1998; George Clark Browder, Foundations of the Nazi Police State. The Formation of Sipo and SD, Lexington 1990 sowie Friedrich Zipfel, Gestapo und Sicherheitsdienst, Berlin 1960.

6 Heinz Boberach (Bearb.), Berichte des SD und der Gestapo über Kirchen und Kirchenvolk in Deutschland 1934–1944 (Veröffentlichungen der Kommission für Zeitgeschichte, Reihe A:

Gerade der Religionsunterricht in der Schule bildete eine sensible Nahtstelle zwischen Kirche und totalitärem Staat, die beiderseitig die Weitergabe von Weltdeutungen und Wertvorstellungen an die jüngere Generation betraf. Dabei bot die schulische Unterweisung der geistlichen Lehrkraft die Gelegenheit, den Kindern und Jugendlichen die katholischen Glaubens- und Sittenlehren zu vermitteln und auf diese Weise jenen christlichen Wertekodex zu tradieren, der von den Nationalsozialisten per se als feindlich oder zumindest störend angesehen und als gefährlich eingestuft wurde.[7]

1.1 *Verdrängung der klösterlichen Lehrerinnen*

Der erste Schlag der Nationalsozialisten war gegen die klösterlichen Lehrerinnen gerichtet[8], die seit dem 19. Jahrhundert vielerorts in den Mädchenklassen der Volksschulen in Bayern unterrichteten. Gerade in ländlich geprägten Regionen wie Unterfranken standen sie bei der Bevölkerung in hohem Ansehen und war ihr Rückhalt groß. 1936, als die staatlich initiierte Zurückdrängung der Frauenorden einsetzte, wirkten von den fünfzehn im Bistum Würzburg ansässigen weiblichen Orden und Instituten besonders die Englischen Fräulein (mit fünf Lokal- und zwei Filialhäusern), die Franziskanerinnen aus dem Mutterhaus St. Maria Stern in Augsburg (mit 44 Filialen an 28 Orten), die Franziskanerinnen aus dem Mutterhaus Dillingen (mit 36 Filialen an 28 Orten), die Armen Schulschwestern von „Unsere Liebe Frau“ aus dem Mutterhaus Mün-

---

Quellen 12), Mainz 1971, S. 23. – Zu den nationalsozialistischen Erziehungszielen und -methoden vgl. die Untersuchungen von Manfred Berger, „Gelobt sei alles, was hart macht!“. Das Kindergartenwesen im nationalsozialistischen Deutschland aufgezeigt am Beispiel der Fachzeitschrift „Kindergarten“, Saarbrücken 2015; Alexander Bolz, Nationalsozialismus und Gemeinschaftserziehung, Leipzig 2001, Hans-Jochen Gamm, Führung und Verführung. Pädagogik des Nationalsozialismus, München 1964; Ulrich Herrmann (Hg.), „Die Formung des Volksgenossen“. Der „Erziehungsstaat“ des Dritten Reiches (Geschichte des Erziehungs- und Bildungswesens in Deutschland 6), Weinheim / Basel 1985; Ulrich Herrmann / Jürgen Oelkers (Hg.), Pädagogik und Nationalsozialismus (Reihe Pädagogik), Weinheim / Basel 1989, Wolfgang Keim, Erziehung unter der Nazi-Diktatur, Bd. 1: Antidemokratische Potentiale, Machtantritt und Machtdurchsetzung, Bd. 2: Kriegsvorbereitung, Krieg und Holocaust, Darmstadt 2005; Wolfgang Klafki (Hg.), Verführung, Distanzierung, Ernüchterung. Kindheit und Jugend im Nationalsozialismus. Autobiographisches aus erziehungswissenschaftlicher Sicht (Reihe Pädagogik), Weinheim / Basel 1988; Hans-Uwe Otto / Heinz Sünker (Hg.), Politische Formierung und soziale Erziehung im Nationalsozialismus, Frankfurt a. M. 1991; Susanne Watzke-Otto, „Ich war ein einsatzbereites Glied in der Gemeinschaft“. Vorgehensweise und Wirkungsmechanismus nationalsozialistischer „Erziehung“ am Beispiel des weiblichen Arbeitsdienstes (Studien zur Bildungsreform 33), Frankfurt a. M. 1999. – Peter Dudek, „Der Rückblick auf die Vergangenheit wird sich nicht vermeiden lassen“. Zur pädagogischen Verarbeitung des Nationalsozialismus in Deutschland 1945–1990, Opladen 1995 gibt einen Einblick in Forschungsperspektiven, -felder und -methoden erziehungswissenschaftlicher und pädagogischer Untersuchungen zum Nationalsozialismus. – Zu den Auseinandersetzungen zwischen der Kirche, den katholischen Elternhäusern und den nationalsozialistischen Staats- und Parteistellen wegen der Erziehung der Kinder und Jugendlichen in Unterfranken vgl. Karl-Werner Goldhammer, Katholische Jugend Frankens im Dritten Reich. Die Situation der katholischen Jugendarbeit unter besonderer Berücksichtigung Unterfrankens und seiner Hauptstadt Würzburg, Frankfurt a. M. 1987 sowie Haaf, Von volksverhetzenden Pfaffen (wie Anm. 1), S. 40–134.

7 Beispielsweise wurde der Religionsunterricht von Karl Stecher, Stiftskaplan in Aschaffenburg, 1935 durch den Kreisleiter beanstandet. Dieser warf dem Geistlichen eine „antinationalsoz. und antivaterländ. Erziehung“ seiner Schüler vor; Diözesanarchiv Würzburg, Fragebogen A, Nationalsozialistische Verfolgung katholischer Geistlicher, Karl Stecher.

8 Zum Vorgehen gegen die klösterlichen Lehrerinnen im Bistum Würzburg vgl. ausführlich Haaf, Von volksverhetzenden Pfaffen (wie Anm. 1), S. 40–60.

chen (mit 21 Filialen an 19 Orten), die Diözesan-Kongregation der Töchter des Allerheiligsten Erlösers (mit dem Mutterhaus in Würzburg und 385 Filialen an 266 Orten), die Kongregation der Dienerinnen der hl. Kindheit Jesu (mit dem Mutterhaus in Würzburg-Oberzell und 71 Filialen an 56 Orten), die Ursulinen (in Würzburg und Bad Kissingen) sowie die Ritaschwestern (mit dem Mutterhaus in Würzburg und 9 Filialen an 6 Orten) in der Erziehung und Unterweisung der Kinder und Jugendlichen in Betreuungseinrichtungen und Schulen.[9] Sie garantierten eine prägende religiöse Sozialisation der Kinder und bildeten daher einen ersten Angriffspunkt nationalsozialistischer Schulpolitik.[10]

Auf einer Frühjahrsschulung des *Nationalsozialistischen Lehrerbundes* im Mai 1936 kündigte Staatsrat Dr. Ernst Boepple, der seit dem Unfalltod Hans Schemms 1935 die Amtsgeschäfte des bayerischen Kultusministers führte, die Umwandlung aller klösterlichen Lehrerstellen in weltliche an und nannte als Nahziel, 600 der 1 600 klösterlichen weiblichen Stellen abzubauen und für weltliche Lehrkräfte zur Verfügung zu stellen. Die Entfernung der Ordensschwestern aus dem Schuldienst sei unbedingt erforderlich, da der Staat das Erziehungswesen zentral in der Hand haben müsse.[11] Die Herausdrängung der Frauenorden aus dem Bildungs- und Erziehungswesen war besiegelt, daran konnten weder oberhirtliche Protestnoten und Hirtenbriefe noch Plakat- und Unterschriftenaktionen der Gläubigen etwas ändern.[12] Das nationalsozialistische Reichskirchenministerium[13] hatte am 16. Oktober 1936 lapidar und nicht ohne Polemik erklärt: „Abstimmungen der Erziehungsberechtigten über schulpolitische und schulorganisatorische Fragen sind unvereinbar mit den Auffassungen des autoritären nationalsozialistischen Staates. So wenig die autoritäre Kirche daran denkt, der Kirchengemeinde bei Bestellung der Pfarrgeistlichkeit irgendein Wahlrecht oder Mitbestimmungsrecht einzuräumen, so wenig kann der autoritäre Staat die Bestellung oder Belassung von Lehrkräften dem wirklichen oder beeinflussten Willen der Erziehungsberechtigten überantworten.“[14]

---

9 Vgl. Schematismus der Diözese Würzburg (1936), S. 127–162.

10 Evi Kleinöder, Der Kampf um die katholische Schule in Bayern in der NS-Zeit, in: Georg Schwaiger (Hg.), Das Erzbistum München und Freising in der Zeit der nationalsozialistischen Herrschaft, 2 Bde., München/Zürich 1984, Bd. 1, S. 596–638, bietet einen Überblick über die Verdrängung der klösterlichen Lehrkräfte aus den Schulen. – Zu den Verhältnissen in Unterfranken vgl. oben Anm. 8 sowie Christian Will, Landkreis Würzburg. Unsere Heimat unter Hitlers Gewaltherrschaft in Dokumenten, Erlebnissen und Schicksalen, Würzburg 1988, S. 145–151.

11 Vgl. Völkischer Beobachter vom 23.05.1936.

12 Vgl. Haaf, Von volksverhetzenden Pfaffen (wie Anm. 1), S. 55–60.

13 Zu dem am 16.07.1935 eingerichteten Reichskirchenministerium vgl. Ludwig Volk, Hitlers Kirchenminister. Zum Versuch einer Gesamtdarstellung des Kirchenkampfes im NS-Staat, in: Dieter Albrecht (Hg.), Katholische Kirche im Dritten Reich. Eine Aufsatzsammlung zum Verhältnis von Papsttum, Episkopat und deutschen Katholiken zum Nationalsozialismus 1933–1945, Mainz 1976, S. 211–218, sowie John S. Conway, Die nationalsozialistische Kirchenpolitik. Ihre Ziele, Widersprüche und Fehlschläge, München 1969, S. 148–150.

14 In einem Sammelrundschreiben vom 18.01.1937 zitiert die Gestapo München den Erlass des Reichskirchenministers und erklärt, die „von kirchlichen Stellen veranlassten Abstimmungen zur Beibehaltung der klösterlichen Lehrkräfte in Bayern“ hätten ihn erforderlich gemacht. Abschließend ordnet die Staatspolizeileitstelle an: „Über alle ähnlichen Fälle von Abstimmungen über schulpolitische oder schulorganisatorische Fragen, insbesondere Abstimmungen zur Erhaltung der Bekenntnisschulen, ist jeweils zu berichten.“; Staatsarchiv Würzburg, Sammlung Schumacher, 12/3: Sammelrundschreiben der Gestapo-Leitstelle München: Allgemeine politische

1.2 *Überführung der Bekenntnisschule in die Deutsche Gemeinschaftsschule*

Stärker noch als das repressive Vorgehen gegen die Ordensinstitute polarisierte der Kampf um die Bekenntnisschule[15], deren Schülerinnen und Schüler sich durch die gemeinsame Konfessionszugehörigkeit auszeichneten. Die Frage der Konfessionalität *oder* Simultanität der allgemein bildenden Schule zog weite Kreise und rief nicht nur die unterfränkische Schulgemeinde auf den Plan. Auf allen Ebenen der kirchlichen Hierarchie wurden den nationalsozialistischen Bestrebungen zur Einführung der gemischt-konfessionellen Simultanschule gezielte Abwehrstrategien entgegengehalten.[16] Für beide Seiten – Kirche wie Einparteienstaat – war der Einsatz hoch: die Einflussnahme auf die Sozialisation kommender Generationen, auf ihre weltanschauliche Bindung und Beheimatung. Wer die Jungen gewinnen und auf seine Ideen festlegen konnte, sicherte den Fortbestand seiner Institutionen und Lehrsysteme.

Seit 1935 forcierte der nationalsozialistische Staat Hand in Hand mit der nationalsozialistischen Partei seine Propaganda für die *Deutsche Gemeinschaftsschule.*[17] Das Motto für den Schulkampf in Bayern gab der Münchener Stadtschulrat Bauer aus: „Ein Volk, ein Reich, ein Recht, eine Schule!“[18] Die konfessionelle Identität der Volksschule bedeutete den Nationalsozialisten ein Hemmnis bei der uniformen Indoktrination der Schülerinnen und Schüler und war daher das wichtigste strategische Ziel ihrer Schulpolitik.[19] In

---

Anordnungen und Anweisungen 1937–40, fol. 6. Siehe auch Staatsarchiv Würzburg, Sammlung Schumacher, 8/4: BPP Sammelrundschreiben 1935–1937, fol. 57.

15 Vgl. die Überblicksdarstellung von Franz Sonnenberger, Die vollstreckte Reform. Die Einführung der Gemeinschaftsschule in Bayern 1935–1938, in: Michael Prinz / Rainer Zitelmann (Hg.), Nationalsozialismus und Modernisierung, Darmstadt 1991, S. 172–198.

16 Zu den teils sehr heftigen Auseinandersetzungen im Bistum Würzburg vgl. ausführlich Haaf, Von volksverhetzenden Pfaffen (wie Anm. 1), S. 60–92.

17 Vgl. hierzu Robert Ebner, Maßnahmen der Nationalsozialisten gegen den katholischen Religionsunterricht in Unterfranken, in: Maria Abb u. a. (Hg.), Ein Streifzug durch Frankens Vergangenheit (Bad Neustädter Beiträge zur Geschichte und Heimatkunde Frankens 2), Bad Neustadt a. d. Saale 1982, S. 443–511; bes. S. 448; Rolf Eilers, Die nationalsozialistische Schulpolitik. Eine Studie zur Funktion der Erziehung im totalitären Staat, Köln / Opladen 1963, S. 22–24; Bernhard Höpfl, Katholische Laien im nationalsozialistischen Bayern. Verweigerung und Widerstand zwischen 1933 und 1945 (Veröffentlichungen der Kommission für Zeitgeschichte, Reihe B: Forschungen 78), Paderborn u. a. 1997, S. 48; Pirner, Zwischen Kooperation und Kampf (wie Anm. 3), S. 54f. – Bischof Matthias Ehrenfried erkannte früh die Bedrohung der Konfessionsschule. So warnte er bereits am 26.11.1934 auf einem Einkehrtag für die Dekane, die Bekenntnisschule sei durch „Verwaltungsmaßnahmen“ in ihrem Bestand gefährdet, und rief dazu auf, sich „mit allen Kräften“ für ihren Erhalt einzusetzen; Diözesanarchiv Würzburg, Mandate, Kasten 10, D IX/94.

18 Zitiert nach Johann Neuhäusler, Kreuz und Hakenkreuz. Der Kampf des Nationalsozialismus gegen die katholische Kirche und der kirchliche Widerstand, Bd. 1, München 1946, S. 88. – Folgenschwer für die bayerischen Verhältnisse war der Tod von Hans Schemm im März 1935, der das Staatsministerium für Unterricht und Kultus geleitet und dem *Nationalsozialistischen Lehrerbund* (NSLB) vorgestanden hatte. Adolf Wagner, sein Nachfolger im Amt des Kultusministers, und Fritz Wächtler, der fortan den NSLB anführte, verfolgten einen deutlich schärferen kirchenfeindlichen Kurs als der national-religiös eingestellte Schemm. Zu den Veränderungen in der programmatischen Ausrichtung des NSLB unter der Führung Wächtlers vgl. Willi Feiten, Der Nationalsozialistische Lehrerbund. Entwicklung und Organisation (Studien und Dokumentationen zur deutschen Bildungsgeschichte 19), Weinheim / Basel 1981, S. 148–150.

19 Vgl. in diesem Zusammenhang Franz Sonnenberger, Die Rekonfessionalisierung der bayerischen Volksschule 1945–1950, in: Zeitschrift für bayerische Landesgeschichte 45 (1982), S. 87–155, sowie ders., Die vollstreckte Reform (wie Anm. 15).

mehreren Hirtenbriefen begegneten die Bischöfe der aggressiven Werbung für die nationalsozialistische *Gemeinschaftsschule,* thematisierten den drohenden Abbau der Konfessionsschulen und benannten die Gefahren, die sie darin für die Kinder- und Jugenderziehung erblickten.[20] Im Fastenhirtenbrief des Jahres 1935 wies der Würzburger Oberhirte Matthias Ehrenfried[21] die Einschränkungen auf kirchlich-religiösem Gebiet und eine Erziehung der Jugend im Geiste Alfred Rosenbergs[22] zurück. An die Gläubigen richtete er den Appell: „Die Forderung der Stunde ist katholische Tat und katholischer Mut. Diesen brauchen wir für die katholische Aktion und die katholischen Einrichtungen, für

---

[20] Beispielsweise reflektierten die bayerischen Bischöfe in ihren Hirtenbriefen vom 21.06.1936 und 13.12.1936 im Kontext des Abbaus der klösterlichen Lehrkräfte und Schulen die ungewisse Zukunft der Bekenntnisschule; vgl. hierzu Haaf, Von volksverhetzenden Pfaffen (wie Anm. 1), S. 41–50. – In einem Hirtenwort vom 07.10.1936 urteilte Bischof Matthias Ehrenfried, das Eintreten für den Erhalt des konfessionellen Schulwesens sei „ein Kampf gegen den Bolschewismus“; Diözesanarchiv Würzburg, Mandate, Kasten 10, D IX/17.

[21] Zum Wirken Bischof Matthias Ehrenfrieds im Bistum Würzburg in den Zeiten der nationalsozialistischen Diktatur vgl. Max Domarus, Bischof Matthias Ehrenfried und das Dritte Reich, Würzburg 1998 sowie Klaus Wittstadt, Bischof Matthias Ehrenfried im Spiegel seiner Hirtenbriefe, in: Würzburger Diözesangeschichtsblätter 41 (1979), S. 203–216; ders., Bischof Matthias Ehrenfried. Seine Vorschläge zur Priesterausbildung während der Zeit des Dritten Reiches, in: Würzburger Diözesangeschichtsblätter 50 (1988), S. 395–404; ders., Ein Bischof in schwerer Zeit. Das Wirken Bischof Matthias Ehrenfrieds im Dritten Reich, in: Würzburger Diözesangeschichtsblätter 57 (1995), S. 407–420, sowie Haaf, Von volksverhetzenden Pfaffen (wie Anm. 1), passim.

[22] Reichsleiter Alfred Rosenberg war der „Chefideologe der NS-Bewegung“, so Roland Weis, Würden und Bürden. Katholische Kirche im Nationalsozialismus, Freiburg 1994, S. 114. In seinem Machwerk „Der Mythus des 20. Jahrhunderts“ – nach Johann Neuhäusler, Saat des Bösen. Kirchenkampf im Dritten Reich, München 1964, S. 56, neben Hitlers „Mein Kampf“ die „Glaubensgrundlage der Partei“ – griff Rosenberg scharf christliche Glaubensinhalte an, leugnete das Alte Testament und propagierte die „Reinigung von allem Jüdischen“. – Zu Rosenberg und seiner nicht unumstrittenen Position im NS-Herrschaftsgefüge vgl. Reinhard Bollmus, Das Amt Rosenberg und seine Gegner. Studien zum Machtkampf im nationalsozialistischen Herrschaftssystem, Stuttgart 1970. – Zu der Auseinandersetzung der christlichen Kirchen mit Rosenberg und seinen Schriften vgl. Raimund Baumgärtner, Weltanschauungskampf im Dritten Reich. Die Auseinandersetzung der Kirchen mit Alfred Rosenberg (Veröffentlichungen der Kommission für Zeitgeschichte, Reihe B: Forschungen 22), Mainz 1977; ders., Die Weltanschauung des Nationalsozialismus, in: Geschichtsverein der Diözese Rottenburg-Stuttgart (Hg.), Kirche im Nationalsozialismus, Sigmaringen 1984, S. 45–58, sowie Dominik Burkard, Häresie und Mythus des 20. Jahrhunderts. Rosenbergs nationalsozialistische Weltanschauung vor dem Tribunal der Römischen Inquisition (Römische Inquisition und Indexkongregation 5), Paderborn 2005. – Auch im Bistum Würzburg setzten sich die Geistlichen mit Rosenberg und seinen kirchenfeindlichen Thesen auseinander. Beispielsweise wandte sich Pfarrer Michael Schmitt in einer Predigt vom 18.07.1937 unter anderem gegen dessen Forderung: „die Kruzifixe in Kirchen und Dorfstraßen müssen verschwinden“; Staatsarchiv Würzburg, Gestapoakten, Nr. 12962, fol. 3. Alfred Rosenberg führte in seinem „Mythus des 20. Jahrhunderts“ hierzu näher aus: „Aus der inneren Neueinstellung zum Jesusbilde aber ergibt sich auch eine unbedingt notwendige, scheinbar nur äußerliche Änderung: der Ersatz der die quälende Kreuzigung darstellenden Kruzifixe in Kirchen und auf Dorfstraßen. Das Kruzifix ist das Gleichnis der Lehre vom geopferten Lamm, ein Bild, welches uns den Niederbruch aller Kräfte vors Gemüt führt und durch die fast immer grauenhafte Darstellung des Schmerzes innerlich gleichfalls niederdrückt, ‚demütig' macht, wie es die herrschsüchtigen Kirchen bezweckten.“; zitiert nach Diözesanarchiv Würzburg, Dokumentation Deutsche Zeitgeschichte, Kasten 7, 4. Nationalsozialismus (1933–1945), 4.2: Antikirchliche Polemik / Propaganda. – Bischof Ehrenfried soll in seiner Firmansprache in Rannungen im Jahr 1936 an die Gläubigen appelliert haben: „Wenn der Mythus des XX. Jahrhunderts sagt, dass das Kreuz aus den Stuben soll, da machen wir nicht mit.“; Staatsarchiv Würzburg, Sammlung Schumacher, 4/2, fol. 38. – Und im April 1935 wurde der Kaplan von Zell mehrfach beanstandet wegen seiner Predigten gegen die „Irrtümer“ Rosenbergs und dessen Ablehnung der „Verehrung des Kreuzes“; vgl. den Bericht des Ortsgruppenleiters der NSDAP Zell vom 22.04.1935, in: Diözesanarchiv Würzburg, NSDAP Kirchenakten, Zell am Main.

katholische Presse und Schrifttum, katholische Jugend- und Standesvereine, katholische Elternschaft und Bekenntnisschule, katholisches Bildungs- und Erziehungsideal. Nicht aufgrund des Mythos kann unsere Jugend erzogen werden, sondern im Licht und in der Kraft des Evangeliums."[23]

Bereits am 21. April setzte sich Ehrenfried erneut mit der Schulfrage auseinander. Er mahnte die Eltern einzufordern, „dass der Geist der Schule entsprechend ist dem Geiste der christlichen Familie", und beschrieb die bekenntnisgebundene Schule als „Ideal und Forderung von Kirche und christlichem Elternhaus."[24] Auch der gemeinsame Hirtenbrief der Fuldaer Bischofskonferenz vom 30. August 1936 spiegelt das Ringen um den Fortbestand der katholischen Bekenntnisschule wider: „Wir können es nicht begreifen, daß man die heranwachsende deutsche Jugend den christlichen Einflüssen häufig entzieht, um sie auf christusfeindliche Ideen festzulegen oder durch interkonfessionelle Vermischung um die Lebenskraft ihrer katholischen Überzeugung zu bringen. Wir können es nicht begreifen, daß man in einzelnen deutschen Ländern die konfessionellen Schulen und die privaten katholischen Schulen zu beseitigen versucht oder durch Volksentscheide beseitigt, obgleich das deutsche Konkordat deren Beibehaltung und Neueinrichtung oder wenigstens, was die Privatschulen betrifft, deren Berechtigung und Führung durch Orden und religiöse Kongregationen gewährleistet."[25] Der Monatsbericht der Regierung von Unterfranken verzeichnet unter dem 7. September, „dass die am 30.8.36 in einer Anzahl katholischer Kirchen erfolgte Verlesung des Hirtenbriefes der Fuldaer Bischofskonferenz neuerdings in den nationalsozialistisch eingestellten Bevölkerungskreisen starken Unwillen erregte."[26]

Den Ortsgruppenleitern und Parteigängern waren die andauernden episkopalen Proteste ein Dorn im Auge. Der Leiter der Ortsgruppe Zell der *Nationalsozialistischen Deutschen Arbeiterpartei* (NSDAP) erstattete im Oktober 1936 Bericht: „Ich mache die Kreisleitung darauf aufmerksam, dass am gestrigen Sonntag wieder ein Hirtenbrief von der Kanzel verlesen wurde, der die Bekämpfung der Gemeinschaftsschule zum Ziele hatte. Der Hirtenbrief erregte bei verschiedenen Pg. [Parteigenossen] starken Unwillen und es wäre wirklich an der Zeit, dass diesem Unfug Einhalt geboten w[ird]."[27]

Der zunehmenden staatlichen und parteilichen Pression setzten die kirchlichen Würdenträger eine immer deutlichere und unverhohlenere Sprache entgegen, was sich besonders an den oberhirtlichen Verlautbarungen des Jah-

23 Diözesanarchiv Würzburg, Mandate, Kasten 10, D IX/15.
24 Würzburger Diözesanblatt 11 (1935), S. 85–89.
25 Diözesanarchiv Würzburg, Dokumentation Deutsche Zeitgeschichte, Kasten 13, 4. Nationalsozialismus (1933–1945), 4.16.1: Druckschriften, Hirtenbriefe. Siehe auch Diözesanarchiv Würzburg, Mandate, Kasten 10, E II/20, weiterhin Diözesanarchiv Würzburg, Kirchenamtliche Rundschreiben, Kasten 4, 1933–1945, B Bayerische Bischöfe, I. Hirtenworte (chronologisch), 2. zur kirchlichen Situation in Deutschland (1936) sowie den Bericht der NSDAP-Ortsgruppe Unterpleichfeld vom 03.09.1936, in: Diözesanarchiv Würzburg, NSDAP Kirchenakten, Unterpleichfeld, Pfarrer Bruno Greubel 1937. – Vgl. des Weiteren Würzburger Diözesanblatt 21 (1935), S. 144–153, sowie Diözesanarchiv Würzburg, Mandate, Kasten 10, E II/15 f.
26 Klaus Wittstadt (Bearb.), Die kirchliche Lage in Bayern nach den Regierungspräsidentenberichten 1933–1943, Band VI, Regierungsbezirk Unterfranken 1933–1944 (Veröffentlichungen der Kommission für Zeitgeschichte, Reihe A: Quellen 31), Mainz 1981, S. 94.
27 Bericht der NSDAP-Ortsgruppe Zell am Main vom 19.10.1936, in: Diözesanarchiv Würzburg, NSDAP Kirchenakten, Zell am Main, Hirtenbriefe 1936/40.

res 1937 ablesen lässt. In einem an das Reichsministerium für die kirchlichen Angelegenheiten gerichteten Appell der deutschen Bischöfe vom 13. Januar 1937, der fünfzehn Konkordatsbrüche anmahnt, heißt es, Artikel 23 des Reichskonkordats[28] gewährleiste zwar „die Beibehaltung u. Neueinrichtung kath. Bekenntnisschulen", jedoch: „In Wirklichkeit wogt ein gewaltiger, auch von parteiamtl. Organen geförderter Kampf gegen die kath. Bekenntnisschule u. werden alle Mittel der Agitation, des Druckes u. moral. Zwanges angewandt, um auf die Eltern einzuwirken, dass sie ihre Kinder aus der Bekenntnisschule herausnehmen."[29]

Die zahlreichen oberhirtlichen Mahnworte und eine scharfe Protestnote Ehrenfrieds an die Adresse des Würzburger Gauleiters und Regierungspräsidenten Otto Hellmuth[30], in der dieser die von nationalsozialistischer Seite angewandten Methoden der systematischen Einschüchterung der Erziehungsberechtigten bloßstellte und anprangerte, wurden flankiert von Abstimmungen, die auf Weisung Bischof Ehrenfrieds in den Gotteshäusern des Bistums durchgeführt wurden. Mit signifikanter Mehrheit sprachen sich die katholischen Eltern hier für die Bekenntnisschule aus. Unter den Bedingungen eines geschlossenen katholischen Milieus, wie es auf den Bauerndörfern Unterfrankens vorherrschte, stieß sie auf beinahe hundertprozentige Zustimmung.[31] Oft

[28] Das Bischöfliche Ordinariat Würzburg gab im Echter-Verlag eine Schrift mit dem Titel „Kundgebungen führender Männer und amtliche Erlasse über den Schutz der Konfessionen in Deutschland" heraus. In einem ersten Teil stellte diese Kleinschrift „Programmatische Erklärungen und Kundgebungen" zusammen und zitierte prokirchliche Aussagen von Hitler, Rosenberg, Heß, Kerrl oder Göring. Ein zweiter Teil druckte „Amtliche Erlasse" über den Schutz von Sonn- und Feiertagen ab. Ein abschließender dritter Teil veröffentlichte fünf Artikel des Reichskonkordats, die „von besonderer Bedeutung" waren, darunter auch Artikel 23: „Die Beibehaltung und Neueinrichtung katholischer Bekenntnisschulen bleibt gewährleistet. In allen Gemeinden, in denen Eltern oder sonstige Erziehungsberechtigte es beantragen, werden katholische Volksschulen errichtet werden, wenn die Zahl der Schüler unter gebührender Berücksichtigung der örtlichen schulorganisatorischen Verhältnisse einen nach Maßgabe der staatlichen Vorschriften geordneten Schulbetrieb durchführbar erscheinen lässt."; Diözesanarchiv Würzburg, Dokumentation Deutsche Zeitgeschichte, Kasten 13, 4. Nationalsozialismus (1933–1945), 4.16.1: Druckschriften.

[29] Diözesanarchiv Würzburg, Dokumentation Deutsche Zeitgeschichte, Kasten 7, 4. Nationalsozialismus (1933–1945), 4.2: Kirchliche Verlautbarungen, Deutsche Bischofskonferenz/Fulda; siehe auch Diözesanarchiv Würzburg, Mandate, Kasten 10, E II/24.

[30] Vgl. hierzu genauer Haaf, Von volksverhetzenden Pfaffen (wie Anm. 1), S. 76–79.

[31] Die Umstände der Elternbefragung in Mömbris schildert Pfarrer Hermann Dümig in seinen 1966 und 1967 niedergeschriebenen Erinnerungen: „Die kirchliche Behörde verordnete eine Abstimmung über die Bekenntnisschule, die bei den Gottesdiensten in den Kirchen vorgenommen werden musste, da gesetzlich keine andre Möglichkeit vorhanden war. An einem Samstag früh brachte die Post die Abstimmungsformulare. Als ich die Anweisung durchgelesen hatte, sagte ich zu mir selbst: ‚Das gibt was! Das lässt sich die allmächtige Partei 1937 nicht mehr bieten!' Mein Plan stand sofort fest: Das Hauptkontingent der Formulare wird auf der Stelle verstaut, ein kleines Quantum bleibt liegen. Kaum war eine Stunde verstrichen, als schon Wachtmeister N. N. von der Ortsgendarmerie erschien. Er war ein 200-prozentiger Parteimann, der freilich mehr Begeisterung als Hirn besaß. Barsch erklärte er mir: ‚Sie haben heute mit der Post die Abstimmungsformulare für eine Schulabstimmung in der Kirche erhalten; die muss ich im Auftrag meiner Behörde beschlagnahmen.' Meine Antwort lautete: ‚Da nehmen Sie die mit!' Dabei zeigte ich auf den auf dem Tisch liegenden Rest. Siegesfroh rückte er damit ab. Darnach ging ich noch vor 12 Uhr zu Fräulein Elisabeth Meder, das in der Marienanstalt zu Würzburg Maschinenschreiben gelernt hatte und von deren Familie 5 Geschwister im Kloster waren. Ich sagte zu ihm: ‚Heute gilt es zu handeln! Morgen soll auf bischöfliche Anordnung in der Kirche eine Schulabstimmung stattfinden. Hiezu müssen jene Exemplare, die Wachtmeister N. N. mitgenommen hat, mit der Schreibmaschine ersetzt werden.' Abends um 10 Uhr war mit meiner Beihilfe die benötigte Anzahl fertig. Nach der Abstimmung, die ein Ergebnis von 92 % für die Bekenntnisschule erbrachte, erschien sogleich Herr N. N. und schrie voller Wut: ‚Sie

waren es nur der Ortsgruppenleiter und der Bürgermeister, die sich der Stimme enthielten. In Hopferstadt, wo Pfarrer August Duttenhöfer wirkte, befürworteten die Erziehungsberechtigten „einmütig“ den Erhalt der konfessionsgebundenen Schule – mit Ausnahme des Bürgermeisters.[32]

In Theilheim bei Würzburg erzielte die Befragung „ein überwältigendes Ergebnis“, das Pfarrer Karl Hockgeiger am Sonntag darauf bekannt gab und den Eltern „seinen herzlichen Dank über die Abstimmung zur Bekenntnisschule“ aussprach. 95,40 Prozent hatten für die konfessionsgebundene Schule votiert.[33] Entgegen den propagandistischen Meldungen in der nationalsozialistischen Presse, die in schillerndsten Farben den ruhmreichen Siegeszug der *Deutschen Gemeinschaftsschule* malten, zeitigte das Abstimmungsverhalten der katholischen Erziehungsberechtigten einen eindeutigen Erfolg für die Bekenntnisschule und offenbarte, wo die Präferenz der Eltern lag: „Die kirchliche Abstimmung für die Konfessionsschule hatte in den 640 Orten, in denen sie stattfand, ein ganz einzigartiges Resultat, da die Mehrzahl zu mehr als 85 % und viele Gemeinden zu 100 % für die Konfessionsschule schriftlich sich erklärten“[34], informierte das Ordinariat im Dezember 1937 den Säkularklerus.

Alle Widerstände jedoch, die sich bei Geistlichen[35] und Laien[36] regten, konnten letztlich die „Durchführung der Gemeinschaftsschule“ nicht verhindern: „Die öffentlichen Volksschulen im Regierungsbezirk Mainfranken sind seit Beginn

---

haben mir doch gesagt, dass keine Abstimmung stattfindet, und jetzt haben Sie doch eine gehalten!‘ Meine Antwort war: ‚Ich habe Ihnen gar nichts gesagt außer: ‚Nehmen Sie die mit! (die Formulare auf dem Tisch)‘ und sie zogen damit ab.‘ Als er darauf schimpfte und Drohungen ausstieß, erwiderte ich: ‚Sie gehorchen Ihrer Behörde und ich gehorche meiner kirchlichen Behörde.‘ Eine Woche später meldete die Zeitung eine 100-prozentige Abstimmung der Gemeinde Mömbris für die staatliche Gemeinschaftsschule. Eine kleine Versammlung von linientreuen Parteimitgliedern, Lehrern und einigen ‚Waschlappen‘ hatte 100-prozentig abgestimmt nach ähnlichen Rezepten wie bei den Gesamtwahlen im Nazireich nach 1933 und heute noch in der Ostzone. Die Bevölkerung wusste Bescheid.“; Diözesanarchiv Würzburg, Dokumentation Deutsche Zeitgeschichte, Kasten 13, 4. Nationalsozialismus (1933–1945), 4.16.1: Katholische Kirche, Erinnerungen Pfarrer Hermann Dümig, S. 15.

32 Vgl. die Vernehmung Duttenhöfers durch die Gestapo Würzburg am 14.01.1938, in: Staatsarchiv Würzburg, Gestapoakten, Nr. 2741.

33 Vgl. den Bericht des Propagandaleiters der NSDAP-Ortsgruppe Theilheim vom 12.07.1937, in: Diözesanarchiv Würzburg, NSDAP Kirchenakten, Theilheim bei Würzburg, Pfarrer Hockgeiger 1937.

34 Diözesanarchiv Würzburg, Dokumentation Deutsche Zeitgeschichte, Kasten 24, 4. Nationalsozialismus (1933–1945), 4.18 Sammlung Dr. Schebler, 4.16.1: Bischöfliches Ordinariat Würzburg, Mitteilungen an den Seelsorgsklerus; siehe auch Diözesanarchiv Würzburg, Mandate, Kasten 10, D IX/30. – Das Resultat der Elternbefragung im Bistum Würzburg widerspricht der These von Kleinöder, Der Kampf um die katholische Schule (wie Anm. 10), S. 609, die unter Berufung auf Regierungsangaben für die bayerischen Diözesen annimmt, die Abstimmungsergebnisse „dürften […] kaum den kirchlichen Erwartungen entsprochen haben“.

35 Zu den Widerständen aus dem Pfarrklerus gegen die Gemeinschaftsschule vgl. Haaf, Von volksverhetzenden Pfaffen (wie Anm. 1), S. 60–97, sowie Staatsarchiv Würzburg, Gestapoakten, Nr. 594 (Anton Heckelmann), Nr. 617 (Joseph Heeger), Nr. 631 (Heinrich Hefner), Nr. 636 (Wilhelm Hefner), Nr. 1047 (Martin Henkel), Nr. 1487 (Johannes Heyer), Nr. 1938 (Adolf Hofmann), Nr. 2022 (Joseph Hofmann), Nr. 2859 (Konstantin Junker), Nr. 3440 (Eduard Keller), Nr. 4620 (Joseph Kolb), Nr. 4793 (Lothar Krämer), Nr. 5022 (Karl Krebs), Nr. 5572 (Gottfried Lang), Nr. 5842 (Karl Lehner), Nr. 7008 (Ambros Martin), Nr. 7832 (Josef Molitor), Nr. 8727 (Franz Nimbler), Nr. 10947 (Karl Rohe), Nr. 11777 (Karl Sauer), Nr. 12240 (Theodor Scheuring) und Nr. 17564 (August Wörner).

36 Vgl. hierzu Haaf, Von volksverhetzenden Pfaffen (wie Anm. 1), S. 73 Anm. 288, S. 74 Anm. 290, S. 77 Anm. 296, sowie S. 87 Anm. 327.

des Schuljahres 1938/39 ausnahmslos in Gemeinschaftsschulen umgewandelt", konstatiert ein schulamtliches Schreiben am 8. November 1938 lakonisch.[37]

1.3 Schulverbote gegen Geistliche

In der Schulfrage kam die unterfränkische Schulgemeinde nicht zur Ruhe. Das Herausdrängen der Ordensschwestern und die Installation der *Deutschen Gemeinschaftsschule* waren wichtige Etappenziele auf dem Weg zu einer gleichgeschalteten Schulerziehung und einseitigen Indoktrination der Kinder und Jugendlichen. Die nationalsozialistische Regierung jedoch konnte und wollte sich nicht mit dem Erreichten zufrieden geben, sondern verfolgte weiterhin konsequent ihre Politik der Restriktion konfessioneller Einflussnahme auf die Schuljugend.[38] Nach wie vor bildete der Religionsunterricht eine Störgröße in einem ansonsten nationalsozialistischen Lehrbetrieb: Die Lerninhalte aus dem Religionsunterricht kollidierten mit den Inhalten anderer Fächer[39],

---

[37] Schreiben des Bezirksschulamts Schweinfurt vom 08.11.1938, in: Diözesanarchiv Würzburg, Dokumentation Deutsche Zeitgeschichte, Kasten 15, 4. Nationalsozialismus (1933–1945), 4.16.4: Volksschule Zeuzleben. – Für das Reichsgebiet registriert das Kirchliche Handbuch XXI (1939/40), S. 85f., einen Rückgang der katholischen Volksschulen von 15231 im Jahr 1936 auf 13025 in 1937 und 9639 in 1938. Dagegen stieg die Zahl der Gemeinschaftsschulen von 8766 in 1936 über 12441 in 1937 auf 17150 im Jahr 1938. Auf die weitere Entwicklung wird folgender Ausblick gegeben: „Seit dem 25. Mai 1938, dem Stichtag der letzten vorliegenden amtlichen Statistik, sind in der bekenntnismäßigen Gliederung der Volksschule weitere sehr erhebliche Verschiebungen eingetreten. Dies ergab sich aus der in der Zwischenzeit – vor allem zu Ostern 1939 – erfolgten verbreiteten Simultanisierung von Volksschulen in *Rheinland* und *Westfalen*, in *Berlin*, *Frankfurt/M.*, *Bayern*, *Oldenburg* [i. O. fett] usf."

[38] Vgl. hierzu Haaf, Von volksverhetzenden Pfaffen (wie Anm. 1), S. 97–134.

[39] Umfangreiche Ermittlungen liefen 1942 gegen Pfarrer Johann Schauer in Homburg. Der Geistliche hatte im Religionsunterricht „in abträglicher Art über die Zivilehe gesprochen" und den Kindern erläutert: „Eine Zivilehe ist es, wenn sich die Leute trauen lassen ohne den Pfarrer. Das gelte aber bei Gott nicht viel. Diese Eheleute könnten wieder auseinander gehen." Die Äußerungen Schauers, die der Lehrmeinung der katholischen Kirche entsprachen, wurden von den Nationalsozialisten kriminalisiert: Wegen seines „staatsabträglichen Verhaltens" wurde der Geistliche am 19.08.1942 inhaftiert und acht Tage lang in der Haftanstalt Würzburg festgehalten; vgl. Staatsarchiv Würzburg, Gestapoakten, Nr. 12011, fol. 84–103. – Zu den Spannungen wegen religiöser Lerninhalte vgl. auch Haaf, Von volksverhetzenden Pfaffen (wie Anm. 1), S. 264f., 277, 311f., 316–319 und 325–328. – In vielen Fällen ermittelte die Gestapo Würzburg gegen Diözesanpriester wegen *staatsabträglicher Äußerungen* oder *staatsfeindlichen Verhaltens* im Religionsunterricht; vgl. unter anderem Staatsarchiv Würzburg, Gestapoakten, Nr. 443 (Kaplan Franz Hartinger), Nr. 1071 (Pfarrer Alois Hennig), Nr. 1250 (Pfarrer Johann Herrmann), Nr. 3417 (Lokalkaplan Rudolf Keith), Nr. 3956 (Pfarrer Wilhelm Kleespies), Nr. 4793 (Pfarrer Lothar Krämer), Nr. 5194 (Pfarrer Franz Krug), Nr. 5556 (Kaplan Alfred Lang), Nr. 5572 (Pfarrer Gottfried Lang), Nr. 5709 und 5714 (diese beiden Personenakten erwähnen das *abträgliche* Verhalten von Kaplan Ludwig Billmeier in der Volksschule Aura), Nr. 6110 (Lokalkaplan Rudolf Liebenstein), Nr. 6769 (Kaplan Franz Mahr), Nr. 7012 (Expositus Erhard Martin), Nr. 7121 (Pfarrer Franz Joseph May), Nr. 7585 (Expositus Franz Meyer), Nr. 7617 (Pater Marold Meyer OSB), Nr. 8656 (Pfarrer Franz Niklas), Nr. 10332 (Pfarrer Karl Reitz), Nr. 10447 (Pfarrer Josef Reuß), Nr. 10954 (Pfarrer Karl Rohner), Nr. 11721 (Pfarrer Siegfried Saß), Nr. 11787 (Pfarrer Nikolaus Sauer), Nr. 12032 (Pfarrer Alois Schebler), Nr. 12376 (Pfarrer Ludwig Schinke), Nr. 12604 (Pfarrer Christian Schmelz), Nr. 12962 (Benefiziat Michael Schmitt), Nr. 14209 (Pater Hermann-Josef Seller OESA), Nr. 15177 (Kaplan Paul Steinert), Nr. 15230 (Kaplan Anton Stenger), Nr. 15472 (Dekan Hugo Stöhr), Nr. 15778 (Pfarrer Josef Stürmer), Nr. 15906 (Kaplan Friedrich Thein), Nr. 16365 (Pfarrer Karl Wagner), Nr. 16989 (Pfarrer Johann Weisenberger), Nr. 17145 (Pfarrer Pius Werner), Nr. 17161 (Pfarrer Franz Werthmann), Nr. 17771 (Pfarrer Dionysius Zänglein), Nr. 17872 (Kaplan Josef Zeis) oder Nr. 17913 (Kaplan Georg Zenkert).

Priester übten Strenge an Kindern von NSDAP-Anhängern[40] und kirchlich sozialisierte Schülerinnen und Schüler gaben ihren braunen Lehrern Widerworte und meldeten ihre Vorbehalte an, wurden sie mit christentumsfeindlichen Ideen konfrontiert.[41] So setzte der Bezirksschulrat von Bad Kissingen den dortigen Landrat über die Verhältnisse in Rannungen ins Bild: „Schulleiter N. N. hat mir bereits mehrfach berichtet, dass er während des Unterrichts, und zwar vor allem dann, wenn er über einen Gegenstand unterrichtet, der die nat. soz. Auffassung besonders deutlich erkennen und in ihrer erzieherlichen Einwirkung darstellen lässt, aus den Reihen der Schüler eine deutliche Opposition spürt. Sie geht vor allem von jenen Schülern aus, die dem von Pfarrer Stöhr[42] geleiteten Ministrantenbund angehören."[43] Und aus Miltenberg machte der HJ-Bannführer Meldung, Kaplan Dr. Franz Mahr übe „einen starken Einfluss" auf die Abiturienten aus, und musste beklagen, „dass die hiesige HJ. weltanschaulich nicht in Ordnung ist."[44]

Aus nationalsozialistischer Sicht war es daher nur folgerichtig, den Störfaktor Religionsunterricht weiter zurückzudrängen. Obwohl in der Kontroverse um die konfessionsgebundene Volksschule den Eltern von staatlicher Seite zugesichert worden war, „dass auch in der Gemeinschaftsschule der christliche Religionsunterricht in der gleichen Weise wie in der Bekenntnis-

---

40 Pfarrer Karl Neder von Birnfeld wurde nachgesagt, er lege bei den Schulkindern, „die ihm vielleicht wegen der politischen Einstellung der Eltern weniger genehm sind", einen „schärferen Maßstab bei der Züchtigung" an als bei seinen Ministranten; vgl. den Bericht des Bezirksamts Hofheim an die Gestapo Würzburg vom 04.05.1938, in: Staatsarchiv Würzburg, Gestapoakten, Nr. 8410. – Während des Religionsunterrichts in der Schule von Kirchschönbach ermahnte Pfarrer Dr. Hans Stadler ein Mädchen, das einen Fingerring trug, der ein Hakenkreuz zeigte. Er forderte die Schülerin auf, den Ring sofort abzustreifen, und belehrte sie, „wenn sie wüsste, was der Ring für eine Bedeutung habe, dann würde sie denselben nicht tragen"; Staatsarchiv Bamberg, Staatsanwaltschaft bei dem Landgericht Bamberg, Repertorium Kasten 105, Sondergericht Bamberg, Nr. 227, fol. 15. – Hitlerjungen und BDM-Mädel warnte Pfarrer Stadler im Unterricht, „dass sie doch noch von ihrem Glauben abfallen und Neuheiden werden." Staatsarchiv Bamberg, Staatsanwaltschaft bei dem Landgericht Bamberg, Repertorium Kasten 105, Sondergericht Bamberg, Nr. 364, fol. 1. – Vgl. weiterhin Haaf, Von volksverhetzenden Pfaffen (wie Anm. 1), S. 215 Anm. 778, sowie S. 374 Anm. 1458.

41 Vgl. hierzu ebd., S. 311f.

42 Dekan Hugo Stöhr von Münnerstadt zählt zu den profiliertesten Geistlichen des Bistums Würzburg im Dritten Reich. Er war zu keinen Zugeständnissen an die Nationalsozialisten bereit und scheute nicht die Konfrontation mit den örtlichen Repräsentanten von Staat, Partei und Polizei; vgl. hierzu Tobias Haaf, „Den Pfarrer zur Strecke bringen". Hugo Stöhr, Pfarrer von Rannungen und Dekan von Münnerstadt. Eine Priesterbiographie aus der nationalsozialistischen Zeit Unterfrankens, in: Würzburger Diözesangeschichtsblätter 65 (2003), S. 259–336. – Weitere Beispiele für aufrechte Priester der Diözese Würzburg während der Jahre 1933 bis 1945 sind Pfarrer Josef Fröhlich von Waldbrunn, Kaplan Friedrich Thein von Rimpar oder Pfarrer Dr. Gottfried Eder von Dipbach; vgl. hierzu Tobias Haaf, „Die Äusserungen des Angeklagten haben den öffentlichen Frieden gestört". Die Verurteilung des Waldbrunner Pfarrers Josef Fröhlich durch das Sondergericht Bamberg 1935. Eine Quellenedition, in: Würzburger Diözesangeschichtsblätter 68 (2006), S. 323–350; ders., „Der Angeklagte gehört offenbar zu den politisierenden Geistlichen". Die Verurteilung des Rimparer Kaplans Friedrich Thein durch das Sondergericht Bamberg 1936. Eine Quellenedition, in: Würzburger Diözesangeschichtsblätter 70 (2008), S. 261–283, sowie ders., „Dazu habe ich mich als Seelsorger verpflichtet gefühlt". Die Verurteilung des Dipbacher Pfarrers Dr. Gottfried Eder durch das Sondergericht Bamberg 1940. Eine Quellenedition, in: Würzburger Diözesangeschichtsblätter 79 (2016), S. 295–315.

43 Staatsarchiv Würzburg, Gestapoakten, Nr. 15472, fol. 86; vgl. hierzu Haaf, „Den Pfarrer zur Strecke bringen" (wie Anm. 42), S. 293–295.

44 Staatsarchiv Würzburg, Gestapoakten, Nr. 6769, fol. 30.

schule erteilt wird"[45], verfügte Adolf Wagner, NSDAP-Gauleiter von München und seit Dezember 1936 bayerischer Kultusminister, am 17. April 1939 eine Reduzierung der Unterrichtszeit von bislang fünf bzw. vier auf fortan nur zwei Wochenstunden. Bereits zwei Monate zuvor, am 10. Februar 1939, hatte Staatssekretär Dr. Ernst Boepple in einem Schreiben an den Reichsminister für Wissenschaft, Erziehung und Volksbildung Bernhard Rust eine „Kürzung der Religionsstunden von reichswegen" gefordert, war sich der Unpopularität der Maßnahme jedoch bewusst und hatte eingeräumt: „Ich selbst muss auf diesem Gebiete mich auch deswegen zurückhalten, da in dem Kampf um die Gemeinschaftsschule in Bayern den Erziehungsberechtigten in Aussicht gestellt wurde, dass sich am Religionsunterricht gegenüber dem bisherigen Zustand an den Bekenntnisschulen nichts ändern werde."[46] Nachdem ein Reichsentscheid ausblieb, ordnete Wagner für Bayern die Reduzierung an.

Waren die Bekenntnisschulen erst einmal abgeschafft und der Religionsunterricht beschnitten, war es für die Nationalsozialisten ein Leichtes, den Einfluss der geistlichen Religionslehrer weiter zu schwächen und sie über das Instrument von Verbotsverfügungen aus den öffentlichen Schulen zu drängen. In einem Schreiben an die Regierungspräsidien mit Datum vom 16. Mai 1939 dekretierte Bayerns Kultusminister Wagner, „dass nunmehr die [weltlichen] Lehrkräfte allgemein aus dem Religionsunterricht ausscheiden."[47] In Bayern war es schon vor diesem Erlass zu Unterrichtsniederlegungen weltlicher Religionslehrer gekommen. Begründet waren sie vor allem in der Agitation des *Nationalsozialistischen Lehrerbundes* (NSLB), die in Unterfranken aber weit weniger Lehrkräfte mobilisieren konnte als in benachbarten Regierungsbezirken.[48] Die Anordnung, dass fortan ausschließlich Geistliche den schulischen Religionsunterricht erteilen durften, gab den Regierungen Gelegenheit, durch gezielte Unterrichtsverbote gegen einzelne Priester den Abbau des Faches systematisch voranzutreiben.[49] Ein Erlass des Bayerischen Staatsministeriums für Unterricht und Kultus hatte bereits 1937 festgeschrieben, dass die Regierungspräsidenten geistlichen Lehrern die Erteilung von Religionsunterricht versagen konnten, ohne dass der kirchlichen Oberbehörde ein Mitspracherecht eingeräumt wurde.[50] Und das Schulaufsichtsgesetz, das am 26. April 1938 in

---

[45] Auszug aus dem Erlass des Bayerischen Staatsministeriums für Unterricht und Kultus vom 24.02.1937 an die Regierungen, in: Staatsarchiv Würzburg, Landratsamt Obernburg, 210/1/24.

[46] Geheimes Staatsarchiv München, Reichsstatthalter, Nr. 644.

[47] Die Entschließung vom 16.05.1939, die ausdrücklich auch die Stundenkürzung des schulischen Religionsunterrichts vom 17. April bestätigte, ist überliefert in: Staatsarchiv Würzburg, Landratsamt Gerolzhofen, 5846.

[48] Im Zuge des Attentats auf den Legationssekretär vom Rath am 07.11.1938 in Paris, das als Vorwand für den sogenannten *Novemberpogrom* diente, rief der NSLB die weltlichen Lehrkräfte auf, den Religionsunterricht niederzulegen. In Unterfranken folgten nur sechs Lehrer diesem Aufruf, während es im benachbarten Ober- und Mittelfranken 3426 Lehrer waren; vgl. die Gegenüberstellung bei Kleinöder, Der Kampf um die katholische Schule (wie Anm. 10), S. 620. – Zum Attentat des 17-jährigen Herschel Grynszpan auf den Legationssekretär Ernst Eduard vom Rath, das den Nationalsozialisten das wohlfeile Alibi bot, in den späten Abendstunden des 09.09.1938 den bislang brutalsten Überfall auf die jüdischen Gemeinden in Deutschland zu verüben, vgl. Walter Pehle (Hg.), Der Judenpogrom 1938. Von der „Reichskristallnacht" zum Völkermord, Frankfurt a.M. 1993.

[49] Vgl. Haaf, Von volksverhetzenden Pfaffen (wie Anm. 1), S. 123–130 und 211–216.

[50] Vgl. Wittstadt (Bearb.), Die kirchliche Lage in Bayern (wie Anm. 26), S. 177 Anm. 7.

Kraft trat, bestätigte diese Praxis.[51] Um eine Lehrtätigkeit an einer öffentlichen Volksschule ausüben zu können, benötigten Geistliche die Zulassung durch den Regierungspräsidenten, die nicht erteilt oder widerrufen wurde, „wenn Tatsachen bekannt werden, die die politische Unzuverlässigkeit des Religionslehrers oder seine Ungeeignetheit als Erzieher dartun."[52]

Früh erkannte das unterfränkische Regierungspräsidium, dass die Schulverbote ein effektiver Hebel waren, politisch unzuverlässige Priester zu disziplinieren und ihren Wirkungsbereich einzuengen. In mindestens 138 Fällen verfügte Regierungspräsident Dr. Otto Hellmuth ein vorübergehendes oder endgültiges Unterrichtsverbot gegen Priester der Diözese Würzburg.[53] Damit zählt Würzburg im innerbayerischen und innerdeutschen Vergleich zu den Bistümern, in denen die meisten Verbotsverfügungen ausgesprochen wurden.[54]

Eine Sachakte, in der alle Unterrichtsverbote zusammengestellt sind, existiert für den Bereich der Diözese Würzburg nicht. Daher müssen die Hinweise aus den verschiedenen Archivbeständen zusammengetragen werden. In einer internen Information des Bischöflichen Ordinariats Würzburg an die Dekane vom 25. August 1937 ist von 17 Schulverboten die Rede: „Unsere Diözese steht somit unter den bayerischen Diözesen weit an der Spitze", heißt es hierin.[55] In einem undatierten Schreiben an die Dekane führt das Ordinariat weiter sieben Unterrichtsverbote gegen namentlich genannte Diözesanpriester auf. Als Grund werde in den Verbotsverfügungen „in letzter Zeit meist angegeben, daß Zweifel bestehen, ob sich der betreffende Geistliche voll und ohne Rückhalt für den Führer einsetze."[56] Laut einer Übersicht mit Stand vom 20. November 1937, die am 10. Juni 1938 bei der Kreisleitung der NSDAP Würzburg-Land eingegangen ist, waren im Kreisgebiet die Kapläne Leo Kuchenbrod, Erhard Martin und Georg Zenkert aufgrund ihrer „staatsfeindl. Haltung" von einem Unterrichtsverbot betroffen.[57] „Kirchliche Nachrichten für die Dekanate der Diözese Würzburg" vom Oktober 1942 listen 69 Schulverbote gegen Weltpriester auf. Hinzu kommen 18 Benediktiner, „die in der Seelsorge verwendet werden, aber die Schule nicht betreten dürfen." Ebenfalls nicht eingerechnet in die Zahl 69 sind die Schulverbote gegen Pfarrer Alois Breitenbach von Burgsinn und Pfarrer Alois Walter von Kleinrinderfeld, die zu diesem Zeitpunkt „staatlicherseits wieder zurückgenommen worden [waren]."[58] Weiterhin enthalten die im Staatsarchiv Würzburg vorgehaltenen Akten der Geheimen Staatspolizei, die über regimekritische Priester angelegt worden sind, die

51 Vgl. Staatsarchiv Würzburg, Gestapoakten, Nr. 15498, fol. 136 (Akte von Kaplan Benno Stoll).

52 So lautete eine feststehende Formulierung in den Unterrichtsverboten, die das unterfränkische Regierungspräsidium ausgesprochen hat; vgl. unter anderem Staatsarchiv Würzburg, Gestapoakten, Nr. 592 (Alfred Heckelmann), Nr. 1433 (Andreas Hetzler), Nr. 5586, fol. 114 (Hugo Lang), Nr. 7121 (Franz Joseph May), Nr. 14707, fol. 51f. (Ludwig Spangenberger) oder Nr. 15472, fol. 11 (Hugo Stöhr).

53 Vgl. Ulrich von Hehl u.a. (Bearb.), Priester unter Hitlers Terror. Eine biographische und statistische Erhebung (Veröffentlichungen der Kommission für Zeitgeschichte, Reihe A: Quellen 37), Paderborn 1998, I, S. 235.

54 Vgl. ebd., S. 126 und 128.

55 Diözesanarchiv Würzburg, Mandate, Kasten 10, D IX/23.

56 Diözesanarchiv Würzburg, Mandate, Kasten 10, D IX/38.

57 Diözesanarchiv Würzburg, NSDAP Kirchenakten, Allgemeines, Würzburg, Verbot von Religionsunterricht, Stand: 20.11.37.

58 Diözesanarchiv Würzburg, Mandate, Kasten 10, D IX/74.

monatlichen Berichte des unterfränkischen Regierungspräsidiums sowie die dem Würzburger Diözesanarchiv einverleibten Bestände „Kirchenakten der NSDAP Würzburg-Land“ und „Fragebogen zur nationalsozialistischen Verfolgung katholischer Geistlicher“ zahlreiche Reflexe auf Ermittlungen gegen Geistliche wegen der Entziehung der Unterrichtserlaubnis, auf angedrohte, vorläufige oder endgültige Verbotsverfügungen oder auf das Prozedere der staatspolizeilichen Überprüfung bei Gesuchen um Zulassung zum Unterricht an öffentlichen Schulen.[59]

Unverkennbar war das Schulverbot ein Instrument mit Strafcharakter: Es war flankierende Maßnahme gerichtlicher Verurteilungen von Geistlichen[60]

---

59 Vgl. Staatsarchiv Würzburg, Gestapoakten, Nr. 190 (Pfarrer Georg Häfner), Nr. 592 (Kaplan Alfred Heckelmann), Nr. 1182 (Kaplan Josef Herrmann), Nr. 1397 (Pfarrer Gottfried Eder in der Akte von Kaplan Richard Hessler), Nr. 1433 (Pfarrer Andreas Hetzler), Nr. 1442 (Pater Willibald Heuler OSB), Nr. 2214 (Pfarrer Michael Hoppert), Nr. 2290 (Pfarrverweser Josef Huber), Nr. 2705 (Kaplan Anton Jeßberger), Nr. 3417 (Lokalkaplan Rudolf Keith), Nr. 3436 (Lokalkaplan Anton Keller), Nr. 3782 (Kurat Josef Kintzinger), Nr. 3789 (Expositus Otto Kippes), Nr. 3956 (Pfarrer Wilhelm Kleespies), Nr. 4078 (Kurat Sebastian Kleinschrodt), Nr. 4091 (Pfarrer Peter Klement), Nr. 4168 (Lokalkaplan Hans Klüpfel), Nr. 4265 (Kaplan Joseph Knorz), Nr. 4680 (Pfarrverweser Richard Konrad), Nr. 4682 (Pater Basilius Konrad OSB), Nr. 4795 (Pater Casimir Krämer OFM), Nr. 4927 (Pater Wilfried Kraus OSB), Nr. 5193 (Pater Elmar Krug OESA), Nr. 5564 (Kaplan Franz Lang), Nr. 5586 (Kaplan Hugo Lang), Nr. 5911 (Pater Nikolaus Leis OSB), Nr. 5969 (Lokalkaplan Gottfried Leonard), Nr. 6110 (Lokalkaplan Rudolf Liebenstein), Nr. 6517 (Pfarrer Karl Lott), Nr. 6769 (Kaplan Franz Mahr), Nr. 6985 (Pater Wendelin Marquard SVD), Nr. 7012 (Expositus Erhard Martin), Nr. 7025 (Pfarrer Johannes Martin), Nr. 7121 (Pfarrer Franz Joseph May), Nr. 7135 (Pater Ludolf Mayer OSB), Nr. 7522 (Kaplan Willibald Metz), Nr. 7830 (Kaplan Emil Molitor), Nr. 7995 (Kaplan Emil Müller), Nr. 8206 (Pfarrer Rudolf Müller), Nr. 8226 (Pfarrer Wilhelm Müller), Nr. 8410 (Pfarrer Karl Neder), Nr. 8770 (Pfarrer Andreas Nötscher), Nr. 9015 (Pfarrer Anton Orgeldinger), Nr. 9349 (Pfarrer Kaspar Perling), Nr. 9408 (Kuratus Eduard Pickel), Nr. 9578 (Pfarrer Georg Porzelt), Nr. 9915 (Kaplan Alois Rauch), Nr. 9929 (Kaplan Wilhelm Rauch), Nr. 10332 (Pfarrer Karl Reitz), Nr. 11581 (Lokalkaplan Theodor Rusche MSF), Nr. 11721 (Pfarrer Siegfried Saß), Nr. 11787 (Pfarrer Nikolaus Sauer), Nr. 12034 (Pfarrer Hermann Schebler), Nr. 13062 (Pfarrer Karl Schnabel), Nr. 13314 (Pater Hieronymus Schönekäs OESA), Nr. 13820 (Dekan Alois Schwab), Nr. 14707 (Pfarrer Ludwig Spangenberger), Nr. 14975 (Pater Vinzenz Statzner OSB), Nr. 15211 (Kaplan Joseph Steinmüller), Nr. 15220 (Pater Eleutherius Stellwag OSB), Nr. 15472 (Dekan Hugo Stöhr), Nr. 15498 (Lokalkaplan Benno Stoll), Nr. 15906 (Kaplan Friedrich Thein), Nr. 16020 (Pfarrvikar Manfred Trabert OESA), Nr. 16365 (Pfarrer Karl Wagner), Nr. 16449 (Pfarrer Alois Walter), Nr. 16525 (Pater Georg Weber OSB), Nr. 16713 (Pater Romuald Weidner OSB), Nr. 16989 (Pfarrer Johann Weisenberger), Nr. 17145 (Pfarrer Pius Werner), Nr. 17257 (Pfarrer Karl Wienand), Nr. 17913 (Kaplan Georg Zenkert) und Nr. 18083 (Pfarrer Wilhelm Zufraß); Wittstadt (Bearb.), Die kirchliche Lage in Bayern (wie Anm. 26), S. 177, 196f. und 199f.; Diözesanarchiv Würzburg, NSDAP Kirchenakten, passim sowie Diözesanarchiv Würzburg, Fragebogen A, Nationalsozialistische Verfolgung katholischer Geistlicher, passim.

60 Kaplan Hugo Lang von Wülfershausen musste sich vor dem Bamberger Sondergerichtshof verantworten, weil er eine verbotene Männerversammlung einberufen, Gemeindemitglieder zur Beschädigung eines NSDAP-Plakats angestiftet und „teils öffentlich, teils nichtöffentlich böswillige, hetzerische und gehässige Äußerungen über leitende Persönlichkeiten des Staates und der NSDAP. und ihre Anordnungen gemacht [hatte]“. Nachdem er am 05.02.1940 „zur Gesamtgefängnisstrafe von fünf Monaten und zu den Kosten verurteilt [worden war]“, stellte Regierungspräsident Hellmuth am 2. April gleichen Jahres fest: „Kaplan Lang hat durch seine Äußerungen eine derartige politische Unzuverlässigkeit und Ungeeignetheit als Erzieher an einer unter staatlicher Aufsicht stehenden öffentlichen Schule bewiesen, dass gemäß Art. 16 Abs. II des Schulaufsichtsgesetzes seine Zulassung zur Erteilung des lehrplanmäßigen Religionsunterrichts an den öffentlichen Volksschulen zu widerrufen war.“; Staatsarchiv Würzburg, Gestapoakten, Nr. 5586, fol. 114. – Wegen *Kanzelmissbrauchs* wurde der Ernstkirchener Kaplan Alois Rauch am 05.04.1940 durch das Landgericht Aschaffenburg zu einer einmonatigen Gefängnisstrafe verurteilt. Der Geistliche hatte sich deutlich gegen die Sonntagsübungen der HJ ausgesprochen. Aufgrund der Verurteilung widerrief der unterfränkische Regierungspräsident Rauchs Unterrichtserlaubnis am 20.07.1940 und erklärte: „Angesichts der Schwere seiner

und wurde als Bestrafung gegen dissidierende Priester angewandt, derer man anders nicht habhaft werden konnte.[61] Ließen sich Geistliche nicht an die Kandare nehmen und zeitigten die schulamtlichen Rügen keine Wirkung, sprach das unterfränkische Regierungspräsidium ein vorübergehendes oder endgültiges Schulverbot aus. Diese Unterrichtsverbote standen an der Spitze des behördlichen disziplinarischen Maßnahmenkatalogs. Sie folgten stets demselben Aufbau und bündelten wie in einem Brennglas alle Vorkommnisse, die dem Geistlichen bis dato zur Last gelegt werden konnten und seine Entfernung aus einer öffentlichen Schule nationalsozialistischen Gepräges erforderlich machten. Akribisch wurden sämtliche gerichtsverwertbaren und belastenden Informationen zusammengetragen und die von den verschiedenen Zuträgern von Partei und Polizei erhobenen Anschuldigungen aufgelistet. Somit lesen sich die Verbotsverfügungen wie die Summe aus Anklageschriften der Staatsanwaltschaft, politischen Gutachten der Partei, polizeilichen Berichten und denunziatorischen Anwürfen.

Auch das nachfolgend edierte und gegen Otto Schmitt ausgesprochene Schulverbot bildet eine Summe und bietet eine Chronologie der Auseinandersetzungen zwischen dem profilierten Geistlichen und seinen nationalsozialistischen Gegenspielern. „In Folge seines hetzerischen Treibens“[62] geriet der am 6. Dezember 1902 in Zahlbach bei Bad Kissingen geborene und am 20. März

---

staatsfeindlichen Äußerungen ist Rauch künftighin als Erzieher an einer nationalsozialistischen Volksschule untragbar.“; Staatsarchiv Würzburg, Gestapoakten, Nr. 9915, fol. 55. – Zu den Unterrichtsverboten im Anschluss an gerichtliche Verurteilungen vgl. auch Staatsarchiv Würzburg, Gestapoakten, Nr. 5564 (Kaplan Franz Lang), Nr. 6517 (Pfarrer Karl Lott), Nr. 7025 (Pfarrer Johannes Martin) oder Nr. 15498, fol. 136 (Kaplan Benno Stoll) sowie Diözesanarchiv Würzburg, Fragebogen A, Nationalsozialistische Verfolgung katholischer Geistlicher, passim.

61 In den Jahren 1938 und 1939 waren drei Gerichtsverfahren gegen Pfarrer Andreas Hetzler von Allersheim anhängig: Ein Verfahren vor dem Landgericht Bamberg wegen mehrerer Verstöße gegen das „Versammlungs- u. Aufzugsverbot vom 13.6.1938“ wurde laut Mitteilung der Oberstaatsanwaltschaft vom 10.10.1938 eingestellt. Im gleichen Jahr wurde vor dem Bamberger Sondergericht ein Verfahren „wegen Vergehens gegen das Heimtückegesetz“ eingeleitet. Hetzler wurde beschuldigt, in einer öffentlichen Gastwirtschaft erzählt zu haben, Hitler habe gegenüber Kardinal Faulhaber erklärt: „Ich werde die katholische Kirche zerschlagen!“. „Diese Äußerung aus dem Munde eines kath. Geistlichen ist mehr als jede geeignet, Unruhe in die kath. Bevölkerung zu tragen. Hetzlers Erzählung konnte inzwischen auch in anderen umliegenden Gemeinden vernommen werden“, meldet der Sicherheitsdienst am 09.06.1938. Das angestrengte Verfahren wurde im Juli 1938 aufgrund des Straffreiheitsgesetzes vom 30.04.1938 eingestellt. Ein drittes Verfahren wurde gegen Pfarrer Hetzler eingeleitet, weil er den Allersheimer Volksschullehrer und Ortsgruppenleiter öffentlich der Hostienschändung bezichtigt und dadurch sein „Ansehen als Hoheitsträger der NSDAP.“ herabgesetzt hatte. Der Würzburger Oberstaatsanwalt teilte am 14.10.1939 mit, dass das Verfahren aufgrund der Führeramnestie vom 09.09.1939 eingestellt werden musste. Obwohl – oder gerade weil – nie eine gerichtliche Verurteilung des Geistlichen erreicht worden war, entzog Regierungspräsident Hellmuth Pfarrer Andreas Hetzler am 11.12.1939 *mit sofortiger Wirksamkeit* [i. O. unterstrichen] die Zulassung zur Erteilung lehrplanmäßigen Religionsunterrichts an öffentlichen Volksschulen und ländlichen Berufsschulen; Staatsarchiv Würzburg, Gestapoakten, Nr. 1433. – Zu den Schulverboten, die die Regierung verfügte, ohne dass eine gerichtliche Verurteilung vorlag, vgl. weiterhin Staatsarchiv Würzburg, Gestapoakten, Nr. 3789 (Expositus Dr. Otto Kippes), Nr. 14707 (Pfarrer Ludwig Spangenberger) oder Nr. 16365 (Stadtpfarrer Karl Wagner). – Kaplan Michael Zinser eröffnete das Kreisschulamt Würzburg im September 1941 ohne Angabe von Gründen ein gegen ihn ausgesprochenes Unterrichtsverbot; vgl. Diözesanarchiv Würzburg, Fragebogen A, Nationalsozialistische Verfolgung katholischer Geistlicher, Michael Zinser.

62 Bericht der Gestapo Würzburg vom 18.10.1938 an den Stadtkommissar und Vorstand des Bezirksamts Würzburg, in: Staatsarchiv Würzburg, Gestapoakten, Nr. 3541 (Akte von Wilhelm Kemmer).

1927 im Alter von 24 Jahren zum Priester geweihte Schmitt[63] früh in den Fokus der Nationalsozialisten. Nach Stationen als Kaplan in Fellen, Eltmann, Heppdiel, Wolfsmünster und Sommerau erlebte Otto Schmitt in Kleinostheim, wo er seit dem 1. April 1931 als Benefiziumsverweser wirkte[64], das Aufkeimen und Verfestigen der nationalsozialistischen Herrschaft.

Bereits im Jahr der sogenannten *Machtergreifung*[65] brachen die Konflikte auf: „Im April 1933 hat Pfarrer Schmitt einem Schüler in Kleinostheim, der an seinem Fahrrad einen Hakenkreuzwimpel hängen hatte, zugerufen: ‚Hänge diesen Wimpel lieber Euerem Hunde an den Schwanz, dann ist er besser aufgehoben.‘ Weiter forderte er am 30.4.33 die Kirchenbesucher von Kleinostheim von der Kanzel herab auf, am 1. Mai mit ihm einen Ausflug zu machen. Dies

---

63 Vgl. Diözesanarchiv Würzburg, Personalschematismen der Diözese Würzburg, Otto Schmitt.

64 Vgl. ebd. – Zu den Verhältnissen in Kleinostheim vgl. Johanna Konrad-Brey, Zwischen Kirchentreue und nationalsozialistischer Versuchung. Die Pfarrgemeinde Kleinostheim am bayerischen Untermain im Dritten Reich, in: Würzburger Diözesangeschichtsblätter 71 (2009), S. 141–153, sowie dies. ausführlich und mit milieu- und mentalitätsgeschichtlichem Blick auf die wechselvolle Geschichte der katholischen Pfarrei St. Laurentius in den vielfältigen gesellschaftlichen und politischen Umwälzungen der letzten zweihundert Jahre in ihrer im Wintersemester 2012/13 von der Katholisch-Theologischen Fakultät der Julius-Maximilians-Universität Würzburg angenommenen Dissertation Integration und Mentalität(en). Katholische Lebenswelt(en) in den Umbrüchen des 19. und 20. Jahrhunderts, dargestellt am Beispiel der Gemeinde Kleinostheim am bayerischen Untermain. – Konrad-Brey hat sich in ihrer Dissertation und ihrem Aufsatz Zwischen Kirchentreue und nationalsozialistischer Versuchung (wie oben) auch den unterschiedlichen charakterlichen Wesenszügen von Pfarrer Josef Hepp und Benefiziat Otto Schmitt angenähert, die von 1931 bis 1938 gemeinsam in Kleinostheim seelsorgerisch tätig waren, und deren doch deutlich verschiedene Abwehrstrategien gegen die nationalsozialistischen Herausforderungen herausgearbeitet. Während Pfarrer Josef Hepp ein „stillschweigende[s] Abkommen“ (S. 149) mit dem Kleinostheimer Bürgermeister geschlossen habe und bemüht gewesen sei, „keine frontalen Zusammenstöße zu provozieren und mit öffentlicher Kritik vorsichtig zu sein, dafür aber lieber zumeist im Stillen die Gläubigen gegen den Nationalsozialismus und für Kirche und Glaube einzunehmen“ (S. 152), um „den öffentlichen Frieden im Ort [zu] bewahren“ (S. 147), sei Benefiziat Otto Schmitt „ein impulsiver Mensch und Prediger“ (S. 146) gewesen, der mit „Eifer […] seine eigenen Positionen vertrat“ (S. 149). Ausgehend von dem Quellenbefund, dass „Pfarrer Hepp nur relativ selten belangt wurde“, während „zwischen 1933 und 1945 kaum ein Jahr [verging], in dem Schmitt nicht wenigstens einmal angezeigt, angeklagt, verhaftet oder verurteilt wurde“ (S. 141), verfestigt sich der Eindruck, dass Otto Schmitt in seiner kompromisslosen und deutlich artikulierten Haltung gegen den Nationalsozialismus gleichsam als eine Art Blitzableiter fungierte und die Anwürfe der örtlichen Repräsentanten von Staat und Partei auf sich zog.

65 Zu dem Themenkomplex Machtergreifung und Herrschaftssicherung vgl. die Dokumentensammlung von Josef Becker / Ruth Becker (Hg.), Hitlers Machtergreifung. Dokumente vom Machtantritt Hitlers 30. Januar 1933 bis zur Besiegelung des Einparteienstaates 14. Juli 1933 (dtv dokumente), München 1992 sowie die Untersuchung von Martin Broszat, Die Machtergreifung. Der Aufstieg der NSDAP und die Zerstörung der Weimarer Republik (Deutsche Geschichte der neuesten Zeit vom 19. Jahrhundert bis zur Gegenwart), München 1990. – Die politik- und sozialgeschichtlichen Untersuchungen von Hans Mommsen, Die verspielte Freiheit. Der Weg der Republik von Weimar in den Untergang 1918–1933, Berlin 1989 und Heinrich August Winkler (Hg.), Die deutsche Staatskrise 1930–1933. Handlungsspielräume und Alternativen, München 1992 fragen nach Möglichkeiten und Handlungsalternativen der Politik in der Spätphase von Weimar. – Den politischen Umbruch in Unterfranken schildern Dieter W. Rockenmaier, Das Dritte Reich und Würzburg. Versuch einer Bestandsaufnahme, Würzburg 1993, S. 31–59, und Herbert Schott, Die Jahre der Weimarer Republik und des Dritten Reiches, in: Peter Kolb / Ernst-Günter Krenig (Hg.), Unterfränkische Geschichte, Bd. 5/1: Von der Eingliederung in das Königreich Bayern bis zum beginnenden 21. Jahrhundert, Würzburg 2002, S. 327–465, bes. S. 372–385, und Haaf, Von volksverhetzenden Pfaffen (wie Anm. 1), S. 17–39.

tat er deshalb, um die Volksgenossen von der Feier des Tages der nat. Arbeit[66] fernzuhalten. Am 14.5.33 erklärte er abermals von der Kanzel: ‚Kath. Arbeiter, seid wachsam und schliesst Euch fester zusammen. Tragt nicht das heidnische Zeichen – Hakenkreuzabzeichen – .'"[67]

Je länger das *Dritte Reich* dauerte und je mehr sich die kirchenfeindliche Politik der Nationalsozialisten manifestierte, umso schärfer polemisierte Otto Schmitt gegen die Anordnungen von Partei und Staat, weshalb er in die sogenannte „A-Kartei" der Geheimen Staatspolizei Würzburg aufgenommen wurde, in der Regimekritiker und Dissidenten geführt wurden, die als gefährlich eingestuft und daher unter besondere polizeiliche Beobachtung gestellt wurden. Das Urteil, das sich die Gestapo Würzburg über Otto Schmitt gebildet hatte, fiel eindeutig aus: „Pfarrer Schmitt gehört zu jenen Geistlichen, die infolge ihrer fanatischen Einstellung bei jeder sich bietenden Gelegenheit dem heutigen Staat gegenüber eine feindliche Haltung einnehmen und immer wieder versuchen, mit allen zu Gebote stehenden Mitteln zu hetzen. Seine besondere Überwachung, insbesondere in Spannungszeiten, ist im Interesse der Staatssicherheit unerlässlich. Pfarrer Schmitt wurde in Gruppe A 3 der A-Kartei eingereiht."[68]

Aufgrund einer „erdrückenden Last von staatsabträglichen, ja staatsfeindlichen Handlungen und rednerischen Entgleisungen"[69] erteilte das unterfränkische Regierungspräsidium Benefiziat Otto Schmitt am 1. September 1937 ein Unterrichtsverbot für die Volksschule und ländliche Berufsschule in Kleinostheim und führte zweiundzwanzig Anklagepunkte gegen den Geistlichen ins Feld.

---

[66] Der 1. Mai wurde per Gesetz 1933 zum „Tag der nationalen Arbeit" (Reichsgesetzblatt 1933 I, S. 191) und 1934 dann zum „nationale[n] Feiertag des deutschen Volkes" (Reichsgesetzblatt 1934 I, S. 129) erhoben und war geprägt von den allerorts mit großem Aufwand inszenierten Parteifeiern. – Zu den permanenten Auseinandersetzungen wegen der Konkurrenz der kirchlichen und nationalsozialistischen Feiertage vgl. Haaf, Von volksverhetzenden Pfaffe (wie Anm. 1), S. 135–175.

[67] Bericht der Gestapo Würzburg vom 18.10.1938 an den Stadtkommissar und Vorstand des Bezirksamts Würzburg, in: Staatsarchiv Würzburg, Gestapoakten, Nr. 3541 (Akte von Wilhelm Kemmer).

[68] Ebd. – Innerhalb der A-Kartei wurden drei Kategorien unterschieden: Unter A 1 wurden „alle diejenigen Staatsfeinde, die ob ihrer besonderen Bedeutung und Gefährlichkeit schon bei der Einleitung der getarnten Vorausmaßnahmen für die allgemeine Mobilmachung festgenommen werden müssen", erfasst. In der Kategorie A 2 wurden „diejenigen Personen, die gleichzeitig mit der öffentlichen Anordnung der Mobilmachung festgenommen werden müssen", geführt. A 3 erfasste schließlich „alle diejenigen Personen, die zwar nicht in der Gegenwart oder in den Tagen einer Mobilmachung die Sicherheit des Reiches unmittelbar gefährden, die aber in Zeiten schwerer Belastungsproben und der durch die verursachten innenpolitischen Spannungen als politisch so gefährlich eingestuft werden müssen, daß ihre Festnahme oder ihre besondere Überwachung ins Auge gefaßt werden muß"; zitiert nach Johannes Tuchel/Reinold Schattenfroh, Zentrale des Terrors: Prinz-Albrecht-Straße 8. Das Hauptquartier der Gestapo, Berlin 1987, S. 128f. Entgegen der Annahme von Konrad-Brey, Integration (wie Anm. 64), S. 239 Anm. 932, „von der Gestapostelle Würzburg" seien „keine derartigen Kategorisierungen (A1–A3) bekannt", hat auch die Geheime Staatspolizei Würzburg, wie von der Zentrale der Gestapo in Berlin gefordert, dieses Klassifizierungssystem angewendet, wie unter anderem die Einordnung von Otto Schmitt in die Gruppe A 3 belegt.

[69] Entschließung Nr. 6406 a 176 der Regierung von Unterfranken und Aschaffenburg vom 01.09.1937, in: Diözesanarchiv Würzburg, NSDAP Kirchenakten, Oberdürrbach, Pfarrer Otto Schmitt 1937/38/39/40.

2. Edition des Schulverbots vom 1. September 1937

Nr. 6406 a 176. Würzburg, den 1. September 1937
Regierung von Unterfranken und Aschaffenburg *Eilt!* [i. O. gesperrt]

An
Die Bezirksschulbehörde
Aschaffenburg [i. O. unterstrichen]

Betreff:

Verhalten des Benefiziaten Otto Schmitt, Klein-Ostheim, hier: Entzug der Befugnis zur Erteilung des Religionsunterrichts.
Z. Ber. v. 25.8.37 Nr. 4440.
Beilagen:

3 Abdrucke (f. Bezirksschulrat, Schulleitung und Benefiziat Otto Schmitt), 2 bezirksamtl. Akten, 1 Strafakt.

Dem Benefiziaten Otto Schmitt in Kleinostheim wird mit *sofortiger* [i. O. unterstrichen] Wirkung die Befugnis zur Erteilung des Religionsunterrichts an der öffentlichen Volkshauptschule und der ländlichen Berufsschule in Kleinostheim auf Grund der allgemeinen staatlichen Schulhoheit entzogen. Bemerkt wird noch ausdrücklich, dass auch die Erteilung des lehrplanmäßigen Religionsunterrichts in der Kirche grundsätzlich nicht geduldet werden kann.[70]

1) Benefiziat Otto Schmitt ist ein politisierender Geistlicher, welcher unzugänglich jeglicher gütlichen Belehrung dem heutigen Staat unbedingt ablehnend gegenübersteht und bei jeder sich bietenden Gelegenheit seine staatsabträgliche Gesinnung betont und beweist.[71] Hierbei offenbart er eine geradezu aufreizende Unbeherrschtheit und Hemmungslosigkeit. Wenn dem nationalsozialistischen Staat in Kleinostheim immer wieder Schwierigkeiten bereitet werden, so ist dies in erster Linie nur auf das von dem vorgenannten Geistlichen gegebenen [sic!] schlechte Beispiel zurückzuführen.[72]

---

[70] In den Kirchenraum hinein reichte die Verfügungsgewalt des Staates jedoch nicht; vgl. hierzu die Ausführungen in Kap. 3.

[71] Der Vorwurf einer *politisierenden* und *staatsabträglichen Haltung* wurde während der nationalsozialistischen Jahre Unterfrankens permanent von Staats- und Parteiseite gegen Priester der Diözese Würzburg erhoben; vgl. hierzu Tobias Haaf, „Die Verfehlung des Angeklagten ist grober Natur". Die Rolle des Sondergerichts Bamberg bei der Disziplinierung unterfränkischer katholischer Geistlicher, in: Würzburger Diözesangeschichtsblätter 71 (2009), S. 43–107, sowie ders., Von volksverhetzenden Pfaffen (wie Anm. 1), passim.

[72] Wiederholt führen die Parteifunktionäre der NSDAP in ihren Berichten darüber Klage, Otto Schmitt, der nach Kleinostheim in der Seelsorge in Oberdürrbach tätig war, wirke „zersetzend auf die Bevölkerung". Am 29.12.1938 meldet der Ortsgruppenleiter der NSDAP Versbach unter dem Betreff „Parteiabträgiges Verhalten des Pfarrers *Schmitt, Oberdürrbach* [i. O. gesperrt]": „Seit der Pfarrer *Schmitt* [i. O. gesperrt] die Pfarrverweserstelle in Oberdürrbach inne hat, befindet sich die Bevölkerung durch das zersetzende Einwirken des Pfarrers in ständiger politischer Opposition. Pfarrer Schmitt ist ein politischer Zersetzer übelster Art, der in der raffiniertesten Art seinen Weg geht und sich den Glorienschein eines Märtyrers beilegen möchte."; Diözesanarchiv Würzburg, NSDAP Kirchenakten, Oberdürrbach, Pfarrer Otto

2) Bereits mit Strafbefehl des Amtsgerichts Aschaffenburg v. 5.3.34 wurde er wegen eines Vergehens des Kanzelmißbrauchs zur Geldstrafe von 100 RM. ersatzweise zu 10 Tagen Gefängnis verurteilt.[73]

3) Verurteilt wurde er ferner mit Urteil des Amtsgerichts Aschaffenburg v. 3.7.34 wegen groben Unfugs (er blieb ruhig sitzen, als das Horst-Wessel-Lied[74] gelegentlich einer Veranstaltung des kath. Arbeitervereins gesungen wurde) zu einer Haftstrafe von 14 Tagen. Die Strafe brauchte Schmitt angesichts der Amnestie vom 7.8.34 nicht zu verbüßen.[75]

4) Im November 1935 wurde er in Gerichtshaft genommen, da er als einziger Geistlicher – ungeachtet der Weisung seines eigenen Bischofs eine Beflaggung seines Pfarrhauses strikte ablehnte.[76] Der Haftbefehl wurde vom Oberlandesgericht Bamberg wieder aufgehoben.[77]

Schmitt 1937/38/39/40. – Und in einem Bericht des Würzburger Landrats an die Kreisleitung der NSDAP vom 15.03.1939 wegen diffamierender Plakate, die Unbekannte in Oberdürrbach an die Häuser des Zellenleiters der NSDAP und des Bürgermeisters geheftet hatten, heißt es abschließend: „Das fortwährende Nörgeln des Pfarrers Schmitt wird wohl auch dazu beitragen, dass die geheimsten Staatsfeinde in Oberdürrbach nicht zur Besinnung kommen und diese in ihrer gegenteiligen Einstellung noch festigen.“; Diözesanarchiv Würzburg, NSDAP Kirchenakten, Oberdürrbach, Pfarrer Otto Schmitt 1937/38/39/40.

73 Vgl. in diesem Zusammenhang auch den Bericht der Gestapo Würzburg vom 18.10.1938 an den Stadtkommissar und Vorstand des Bezirksamts Würzburg, in: Staatsarchiv Würzburg, Gestapoakten, Nr. 3541 (Akte von Wilhelm Kemmer) sowie zum Straftatbestand des *Kanzelmissbrauchs* Haaf, „Die Verfehlung des Angeklagten ist grober Natur“ (wie Anm. 71).

74 Das nach dem Berliner SA-Sturmführer Horst Wessel benannte und von ihm getextete Lied, das mit den Zeilen begann „Die Fahne hoch! / Die Reihen fest geschlossen! / SA marschiert / Mit mutig festem Schritt!“, war ein Kampflied der *Sturmabteilung* (SA), avancierte schnell zur Parteihymne der NSDAP und wurde von 1933 bis 1945 als heimliche Nationalhymne stets nach dem Deutschlandlied gesungen. – Zu Aufbau und Organisation der SA vgl. Peter Longerich, Die braunen Bataillone. Geschichte der SA, München 2003 sowie Yves Müller / Reiner Zilkenat (Hg.), Bürgerkriegsarmee. Forschungen zur nationalsozialistischen Sturmabteilung (SA), Frankfurt a. M. 2013.

75 Vgl. den Bericht der Gestapo Würzburg vom 18.10.1938 an den Stadtkommissar und Vorstand des Bezirksamts Würzburg, in: Staatsarchiv Würzburg, Gestapoakten, Nr. 3541 (Akte von Wilhelm Kemmer). – Aufgrund des Todes von Reichspräsident Paul von Hindenburg, der am 02.08.1934 verstorben und am 07.08.1934 feierlich beigesetzt worden war, beschloss die Reichsregierung am Tag seiner Beisetzung eine Amnestie für geringfügige Straftaten, unter die auch der Strafbefehl gegen Otto Schmitt fiel. – Zur Bedeutung und Funktion der Amnestien im Dritten Reich vgl. Tobias Haaf, „Der Vorgenannte hat staatsabträgliche Reden geführt“. Das Sondergericht Würzburg als Instanz der Disziplinierung und Strafverfolgung in den Jahren 1942 bis 1945, in: Würzburger Diözesangeschichtsblätter 72 (2010), S. 551–576, bes. S. 574–576, sowie ders. „Die Verfehlung des Angeklagten ist grober Natur“ (wie Anm. 71), S. 60–62.

76 In einem Bericht der Gestapo Würzburg vom 18.10.1938 heißt es zu diesem Vorfall genauer: „*Schmitt Otto* [i. O. unterstrichen und gesperrt], kath. Pfarrer in Oberdürrbach, BA. Würzburg, geb. 6.12.02 Zahlbach, BA. Bad Kissingen, Sohn des Kaspar Schmitt und der Theresia, geb. Albert, RA., wohnhaft in Oberdürrbach, hat aus Anlass der Feier am 9.11.35 die Beflaggung seines zum Benefizium gehörigen Wohngebäudes verweigert. Als er von dem zuständigen Gend.Beamten hiewegen zur Rede gestellt wurde, gebrauchte er staatsabträgliche Äusserungen, die derart schwerwiegend waren, dass er dem Richter vorgeführt und von diesem in Haft genommen werden musste. Der Haftbefehl gegen Schmitt wurde aber nach einigen Tagen wieder aufgehoben und das szt. [seinerzeit] gegen ihn anhängig gemachte Strafverfahren eingestellt.“; Staatsarchiv Würzburg, Gestapoakten, Nr. 3541 (Akte von Wilhelm Kemmer). – Verstöße gegen die nationalsozialistischen Beflaggungsvorschriften zählten zu den ständigen Streitpunkten zwischen NSDAP-Ortsgruppenleitern und Seelsorgern im Bistum Würzburg; vgl. hierzu Haaf, Von volksverhetzenden Pfaffen (wie Anm. 1), S. 175–196.

77 Zu den zahlreichen Verfahren vor dem Sondergericht Bamberg gegen Geistliche der Diözese Würzburg, die ohne eine Verurteilung endeten, vgl. Haaf, „Die Verfehlung des Angeklagten ist grober Natur“ (wie Anm. 71).

5. Benefiziat Schmitt benützte diesen Anlass, um gleich darauf in der Kirche zu hetzen. Er dankte allen Gläubigen, welche während seiner Verhaftung ihm durch Gebete beigestanden seien und forderte die Kirchenbesucher auf, Gott zu danken, der wieder einmal über das Böse, welches ihm Feinde zugedacht hätten, gesiegt habe. Leider sind die damaligen Versuche der Regierung, eine Versetzung des Geistlichen herbeizuführen[,] gescheitert.[78]

6. Ein Rückblick auf die abgelaufenen letzten 12 Monate zeigt mit erschreckender Deutlichkeit, dass Benefiziat Schmitt nichts aus der Vergangenheit gelernt hat und dass er gar nicht daran denkt, seine völlig ungerechtfertigte, starrsinnige Kampfstellung gegenüber dem neuen Staat irgendwie aufzugeben. Er hat – solange kein ausdrückliches Verbot bestand –, immer wieder verstanden, die Bevölkerung Kleinostheims zum herausfordernden und auffallenden Schmücken ihrer Anwesen mit gelb-weißen Fahnen aufzustacheln.[79] Es musste ihm wohl bewusst sein, dass er hierdurch dem Willen des Herrn Reichsinnenministers entgegenhandle. Wie sich dies nach Außen hin auswirkte, mag folgender Vorfall dartun: Ausländer, welche im Orte anhielten, erkundigten sich[,] um was für Fahnen es sich handle, da sie landauf und landab die deutsche Flagge gesehen hatten.

7. Ein weiterer Beweis für die Versuche Schmitts, die von Reichs wegen angeordneten Kundgebungen zu beeinträchtigen und zugleich die Stimmung der Bevölkerung ungünstig zu beeinflussen, ist folgender Vorfall: Er äuserte [sic!] sich in einer Predigt: „Ich warne alle die, die heute reden, nicht die deutsche Erde anzubeten: das ist Götzendienst!" Die Beteiligung der Bevölkerung am Erntedankfest[80] entsprach diesen Ausführungen.

8. Es kann Schmitt nicht der ernste Vorwurf erspart bleiben, dass er weiterhin durch seine Predigt am 11.10.36 (Eintopfsonntag) stimmungsgemäß auf die

---

78 Aufgrund der fortwährenden Auseinandersetzungen und des zermürbenden Kleinkriegs mit Otto Schmitt versuchten die politischen Leiter der NSDAP mehrfach, eine Versetzung des Geistlichen zu erreichen. So wandte sich der Ortsgruppenleiter der NSDAP Versbach am 11.07.1939, nachdem Pfarrer Schmitt vor dem Sondergericht Bamberg wegen Kanzelmissbrauchs abgeurteilt worden war, an die Kreisleitung und klagte: „Der Pfarrer *Schmitt* [i.O. gesperrt], der vom Sondergericht Bamberg eine 4monatige Freiheitsstrafe erhalten hat, hat in der Gemeinde Oberdürrbach (Zelle 03 der Ortsgruppe Versbach) so zersetzend gewirkt, dass ein längeres Verweilen des *Schmitt* [i.O. gesperrt] in Oberdürrbach untragbar geworden ist. [...] Ich bitte den Kreisleiter, sich mit allem Nachdruck für die beschleunigte Entfernung des Schmitt von Oberdürrbach einzusetzen."; Diözesanarchiv Würzburg, NSDAP Kirchenakten, Oberdürrbach, Pfarrer Otto Schmitt 1937/38/39/40. – Der profilierte Geistliche hatte aus nationalsozialistischer Perspektive den politischen Frieden in Oberdürrbach massiv gestört, weshalb sich der Kreisleiter der NSDAP Würzburg dafür verwendete, „dessen Versetzung beim bischöflichen Ordinariat in Würzburg zu erreichen."; ebd. – Zu Jahresbeginn 1940 wurde Otto Schmitt versetzt. Am 19.02.1940 rapportiert die NSDAP-Ortsgruppe Versbach: „Der Kreisleitung melde ich hiermit, dass der Pfarrer Otto *Schmitt* von *Oberdürrbach* [i.O. gesperrt] nach seiner Strafverbüßung vom bischöflichen Ordinariat von Oberdürrbach wegversetzt wurde. Wohin ist nicht bekannt." Der Würzburger Landrat reichte in seiner Meldung an die Kreisleitung vom 06.04.1940 diese Information nach: „Der Pfarrer Otto Schmitt, Oberdürrbach ist inzwischen nach Aufstetten, Landkreis Ochsenfurt versetzt worden und dort bereits aufgezogen."; ebd.

79 Vgl. oben Anm. 76.

80 Der im Stil des Blut-und-Boden-Mythos inszenierte Erntedanktag war ebenso wie der 1. Mai (vgl. oben Anm. 66) oder der 1933 in „Heldengedenktag" umbenannte Volkstrauertag ein nationalsozialistischer Feiertag im staatlichen Gewand. Diese Tage wurden im Sinne der NS-Ideologie interpretiert, von der Partei in Szene gesetzt und per iure zu Staatsfeiertagen erhoben; vgl. hierzu

Kirchenbesucher dahin eingewirkt hat, die Sammlungen für das Winterhilfswerk[81] abzulehnen oder doch zu vernachläßigen. (Appell zugunsten einer Unterstützung der Kapuziner.)

9. Predigt am 25.10.36. (Christ-Königsfest). Hier verlas er zunächst ein Hirtenwort seines Bischofs, worin gegen den Artikel im Schwarzen Korps[82]: „Römischer Bolschewismus" Stellung genommen wurde. Er wünschte, es möchten solch scharfe Worte öfters herauskommen. In der Presse brächte man absichtlich die Hirtenbriefe nicht in ihrem Wortlaut, um der Welt nicht zu zeigen, welchen Kampf die Kirche gegen den Bolschewismus führe.[83]

10. Predigt am 13.12.36: An die Verlesung eines Hirtenbriefes[84] knüpfte Schmitt die Bemerkung: „Die Kanzel ist vielleicht noch die einzige Stelle, von der aus die Wahrheit gesagt wird." Später fiel dann noch die Bemerkung,

---

Haaf, Von volksverhetzenden Pfaffen (wie Anm. 1), S. 135–175. – Im Bistum Würzburg setzten sich Bischof und Klerus in ihren Predigten in vielfacher Weise mit dem nationalsozialistischen Gedankengut auseinander und wiesen hierbei auch den Mythos vom *Blut und Boden* zurück. So warnte Bischof Ehrenfried 1941 in seiner Firmpredigt in der Marktheidenfelder Pfarrkirche die Gläubigen: „Heute wird von vielen ein ganz anderer Glaube dem Volke gepredigt. Es ist der Unglaube, den diese anderen Prediger lehren. Sie predigen vom Blut und dass nur dieses unsterblich ist. Glaubt nur an das, was der Geistliche predigt, alles andere ist kein Gottesglaube. Lasst Euch in diesen Zwangsvorträgen nicht alles vorsagen. Die christliche Lehre ist die allein von Gott gesandte und gewollte, sie ist tausende von Jahren alt. In hundert Jahren haben sich diese anderen Gotteslehren längst überlebt, sie werden vergessen sein."; Meldung der NSDAP-Kreisleitung Marktheidenfeld/Karlstadt vom 27.05.1941, in: Staatsarchiv Würzburg, NSDAP Gau Mainfranken, Nr. 17. – Und Dekan Hugo Stöhr ermahnte die Gläubigen in Rannungen in seiner Predigt vom 30.07.1944, der er den Titel „Von der Verblendung" gegeben hatte. „Unsere Zeit hat alle Gebote Gottes abgeschafft. An die Stelle Gottes hat man andere Werte gesetzt, den Rassegedanken, das Vaterland, Blut und Boden, das Schicksal. Der Name Gottes und sein hl. Tag, der Sonntag, gilt nichts mehr. Ehrfurcht gegen Eltern und alte Leute brauchts nimmer, das Leben des einzelnen Menschen hat keinen Wert mehr, Reinheit, Keuschheit und Heiligkeit der Ehe ist nicht modern, Achtung vor Hab und Gut und vor der Wahrheit ist geschwunden. So ist man blind, verblendet, gerechte Strafe für die Beseitigung des Christentums aus dem öffentl. und vielfach privaten Leben."; Staatsarchiv Würzburg, Gestapoakten, Nr. 15472, fol. 122f.

81 In den Berichten der verschiedenen NS-Meldestellen finden sich immer wieder Hinweise auf die wenig ausgeprägte Spendenbereitschaft kirchlich gebundener Kreise bei nationalsozialistischen Sammlungen sowie darauf, dass Gläubige auf kirchenfeindliche Aktionen und Einschränkungen auf religiösem Gebiet mit dem Boykott der NS-Spendensammlungen reagierten; vgl. beispielsweise Haaf, „Den Pfarrer zur Strecke bringen" (wie Anm. 42), S. 333–335.

82 „Das Schwarze Korps" war *das* Kampf- und Werbeblatt der Schutzstaffel der NSDAP (SS). Die Zeitung mit den Untertiteln „Organ der Reichsführung SS" und „Zeitung der Schutzstaffeln der NSDAP" wurde in enger Zusammenarbeit mit dem SS-eigenen Geheimdienst, dem Sicherheitsdienst Reichsführer SS (SD), herausgegeben und erreichte 1944 eine Auflage von 750 000 Stück; vgl. Mario Zeck, Das Schwarze Korps. Geschichte und Gestalt des Organs der Reichsführung SS, Tübingen 2002. Einen Einblick in die Aufmachung des „Schwarzen Korps" geben Helmut Heiber/Hildegard von Kotze (Hg.), Facsimile-Querschnitt durch das Schwarze Korps, Bern/München o. J.

83 In mehreren Hirtenworten setzte sich Bischof Ehrenfried mit dem „gottlosen Bolschewismus" auseinander und wies ebenso scharf Tendenzen eines „religiösen Bolschewismus" zurück, wie er sich im nationalsozialistischen Deutschland Bahn brach; vgl. hierzu Haaf, Von volksverhetzenden Pfaffen (wie Anm. 1), S. 48 Anm. 208, S. 226, S. 245 Anm. 880 sowie S. 350.

84 Hierbei handelte es sich um einen Hirtenbrief der bayerischen Bischöfe, der neben verschiedenen anderen Konkordatsbrüchen die Herausdrängung der Ordensleute aus dem Schuldienst anprangerte und vor den Gefahren eines „in unchristlichem Geiste" erteilten Unterrichts warnte; vgl. hierzu Diözesanarchiv Würzburg, Dokumentation Deutsche Zeitgeschichte, Kasten 13, 4. Nationalsozialismus (1933–1945), 4.16.1: Druckschriften, Hirtenbriefe. – Der Propagandaleiter der NSDAP-Ortsgruppe Theilheim resümiert in einem Bericht mit Datum vom 18.12.1936 die Kernaussagen des Hirtenbriefs: „Am Sonntag, dem 13. Dezember 1936 wurde

diejenigen Leute, die fortwährend die Predigten der Geistlichen kritisierten, seien Hohlköpfe, seien dumm geboren und hätten nichts dazu gelernt.[85]

11. Predigt am 13.12.36: Dabei setzte er sich u. A. [sic!] mit den Personen auseinander, welche ihn wegen seiner früheren Predigt angezeigt hatten.[86]

---

in hiesiger Pfarrkirche ein Hirtenbrief auf der Kanzel verlesen. Unter anderem wurde ungefähr Folgendes verlesen:
Sämtliche Geistliche haben am Sonntag, dem 13.12.36 pflichtgemäß nachstehenden Hirtenbrief zu verlesen. Als unser Führer in einem feierlichen Akt das Konkordat mit Rom abschloss, war die Sicherheit der kath. Kirche gegeben. Im Abwehrkampf gegen den Kommunismus hilft die kath. Kirche tatkräftig mit. Nun sind aber in Deutschland Strömungen vorhanden, welche von führenden Persönlichkeiten ausgehen, in Schulungsabenden, Lagern und sonstigen Veranstaltungen den Volksgenossen und hauptsächlich der Jugend gepredigt werden, die den Lehren des kath. Glaubens entgegenstehen. Katholiken bleibt eurem Glauben treu. Uns wird [es] unmöglich [gemacht], einen kath. Verein aufzuziehen oder aufrecht zu erhalten. Es gibt heute Lehrkräfte, die nicht mehr im kath. Geist die Kinder erziehen, und solche, die noch im alten Geiste ihre Schüler erziehen. Ihnen sei dafür Dank gesagt. Die Klosterlehrschwestern werden aus den Schulen entfernt und sind auf die Mildtätigkeit ihrer Mitmenschen angewiesen. Manchen wurde der Vorschlag gemacht, wenn sie aus dem Kloster austreten würden, dann könnten sie Lehrerinnen bleiben. Priester würden heute in Zeitungen abgebildet und öffentlich allen Volksgenossen zur Schau ausgestellt (Stürmer).
Obwohl der Führer seinen Schutz der christl. Kirche durch Unterzeichnung des Konkordats zugesichert hat, wird dagegen nicht eingeschritten.
Wenn wir auch wissen, dass wir wegen dieses Hirtenbriefes angegriffen werden, so müssen wir euch doch immer bitten und ermahnen, nicht zu vergessen, dass ihr Katholiken seid.
Sogar der Hirtenbrief wird schon von den Kindern verächtlich gemacht und mit allerhand Namen bedacht oder ins Lächerliche gezogen.
Wir sind Deutsche und gehorchen unserem Führer, aber wir wollen auch unsere Rechte gewahrt wissen.
Persönliche Bemerkungen machte der Pfarrer nicht.
Heil – Hitler!"; Diözesanarchiv Würzburg, NSDAP Kirchenakten, Theilheim bei Würzburg, Hirtenbriefe 1936.

[85] In vielen Fällen knüpften die Seelsorger in den Pfarreien ihre Kritik an ein Hirtenwort. In diesen Fällen agitierten sie gleichsam im Windschatten ihres Bischofs. Diese rhetorische Strategie bewirkte, dass den Predigtspitzeln die Unterscheidung der Aussagen des Oberhirten von denen der Ortspfarrer nicht leicht fiel, was die polizeiliche Ermittlungsarbeit erschwerte und die Strafverfolgung verzögerte. Beispielsweise heißt es in einer Meldung an die Kreisleitung der NSDAP Würzburg-Land vom 28.12.1937, in allen Zellen der Ortsgruppe Veitshöchheim hätten die Pfarrer „ausführlich" zum Weihnachtshirtenbrief Ehrenfrieds Stellung genommen, allerdings seien über ihre Äußerungen „leider keine einheitliche[n] Berichte [zu] bekommen"; Diözesanarchiv Würzburg, NSDAP Kirchenakten, Güntersleben, Verlesung von Hirtenbriefen 1936/37/38. – Auch ein Verfahren gegen Kaplan Robert Kümmert wegen *Kanzelmissbrauchs* musste aus Mangel an Beweisen eingestellt werden. Kümmert hatte im Januar 1937 während der Christenlehre in Pfaffenhausen einen Hirtenbrief gegen die Gemeinschaftsschule verlesen und regimekritisch kommentiert. Vgl. das Verhörprotokoll des Volksschullehrers vom 01.02.1937, in: Staatsarchiv Würzburg, Gestapoakten, Nr. 5266. – Vgl. weiterhin Haaf, Von volksverhetzenden Pfaffen (wie Anm. 1), S. 84 und 263.

[86] Zur Überwachung der Predigten und Gottesdienste der Geistlichen durch Polizei und Partei während der Zeit des Dritten Reichs im Bistum Würzburg vgl. Haaf, „Den Pfarrer zur Strecke bringen" (wie Anm. 42); ders., „Die Äusserungen des Angeklagten haben den öffentlichen Frieden gestört" (wie Anm. 42); ders., „Der Angeklagte gehört offenbar zu den politisierenden Geistlichen" (wie Anm. 42); ders., „Die Verfehlung des Angeklagten ist grober Natur" (wie Anm. 71); ders., „Missbrauch vaterländischer Melodien zu kirchlichen Zwecken". Kaplan Hermann Schebler von Holzkirchhausen und die Auseinandersetzungen wegen einer Papsthymne mit weltlicher Melodie 1939, in: Würzburger Diözesangeschichtsblätter 75 (2012), S. 221–240; ders., „... eine einzige Anklage gegen die neue Zeit". Die Predigt des Bad Brückenauer Stadtpfarrers Anton Orgeldinger am Silvesterabend des Jahres 1935, in: Würzburger Diözesangeschichtsblätter 78 (2015), S. 503–511; ders., „Dazu habe ich mich als Seelsorger verpflichtet gefühlt" (wie Anm. 42); ders., Von volksverhetzenden Pfaffen (wie Anm. 1), passim sowie Klaus Wittstadt, Kirche im Widerstand gegen den Nationalsozialismus. Christliche Glaubenshaltung im Dritten Reich nach Regierungspräsidentenberichten und Gestapoakten, in: Würzburger Diözesangeschichtsblätter 37/38 (1975), S. 627–656.

Er erklärte: „Schon 6 mal haben sie mich zur Anzeige gebracht, erreicht haben sie aber nichts, hier bleibe ich, solange es mir gefällt und nicht, wie die anderen es wollen. Ich habe mich früher mit Sozialdemokraten und Kommunisten herumgestritten, die waren mir aber lieber, denn sie haben mich wenigstens nicht vor Gericht geschleift!“ Die Skandalszenen gegen Geistliche seien erlogen[87], sogar zu 99 % erlogen. (Fall des Theologiestudenten, welcher Blutschande getrieben hat). Offenbar bezweckte er, die Hörer davon zu überzeugen, dass auch dieser Vorfall auf Unwahrheit beruhe. Er konnte es sich nicht versagen, die Anzeiger als Denunzianten und Lumpen zu bezeichnen. Man geht kaum fehl, wenn man diese herausfordernden Ausdrücke als auf Parteiorgane von Kleinostheim abgezielt betrachtet.[88]

12. Es kann nicht Wunder nehmen, dass Schmitt auf der Strasse und gegenüber den Lehrkräften den deutschen Gruss verweigert. In der Schule pflegt er ihn meist mit einer Handbewegung zu erwidern, welche nicht als eine gehörige Erwiderung des deutschen Grusses angesehen werden kann.[89]

---

[87] Zu den Sittlichkeitsprozessen gegen katholische Ordens- und Weltgeistliche vgl. grundlegend Hans Günther Hockerts, Die Sittlichkeitsprozesse gegen katholische Ordensangehörige und Priester 1936/37. Eine Studie zur nationalsozialistischen Herrschaftstechnik und zum Kirchenkampf (Veröffentlichungen der Kommission für Zeitgeschichte, Reihe B: Forschungen 6), Mainz 1971 sowie zu den diesbezüglichen Auseinandersetzungen in Unterfranken Haaf, Von volksverhetzenden Pfaffen (wie Anm. 1), S. 138–148.

[88] Zum verbreiteten Antagonismus zwischen Ortspfarrer und Ortsgruppenleiter auf den unterfränkischen Dörfern in den Jahren 1933 bis 1945 vgl. unter anderem Haaf, „Den Pfarrer zur Strecke bringen“ (wie Anm. 42), S. 264f.; ders., „Die Äusserungen des Angeklagten haben den öffentlichen Frieden gestört“ (wie Anm. 42), S. 326–341; ders., „Der Angeklagte gehört offenbar zu den politisierenden Geistlichen“ (wie Anm. 42), S. 277, sowie ders., „... eine Verhöhnung der anordnenden Behörden“. Witz und Ironie als Waffe und Ventil in der Auseinandersetzung mit dem Nationalsozialismus in Unterfranken, in: Würzburger Diözesangeschichtsblätter 76 (2013), S. 343–369.

[89] Das Bayerische Staatsministerium für Unterricht und Kultus verfügte im März 1934, am Beginn und Ende jeder Unterrichtsstunde sowie außerhalb der Schule hätten Lehrkraft und Schülerinnen und Schüler einander den *Deutschen Gruß* zu entbieten. Explizit wurde diese Bestimmung gleichermaßen auf den Religionsunterricht angewandt: Zwar durfte weiterhin eine christliche Grußformel gesprochen werden, allerdings musste diese zwingend eingerahmt werden durch den *Hitlergruß*. Stadtpfarrer Christian Schmelz erläuterte am 28.01.1937 bei seiner Vernehmung durch die Gestapo Würzburg, die unter anderem wegen der Handhabung des Hitlergrußes erfolgte, die ministeriellen Bestimmungen zur Abfolge von *Deutschem Gruß* und christlichem Gruß im Religionsunterricht: „Wenn mir weiter vorgehalten wird, ich hätte in der Schule zwei verschiedene Arten von Grüßen eingerichtet, und zwar zuerst ‚Gelobt sei Jesus Christus‘ und dann ‚Heil Hitler‘, so habe ich hierzu anzugeben, dass es vom Ministerium aus zugelassen bezw. angeordnet war, dass beim Betreten des Schulzimmers durch einen Geistlichen zuerst der Gruß ‚Heil Hitler‘ und dann der christliche Gruß gegeben wird. Beim Verlassen des Schulzimmers wird in umgekehrter Reihenfolge gegrüßt.“; Staatsarchiv Würzburg, Gestapoakten, Nr. 12604; vgl. das Amtsblatt des Bayerischen Staatsministeriums für Unterricht und Kultus vom 28.03.1934 sowie die erklärenden Ausführungen des unterfränkischen Regierungspräsidiums in der Begründung des Schulverbots gegen Pfarrverweser Josef Huber vom 03.07.1937, in: Staatsarchiv Würzburg, Gestapoakten, Nr. 2290. – Eine Anordnung des Bayerischen Kultusministeriums vom 10.04.1934 bestätigte diese Weisung und erließ zusätzlich genaue Verhaltensmaßregeln für die außerschulische Begegnung von geistlicher Lehrkraft und Schuljugend: „Wo herkömmlicherweise Geistliche von Kindern außerhalb des Unterrichts mit einem Händedruck und den Worten ‚Gelobt sei Jesus Christus‘ oder in ähnlicher Form begrüßt werden, kann dieser Gruß auch künftighin beibehalten werden. Daneben ist jedoch zwischen den Schülern und den Religionslehrern der Deutsche Gruß zu wechseln.“; Amtsblatt des Bayerischen Staatsministeriums für Unterricht und Kultus vom 10.04.1934.

13. Gemeinschafts- oder Bekenntnisschule.[90] Erstere lehnt Schmitt grundsätzlich ab. Andererseits tritt er für die Bekenntnisschule in einer Weise ein, welche nichts anderes als staatsabträglich bezeichnet werden muss. So führt er in einer Predigt aus: „Wir sind Katholiken und bleiben Katholiken, und zwar römisch-katholisch. Wir sind das und bleiben das, wenn man uns aber zwingt, dann sind wir eben nur katholisch. In Spanien hat man den Religionsunterricht aus der Schule entfernt, die schärfsten Gegner der Kirche sind heute diejenigen Kinder, die keinen Religionsunterricht genossen haben. So kommt es auch in den übrigen Staaten, wenn auch erst in 100 oder 200 Jahren.[91] Diese Darstellung ist nur zu geeignet[,] bei den Gläubigen ein falsches Bild von der Gemeinschaftsschule zu schaffen. Die Bekenntnisschule bezeichnet er in seiner Predigt vom 4.7.37 als ein verbrieftes Recht, welches sich die Kirche nicht ohne weiteres nehmen lasse. Die Jugend gehöre nicht dem Staat, sondern den Eltern. Diese würden bestimmen, wohin sie ihre Kinder schicken wollten und nicht der Staat.[92] Gelegentlich der kirchlichen Abstim-

---

[90] Zu dieser Streitfrage vgl. Kap. 1.2 sowie ausführlich Haaf, Von volksverhetzenden Pfaffen (wie Anm. 1), S. 60–97.

[91] Diese kritischen Äußerungen Otto Schmitts stehen in einem engen Zusammenhang mit dem gemeinsamen Hirtenwort der deutschen Bischöfe vom 30.08.1936. Der Rapport eines Zellenleiters der NSDAP Randersacker fasst die wesentlichen Inhalte des Hirtenbriefs zusammen und gibt eine Wertung aus Sicht eines Parteigängers: „Im ersten Teil wird gesprochen über die unsere Kirche bedrohenden Gefahren und Unterdrückungen, die überall drohen, auch in unserem Vaterland! Besonders betont werden die kommunistischen Ausschreitungen und Greuel in Spanien, wo sich die Rotfrontwut gegen die Kirche und ihre Diener mit am meisten richtet.
Statt nun daraus die allein richtige Lehre zu ziehen: Da in allen Ländern, wo die Kirche – oder irgendeine Kirche – zu viel Freiheit hatte, wo die Kirche Gewalt über den Staat hatte, die blutigsten Revolutionen ausbrachen, wollen wir – bescheiden sein und *nur* [i. O. unterstrichen] unserer rein religiösen Aufgabe leben – verfallen die Deutschen Bischöfe – in Bosheit und Borniertheit in ganz entgegengesetzte Forderungen! Es heißt im Hirtenbrief weiter – immer wiederholt: *Wir begreifen nicht* [i. O. unterstrichen], dass unsere katholischen Vereine so eingeschränkt werden, während auf der andern Seite nicht selten Überhebungen zu konstatieren sind. Wir begreifen nicht, dass unsere Presse so eingeengt wird und nur in rein religiösen Zeitschriften ein Eigenleben führen kann, wir begreifen nicht, dass die Konfessionsschule abgeschafft werden soll, dass die Caritas unselbständig gemacht wird, dass die Klosterfrauen aus der Schule gedrängt werden sollen, dass gegen Kirche, Papst, Bischöfe ... verallgemeinernde Verleumdungen ausgestreut werden usw.
In dem Hirtenbrief wird auch gesagt, dass über diese Punkte eine Denkschrift an den Führer geleitet wurde und dass nicht nur eine Kenntnisnahme (wie voriges Jahr) mitgeteilt, sondern eine Abhilfe geschaffen werde.
Wer die bischöflichen Unverfrorenheiten in diesem Hirtenbrief nicht hörte oder nicht hören wollte, der ist kein Nationalsozialist oder religiös sehr arg befangen und von übertriebener Rücksichtnahme.
Die ‚innerlich' Schwarzen freuten sich wohl ‚innerlich'!" Die Ausführungen des Zellenleiters sind zitiert in dem Bericht der NSDAP-Ortsgruppe vom 04.09.1936, in: Diözesanarchiv Würzburg, NSDAP Kirchenakten, Randersacker, Hirtenbrief 1936. – Zu Inhalt und Wirkung des gemeinsamen Hirtenworts vom 30.08.1936 vgl. weiterhin den Bericht des Zellenleiters der NSDAP Unterpleichfeld vom 03.09.1936, in: Diözesanarchiv Würzburg, NSDAP Kirchenakten, Unterpleichfeld, Pfarrer Bruno Greubel 1937; den Bericht gleichen Datums der NSDAP-Ortsgruppe Versbach, in: Diözesanarchiv Würzburg, NSDAP Kirchenakten, Versbach, Hirtenbrief 1936/37; die Meldung der NSDAP-Ortsgruppe Waldbüttelbrunn vom 04.09.1936, in: Diözesanarchiv Würzburg, NSDAP Kirchenakten, Waldbüttelbrunn, Pfarrverweser Karl Lott 1935/36 sowie Haaf, Von volksverhetzenden Pfaffen (wie Anm. 1), S. 61 Anm. 255.

[92] Wenn Benefiziat Otto Schmitt im Ringen um die katholische Bekenntnisschule auf das verbriefte Recht der Kirche pochte und die Anerkennung des Elternwillens einforderte, bewegte er sich in seiner Argumentation ganz auf der Linie, die Bischof Ehrenfried in dieser Streitfrage vorgegeben hatte; vgl. hierzu Haaf, Von volksverhetzenden Pfaffen (wie Anm. 1), S. 64–67.

mung[93] erklärte Schmitt: „Mann [sic!] nennt mich einen Hetzer, jawohl ich bin ein Hetzer und will ein Hetzer sein für die Sache Gottes!“. Dies geradezu fanatische Verhalten soll s. Zt. namentlich auf fremde Kirchenbesucher den denkbar schlechtesten Eindruck gemacht haben. Auch in der Predigt vom 18.7.37 hat er nachdrücklich die Bevölkerung gegen die Aufklärung über die Gemeinschaftsschule einzunehmen versucht. Er rief den Eltern im Zusammenhang mit einem Vorfall, wo ein Redner Bekenntnisschulanhänger als Bolschewisten bezeichnet hatte[,] zu: „Lasst Euch lieber Bolschewisten oder Landesverräter heißen, als dass Ihr Eure Stimme für die Gemeinschaftsschule abgebt!“

14. Staatsjugendtag: Nach außen stellte sich Schmitt, als ob er die Staatsjugend nicht ablehne. Er versteht es jedoch in seinen Predigten auch hier, die Eltern derart zu beeinflussen, dass sie mißtrauisch werden und sich, soweit eine Teilnahme ihrer Kinder inbetracht kommt, ablehnend verhalten. Worte wie: „Lasst Euch Euere Kinder nicht nehmen, der Staat hat Euch in dieser Beziehung nichts zu sagen, Ihr könnt Euere Kinder hinschicken[,] wohin Ihr wollt!“ – stellen eine gefährliche Beeinflussung der Eltern dar.[94]

---

93 Zu den Abstimmungen zum Erhalt der Bekenntnisschulen, die die Geistlichen in den Pfarrkirchen des Bistums Würzburgs durchführten, vgl. ebd., S. 87–92.

94 Per Gesetz wurde die *Hitlerjugend* 1936 zur „Staatsjugend“ erhoben. Lawrence D. Walker, Hitler Youth and Catholic Youth 1933–1936. A Study in Totalitarian Conquest, Washington D. C. 1970, S. VIII, beschreibt diesen Wandel: „In its earlier years, the Hitler Youth was little more than an S. A. for adolescents; in its last phase, it became a ponderous state organization for the physical education, disciplining, and indoctrination of all German youth. The years 1933–1936 were the transitional ones for the Hitler Youth, when it was much more than a party youth and yet, still less than a state youth. During this period, its totalitarian claims were expressed and largely realized. The HJ wished to deny to all other youth groups activities deriving either from the autonomous youth movement or from the gymnastic and sports associations. The principal obstacle to the totalitarian development of the Hitler Youth was the Catholic Youth organizations, especially the largest, the JMV [Jungmännerverein].“ – In seinem Rundschreiben „Mit brennender Sorge“ vom 14.03.1937 äußerte sich Papst Pius XI.: „Wenn der Staat eine Staatsjugend gründet, die Pflichtorganisation sein soll, dann ist es – unbeschadet der Rechte der kirchlichen Vereinigungen – selbstverständlicher u. unveräußerlicher Rechtsanspruch der Jungmannen selbst u. ihrer für sie vor Gott verantwortlichen Eltern, zu fordern, dass diese Pflichtorganisation von all den Betätigungen christentums u. kirchenfeindlichen Geistes gesäubert werde, die bis in die jüngste Vergangenheit, ja bis in die Gegenwart hinein die gläubigen Eltern in unlösbare Gewissenskonflikte zwingen, da sie dem Staat nicht geben können, was im Namen des Staates verlangt wird, ohne Gott zu rauben, was Gottes ist.“; zitiert nach Diözesanarchiv Würzburg, Dokumentation Deutsche Zeitgeschichte, Kasten 7, 4. Nationalsozialismus (1933–1945), 4.2: Kirchliche Verlautbarungen, Vatikan / Rom. – Vgl. zu der Funktion der HJ als „Staatsjugend“ und maßgebender Erziehungsinstitution weiterhin Diözesanarchiv Würzburg, Dokumentation Deutsche Zeitgeschichte, Kasten 24, 4. Nationalsozialismus (1933–1945), 4.18 Sammlung Dr. Schebler, 4.16.11: HJ – Jungvolk – BDM sowie diverse Zeitungsartikel unterschiedlicher Provenienz aus dem Nachlass von Pfarrer Rauch, in: Diözesanarchiv Würzburg, Dokumentation Deutsche Zeitgeschichte, Kasten 14, 4. Nationalsozialismus (1933–1945), 4.16.2: Nachlass Pfarrer A. Rauch 1933/1935.

15. In der Christenlehre[95] knüpft der Geistliche vor allem an das alte Testament an und beeinflusst auch hier die Teilnehmer in einer der nationalsozialistischen Weltanschauung entgegengesetzten Weise.[96]

Widersetzlichkeit gegen behördliche Anordnungen.

16. Das Bezirksamt Aschaffenburg hatte für den heurigen Christi-Himmelfahrtstag das Beflaggen der Häuser mit gelb-weißen Fahnen untersagt.[97] Im Hinblick hierauf schrie am gleichen Tage der Geistliche zu seinen Hörern von der Kanzel herunter: „Jetzt behaltet Ihr Euere gelbweißen Fahnen erst recht, wenn Ihr nicht mehr flaggen dürft, dann macht Ihr Girlanden und Fensterschmuck und schmückt Euere Häuser auf diese Weise!“ Diese Aufforderung kann nicht anders als eine Aufforderung zur glatten Umgehung einer staatlichen Anordnung aufgefasst werden.

17. Das Bezirksamt Aschaffenburg hatte eine für den 4.7.37 in der Kinderbewahranstalt Kleinostheim geplante Versammlung des dortigen kath. Arbeitervereins verboten. Noch am gleichen Abend hielt Benefiziat Schmitt diese Versammlung in der Kirche ab.[98]

18. Predigt vom 18.7.37. Bei seiner Aufforderung an die Gläubigen, dem kath. Verein beizutreten, schlug der Geistliche mit der Faust auf die Kanzel und

---

[95] Bei der sogenannten „Christenlehre“ handelte es sich um einen kirchlicherseits verpflichtenden Religionsunterricht für Berufsschüler; vgl. Würzburger Diözesanblatt 11 (1935), S. 85–89, sowie Würzburger Diözesanblatt 7 (1940), S. 53–55. – Pfarrer Konrad Freund von Veitshöchheim ließ den Eltern, deren Kinder in der Christenlehre fehlten, eine „portopflichtige Dienstsache“ folgenden Inhalts zustellen: „Am letzten Sonntag wurde in feierlicher Weise in sämtlichen Gottesdiensten das neue Kirchengebot vom Besuch der Christenlehre durch den 9. u. 10. Schülerjahrgang verkündet. Leider hat Ihr Sohn [es folgt der Name des Kindes] die Christenlehre am 7.4.1940 *ohne Entschuldigung versäumt* [i. O. unterstrichen]. Ich darf Sie wohl bitten, hier nach dem Rechten gefl. [geflissentlich] sehen und das Weitere gütigst veranlassen zu wollen: Für persönliche oder schriftliche Rückantwort wäre ich sehr dankbar.“; Diözesanarchiv Würzburg, NSDAP Kirchenakten, Veitshöchheim, Pfarrer Konrad Johann Freund 1938/39/40. – Angesichts der Sanktionen gegen den schulischen Religionsunterricht und der Zerschlagung der katholischen Jugendverbände 1938 war die außerschulische Jugendkatechese im Kirchenraum unerlässlich und wurde immer weiter ausgebaut, je einschneidender die staatlichen Maßnahmen wurden. In seinem Fastenhirtenbrief des Jahres 1940 kündigte Bischof Ehrenfried an, die Jugendseelsorge in den Pfarreien auszuweiten, und drang auf Eltern und Gläubige ein: „Wie viele beklagen heute mit uns Bischöfen die Kürzung des Religionsunterrichtes in den Volksschulen und die volle Abwürdigung religiöser Belehrung in den Fortbildungsschulen! Das sind furchtbare Prüfungen für Eltern und Kinder. Ich bin aber sicher, dass die Kreuzesliebe euch bereit macht, die Opfer zu tragen, die wir euch durch einen anzuordnenden Ersatz in Christenlehren und Seelsorgestunden auferlegen müssen. Wer würde nicht von schwerem Seelenleid bedrängt, wenn er der sittlichen Verirrungen unserer Tage gedenkt. Manche erklären heute die Gebote Gottes als nicht mehr zeitgemäß. [...] Ich weiß es, ihr selbst anerkennt den Ewigkeitswert der Gebote Gottes. Sie können von niemand[em] außer Kraft gesetzt werden. Sie stehen so fest wie Granit im Reiche Gottes. Haltet daher die Gebote Gottes heilig und bewahrt euere Kinder vor der Verführung der Zeit!“; Diözesanarchiv Würzburg, Mandate, Kasten 10, D IX/66.

[96] Für die Nationalsozialisten bedeutete es eine Provokation, nahmen die Geistlichen in ihrem Unterricht Bezug auf das Alte Testament; vgl. hierzu Haaf, Von volksverhetzenden Pfaffen (wie Anm. 1), S. 315–319.

[97] Zu den Konfrontationen wegen der Feier der kirchlichen Festtage und der Beflaggung in den Kirchenfarben vgl. ebd., S. 135–196.

[98] Seit 1934 war es erforderlich, für Versammlungen religiösen Inhalts außerhalb einer Kirche eine polizeiliche Genehmigung einzuholen. Im November 1934 sprach das Bayerische Innenministerium gegenüber den Regierungen die Empfehlung aus, „regelmäßig nur so viele Versammlun-

erklärte: „Wir halten unsere Versammlungen hier in der Kirche, hier hat uns niemand etwas zu sagen. Es gibt keine staatliche Stelle, welche uns unsere Vereinsversammlungen in der Kirche verbieten kann.“[99] Es werde auch noch einmal anders und wenn einzelne so grosse Wutanfälle bekämen, dass sie auseinanderplatzen. In Deutschland seien 25 000 Priester, wohl eine kleine Zahl, aber diese Priester würden kämpfen und auch siegen, die Leute sollen nur zu ihnen halten.

19. Im Verlaufe seiner Predigt am 28.2.37 erklärte er vor aller Öffentlichkeit, er werde bei keiner Sammlung mehr etwas geben.[100] Er hat dadurch ein schlechtes Beispiel gegeben, da man diese Erklärung angesichts der sonstigen Einstellung des Geistlichen als eine versteckte Aufforderung zur Ablehnung der Sammlungen betrachten musste.

20. Benefiziat Schmitt behauptet zwar, seine unter Ziffer 11 behandelten ausfälligen Bemerkungen, wie Denunziant u. dergl.[,] bezögen sich auf keine Amtspersonen. Nach allem aber ist die Auffassung nur zu berechtigt, dass damit die örtlichen Parteiführer gemeint waren. Einmal kritisierte er u. a. die örtlichen Führer, welche die Predigten der Geistlichen bespitzeln und die Geistlichen denunzieren würden. Er nannte sie Feiglinge und stumme Hunde.[101]

21. In der Predigt vom 18.7.37 hat er die Geschichte Jerusalems mit dem heutigen Deutschland verglichen. Er verstieg sich zu dem Ausruf: „Ach Deutsches Volk, wenn du doch erkannt hättest, was zu Deinem Frieden dient!“[102]

22. Predigt vom 25.7.37. Hier beschäftigte er sich anscheinend mit einem Verbot der öffentlichen Sammlung zugunsten der Caritas[103] sowie anschliessend mit dem Fall des Paters Ruppert Maier [sic!].[104] Zum Schluss lies [sic!] er es sich nicht nehmen, wieder mit den Spitzeln und Störenfrieden in der Gemeinde Klein-Ostheim abzurechnen. Auch diesmal hatte er bestimmte Personen im Auge. Es konnte für keinen der Hörer unklar bleiben, wen er

---

gen zuzulassen, als praktisch polizeilich überwacht werden können.“ Denn schließlich trage die „auffallend rege Versammlungstätigkeit“ katholischer Verbände und Organisationen „Unruhe in die nationale Bevölkerung“. Daher sei „im Interesse der Aufrechterhaltung der öffentlichen Ordnung und Sicherheit die Zahl der Veranstaltungen bezw. Versammlungen bedeutend einzuschränken.“; zitiert nach Staatsarchiv Würzburg, Sammlung Schumacher, 12/1: Sammelrundschreiben der BPP, allgemeine politische Anordnungen und Anweisungen 1933–35, fol. 69. – Zu den Streitigkeiten im Bistum Würzburg wegen der restriktiven Versammlungsvorschriften vgl. weiterhin Haaf, Von volksverhetzenden Pfaffen (wie Anm. 1), S. 135–138 und 149–175.

99 Vgl. Anm. 98.

100 Gemeint sind hier Sammlungen für nationalsozialistische Hilfsorganisationen und Einrichtungen; vgl. in diesem Zusammenhang oben Anm. 81.

101 Vgl. oben Anm. 86.

102 Zu dem äußerst problematischen Topos vom verworfenen Gottesvolk vgl. genauer Haaf, Von volksverhetzenden Pfaffen (wie Anm. 1), S. 280–286.

103 Zu den kirchlichen Verstößen gegen das nationalsozialistische Sammlungsgesetz vgl. beispielhaft Haaf, „Den Pfarrer zur Strecke bringen“ (wie Anm. 42), S. 302–306.

104 Zu Pater Rupert Mayer SJ, der wegen seiner regimekritischen Predigten dreimal inhaftiert wurde (unter anderem im Konzentrationslager Sachsenhausen), vgl. Anton Koeberling, Pater Rupert Mayer. Ein Priester und Bekenner unserer Zeit, München 1950 oder die neuere Darstellung von Roman Bleistein (Hg.), Rupert Mayer SJ. Leben im Widerspruch. Autobiographische Texte, Prozess vor dem Sondergericht, Reden und Briefe, Frankfurt a. M. 1991.

damit meinte.[105] Er fügte bei: „Auf dieser Kanzel wird gepredigt und es wird auch weiter gepredigt werden.“

Angesichts einer solchen erdrückenden Last von staatsabträglichen, ja staatsfeindlichen Handlungen und rednerischen Entgleisungen ist es ausgeschlossen[,] dass dem Benefiziaten Schmitt weiterhin der Religionsunterricht in Klein-Ostheim überlassen bleiben kann. Er erfüllt nicht die Voraussetzungen[,] welche im 3. Reich an einen Lehrer der deutschen Jugend in seiner erziehlichen und politischen Haltung gestellt werden müssen. Seine Einwände sind nicht geeignet, eine anderweitige Beurteilung herbeizuführen.

Es ist ihm daher mit sofortiger Wirkung die Befugnis zur Erteilung des Religionsunterrichts an der Volks- und ländlichen Berufsschule in Kleinostheim zu entziehen. Bemerkt sei noch, dass z.Zt. auch zwei Verfahren wegen Kanzelmißbrauchs gegen Benefiziat Schmitt schweben.[106]

Ein Abdruck dieser Entschließung wolle Benefiziat Schmitt sofort gegen unterschriftlichen anher vorzulegenden Nachweis zugestellt werden. Gleichzeitig ist ihm zu eröffnen, dass auch die Erteilung des Religionsunterrichts in der Kirche unzulässig ist.

Das Bischöfliche Ordinariat Würzburg erhält Abdruck von Gegenwärtigem mit dem Ersuchen[,] durch Anweisung eines anderen Geistlichen die ordnungsmäßige Erteilung des Religionsunterrichts wieder zu ermöglichen.

Sollte Benefiziat Schmitt auch weiterhin Anlass zu Klagen über seine staatsabträgliche Einstellung geben, so müsste ihm die Befugnis zur Erteilung des Religionsunterrichts im ganzen Regierungsbezirk entzogen werden.[107] Hierauf wolle er besonders hingewiesen werden.[108]

---

[105] Vgl. oben Anm. 88.

[106] Vgl. in diesem Zusammenhang Staatsarchiv Würzburg, Gestapoakten, Nr. 12288 (Akte von Grete Schiessl), Diözesanarchiv Würzburg, NSDAP Kirchenakten, Oberdürrbach, Pfarrer Otto Schmitt 1937/38/39/40, sowie Haaf, Von volksverhetzenden Pfaffen (wie Anm. 1), S. 316, 338f. und 426–428, und ders., „Die Verfehlung des Angeklagten ist grober Natur“ (wie Anm. 71), S. 91.

[107] Pfarrer Georg Porzelt von Frammersbach war der erste Diözesangeistliche, dem „für alle Schulen Unterfrankens die Erlaubnis zur Erteilung des Religionsunterrichtes entzogen wurde, nicht nur für die eigene Gemeinde.“ Aus den internen Informationen des Ordinariats an die Dekane vom 04.10.1937, in: Diözesanarchiv Würzburg, Dokumentation Deutsche Zeitgeschichte, Kasten 13, 4. Nationalsozialismus (1933–1945), 4.16.1: Bischöfliches Ordinariat Würzburg (Generalvikar Dr. Miltenberger) an die Dekane 1937. Siehe auch Diözesanarchiv Würzburg, Kirchenamtliche Rundschreiben, Kasten 4, 1933–1945, A Diözese Würzburg, IV. Bischöfliches Ordinariat, 2. kirchliche Lage im nationalsozialistischen Deutschland, c) ausführliche Darlegung zu verschiedenen Punkten der kirchlichen Lage. Weil Porzelt entschieden gegen die Beschlagnahme von Abstimmungsurkunden für die Bekenntnisschule protestiert hatte, widerrief Dr. Otto Hellmuth am 06.09.1937 seine Unterrichtserlaubnis für sämtliche öffentlichen Volkshauptschulen sowie städtischen und ländlichen Berufsschulen des Regierungsbezirks; vgl. auch den Hinweis in einem Bericht des Landrats von Karlstadt mit Datum vom 19.12.1942 an den Regierungspräsidenten wegen zusätzlicher religiöser Unterweisung der Schuljugend durch Pfarrer Porzelt, in: Staatsarchiv Würzburg, Gestapoakten, Nr. 9578.

[108] Entschließung Nr. 6406 a 176 der Regierung von Unterfranken und Aschaffenburg vom 01.09.1937, in: Diözesanarchiv Würzburg, NSDAP Kirchenakten, Oberdürrbach, Pfarrer Otto Schmitt 1937/38/39/40.

3. Außerschulischer Religionsunterricht in den Kirchen

Die Auseinandersetzungen zwischen dem profilierten Geistlichen und den örtlichen Repräsentanten von Partei und Staat rissen auch nach der disziplinarischen Maßnahme des Verbots der Erteilung des Religionsunterrichts an der Volks- und Berufsschule Kleinostheim und seiner Versetzung nach Oberdürrbach nicht ab.

In den Jahren 1938 und 1939 wurden Otto Schmitt Verstöße gegen die rigiden Vorschriften für kirchlich-karitative Sammlungen angelastet und Zeugen vernommen. „Pfarrer Otto Schmitt in Oberdürrbach hat sich nicht an die Genehmigungsbedingungen gehalten, sondern hat auch außerhalb der Kirche gesammelt bezw. dieses versucht, obwohl ich ihn am Vortag der Sammlung fernmündlich besonders auf das Sammelverbot außerhalb der Kirche hingewiesen habe“, meldet der Würzburger Gendarmeriemeister am 16. Oktober 1938 im Zusammenhang mit der Caritas-Sammlung dem zuständigen Bezirksamt. Und weiter heißt es: „Pfarrer Schmitt ist als Gegner des Nationalsozialismus bekannt. Er hat schon in seiner früheren Pfarrstelle in Kleinostheim in offener und versteckter Form gegen den Staat gearbeitet, sodaß ihm die Religionsunterrichtserteilung untersagt wurde.“[109] Im September 1939 liefen erneut umfangreiche polizeiliche Ermittlungen gegen Otto Schmitt, da dieser „in recht ungeziemender Weise zu einem Opfergang [...] in der Pfarrkirche in Oberdürrbach aufgefordert habe.“[110]

Zudem wurden dem Seelsorger Verstöße gegen die Versammlungsvorschriften vorgeworfen. Nachdem Otto Schmitt ohne polizeiliche Genehmigung zwei Versammlungen einberufen hatte, intervenierte der Kreisleiter der NSDAP Würzburg: „Ich halte den Einsatz der Gestapo für unbedingt geboten, um vollständige Klärung zu schaffen, denn sonst bringt uns der Pfarrer Schmitt die Gemeinde Oberdürrbach noch mehr durcheinander, wie es bisher schon geschehen ist. Die notwendige Ruhe und Ordnung wird meines Erachtens durch den Fall Schmitt in unverantwortlicher Weise gestört. Ich bitte auch in eine Prüfung einzutreten, ob die Verhängung einer vorläufigen Polizeihaft gegen Schmitt nicht am Platze ist.“[111] Daraufhin eröffnete der Würzburger Landrat dem Geistlichen am 11. Januar 1939: „Sie haben in der letzten Zeit wiederholt in versammlungspolizeilicher Hinsicht zu erheblichen Beanstandungen Anlass gegeben. In Betracht kommt die beabsichtigte unbefugte Vorverlegung der Versammlung am 2. Weihnachtsfeiertag und die beabsichtigte Abhaltung einer Versammlung am 9. Januar 1939 ohne ausdrückliche bezirkspolizeiliche Genehmigung. Ein solches Verhalten ist polizeilich und politisch untragbar. Ich sehe mich daher genötigt, Ihnen zu eröffnen, dass in absehbarer Zeit Versammlungen mit Ihnen als Einberufer oder Versammlungsleiter nicht

---

[109] Bericht der Gendarmeriestation Würzburg vom 16.10.1938, in: ebd.

[110] Bericht des zuständigen Gendarmeriepostens an den Würzburger Landrat vom 05.09.1939, in: ebd.

[111] Schreiben des Kreisleiters der NSDAP Würzburg vom 30.12.1938 an das dortige Bezirksamt, in: ebd.

genehmigt werden können[,] und ersuche daher diesbezügliche Anträge zu unterlassen.“[112]

Die näheren Umstände, die zur Vorverlegung der Versammlung des Johannisvereins am 26. Dezember 1938 geführt haben, schildert in aller Ausführlichkeit der Ortsgruppenleiter der NSDAP Versbach am 29. Dezember unter dem Betreff „Parteiabträgiges Verhalten des Pfarrers *Schmitt, Oberdürrbach* [i.O. gesperrt]“. Nachdem Otto Schmitt in seiner Funktion als 1. Vorsitzender des Oberdürrbacher Johannisvereins „von der Kreisleitung im Einvernehmen mit dem Bezirksamt Würzburg“ die Genehmigung erteilt worden war, am 26. Dezember 1938 um 20.00 Uhr die Versammlung abzuhalten, konnte er in Erfahrung bringen, „dass die Veranstaltung des Johanniszweigvereins unter Kontrolle der Partei gestellt war und setzte, um die Veranstaltung der Kontrolle zu entziehen, *eigenmächtig* [i.O. unterstrichen], ohne eine besondere Genehmigung hierfür einzuholen, den Beginn der Veranstaltung auf 26. Dezember 1938 Nachm. *16 Uhr* [i.O. unterstrichen] fest.“ Die Vorverlegung des Veranstaltungsbeginns wurde jedoch untersagt, sodass der Pfarrgeistliche „die Kinder und ca. 40 Erwachsene“, die sich um 16.00 Uhr eingefunden hatten, wegschicken musste mit der Bemerkung: „Er (Schmitt) wisse aber, wer dahinter stecke.“ Das Verbot und die Aufstachelung durch ihren Pfarrer riefen „unter den Anwesenden eine Empörung hervor, die sich auf dem Nachhauseweg und in den beiden Wirtschaften fortsetzte und zu üblen Meckereien und Hetzereien ausartete.“

Das Urteil, zu dem der NSDAP-Ortsgruppenleiter am Ende seines ausführlichen Rapports kommt, fällt eindeutig aus und geht weit über den gegenwärtigen Streit hinaus und zeigt, dass die Nerven blank lagen und der zermürbende Kleinkrieg zwischen Ortsgruppe und Ortspfarrer Kraft kostete und Ansehen und Stellung der Partei gefährdete: „Seit der Pfarrer *Schmitt* [i.O. gesperrt] die Pfarrverweserstelle in Oberdürrbach inne hat, befindet sich die Bevölkerung von Oberdürrbach durch das zersetzende Einwirken des Pfarrers in ständiger politischer Opposition. Pfarrer Schmitt ist ein politischer Zersetzer übelster Art, der in der raffiniertesten Art seinen Weg geht und sich den Glorienschein eines Märtyrers beilegen möchte. Seine oben angeführte eigenmächtige Handlung ist ein weiteres Glied in der Kette seiner Umgehung behördlicher und parteilicher Anordnungen. […] Durch das äußerst unsaubere Auftreten des Pfarrers *Schmitt* [i.O. gesperrt] leidet das Ansehen der Partei und ihrer Gliede-

[112] Schreiben Nr. 621 des Würzburger Landrats vom 11.01.1939, in: ebd. – Wie Otto Schmitt das Versammlungsverbot konterkarierte, geht aus einer Meldung der NSDAP-Ortsgruppe Versbach vom 16.01.1939 hervor: „Dem Pfarrer Schmitt war am 8.1.39 eine Versammlung untersagt.
Am 15.1.39 sagte er bei der Predigt:
‚Ich halte heute in der Kirche den Rechenschaftsbericht für den Johannisverein, weil er ja, wie Sie wissen, am letzten Sonntag verhindert worden ist und auch in nächster Zeit verhindert bleiben wird.
Heute kann ich den Bericht sogar vor einer grösseren Menschen-Menge geben.
Es hat nur einen Nachteil hier in der Kirche, dass nähmlich [sic!] die Leute nicht fragen können. Aber das können Sie gelegentlich nachholen, wenn Sie ins Pfarrhaus kommen.‘
Ich teile das mit, um zu zeigen, wie Schmitt das Versammlungsverbot zu einem Sieg für sich ausdeutet, was in den Worten ‚*sogar vor einer grösseren Menschen-Menge*‘ [i.O. unterstrichen] zum Ausdruck kommt.
Heil Hitler! [i.O. gesperrt]“; ebd.

rungen bedeutenden Schaden. Es wird der notwendige Respekt vor Partei und ihrer Gliederungen mit Füßen getreten. Der Pfarrer *Schmitt* [i. O. gesperrt] und sein Anhang glauben sich stark genug, im Stillen und öffentlich gegen die Anordnungen von Staat und Partei Stellung zu nehmen und sie bewußt und absichtlich sabotieren zu können. Es muss hier mit drakonischen Mitteln eingegriffen werden. Dem Pfarrer muß auf dem schnellsten und fühlbarsten Wege zum Bewußtsein gebracht werden, dass Partei und Staat Autoritäten sind, die sich durch pfaffenartige Anpöpelungen [sic!] nicht besudeln lassen.

Um der Gemeinde Oberdürrbach wieder das alte politische Ansehen und den allgemeinen Frieden wieder zu gaben [sic!], ist es notwendig, dass der Pfarrverweser *Schmitt* [i. O. gesperrt] auf dem schnellsten Wege von Oberdürrbach verschwindet und zur inneren Erbauung, Erziehung und Erfassung des notwendigen Respekts vor Partei und Staat dorthin befördert wird, wo schon andere seiner Berufskollegen Einkehr haben halten müssen.[113]

Ich bitte, auf dem schnellsten Wege einschreiten zu lassen.“[114]

In der ersten Jahreshälfte 1939 wurde Pfarrer Schmitt des Weiteren beschuldigt, er habe die Tochter eines SA-Manns[115] während der Beichte ermutigt, „in die Kirche zu gehen, wenn sie auch von ihren Eltern abgehalten werde“[116], und habe zudem die Anbringung diffamierender Plakate an den Häusern des Zellenleiters der NSDAP sowie des Ersten Beigeordneten der Gemeinde provoziert. Wenngleich die Erhebungen in diesem Fall zu keinem Ergebnis führten, resümiert der Bericht des Gendarmeriepostens Würzburg vom 2. Februar 1939: „Die politischen Verhältnisse in Oberdürrbach spitzen sich in der letzten Zeit immer mehr zu, was nach Meinung der örtlich maßgebenden Stellen auf die abträgliche Wirkung des dortigen Pfarrers Schmitt zurückzuführen ist. Schmitt hat sich schon wiederholt in Predigten staatsabträglich geäußert, hat gegen das Sammlungsgesetz verstoßen und das gegen ihn erlassene Verbot der Unterrichtserteilung zu umgehen versucht. Seine Einstellung gegen die NSDAP. und insbesondere auch gegen den örtl. Führer der NSDAP. N. N. ist offensichtlich. Beweise dafür, daß er bei der Anbringung der Plakate die Hand im Spiele hatte, sind nicht vorhanden. Mit Sicherheit aber kann man annehmen, daß der stän-

113 Mit dieser zynischen Bemerkung spielt der Ortsgruppenleiter auf das Konzentrationslager Dachau an. Sechs Geistliche der Diözese Würzburg waren dort in den Jahren zwischen 1941 und 1945 interniert: Pfarrer Hermann Dümig, Pater Sales Hess OSB, Pfarrer August Eisenmann, Pfarrer Konrad Weigand, Pfarrer Rudolf Lösch und Pfarrer Georg Häfner, der am 20.08.1942 in Dachau sein Leben lassen musste; vgl. hierzu Haaf, Von volksverhetzenden Pfaffen (wie Anm. 1), S. 353–356, sowie zu Pfarrer Häfner Paul-Werner Scheele / Klaus Wittstadt, Georg Häfner. Priester und Opfer. Briefe aus der Haft – Gestapodokumente, Würzburg 1983. – Zur Einrichtung der nationalsozialistischen Konzentrationslager allgemein vgl. die Studie von Klaus Drobisch / Günther Wieland, Das System der NS-Konzentrationslager 1933–1939, Berlin 1993. Zum ersten Konzentrationslager Dachau vgl. die Darstellung von Günther Kimmel, Das Konzentrationslager Dachau. Eine Studie zu den nationalsozialistischen Gewaltverbrechen, in: Martin Broszat / Elke Fröhlich / Falk Wiesemann (Hg.), Bayern in der NS-Zeit, Bd. 2, München / Wien 1979, S. 349–413.

114 Bericht des Versbacher NSDAP-Ortsgruppenleiters vom 29.12.1938 an die Kreisleitung, in: Diözesanarchiv Würzburg, NSDAP Kirchenakten, Oberdürrbach, Pfarrer Otto Schmitt 1937/38/39/40.

115 Vgl. in diesem Zusammenhang Longerich, Die braunen Bataillone (wie Anm. 74).

116 Aus einem Bericht der Gendarmeriestation Würzburg vom 20.05.1939, in: Diözesanarchiv Würzburg, NSDAP Kirchenakten, Oberdürrbach, Pfarrer Otto Schmitt 1937/38/39/40.

dige Kampf des Pf. Schmitt gegen die NSDAP. bezw. den NS-Staat seine eigenen Anhänger zu solchen Taten ermuntert. Strafantrag haben die Beteiligten nicht gestellt, da die Täterermittlung nicht gelungen ist. Falls die Tat späterhin noch aufgeklärt werden sollte, erfolgt Nachtragsanzeige."[117]

In erster Linie jedoch waren es die unüberhörbaren kritischen Töne, die Otto Schmitt in seinen Predigten anschlug, die den Nationalsozialisten eine dauernde Provokation waren und schließlich zu seiner Verurteilung wegen Vergehens gegen das *Heimtückegesetz* führten.[118] So heißt es in einem Bericht des Sicherheitsdienstes des Reichsführers SS, SD-Unterabschnitt Mainfranken, Außenstelle Würzburg, Pfarrer Schmitt habe sich in seiner Sonntagspredigt am 6. August 1938 zu der Äußerung hinreißen lassen: *In der Gemeinde seien noch Familien, die überhaupt nicht mehr in die Kirche gehen und überhaupt nichts mehr glauben würden. Wenn dies nicht anders würde, müsste unbedingt ein Krieg kommen, der die Leute wieder zur Religion und zum Glauben zurückbringe* [i.O. unterstrichen]. Diese Äußerung habe unter den Zuhörern „beträchtliche Unruhe und Kriegsangst hervorgerufen" und den nationalsozialistischen Bürgermeister dazu verleitet, „dem Geistlichen zuzurufen, er könne überhaupt nicht predigen und gehöre aus der Kirche herausgezogen", woraufhin Pfarrer Schmitt dem Ersten Beigeordneten entgegnete: *Wenn auch das Oberhaupt dieser Gemeinde sich darüber aufregt, das Oberhaupt der Gemeinde hat mir nichts zu sagen, in der Kirche bin ich allein Herr* [i.O. unterstrichen].[119] Der Bericht an das Würzburger Bezirksamt schließt: „Es wird gebeten, gegen Pfarrer Sch. [Schmitt] Strafanzeige zu erstatten. Zur dortigen Information wird noch mitgeteilt, dass O. Sch. [Otto Schmitt] bereits einschlägig vorbestraft ist und gegen ihn eine Einzelstrafanzeige des Bez.-Amtes Aschaffenburg und der Geh. Staatspolizei gelaufen ist. Ausserdem hat ihm die Regierung von Mainfranken mit Entschliessung Nr. 6406 a 176 vom 1.9.1937 die Befugnis zur Erteilung des Religionsunterrichtes für den Bereich seiner seinerzeitigen Pfarrei Kleinostheim mit einer ausführlichen Begründung entzogen. Es wird gebeten, auch in diesem Falle die Möglichkeit eines Religionsunterrichtsentzuges zu erwägen."[120]

Nur eine Woche später spielte Pfarrer Otto Schmitt in Oberdürrbach während der Sonntagsmesse auf die aggressive Außen- und die kirchenfeindliche Innenpolitik der NS-Regierung an, indem er einen Vergleich zog zwischen Napoleon und Hitler[121], was ihm zunächst eine fünfzehntägige Untersuchungs-

---

[117] Anzeige der Gendarmeriestation Würzburg vom 16.10.1938 gegen Otto Schmitt wegen Vergehens gegen das *Heimtückegesetz*, in: ebd.

[118] Vgl. in diesem Zusammenhang oben Anm. 71 sowie Haaf, „Der Vorgenannte hat staatsabträgliche Reden geführt" (wie Anm. 75), S. 552–554.

[119] Bericht des Sicherheitsdienstes des Reichsführers SS, SD-Unterabschnitt Mainfranken, Außenstelle Würzburg an das dortige Bezirksamt, in: Diözesanarchiv Würzburg, NSDAP Kirchenakten, Oberdürrbach, Pfarrer Otto Schmitt 1937/38/39/40. – Zu der rhetorischen Strategie und erzieherischen Maßnahme, in Predigt und Katechese die Erinnerungen an den zurückliegenden Weltkrieg wachzuhalten, vgl. Tobias Haaf, „Erfüllet gerade in Notzeiten euere Pflichten gegen das Vaterland!". Der Würzburger Diözesanklerus vor der Herausforderung des Zweiten Weltkrieges, in: Würzburger Diözesangeschichtsblätter 77 (2014), S. 247–276, bes. S. 249–254.

[120] Ebd.

[121] Auch andere Geistliche des Bistums Würzburg bemühten historische Vergleiche, um hieran ihre Kritik an den gegenwärtigen Verhältnissen anzuknüpfen. Stadtpfarrer Karl Wagner von Milten-

haft und schließlich durch Urteilsspruch des Bamberger Sondergerichtshofs eine viermonatige Haftstrafe wegen *Kanzelmissbrauchs* einbrachte.[122] Über den regimekritischen Vergleich heißt es in einem Bericht der Gestapo Würzburg vom 8. September 1938: „In seiner Predigt brachte dann Pfarrer *Schmitt* [i. O. fett] Napoleon als Beispiel, der auf den Bannfluch des Papstes geantwortet habe: ‚Deswegen fallen meinen Soldaten die Gewehre nicht aus den Händen.' Durch Schnee und große Kälte sei aber Napoleon bezwungen worden und tatsächlich seien den Soldaten die Gewehre aus den Händen gefallen. *Schmitt* [i. O. fett] stellte dieses Missgeschick Napoleons als eine Strafe Gottes dar und leitete nach einigen Beispielen auf die in der letzten Zeit niedergegangenen wolkenbruchartigen Regenfälle über, die einen großen Teil der sehr reichlichen diesjährigen Ernte vernichtet haben. Er fuhr dann dem Sinne nach fort, dass auch dies eine Strafe Gottes sei und die Leute sollten nicht klagen und murren. Es müssten immer die Unschuldigen mit den Schuldigen leiden. In diesem Zusammenhang äußerte dann *Schmitt* [i. O. fett], dass auch ein großes Reich und ein großer Mann durch Regen auf die Knie gezwungen würden.

Obwohl *Schmitt* [i. O. fett] keinen Namen nannte, stand es für die Gemeinde fest, dass nur Deutschland und der Führer mit dieser Äußerung gemeint seien. Die Auslassung des Pfarrers hat unter der Bevölkerung Oberdürrbachs große Missstimmung hervorgerufen. Durch die missliche Wetterlage und das dadurch bedingte schlechte Einbringen der Ernte herrschte unter den Bauern Oberdürrbachs schon eine schlechte Stimmung. Anstatt [dass] *Schmitt* [i. O. fett] nun versuchte, wie es seine Pflicht als Seelsorger gewesen wäre, die gedrückte Stimmung der Bauern durch Trostworte zu bessern, hat er in verwerflicher Weise gegen das Dritte Reich und den Führer gehetzt."[123]

In zeitlicher Nähe zum glimpflichen Ausgang der sogenannten *Sudetenkrise*[124] merkte Schmitt während des Sonntagsgottesdienstes kritisch an, eine alte Frau, die den Rosenkranz bete, leiste mehr als ein Staatsmann, der Geschichte schreibe. Die Gendarmeriestation Würzburg, die mit Datum vom

berg beispielsweise hielt 1940 eine Weihnachtspredigt, die von der Gestapo beanstandet wurde. In den Ausführungen des Geistlichen entdeckte sie eine „Anspielung auf das jetzige Führerprinzip". Wagner hatte zunächst gegen die gottgläubige Bewegung gesprochen: „Gottgläubige und deutschgläubige Christen und wie diese feinen Decknamen alle heißen. Der Teufel ist sogar gottgläubig, ja sogar der Bolschewik ist gottgläubig, denn sonst würde er ihn (Gott) nicht verfolgen." Am Ende seiner Ansprache erklärte er dann: „Der Glaube an den führenden Menschen habe schon immer enttäuscht; nur der Glaube an die Kirche hat noch niemand[en] enttäuscht. [...] Auch Napoleon hat sich vermessen, gegen ein großes Weltreich (Russland) zu kämpfen, bis er zerschlagen u. zertreten am Boden lag." Aufgrund der schlechten Beweislage sah sich die Bamberger Oberstaatsanwaltschaft gezwungen, die Ermittlungen gegen Pfarrer Wagner einzustellen; vgl. die Berichte der Gestapo Würzburg vom Februar 1941, in: Staatsarchiv Würzburg, Gestapoakten, Nr. 16365.

122 Vgl. Staatsarchiv Würzburg, Gestapoakten, Nr. 12288 (Akte von Grete Schiessl), Diözesanarchiv Würzburg, NSDAP Kirchenakten, Oberdürrbach, Pfarrer Otto Schmitt 1937/38/39/40, sowie Haaf, Von volksverhetzenden Pfaffen (wie Anm. 1), S. 316, 338f. und 426–428; ders., „Die Verfehlung des Angeklagten ist grober Natur" (wie Anm. 71), S. 91.

123 Bericht der Gestapo Würzburg vom 08.09.1938, in: Diözesanarchiv Würzburg, NSDAP Kirchenakten, Oberdürrbach, Pfarrer Otto Schmitt 1937/38/39/40.

124 Einen knappen Überblick über die Ereignisse gibt Heinrich Giegold, Tschechen und Deutsche. Die Geschichte einer Nachbarschaft, Hof 1994, S. 45–54. – Zur Haltung des Würzburger Bistumsklerus in dieser Frage vgl. Haaf, Von volksverhetzenden Pfaffen (wie Anm. 1), S. 337–340.

16. Oktober 1938 Anzeige gegen Otto Schmitt wegen Vergehens gegen das *Heimtückegesetz* erstattete, sah es als erwiesen an, „dass er mit dem Vergleich der Leistung einer rosenkranzbetenden Frau und eines großen Staatsmannes den Führer und Reichskanzler treffen wollte und sein Ziel, wie durch die Auffassung der Zeugen nachgewiesen ist, auch tatsächlich erreicht hat.“[125]

Otto Schmitt, dem angelastet wurde, „zersetzend gewirkt“[126] und sich „wiederholt in Predigten staatsabträglich geäußert“[127] zu haben, wurde 1939 mit Urteilsspruch des Sondergerichts Bamberg wegen Vergehens gegen das *Heimtückegesetz* zu einer viermonatigen Gefängnisstrafe verurteilt[128], die der Geistliche in Nürnberg verbüßen musste – bei „harter Behandlung“, wie er selbst kommentierte.[129] Gleichzeitig bedrängte der Ortsgruppenleiter der NSDAP Versbach die Würzburger Kreisleitung, die Ausweisung Otto Schmitts aus Oberdürrbach zu erreichen. In einem Bericht vom 11. Juli 1939 führte dieser aus:

„Der Pfarrer *Schmitt* [i. O. gesperrt], der vom Sondergericht Bamberg eine 4monatige Freiheitsstrafe erhalten hat, hat in der Gemeinde Oberdürrbach (Zelle 03 der Ortsgruppe Versbach) so zersetzend gewirkt, dass ein längeres Verweilen des *Schmitt* [i. O. gesperrt] in Oberdürrbach untragbar geworden ist.

Die Bevölkerung von Oberdürrbach ist in zwei Lager gespalten, die sich gegenseitig *öffentlich* [i. O. unterstrichen] bekämpfen. Der Zustand ist schon so weit fortgeschritten, dass sogar unter Parteigenossen öffentliche Fehden ausgetragen werden.

Um diesem Übel endlich Einhalt zu gebieten, ist es dringend notwendig, dass der Pfarrer *Schmitt* [i. O. gesperrt] aus der Gemeinde *Oberdürrbach* [i. O. gesperrt] *umgehend* [i. O. unterstrichen] entfernt wird.

Ich bitte den Kreisleiter, sich mit allem Nachdruck für die beschleunigte Entfernung des Schmitt von Oberdürrbach einzusetzen.

Heil Hitler! [i. O. gesperrt]“[130]

Nicht zuletzt aufgrund des hohen Drucks von Kreisleitung und Gestapo versetzte das Bischöfliche Ordinariat Würzburg Otto Schmitt nach seiner Strafverbüßung nach Aufstetten im Landkreis Ochsenfurt, wo dieser vom März 1940 bis zum März 1944 vier Jahre als Pfarrverweser wirkte.[131] Das Kriegsende erlebte er in Weisbach, wo er am 1. April 1944 als Pfarrverweser installiert worden war.[132] Nach über dreißig Jahren priesterlichen Wirkens in der Gemeinde Gerach verstarb Pfarrer Otto Schmitt dort am 15. August 1983 im

---

[125] Anzeige der Gendarmerie Würzburg beim Bezirksamt am 16.10.1938, in: Diözesanarchiv Würzburg, NSDAP Kirchenakten, Oberdürrbach, Pfarrer Otto Schmitt 1937/38/39/40.

[126] Aus einer Meldung der NSDAP-Ortsgruppe Versbach vom 11.07.1939, in: ebd.

[127] Aus dem Bericht des Gendarmeriepostens Würzburg vom 02.02.1939, in: ebd.

[128] Ebd.

[129] Fränkisches Volksblatt Nr. 188 vom 18.08.1983.

[130] Bericht des Ortsgruppenleiters der NSDAP Versbach vom 11.07.1939, in: Diözesanarchiv Würzburg, NSDAP Kirchenakten, Oberdürrbach, Pfarrer Otto Schmitt 1937/38/39/40.

[131] Vgl. die Meldung des Würzburger Landrats an die Kreisleitung der NSDAP Würzburg vom 06.04.1940, in: ebd., sowie Diözesanarchiv Würzburg, Personalschematismen der Diözese Würzburg, Otto Schmitt.

[132] Vgl. ebd.

Alter von 80 Jahren. Drei Tage nach seinem Tod, am 18. August 1983, wurde er in Burkardroth beigesetzt.[133]

Flankierend zu der Verurteilung wegen seiner *staatsabträglichen* Predigten durch das Sondergericht Bamberg strengten unter anderem die Kreisleitung der NSDAP Würzburg, die Würzburger Außenstelle des Sicherheitsdienstes des Reichsführers SS, die Geheime Staatspolizei Würzburg[134] sowie der Politische Stab des Staatsministers Adolf Wagner im Bayerischen Staatsministerium für Unterricht und Kultus[135] die Verhängung eines endgültigen Unterrichtsverbots über Otto Schmitt an, was erneut das unterfränkische Regierungspräsidium auf den Plan rief. Mit Schreiben vom 17. September 1938 wies daher das Würzburger Bezirksschulamt die zuständige Gendarmeriestation an: „Dem Pfarrer Otto Schmitt in Oberdürrbach ist im Auftrage der Regierung von Mainfranken zu eröffnen, dass sie beabsichtigt, ihm die Erlaubnis zur Erteilung des Religionsunterrichtes für den Regierungsbezirk Mainfranken zu entziehen, wie ihm dies bereits mit RE. vom 1. Sept. 1937 Nr. 6406 a 176 angedroht wurde. Diese Massnahme liegt in der kürzlichen Kanzeläusserung des Pfarrers Schmitt begründet, in der er zum Ausdruck brachte, dass heute viel[e] Katholiken nicht mehr glauben wollten. Es müsse ein Krieg kommen, der noch viel schrecklicher und grausamer sei, als es der Weltkrieg war. Nur so könnten die Leute wieder zu ihrer Religion gelangen. Pfarrer Schmitt ist zu der beabsichtigten Entziehung der Erlaubnis zur Erteilung des Religionsunterrichts zu hören.

Gleichzeitig ist ihm zu eröffnen, dass das Bezirksamt von seiner Befugnis gem. Ziff. 46 b 2 der MB. v. 22.4.1938 (Kultusmin. Amtsbl. S. 9167.) Gebrauch macht und ihn von der Erteilung des Religionsunterrichts fernhält, bevor seine Zulassung endgültig von der Regierung widerrufen ist. Dem Pfarrer Schmitt ist daher zu eröffnen, dass er bis auf weiteres Religionsunterricht in der Schule nicht mehr erteilen darf. Die Angelegenheit ist mit grösster Beschleunigung zu erledigen." Und abschließend wird explizit darauf hingewiesen: „Wenn Pfarrer Schmitt trotzdem versuchen sollte, in der Schule Religionsunterricht zu erteilen, wolle auf dem kürzesten Wege hievon Mitteilung gemacht werden."[136]

---

[133] Vgl. Fränkisches Volksblatt Nr. 188 vom 18.08.1983.

[134] Vgl. Diözesanarchiv Würzburg, NSDAP Kirchenakten, Oberdürrbach, Pfarrer Otto Schmitt 1937/38/39/40, passim.

[135] Unter dem 20.09.1938 wandte sich der Politische Stab von Kultusstaatsminister Wagner an den Kreisleiter der NSDAP Würzburg: „Aus den hier vorliegenden Berichten entnehme ich, daß der kath. Pfarrer *Schmitt* [i. O. gesperrt] in Oberdürrbach in politischer Beziehung unliebsam aufgefallen ist.
Um gegebenenfalls den Gauleiter und Staatsminister Adolf Wagner über den Betreffenden persönlich zu unterrichten, ersuche ich Sie, mir über den Pfarrer Schmitt eine ausführliche politische Beurteilung zukommen zu lassen. Die Beurteilung soll insbesondere enthalten die politische Einstellung des Pfarrers Schmitt [i. O. gesperrt] vor und nach der Machtübernahme, Mißbrauch seiner Seelsorgetätigkeit zu politischen Zwecken, feindselige Äußerungen über Partei, Staat, einzelne Führer usw. Ist anzunehmen, daß der Genannte seine feindselige Einstellung zu Partei und Staat *in letzter Zeit* [i. O. unterstrichen] ernstlich änderte und liegen gegebenenfalls während des letzten Jahres ersichtliche Beweise für eine solche Umstellung vor?
Ich bitte die Tatsache der Einholung dieses Gutachtens streng vertraulich zu behandeln.
Heil Hitler!"; Schreiben des Bayerischen Staatsministeriums für Unterricht und Kultus vom 20.09.1938, in: Diözesanarchiv Würzburg, NSDAP Kirchenakten, Oberdürrbach, Pfarrer Otto Schmitt 1937/38/39/40.

[136] Anweisung des Würzburger Bezirksschulamts an die Gendarmerie vom 17.09.1938, in: ebd.

Als der Zellenleiter der NSDAP Oberdürrbach, der in Personalunion zugleich Hauptlehrer an der dortigen Schule war, Pfarrer Schmitt diese bezirksamtliche Verfügung eröffnete, äußerte der Geistliche, „was da drin stehe, sei eine Lüge“[137], und beschimpfte den Zellenleiter mit den Worten: „Nun weis[s] ich auch[,] wer in der Gemeinde der grösste Stänkerer und Hetzer ist.“[138] Dies brachte ihm eine Anzeige wegen „Behördenbeleidigung“[139] ein. Ein Jahr nach dem Unterrichtsverbot für Kleinostheim hatte das unterfränkische Regierungspräsidium seine Drohung wahr gemacht und Otto Schmitt für den gesamten Regierungsbezirk ein Schulverbot erteilt.

Auf die steigende Zahl behördlicher Verbotsverfügungen gegen geistliche Religionslehrer[140] reagierte der Würzburger Bischof Matthias Ehrenfried mit der Intensivierung und dem Ausbau des katechetischen Unterrichts und seiner Verlagerung in die Gotteshäuser.[141] In seinem Weihnachtshirtenwort des Jahres 1937 gab der Würzburger Oberhirte die Stoßrichtung vor: „Es ist ein unver-

---

[137] Aus der Anzeige der Gendarmeriestation Würzburg vom 24.11.1938 gegen Otto Schmitt wegen „Behördenbeleidigung“, in: ebd.

[138] Aus der Meldung des Ortsgruppenleiters der NSDAP Versbach an die zuständige Kreisleitung vom 17.10.1938, in: ebd.

[139] Die abfällige Bemerkung Schmitts über den Zellenleiter der NSDAP Oberdürrbach verärgerte die Kreisleitung, die am 21.10.1938 die Gestapo Würzburg informierte: „Das Verhalten des Pfarrers *Schmitt* [i. O. gesperrt] wird von Woche zu Woche unverschämter. So kann es in Oberdürrbach nicht weitergehen. Es besteht die Gefahr, dass sich die Polit. Leiter eine solche Behandlung eben einfach nicht mehr gefallen lassen. Bevor die Verhältnisse sich so zuspitzen, wäre es meines Erachtens zweckmässig, wenn Pfarrer Schmitt aus Oberdürrbach verschwindet.
Ich bitte hiernach die geeigneten Schritte zu unternehmen und mich zu verständigen.
Heil Hitler! [i. O. gesperrt]“; Schreiben des Kreisleiters vom 21.10.1938, in: Diözesanarchiv Würzburg, NSDAP Kirchenakten, Oberdürrbach, Pfarrer Otto Schmitt 1937/38/39/40.

[140] Vgl. hierzu Haaf, Von volksverhetzenden Pfaffen (wie Anm. 1), S. 126–134 und 211–216.

[141] Beispielsweise verständigte das Generalvikariat im November 1940 die Stadtkommissariate und Dekanate des Bistums: „Bekanntlich ist im Vorjahr der Religionsunterricht in allen Klassen der Volksschule auf zwei Wochenstunden verkürzt worden. Durch die Anordnung des sogenannten Abteilungsunterrichtes und die ME. vom 7.2.40 Nr. IV. 1875, dass die Unterrichtskürzungen jeweils sämtliche lehrplanmäßige Unterrichtsfächer anteilmäßig treffen mussten, um das derzeitige Verhältnis der Lehrfächer untereinander nicht zu verschieben, erleidet der lehrplanmäßige Rel. Unterricht weitere empfindliche Einschränkung, so dass vielerorts die Jahresziele der relig. Unterweisung u. Erziehung der Volksschulpflichtigen im Rahmen des schulischen Rel. Unterrichtes nicht mehr erreicht werden können. Namentlich leidet unter diesen Einschränkungen die Gebetserziehung, das Erlernen der wichtigsten Gebetsformeln u. Kirchenlieder sowie die Behandlung der Heilsgeschichte und die Einführung in das Kirchenjahr u. in das gottesdienstliche Leben der Pfarrei.
Aus diesen Gründen ergeht hiemit nachstehende oberhirtliche Anordnung: Wo immer die dargelegten Verhältnisse vorliegen, sind die Seelsorgsvorstände verpflichtet, in allen Gemeinden regelmäßig, d. h. wöchentlich ein- oder zweimal die Volksschüler – entweder alle oder einzelne Jahrgänge bzw. Abteilungen – zum kirchl. Zusatzunterricht in der Form der üblichen Kinderseelsorgsstunden zu versammeln. Dieser kirchl. Unterricht ist in der Kirche oder einem kircheneigenen Raum abzuhalten. Die Benutzung der Schulräume ist an jenen Orten zu beantragen, wo bei der Trennung von Kirchen- und Schuldienst ein diesbezüglicher Vorbehalt gemacht wurde. Durch schriftliche Mietverträge kann allenfalls auch ein heizbarer Saal einer karitativen Anstalt für [die] bestimmten Stunden als kircheneigener Raum gewonnen werden. Der staatliche Schulzwang und die staatl. Bestimmungen über das Züchtigungsrecht erstrecken sich nicht auf diesen kirchl. Unterricht. Möge es allen Seelsorgern gelingen, diese Seelsorgestunden recht anziehend u. lehrreich zu gestalten, damit dauernder Segen von ihnen f. d. relig. Leben der Jugend ausgehe u. diese Weihestunden den Kindern noch in späten Jahren in lb. Erinnerung bleiben. Die H. Dekane werden beauftragt, mit den Seelsorgern diese f. d. Erhaltung des Glaubens vordringl. Anordnung zu besprechen und evtl. helfend einzugreifen.“; Diözesanarchiv Würzburg, Dokumentation Deutsche Zeitgeschichte, Kasten 24, 4. Nationalsozialismus (1933–1945), 4.18 Sammlung Dr. Schebler, 4.16.4: Verlautbarungen des Bischöflichen Ordinariats Würzburg, Bekenntnisschule / Religionsunterricht.

äußerliches Recht der Kirche, von sich aus die katholische Jugend im Glauben zu unterrichten. Dies kann durch keine staatliche Maßnahme beeinträchtigt werden. Wo daher ein Geistlicher aus dem Religionsunterrichte der Schule verbannt wird, hat er gleichwohl im Auftrage des Bischofs Beicht-, Kommunion- und Firmungsunterricht außerhalb des schulplanmäßigen Religionsunterrichts zu geben. Dazu kommt die rein religiöse Belehrung der Kinder im Sinne der Jugendseelsorge in geeigneten Räumen ohne schulplanmäßigen Charakter, aber zur Einführung der Jugend in den gesamten Glauben. Darüber werde ich noch besondere Anordnungen erlassen. Liebe katholische Eltern, es ist euere Pflicht, die Kinder zu diesen kirchlichen Unterweisungen zu schicken."[142]

In jeder Pfarrei des Bistums richteten die Seelsorger katechetischen Unterricht für Kinder und Jugendliche ein. Der Kirchenraum bildete einen Schutzraum, in den hinein die Verfügungsgewalt von Staat und Partei nicht reichte. Priester, über die ein Schulverbot verhängt worden war, konnten durch die Initiative kirchlich organisierten Unterrichts den Verlust der institutionellen Unterweisung der Schülerschaft in gewissem Umfang kompensieren. Daher rissen in den Meldungen der verschiedenen Polizei- und Parteidienststellen die Klagen nicht ab, die Geistlichen umgingen die Verbote und hielten „Religionsunterricht auf getarnter Weise."[143] Auch die NSDAP-Ortsgruppe Versbach meldete am 14. November 1938 der Kreisleitung Würzburg:

„Der Pfarrer *Schmitt* von *Oberdürrbach* [i. O. fett] hat im Oktober 1938 vom Bezirksamt *Würzburg* [i. O. fett] die Mitteilung erhalten, dass ihm die

---

[142] Diözesanarchiv Würzburg, Mandate, Kasten 10, D IX/31.

[143] Aus einer Stellungnahme des Zellenleiters der NSDAP Oberdürrbach vom 01.12.1938 gegen den kirchlichen Religionsunterricht Pfarrer Otto Schmitts, in: Diözesanarchiv Würzburg, NSDAP Kirchenakten, Oberdürrbach, Pfarrer Otto Schmitt 1937/38/39/40. – Um ein weiteres Beispiel anzuführen, sei auf die Meldung der Gendarmerie Neubrunn vom 15.12.1939 verwiesen: „Die Gend. erhielt vom Landrat den Auftrag, Erhebungen bezüglich des Abhaltens des Religionsunterrichtes durch Pfarrer Schebler in Holzkirchhausen zu betätigen. Schebler ist die Erlaubnis zur Erteilung des Rel. Unterrichtes entzogen. Er versucht durch Abhaltung von *Seelsorgestunden* [i. O. unterstrichen] das Verbot zu umgehen.
Schebler wurde einvernommen und gab an, dass er die Seelsorgestunden nur im Auftrage seiner kirchl. Oberbehörde, Herrn Bischof abhalten werde. Es werde kein Zwang auf die Kinder ausgeübt; ferner sei es keine Pflicht, sondern der Besuch nur eine freiwillige Angelegenheit."; Staatsarchiv Würzburg, Gestapoakten, Nr. 12034, fol. 83. – Und die Gendarmerie Kleinwallstadt weiß unter dem 05.11.1940 von Pfarrer Ludwig Spangenberger zu berichten: „Nach den von diesseits gepflogenen Erhebungen hat der Pfarrer Spangenberger am 27.10.1940 abends in der Kirche die Mütter von Schulkindern aufgefordert, ihre Kinder fleißig in die Kirche und zu den von ihm an 2 Tagen in der Woche jeweils nachmittags abzuhaltenden sogenannten Seelsorgestunden zu schicken. Er sagte dabei u. a. auch, dass nur einmal in der Woche Religionsstunde abgehalten werden dürfe, und dass es daher notwendig sei, dass die Kinder wenigstens in die Kirche, d. h. zu den Gottesdiensten gehen und die Seelsorgestunden regelmäßig besuchen, damit sie wenigstens einigermaßen über die Religion unterrichtet würden. Es sei hier Sache der Eltern, ihre Kinder zu dem Besuch der angeführten Veranstaltungen anzuhalten. Insbesondere dürfe es nicht vorkommen, dass die Kinder sagen, sie gingen in die Kirche oder zu den Seelsorgestunden, während diese in Wirklichkeit auf der Straße herumliefen. Hier liege die Schuld bei den Eltern. Die Äußerungen des Pfarrers Spangenberger sind zwar nicht präzise gehalten, enthalten aber doch die versteckte Andeutung, dass die Religion in Gefahr sei, denn sonst würde er nicht gesagt haben, die Eltern sollen ihre Kinder in die Seelsorgestunden schicken, weil die Religionsstunden in der Schule auf eine Stunde in der Woche herabgesetzt wurden. Spangenberger ist eben einer derjenigen, die kein Mittel unversucht lassen, um die Anhänger in irgendeiner Form an sich zu fesseln und in scheinbar harmlosen Andeutungen die Maßnahmen des Reiches zu kritisieren."; Staatsarchiv Würzburg, Gestapoakten, Nr. 14707, fol. 27 und 54. – Mit Datum vom 25.07.1940 fassen die „Meldungen aus dem Reich" verschiedene Berichte aus dem Bistum zusammen: „In Mahnbriefen werden die Eltern davon verständigt, dass diejenigen, die ihr Kind

Erteilung von Religionsunterricht *in der Schule* [i. O. unterstrichen] verboten ist.

Der Zellenleiter, Hauptlehrer *N. N.* von *Oberdürrbach* [i. O. fett], hat an mich berichtet, dass der Pfarrer *Schmitt* [i. O. fett] am vergangenen Sonntag in der Kirche bekannt gegeben hat, dass in Zukunft die *Christenlehre in der Kirche* [i. O. unterstrichen] [stattfindet].

Christenlehre bedeutet Religionsunterricht.

Der Pfarrer *Schmitt* [i. O. fett] hält sich streng *an das Wort* [i. O. unterstrichen] des Verbotes und ist gewillt, das Verbot dadurch zu umgehen, dass er den Religionsunterricht in der Kirche hält. Da auch in anderen Gemeinden von den Pfarrern ähnlich verfahren wurde, bitte ich um Klärung und gegebenenfalls um Präzisierung des erlassenen Verbotes.

Heil Hitler!"[144]

Am 1. Dezember 1938 ergänzte der Zellenleiter der NSDAP Oberdürrbach seine Beobachtungen und gab bei der Kreisleitung zu Protokoll:

„Ich habe bereits in meinem Bericht vom 14.11.38 an die Kreisleitung mitgeteilt, daß der Pfarrer *Schmitt* [i. O. gesperrt] am vergangenen Sonntag in der Kirche bekannt gab, daß künftig am Sonntag die Christenlehre in der Kirche stattfindet.

Weiterhin hält Pfarrer Schmitt am Sonntag keine Predigt mehr, sondern er unterrichtet die Kinder durch Fragen und Antworten. Das heißt also, er fragt in der Kirche die Kinder und diese müssen auf seine Fragen antworten, also indirekter Religions-Unterricht. Am Sonntag[,] den 27.11.38[,] verkündete Pfarrer Schmitt für Mittwoch[,] den 30.11.38[,] Seelsorgeandacht für die Kinder. (Nachmittags von 2-3). Etwa 90 % der Kinder erschienen. Sie erhielten Auftrag[,] das nächstemal [sic!] Holz mitzubringen, da er in der Sakristei einschüren müsste. Pfarrer Schmitt hält also trotz seines Verbotes von der Regierung Religionsunterricht auf getarnter Weise. Da Pfarrer Schmitt jeweils am Sonntag Vormittag [sic!] bekannt gibt, wann die Seelsorgeandacht stattfindet, wäre es angebracht[,] die Geheime Staatspolizei mit der Beaufsichtigung zu beauftragen."[145]

Der religiöse Unterricht für die katholischen Kinder und Jugendlichen in den Kirchen barg bis zum Ende der nationalsozialistischen Herrschaft in Unterfranken ein hohes Konfliktpotenzial und führte zu ständigen Beschwerden und Nachfragen. Noch unter dem 23. Juni 1943 sah sich deshalb Regierungspräsident Hellmuth veranlasst, die Landräte sowie die Gauleitung der NSDAP Mainfranken zu verständigen: „Die Frage, ob Geistliche in Kirchen oder kircheneigenen Räumen zusätzlichen Religionsunterricht abhalten dürfen, hat seither wiederholt Schwierigkeiten hervorgerufen. Ich habe daher eine Klärung beantragt. Der Herr Reichsminister für die kirchlichen Angelegen-

---

nicht zum Besuch der Christenlehre anhalten, sich schwer versündigen und außerdem ‚im Sinne des kirchlichen Rechts als Religions- und Kirchenverächter' gelten (Würzburg)."; Boberach (Bearb.), Berichte des SD und der Gestapo (wie Anm. 6), S. 450.

[144] Meldung der NSDAP-Ortsgruppe Versbach vom 14.11.1938, in: Diözesanarchiv Würzburg, NSDAP Kirchenakten, Oberdürrbach, Pfarrer Otto Schmitt 1937/38/39/40.

[145] Rapport des Zellenleiters der NSDAP Oberdürrbach bei der Kreisgeschäftsführung am 01.12.1938, in: ebd.

heiten hat im Anschluss an die Auffassung der Geheimen Staatspolizei mitgeteilt, dass zusätzlicher Religionsunterricht *in Kirchen und kirchlichen Räumen* [i. O. unterstrichen] weder anmelde- noch genehmigungspflichtig ist."[146]

Ein Jahr zuvor, am 12. Juni 1942, hatte der Regierungspräsident in einem Schreiben an das Bayerische Staatsministerium für Unterricht und Kultus gewarnt, die „Abhaltung zusätzlicher religiöser Unterweisungen in den Kirchen und sog. Pfarrstunden" gefährde ernsthaft „die nationalsozialistische Erziehung der deutschen Jugend" und hintertreibe „jegliche nationalsozialistische Erziehungswirkung in Charakter und Haltung". Darüber hinaus stellte Hellmuth das Gesuch, „Geistliche, die keinen Religionsunterricht an Schulen erteilen dürfen, auch von der Unterrichtserteilung in Kirchen oder Pfarrhäusern [auszuschließen]."[147] Ein systematisches Vorgehen gegen den kirchlichen Religionsunterricht scheiterte nicht an der Bayerischen Staatsregierung, sondern an der Deutschen Reichsregierung. Der bayerische Kultusminister Wagner nämlich hatte seinerseits in einem Schreiben an die Regierungen eine konsequente Haltung eingenommen und Entschlossenheit demonstriert: „Mir ist bekannt geworden, dass Geistliche, denen die Erteilung des Religionsunterrichts an öffentlichen Volksschulen vom Standpunkte der allgemeinen staatlichen Schulhoheit aus untersagt wurde, versucht haben[,] einen Ersatzreligionsunterricht in der Kirche zu geben. Ich weise die Regierung darauf hin, dass die Erteilung des lehrplanmäßigen Religionsunterrichtes der Volksschule außerhalb der Schulräume nicht geduldet werden darf und allenfalls zu unterbinden ist. Gegen einen widerspenstigen Geistlichen ist mit polizeilichen Maßnahmen und, wenn veranlasst, mit Strafanzeige vorzugehen."[148] Vor einem staatlichen Verbot der *Seelsorgestunden* und *Christenlehren,* mit dem selbst führende Vertreter der katholischen Kirche gerechnet hatten[149], schreckte die Regierung Hitler jedoch zurück. Sie fürchtete wahrscheinlich die empörten Reaktionen der kirchlich gebundenen Bevölkerung. Und letztlich waren die Konsequenzen eines solchen Schritts nicht abzuschätzen. Somit blieben die zusätzlichen Religionsstunden, zu denen Pfarrer und Kapläne in die Kirchen einluden, weitgehend unangetastet und bildeten zusammen mit der kirchlicherseits eingeforderten Elternkatechese die Grundpfeiler der Jugendseelsorge und religiösen Sozialisation der Kinder und Jugendlichen spätestens seit 1937 bis zum Ende der nationalsozialistischen Diktatur.

---

[146] Staatsarchiv Würzburg, Sammlung Schumacher, 7/1: Maßnahmen gegen die Kirche, fol. 24.

[147] Staatsarchiv Würzburg, Gestapoakten, Nr. 8770, fol. 189 (Akte von Pfarrer Andreas Nötscher). – Exemplarisch sei hier das Vorgehen gegen Pfarrverweser Josef Huber in Breitensee genannt: Aufgrund seiner „einwandfrei und ausgiebig festgestellte[n] staatsabträgliche[n] Haltung" war Huber durch Regierungspräsident Hellmuth Schulverbot erteilt worden, das der Geistliche durch katechetischen Unterricht in der Kirche kompensierte. Trotz wiederholter Eingaben des unterfränkischen Regierungspräsidenten sah das Bayerische Staatsministerium für Unterricht und Kultus jedoch „von einer schulaufsichtlichen oder polizeibehördlichen Regelung bezw. vernünftigen Einschränkung der zusätzlichen religiösen Unterweisungen in kirchlichen Räumen ab."; Staatsarchiv Würzburg, Gestapoakten, Nr. 2290.

[148] Diözesanarchiv Würzburg, NSDAP Kirchenakten, Allgemeines, Religionsunterricht-Verbot 1936/37.

[149] Kardinal Michael Faulhaber fürchtete in einem Schreiben an den bayerischen Episkopat vom 30.10.1941 ein solches Verbot, wie es in Salzburg und im Sudetengau erlassen worden war.; vgl. Ludwig Volk (Bearb.), Akten Kardinal Michael von Faulhabers 1917–1945, Bd. II (Veröffentlichungen der Kommission für Zeitgeschichte, Reihe A: Quellen 26), Mainz 1978, Nr. 838.

2 X

Nationalsozialistische Deutsche Arbeiterpartei

Kreisleitung Würzburg — **Gau Mainfranken**

Geschäftsstelle: Augustinerstraße 7/I
Fernsprech-Sammelnummer 3816

Ortsgruppe Versbach

Tageszeitung des Gaues: „Mainfränkische Zeitung"
Würzburg, Semmelstraße 46 / Fernruf 3735
Gaugeschäftsstelle: Würzburg, Adolf-Hitler-Straße 24
Fernsprechnummer 3561/3563

Betr.: Pfarrer Schmitt
Oberdürrbach.

Versbach, den 17. Oktober 1938.

Kreisleiter	Gesch. Führer	Pers. Amt	Prop.	Org.
	Eingang 18. OKT. 1938			
Kartei	Kasse	Schulg.	Wirts. Berater	amtsl.

An die NSDAP. Kreisleitung Würzburg

in Würzburg

Heute vorm. 9.45 Uhr wurde dem Hptl. Pg. [redacted] von dem Schulamtsbewerber [redacted] mitgeteilt, dass der Pfarrer in der Schule sei und Religionsunterricht erteilen wolle.

Laut einem Schreiben des Bezirksamtes Würzburg vom 17. Sept. 1938 wurde dem Pfarrer Schmitt durch die Gendamerie zur Kenntnis gebracht, das ihm bis auf weiteres die Erteilung des Religionsunterrichtes verboten sei.

Auf Vorhalten des Pg. [redacted] erklärte erst Schmitt, dass er davon nichts wisse und erst nach Vorlage einer Abschrift dieses Schreibens gab Schmitt zu, dass er den Inhalt des Schreibens kenne.

Dieses Schreiben erklärte Schmitt sei eine Lüge. Als ihm darauf der Pg. [redacted] sagte er sei auch ein Lügner, denn er habe in einer Gerichtsverhandlung gesagt, dass er stets mit Heil Hitler grüsse, erklärte Schmitt, dass er nur den Hoheitsträger mit dem Deutschen Gruss grüssen werde, eine Pflicht die anderen Pg. u. Vg. mit Heil Hitler zu grüssen bestehe für ihn nicht.

Im Verlauf der Unterredung sagte Schmitt, dass nur eine kleine Clique gegen ihn sei und von dieser sei [redacted] verhetzt worden.

Bei der Aussprache fiel auch die Bemerkung, dass er mit [redacted] in seiner Eigenschaft als Polit. Leiter verhandele, dass mit dem Ausdruck Clique also nur die Polit. Leiter und Pg. gemeint sei können.

Auf

Auf Vorhalten des Pg. [redacted] sagte Schmitt, dass er keinen Namen genannt habe. Die Bemerkungen des Schmitt waren aber so eindeutig, dass nur das Polit. Leiterkorps damit gemeint sei konnte.
[redacted] hat sich diese jesuitische Doppelzüngigkeit verboten.
Der Auforderung das Schulhaus zu verlassen kam Schmitt nach und verlies den Raum mit den Worten: " Nun weis ich auch wer in der Gemeinde der grösste Stänkerer und Hetzer ist " .
Ich bitte den Kreisleiter gegen Schmitt ganz energisch einzuschreiten und das Polit. Leiterkorps vor derartigen Angriffen zu schützen.

Nationalsoz. Deutsche Arbeiter-Partei – Ogru. Versbach

H e i l H i t l e r !

[redacted]

Ortsgruppenleiter.

Beilage: Abschrift der Verfügung des Bezirksamtes Würzburg vom 17.9.38

Abb. 1: *Anzeige der NSDAP-Ortsgruppe Versbach gegen Pfarrer Schmitt vom 17. Oktober 1938.*[150]

[150] Meldung des Ortsgruppenleiters der NSDAP Versbach an die zuständige Kreisleitung vom 17.10.1938, in: Diözesanarchiv Würzburg, NSDAP Kirchenakten, Oberdürrbach, Pfarrer Otto Schmitt 1937/38/39/40.

N. S. D. A. P.
Ortsgruppe V e r s b a c h

Kreis-leiter	Gesch. Führer	Pers. Amt	Propag.	Org.
		30. DEZ. 1938		
Amt Kartei	Kasse	Schulg.	Wirtsch. Berater	

[Versbach], 29. Dezember 1938.

3xA

[An die Krei]s l e i t u n g –
W ü r z b u r g .

Betreff:
Parteiabträgiges Verhalten des Pfarrers S c h m i t t ,
O b e r d ü r r b a c h.

Der erst kürzlich aus Schutzhaft entlassene Pfarrer S c h m i t t, Pfarrverweser der kath. Pfarrei O b e r d ü r r b a c h, hatte als 1. Vorsitzender des Johannisvereins -Zweigverein- Oberdürrbach, ohne die Einverständniserklärung des zuständigen Ortsgruppenleiters und Bürgermeisters eingeholt zu haben, bei der Kreisleitung und dem Bezirksamt W ü r z b u r g um die Genehmigung zur Abhaltung einer Weihnachtsfeier des genannten Vereins nachgesucht, welche ihm auch von der Kreisleitung im Einvernehmen mit dem Bezirksamt Würzburg für 26. Dezember 1938 Nachm. 20 Uhr erteilt wurde.

Erst nach erteilter Genehmigung der Veranstaltung erhielt ich durch den Zellenleiter Pg. [redacted] Oberdürrbach Mitteilung von dem geschaffenen Verhältnis.

Da die Gendarmerie von Veitshöchheim wegen Verkehrskontrolle nicht verfügbar war, beauftragte ich den Zellenleiter Pg. [redacted], die politische Beaufsichtigung der genehmigten Veranstaltung zu übernehmen.

Der Pfarrverweser S c h m i t t brachte in Erfahrung, dass die Veranstaltung des Johanniszweigvereins unter Kontrolle der Partei gestellt war und setzte, um die Veranstaltung der Kontrolle zu entziehen, eigenmächtig, ohne eine besondere Genehmigung hierfür einzuholen, den Beginn der Veranstaltung auf 26. Dezember 1938 Nachm. 16 Uhr fest. Er brachte es sogar fertig, die von ihm eigenmächtig zeitlich verlegte Veranstaltung hinsichtlich des Beginnes dem nicht interessierten Teil der Oberdürrbacher Einwohner geheim zu halten. Nur der interessierte Teil hatte Kenntnis von der Verlegung des Veranstaltungsbeginnes. Der Mitteilsamkeit eines Kindes ist es zuzuschreiben, dass ich von der eigenmächtigen Handlung des Pfarrverwesers Schmitt Kenntnis erhalten habe.

Nach fernmündlicher Rücksprache mit der Kreisleitung und dem Bezirksamt war die Veranstaltung um 16 Uhr Nachm. zu verbieten, die für 20 Uhr festgesetzte Veranstaltung blieb jedoch genehmigt.

Pfarrverweser S c h m i t t wurde sofort von dieser Anordnung in Kenntnis gesetzt. Trotzdem erschienen am 26. Dezember 1938 Nachm. 4 Uhr die Kinder und ca 40 Erwachsene. Hier erst eröffnete der Pfarrverweser Schmitt den Erschienenen, dass die Veranstaltung jetzt nicht abgehalten werden dürfe, da er vom Bürgermeister [redacted] angerufen worden wäre, dass sie für diesen Zeitpunkt verboten sei. Er (Schmitt) wisse aber, wer dahinter stecke.

Diese Bemerkung, wobei bewußt und beabsichtigt der wahre Sachverhalt verschwiegen wurde, rief unter den Anwesenden eine Empörung hervor, die sich auf dem Nachhauseweg und in den beiden Wirtschaften fortsetzte und zu üblen Meckereien und Hetzereien ausartete.

Vor Beginn der Abendveranstaltung forderte Bürgermeister [redacted] den Pfarrverweser auf, den an der Veranstaltung teilnehmenden Personen mitzuteilen, dass die Genehmigung der Nachmittagveranstaltung nicht deshalb versagt wurde, um den zu beschenkenden Kindern eine Freude zu verderben, sondern nur deshalb, weil in einem geordneten Staatswesen eigenmächtige Handlungen u. Anordnungen nicht geduldet werden. Er selbst (der Pfarrverweser) der das Verhältnis bewußt, beabsichtigt und berechnend geschaffen habe, um zersetzend auf die Bevölkerung von Oberdürrbach einwirken zu können, trage die alleinige Schuld. Jn der Abendveranstaltung erwähnte zwar der Pfarrverweser beiläufig in seiner Ansprache, dass ein Versehen seinerseits vorliege. Da aber die beiläufige Bemerkung aus dem Zusammenhang gerissen war, wurde von den Anwesenden nicht die geringsteNotiz davon genommen.

Die Veranstaltung wurde in einem Bretterhaus abgehalten, das den brandpolizeilichen Vorschriften in keiner Weise entspricht, umsoweniger, als an diesem Abend der Veranstaltungsraum mehr wie überfüllt war und sich fast niemand bewegen konnte.

Als die Pg.Bürgermeister [redacted] und SA-Rottenführer [redacted], die die politische Beaufsichtigung der Veranstaltung hatten, den Veranstaltungsraum betraten, wurden sie ausgelacht und verspottet. Es fielen Rufe wie: " Die Spione sind erschienen und gehören hinausgeworfen." Diese Ausfälligkeiten wurden zwar nicht von den beiden Pg.vernommen, wohl aber von den an der Veranstaltung teilnehmenden Personen gehört und weitergegeben.

Da der Veranstaltungsraum mehr wie überfüllt war, sich niemand regen konnte, und bei der herrschenden Ofenhitze, war den beiden Pg.,welche die Beaufsichtigung hatten, ein längeres Verbleiben unmöglich. Nur mit Mühe konnten sie sich aus dem überfüllten Raum entfernen. Was der Pfarrverweser in seiner abschliessenden Rede noch gebracht hat, war nicht zu erforschen, da sich die Veranstaltungsteilnehmer in dieser Richtung in Stillschweigen hüllten. Es ist jedoch mit Bestimmtheit anzunehmen, dass es zu Ausfälligkeiten seinerseits gekommen ist,. denn die Stimmung der Veranstaltungsteilnehmer war nach Schluss eine äußerst gereizte. Es wurde über das Winterhilfswerk und seine Helfer geschimpft und krakeelt. Es wurde geäußert, den 2.Bürgermeister, der Pg.ist, geschäftlich zu boykottieren usw.usw. Dem Pg.[redacted], an dessen Anwesen der SA-Mann und der Stürmer angeschlagen war, wurden diese heruntergerissen. ——————

Seit der Pfarrer S c h m i t t die Pfarrverweserstelle in Oberdürrbach inne hat, befindet sich die Bevölkerung von Oberdürrbach durch das zersetzendeEinwirken des Pfarrers in ständiger politischer Opposition. Pfarrer Schmitt ist ein politischer Zersetzer übelster Art, der in der raffiniertesten Art seinen Weg geht und sich den Glorienschein eines Märtyrers beilegen möchte. Seine oben angeführte eigenmächtige Handlung ist ein weiteres Glied in der Kette seiner Umgehungen behördlicher und parteilicher Anordnungen. Ein kleines Bild von dem böswilligen Charakter des Pfarrers S c h m i t t erscheint, wenn man erfahren muss, dass er in der Heimatgemeinde der Ehefrau des 2.Bürgermeisters Pg.[redacted] in sartirischer Weise kolportiert, die Familie [redacted] in Oberdürrbach trügen einen falschen Namen, sie dürften nicht [redacted] sondern sie müßten Krakehler heißen. Durch das äußerst unsaubere Auftreten des Pfarrers S c h m i t t leidet das Ansehen der Partei und ihrer Gliederungen bedeutenden Schaden. Es wird der notwendige Respekt vor Partei und ihrer Gliederungen mit Fußen getreten. Der Pfarrer S c h m i t t und sein Anhang glauben sich stark genug, im Stillen und öffentlich gegen die Anordnungen von Staat und Partei Stellung zu nehmen und sie bewußt und absichtlich sabotieren zu können. Es muss hier mit drakonischen Mitteln eingegriffen werden. Dem Pfarrer muß auf dem schnellsten und fühlbarsten Wege zum Bewußtsein gebracht werden, dass Partei und Staat Autoritäten sind, die sich durch pfaffenartige Anpöpelungen nicht besudeln lassen.

Um der Gemeinde Oberdürrbach wieder das alte politititische Ansehen und den allgemeinen Frieden wieder zu gaben, ist es notwendig, dass der Pfarrverweser S c h m i t t auf dem schnellsten Wege von Oberdürrbach verschwindet und zur inneren Erbauung, Erziehung und Erfassung des notwendigen Respektes vor Partei und Staat dorthin befördert wird, wo schon andere seiner Berufskollegen Einkehr haben halten müssen.

Jch bitte, auf dem schnellsten Wege einschreiten zu lassen.

H e i l H i t l e r !

[redacted]

Ortsgruppenleiter.

Abb. 2: *Meldung der NSDAP-Ortsgruppe Versbach über Pfarrer Schmitt und dessen „Parteiabträgiges Verhalten“ vom 29. Dezember 1938.*[151]

[151] Rapport des Versbacher NSDAP-Ortsgruppenleiters vom 29.12.1938 an die Kreisleitung, in: ebd.

40 Jahre im Weinberg des Herrn

Pfarrer Otto Schmitt feiert 40jähriges Priesterjubiläum

Gerach (ot) - Sein 40jähriges Priester- Jubiläum feiert am Wochenende Gerachs Pfarrer Otto Schmitt. Seit 15 Jahren wirkt er in der Kuratiegemeinde. Der Kontakt zwischen Pfarrhaus, Elternhaus und Schule mit dem Geistlichen war stets zufriedenstellend, und die Sympathien der Einwohnerschaft Gerachs und des Ortsteils Mauschendorf gehören dem Pfarrherrn.

Segensreich wirkte sich auch seine Tätigkeit im Obst- und Gartenbauverein aus, der auf seinen Vorschlag hin ins Leben gerufen wurde und dessen Vorsitzender er seit mehr als einem Jahrzehnt ist. Höhepunkt seines seelsorgerischen Wirkens in Gerach war der Besuch von Bischof Stangl am 1. und 2. Mai 1958, wo der hohe Würdenträger Visitation hielt und nach der Pontifikalmesse das Sakrament der Firmung spendete, eine Handlung, die in der Geschichte des Geracher Gotteshauses wohl erstmalig vollzogen wurde.

Pfarrer Otto Schmidt erblickte am 6. Dezember 1902 in Zahlbach, Pfarrei Burkardroth, Kreis Bad Kissingen, das Licht der Welt. Von 1914 bis 1919 folgte das Studium am Neuen Gymnasium in Bamberg, anschließend bis 1922 am Gymnasium in Lohr a. M. Hier legte er seine Reifeprüfung ab. Die philosophisch-theologische Ausbildung wurde ihm an der Universität Würzburg zuteil.

Am 20. März 1927 wurde er zum Priester geweiht, und eine Woche später fand die feierliche Primiz in seiner heimatlichen Pfarrkirche zu Burkardroth statt. In den nachstehenden Orten sehen wir ihn als Kaplan wirken: Fellen/Burksinn, Eltmann, Heppdiel bei Miltenberg, Wolfsmünster bei Gemünden und Sommerau/Spessart. Siebeneinhalb Jahre war er dann als Benefizial in Kleinostheim bei Aschaffenburg tätig.

Während des Zweiten Weltkrieges füllte der Priester das Amt eines Pfarrverwesers in Oberdürr-Bach-Aufstetten-Weissbach und Brüchs bei Fladungen aus, 1951 kam er als Hausgeistlicher nach Reithenbuch. Seit 4. November 1952 lebt er in der Gemeinde Gerach.

Gerachs Einwohnerschaft will den hohen Fest- und Ehrentag ihres Seelenhirten würdig gestalten und hat dazu eine schöne Programmfolge zusammengestellt.

Am heutigen Freitag gibt die Gemeindeverwaltung einen Empfang im großen Saal der Gaststätte Kraft unter Teilnahme des Jubelpriesters, seiner Angehörigen, der Gemeinde- und Kirchenvertreter und der Vorsitzenden aller Geracher Vereine. Um 19 Uhr wartet die Laimbachtaler Jugendkapelle vor dem Pfarrhaus mit einem Ständchen auf. Am morgigen Samstag werden die Feierlichkeiten mit der Kirchenparade und anschließendem Festgottesdienst eingeleitet. Der Gottesdienst wird bei günstiger Witterung vor der Kirche abgehalten, und ein Studienfreund des Jubelpriesters hält die Festpredigt.

Als besondere Überraschung steht den Geracher Gläubigen ein Wiedersehen mit ihrem ehemaligen Kaplan Hummel bevor, der heute als Oberstudiendirektor in München tätig ist. Am Samstag abend ist die Gemeinde in den großen Saal des Gasthauses „Zur frischen Quelle" eingeladen, wo ein Festabend über die Bühne geht.

Am Sonntag wird das Patronatsfest in üblicher Weise gefeiert. Am Nachmittag spielen die Laimbachtaler im Vorgarten der Gaststätte „Zum Leimbachtal", wozu die Gemeinde herzlich eingeladen ist. Als Jubiläumsgabe wurde dem Jubilar von der Gemeinde- und Kirchenverwaltung und allen Geracher Vereinen ein Herrenzimmer übergeben. Auch die Heimatzeitung übermittelt dem beliebten Jubelpriester, Pfarrer Otto Schmidt, herzliche Glück- und Segenswünsche.

t gestaltet«

chen Landjugend am 17./18. Juni

Arbeitskreis Agrarpolitik; Heinrich Schmalz, Schulleiter der KLVHS Münsterschwarzach in dem Arbeitskreis „Kommunalpolitik".

Für den Arbeitskreis „Entwicklungshilfe" wurde der Dozent Georg Schwab von der Landjugendakademie Klausenhof gewonnen. Oberlandwirtschaftslehrerin Luise Reisch, Volkersberg, wird den Arbeitskreis „Moderne Kunst" leiten.

Das Hauptreferat des Treffens „KLJB-Bildungs- und Sozialbewegung in unserer Gesellschaft" hält am 18. Juni Dr. J. Schmauch, Wien. Als Soziologe und früherer Direktor der Deutschen Landjugendakademie Klausenhof geht er dabei gleichzeitig auf die Arbeitskreisergebnisse ein und kommentiert sie.

Nach der Eucharistiefeier mit Weihbischof Alsfons Kempf klingt das Delegiertentreffen am Nachmittag mit einer Tanzfahrt auf dem Main fröhlich aus.

Abb. 3: *Zeitungsartikel unbekannter Provenienz zum 40-jährigen Priesterjubiläum des Geistlichen.*[152]

[152] Diözesanarchiv Würzburg, Personendokumente, Otto Schmitt.

Abb. 4: *Porträt Otto Schmitts.*[153]

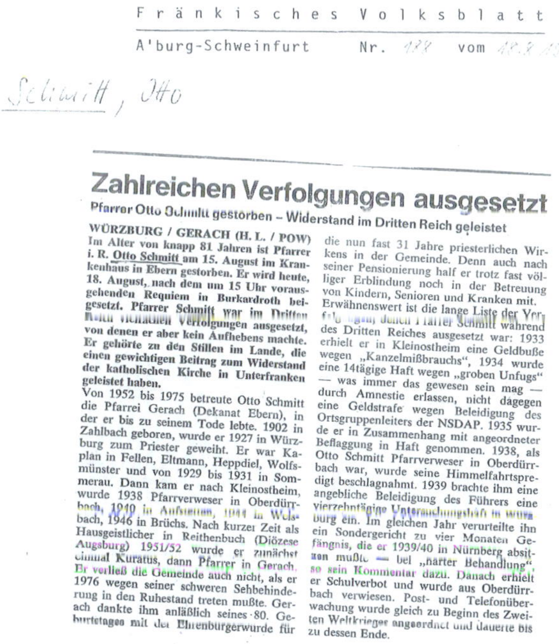

F r ä n k i s c h e s   V o l k s b l a t t

A'burg-Schweinfurt   Nr. 188   vom 18.8.1983

Schmitt, Otto

Zahlreichen Verfolgungen ausgesetzt

Pfarrer Otto Schmitt gestorben – Widerstand im Dritten Reich geleistet

WÜRZBURG / GERACH (H. L. / POW) Im Alter von knapp 81 Jahren ist Pfarrer i. R. Otto Schmitt am 15. August im Krankenhaus in Ebern gestorben. Er wird heute, 18. August, nach dem um 15 Uhr vorausgehenden Requiem in Burkardroth beigesetzt. Pfarrer Schmitt war im Dritten Reich vielfachen Verfolgungen ausgesetzt, von denen er aber kein Aufhebens machte. Er gehörte zu den Stillen im Lande, die einen gewichtigen Beitrag zum Widerstand der katholischen Kirche in Unterfranken geleistet haben.

Von 1952 bis 1975 betreute Otto Schmitt die Pfarrei Gerach (Dekanat Ebern), in der er bis zu seinem Tode lebte. 1902 in Zahlbach geboren, wurde er 1927 in Würzburg zum Priester geweiht. Er war Kaplan in Fellen, Eltmann, Heppdiel, Wolfsmünster und von 1929 bis 1931 in Sommerau. Dann kam er nach Kleinostheim, wurde 1938 Pfarrverweser in Oberdürrbach, 1940 in Aufstetten, 1944 in [illegible]bach, 1946 in Brüchs. Nach kurzer Zeit als Hausgeistlicher in Reithenbuch (Diözese Augsburg) 1951/52 wurde er zunächst einmal Kuratus, dann Pfarrer in Gerach. Er verließ die Gemeinde auch nicht, als er 1976 wegen seiner schweren Sehbehinderung in den Ruhestand treten mußte. Gerach dankte ihm anläßlich seines 80. Geburtstages mit der Ehrenbürgerwürde für die nun fast 31 Jahre priesterlichen Wirkens in der Gemeinde. Denn auch nach seiner Pensionierung half er trotz fast völliger Erblindung noch in der Betreuung von Kindern, Senioren und Kranken mit.

Erwähnenswert ist die lange Liste der Verfolgungen durch Pfarrer Schmitt während des Dritten Reiches ausgesetzt war: 1933 erhielt er in Kleinostheim eine Geldbuße wegen „Kanzelmißbrauchs", 1934 wurde eine 14tägige Haft wegen „groben Unfugs" — was immer das gewesen sein mag — durch Amnestie erlassen, nicht dagegen eine Geldstrafe wegen Beleidigung des Ortsgruppenleiters der NSDAP. 1935 wurde er in Zusammenhang mit angeordneter Beflaggung in Haft genommen. 1938, als Otto Schmitt Pfarrverweser in Oberdürrbach war, wurde seine Himmelfahrtspredigt beschlagnahmt. 1939 brachte ihm eine angebliche Beleidigung des Führers eine vierzehntägige Untersuchungshaft in Würzburg ein. Im gleichen Jahr verurteilte ihn ein Sondergericht zu vier Monaten Gefängnis, die er 1939/40 in Nürnberg absitzen mußte — bei „harter Behandlung", so sein Kommentar dazu. Danach erhielt er Schulverbot und wurde aus Oberdürrbach verwiesen. Post- und Telefonüberwachung wurde gleich zu Beginn des Zweiten Weltkrieges angeordnet und dauerte bis zu dessen Ende.

Abb. 5: *Nachruf auf Pfarrer Otto Schmitt, erschienen am 18. August 1983 im Fränkischen Volksblatt.*[154]

[153] Diözesanarchiv Würzburg, Fotodokumente, Personen, Otto Schmitt. – Diese historische Porträtaufnahme sowie die nachfolgenden beiden Zeitungsberichte stammen aus dem Nachlass Pfarrer Schmitts, der in den Bestand des Diözesanarchivs Würzburg übergegangen ist. Ich danke Herrn Archivoberrat i. R. Dr. Norbert Kandler für die freundliche Hilfe bei der Auffindung dieser zeitgeschichtlichen Dokumente.

[154] Ebd.

Die älteste erhaltene Lebensbeschreibung des Hl. Aquilin in der *Cronica Canonici Ordinis* (1535) – Edition und Übersetzung

Daniel Greb

1. Einleitung

Das katholische Würzburg feiert im Jahr 2017/18 den 1000. Jahrestag des Martyriums ihres – gemäß der legendarischen Überlieferung – einzigen heiligen Sohnes, des heiligen Aquilin. Er soll im Jahr 1017/18 in Mailand das Martyrium erlitten haben. In seiner Vaterstadt selbst wurde der Heilige erst mit der Verbreitung des zweiten Bandes der *Acta Sanctorum* zum Monat Januar bekannt, welche als erster Erfolg des großen, vom Jesuiten Jean Bolland vorangetriebenen, hagiographischen Projekts der Neuzeit im Jahr 1643 veröffentlicht wurde.[1]

Die dort niedergelegte Lebensbeschreibung Aquilins stammt aus dem Officium mit den Eigenfesten der regulierten Kanoniker der Kongregation vom Lateran[2] und entstand wohl um 1630 aus der Feder des Hagiographen und Historikers Gabriele Pennotti. Älter ist eine im reformierten Mailänder Brevier des Jahres 1582 enthaltene Vita, die Pietro Galesini um das Jahr 1575 verfasste.[3] Bisher lagen noch früher zu datierende Lebensbeschreibungen des Heiligen nicht vor.

Die liturgischen Bücher und die Urkunden der Bruderschaft Aquilins aus Mailand, die Dozio[4] und Wendehorst[5] als früheste Zeugnisse über die Existenz des Heiligen angeführt haben, geben über sein Leben keine Auskunft.

---

[1] Jo[h]annes Bollandus (Hg.), Acta Sanctorum, Ianuarii Tomus II. XVI posteriores dies complectens, Antverpiae 1643.

[2] Vgl. ebd., S. 971. Die Vita übernahm Bolland nach eigenen Angaben aus der Ausgabe von 1634; vgl. Jo[h]annes Bollandus, De Actis Sanctorum eorumque dilicitatione et editione ad Adm. Reverendum Dominum ac Patrem Thomam Luytens Monasterii Laetiensis Ordinis S. Benedicti Abbatem et Religiosissimum eius Conventum Joannis Bollandi Praefatio (Praefatio Generalis), in: ders. (Hg.), Acta Sanctorum, Ianuarius (Tomus I), Antverpiae 1643, S. IX–LXII, bes. S. LIV. Die Ausgaben von 1635 und 1643 bieten den identischen Text; vgl. Officia Propria Sanctorum Ex Speciali Sanctiss. Domini Nostri Pii Papae V. Concessione a Canocis Regularibus Lateranensis recitanda. Nunc denuo ad Regulas Breviarij Romani eiusdem Pij V. Clementis VIII. & Vrbani VIII. auctoritate recogniti, reformata. Additis in fine Notationibus in singulas Historias singulorum Sanctorum, Montibus 1635, S. 14–16 bzw. Venetiis 1643, S. 26f.

[3] Vgl. Alfred Wendehorst, Apokrypha Herbipolensia. Würzburg als Tochterkirche von Lorch (Lauriacum), der heilige Aquilin und das würzburgische Christentum in apostolischer Zeit, in: Würzburger Diözesangeschichtsblätter 20 (1958), S. 5–23, bes. S. 21.

[4] Vgl. Giovanni Dozio, Sul Culto del Martire Sant' Aquilino in Milano e sull' Epoca in cui visse, Milano 1856, S. 5–12.

[5] Vgl. Wendehorst, Apokrypha Herbipolensia (wie Anm. 3) S. 20f.

Nun führt eine neue Spur ins Umfeld der regulierten Kanoniker nach Cremona, wo im Jahre 1535 die *Cronica Canonici Ordinis* des Giovanni de Filippi (* ca. 1480; lateinisch Jo[h]annes Philippus Novariensis), regulierter Chorherr der Kongregation vom Lateran[6], publiziert und bei Cesare de Richardis gedruckt wurde.[7] Die Abfassung wurde bereits im Jahre 1529 beendet.[8] Diese enthält im zweiten Buch, Kapitel 11, eine ausführliche, im Vergleich zur Vita der *Acta Sanctorum* und des Mailänder Breviers sprachlich sperrigere, aber alle wesentlichen Informationen der späteren Zeugnisse enthaltende Vita.[9] Ein Exemplar, welches aus dem ehemaligen Stift Polling stammt, findet sich in der Bayerischen Staatsbibliothek München.[10]

Die Vita aus den *Cronica* bietet somit den ältesten greifbaren Bericht über den Lebensgang des Heiligen. Dieser erwähnt ausdrücklich Würzburg als seine Geburtsstadt. Neben seiner Herkunft sind auch mit Verweis auf den regierenden Papst Pelagius II. (reg. 579–590) die Zeit seiner Geburt[11] und die Namen der Eltern genannt. So ist dieser Fund ein Beleg dafür, dass die Tradition der Herkunft des Heiligen aus Würzburg bereits mindestens in das erste Drittel des 16. Jahrhunderts zurückgeht und im Umfeld der regulierten Kanoniker (insbesondere der lateranensischen Kongregation) zu suchen ist, von wo sie dann wohl in das Mailänder Brevier überging.

Diese Vita soll im Folgenden in Transkription[12] und Übersetzung geboten werden und im Jubiläumsjahr einen Beitrag zur weiteren wissenschaftlichen Aufarbeitung von Leben und Verehrung Aquilins leisten.[13] Für die Edition wurden Kürzungen und Ligaturen aufgelöst und die Interpunktion sowie Groß- und Kleinschreibung – soweit nicht Großschreibung (etwa bei *Canonicus*) vom Text vorgegeben war – der Grammatik und den Editionsregeln der klassischen Philologie angeglichen und vereinheitlicht. „u“ und „v“ wurden nach ihrem Lautwert wiedergegeben. Eigentümliche Schreibweisen der frühneuzeitlichen Latinität (z.B. „e“ statt klassisch „ae“ oder „oe“) wurden beibehalten. Vom Editor vorgenommene Ergänzungen im lat. Text, die dem besseren Verständnis dienen, sind in eckige Klammern gesetzt.

---

6 Vgl. zu ihm: Lazaro Agostino Cotta d'Ameno, Museo Navarese, Milano 1701, S. 142f., dort auch weitere Quellen.

7 Cronica Canonici Ordinis (Ioannis Philippi Nouariensis Canonici regularis congregationis Lateranensis in Cronicam canonici ordinis), Cremone 1535.

8 Vgl. ebd., fol. 90r.

9 Vgl. ebd., fol. 16v–17r.

10 Signatur: 4 H.mon. 129.

11 Das Problem der unterschiedlichen Datierungen seines Lebens (Spätantike, Früh- oder Hochmittelalter) kann an dieser Stelle nicht diskutiert werden. Vorerst sei weiterhin verwiesen auf Heinrich Denzinger, Kritische Untersuchung über das Leben des heiligen Martyrers Aquilinus, Würzburg 1855 (Sonderdruck aus der „Katholischen Wochenschrift“ 1855, Nr. 11–13).

12 Für Hinweise von paläographisch versierter Seite danke ich Herrn Wiss. Mitarbeiter Tobias Janotta, Würzburg.

13 Eine ausführliche Einordnung der Quelle sowie eine Auseinandersetzung mit dem ersten in Würzburg registrierten Zeugnis über den Heiligen – der Vita aus den *Acta Sanctorum* – soll im wissenschaftlichen Band zum Aquilinsjubiläum erfolgen, der Anfang 2018, herausgegeben von Jürgen Vorndran und Wolfgang Weiß, erscheinen wird.

2. Textedition mit Übersetzung

De beato Aquilino Canonico regulare.	*Vom heiligen Aquilin, einem regulierten Chorherrn.*
Aquilinus reverendus Canonicus noster fuit patria Germanus in civitate Herbipolensi ortus parentibus christianis patre videlicet Clodio, matre Aquilia tempore Pelagii secundi papae.	Der ehrwürdige Aquilin gehörte zu uns Chorherren, stammte aus Germanien und wurde in der Stadt Würzburg als Sohn christlicher Eltern, nämlich des Vaters Clodius und der Mutter Aquilia, zur Zeit des Papstes Pelagius II. geboren.
Hic in adolescentia sua in archiepiscopatu Coloniensi Canonicus regularis efficitur.	Als junger Mann brachte er es zum regulierten Kanoniker beim Erzbischof von Köln.
Audita autem morte parentum ad propria remeavit. Et patrimonio divendito pauperibus errogavit.	Nachdem er vom Tod seiner Eltern erfahren hatte, kam er zu seinem Besitz zurück. Er verkaufte sein Erbe und gab anschließend den Erlös den Armen.
Et sic laetus ad Canonicatum rediit. Tanta fuit morum honestate praeditus, ut archiepiscopus eum super canonicis priorem faceret.	Dann kehrte er freudig zu seinem Kanonikat zurück. Bald stand er durch die Ehrenhaftigkeit seines Lebenswandels in so hohem Ansehen, dass der Erzbischof ihn zum Vorsteher über die Kanoniker einsetzte.
Quare ita omnes Canonicos sibi devinxerat, ut eum amarent pariter et timerent. Multa mirabilia operatus est dominus per eum. Et eius fama ubique ferebatur.	Dadurch hatte er alle Kanoniker [bald] so für sich eingenommen, dass sie ihn in gleicher Weise liebten wie fürchteten. Durch seine Person wirkte der Herr viele Wunderwerke und sein Ruf verbreitete sich überall.
Mortuo archiepiscopo beatus Aquilinus eligitur idque ipse sentiens fuga paravit et in civitate Parisiensem devenit. Et in quoddam Hospitali incognitus manere c[o]epit et leprosis et infirmis serviebat; multos autem sua oratione sanabat et sic lumen in tenebris latere non potuit. Unde factum est, ut tota civitas eum tamquam patrem veneraretur.	Nach dem Tode des Erzbischofs wurde der heilige Aquilin [zu seinem Nachfolger] gewählt. Er aber fühlte dies auf sich zukommen, schickte sich zur Flucht an und gelangte in die Stadt Paris. Dort begann er, sich in einer Art von Spital verborgen zu halten, diente den Kranken und Aussätzigen und heilte viele durch sein Gebet. So [aber] konnte sein Licht nicht im Verborgenen bleiben. Daher kam es, dass die ganze Stadt ihn wie einen Vater verehrte.

Mortuo autem archiepiscopo eiusdem civitatis ipsum Aquilinum eligunt, qui inde fugiens in Italiam descedit et Papiam venit. Ubi postquam per aliquot tempus stetisset, cogitavit de reditu in patriam.

Nachdem aber der Erzbischof dieser Stadt verstorben war, wählten sie Aquilin [auch dort zum Nachfolger]. Da floh er wieder, wich nach Italien aus und kam nach Pavia. Nachdem er dort einige Zeit lang geblieben war, dachte er darüber nach, in seine Heimat zurückzukehren.

Sed prius disposuit ire Mediolanum, ut reliquias beati Ambrosii inviseret, cui mira afficiebatur devotione. Et sic Mediolanum veniens in canonica sancti Laurentii, ubi Canonici regulares tunc morabantur, susceptus est.

Doch zuerst nahm er sich vor, nach Mailand zu reisen, um die Reliquien des heiligen Ambrosius aufzusuchen. Diesem [nämlich] war er in besonderer Verehrung zugeneigt. Und als er so nach Mailand kam, wurde er in das Stift des heiligen Laurentius aufgenommen, wo damals regulierte Chorherren lebten.

Erat tunc in praedicta civitate Arrianorum heresis multum intensa Catolicis, cui beatus Aquilinus viriliter se opponens contra ipsam continue diserebat et hereticos convincebat. Quare illi nequissimi ipsum euntem ad Ambrosianam ecclesiam trucidarunt.

Zu dieser Zeit setzte die arianische Häresie in der genannten Stadt den Katholiken sehr zu. Der heilige Aquilin stellte sich ihr tapfer entgegen, predigte unablässig gegen sie und widerlegte so die Häretiker. Aus diesem Grund ermordeten jene durch und durch schlechten Männer den Arglosen grausam, während er gerade zur Kirche des Ambrosius ging.

Et hoc modo beatissimus iste martirii palma adeptus est. Sepultusque [est] apud ecclesiam divi Laurentii in sacello nomini suo dicato; clarus miraculis. [Die] Vigesimo nono Ianuarii.

Auf jene Art erlangte dieser in vollkommener Weise heilige Mann die Palme des Martyriums. Er wurde bei der Kirche des heiligen Laurentius in einer Kapelle, die [heute] nach seinem Namen benannt ist, bestattet und tritt durch Wunder hervor. [Man gedenkt seiner] am 29. Januar.

Das Steinkreuz in Abersfeld – eine besondere Erinnerung an die Würzburger Truppen im Türkenkrieg von 1739

Peter Schwarz

1. Das Steinkreuz – ein Relikt mit wechselvoller Erhaltungsgeschichte

Für das Steinkreuz aus dem Jahr 1743 mit seiner geschichtsträchtigen Inschrift, besser gesagt, einem Teil von ihm, ist 2016 eine jahrelange Odyssee zu Ende gegangen: Das Kreuz war ursprünglich im Feld am westlichen Eingang des Abersfelder Altortes errichtet worden. Danach stand es nach Ausdehnung der Bebauung bis Mitte der 1970er Jahre in einem privaten Vorgarten.

Abb. 1: *Ehemaliges Anwesen Familie Buhlheller (Fotoalbum Familie Memmel, Abersfeld).*

Kreuzesstamm und figürliches Korpus waren allerdings so stark durch Wind und Wetter abgetastet, dass sie abgenommen werden mussten. Einzig der Sockelvorsatz mit Inschrift war soweit intakt geblieben und wurde von der Gemeinde in den 1980er Jahren restauriert. Der eingemeißelte Text[1] in ovaler und zurückhaltend barocker Kartusche blieb jedoch nur teilweise leserlich.

[1] Sowohl die Inschrift als auch die Initialen auf dem ursprünglichen Steinkreuz wurden bereits in den 1970er Jahren von Robert Mantel und Peter Schwarz dokumentiert. Die hier wiederge-

Ursprünglich lautete er:

Gott Vatter Sohn u:(nd)
Heiliger Geist
Diese Biltnus hat Philipp Füsser
[Ein] Soltat in Ungarn gestorben
[Gott zu Ehren gestifftet 1743]
[H.K.F F.K.K.]

Abb. 2: *Sockelvorsatz des vormaligen Steinkreuzes von 1743 (Foto: Peter Schwarz).*

Nach zwischenzeitlicher Einlagerung in einer Gemeindescheune wurde der Sockel-Vorsatz einigermaßen pietätlos in den Boden vor der südlichen Friedhofsmauer versetzt, wo er jahrelang ein trostloses Dasein fristete, regelmäßig verschüttet vom Kies für die Friedhofswege.

Dank der Initiative von Mitgliedern des Heimatkundlichen Arbeitskreises konnte mit Hilfe der Abersfelder Kirchenverwaltung und Genehmigung durch die politische Gemeinde das „Steinmal" im Jahr 2016 an geschützter wie auch gut einsehbarer Stelle in die westliche Friedhofsmauer eingelassen werden. Bei dieser Gelegenheit ist darüber ein graviertes Täfelchen aus Edelstahl angebracht worden mit Hinweis auf die Würzburger Truppen im Türkenkrieg von 1739.

gebene Wortauflösung erfolgt in runden Klammern. Heute nicht mehr leserliche Passagen sind in eckige Klammern gesetzt. Die Tafel ist auch erwähnt bei Monika Ciencala, Religiöse Male im nördlichen Landkreis Schweinfurt, unveröffentlichte Zulassungsarbeit der erziehungswissenschaftlichen Fakultät der Universität Würzburg, Würzburg 1975.

2. Zur Kunde der Steintafel

Nach Recherchen im Pfarrarchiv Marktsteinach wurde der auf der Tafel erwähnte Soldat Philipp Füsser am 5. Mai 1715 als Sohn des Kreuzthaler Försters Johann Adam Füsser und seiner Ehefrau, der Abersfelderin Magdalena, geb. Weinig, geboren. Die ebenfalls noch in den 1970er Jahren erkennbaren Stifterinitialen *H.K.F* und *F.K.K.* stehen hierbei höchstwahrscheinlich für die Geschwister samt den verschwägerten Verwandten Hans und Kunigunde Füsser sowie Friedrich Kießling und seine Ehefrau Katharina, geb. Füsser.[2]

Für das Schicksal des Soldaten Philipp Füsser gibt es sonst keinerlei Hinweise. Eine Rekrutenliste etwa, die seine Kriegsteilnahme belegen könnte, existiert nicht oder heute nicht mehr. Sofern es sie gab, ist sie mit den betreffenden Originalakten bei der Bombardierung Würzburgs am 16. März 1945 ein Raub der Flammen geworden.[3]

Der Verweis auf den Tod Philipps *in Ungarn* bezieht sich auf den russisch-österreichischen Krieg gegen die Türken im Jahre 1739. Dieser währte zwar nur die Sommermonate hindurch bis zum Friedensvertrag von Belgrad am 18. September 1739. Für die beiden verbündeten Mächte verlief er jedoch glücklos: Ihre gemeinsamen Streitkräfte konnten auf dem Balkan, der damals zum Königreich Ungarn gezählt wurde, gegen ein türkisches Heer von ca. 80 000 bis 100 000 Mann nicht bestehen. So gingen auf Seiten des deutschen Kaisers und ungarischen Königs Karl VI., der 60 000 Mann aufbieten konnte, die südlichen Gebietsteile samt der Festung Belgrad wieder verloren, die der berühmte Prinz Eugen im vorigen Türkenkrieg 1717/18 hatte erobern können.

Hierbei geht der Kaiser und Bischof Friedrich Karl von Schönborn für das Fürstbistum Würzburg 1738 einen Militärvertrag ein. Danach stellte Würzburg ein Infanterieregiment gegen entsprechendes Entgelt.[4] Ab dem 2. Weihnachtsfeiertag 1738 folgten hierfür Werbungen von Rekruten im Hochstift Würzburg an 20 Stationen. Viele der Burschen standen bis dahin bei Bauern im Dienst. Anfang April 1739 rückte das aus 2 300 Mann bestehende sogenannte „Schönborn'sche Regiment“ laut Quellen gut ausgerüstet in zwei Abteilungen in Richtung Regensburg zur Einschiffung auf der Donau nach Ungarn aus.[5] Das Regiment kommandierte Oberst Johann Georg Freiherr von Hutten zum Stolzenberg.

Offensichtlich ließ aber die Disziplin zu wünschen übrig. Den ausmarschierenden Soldaten war nämlich eine ganze Anzahl an *liederlichen Menscher*

---

2 Auswertung der Pfarrmatrikeln von Löffelsterz und Abersfeld im Pfarrarchiv Marktsteinach.

3 Verlustig ist die Quelle: Staatsarchiv Würzburg, Repertorium 15/XXIX, Militärsachen 51a/2184. Dieser Akt enthielt die Korrespondenzen der geheimen Kanzlei betreffs der Überlassung des würzburgischen Infanterie-Regiments an den Kaiser sowie Kriegsverlauf, insbesondere die Bereitstellung und den Ausmarsch des Regiments, dessen Verpflegung, Stand, Nachersatz durch Werbungen etc. (September 1738 bis August 1740).

4 Hermann Helmes, Das Regiment Würzburg im Türkenkriege des Jahres 1739 (Darstellungen aus der bayerischen Kriegs- und Heeresgeschichte 13), München 1904, S. 3–5 (Vertragseinzelheiten), S. 17–33 (Kriegseinsatz); vgl. Walter Kopp, Die Würzburger Wehr – eine Chronik zur Wehrgeschichte Würzburgs (Mainfränkische Studien 22), Würzburg 1979, S. 82f.

5 Zitiert nach Helmes, Regiment Würzburg (wie Anm. 4), S. 13f. (Einzelheiten zu Uniformierung, Bewaffnung, Train sowie Lebensmittel- und Gesundheitsversorgung).

gefolgt, denen man die Hauptschuld an vorkommenden Fällen von Ungehorsam und Desertionen zuschrieb.[6] Die Gefechte im Verlauf des Sommers, an denen auch die Würzburger Hilfstruppen beteiligt waren, verliefen für die Koalition verlustreich. Insbesondere die Schlacht bei Grocka (nahe Belgrad) am 22. Juli 1739 ging unter dem Oberbefehl des österreichischen Feldmarschalls Graf von Wallis verloren. Laut Lageberichten Huttens wurden die Kampfaktionen von den Türken in äußerster Härte ausgeführt.[7]

Gleichermaßen erkrankten die Würzburger Soldaten jedoch reihenweise an Pest, Fieber und anderen schweren Krankheiten wie Dysenterie. Von Hutten befürchtete, *hierüber ganz betrübt zu werden.*[8]

Im Würzburger Regiment standen zu dieser Zeit nur noch 704 Soldaten in Reih und Glied. Der größere Teil, nämlich 754 Mann, lag krank in Lazaretten oder umliegenden Spitälern. Viele verstarben bzw. konnten den Rückmarsch nach der Überwinterung nicht antreten. Am 2. August 1740 erreichte das Regiment heimatlichen Boden in Haßfurt zur *besseren Ruh und wohlfeiler Verpflegung.*[9] Am 20. August 1740 zog das von einstmals 2300 Mann des Vorjahres auf betrübliche 795 Mann zusammengeschmolzene Schönborn'sche Regiment wieder in Würzburg ein.

Mag auch das Kleindenkmal heute nur noch einen spärlichen Überrest darstellen, so vergegenwärtigt es immer noch erhaltenswert und bedenkenswert ein Stück Geschichte vor Ort: das Andenken an einen in fernen Kriegen Dahingegangenen, dessen Andenken von seinen Verwandten in Gottergebenheit hochgehalten wird.

---

6 Ebd., S. 18.
7 Ebd., S. 25f.
8 Ebd., S. 27.
9 Ebd., S. 31.

Buchbesprechungen

Festschrift / Zeitschrift

Jürgen Bründl / Florian Klug (Hg.), Zentrum und Peripherie. Theologische Perspektiven auf Kirche und Gesellschaft. Festschrift für Otmar Meuffels, Bamberger Theologische Studien 38, Bamberg: University of Bamberg Press 2017. – 348 S.

Unter dem Titel *Zentrum und Peripherie* sind in dieser Festschrift Beiträge von Schülern, Freunden und Wegbegleitern des Würzburger Professors für Dogmatik Otmar Meuffels versammelt. In ihnen sollen sich – so das Anliegen der Herausgeber Jürgen Bründl und Florian Klug – „die Weltoffenheit der Theologie und die kommunikative Weite des Denkens“ des Jubilars spiegeln (S. 10). Die Festschrift enthält folglich Beiträge unterschiedlichster theologischer Provenienz mit einem Schwerpunkt auf der Würzburger Katholisch-Theologischen Fakultät. Dem dogmatischen Ansatz von Meuffels folgend wird versucht, in dieser inhaltlichen Vielgestaltigkeit die Anschlussfähigkeit der Theologie an die gegenwärtigen gesellschaftlichen Debatten herzustellen. Dies führt dazu, dass immer wieder der Blick über den theologischen Tellerrand hinaus geweitet wird. In der Anordnung der Beiträge bleiben die Herausgeber ihrem der kartographischen Sprache entlehnten Titel treu und stecken lediglich Bereiche ab, ohne dabei einer strikten Logik zu folgen. Mehr scheint kaum möglich. Erfreulicherweise sind manche Beiträge aber so geschickt platziert, dass sie sich gegenseitig ergänzen und vertiefen können. Diese Verbindungen machen die Lektüre der gelungenen Festschrift besonders lohnenswert.

Unbestätigt bleibt die naheliegende Vermutung, dass es sich bei dem ersten der vier Kapitel, *Theologische Sprache und Lektüren,* um ein gedankliches Zentrum handelt, von dem aus sich die Leser in die theologische Peripherie der folgenden Kapitel aufmachen. Die Reihe der Beiträge beginnt erwartungsgemäß mit dogmatischen Aufsätzen, die mit ihrem Blick auf das Gebiet von Sprache und Literatur einem Kernpunkt der kommunikativ-dialogischen Theologie von Otmar Meuffels Raum geben. Das zweite Kapitel *Profanierungen: Von der Weltverantwortung des Glaubens* nähert sich der Peripherie: hier wird die praktische Konsequenz der Theologie Meuffels' gezogen und die Hinwendung zu den öffentlichen Bereichen von Politik und Ethik zum leitenden Thema gemacht. Drittens wird unter dem Kapitel *Ansätze kritischer Spiritualität* die Bedeutung des Denkens von Otmar Meuffels für die persönliche Spiritualität reflektiert. Und zuletzt wird im vierten Kapitel *Ökumene und interreligioser Dialog* ein Ausblick auf unterschiedliche gegenwärtige Fragestellungen gegeben.

Abgerundet wird das Buch durch ein Vorwort der Verfasser, das die gesellschaftliche Verantwortung im kirchlichen Sendungsauftrag betont, einem Geleitwort des Bischofs em. der Diözese Würzburg, Friedhelm Hofmann, und einem Grußwort von Gerhard Kardinal Müller, dem ehemaligen Präfekten der Glaubenskongregation und Betreuer der Habilitationsschrift von Meuffels. Müller hebt an dieser Stelle richtungsweisend die inkarnatorischen Implikationen im Denken Meuffels' hervor. Beschlossen wird der Band von einer kurzen Vorstellung der Verfasserinnen und Verfasser.

Frédéric Fungula Kwilu eröffnet die Reihe der Beiträge mit einem Aufsatz über *Sprache und Überschreitung. Die Metapher als das Schöpferische bei Paul Ricœur*, in dem er den transzendierenden Charakter der Metapher als maßgebliche Form einer Wirklichkeit schöpfenden Sprache unter Rückgriff auf Ricœur herausarbeitet.

Auf diese Erkenntnis aufbauend befasst sich Maximilian Schultes in seinem Aufsatz *Die Ikonizität des Bekenntnisses. Oder: Vom Durchscheinen größerer Wirklichkeit in der Sprache* mit der Bedeutung der sprachlichen Dynamik für die theologische (Bekenntnis-)Rede. Sprache werde zum Movens der Theologie, wenn ihre „Überschuss-Struktur" (S. 49) im Bekenntnis über das Idol auf eine größere Wahrheit hinausweise und sie auf diese Weise korrektiv wirken und diskursbefähigend sein kann.

Auch Florian Klug zeigt sich bei seinem Aufsatz *Über Kafka und kafkaesque Theologie. Oder das Problem der Sprache mit dem Absoluten* bei der Wahl des Untertitels wie zuvor Schulze etwas unschlüssig. Nach der vorangehenden Untersuchung der Metapher betrachtet Klug das sprachliche Mittel der Ironie. Im Vergleich mit Kafka wird das Verdienst der ironischen Konzeption Kierkegaards für die Negative Theologie herausgearbeitet. Sie ist nicht in ihrer Ungebundenheit kafkaesk, sondern wird über ihre Rückbindung an einen festen Wert (sc. Gott) relevant.

Das transzendentale Moment des „Über-Sich-Hinaus-Weisens" in Sprache und Kunst findet sich nicht nur theoretisch in den Aufsätzen von Schultes und Klug, sondern erfährt auch eine praktische Umsetzung in Erich Garhammers Beitrag *Die Wahrheitsfrage offenhalten. Literatur und Theologie im Dialog.* In fünf Kapiteln beleuchtet er die Bedeutung der Literaten für die theologische Verkündigung, deren besonderes Gespür für die Sprache entscheidende Impulse setzen kann.

Ein konkretes Beispiel für das literarische Geschick steuert im Folgenden der Aufsatz von Barbara Schmitz bei. Unter dem Titel *„Mein ist die Rache, redet Gott". Überlegungen zu Conrad Ferdinand Meyers Ballade „Die Füße im Feuer" aus alttestamentlicher Perspektive* betrachtet sie so kurzweilig wie informativ das Motiv der göttlichen Rache im Alten Testament und dessen Bedeutung für die Rechtsgeschichte.

Abgeschlossen wird das erste Kapitel der Festschrift mit einer Darstellung moderner exegetischer Methoden mit Hilfe von Datenbanken in Hans Rechenmachers Aufsatz *Die Bibel und der Computer. Rechnergestützte Forschung zum Alten Testament am Beispiel des Datenprojekts „Biblia Hebraica transcripta"*. Den nicht zu unterschätzenden Erkenntnisgewinn durch den technischen Fortschritt kann er eindrucksvoll anhand von drei strittigen Stellen des Alten Testaments erläutern.

Hans-Georg Ziebertz eröffnet das zweite Kapitel mit einem Aufsatz zum Thema *Religiöse Gemeinschaft und Religionsverständnis in empirischer Perspektive,* in welchem er die Bedeutung empirischer Forschung anhand einer Studie zur Außen- und Innenwahrnehmung von Religionsgemeinschaften als unverzichtbare Ergänzung der theologischen Wissenschaft, vornehmlich der Dogmatik, erarbeitet.

Stephan Ernst beschäftigt sich in seinem Aufsatz *Dienst an der Freiheit – Die Sendung der Kirche und ihre Bedeutung für das ethische Handeln. Eine Skizze* mit den ethischen Konsequenzen eines kommunikativen Offenbarungsmodells, wie es Otmar Meuffels entwirft. Anders als bei einer instruktionstheoretisch verstandenen Offenbarung werden hier Räume eröffnet, in denen sich der Dienst der Kirche an der Freiheit entfalten kann und ethisch verantwortliches Handeln möglich wird.

Gerhard Droesser skizziert in seinem knapp betitelten Aufsatz *Freiheit und Religion* die für ihn vor allem im christlichen Glauben grundgelegte dialogische Grundstruktur, die für Individuum und Gesellschaft unverzichtbare fundierende wie auch emanzipatorische Geltung haben.

Konrad Vössing wirft schließlich einen Blick auf die frühchristliche Abendmahlspraxis in seinem Aufsatz *Die Plätze des Armen und des Reichen in der „Synagoge"*

(Jak 2,2–4). Ihm gelingt es dabei, die Thesen Ernsts und Droessers in Bezug auf gesellschaftliche Formen an einem exegetischen Beispiel zu verifizieren.

Ein Beispiel aus ungleich jüngerer Geschichte liefert Jürgen Bründl in seinem Aufsatz *Sakramentaler Materialismus. Enrique Dussels Eucharistieverständnis und die Frage nach der Methode der Theologie im Horizont marxistischer Kritik.* Wie bei Vössing geht es wieder um die Eucharistie, diesmal aber in der Konzeption des Befreiungstheologen Dussel. Neben der Darstellung lehramtlicher Auseinandersetzungen würdigt Bründl theologisch ausgewogen das systemkritische Potenzial im Sendungsauftrag der Kirche am konkreten Beispiel der Eucharistie.

Thomas Franz befasst sich in seinem Aufsatz *Die Wiederkehr der natürlichen Theologie. Zur Aktualität einer „katholischen" Diskurstradition* aufbauend auf die Überlegungen von Holm Tetens und Christian Weidemann mit der Dialogfähigkeit von Philosophie und Theologie unter besonderer Berücksichtigung eines säkularen Zeitalters.

Hans-Joachim Sander beendet das Kapitel schließlich mit seinem Aufsatz *Engagierte Eschatologie – wie sich Ohnmacht in Kreativität verwandelt,* in welchem er das Verdienst Otmar Meuffels' um die Diskursivierung der Eschatologie anschaulich darstellt.

Das dritte Kapitel wird von Dominikus Kraschls Aufsatz *Fundamentaltheologie und Spiritualität. Zu einem klärungsbedürftigen Verhältnis* eröffnet. Kraschl gelingt es darin, die Relevanz spiritueller Formen für die wissenschaftliche (Fundamental-) Theologie deutlich zu machen, die über eine anwendungsorientierte Funktion hinaus auch zu akademischen Erkenntnissen beitragen können.

Franz Dünzl beschäftigt sich in seinem patrologischen Aufsatz mit *Origenes von Alexandrien: Peri Euches / Vom Gebet. Überlegungen zu einem aktuellen Thema.* Angesichts des modernen Relevanzverlusts kirchlicher Spiritualität spricht er von einer „Krise des Gebets", deren Anfragen bereits von Origenes ins Auge gefasst wurden und die Dünzl theologisch feinsinnig konkretisiert.

Sehr persönlich ist schließlich der Beitrag Rainer Dvoraks *„Sorgt euch nicht!" oder: Zumutung des Glaubens. Katholische Morgenfeier zu Mt 6,24–34.* In dieser verschriftlichten Radiopredigt greift er Erfahrungen aus seiner Zeit am Lehrstuhl von Otmar Meuffels auf und beschreibt eindrücklich die akademische wie menschliche Tiefe von dessen Theologie.

Das vierte und letzte Kapitel beginnt mit Wolfgang Klausnitzers Aufsatz *Platon oder Hegel? Fundamentaltheologische Anmerkungen zur Debatte um Zielvorstellungen der Ökumene,* in dem er sich mit verschiedenen Formen ökumenischer Einheit auseinandersetzt und Perspektiven für zukünftige Lösungswege aufzeigt.

Ganz aktuell ist Thomas Mark Németh in seinem Aufsatz *Das orthodoxe Konzil von Kreta (2016). Offene Fragen und Perspektiven.* Er erläutert die Vorgeschichte und Problematik dieses besonderen Konzils und stellt den Diskussionsverlauf und die verabschiedeten Dokumente vor, um schließlich einen kritischen Ausblick auf die großen Herausforderungen der Orthodoxie zu geben.

Abschließend befasst sich Chibueze C. Udeani in seinem Aufsatz *Fremde Kulturen „kompetent" verstehen? Zum Interkulturell-Hermeneutischen im kulturellen Diskurs des 21. Jahrhunderts* mit den besonderen Erschwernissen interkultureller Kommunikation und zeigt Wege auf, wie diese gelingen kann, um für Individuum und Gesellschaft nachhaltig erfolgreich zu sein.

Das in dieser Festschrift vorgelegte Prisma theologischer Beiträge reiht sich ein in die Versuche, die Anschlussfähigkeit der Theologie mit einer immer nachhaltiger säkularisierten (post-)modernen Gesellschaft herzustellen. Dass dieses Vorhaben auch scheitern kann, wird in der Perspektive des Vorworts deutlich: die Herausgeber beschreiben die gesellschaftliche Verantwortung der Theologie als Aufbruch „aus dem Zentrum in die Peripherie der vielfältigen Landschaften von Menschwerdung" (S. 10). Diese Selbstwahrnehmung der Theologie muss für das Gelingen des angestrebten Dialogs gleichberechtigter Partner kritisch reflektiert werden. Erst der letzte (klug positionierte) Beitrag gibt die dafür entscheidenden Hilfsmittel zur Hand. Infolgedessen wird diese Festschrift wie schon die frühchristlichen Apologien ihre Leserschaft trotz gegenteiligen Anspruchs eher innerhalb der Theologie finden. Dort wird sie aber mit Gewinn gelesen werden.

Johannes Pfeiff

Rottenburger Jahrbuch für Kirchengeschichte 33 (2014), hg. vom Geschichtsverein der Diözese Rottenberg-Stuttgart, Ostfildern: Thorbecke 2015. – brosch., 352 S., mit Orts- und Personenregister.

Der Band dokumentiert mit seinen elf Beiträgen die 2012 gehaltene Tagung „Potestas ecclesiae. Zur geistlichen und weltlichen Herrschaft von Bischöfen und Domkapiteln im Südwesten des Reiches“ (S. 13–181). Hinleitend gibt Hedwig Röckelein eine konzise Zusammenfassung der Tagung. Dabei erschließt sie sowohl die inhaltliche Thematik wie den implizierten Fragenkreis von historiographischem Paradigmenwechsel, methodischen Zugangswegen und Interdisziplinarität (S. 13–16).

Die Konstanzer Bischofswahlen an der Wende zum Spätmittelalter deutet Andreas Bihrer als Ausdruck der zwar fortwährend hin- und herwogenden, doch persistenten Gruppenbildungen zwischen der bischöflichen „Hofpartei“ und antagonistischen Kräften im Domkapitel und weitet damit die Perspektive auf die soziale Elitenforschung (S. 17–26).

Thomas M. Krüger schreitet in einem Forschungsaufriss die „Korporative Identitätsentwicklung“ des Augsburger Domkapitels anhand der mittelalterlichen Statutengesetzgebung ab. Demnach setzte man vorzugsweise grundherrlich motivierte Statuten im 11. Jahrhundert ein. In den beiden Folgejahrhunderten standen Regelungen zur Vita communis im Vordergrund. Ab dem frühen 14. Jahrhundert rückten die Wahrung des ständische Status wie auch die Abgrenzung vom aufkommenden städtischen Bürgertum in den Vordergrund (S. 27–39). Brigitte Hotz illustriert am Beispiel der kontroversen Konstanzer Bischofswahlen zur Zeit des Abendländischen Schismas von 1378, wie die gesamtkirchliche Konfliktlage auf das Bistum wirkte und weitergehend auf dem Wege der jeweiligen Klientel-Begünstigungen auf nachgeordneter Ebene zu administrativen Konkurrenzen führte (S. 41–66). Das Spannungsfeld von Antagonismus und Kooperation zwischen Domkapitel und Bischof leuchtet Guy Marchal anhand des krisenbedingten Auszugs des Basler Domkapitels aus der evangelisch gewordenen Stadt in das vorderösterreichische Freiburg in der Zeit der Gegenreformation aus. So hätten gerade diese Herausforderungen das Selbstverständnis des Kapitels sowohl als geistliche Gemeinschaft als auch bezüglich der politischen Mitregierungsaufgabe bestärkt (S. 67–80). Den Wandel des Bischofsideals im 10. Jahrhundert skizziert Jörg Bölling mit Blick auf die beiden als heilig verehrten Bischöfe Ulrich von Augsburg und Konrad von Konstanz. Hier wandelte sich namentlich der ältere Topos von Glaubensstreit und Hingabe bis zum Märtyrertod in Richtung eines kirchlichen Triumphalismus (S. 81–91).

Die weltliche Machtstellung der Konstanzer Oberhirten als Münzherren umschreibt Harald Derschka (S. 93–116). Der Krisenzeit von Reformation und katholischem Revirement widmet sich ebenfalls Albert Fischer am Beispiel des Hochstifts und Bistums Chur. Auch hier erwies sich, so seine Einschätzung, letztlich das Glaubensfundament als tragende Größe der Fortexistenz (S. 117–134). In methodischem Schulterschluss von Geschichte und Kunstgeschichte macht Melanie Prange auf die kommunikative Bedeutung des Konstanzer Domschatzes aufmerksam, der aufgrund seiner stiftsbedingten Entstehungsgeschichte wie gleichfalls symbolischen Zeichenhaftigkeit ein wichtiges Moment der Amtslegitimation und der Einheit zwischen Bischof, Stifts- und Sekundarklerus sowie Laienwelt darstellte (S. 135–146). Den Kollaps der Reichskirche in der Säkularisation 1802/03, die in scharfem Schnitt die alte Germania Sacra beseitigte, vollzieht Franz Xaver Bischof für Konstanz nach. Dabei blieben erstaunlicherweise nicht nur Mentalitäten, sondern auch altständische Institutionen, darunter sogar das Domkapitel, bis zu den konkordatären Neuordnungen des weiteren 19. Jahrhunderts in ihren kirchlichen Funktionen intakt (S. 150–158). Abschließend ruft Dominik Burkard in epochenübergreifender Gesamtschau die im bisherigen Diskurs meist vergessene Kirchenleitung seitens der Domkapitel in Erinnerung (S. 159–181).

Im Ertrag belegt die Tagung exemplarisch, wie weit die laufende Forschung mittlerweile von rein eindimensionalen Betrachtungsweisen Abstand genommen hat und mit nicht geringer Zielgenauigkeit methodisch innovative Wege beschreitet. Gleichermaßen ist hinsichtlich der Rolle der Domkapitel das ältere, staats- und einheitszentriert motivierte sowie verfassungsgeschichtlich und -rechtlich argumentierende Verdikt einer angeblich störenden Nebengewalt längst überwunden. Ein ausgiebiger Rezensionsteil rundet den Band ab (S. 183–316).

Winfried Romberg

Allgemeine Geschichte / Kirchengeschichte / Landesgeschichte (außer Franken)

Sebastian Kubon, Die Außenpolitik des Deutschen Ordens unter Hochmeister Konrad von Jungingen (1393–1407) (Nova Mediaevalia. Quellen und Studien zum europäischen Mittelalter 15), Göttingen: Vandenhoeck & Rupprecht 2016. – geb., 367 S.

Mit schlüssigem theoretischen Vorspann führt Kubon ein in diese überfällige Untersuchung zum außenpolitischen Agieren des Hochmeisters Konrad von Jungingen, unter dem das Deutschordensterritorium in Preußen flächenmäßig seine größte Ausdehnung erreichte. Bereits zu Beginn weist der Autor darauf hin, dass offensichtlich bereits in dieser so genannten Blütezeit der Keim für den Niedergang des Ordens nach der katastrophalen Niederlage in der Schlacht von Tannenberg 1410 gelegt war.

Von Interesse sind für ihn die strukturellen Voraussetzungen fur die mehr oder weniger erfolgreiche Politik dieses Hochmeisters, die Akteure und Gegenspieler sowie die einflussnehmenden Gruppen. Nicht zuletzt ist die Frage zu beantworten, ob in der Tat ein Konzept zum außenpolitischen Gestalten vorlag. Günstig ist die Quellenbasis, die ausgehende und eingehende Korrespondenz ist weitgehend erhalten: im Geheimen Staatsarchiv Preußischer Kulturbesitz sind es im Bestand Deutscher Orden die Ordensfolianten 2c und 3 sowie das Ordensbriefarchiv mit 450 einschlägigen Schreiben. An historiographischen Texten wurden die Chronik des Johann von Posilge und die Thorner Annalen herangezogen. Die Staatsverträge des Deutschen Ordens liegen in einer Edition von Erich Weise vor, deren 1. Band 1939 erschienen ist. Dieser ist indes insofern mit Vorsicht zu benutzen, als offensichtlich jene Klauseln fehlen, die einer territorialen Vergrößerungspolitik widersprechen.

Konrad von Jungingen, um 1350 geboren, entstammte einer edelfreien Familie aus dem Killertal bei Hechingen, 1387 ist er als Hauskomtur von Osterode belegt, 1391 wird er zum Tressler befördert und – ohne weitere Ämter durchlaufen zu haben – bereits 1393 zum Hochmeister gewählt. Die Wahl wurde sicherlich durch passendes Alter und ausgewiesene Kenntnisse als Finanzfachmann begünstigt.

Kubon analysiert die Beziehungen des Ordens zu Polen und Litauen, widmet mehrere Kapitel dem Erwerb Samaitens, wobei hier immer wieder die Frage nach einem möglicherweise konstanten Streben des Hochmeisters nach territorialer Expansion zur Diskussion gestellt wird. Die mehrfach wiederholte Antwort tendiert entgegen der bisherigen Forschungsmeinung zum Nein, doch bleiben Zweifel. Ausführlich wird der Vertrag von Sallinwerder 1398 mit allen seinen Einzel- und Sonderbestimmungen wie Grenzziehung gegen Livland, Preußen und Masowien, Bau von zwei Grenzburgen etc. abgehandelt. Das Friedenswerk schließt den polnischen König aus. Letztendlich wird der litauische Fürst Vytautas als christlicher und gleichberechtigter Herrscher anerkannt. Es folgen Aufstände in Samaiten, eine eigenständige Expansionspolitik des livländischen Ordensmeisters und bereits 1399 eine verheerende „Winter- und Sommerreise" von Truppen des Hochmeisters zu den Aufständischen mit der Vernichtung von Menschen, Tieren und Nahrungsmitteln. Nach dem Friedensschluss marschiert ein Kontingent des Ordens zusammen mit Vytautas' Heer schließlich am 12. August 1399 gegen die Tartaren in die Niederlage an der Worskla, die zum Wendepunkt der Ostpolitik des Litauers wird. Dank verschiedener Schreiben des Hochmeister an den Deutschmeister Konrad von Egloffstein, den Bruder des Würzburger Bischofs Johann von Egloffstein, die Landkomture von Elsass und Österreich sowie den Komtur von Koblenz wissen wir detailliert über Rahmenbedingungen, politische Ziele und militärische Unternehmungen Bescheid. 1401 fallen schließlich die Samaiten vom Orden ab, vernichten zwei Ordensburgen und nehmen Ordensbrüder sowie deren Anhänger gefangen. Im Vertragswerk von Racianz, das hier aufwendig systematisiert wird, kommt unter Einbeziehung des polnischen Königs Samaiten zurück, die Grenzstreitigkeiten werden durch Schiedsrichter geregelt und Handelsprobleme friedlich beigelegt. Im Fazit konstatiert Kubon trotz territorialer Expansion hier keine planvolle Eroberungspolitik des Hochmeisters.

In den folgenden Kapiteln werden der Erwerb der westlich liegenden Neumark, die 1402 pfandweise von König Sigismund für 63 200 ungarische Gulden übernommen wird, weiterer masowischer Gebiete und 1398 die Eroberung und befristete Besetzung von Gotland ausführlichst thematisiert. Die Übernahme erfolgt letztendlich pfandweise für 30 000 Nobel von den Herzögen Albrecht und Johann dem Jüngeren von Mecklenburg. Als problematisch erweisen sich die dänischen Ansprüche, nach zehn Jahren wird die Insel mit der Hauptstadt Wisby zurückgegeben. Auch hier scheint für Kubon weniger eine territoriale Ausweitung maßgebend gewesen zu sein, als vielmehr die Beseitigung der Seeräuberplage sowie die Erhaltung der Ehre von Hochmeister und Orden.

So wichtig und erhellend dank intensiver Quellenarbeit in vielen Einzelfragen diese Studie ist, so verharrt doch manches in spekulativen, oft sehr langen Wiederholungen, die in einer konsequenten Schlusskorrektur hätten ausgeräumt werden können. Einiges für sich hat die These des Verfassers, dass der 1407 verstorbene Hochmeister Konrad von Jungingen keine übergeordnete Strategie zur territorialen Ausweitung des Ordensgebietes verfolgte. Vielmehr sah sich dieser aufgrund zwingender Umstände – so der Einflussnahme von König Sigismund, dem politischen Druck des polnischen Königs oder taktischen Finessen des litauischen Fürsten – gezwungen, rasch diplomatisch oder militärisch auf neue Situationen zu reagieren. Damit entstanden Angriffsflächen, die letztendlich die verheerende Niederlage in der Schlacht von Tannenberg 1410 beförderten. Zur Bewertung der folgenden Ereignisse wäre eine moderne Untersuchung über die Außenpolitik der beiden nur kurz amtierenden Nachfolger Ulrich von Jungingen (1407–1410) und Heinrich von Plauen (1410–1413) wünschenswert.

Ulrich Wagner

Norbert Wolf, Das Missale Albrechts von Brandenburgs [sic!]. Geschaffen von Nikolaus Glockendon – inspiriert von Albrecht Dürer. Die Handschrift 10 der Hofbibliothek Aschaffenburg. Mit einem Vorwort von Karin L. Kuhn, Luzern: Quaternio Verlag 2017. – geb., 224 S., zahlreiche Faksimiles und farb. Abb., 3 Beilagen (20 Seiten, 2 Doppelblätter, 1 Doppelblatt: Faksimile).

Gegenstand der hier vorzustellenden Publikation ist das *Missale Hallense*, ein im Auftrag Kardinal Albrechts von Brandenburg (1490–1545) zwischen 1522 und 1524 bei dem Nürnberger Buchmaler Nikolaus Glockendon in Auftrag gegebenes monumentales Messbuch zum Gebrauch im Neuen Stift zu Halle. Der überreich mit Miniaturen ausgestattete Pergamentband, der aus 572 Pergamentblättern besteht, wird heute als Ms. 10 in der Hofbibliothek Aschaffenburg aufbewahrt. Die im renommierten Quaternio Verlag Luzern als „Kunstbuch-Edition" im Original-Format erschienene Publikation fasst in einem repräsentativen Schuber einen umfangreichen Text- und Bildband, einen separat gebundenen Faksimile-Bogen (fol. 193r–194v), eine Broschüre mit Vorlagen aus der Druckgraphik zum Missale von Albrecht Dürer, Lucas Cranach d. Ä. und Martin Schongauer sowie – in einer Teilauflage – ein Original-Faksimileblatt mit Albrecht Dürers Entwurfszeichnung zur Wiedergabe der Pontifikalmesse im Missale Albrechts von Brandenburg zusammen.

In einem instruktiven Vorwort zum Hauptband zeichnet Karin L. Kuhn den Weg des *Missale Hallense* bis zu seinem derzeitigen Aufbewahrungsort, der Hofbibliothek Aschaffenburg, nach. Es folgt eine kurze Einführung in den Gegenstand des Buches (S. 11–30), den Miniaturenschmuck des von Albrecht von Brandenburg zum Gebrauch in seiner Neuen Stiftskirche zu Halle in Auftrag gegebenen und von dem Nürnberger Buchmaler Nikolaus Glockendon illuminierten Missales. Der auf das Notwendigste zum Verständnis der behandelten monumentalen Missale-Handschrift beschränkte Einleitungstext vermittelt zunächst eine recht rudimentäre Vorstellung von der Person des Kardinals Albrecht von Brandenburg, wie sie in einer Reihe bildlicher Zeugnisse – darunter Tafelgemälde Lucas Cranachs d. Ä. und Matthias Grünewalds sowie Kupferstiche Albrecht Dürers – überliefert ist. Dabei stellt Norbert Wolf nach einem kurzen Blick auf die frühe Ausbildung des jungen Albrecht dessen steilen Aufstieg zu den höchsten Würden der Kirche in den Mittelpunkt. Dieser begann im Jahre 1512 mit seiner Weihe zum Priester. Bereits im folgenden Jahr wurde er zum Erzbischof von Magdeburg und kurz darauf auch zum Administrator des Bistums Halberstadt gewählt. Schon am 9. März 1514 erfolgte die Wahl zum Erzbischof von Mainz. Damit war, dank des Einsatzes beträchtlicher Geldmittel, durch vielfältige diplomatische Demarchen, erhebliche finanzielle Zugeständnisse und in Kompromisse mündende Verhandlungen mit der päpstlichen Kurie, die steile Karriere des noch jungen Kirchenfürsten an ihrem ersten Höhepunkt angelangt, dem am 1. August 1518 während des Reichstags zu Augsburg schließlich die Ernennung zum Kardinal erfolgen sollte.

Albrechts weltliches und geistliches Regierungshandeln wird nur schlaglichtartig angerissen, und zwar im Hinblick auf den Ausbau seiner Residenzstadt Halle, sein ambivalentes Verhältnis zu Martin Luther und seinen Rückzug um 1540 in die in seinem Erzbistum Mainz gelegene Nebenresidenz Aschaffenburg. Seine letzten Lebensjahre sind gekennzeichnet von einem „riesigen Schuldenberg" (S. 14), der nicht zuletzt einer „kaum überschaubare[n] Menge von Kunstwerken (neben Reliquien auch Pretiosen)" (ebd.) geschuldet war.

Albrechts Rolle als Stifter, Mäzen und Sammler, die heute ganz überwiegend das Bild des Kardinals prägt, manifestiert sich, so Norbert Wolf, sichtbar im Umbau und der Ausstattung der Neuen Stiftskirche in Halle wie auch in der Ausgestaltung seiner Residenz, wofür die bedeutendsten Künstler der Zeit wesentliche Beiträge leisteten. Hinzu kommt die Anhäufung einer riesigen Anzahl überkommener oder neu erworbener Reliquien, die – in kostbaren Schreinen geborgen – als Heiltum zunächst in der Magdalenen-Stiftskirche auf der Moritzburg über Halle und später in der Kirche des Neuen Stifts aufbewahrt wurden mit dem Ziel, sie der Bevölkerung bei Heiltumsweisungen zu präsentieren und gleichzeitig den hohen Repräsentationsanspruch des Kirchenfürsten sichtbar zum Ausdruck zu bringen. Der Reliquienschatz ist heute nahezu vollständig verloren, doch zeugt noch immer das zum persönlichen Gebrauch Albrechts angelegte sog. „Hallesche Heiltumbuch", ein gewaltiger „Preziosenkatalog" mit getreuen farbigen Wiedergaben von 350 Reliquiaren (Aschaffenburg, Hofbibliothek, Ms. 14), von der verschwenderischen Kunstpatronage Albrechts. Die gewaltige illuminierte Pergamenthandschrift ist „die wichtigste Quelle für die Erkenntnis der Goldschmiedekunst der späten Gotik seit 1400 und der Frührenaissance in Deutschland" (Halm / Berliner).

Neben diesem Prachtcodex, der als Bestandteil einer sonst weniger bekannten Privatbibliothek Albrechts anzusehen ist, stehen weitere illuminierte Handschriften, die aufgrund ihres „religiösen – sei es mit liturgischem, sei es mit einem der Privatandacht dienenden" Inhalts (S. 16) Albrechts Stiftsbibliothek zuzuweisen sind. Daraus haben sich insgesamt 15 kostbar ausgestattete Codices bis heute erhalten, die wiederum von den hervorragendsten Buchmalern der Zeit ausgestattet oder in ihrer malerischen Gestaltung inspiriert wurden. Neben dem sog. *Missale Hallense*, das Gegenstand des Buches ist, nennt Wolf weitere 14 Handschriften, von denen allein sechs noch heute in Aschaffenburg aufbewahrt werden (S. 16).

In einer Zeit, die längst den Medienwandel vom illuminierten Codex zum gedruckten, nicht selten mit Holzschnittfolgen illustrierten Buch vollzogen hatte, hält Albrecht durch seine Aufträge an bedeutende Buchkünstler seiner Zeit am reich mit prachtvollen Buchmalereien geschmückten Pergamentcodex fest. Dies gilt sowohl für seine zum privaten Gebrauch bestimmten Stunden- und Gebetbücher als auch für die überwiegend großformatigen liturgischen Handschriften, die dem Vollzug des festlichen Gottesdienstes äußeren Glanz verliehen und nicht zuletzt durch die Aufnahme großformatiger Wappenbilder, ja sogar durch die Darstellung der charakteristischen Physiognomie des Stifters als „Portraits" in szenischen Vollbildern (Fronleichnamsprozession, Pontifikalmesse) wie im Binnenfeld von Schmuckinitialen dem gesteigerten Repräsentationsbedürfnis des Kardinals Rechnung trugen.

Entsprechend seiner auch auf Selbstdarstellung zielenden Motivation beauftragte Albrecht den Nürnberger Buchmaler Nikolaus Glockendon (um 1490/95–1533/34) mit der Ausstattung seines Hallenser Messbuchs mit zahlreichen Vollbildern, Randbordüren und Initialschmuck. Als einer der besten deutschen Buchmaler seiner Zeit verfügte er zwar über alle Ausdrucksmittel und künstlerischen Fähigkeiten, die ihn zu individuellen Schöpfungen auf dem Gebiet der künstlerischen Buchgestaltung befähigten, dennoch war seine Arbeit zumindest teilweise durch Bildvorlagen aus Tafel- und Miniaturmalerei und insbesondere zeitgenössischer Druckgraphik, auch eigens für den Anlass entwickelter Vorlagenzeichnungen bestimmt, die der Auftraggeber Glockendon zur Verfügung stellte, um diese im Medium der von flämischen Stileinflüssen bestimmten Buchmalerei umzusetzen. Auf diese Weise werden auf der Pergamentfläche wie intime Tafelbilder wirkende Bildkompositionen in üppig changierender Farbenpracht, Gold und als Goldgrisaillen angelegten rahmenden Bildarchitekturen mit Textseiten konfrontiert, die durch aus niederländischen Traditionen übernommenen Trompe-l'oeil-Rahmen mit nie gleichartig wiederkehrendem Figuren-, Streublumen- und Wappenbesatz oder Rankenbordüren herkömmlicher nürnbergischer Prägung zusammengesetzt sind. Wesentliche Akzente setzen auf den einzelnen Zierseiten große Initialbuchstaben auf farbigem Grund, deren Binnenfelder wechselweise ornamental gemustert oder mit Streublumen gefüllt sein können, in vielen Fällen aber die Gestalt oder ein Ereignis aus dem

Leben des jeweiligen Heiligen einschließen, dessen Fest mit dem zugehörigen Messformular gefeiert wird. Insgesamt entsteht daraus ein Messbuch, das unter dem Einfluss des dem Zeitgenossen wohl weitgehend bekannten Vorlagenrepertoires zu einem „Capriccio für Kenner“, zu einem „Gesamtkunstwerk auf Nahsicht wurde und von Kennern wie Albrecht von Brandenburg hoch bezahlt wurde“ (S. 17).

Einen weiteren Abschnitt widmet Wolf der flämischen Buchmalerei, die schon im dritten Viertel des 15. Jahrhunderts ihren Siegeszug antrat und mit der Produktion von Handschriften von höchster malerischer Raffinesse für einen hoch begüterten, ästhetisch anspruchsvollen adeligen Kundenkreis in ganz Europa bald normgebenden Einfluss auf die Produktion und den Vertrieb kostbar illuminierter Handschriften, insbesondere Stundenbücher ausübte. Auch Albrecht von Brandenburg besaß zumindest zwei Meisterwerke der sog. Gent-Brügger-Schule, die von Simon Bening und seiner Werkstatt üppig mit Bildschmuck ausgestattet waren. Angesichts solcher stilprägender Schöpfungen liegt es nahe, dass der Kardinal bei der Vergabe seiner zahlreichen Aufträge an den Nürnberger Miniator Glockendon und seine Werkstatt neben der Bereitstellung von Vorlagenmaterial für die Bildszenen auch die kreative Nachschöpfung flämischer Bordürengestaltung einforderte.

Wolf hält es für „wahrscheinlich“, dass „Albrecht Dürer Kardinal Albrecht von Brandenburg auf den Nürnberger Buchmalerei Nikolaus Glockendon aufmerksam gemacht“ habe (S. 20). Selbst wenn sich dafür keine konkreten Quellenbelege finden lassen, so muss Albrecht als Auftraggeber seines Missales sich bewusst gewesen sein, dass die Nürnberger Buchmalerei gerade in den Jahrzehnten um 1500 innerhalb Deutschlands zu den höchsten Leistungen auf dem Gebiet der Buchkunst befähigt war und dabei – ganz im Sinne des Kardinals – „italienische, flämische und süddeutsche Motive sowie Ornamentformen“ (S. 20) miteinander zu kombinieren vermochte. Sie fanden in dem von Jacob Elsner 1513 illuminierten *Kress-Missale* (Nürnberg, Germanisches Nationalmuseum) ihre künstlerische Vollendung. Da Elsner bereits 1517 verstorben war, lag es nahe, den mit seinen Gestaltungsformen bestens vertrauten Nikolaus Glockendon zu betrauen, der zudem höchste Erfahrung in der Umsetzung graphischer Vorlagen Albrecht Dürers und Meistern seines Umkreises ins Medium der Buchmalerei besaß, ohne sich dabei im bloßen Reproduzieren zu erschöpfen. Mit Nikolaus Glockendons künstlerischer Leistung, die im *Missale Hallense* von 1522–1524 wohl noch nicht ganz ihren Höhepunkt erreicht hat, befasst sich Wolf in einem weiteren Abschnitt auch unter biographischen Gesichtspunkten näher. Er kommt zum Urteil: „Ihm gelang zumeist eine künstlerisch gelungene Metamorphose, sei es durch das Mittel der Farbe, das [bei der Umsetzung fremder Vorlagen, d. Rez.] hinzukam, sei es durch das veränderte Format, sei es durch bewusste Abwandlung im Detail bzw. in der *ars combinatoria* miteinander verschmolzener Motive“ (S. 22).

Der abschließende Teil der Einführung ist „Aufbau, Geschichte und Buchschmuck“ der Handschrift gewidmet. Hier werden die wichtigsten kodikologischen Daten ebenso berücksichtigt wie die vorhandenen Quellenbelege zum Entstehungsprozess des Codex. Es folgen allgemeine Hinweise zum Einband, zu den wesentlichen Bestandteilen des Bildschmucks wie Kalendarium, Wappen, Randdekor, Bildinitialen und ganzseitigen Miniaturen. Für eine Tiefenerschließung der Handschrift unter wissenschaftlichen Gesichtspunkten ist freilich der Blick in die Katalogaufnahme zur Handschrift bei Josef Hofmann / Hans Thurn, Die Handschriften der Hofbibliothek Aschaffenburg, Aschaffenburg 1978, S. 29–34, weiterhin unverzichtbar.

Kernbestandteil der gesamten Publikation ist naturgemäß der umfangreiche Bildteil. Er umfasst die Seiten 31–222 des Hauptbandes. Hier sind alle wesentlichen Bildbestandteile des gewaltigen Messbuchs sowohl in originalgroßen Farbtafeln wie in charakteristischen farbigen Bildausschnitten zusammengefasst, wobei bei allen seitengroßen Bildtafeln genau darauf geachtet wurde, Versoseiten im Buch links, gegenüberliegende und einzelne Rectoseiten rechts wiederzugeben, sodass bei Doppelseiten der Eindruck entsteht, eine zumindest faksimileähnliche Wiedergabe vor sich zu haben. Eine „wirkliche" Faksimileedition des gesamten Codex verbietet sich freilich aus verständlichen Gründen. Der gewaltige Codex hätte aus seinem Einband gelöst werden müssen, was kaum ohne Beschädigungen am originalen Buchblock hätte geschehen können. Angesichts des Umfangs von 572 Pergamentblättern (sowie einigen aus dem Codex entfernten Einzelblättern und Fragmenten, heute im Landesmuseum Mainz) im Format von ca. 385 × 280 mm hätte sich zudem eine solche Edition kaum finanzieren lassen. So wählt der Verlag mit seinem „Kunstbuch" einen Kompromiss, indem er die illuminierten Seiten in Form und Farbe wiedergibt. Der separat beigefügte Faksimilebogen belegt übrigens deutlich, dass abgesehen von gelegentlichem Goldüberdruck Faksimile- und Kunstbuchwiedergabe weitgehend identisch sind. Eine – freilich spürbare – Einschränkung muss allerdings in Kauf genommen werden: „Da die Handschrift relativ eng gebunden ist, ist es unmöglich, die Buchseite bis in den Bund hinein vollständig photographisch zu erfassen. [...] Um ein ästhetisch ansprechendes Gesamtbild zu erhalten, wurden die Fehlstellen im Bund durch einen neutralen Pergamentton ersetzt" (S. 20), was letztendlich bedeutet, dass vor allem bei Rectoseiten die dem Bund zugewandten vertikalen Bordürenleisten in den Wiedergaben nicht oder nur ansatzweise sichtbar werden können.

Ein Vorteil besteht darin, dass die einzelnen Abbildungen, insbesondere auch die als Ausschnitte wiedergegebenen figürlichen Initialen, Wappenleisten und Drôlerien im Rahmenwerk jeweils mit kurzen Bildkommentaren versehen werden können, die nicht nur auf den Bildgegenstand und seinen Zusammenhang mit dem zugehörigen lateinischen Messtext eingehen, sondern auch auf mögliche Bildvorlagen verweisen. Ein Teil der graphischen Bildvorlagen ist in der beigefügten Broschüre wiedergegeben. Die opulente Bebilderung zwingt allerdings häufig zu stark verkürzten, manchmal etwas oberflächlichen Bildbeschreibungen. So wird bei dem stilistisch „aus dem Rahmen fallenden" Dreifaltigkeitsbild (fol. 191r) zwar auf die lange ikonographische Bildtradition und auch das direkte Beziehungsverhältnis zu Jacob Elsners entsprechender Miniatur im *Kress-Missale* verwiesen (mit Abb. 13 in der Einführung), ohne zu ergründen, warum gerade bei dieser Miniatur ein kleinformatigeres Vollbild mit einem Streublumenrahmen im flämischen Stil gewählt wird, während alle anderen Vollbilder (mit einer gewissen Ausnahme beim Kanonbild, fol. 286v) nur Bogenarchitekturen innerhalb der von zusammengebundenen Aststäben gebildeten dünnen Rahmenleisten aufweisen, hinter denen sich die Bildszenen in tiefenräumlich gestalteten Landschaften oder Innenräumen abspielen.

Der im Binnenraum der O-Initiale von fol. 424r erscheinende „kniende Ritter in Wams mit Fahne" kniet freilich – wie auch die meisten anderen Einzelfiguren der Initialfelder – nicht; die Beine der durchaus aufrecht „stehenden" Gestalt ragen unter dem Buchstabenrund hervor. Auch manches skurrile Drôleriemotiv im Rahmenwerk hätte eine präzisere Beschreibung verdient. Die inhaltliche Deutung einiger Motive wird in der Einführung auf S. 28–30 schon vorweggenommen. Gerne hätte man unter den Abbildungen auch die Wiedergabe zumindest einer Notenseite und die ganze Schlussseite mit der Inschriftentafel: „ICH · NICKLAS · GLOCKENDON | · ZV · NVRENBERG · HAB · DISSES | BHVCH · ILVMINIERT · VND · | VOLENT · IM · IAR · | 1524" gesehen. Hervorzuheben ist hingegen die Aufnahme von vier ganzen Seiten und einigen Ausschnitten aus den zur Handschrift gehörenden Einzelblättern, die sich heute im Besitz der Graphischen Sammlung der Gemäldegalerie des Mittelrheinischen Landesmuseums Mainz befinden (S. 211–219).

Insgesamt ist das verlegerische Wagnis einer solchen Publikation nicht hoch genug zu veranschlagen. In der Anzahl der Abbildungen, die nahezu die gesamte Bilderwelt des Missales erfasst, wie in der hohen Qualität der farbigen Bildwiedergaben stellt der Band mit seinen Beilagen einen im Rahmen des Möglichen „gültigen" Ersatz für eine

Vollfaksimile-Ausgabe dar. Er verdeutlicht das in der bislang eher spärlich vorliegenden Forschungsliteratur Gesagte und wird sicher auch der künftigen wissenschaftlichen Auseinandersetzung mit dieser hoch bedeutenden Prachthandschrift wesentliche Impulse verleihen können. Sie könnte auch die auf S. 221f. abgedruckte spärliche Auswahlbibliographie wesentlich bereichern, die vor allem aus 14 der in den aufgelisteten vier Ausstellungskatalogen enthaltenen Einzelbeiträgen besteht. Neben manchem anderen Titel wird vor allem der Katalog der 2002/2003 in Aschaffenburg gezeigten Ausstellung „Das Rätsel Grünewald" (Veröffentlichungen zur Bayerischen Geschichte und Kultur 45/02, Augsburg 2002, Kat. Nr. 167, S. 280–283 [Thomas Labusiak]) vermisst, der sich eingehend mit der Person Albrechts und dem *Missale Hallense* auseinandersetzt. Ein wissenschaftlicher Anspruch wird mit dieser „Kunstbuch-Edition" nicht erhoben und auch nur partiell eingelöst. Fuß- oder Endnoten fehlen; Zitate werden im Text in Klammern nachgewiesen. Der zwar ärgerliche Druckfehler ausgerechnet im Buchtitel auf dem Titelblatt zum Hauptband: „Das Missale Albrechts von Brandenburgs" kann den insgesamt positiven Eindruck nicht schmälern.

Helmut Engelhart

Marco Benini, Die Feier des Osterfestkreises im Ingolstädter Pfarrbuch des Johannes Eck (Liturgiewissenschaftliche Quellen und Forschungen 105), Münster: Aschendorff 2016. – 711 S.

Marco Benini, Johannes Eck – Kontroverstheologe und Pfarrer. Sein Pfarrbuch als Quelle für Liturgie und Frömmigkeit in der Reformationszeit (Schriften der Katholischen Erwachsenenbildung in der Diözese Eichstätt), St. Ottilien: EOS Verlag 2017. – 32 S.

In den Jahrzehnten vor Ausbruch der Reformation standen den Pfarrgeistlichen zwar zahlreiche gedruckte Anleitungen für die Feier des Gottesdienstes, die Predigt und die Seelsorge zur Verfügung, aber in der Praxis erwies es sich auch immer wieder als notwendig, den konkreten Ablauf der Gottesdienste mit Rücksicht auf diözesane und lokale Gewohnheiten schriftlich festzuhalten. Solche Pfarrbücher haben sich als individuelle Aufzeichnungen der Geistlichen nur selten erhalten, doch sind aus dem spätmittelalterlichen Bistum Eichstätt gleich mehrere überliefert: Das Pfarrbuch des Stephan May in Hilpoltstein vom Jahre 1511, welches von Johann B. Götz 1926 ediert wurde (Reformationsgeschichtliche Studien und Texte 47–48, Münster 1926), das Pappenheimer Pfarrbuch des Jahres 1511, das in Aufsätzen von Karl Schornbaum und Wilhelm Kraft (Zeitschrift fur bayerische Kirchengeschichte 7, 1932) sowie von Johann B. Götz (Zeitschrift für bayerische Kirchengeschichte 9, 1934) bekannt gemacht wurde, und das Pfarrbuch des Ingolstädter Theologen und Munsterpfarrers Johannes Eck, das Gegenstand des vorliegenden Buches ist, bei dem es sich um eine Eichstätter theologische Dissertation handelt, die von dem bekannten Liturgiehistoriker Jürgen Bärsch betreut wurde.

Der Hauptteil der Untersuchung bietet die ausführliche Darstellung der Feier von Ostern im Ingolstädter Münster anhand der Aufzeichnungen von Johann Eck (Kap. B, S. 89–436), deren Angaben aber anhand anderer liturgischer Quellen auch vergleichend eingeordnet werden, darunter ein erstmals vom Verfasser genutzter ungedruckter Eichstätter Liber ordinarius aus dem späten 15. Jahrhundert. Dabei wird auch die Liturgie der Vorfastenzeit ab dem Sonntag Septuagesima, des Aschermittwochs und der Quadragesima mit einbezogen. Der Schwerpunkt der Untersuchung liegt auf den Tagen der Heiligen Woche ab Palmsonntag, wobei das Triduum sacrum und der Ostersonntag aufgrund ihrer Bedeutung und der entsprechenden Vielfalt liturgischer Elemente besonders ausführlich betrachtet werden. Die Analyse der Liturgie in der nachösterlichen Zeit vom Weißen Sonntag über die drei Bitttage („dies rogationum") vor Christi Himmelfahrt bis hin zum Pfingstfest schließen sich an. Zusammenfassende Betrachtungen über das Liturgieverständnis des Johannes Eck (S. 437ff.) und eine abschließende Würdigung runden diesen Teil ab, der vornehmlich für den Liturgiewissenschaftler von Interesse ist, durch die Darstellung mancher Rituale aber auch den an frömmigkeitsgeschichtlichen Praktiken interessierten Historiker angeht.

Dieser liturgiewissenschaftliche Hauptteil des vorliegenden Buches wird umrahmt von einer ausführlichen Einleitung (Kap. A, S. 15–87) einerseits, einem umfangreichen Anhang mit Edition und Übersetzung des Pfarrbuchs (S. 453–618) andererseits. Die Einleitung bietet zunächst einen biographischen Abriss Johann Ecks, der 1525 bis 1532 und 1538 bis 1540 als Pfarrer am Ingolstädter Münster gewirkt hat, in dem der 1543 verstorbene Theologe auch seine letzte Ruhestätte gefunden hat. Das erhaltene zeitgenössische Bronzeepitaph in der Sakramentskapelle zeigt Eck als Gelehrten und Priester mit dem Messkelch in der Hand, was bei aller ikonographischer Stereotypie dessen Charakterisierung als „achtsamen Liturgen" (Benini, S. 31ff.) unterstreichen mag. Weiter bietet die Einleitung eine Beschreibung der Münsterkirche und ihrer liturgischen Nutzung, die sich nicht in den Pfarrgottesdiensten erschöpfte, sondern herzogliche Gottesdienststiftungen ebenso wie Universitätsgottesdienste (die Hohe Schule in Ingolstadt bestand seit 1472) einschloss, ganz abgesehen von dem Chorgebet, das die 15 Kapläne des Münsters – wie die Altaristen an vielen anderen Stadtpfarrkirchen – mehrmals täglich absolvierten. Schließlich betrachtet der Verfasser auch Johann Ecks Pfarrbuch näher, das von seinen Nachfolgern bis ins späte 16. Jahrhundert weiterbenutzt und ergänzt wurde und das, wie die vergleichende Betrachtung zeigt, unter den Pfarrbüchern des späten Mittelalters eine bedeutende Stellung einnimmt. Wie umfassend sich Benini orientiert hat, zeigt die chronologische Übersicht erhaltener Pfarrbücher des 15. bis 19. Jahrhunderts im Anhang S. 619–623. Das Buch bietet erstmals eine vollständige Edition des Pfarrbuches einschließlich seiner späteren Nachträge, und vor allem eine parallele deutsche Übersetzung, die heute natürlich besonders willkommen ist. Auch wenn Josef Greving, Johann Ecks Pfarrbuch für U. L. Frau in Ingolstadt. Ein Beitrag zur Kenntnis der pfarrkirchlichen Verhältnisse im sechzehnten Jahrhundert (Reformationsgeschichtliche Studien und Texte 4–5), Münster 1908, S. 128–226, die Edition etwas verkürzt hat, bleibt der darstellende Teil seines Buches doch von Wert, weil Greving wesentlich umfassender als Benini auf die Münster, seine Geistlichen und die Organisation der Seelsorge eingeht.

Zentrale Ergebnisse seiner Untersuchung hat Benini in einem kleinen Büchlein über „Johannes Eck – Kontroverstheologe und Pfarrer" zusammengefasst, das in den Schriften der Katholischen Erwachsenenbildung in der Diözese Eichstätt erschienen ist und in diesem Zusammenhang kurz angezeigt werden soll. Wer an detaillierten kirchen- und liturgiegeschichtlichen Erörterungen nicht interessiert ist, bekommt hier nämlich in leicht fasslicher und illustrativer Weise die wesentlichen Ergebnisse der Dissertation von Marco Benini an die Hand. Gerade im Jahr des Reformationsjubiläums, das auch immer wieder die Rolle Johann Ecks als theologischer Gegenspieler Martin Luthers thematisiert, man denke nur an die Leipziger Disputation 1519, ist es nicht reizlos, dass die beiden vorliegenden Publikationen einen anderen Blick auf den Kontroverstheologen eröffnen, der eben auch ein verantwortungsvoller Pfarrgeistlicher und Seelsorger war. Dass Eck als Münsterpfarrer die praktische Seelsorge an seine drei Kooperatoren delegierte, entspricht der gängigen Praxis spätmittelalterlicher Pfarrseelsorge an den großen Stadtkirchen. Als Prediger hat sich Eck hingegen häufig betätigt, wie seine handschriftlich überlieferten Predigten zeigen, worüber bereits eine ältere Arbeit von August Brandt, Johann Ecks Predigttätigkeit an U. L. Frau zu Ingolstadt (1525–1542) (Reformationsgeschichtliche Studien und Texte 27/28), Münster 1914, vorliegt.

Wie Beninis Auflistung der Pfarrbücher zeigt, sind aus dem Bistum Würzburg ebenfalls mehrere Pfarrbücher aus vorreformatorischer Zeit erhalten (u. a. Creglingen, Herzogenaurach, Stadtschwarzach), was zu weiteren Forschungen über die Pfarrseelsorge in dieser fränkischen Diözese anregen könnte. Die verdienstvollen Forschungen von Marco Benini verdeutlichen jedenfalls, wie lohnend die Beschäftigung damit ist, wie wichtig dafür aber auch eine historisch arbeitende Liturgiewissenschaft ist. Sein Buch zeichnet von dem speziellen Untersuchungsziel der Osterliturgie einmal ganz abgesehen ein anschauliches Bild des gottesdienstlichen Lebens an einer großen Stadtpfarrkirche des ausgehenden Mittelalters. Durch die vollständige Edition (und Übersetzung) des Pfarrbuchs steht eine wertvolle Quelle für die Geschichte des kirchlichen Lebens vor der Reformation der weiteren Forschung zur Verfügung.

Enno Bünz

Im Land der Palme. August von Sachsen 1614–1680. Erzbischof von Magdeburg und Fürst in Halle. Ausstellungskatalog, hg. v. Boje E. Hans Schmuhl in Verbindung mit Thomas Bauer-Friedrich (Schriften für das Kunstmuseum Moritzburg Halle/Saale 2), Halle (Saale): Selbstverlag Stiftung Dome und Schlösser in Sachsen-Anhalt 2014. – geb., 464 S., zahlreiche s/w- und farb. Abb.

Der opulente Aufsatzband samt Katalog dokumentiert zum einen die diesbezügliche wissenschaftliche Tagung 2013 und zum anderen die gleichnamige Ausstellung, die beide das Wirken und die kulturgeschichtliche Bedeutung des albertinischen Herzogs August von Sachsen-Weißenfels erstmals in umfassender Gesamtschau erschließen. Neben dieser weltlichen Herrschaft regierte August als letzter evangelischer Bischof ab 1638 bzw. nach seiner Heirat 1647 als Administrator das nun konfessionell lutherische Erzstift Magdeburg. Bei seinem Tod 1680 sollte dieses infolge der vorgängigen Bestimmung des Osnabrücker Friedensinstruments von 1648 an das Haus Brandenburg-Preußen fallen (IPO, Art. XI § 6). Bei dieser Gelegenheit ging übrigens der Ehrentitel des „Primas Germaniae" vom Magdeburger Erzstuhl auf den Salzburger Metropoliten über. So stellt bereits diese Konfiguration von protestantischem geistlichem Fürstentum einerseits, Reichsrecht andererseits und zum Dritten legaler Säkularisation ein an sich bemerkenswertes Faktum der Westfälischen Nachkriegsordnung dar.

Die 25 durchweg inhaltsreichen Aufsätze führen ein in Augusts Dynastie und seinen Lebensweg (S. 25–57), schlüsseln die komplexen politischen Umstände auf (S. 61–107) und wenden sich dem episkopalen Kirchenwesen samt Bildungsbereich zu (S. 127–183). Weitere thematische Schwerpunkte liegen auf der fürstlichen Repräsentation in Hofhaltung, Schloss- und Kirchenbau sowie der Gesellschaft bei Hofe und in der Hauptstadt Halle an der Saale (S. 109–123, 187–323).

Breitet schon allein die Spannweite der Beiträge einen nahezu allumfassenden Bogen über diese Regierungsepoche, so bietet der Katalog (S. 326–422) eine imposante Fülle an Objekten jener Zeit in exzellenter Druckqualität. Hier wird die gehobene Sachkultur in ihrer gesamten Palette und in zumeist hochstehenden stilistischen Ausführungen am Übergang von der Spätrenaissance zum Frühbarock dargeboten. Herausgegriffen seien hier schlaglichtartig zum einen in archivalischer Hinsicht die Schluss-Seite der sächsischen Ausfertigung des Osnabrücker Friedensinstruments mitsamt den Unterschriften und Siegeln aller Gesandten der Kurfürsten (S. 64) und zum anderen die berühmte Bergmannsmontur aus dem Dresdener Grünen Gewölbe, die Augusts Bruder, Kurfürst Johann Georg II., gehörte und die im wahrsten Sinne des Wortes die anhebende goldene Zeit der sächsischen Lande vor Augen führt (S. 281). Zu den Kuriosa besonderer Art im Reigen der eindrücklich vertretenen Porträtkunst ist sicherlich das Gemälde Augusts in voller Rüstung zu zählen, vielleicht ein Unikum in der Tradition des Konterfeis: Denkbar unkonventionell zeigt es ihn zudem angetan mit den bischöflichen Insignien, Pektorale und Chormantel, mit der Hand die Mitra auf einem Beistelltisch präsentierend (S. 138). Besondere Erwähnung bedarf ebenso der Dichterkreis der „Fruchtbringenden Gesellschaft" unter der Schirmherrschaft des Fürsten (S. 151–167). Deren exotisches Symbol, die Palme, entwickelte auf diesem Wege ikonographische Wirkkraft für die gesamte Hofkunst bis hin zur Ausstattung des Hallenser Domes St. Moritz (bes. S. 187–235).

Insgesamt, so das Fazit, bildete die Regierung Herzog Augusts zwar eine absehbar zu Ende gehende Periode reichsständischer Unabhängigkeit. Doch dessen ungeachtet entwickelte sich in seiner Herrschaft eine bemerkenswerte Blüte, die zweifelsohne zu den bleibenden Kulturleistungen des mitteldeutschen Raumes gehört.

Winfried Romberg

Matthias Stickler (Hg.), Jenseits von Aufrechnung und Verdrängung. Neue Forschungen zu Flucht, Vertreibung und Vertriebenenintegration (Historische Mitteilungen – Beihefte 86), Stuttgart: Franz Steiner Verlag 2014. – brosch., 204 S. mit 2 Abb.

In einer Zeit, in der die Aufnahme und Integration von vor Krieg und Terror geflohenen Menschen Europa, den Bund, Länder und Gemeinden vor große Aufgaben stellen, ist die Herausgeberschrift „Jenseits von Aufrechnung und Verdrängung", die die Vorträge der gemeinsam mit der Julius-Maximilians-Universität unter demselben Titel in Würzburg veranstalteten Jahrestagung 2008 der Ranke-Gesellschaft versammelt, von bleibender Aktualität und Brisanz.

Wenngleich der Beitrag „Verweh(r)te Heimat" (S. 177–194) von Michael Salewski am Ende steht, so bildet der Schluss- zugleich den Ausgangspunkt der gesamten Publikation, handelt es sich hierbei doch um den sehr persönlich gehaltenen öffentlichen Abendvortrag des am 2. Januar 1938 im preußischen Königsberg geborenen, langjährigen Lehrstuhlinhabers für Mittlere und Neuere Geschichte der Christian-Albrechts-Universität Kiel und Vorsitzenden der Ranke-Gesellschaft, der, am 4. Mai 2010 verstorben, die Veröffentlichung des ihm gewidmeten Bandes nicht mehr erleben konnte. Salewski, der „sozusagen die Schnittmenge von Zeitzeugenschaft und wissenschaftlicher Auseinandersetzung mit dem Thema" (S. 13) bildete, hinterfragt in seinem stark autobiographisch geprägten Beitrag kritisch die von den Vertriebenenverbänden lange Zeit forcierte „Idealisierung der ostdeutschen Vergangenheit" und unreflektierte „Verklärung des Ostens" (S. 182). Für die seinem Urteil nach gelungene Integration von 14 Millionen Flüchtlingen arbeitet Salewski historisch-differenziert und teilweise provokant-originell unterschiedliche Bedingungsfaktoren heraus – wie beispielsweise „das Verdienst der Flüchtlingsfrauen" (S. 187). Er schildert, dass überwiegend Mütter mit ihren Kindern geflohen waren, deren Väter im Feld standen, und rekurriert auf die Genderforschung, wenn er beschreibt, „wie die größere Flexibilität der Frauen, ihre höhere Kompromissbereitschaft, ihr vernetzteres Denken, ihr kooperatives Arbeiten, vielleicht sogar ihre höhere Intelligenz den Integrationsprozess erleichterten" (S. 186). Kontrovers ist auch seine These, „die nationalsozialistische Idee von der ‚Volksgemeinschaft'" (S. 185) habe „zum Abbau hoher landsmannschaftlicher Schranken geführt" (S. 185) und auf diese Weise die Integration der Vertriebenen befördert: „Tatsächlich hielten gerade die Flüchtlinge an der Idee des Reiches lange fest" (S. 185). Eine weitere wichtige Gelingensbedingung sieht Salewski „in den Köpfen der Kriegs- und Flüchtlingskinder": „Eben weil sie die alte Heimat nicht oder nicht mehr kannten, nur intellektuell wussten, woher sie stammten, konnten sie jene emotionsfreie Vernunft entwickeln, die für den Frieden Europas mitentscheidend wurde. [...] Gerade die Kriegs- und Flüchtlingskinder wurden zu überzeugten Europäern der ersten Stunde. Für sie zuerst konnte Europa zu einer neuen Heimat werden, denn da sie in eigener Scholle nicht verwurzelt waren, fiel es ihnen leichter, anderswo Wurzeln zu schlagen: in der europäischen Idee" (S. 193).

Mit seiner These, „die zwar nicht problemlose, aber doch äußerst erfolgreiche Integration der Flüchtlinge in die Bevölkerung des Westens" zähle zu „den besonderen Phänomenen der Zeit nach 1945" (S. 184), setzt sich Michael Salewski bewusst ab gegen Andreas Kossert, der in seinem Beitrag „Kalte Heimat. Die Geschichte einer schwierigen Ankunft" (S. 89–98) darstellt, „dass die 14 Millionen Deutschen aus dem Osten im verbliebenen Deutschland nicht willkommen waren" (S. 89). Auf den „Schock von Flucht und Vertreibung" sei „der zweite Schock" gefolgt: „die Ankunftserfahrung im Westen, die Erfahrung, nicht willkommen zu sein" (S. 91). Gerade in dieser Antithese zeigt sich eine Stärke der Publikation, bekräftigt doch der Herausgeber in seiner Einführung (S. 9–15) seine Absicht, pointierte Thesen aufgreifen zu wollen, um so „einen kritischen Diskurs in Gang zu bringen" (S. 11). Auf der Grundlage von Zeitzeugeninterviews, biographischen Skizzen und literarischen Verarbeitungen, deren Stärken, aber auch deren Schwächen Kossert an keiner Stelle beleuchtet, schildert er eindrücklich Erfahrungen von Ausgrenzung, Ablehnung und Diskriminierung. Die hohe Emphase und der durchweg appellatorische Ton seiner Darstellung, die so gar nicht zu der „erfrischenden Nüchternheit" (S. 14) passen möchten, die sich der Herausgeber wünscht, drohen stellenweise das berechtigte Hauptanliegen Kosserts zu überdecken: den Anpassungsdruck und die Mechanismen von Diffamierung und Ausgrenzung offenzulegen und deutsche Vertriebene „endlich als Opfer zu begreifen" (S. 97): „Vertreibung, Vertriebene und das kulturelle Erbe des historischen deutschen Ostens bleiben eine deutsche Aufgabe. Die innere Versöhnung der Deutschen mit ihren Vertriebenen steht noch aus" (S. 97).

Wie es der Titel besagt, untersucht Małgorzata Świder in ihrem Aufsatz „Die Entgermanisierung Oberschlesiens nach 1945" (S. 65–87). Letztlich liefen die Versuche der polnischen Administration, nach der Vertreibung der deutschen Mehrheitsbevölkerung aus Oberschlesien alle kulturellen Erinnerungen an die deutsche Vergangenheit zu tilgen, ins Leere. Weder das Verbot der deutschen Sprache noch die Polonisierung deutscher Orts-, Vor- und Zunamen zeitigten den gewünschten Erfolg, „weil die gesellschaftliche Unterstützung fehlte" (S. 85). Świder spürt soziokulturellen und mentalitätsgeschichtlichen Fragestellungen nach und kommt zu dem Schluss: „Für die Schlesier, sogar für diejenigen, die ihre nationale, propolnische Einstellung demonstrierten, war es typisch, dass sie eine tiefgehende Abneigung gegen den neuen kommunistischen Staat hegten. Der neue polnische Staat mit dem kommunistischen System hatte nichts zu bieten, was für die meisten Schlesier attraktiv gewesen wäre" (S. 86).

Jan M. Piskorski geht in seinem gut lesbaren, geradezu essayistisch verfassten Beitrag „Zwangsmigration im Kontext des Zweiten Weltkriegs" zurück zur „Ursache allen späteren Übels" (S. 175) und zeigt schlaglichtartig in zwölf Thesen, die wie in einem Brennglas zentrale Ergebnisse seines 2013 in deutscher Sprache erschienenen Buches

„Die Verjagten. Flucht und Vertreibung im Europa des 20. Jahrhunderts" bündeln, die verheerenden Auswirkungen auf, die der Aggressor Deutschland mit dem Krieg über seine Nachbarn brachte. „Rachedurst erfasste ganz Europa" (S. 160) nach 1945, der „Ausdruck für die Verwilderung" (S. 162) war, für die die Kriegsgräuel und die NS-Menschenrechtsverletzungen ursächlich waren: „Insbesondere die Vernichtung von Millionen Juden musste ganz Europa demoralisieren, vor allem die Polen, vor deren Augen die Juden ermordet wurden, während man sie selbst zugleich einer Therapie aus Terror und Propaganda unterzog" (S. 162f.). Die Thesen Piskorskis sind teilweise provokant und fordern zur Auseinandersetzung auf. So schildert er „die kollektive deutsche Verantwortlichkeit für den Krieg und die Art der Kriegsführung" (S. 172), votiert unter Rückgriff auf den semantisch aufgeladenen und pejorativ konnotierten Begriff der „Kollektivverantwortung" für „eine Abstufung der Opfer" (S. 172) und erklärt: „Für uns ist es zwar selbstverständlich, dass jede Vertreibung – selbst wenn sie international sanktioniert ist – zugleich ein Übel ist und man deshalb mit jedem Zwangsumgesiedelten Mitgefühl haben muss, aber dies ändert keineswegs etwas an der nicht weniger weitreichenden Tatsache, dass Opfer nicht immer gleich sind und die deutsch-polnische Schicksalsgemeinschaft deshalb ihre Grenzen hat" (S. 172). Am Ende seines Beitrags setzt sich Piskorski kritisch mit nationalen Erinnerungsprojekten auseinander und fordert eine europäisch ausgerichtete Erinnerungskultur ein, die Krieg, Flucht, Vertreibung und Versöhnung gleichermaßen in den Blick nimmt.

Wollte man die Trias des Untertitels „Flucht, Vertreibung und Vertriebenenintegration" gewichten, so liegt der Schwerpunkt der Aufsatzsammlung eindeutig auf der Integration der Vertriebenen, auf ihrer verbandlichen Organisation, dem Selbstverständnis der Vertriebenenverbände und ihrer Verbandsspitzen sowie der Erinnerungspolitik in Ost und West. Drei führende Figuren und Verbandsfunktionäre der Vertriebenenpolitik werden ausführlicher vorgestellt: Eva Dutz schildert in ihrem Beitrag „Vertriebener Sozialdemokrat? – Wenzel Jaksch und sein Verhältnis zur SPD nach 1949" (S. 17–33) die wechselvolle Beziehung zwischen dem Sudetendeutschen Wenzel Jaksch (1896–1966), der „bis heute als einer der herausragendsten Politiker unter den Vertriebenen" (S. 17) gilt und von 1964 bis 1966 Präsident des Bundes der Vertriebenen (BdV) war, und der Sozialdemokratie. Überzeugend arbeitet Eva Dutz heraus, wie die Mitte der 60er Jahre sich verändernde Haltung der SPD und die innerparteilich „immer lauter werdenden Forderungen nach einer flexibleren Ostpolitik" (S. 32) das Verhältnis belasteten. „Hans-Christoph Seebohm und sein Versuch zur Universalisierung des Vertriebenenproblems in der Nachkriegszeit" sind Gegenstand der Untersuchung von Gilad Margalit (S. 35–44). Margalit zeichnet ein ungeschöntes und sehr kritisches Bild dieses Vertriebenenpolitikers, der „eine radikale revisionistische Agenda" (S. 43) verfolgte und mit seinen Aussagen über die Vertreibung, Grenzfragen und geschichtspolitisch äußerst heikle Themen wie den jungen Staat Israel regelmäßig „scharfe Reaktionen der alliierten Hochkommissare in Deutschland bis 1955 und später von Regierungen im Ausland, seitens der internationalen öffentlichen Meinung in Ost und West, Kabinettskollegen und Opposition" (S. 35) provozierte. Hans-Christoph Seebohm, von 1949 bis 1966 Bundesminister für Verkehr, war „der Vertriebenenpolitiker mit der längsten politischen Karriere in der Regierung der Bundesrepublik Deutschland" (S. 35). Margalit legt analytisch klar die Motive frei, die Konrad Adenauer und Ludwig Erhard geleitet haben, an Seebohm festzuhalten: Sie nutzten ihn als Provokateur und Druckmittel in internationalen Verhandlungen, wollten das Wählerpotenzial der Vertriebenen abschöpfen und auch den politisch rechten Rand binden. Der Herausgeber Matthias Stickler zeichnet in seinem Aufsatz „Die zwei Leben des Dr. Herbert Czaja (1914–1997)" (S. 46–63) nach: die Jahre seiner Kindheit, Jugend und Adoleszenz von 1914 bis 1946 in Oberschlesien und sein Leben als Vertriebenenpolitiker 1946 bis 1997 in der Bundesrepublik Deutschland.

Stickler ist um eine ausgewogene Darstellung des Lebensbildes Czajas bemüht, der von 1970 bis 1994 das Amt des Präsidenten des BdV bekleidete und vielen nur als „polternder ‚Vertriebenenfunktionär' bzw. hartgesottener ‚Berufsvertriebener', als ‚Reaktionär' oder gar ‚Revanchist'" (S. 46) in Erinnerung ist. Ohne diese Seite auszublenden, verleiht Stickler dem Charakterbild Herbert Czajas größere Tiefe, indem er das Psychogramm eines Mannes zeichnet, dessen politisches Wirken sich „aus seinem an Brüchen reichen Leben" (S. 46) erklärt, und seine „auf Versöhnung und Verständigung der Völker aus dem Geiste des Christentums abzielenden Motive" (S. 62) aufspürt.

In seinem Beitrag „Die Landsmannschaft Schlesien in den erinnerungspolitischen Kontroversen zwischen Ost und West" (S. 99–108) nimmt Christian Lotz den Zeitraum zwischen dem Ende des Zweiten Weltkriegs 1945 und der Ratifizierung des Warschauer Vertrags 1972 in den Blick, mit dem die Bundesrepublik die Grenze an Oder und Neiße anerkannt hat. In den jahrzehntelangen Auseinandersetzungen um die Oder-Neiße-Grenze sei ein „erinnerungspolitischer Sog" (S. 108) entstanden, den Lotz an den gegensätzlichen Lesarten der Geschichte Schlesiens durch die Landsmannschaft Schlesien einerseits und die SED-Propaganda andererseits illustriert. Beide Seiten betrieben Geschichtsklitterung und verwerteten „lediglich solche Ausschnitte aus der vielfältigen Geschichte, die sich in den jeweiligen Geschichtsbildern als Argumente im Streit um die Oder-Neiße-Grenze nutzen ließen. […] Jeder Aspekt deutscher Geschichte, ganz gleich in welchem Zusammenhang und mit welchem Ziel er in der Debatte eingebracht wurde, wurde von der Landsmannschaft zu einem Argument gegen die neue Grenze stilisiert. Jeden Hinweis auf soziale und wirtschaftliche Konflikte in den Ostgebieten nutzte die SED-Propaganda hingegen zur Rechtfertigung dieser Grenze" (S. 108).

Wie der Titel selbstredend umschreibt, veranschaulicht Iris Thöres in ihrem Aufsatz „Die Entstehung der ‚Dokumentation der Vertreibung der Deutschen aus Ost-Mitteleuropa' im Spannungsfeld von Wissenschaft und vertriebenenpolitischen Interessen am Beispiel des Ungarn-Bandes" (S. 109–132). Thöres leistet damit einen Beitrag zur Editionsgeschichte der vom Bundesvertriebenenministerium in Auftrag gegebenen und von einer wissenschaftlichen Kommission um Theodor Schieder erarbeiteten umfangreichen Dokumentation. An der Genese des Ungarn-Bandes zeigt sie exemplarisch auf, wie die Interessen der in zwei konkurrierenden Verbänden landsmannschaftlich organisierten Ungarndeutschen mit denen der Wissenschaft kollidierten. Vertriebenenpolitiker trauten den Mitgliedern der wissenschaftlichen Kommission, „von denen keiner ein Südostdeutscher war", nicht zu, „die Ereignisse in ihrer Komplexität richtig wiederzugeben, da sie dies nicht selbst miterlebt hatten" (S. 130). Die Auseinandersetzungen und Diskussionen um den Ungarn-Band wurden so gleichermaßen zu einem „Lehrstück […] im Hinblick auf grundsätzliche Kommunikationsschwierigkeiten zwischen Wissenschaftlern und historisch arbeitenden Zeitzeugen" (S. 131f.).

Matthias Finster beleuchtet in seinem Beitrag „die Arbeit des BdV nach 1982 im Spannungsfeld von Verbandslobbyismus und Geschichtspolitik" (S. 133–154), analysiert die strategische Ausrichtung des BdV in diesen Jahren und dessen Versuche, erinnerungspolitisch meinungsbildend zu wirken, und charakterisiert das besondere Näheverhältnis, das bei aller Ambivalenz und bei allen Unterschieden in der Bewertung einzelner strittiger Fragen (wie der der Außengrenzen der Bundesrepublik) zwischen dem BdV und den Unionsparteien bestand und bis heute besteht.

Ein Namens- und Ortsregister (S. 199–204) rundet die Herausgeberschrift ab, die in ihren Thesen und Antithesen, ihrem fachlichen Diskurs zwischen etablierten Historikern und Nachwuchswissenschaftlern und ihrer transnationalen Perspektive einen wertvollen Beitrag zur Versöhnungs- und Erinnerungsarbeit leistet.

Tobias Haaf

Mehr als Steine... Synagogen-Gedenkband Bayern, Band III/1: Unterfranken, hg. von Wolfgang Kraus / Hans-Christoph Dittscheid / Gury Schneider-Ludorff in Verbindung mit Meier Schwarz. Erarbeitet von Axel Töllner / Cornelia Berger-Dittscheid / Hans-Christof Haas / Hans Schlumberger unter Mitarbeit von Gerhard Gronauer / Jonas Leipziger / Liesa Weber mit einem Beitrag von Roland Flade (Gedenkbuch der Synagogen in Deutschland, Bd. 3: Bayern, Teilband III, Teil 1), Lindenberg: Kunstverlag Josef Fink 2015. – geb. XVIII + 892 S., zahlreiche farb. und s/w-Abb., mit Orts- und Personenregister.

Der umfangreiche erste Inventarband der auf zwei Bände angelegten Gesamtdarstellung für Unterfranken erschließt die außerordentlich reichhaltige jüdische Vergangenheitstradition im westlichen Teil des Regierungsbezirks, namentlich für die heutigen Landkreise und Städte Aschaffenburg, Main-Spessart, Miltenberg und Würzburg. Aufgenommen sind dabei nur diejenigen Synagogen, die noch *um 1930* [...] *in Gebrauch waren* (S. XVI, vgl. *Gedenkseite* S. 882). So wird hier die hohe Zahl von 45 jüdischen Gemeinden im Spiegel ihrer Kultusbauten, ihres liturgischen Inventars und ihrer Schriftzeugnisse sowie Friedhöfe und sonstigen Liegenschaften (Schulen, Rabbiner- und Gemeindehäuser) aufgeführt. In umfassender Quellen-Recherche und weit über die rein baugeschichtliche Dokumentation hinaus entstehen auf diese Weise umfangreiche und inhaltlich verdichtete Überblicksdarstellungen zu den einzelnen Gemeinden selbst. Die Ausführungen zu den seit dem Hochmittelalter angestammten Orten jüdischen Lebens nehmen dabei breiten Raum ein, so zu Aschaffenburg (S. 9–54, seit 1267/68), Miltenberg (S. 444–471, seit 1237) und Würzburg (S. 483–560, bereits vor 1147).

Exemplarisch herausgegriffen sei die erstmals tiefergehende Aufarbeitung Heidingsfelds, wo sich für die Juden nach ihrer Verdrängung aus der nahen Hauptstadt Würzburg vom 16. bis zum 18. Jahrhundert ein Ausweichort ergab (S. 681–717). In der Folge konnte sich hier das bedeutsame Oberrabbinat der hochstiftisch-würzburgischen Landjudenschaft als öffentliche Körperschaft ausbilden, das im 18. Jahrhundert schließlich auch von den reichsritterlichen Glaubensgenossen anerkannt wurde (S. 686–688). Diese hervorgehobene, quasi verfassungsmäßige Stellung illustriert nicht zuletzt der eindrucksvolle Neubau der Synagoge 1778–1780, der in seinem herrschaftlichen Architekturanspruch den erreichten und gesicherten Rechtsstatus zum manifesten Ausdruck brachte (S. 688–697). – Freilich war damit in der politischen Herrschaftsepoche der Bischöfe bis zur Säkularisation 1802/03 auch die Grenze der Integrationsmöglichkeiten erreicht.

Im Resultat vermittelt der Band die Spannbreite der baulichen Schicksale und die darin liegenden Ambivalenzen von einerseits mutwilliger Zerstörung in der Shoa, unbekümmerter Zweckentfremdung und Nachnutzung sowie schleichendem Verfall und andererseits der gegenläufigen Erhaltung und Musealisierung einschließlich Umwidmung zu allgemeinkulturellen Zwecken und schließlich sogar, wie in Würzburg, dem Wiedererblühen jüdischen Lebens nach nationalsozialistischem Terror und Völkermord. Sofern die verbliebenen Gebäude nach 1945 nicht privaten Wohn- oder Lagerraum abgaben, erfuhren sie auch von öffentlicher Hand verschiedenartigste Umnutzungen: In Hörstein (S. 106) und Oberaltertheim (S. 759f., erst 1990 niedergerissen) beispielsweise wurde aus der Synagoge ein Feuerwehrhaus, in Karbach das Rathaus (S. 217f.). In Höchberg hat in der ehemaligen Synagoge die evangelische Kirchengemeinde ihr Gotteshaus gefunden (S. 739–741), in Reichenberg (S. 771, Nutzung bis 1973) und Sommerhausen

(S. 802) jeweils die katholische. Der sog. „Israelitische Pavillon“ der staatlichen Heil- und Pflegeanstalt in Lohr gehört hierbei bis heute zur Klinikanlage (S. 262–266). Noch in jüngster Zeit konnte die nahezu baufällige Synagoge von Allersheim für die zukünftige Aufstellung im Freilandmuseum Bad Windsheim vor dem sicheren Untergang gerettet werden (S. 585–603) und bestehen in Laudenbach gleichfalls Bestrebungen zum Erhalt (S. 250). Aufgrund der vorgelegten Grundlagenforschung und der genannten Facetten ist dem Projekt der Synagogen-Gedenkbände zweifelsohne der Charakter eines unverzichtbaren Referenzwerks mit Handbuchcharakter zuzuerkennen. Zugleich stellt der Band einen Appell zur Rettung dieses besonderen Kulturvermächtnisses gerade Unterfrankens dar.

Winfried Romberg

Harald Drös, Die Inschriften des Landkreises Schwäbisch Hall I. Der ehemalige Landkreis Crailsheim (Die Deutschen Inschriften 93. Heidelberger Reihe 18), Wiesbaden: Dr. Ludwig Reichert Verlag 2015. – geb., 868 S., 520 sw-Abb., 160 Tafeln, 1 Plan, 1 Karte.

Nach mehrjährigen Vorarbeiten legt der Verfasser den ersten Band über die Inschriften des heutigen Landkreises Schwäbisch Hall vor. Der Band umfasst den gesamten ehemaligen Landkreis Crailsheim. Nach den Richtlinien für die Erfassung der Inschriften werden diese bis 1650 zusammengestellt, wobei nach wie vor die Inschriften auf Siegeln, Münzen und Medaillen sowie die mit Hilfe von Stempeln hergestellten Inschriften auf Bucheinbänden unberücksichtigt bleiben. Nach der Einführung in den Band folgt die „Historische Übersicht“, die den Benutzer in die Geschichte des Bearbeitungsraumes einführt. In der folgenden Beschreibung und Darstellung der Geschichte der wichtigsten Inschriftenstandorte wird Crailsheim mit der evangelischen Stadtkirche St. Johannis des Täufers und dem Alten Gottesacker vorgestellt. Es folgen Langenburg mit dem Schloss und der Stadtkirche, Landsiedel mit der evangelischen Pfarrkirche, Kirchberg an der Jagst mit dem Schloss, Gröningen mit der evangelischen Pfarrkirche, Amlishagen mit Burg, Schloss und evangelischer Pfarrkirche, Blaufelden mit der evangelischen Stadtkirche, Schrozberg mit der evangelischen Stadtkirche und dem Schloss sowie Bächlingen mit der evangelischen Stadtkirche.

Im Weiteren wird „die nicht originale Überlieferung der Inschriften“ vorgestellt. Von den durch 568 Katalognummern erfassten Inschriften und Inschriftenensembles des Bandes sind 413 ganz oder teilweise im Original erhalten, von 145 Objekten und ihren Inschriften liegen nur Abschriften oder Abbildungen vor, die knapp, aber vollkommen ausreichend beschrieben werden. „Die Inschriftenträger“ behandeln „Inschriften des Totengedenkens“, „Inschriften an Bauwerken, Wand- und Glasmalereien“, „Glocken“ und „kirchlichen Ausstattungen und Geräten“.

Ausführlich geht der Verfasser auch auf die Schriftformen von der Karolingischen Kapitalis über die gotische Majuskel und Minuskel, die frühhumanistische Kapitalis, die Kapitalis, die Fraktur und die humanistische Minuskel ein. Abschließend werden in einer Tabelle die zeitliche Verteilung der Schriftarten und auch die „Nicht aufgenommenen Inschriften“ vorgestellt. Inschriften, die aus einer Jahreszahl ohne Zusatz bestehen, wurden in den Katalog nur aufgenommen, wenn sie noch erhalten sind oder durch eine zuverlässige Abbildung überprüft werden können. Inschriften, deren Existenz zwar bezeugt, deren Wortlaut aber nicht überliefert ist, wurden nicht aufgenommen, ebenso auch Inschriften, deren Träger noch vorhanden ist, deren Schrift aber restlos zerstört ist und die daher nicht mehr gelesen werden können. Es folgt eine knappe, aber vollkommen ausreichende Beschreibung dieser Objekte in einer Aufstellung.

Der im Anschluss stehende Katalog der Inschriften erfasst diese chronologisch nach einem einheitlichen Schema. Dabei enthält die Kopfzeile der jeweiligen Katalognummer jeweils links die laufende Nummer innerhalb des Kataloges. Ein Kreuz hinter dieser Nummer besagt, dass die Inschrift im Original verloren ist. In einigen Fällen sind gleichartige Inschriftenträger an demselben Standort in einer Sammelnummer zusammengefasst. In dieser Form wurden auch die Kritzelinschriften in der Crailsheimer Johanniskirche übernommen. Die Mitte der Kopfzeile nennt den derzeitigen oder den letzten Standort. Die Ortsnamen werden in der Form vor der Kreisreform aufgenommen. Die Datierung am rechten Rand der Kopfzeile ist in der Regel der Inschrift entnommen. Undatierte Inschriften werden so genau wie möglich datiert. Im ersten Absatz des Artikels werden die Inschriftenträger genannt, wobei die Beschreibungen vom Betrachter aus erfolgen, nur bei Wappen wird die heraldische Beschreibung übernommen. Die Maßangaben erfolgen in Zentimeter. Eine Abbildungsnummer am Rand außerhalb des Satzspiegels weist auf eine Abbildung im Tafelteil des Bandes hin. Die Texte der Inschriften sind eingerückt, wobei Schrägstriche jeweils das Zeilenende in der Originalinschrift kennzeichnen. Jedoch sollte der Benutzer die weiteren Angaben (S. 10f.) unbedingt lesen, bevor er sich mit den abgedruckten Texten der Inschriften befasst.

Der Katalog wird durch einen im Landesmuseum Stuttgart befindlichen Steinquader mit Inschrift aus Langenburg-Unterregenbach mit umfassender Beschreibung aus dem 8. oder ersten Drittel des 9. Jahrhunderts eröffnet. Es folgen aus Schmalfelden (Stadt Schrozberg) die Inschriften der Wandmalereien in der evangelischen Pfarrkirche aus dem Ende des 13. oder zu Beginn des 14. Jahrhunderts. Die Nr. 3 des Kataloges mit der Inschrift in der katholischen Pfarrkirche St. Georg in Stimpfach stammt bereits aus dem 14. Jahrhundert. Die folgenden Nr. 4–16 entstammen dem 14., Nr. 17–82 dem 15. Jahrhundert, Nr. 83–331 dem 16. Jahrhundert und Nr. 332–568 dem 17. Jahrhundert bis 1650, wobei jeweils am Anfang und Ende der Jahrhunderte Nummern stehen, deren Datierungen noch in das vorausgehende oder aber in das laufende Jahrhundert gehören können. Der überwiegende Teil der Inschriften entstammt damit dem Zeitraum 1500–1650, was wiederum die Verluste, aber auch die Häufigkeit der überlieferten Inschriften erschließen lässt. Die Beschreibungen der jeweiligen Inschriften und ihrer Träger sind umfassend und begrüßenswert ausführlich gefasst worden. Auch die Wappen sind ihren jeweiligen Familien zugewiesen und damit für die weitere Forschung erschlossen. Der Band wird durch ein überaus ausführliches Register erschlossen, das dem Benutzer rasche Wege des Auffindens ermöglicht. Der Abbildungsteil stellt alle im Original erhaltenen Inschriften vor. Das Nebeneinanderlegen von Inschriftendruck und Abbildung des Originals ermöglicht dabei, dem Original relativ nahe zu kommen. Die Aufnahmen des Abbildungsteils sind von höchster Qualität. Es ist Verlag und Verfasser für diese Qualität zu danken.

Man darf die Hoffnung ausdrücken, in naher Zukunft auch den zweiten Teil des Bandes mit den Inschriften des alten Landkreises Schwäbisch Hall in gleicher Form zu erhalten. Der Band sichert für die Forschung nicht nur die beschriebenen Inschriften, sondern er ermöglicht auch der Forschung vom Original entfernt Vergleiche anzustellen und Inschriften zu berücksichtigen, was bislang so nicht möglich war. Ein großer Gewinn und Fortschritt in der Forschung ist damit erreicht. Gleichzeitig ist eine Dokumentation der Inschriften und ihres Zustandes im Zeitpunkt der Abfassung des vorliegenden Bandes gegeben.

Immo Eberl

Markus Frankl / Martina Hartmann (Hg.) in Verbindung mit Dorothea Klein, Herbipolis. Studien zu Stadt und Hochstift Würzburg in Spätmittelalter und Früher Neuzeit (Publikationen aus dem Kolleg ‚Mittelalter und Frühe Neuzeit' 1), Würzburg: Königshausen & Neumann 2015. – brosch., XI + 480 S., 42 s/w -Abb. und Diagramme, mit Orts- und Personenregister.

Der Sammelband vereint insgesamt 18 Beiträge eines Kolloquiums zu Ehren des 60. Geburtstages von Franz Fuchs, des Würzburger Ordinarius für Geschichte des Mittelalters und Historische Hilfswissenschaften. Dem Genius loci folgend beleuchten sie mit Blick auf übergeordnete bzw. strukturale Kontexte und stets aktuelle Methodenreflexion das aufschlussreiche Feld der regionalen Geschichte:

Karl Borchardt entschlüsselt eingehend die staufische Ministerialität rund um die Titelträger der „Küchenmeister von Rothenburg". Dabei plädiert er für eine weit stärker interdisziplinär und hilfswissenschaftlich ausgerichtete Methodendiversifizierung, um die komplexen Sachverhalte von diesbezüglichen Verwandtschaftsbeziehungen sowie territorial- und reichspolitischer Stellungnahmen erfassen zu können (Vögte, Truchsesse, Küchenmeister: Stauferzeitliche Ministerialen zwischen Rothenburg und Würzburg, S. 1–58, mit Editionsanhang). In vergleichender Urbanistik unternimmt Caspar Ehlers einen Blick auf die beiden Main-Städte Würzburg und Frankfurt als spezifisch hochmittelalterlich geprägte Regierungssitze bzw. Pfalzorte sowie Handelsplätze (Karolingisches Erbe in der Stauferzeit. Zwei Zentralorte am Main: Würzburg und Frankfurt, S. 59–76).

Zur engeren Städtepolitik bietet Ulrich Wagner in Erstedition zwei frühe Urkunden zum Würzburger Gemeinwesen dar, die bislang nur im Regest bekannt waren (Zu ewiger Gedächtnis: Zwei Privilegien Kaiser Ludwigs des Bayern für Würzburg von 1332 und 1342, S. 77–97). Das wechselvolle Schicksal Rothenburgs während des Umbruchs des bayerischen Kaisertums zur Dynastie der Luxemburger in der Mitte des 14. Jahrhunderts betrachtet Markus Naser (Die letzte Verpfändung der Reichsstadt Rothenburg 1349–1353, S. 99–108). Den Zerfall der böhmischen Herrschaftsinseln in Franken wiederum weist Constantin Groth am eindrücklichen Beispiel Heidingsfelds auf (Die Unruhen von Heidingsfeld 1455–1457 im Spannungsfeld der Interessen von Reichsstadt Nürnberg, Hochstift Würzburg und Königreich Böhmen, S. 109–126). Die seit dem Spätmittelalter manifeste Entwicklung zu Bildung, Abgrenzung und Durchformung der einzelnen örtlichen Landesherrschaften schildern beispielhaft Stefan Petersen (Die Territorialverwaltung im spätmittelalterlichen Hochstift Würzburg am Beispiel des Amtes Gerolzhofen, S. 127–154) und Frank Kleinehagenbrock (Würzburg contra Wertheim. Herrschaftsdurchsetzung im Konflikt vom Mittelalter bis in die Frühe Neuzeit, S. 155–171).

Das geistliche Leben, das mitunter sogar aufs Engste mit Politik und Gesellschaft verbunden war, erläutern exemplarisch Helmut Flachenecker (Netzwerke zwischen Nonnen und Adeligen, Klausur und Laienwelt: Die Zisterzienserinnen von Heiligenthal, S. 173–204) und Enno Bünz (Die heilige Barbara als Schlachtenhelferin. Eine Weiheinschrift von 1441 in der Pfarrkirche zu Ochsenfurt, S. 205–220). Hanna Zühlke steuert zur Liturgie des Würzburger Klosters St. Stefan bei (Neues zur Würzburger Tropentradition des 13. bis 16. Jahrhunderts, S. 221–253).

Schlaglichter auf die gehobene Lebensart, Geistigkeit und Zeitkritik der Epoche wie auf deren wirtschaftliche Voraussetzungen werfen Bernhard Lübbers (Liebesbriefe des frühen 15. Jahrhunderts aus dem Umfeld Johanns von Egloffstein, S. 255–272), Markus Frankl (Würzburg und der Wein im späten Mittelalter, S. 273–309) und Horst Brunner (Lynchjustiz in Würzburg, Verrat in Heidingsfeld: Zwei Ereignisdichtungen aus dem 15. Jahrhundert, S. 311–319). Stefan Kummer weist nach, dass die ältesten, in das späte

15. Jahrhundert zu datierenden Abbildungen des Schlosses Marienberg ob Würzburg als authentische Bildzeugnisse zu betrachten sind (Ansichten des Schlosses Unser Lieben Frau zu Würzburg aus der Zeit Hartmann Schedels, S. 321–342).

Schließlich werden der humanistischen Schriftkultur und Bibliophilie sowie der historischen Kernaufgabe der Quellenkritik Raum eröffnet: Martin Hartmann verweist im Forschungsaufriss auf die Thematik von Erhalt, Überlieferung und Nachbesitzgeschichte spätmittelalterlicher Privatbibliotheken (Büchersammler des 15. und 16. Jahrhunderts und das Schicksal ihrer Bibliotheken, S. 343–356). Klaus Arnold präsentiert neu aufgefundene Trithemius-Briefe (Ein Würzburger Schriftenverzeichnis des Johannes Trithemius aus dem Jahr 1514, mit Editionsanhang, S. 357–371). Die Kardinalfrage nach der Glaubwürdigkeit dieses Klosterhumanisten rollt Arno Mentzel-Reuters mit Blick auf dessen Methodik ganz neu auf (Serielle Chronographie und historische Unschärfe. Das historiographische Spätwerk des Johannes Trithemius, S. 357–425). Fabian Kahle eröffnet den Briefaustausch zwischen der Nürnberger Oberschicht und dem Würzburger Domkapitel an der Wende zum 16. Jahrhundert (Dr. Christoph Scheurls Briefverzeichnis und seine Würzburger Korrespondenzen, S. 427–443).

Insgesamt wird dem Jubilar damit ein reichhaltiger Strauß an landesgeschichtlichen Thematiken verehrt. Ebenso bedenkenswert sind die berührten Methodenfragen und Forschungsperspektiven. In diesem Sinne bildet dieser erste Band gleichermaßen einen hoffnungsfrohen Auftakt zu der neuen Publikationsreihe.

Winfried Romberg

Kurfürst Albrecht Achilles (1414–1486). Kurfürst von Brandenburg, Burggraf von Nürnberg, hg. von Mario Müller (Jahrbuch des Historischen Vereins für Mittelfranken 102), Ansbach: Selbstverlag des Historischen Vereins für Mittelfranken 2014. – geb., XIV + 713 S. mit Abb.

Der 525. Todestag des Zollern Albrecht Achilles bot 2011 Anlass, ihn zum Gegenstand einer wissenschaftlichen Tagung zu machen, die vom Historischen Verein für Mittelfranken ausgerichtet und von Mario Müller (damals TU Chemnitz, jetzt Hildesheim) konzipiert wurde. Erweitert um einige zusätzliche Beiträge, ist nun zum 600. Geburtstag dieser umfangreiche Sammelband erschienen, der für alle weitere Beschäftigung mit dem Markgrafen und Kurfürsten den Ausgangspunkt bildet. Während die Klage über die schlechte Quellenlage zur Topik vieler historischer Darstellungen gehört, dürfte dazu allein schon angesichts der ausgedehnten Korrespondenz des Fürsten, die Tausende, allerdings nur zum Teil gedruckte Briefe umfasst (in drei Bänden ediert von Felix Priebatsch 1894–1898), kein Anlass bestehen. Gleichwohl blieb eine umfangreiche Biographie des Zollernfürsten von Erhard Kanter schon mit dem ersten Band stecken (Berlin 1911). Aus heutiger Sicht ist dies wohl nicht mehr zu bedauern, da die ältere Dynasten- und Territorialgeschichte durch neue Perspektiven erweitert und modernisiert wurde, man denke nur an die vielen Impulse für die Erforschung von Hof und Residenz, politischen Eliten, Netzwerkbildungen, dynastischer Heiratspolitik, symbolischem Handeln und Kommunikation. Darüber hinaus ist auch die überbordende Archivüberlieferung des späten Mittelalters weiter erschlossen worden, beispielsweise durch die Fortschritte der Regesta Imperii Kaiser Friedrichs III. und des Repertorium Germanicum der vatikanischen Register, das mit dem zu erwartenden Band über Papst Sixtus IV. (1471–1484) die Regierungszeit Albrechts Achilles' fast vollständig abdecken wird.

Der Inhalt des vorliegenden Bandes bietet die Ergebnisse der 2011 in Ansbach veranstalteten Tagung, deren 15 Referate aber für die Publikation durch eine stattliche Zahl weiterer Beiträge erweitert wurden, sodass die 26 Aufsätze von 22 Autoren nun acht größere Themengruppen bilden:

I. Vulpes Germaniae: Mario Müller, „Von der Partheien Haß und Gunst getrübt, schwankt sein Charakterbild in der Geschichte". Die historische Forschung zu Albrecht Achilles (1850–2014) (S. 1–41); Reinhard Syboth, „Wer land und leut hat, der muß allwegen geschickt sein zum krieg". Markgraf Albrecht Achilles von Brandenburg und seine fränkischen Fürstentümer (S. 43–67); ders., „Mit zu leiden nach gebur als die fordersten und nechsten glider des heiligen reichs". Markgraf Albrecht Achilles von Brandenburg als Kurfürst (S. 69–89); Gabriel Zeilinger, Fürst und Krieger. Beobachtungen zum Selbstverständnis des Markgrafen Albrecht „Achilles" zwischen Verfassungs- und Geschlechtergeschichte (S. 91–100).

II. Albrechts Verwandte: Wolfgang Wüst, „Uns wer ein tochtermann von Wirtemberg lieber und nutzer denn fern gelegen ein konig". Familienkorrespondenz und Heiratspolitik unter dem Markgrafen Albrecht Achilles von Brandenburg-Ansbach und Kulmbach (1414–1486) (S. 101–115); Carsten Jahnke, Zwei Hochzeiten und ein Todesfall. Die Hohenzollern und Dänemark (1444–1449) (S. 117–133); Jürgen Herold, Albrecht Achilles und die Gonzaga, Markgrafen von Mantua (S. 135–150).

III. ... und Albrechts Hof: Suse Andresen, Gelehrte Räte im Dienste des Markgrafen und Kurfürsten Albrecht. Qualifikation und Tätigkeiten in fürstlichem Auftrag (S. 151–172); Martina Giese, Am Hof von König Artus. Die Jagd im Spiegel der Korrespondenz von Markgraf Albrecht Achilles (S. 173–194); Sven Rabeler, Imaginationen von Fürst und Hof. Albrecht Achilles in den „Geschichten und Taten Wiwolts von Schaumberg" (S. 195–207); Daniel Burger, „Dieweil man Fryd hat, sol man zu der Vestigkeit pawen". Albrecht Achilles von Brandenburg und seine Residenz- und Amtsburgen in Franken (S. 209–233).

IV. Herrscher in Franken...: Hillay Zmora, Das Verhältnis Albrecht Achilles' zum fränkischen Adel (S. 235–248); Markus Frankl, Der Schwanenorden unter Markgraf Albrecht Achilles (S. 249–264); Katrin Bourrée, Die Bedeutung des Kaiserlichen Landgerichts Nürnberg für die Herrschaftskonzeption Markgraf Albrecht Achilles. Landesherrschaftliches Instrument und reichsfürstlicher Legitimationsgenerator (S. 265–285).

V. ... und Kurfürst von Brandenburg: Mario Müller, Regieren unter der Kuratel des Vaters. Die „gemeinsame" Politik Albrecht Achilles' und seines ältesten Sohnes Johann im Kurfürstentum Brandenburg (1470–1486) (S. 287–318); Jan Kunzek, Unterwegs im Auftrag des Herrn? Kurfürst Albrecht und die Bischöfe von Brandenburg, Havelberg und Lebus (S. 319–337).

VI. Weltliche Nachbarn...: Mario Müller, mit einer Einführung in die ungarische Forschung von Katalina Wittmann, Brandenburg, Schlesien und Ungarn im Glogauer Erbfolgestreit (1476–1486) (S. 339–377); Elfie-Maria Eibl, Kurfürst Albrecht Achilles von Brandenburg, Kaiser Friedrich III. und Pommern. Oder: Urkunden, immer wieder Urkunden (S. 379–410); Benjamin Musegades, Hochadlige Handlungsspielräume Markgraf Albrecht Achilles und die Grafen von Henneberg (S. 411–425).

VII. ... und geistliche Nachbarn: Markus Frankl, Markgraf Albrecht Achilles und das Hochstift Würzburg (S. 427–442); Elke Tkocz, Markgraf Albrecht Achilles und das Hochstift Bamberg. Ambivalente Beziehungen zwischen beiden Fürstentümern (S. 443–462); Hiram Kümper, Albrecht Achilles und das Hochstift Eichstätt (S. 463–485).

VIII. Achilles Teutonicus: Uwe Tresp, „Deutscher Achilles" und „Meister geordneter Heerfahrt. Albrecht Achilles als Kriegsherr (S. 487–502); Alois Niederstätter, „Da brant Grüningeramt". Albrecht Achilles an Habsburgs Seite im „Alten Zürichkrieg" (1436–1446) (S. 503–510); Patrick Leukel, „des hers obirster heuptman". Zur Rolle Albrecht Achilles für Kaiser Friedrich III. im Neusser Krieg (1474/75) (S. 511–525);

Mario Müller, Der brandenburgisch-pommersche Krieg unter Kurfürst Albrecht Achilles (1478/79) (S. 527–558). – Im Anhang S. 559ff. werden eine Stammtafel des Kurfürsten, allerdings ohne grafische Übersicht, und eine Auflistung des Itinerars Markgraf Albrechts geboten, das u. a. zeigt, wie selten sich der Markgraf in der Mark Brandenburg aufgehalten hat. Das Verzeichnis der gedruckten Quellen und Literatur S. 603ff. bietet die bislang umfassendste Bibliographie über den Zollern. Personen- und Ortsregister erschließen den reichen Inhalt, hinter dem allerdings Qualität und Umfang der Bebilderung zurückbleiben.

Wie die Auflistung der vielfältigen Beiträge deutlich macht, würde es den Rahmen einer Besprechung sprengen, Einzelergebnisse auszubreiten. Auffällig ist, dass hier eine beachtliche Zahl jüngerer Forscher zu Worte kommt, die sich aus verschiedenen Perspektiven mit Albrechts Achilles beschäftigt haben. Verwiesen sei in diesem Zusammenhang neben der Dissertation des Bandherausgebers Müller über brandenburgische Erbeinungen und Erbverbrüderungen (erschien Göttingen 2010) auf die Doktorarbeiten von Markus Frankl über Albrecht Achilles und das Hochstift Würzburg (erschienen Baunach 2015) und von Suse Andresen über die die gelehrten Räte der Kurfürsten von Brandenburg aus dem Haus Hohenzollern im 15. Jahrhundert (erschienen Göttingen 2017). Diese Qualifikationsschriften wie auch der Tagungsband zeigen, dass spätmittelalterliche Politik-, Territorial- und Dynastiegeschichte mit neuen Ansätzen durchaus wieder auf Interesse stößt. Dies gilt auch für die Beschäftigung mit spätmittelalterlicher Kriegs- und Wehrgeschichte, wie einige Beiträge deutlich machen. Kaum oder gar nicht thematisiert werden hingegen Aspekte der Kirchen- und Frömmigkeitsgeschichte des Markgrafen selbst wie auch seiner Kirchenpolitik und Stiftungspraxis. Nicht thematisiert werden zudem Fragen der territorialen Verwaltungs- und Finanzgeschichte und des strukturellen Vergleichs des zollerischen Franken und Brandenburg im Spätmittelalter (siehe dazu schon Gerhard Pfeiffer, Bayern und Brandenburg-Preußen. Ein geschichtlicher Vergleich, München 1984). Diese und andere thematische Lücken sind aber angesichts der vielgestaltigen reichs- und territorialpolitischen Bedeutung Albrecht Achilles' nicht dem Herausgeber anzulasten, sondern nur als Defizite zu benennen, um weitere Forschungen anzuregen.

Enno Bünz

Klaus Arnold u. a., Katholische Pfarrkirche St. Johannes in Kitzingen. Beiträge zur Kirchen- und Kunstgeschichte (Schriften des Stadtarchivs Kitzingen 10), Kitzingen: Verlag Hans-Dieter Sauerbrey 2016. – geb., 280 S., durchgehend farb. und s/w-Abb.

Kitzingens katholische Pfarrkirche St. Johannes, inmitten der historischen Altstadt gelegen, hat eine wechselvolle Geschichte hinter sich. Diese Geschichte schwerpunktartig aufzuarbeiten, haben sich die Autorin und die Autoren des vorliegenden Sammelbandes zum Ziel gesetzt. Umso nötiger erscheint dieses Ansinnen dadurch, dass zur Bau- und Kunstgeschichte der Kitzinger Johanneskirche bisher in neuerer Zeit einzig der Kunstführer aus dem Kunstschätze-Verlag erschienen ist – und auch das schon vor nunmehr 17 Jahren (Herbert Baumann, Katholische Pfarrkirche St. Johannes Kitzingen, Gerchsheim 2000). Darüber hinaus „fehlt für die gotische Pfarrkirche weiterhin eine baugeschichtliche Monographie“ (S. 32). Neben eher kunst- beziehungsweise baugeschichtlich ausgerichteten Beiträgen finden zwei wesentliche Ereignisse der Kitzinger Kirchengeschichte Berücksichtigung: Die protestantische Zeit der Stadt sowie der Kulturkampf.

Die Beiträge des Bandes gingen in der Hauptsache aus einer Vortragsreihe zum 525-jährigen Jubiläum der Kirchweihe im Jahre 2012, die vom Pfarrgemeinderat Kitzingen unter Federführung von Dr. Harald Knobling und Maria Stegmann organisiert worden war, hervor. Hinzu kamen zwei weitere, das Spektrum gut ergänzende Aufsätze.

Der Beitrag von Klaus Arnold zum Thema „Zur Geschichte, Baugeschichte und Ausstattung der Kitzinger Pfarrkirche St. Johannes im späteren Mittelalter“ (S. 15–51) basiert auf dem Vortrag zur Kitzinger Dreikönigsgruppe und wurde für die Publikation um weitere Aspekte ausgedehnt. Die kunsthistorisch bedeutsame Figurengruppe wurde erst im Jahre 1994 bei Restaurierungsarbeiten wieder aufgefunden. Neben der detailreichen Befund- und Restaurierungsgeschichte der Figurengruppe setzt sich Arnold mit der Ikonographie, dem ursprünglichen Aufstellungsort und dem weiteren Verbleib der Figuren auseinander. Zudem vermag es Arnold, aufgrund einer „erstaunliche[n] Quellendichte“ (S. 15) die Baugeschichte der im 14. Jahrhundert begonnenen spätgotischen Kirche nachzuzeichnen, was für die Einordnung der Skulpturengruppe besonders erhellend ist. Ein Augenmerk liegt dabei auf der Abgrenzung der spätgotischen Bausubstanz von historistischen Restaurierungen und Ergänzungen zu Beginn des 20. Jahrhunderts. Schließlich kommt der Verfasser anhand seiner Untersuchungen zu dem Vorschlag, die Gewölbezone in der Vorhalle des Nordwestportals als ursprünglichen Aufstellungsort anzunehmen (S. 42–44).

Harald Knobling widmet sich in seinem die verschriftlichten Vorträge ergänzenden Aufsatz „Die Bauplastik von St. Johannes in Kitzingen – Köpfe und Masken“ (S. 53–96) symbolisch zu verstehenden Schar „rätselhafter Köpfe und Masken, die konstruktiv mit der Architektur verbunden sind“ (S. 10). Dies ist wissenschaftlich umso bedeutsamer, da kein anderer Kirchenbau in näherer Umgebung eine vergleichbare Fülle derartiger Darstellungen sogenannter randständiger Architekturplastik – solche Motive also, die nicht „in Stein gehauene Motive der Heilsgeschichte oder der Hagiographie“ (S. 53) sind – bietet. Knobling erfüllt damit in seinem Aufsatz mit der erstmaligen Erfassung, kunsthistorischen Einordnung und Ausdeutung derselben ein Desiderat.

Einen Beitrag zur Ausstattungsgeschichte der Kitzinger Pfarrkirche leistet Erich Schneider, der sich den vormaligen Hochaltären (S. 99–124) zuwendet. Über die Rekonstruktion des spätmittelalterlichen Hochaltars, den barocken Hochaltar von 1667 und die Projekte von Johann Peter Wagner und Materno Bossi führt der anschaulich bebilderte Durchzug des Verfassers zum 1820 entstandenen Altar des Wagner-Schülers Johann Baunach (1765–1828), der schon 1883 einem neogotischen Nachfolger aus der renommierten Werkstatt Josef Stärk / Martin Lengenfelder in Nürnberg zu weichen hatte. Ein Einblick in die Entwicklungen vor und nach dem Zweiten Vatikanischen Konzil rundet den sachkundigen Beitrag ab.

„St. Johannes im evangelischen Jahrhundert Kitzingens“ ist das Thema des Beitrags von Christoph Schmerl (S. 127–147). Aufgrund der Verpfändung Kitzingens an die Markgrafschaft Ansbach – seit 1443 – konnte im Jahre 1533 die Reformation eingeführt werden. Die Vorgeschichte dieses Ereignisses und die folgenden Jahre evangelischer Prägung bis zur Wiedereinlösung des Pfandes durch das Hochstift Würzburg 1628/29 stellt der Verfasser ebenso fachkundig erhellend wie lesenswert dar, indem er den Blick auf die protestantischen Pfarrer und die Herausforderungen ihrer Zeit richtet. Hierbei stellt er insbesondere die Kontakte der beiden ersten protestantischen Geistlichen, Prediger Christoph Hofmann und Pfarrer Martin Meglin, nach Wittenberg heraus, die die – durchaus turbulenten – Anfänge protestantischen Lebens in Kitzingen beeinflusst und geprägt haben. Anhand der folgenden Pfarrer wird die weitere Entwicklung der reformatorischen Sache bis zum Jahr 1628 nachgezeichnet, indem die Auswirkungen gesamtdeutscher Ereignisse auf Kitzingen beschrieben werden.

Von einer weiteren religionspolitisch bewegten Zeit handelt der Beitrag Maria Stegmanns über den Kulturkampf in Kitzingen (S. 149–200). Eingebettet in eine unerlässliche einführende überblicksartige Skizze zur Geschichte des Kulturkampfes im Reich und in Bayern und vor allem in die Darstellung der gesetzgeberischen Maßnahmen gegen die Katholische Kirche schildert Stegmann die Kitzinger Ereignisse. Hierzu erfolgt vor der eigentlichen Darstellung der Auswirkungen des Kulturkampfes auf die Stadt Kitzingen eine ebenfalls zum besseren Verständnis nötige fundierte Illustration der „konfessionellen Physiognomie der Stadt" (S. 172–184) und der Protagonisten der katholischen wie der protestantischen Seite sowie ihrer Intentionen. Besonders herauszustellen ist dabei Stegmanns differenzierende Beobachtung, „dass der Kulturkampf in Kitzingen nicht nur innerhalb der katholischen Kirche bzw. gegen die katholische Kirche ausgetragen wurde, sondern auch die evangelische Gemeinde in ein liberales und ein orthodoxes Spektrum spaltete" (S. 181). Die eigentlichen Ereignisse des Kulturkampfes in Kitzingen beschreibt Stegmann quellenbasiert – und erstmals wissenschaftlich ausgewertet – anhand der Analyse des liberalen Kitzinger Anzeigers einerseits und der Protokolle des Katholischen Bürgerausschusses andererseits, ergänzt durch Akten des Stadtmagistrats und des Kitzinger Tagblatts und stellt die entscheidende Rolle der in Kitzingen tätigen katholischen Geistlichen Kuhn und Hörschel heraus, deren Versetzung erst die politischen Auseinandersetzungen beenden konnte.

Herbert Baumann, langjähriger Pfarrer von St. Johannes, beschreibt in seinem weniger kunsthistorisch denn spirituell angelegten Beitrag – auch dieser nicht aus einem Vortrag hervorgegangen, sondern ergänzend eingereicht – die gotische Kirche als Ort der Gottesbegegnung (S. 203–229). Dabei gelingt es ihm, den Kirchenbau in die sozialgesellschaftliche Landschaft des Mittelalters einzubetten und die theologisch-spirituelle Bedeutung desselben zu erschließen. Eine kurze Darstellung der Umsetzung der Schwerpunkte der Theologie des Zweiten Vatikanums in der Kitzinger Stadtpfarrkirche schließt den Aufsatz ab und zeigt, dass künstlerische Gestaltung eines Sakralraumes immer auch eine zeitgebundene Komponente besitzt.

Ein Beitrag von Adolf Mörtl zur Bau-, Ausstattungs-, und Restaurierungsgeschichte der Kreuzkapelle in Etwashausen (S. 231–280) rundet den Band ab. Wenn dieser Aufsatz in einem Sammelband zur Geschichte der Pfarrkirche St. Johannes auch zunächst etwas fremd wirkt, so wird durch die räumliche Nähe der Kapelle zur Johanneskirche einerseits, andererseits aber durch die Zugehörigkeit zum Pfarrverband von St. Johannes eine Thematisierung anempfohlen. Besonderes Interesse gilt der Geschichte der Ausstattung der Kapelle, die sich von der baulichen Fertigstellung 1745 bis zur Ausführung der Kanzel 1799 hinzog. In den Jahren 1852–1854 vollzog sich eine große Innenrestaurierung, die eine vom Verfasser konstatierte „Neuinterpretation des Raumes" (S. 265) zur Folge hatte. Ihr wendet sich Mörtl in einem zweiten Schwerpunkt zu. Wie im ersten Teil erfolgt auch hier die in die sachkundig bisherige Neumann-Forschung eingebettete Darstellung in erster Linie anhand der Quellen im Pfarrarchiv St. Johannes. Ein Blick auf die Restaurierungsgeschichte des 20. Jahrhunderts rundet den Beitrag ab.

Illustriert werden die Beiträge durchweg durch hilfreiche anschauliche, qualitätvolle Abbildungen, die besonders hervorzuheben sind.

Auch kleinere Divergenzen bei Verweisen auf Quellen und Literatur vermögen die besondere wissenschaftliche Leistung des Aufsatzbandes, die Aufarbeitung wesentlicher Aspekte der Bau- und Ausstattungsgeschichte der Kirche St. Johannes wie auch der Kreuzkapelle Etwashausen sowie kirchenhistorisch einschneidender Epochen anhand von teils erstmals untersuchten Quellen, nicht zu schmälern. Den durchweg fachkundigen Autoren wie den Herausgebern gebührt das Verdienst, ein Standardwerk zur Geschichte der Kitzinger Stadtpfarrkirche ins Licht des wissenschaftlichen Diskurses gebracht zu haben, welches zukünftigen Interessierten und Forschern ein unverzichtbares Hilfsmittel sein wird.

Daniel Greb

Susanne Schmidt (Hg.), 1765–2015. 250 Jahre Pfarrei Schönbrunn im Steigerwald, Bamberg: Heinrichs-Verlag 2015. – geb., 344 S., zahlreiche farb. Abb.

Wohl eher rhetorisch war die Frage von Susanne Schmidt in ihrem Vorwort gemeint: „Würde man über Schönbrunn, meinen Heimatort, überhaupt interessante Geschichten herausfinden?“ Uneingeschränkt kann man diese Frage positiv beantworten. Das Buch, das aus Anlass des 250-jährigen Bestehens der katholischen Pfarrei Schönbrunn erschien, vermehrt die erfreulicherweise steigende Zahl der fachgerecht aufgearbeiteten Ortsgeschichten, die es dennoch nicht an Anschaulichkeit und Lesbarkeit fehlen lassen. Korrekt ist es auch, dass in diesem Fall der oft für solche Sammelwerke gebrauchte Terminus „Ortschronik“ vermieden wurde. Der Herausgeberin, Diplom-Archivarin (FH), ist es gelungen, nicht nur ihre Vorgesetzten, Domkapitular Dr. Norbert Jung und Archivdirektor Dr. Andreas Hölscher, als Coautoren und Förderer des Werkes zu gewinnen, sondern eine Reihe weiterer Fachkräfte, die durch eigene Arbeiten bereits bestens ausgewiesen sind. Grußworte des Bamberger Erzbischofs Dr. Ludwig Schick, des amtierenden Pfarrers Bernhard Friedmann und des Bürgermeisters Georg Hollet leiten darüber hinaus den Band ein.

Monika Riemer berichtet über *Burg, Amt und Dorf Schönbrunn*. Die für historische Laien oft schwer unterscheidbare Begrifflichkeit hat die promovierte Historikerin zutreffend und allgemeinverständlich dargelegt. Den zeitlichen Ausgangspunkt für die Ortsgeschichte bildet dabei die Urkunde vom 6. Oktober 1278, mittels derer der Würzburgische Lehensträger Ludwig von [Burg-]Windheim Burg und Dorf *Schonenbrunnen et Grube* und eine Mühle dem Würzburger Bischof verkauft. 1280 veräußerte seinerseits der Würzburger Bischof die Burg Schönbrunn seinem Bamberger Amtsbruder, um mit der Verkaufssumme die Burg Löwenstein erwerben zu können. Bis zu den Umwälzungen im Zusammenhang mit der Säkularisation ist Schönbrunn – wie viele andere Orte in den Grenzbereichen – kirchlicherseits beim Bistum Würzburg verblieben, während es – wie gesagt – seit 1280 dem Bamberger Fürstbischof als neuem Landesherrn unterstand. Monika Riemer macht dann auch den Wechsel der hochstiftisch Bambergischen Lehensnehmer, der adeligen Teilbesitzer und Rechtsinhaber deutlich, wobei die Familien von Münster, Stiebar (von Buttenheim), von Crailsheim, von Rotenhan und von Aschhausen hervorstechen.

Der *Schönbrunner Mutterpfarrei Burgebrach* bis zum frühen 19. Jahrhundert widmet sich in seinem Beitrag Günter Dippold. Die komplexe Entwicklung des umfangreichen Pfarrsprengels wird von ihm nachgezeichnet und in bewährter Manier die Frömmigkeitsgeschichte und die Pfarrseelsorge geschildert.

In seinem ersten Beitrag zu dieser Festschrift stellt sich Norbert Jung die schwierige Frage, ob es sich bei der Erhebung von Schönbrunn zur Pfarrei um eine „Wieder-Errichtung“ handele. Akribisch forschte er nach Spuren kirchlichen Lebens in Schönbrunn und stellt das nicht immer spanungsfreie Filialverhältnis zur Mutterpfarrei Burgebrach vor, dessen Pfarrer sich lange, wenn schlussendlich auch vergebens, gegen die Separation Schönbrunns wehrten. Noch mehr ins Detail geht derselbe Autor (Norbert Jung) in seinen *Streiflichtern aus den 250 Jahren der Pfarrgeschichte von Schonbrunn*, worin er eingehend auch den Übergang Schönbrunns vom Würzburger zum Bamberger Bistum beleuchtet und im Anschluss daran auch die jüngere Vergangenheit ausführlich dokumentiert.

Sabine Hölscher, Holger Kempkens und Ulrich Theißen sowie Elmar Kerner beschäftigten sich mit der nicht unbedeutenden kirchlichen Kunst in der Pfarrei Schönbrunn. Sabine Hölscher stellt den Umbau der Pfarrkirche Mariae Himmelfahrt im 20. Jahrhundert vor, während Holger Kempkens aus kunstgeschichtlicher Sicht die Innenausstattung beleuchtet und Ulrich Theißen die Geschichte der Orgeln dieses Gotteshauses darlegt. Mit den Kapellen im Pfarreisprengel hat sich Elmar Kerner befasst, alle Beiträge sind – wie auch sonst im Buch – gut belegt und reich bebildert.

Zum Frömmigkeitsleben der Pfarrei bringen zwei weitere Beiträge interessante Blickpunkte: So stellt Susanne Schmidt die *Annaverehrung im Kapellenschlag* vor und Werner Zeißner die *Maria-Schmerz-Bruderschaft.* Die Herausgeberin Susanne Schmidt stellt in einem eigenen Beitrag den engen Zusammenhang zwischen der Pfarr- und der Schulgeschichte des Ortes vor und Günter Dippold geht in einem zweiten, kurzen Beitrag exemplarisch dem Leben des Lehrers Pankraz Gundermann (1742–1824) nach. Einen Beitrag zur Sittengeschichte und zum Matrikelwesen früherer Zeit liefert Holger Hölscher, der über *das schwarze Buch der gefallenen Personen* berichtet.

Statistische Angaben über die Jahre 2006–2013 steuert Ulrich Ortner bei, während Norbert Jung noch eine prosopographisch wertvolle Liste der Kapläne und Pfarrer für Schönbrunn seit dem Jahre 1599 anfügt, angeführt von einer langen Reihe von Ebracher Professen, die in der Pfarrseelsorge von Burgwindheim und Schönbrunn eingesetzt waren. Die jüngeren Säkularpriester werden jeweils mit einem kurzen Biogramm vorgestellt. Abkürzungsverzeichnis, Autorenliste und Abbildungsnachweis beschließen den inhaltsreichen Band.

Erik Soder von Güldenstubbe

Heilige und ihre Verehrung

Petr Kubín, Svatý Vintíř. Poustevník, kolonizátor a diplomat / Der heilige Gunther. Einsiedler, Kolonisator und Diplomat (Opera Facultatis theologiae catholicae Universitatis Carolinae Pragensis. Historia et historia artium 22), Praha: Verlag Lidové noviny 2017. – geb., 255 S., 30 s/w-Abb. – deutsche Übersetzung von Barbara Mainer, tschechischer Teil S. 7–102, zweisprachiger, kommentierter Bildanhang S. 103–120, dt. Übersetzung S. 121–236, Quellen und Literaturverzeichnis S. 237–255.

Als Beitrag zur Wiederbelebung von Ordenstraditionen nach Brüchen zur Zeit der Säkularisation hat der erzbischöfliche Geistliche Rat und Professor der Theologie Dr. Modestus Jocham mit der Reihe „Bavaria Sancta" für die Pflege der Volksfrömmigkeit am Beispiel der Heiligen und Seligen des Bayernlandes eine neue Grundlage geschaffen.[1] Ein weiterer Rückschlag zur Zeit des Kulturkampfes im Deutschen Reich nach 1871 wurde für die Benediktinerkonvente u.a. durch die Gastfreundschaft der Habsburger in Böhmen aufgefangen, wie am Beispiel der Abtei Emaus (Prag) ab 1878 und der Benediktinerinnen von St. Gabriel (Smichov bei Prag) ab 1889 belegt werden kann. Die Erinnerungskultur für die Persönlichkeit des Hl. Gunther, dessen Kanonisierung seit dem hohen Mittelalter v.a. vom Böhmenkönig Ottokar II. bei Papst Alexander IV.

[1] Vgl. Bavaria Sancta – Leben der Heiligen und Seligen des Bayernlandes zur Belehrung und Erbauung für das christliche Volk, bearbeitet durch Dr. Modestus Jocham, München-Freising 1861ff., Bd. I (911–1180). Dem Hl. Gunther von Niederaltaich widmete Josef Schwarzmeier die Broschüre „Günther von Thüringen – Der hl. Klausner und Nationalpatron des Böhmerwaldes", Winterberg 1940. Mit Blick auf die 900-Jahrfeier hat P. Gotthard Lang OSB (Niederaltaich) eine historische Arbeit für die Studien und Mitteilungen zur Geschichte des Benediktiner-Ordens 59.1 (1941), S. 3–83 verfasst, die auch als Separatdruck zugänglich ist: „Gunther, der Eremit in Geschichte, Sage und Kult". Eine spätere Auflage der Gunther-Vita in der o.e. Bavaria Sancta-Tradition wurde veröffentlicht von Klaus Pfeffer/Georg Schwaiger, Regensburg 1970, S. 98–112.

(1245–1261) gefördert wurde, kam geschichtlich immer wieder ins Stocken, zuletzt aufgrund einer mehr durch nationale Interessen denn religiöse Impulse geprägten Legendenbildung im 19. und 20. Jahrhundert. Sie erlebte aufgrund der Ereignisse 1918/19 (Staatsbildung der Tschechoslowakei) und 1948/1989 (kommunistische Herrschaft in der Tschechoslowakei) eine dezidiert politisch motivierte Verdrängung. Erst mit der Wiederbelebung eines regional bestimmten und grenzüberschreitenden Kulturverständnisses nach 1990 hat die Gunther-Verehrung sowohl in Thüringen (Propstei Göllingen)[2] als auch im tschechischen Dobrá Voda, dem ehemaligen böhmischen Gutwasser, das bis 1991 im Sperrgebiet der ČSSR lag, neue Impulse erfahren. Dagegen hat sich der Gunther-Kult an seinen bayerischen Wirkungsstätten Niederaltaich und Rinchnach trotz Säkularisierungsfolgen nach 1803 halten können und erfährt seit der Jahrtausendwende neuen Aufschwung.[3]

Der „Brückenschlag", der aus Gunthers Wirken abgeleitet werden kann, fand auch auf der tschechischen Seite wissenschaftliche und mediale Aufmerksamkeit: Eduard Maur hat zur Wiederauffrischung des Gedenkens an „Svaty Vintir" (Hl. Gunther) mit seiner Publikation „Pamet' hor" (Das Gedächtnis der Berge, 2006) ebenso beigetragen wie die Glaskunst von Vladena Tesarova, die 2001, gefördert aus Mitteln des binationalen Zukunftsfonds, für die Gunther-Kirche aus der Zeit 1706/1754 in Dobrá Voda (Gutwasser) eine Altarretabel in der Form eines dreiteiligen Glastriptychons geschaffen hat.

Am 970. Todestag des Hl. Gunther (2015) hat der Prager Privatdozent Dr. theol. Petr Kubín (* 1967) das Manuskript seiner aktuellen historischen Recherche über den „Hl. Gunther – Einsiedler, Kolonisator und Diplomat" abgeschlossen, das nun nach der rein tschechischen Ausgabe von 2016 auch in einer zweisprachigen Ausgabe vorliegt. Hier wird Gunthers Lebensgeschichte auf einer fundierten Quellenbasis vorgestellt: mittelalterliche Biographien, Chroniken und Annalen, die Klosterurkunden Nr. 77 (Traditionsnotiz nach Gunthers Tod) und Nr. 96/97 aus der Benediktinerabtei Hersfeld (Hessisches Staatsarchiv Marburg), archivalische Quellen, die sein Eremitenleben im Bayerischen Wald belegen (z. B. Bischof Berengars Bestätigung der Weihe der Kapelle zu Ehren Johannes des Täufers vom 20. August 1019 in Rinchnach [„longe ab habitatione hominum im Nordwalde"]) und die Beurkundung von Schenkungen im Kontext der Abtei Niederaltaich (Bayerisches Hauptstaatsarchiv München, Hochstift Passau und Kloster Niederaltaich) sowie Prager Urkunden für die Beisetzungsstätte Gunthers im Kloster Brevnov, 18. Oktober 1045, fungieren als Belege.

Zur Begründung des „Gunther-Kults" erwähnt Petr Kubín das einzige Dokument, das den Heiligsprechungsprozess betrifft: Abt Hermann von Niederaltaich informierte den amtierenden Papst Alexander IV. am 21. Februar 1261 über den Stand des Verfahrens, das von seinem Vorgänger Innozenz IV. auf Initiative König Promysls Ottokar II. von Böhmen eingeleitet worden war. Weitere Nachweise zum Fortgang der Kanonisation sind Ablassurkunden aus dem Vatikan zwischen 1252 und 1390 sowie eine „Mirakelliste" aus dem Inventar des Klosters Brevnov, aufbewahrt in einer Pyxis. Erwähnt wird auch eine Vision des Abts von Brevnov, Martin (1253–1278), die in den Prager Metropolitanakten aufgefunden wurde. Schließlich verweist der Autor auch auf Legenden über die Vita S. Guntheri.[4] Die Nomenklatur als „Heiliger" findet sich in der

---

2 Vgl. Sibylle Putzke/Tina Fehlhaber (Hg.), Das Benediktinerkloster zu Göllingen. Ergebnisse der [archäologischen] Forschung 2005–2009, Erfurt-Altenberg 2009.

3 Vgl. hierzu Josef Dengler (Hg.), Tausend Jahre Rinchnach. Das Gunther-Symposium vom 09./10.10.2010 in den „Gunther-Orten" Rinchnach und Dobrá Voda, Rinchnach 2011; ders. (Hg.), Katalog der Ausstellung Ecclesia Rimichinaha-Propstei Rinchnach-Klusta. Vom zentralen Klosterort des Mittleren Bayerischen Waldes zur selbstbewussten Gemeinde (1011/12–1803), Rinchnach 2011. Auf den Spuren des Lebenswegs des Hl. Gunther führt den Leser ein biographischer Roman von Alice Frontzek, Das Geheimnis des Eremiten, Erfurt 2016.

4 Vgl. die Edition dieser hagiographischen Quelle durch Petr Kubín, Prag 2014, S. 137 Anm. 67.

Legenda S. Stephani regis major (Erzabtei Martinsberg, Pannonhalma, ca. 1077–1083 verfasst), weil Gunther die Gründung einer Abtei in Zentralungarn empfohlen hatte. Die Memoriapflege für Gunther lässt sich zudem über Böhmen hinaus im liturgischen Proprium de Sanctis, in ordensgeschichtlich bedeutenden Brevier-Ausgaben und Fürbitt-Texten zum „Gunther-Tag“ nachweisen. Sie kommt auch in einer Darstellung „Mönch mit Buch und Stab“ auf einer Grabplatte im Kloster Brevnov aus dem 13. Jahrhundert zum Ausdruck. Der Stellenwert Gunthers lässt sich am Schriftzug auf der ältesten Brevnover Patronats-Glocke (1313) ablesen, wo er neben dem Hl. Adalbert als zweiter Bischof von Prag, der 993 die Benediktiner hier angesiedelt hat, und dem Ordensgründer, dem Hl. Benedikt, eingraviert ist, sowie in einem zum Reliquiar der Hl. Margarete umgestalteten Codex-Einband (1406/1653) – alles Belege für den seit dem Hochmittelalter forcierten volksnahen Gunther-Kult unabhängig vom Fortschritt der formellen Heiligsprechung.

Bevor sich der Autor Petr Kubín den Lebensstationen des Hl. Gunther zuwendet, gibt er einen Überblick über den aktuellen Forschungsstand (S. 142–147), der 2010 auf einem Symposium im niederbayerischen Rinchnach und in Dobrá Voda (Gutwasser) international aufbereitet wurde. Über Gunthers Geburtsjahr besteht Uneinigkeit, da keine genaue Datierung möglich ist. Deshalb sieht der Autor die Zeit „um 970“ als realistisch an, obwohl Gunther-Jubiläen noch von 955 ausgehen wie in Niederaltaich, wo im Jahr 1955 ein Jahrtausend-Gedenken gefeiert wurde. Dagegen ist sein Todestag bis heute auf den 9. Oktober 1045 datiert, „nachdem er 37 Jahre im Böhmerwald verbracht hatte“. Gunther stammt aus dem Adelsgeschlecht der Sizzonen, die als Schwarzburg-Käfernburger am Nordrand des Thüringer Waldes angesiedelt waren. Kirchenrechtlich war der Raum als Teil des Ostfränkischen Reiches dem Mainzer Erzbistum unterstellt. Als „nobilis homo“ ohne eigenen Grafentitel taucht Gunther ab 1005 (Pfalz Wallhausen) auf, und zwar als Agent in Rechtsgeschäften für Nachkommen seines verstorbenen Bruders Sizzo und eigener Söhne im Familieninteresse, die zwischen Georgenthal, Gotha und Kyffhäuser auszuhandeln waren. In der in dieser Gegend gelegenen Propstei Göllingen a.d. Wipper wollte sich Gunther niederlassen. Später, nach Entsagung von eigenem Reichtum und Besitz bei seinem Eintritt in den Benediktinerorden in der Reichsabtei Hersfeld, sollte er entgegen der regula (cap. 63) gleich nach seiner Einkleidung unter dem neuen Abt Gotthard, der von 1005 bis 1012 neben Niederalteich auch diese Abtei leitete, in Göllingen als Propst wirken, was zu ernsten Problemen führen musste: Sollte Gunther als Mönch in die Welt zurückkehren dürfen in der Auslegung von Petrus 2,22 „Der Hund kehrt zurück zu dem, was er erbrochen hat, und: Die gewaschene Sau wälzt sich wieder im Dreck“? Die Klärung erfolgte im politischen Interesse der Ostmission in einem Gespräch zwischen König Heinrich II. und Gunther (wohl 1007): Nach seiner Resignation in Göllingen findet sich Gunther im Kloster Niederaltaich. Er befolgte die Forderung der Benediktsregel, cap. 71 nach Gehorsamspflicht „nicht nur gegenüber dem Abt, sondern auch untereinander“, und verpflichtete sich zu besonderer Askese in nachgeordneter monastischer Stellung als Laienbruder.

Der Chronist nennt „Altaich“ als Zwischenschritt zu Gunthers Leben als Einsiedler im grenznah gelegenen Böhmerwald („saltus Bohemicus“), wo er die „höchste Stufe des Ordenslebens“ nach dem Vorbild der Ostkirche und des Hl. Romuald von Ravenna als „eremus“ anstrebte. Gunthers erster Ortswunsch bezog sich 1008 der Legende nach auf den 763 Meter hohen „Ranzinger Berg“, 13 Kilometer von Niederaltaich im „Lallinger Winkel“, mit Quelle am später sog. „Guntherstein“ gelegen, von wo aus er 1011 nach Rinchnach am „Böhmweg“ weiterzog. Dort betätigte er sich als Klostergründer und Kolonisator, als ein „Pionier mit Axt und Kruzifix“. Er verstand seine Arbeit nach dem Leitbild „Ora et labora“ in doppeltem Sinne: das „dunkle Reich“ des (Bayer-, Böhmer-)Waldes zu roden und urbar zu machen und dessen Bewohner und durchziehende Kaufleute und Fuhrknechte (Fernhandel nach Böhmen, v.a. Salz, Wein, Tuche, Gewürze, Eisen) zu missionieren. Bischof Berengar von Passau bezeugt in einer [gefälschten] Urkunde vom 29. August 1019 die „Weihe des neuen Oratoriums zu Ehren des hl. Johannes des Täufers“, das Gunther errichtet hatte, verbunden mit der Schenkung des Zehnten an das neue Kloster. Echt ist dagegen die Urkunde, ausgestellt von Kaiser Konrad II. (Augsburg, 1. Januar 1029), der zufolge ein Gebiet von 200 Quadratkilometern dem Kloster Rinchnach verbrieft wurde, das durch den „Gunthersteig“ über Lalling mit dem Mutterkloster Niederaltaich, wo er früher bereits seine „stabilitas loci“ (Treue zum Klosterstandort und Konvent) beeidet hatte, verbunden war.

Es sind übergeordnete Kriterien, die Gunthers Absenzen von seiner Wirkstätte in Rinchnach begründen: die Missionsdiplomatie bei den Slawen (Liutitzen) im Reichsdienst, wie sie erstmals für 1017 von Thietmar von Merseburg (†1018) auf dem Magdeburger Hoftag Kaiser Heinrichs II. vom Chronisten erwähnt sind: „Zwei Mönchen aus dem Böhmerwald in Nachfolge Gunthers brachte“, so der Bischof Adam von Bremen, die Missionstätigkeit Folter und Enthauptung ein (S. 184). Sie gilt als Nachweis für den Misserfolg des Christianisierungsversuchs im Ostseeraum. Erfolgreicher war Gunthers Auftreten in Ungarn, wo Benediktiner nach der Stephanslegende die Errichtung der Kirchenorganisation durch neue Klosterstandorte in Pannonhalma (Martinsberg) und weiteren vier Männer- und einem ersten Frauenkloster (Somlóvásárhely) parallel zu sechs griechischen Klöstern unterstützten. Mit Gunther ist die Gründung der Abtei Bakonybél unter dem Patronat von Niederaltaich[5] ca. 1030/1037 verbunden, dem Wirkungsort des Hl. Gerhard (ung. Gellért) aus Venedig. Erwähnt werden in diesem Kontext die bekanntesten Darstellungen von Gunther-Mirakeln: eine Arbeit von Cosmas Damian Asam ziert als Deckengemälde den Theresien-Saal der Prälatur in Břevnov, während die andere als Werk von Wolfgang Andreas Heindl die Propsteikirche zu Rinchnach erstrahlen lässt: die Essensszene zeigt, wie Gunther gegenüber seinem Gastgeber König Stephan I. den nach der Regel für den Eremiten erlaubten Verzehr von Geflügel (hier: Pfau) als Beleg seiner strengeren Askese nach dem Vorbild der Anachoreten (Hl. Antonius) zurückweist. Gunthers Tischgebet bewirkte, einer Legende in der mittelalterlichen Gunther-Vita zufolge, dass der Vogel vom Teller[6] lebend in die Freiheit wegflog.

Während der Autor aus seiner Forschung den Sieg Kaiser Konrads II. im Burgundischen Erbfolgestreit (1032–1034) nach einer Beratung mit Gunther ins Reich der Sage verweist, bestätigt er allerdings Gunthers erfolgreiche Intervention zugunsten des in Utrecht in Verbannung lebenden Böhmenherzogs Udalrich bei Kaiser Konrad II. (Regensburg, 1033/34), mit dem er sich anschließend über die aktuelle Lage seiner Getreuen in Böhmen austauschte. Gunther blieb auch unter Konrads II. Sohn König Heinrich III. – urkundlich belegt zu Augsburg am 17. Januar 1040 – ein enger Vertrauter („familiar“) und politischer Berater des Königs bzw. Kaisers. Dieses Schlüsseldokument beinhaltet nicht nur die Schenkung der Rinchnacher „Zelle“ an Niederaltaich, sondern belegt auch die Resignation und den Weggang Gunthers, um sein Leben als Einsiedler am „St. Günthersberg“ (Brezník / Gutwasser / Dobrá Voda) „apud bonam aquam“ zu verbringen. Es handelt sich hierbei um ein böhmisches Lehen der Grafen von Bogen (12./13. Jahrhundert), das, wie die dortgelegene Zollstation („theloneum in Breznich“)

[5] Vgl. Johannes Lajos Csóka, Geschichte des benediktinischen Mönchtums in Ungarn, in: Studien und Mitteilungen zur Geschichte des Benediktinerordens und seiner Zweige, Ergänzungsbd. 24, St. Ottilien 1980, S. 42; zit. bei Kubín, Hl. Gunter (wie Titel des rezensierten Werkes), S. 187 Anm. 11. Zu Gunthers Engagement in Ungarn vgl. auch Lang, Gunther (wie Anm. 1), S. 41f.

[6] Vgl. Kubín, Vita s. Guntheri (wie Anm. 4), S. 176–181; bei Kubín, Gunther (wie Titel des rezensierten Werkes), übersetzt S. 190 Anm. 30 (lat. Textauszug), der die Parallelszene beim Augustiner-Eremiten Jordan von Quedlinburg (1357) über den Hl. Nikolaus von Tolentino (um 1245–1305) erwähnt (ebd., S. 190 Anm. 32). Petr Kubín zieht daraus den Schluss, dass „die Informationen über Gunthers ungarisches Engagement mit Vorsichtig [sic!] zu genießen sind“; ebd., S. 191.

belegt, unter dem Przemysliden Ottokar II. (1273) wieder an die böhmische Krone fiel. Gunthers Rückzug auf seine Einsiedelei in Gutwasser stand auch im Kontext mit der Expansionspolitik des Herzogs Bretislav I., der 1039 handstreichartig versucht hatte, Polen zu überfallen, um in Gnesen als „Heilige Beute" die Gebeine des Hl. Adalbert und von fünf Märtyrerbrüdern zu rauben. Er wollte diese in seinen Zuständigkeitsbereich bringen, um seinen Anspruch zu bekräftigen, in Prag für Bischof Severus ein Erzbistum zu errichten und vom Metropolitansitz Mainz unabhängig zu werden. Dieses Unternehmen scheiterte auch als Petition bei Papst Benedikt IX. in Rom und wurde mit einer Geldstrafe (Stiftung eines Kollegiats in Alt-Bunzlau) belegt. Es wurde von König Heinrich III. mit einer Geiselnahme und – nach einem Beschluss in Goslar – mit einem militärischen Akt, unterstützt von Sachsen unter Führung des Markgrafen Ekkehard von Meißen beantwortet, ein Wagnis, das allerdings mit einer Niederlage der königlichen Truppen und deren Rückzug endete.

Ob Gunther an diesem und weiteren militärischen Aktionen an der Seite Heinrichs III. teilgenommen hat, bleiben die Quellen auch nach den Recherchen Petr Kubíns schuldig, der ihm für die Zeit 1040–1045 ein Leben in völliger Zurückgezogenheit in seiner Klause in Gutwasser (Dobrá Voda) bescheinigt, das auch der posthumen Legendenbildung dienlich war und den Kanonisationsprozess befördern helfen sollte. Gunthers Leben an seinem Sterbeort Gutwasser galt sehr früh als Vorbild für die Selbstlosigkeit christlichen Handelns. Kirchenrechtlich bestand vor dem Konzil von Trient die Möglichkeit der „canonization without a canon"[7], wobei „zur Anerkennung der Heiligkeit voll und ganz die Translation der körperlichen Überreste zu einem Altar auf Order des örtlichen Bischofs genügte".[8] Die kultische Verehrung Gunthers nach der Überführung seiner sterblichen Überreste ins Kloster Brevnov, wo erst 1964 bei archäologischen Grabungen die Reste einer romanischen Krypta aufgefunden wurden, kann ab 1184 im ältesten erhaltenen Fundstück[9], einem Klosterbrevier, nachgewiesen werden. Petr Kubín weist in seiner Untersuchung darauf hin, dass das Verfahren zur Heiligsprechung Gunthers nie förmlich abgeschlossen wurde, seine Verehrung von Rom jedoch „problemlos toleriert" wurde. Faktisch erfuhr der Gunther-Kult seit den Hussitenkriegen Brüche, als das Kloster Brevnov am 22. Mai 1420 durch Brandstiftung zerstört wurde, um in der Zeit der Gegenreformation, speziell nach dem Sieg der Katholischen Liga am Weißen Berg (Prag 1620) und nach einer Initiative des Jesuitenordens[10] für den „böhmischen Heiligen" parallel zur Kanonisierung des Johannes [von] Nepomuk wiederbelebt zu werden. Das Kloster Brevnov und der Sterbeort Gutwasser mit einer Heilquelle profitierten als Wallfahrtsorte zur Förderung der Volksfrömmigkeit während der Barockzeit im 17./18. Jahrhundert.

Für die Zeit nach 1918/19 und v. a. während des Kalten Krieges (1945 bis 1989) ist es Chronistenpflicht zu erwähnen, dass auf tschechischer Seite die Kommunisten in Dobrá Voda (Gutwasser) einen Truppenübungsplatz errichteten (1952) und die Gunther-

---

[7] Vgl. Aviad M. Kleinberg, Canonization without a canon, in: Procès de canonisation au Moyen Age, hg. von Gábor Klaniczay, Roma 2004, S. 7–18; Petr Kubín, Der Einsiedler Gunther und sein Weg zum Heiligenschein, in: Deggendorfer Geschichtsblätter 32/33 (2010/11), S. 37–72.

[8] Vgl. Kubín, Gunther (wie Überschrift), S. 212 und Anm. 21 mit einem Hinweis auf weitere Literatur.

[9] Vgl. ebd. zu Tod und Begräbnis S. 209–215, zur mittelalterlichen Kultentwicklung S. 216–219, zur Einleitung des Kanonisationsverfahrens S. 220–230. Zu Gunther-Reliquien und seiner Verehrung am Begräbnisort Brevnow, am Sterbeort Gutwasser, in Rinchnach, Niederaltaich und im Bistum Passau allgemein vgl. auch Lang, Gunther (wie Anm. 1), S. 64–77, zur Verehrung als „beatus" (Seliger) nach der Bulle des Papstes Bonifaz IX. vom 09.07.1390 sowie Ablassregularien zum 9. Oktober im 18. Jahrhundert vgl. ebd., S. 77–79.

[10] Vgl. die Erstedition der Vita s. Guntheri durch den Ingolstädter Heinrich Canisius SJ (1602), bei Kubín, Gunther (wie Überschrift), S. 234 und die starke Förderung des Gunther-Kults durch die bayerischen Benediktiner und v. a. in Rinchnach ab 1728.

Kapelle (1957) sprengen ließen.[11] Mit der „friedlichen Revolution“ von 1989/91 war es nicht mehr möglich, Gunther als „Bösewicht“ einzustufen. Papst Johannes Paul II. ist es zu verdanken, dass „Gunther Venerabilis“ 2001 endlich Eingang ins „Martyrologium“ der Katholischen Kirche gefunden hat: „der Deutsche Gunther wurde zum böhmischen Heiligen“, was auch dem regionalen und grenzüberschreitenden Tourismus Aufschwung gegeben haben dürfte.

Willi Eisele

Matthias Emil Ilg, Constantia et Fortitudo – Der Kult des kapuzinischen Blutzeugen Fidelis von Sigmaringen zwischen „Pietas Austriaca“ und „Ecclesia Triumphans“. Die Verehrungsgeschichte des Protomärtyrers der Gegenreformation, des Kapuzinerordens und der „Congregatio de propaganda fide“ 1622–1729, Münster: Aschendorff 2016. – 2 Bde., kart., insgesamt 1485 S.

„Wie wird man ein Heiliger der Gegenreformation?“ – Dass Matthias Emil Ilg eine Frage des britischen Sozial- und Kulturhistorikers Peter Burke (* 1937) an den Beginn seiner Untersuchung des Fideliskults stellt, lässt erahnen, dass der Verfasser mehr als die Biographie des Sigmaringer Bürgersohns Markus Roy (1577–1622), des späteren P. Fidelis, im Blick hat. Sein zweibändiges Werk will seine Verehrungsgeschichte systematisch am Beispiel des am 24. März 1729 durch Papst Benedikt XIII. selig gesprochenen und am 29. Juni 1746 durch Papst Benedikt XIV. zur Ehre der Altäre erhobenen einzigen Heiligen „aus dem Geist der Gegenreformation“ erschließen: Fidelis von Sigmaringen, der am 4. Oktober 1612 als Dr. jur. utr. Marcus Fidelis Roy in Freiburg dem Kapuzinerorden beigetreten war, um als Glaubenszeuge und Missionar die Grundsätze der katholischen Reform zu vertreten. Dabei handelte er vor allem auch im Interesse der Habsburger Politik, um das „cuius regio, eius religio“ im Prättigau zwischen Landquart und Klosters zu vertreten. Er wurde am 24. April 1622 in Seewis ermordet und damit zum Protomärtyrer des Kapuzinerordens (O.F.M.Cap) und der Congregatio de propaganda fide. Die Ernennung zum Missionspräfekten durch deren Dekret vom 21. April 1622 erreichte ihn im „Rhaetischen Weinberg“ [des Herrn] nicht mehr zu Lebzeiten.

Dem Beispiel des Wegs zur Verehrung des Hl. Fidelis zwischen 1622 und 1729 ist die vorliegende wissenschaftliche Arbeit von Matthias Emil Ilg gewidmet, die an der Universität Tübingen im Sonderforschungsbereich 437 „Kriegserfahrungen, Krieg und Gesellschaft in der Neuzeit“ entstanden ist und 2010 bei Prof. Dr. Anton Schindling als Dissertation vorlegt wurde. „Europäisches Format“ gewinnt der dem Fideliskult zugrundeliegende Kanonisationsprozess in verschiedener Hinsicht. Mehrere Deutungsebenen erforderten eine Recherche, die die Grenzen der Kirchen- und Ordensgeschichte überschreiten ließ, weil dieser Märtyrer „nicht nur für den katholischen Glauben, sondern auch für die maßgebliche Zielstellung des frühmodernen Staates sein Blut vergossen hatte“: die konfessionelle Einheitlichkeit, durchgesetzt mithilfe eines „Martyrerheros“, sollte zum prägenden Element des „Barockkatholizismus habsburgischer Prägung“ werden und, flankiert durch Volksfrömmigkeit, identitätsstiftende Wirkung im 17./18. Jahrhundert entfalten (Bd. II, S. 1043).

[11] Vgl. Kubín, Gunther (wie Überschrift), S. 235. Im Vorwort erwähnt der Autor, dass er 1986–1988 seinen Wehrdienst dort ableisten musste und „nicht einmal zu hoffen wagte, dass ich irgendwann Geschichte studieren würde, und schon gar nicht im (feindlichen) Westen“; ebd., S. 124.

Matthias Emil Ilg rekonstruiert die Entwicklung des Fideliskults zwischen 1622 und 1729 akribisch anhand der archivalischen Quellen – von den Verhör-Protokollen der „Fidelis-Mörder“ (Bregenz, Feldkirch), den Ordensarchiven der Kapuziner (Feldkirch, Innsbruck, Luzern), aus Archiven im Erzbistum Freiburg (ehem. Konstanz), dem Staatsarchiv Sigmaringen, Taufregistern (Bludenz, Bregenz, Feldkirch, Schruns, Sigmaringen), kriegsgeschichtlichen Tagebüchern (Innsbruck) und Nachlässen im „Fidelis-Archiv“ im Pfarramt Sigmaringen (u.a. von Pfr. Nikolaus Maier, Richard Schell). Der Verfasser gliedert sein zweibändiges Werk in die Teile „Vita“ und „Kult“, wobei er zwei Phasen bis zur Heiligsprechung unterscheidet (1622–1672, 1672–1729). Er ergänzt seine Darstellung durch schriftliche und bildliche Zeugnisse sowie einen sehr detaillierten wissenschaftlichen Anhang mit Quellen- und Literaturverzeichnis (Bd. II, S. 1254–1415) und ein Personen- (Bd. II, S. 1417–1462) bzw. Ortsregister (Bd. II, S. 1463–1485).

Zum besseren Verständnis des „Fidelis-Kults“ dient als Kontext: Dem Sieg der Katholischen Liga in der Schlacht am Weißen Berg (Prag, 1620) folgte die Rekatholisierung Böhmens durch die Habsburger, die Auflösung der Protestantischen Union und die Eroberung der reformierten Kurpfalz (1622). Identitätsstiftend für die „katholische Sache“ in Böhmen sollte eine Initiative zur Kanonisierung des Johannes [von] Nepomuk (geboren ca. 1350, ermordet 20. März 1393) wirken, der vom Volk bereits seit Langem verehrt wurde. Für die vom Autor eingangs erwähnte Frage von Peter Burke (Bd. I, S. 22 Anm. 1) diente die Aktualität des Fidelis-Martyriums als zusätzliches Argument. Zwar stellten Angehörige von Orden traditionell eine Mehrzahl der nachtridentinischen Heiligsprechungen dar, gleichwohl war die regionale Verteilung sehr ungleich: 26 Italienern, 17 Spaniern, vier Franzosen, drei Polen und zwei Portugiesen standen aus dem Hl. Römischen Reich Deutscher Nation bis ins 18. Jahrhundert nur zwei männliche Ordensleute gegenüber. Deshalb setzte sich Kardinal Graf Eitel Friedrich von Hohenzollern-Sigmaringen (1582–1625) als Gründungsmitglied der Congregatio de propaganda fide an der Spitze einer Lobby für die Eröffnung eines Selig- bzw. Heiligsprechungsprozesses für seinen Landsmann P. Fidelis aus Sigmaringen am 3. Juni 1622 ein (Bd. I, S. 681; Bd. II, S. 1042) und eröffnete damit eine erste Phase des Fidelis-Kults. Papst Urban VIII. (1623–1644) dekretierte kurz danach, dass die Einleitung eines Heiligsprechungsprozesses frühestens 50 Jahre nach dem Tode des Kandidaten erfolgen dürfe und Formen der Volksfrömmigkeit davor zu beobachten und zu kontrollieren seien (sog. Ecclesia triumphans-Konzept), was dann im Falle des Fidelis Roy von Sigmaringen auch durch die kirchlichen Postulatoren Lucianus Montifontanus und Maximilian (Egg) von Wangen beachtet wurde. Als Beleg der Gleichbehandlung der „zwey glorwürdige[n] Teutsche[n] Martyrer“ Johannes von Nepomuk und Fidelis von Sigmaringen im Rahmen der „fast synchronen Heilig- und Seligsprechung zweier habsburgischer Märtyrer“ am 24. Februar 1729 diente die von Matthias Ilg ausgewertete Nürnberger Rats-Chronik von 1736 (Bd. V, 1724–1734, S. 884). Es greifen somit neben der vatikanischen Traditionslinie der „Ecclesia Triumphans“ auch Kriterien der „Pietas Austriaca“ im Interesse des Hauses Habsburg und der „Pietas Zollerana“ der Linie Hohenzollern-Sigmaringen ineinander.

Zur Einschätzung der Reichweite des Fidelis-Kults vor und nach der Kanonisation dienen 443 Nachweise einer Wundertätigkeit nach dem Gebrauch von Primär- oder Kontaktreliquien zwischen 1622 und 1729, die Matthias Emil Ilg für die Diözesen Chur, Konstanz, Basel, Lausanne, Straßburg, Augsburg, Trier, Worms sowie die Erzdiözese Mailand und die Diözese Foligno (Umbrien) dokumentiert. Weiter bilden „Fidelistaufen“ (Taufnamenanalyse) einen Indikator für den Kult (z.B. Sigmaringen ab 1676, Feldkirch ab 1624, Bludenz ab 1648, Bregenz ab 1630, Hohenems ab 1633, Schruns ab 1656). Wenn der Vorname Fidelis unter den Immatrikulierten in Dillingen (SJ) und in Freiburg im Breisgau (allein im Jahre 1729 19mal) immer häufiger auftaucht, kann das auch als Beleg für eine zunehmende Verehrungspraxis dienen.

Bilder als Inspirationsquellen für den Fidelis-Kult stellt der Verfasser exemplarisch vor (Bd. II, S. 1163–1252): Rekonstruktionszeichnungen des „Prättigauer Prügels" als Marterinstrument in der Hand des „Heroischen Wilden Manns" (1622) bzw. Waffen „in bellum rusticum Helveticum" („Bawren-Krieg", 1653), Beispiele für Fidelis-Darstellungen aus Lebensbeschreibungen („Konstanzer Fidelis", Flugblatt, 1623; „Molsheimer Fidelis", 1623), in der Porträtmalerei, in der Druckgraphik. Abgebildet sind auch Beispiele von Reliquien (Schädelreliquie aus Feldkirch, eine Trinkschale, Sandalen, Umhang) sowie die Kufenwiege der Sigmaringer Familie Roy (ca. 1575; Pfarrkirche Sigmaringen) und Zeugnisse religiöser Kleinkunst. Der Verfasser weist Wirkungsorte des Fidelis von Sigmaringen nach (u. a. anhand von Aufnahmen vom Gebäude der Vorderösterreichischen Regierung in Ensisheim / Elsass, dem „Groshus" der Familie Salis-Grüsch, von Stationen des Seewiser „Martyriums-Weges" und der Grablege in der Kathedrale von Chur).

„Constantia et fortitudo" – unter dieses Motto, das sowohl religiös als auch politisch gedeutet werden kann, hat Matthias Emil Ilg sein Monumentalwerk gestellt. Konstanz, d. h. Beständigkeit in der Glaubensverkündigung, und argumentative (Durchsetzungs-) Kraft werden bei einem Kapuziner vorausgesetzt. Fidelis war ausgestattet mit einer soliden juristischen und philosophisch-theologischen Fachausbildung an der Universität Freiburg, wo er unter dem 1. Dezember 1598 als Nr. 11 in der Matrikel zu finden ist, zudem polyglott in seiner Allgemeinbildung, die er auf einer Kavalierstour durch Frankreich, Oberitalien und die Spanischen Niederlande zwischen 1605 und 1610 vertiefte. Auf dieser verstärkte sich auch seine Freundschaft mit Freiherr Johann Wilhelm von Stotzingen (Steißlingen, Hegau), dessen Familie seither eine eigene „Fidelis-Tradition" begründete, indem einer der männlichen Nachkommen stets auf den Namen Fidelis getauft werden sollte – als prominentestes Beispiel darf der Beuroner Benediktinermönch und Abtprimas Fidelis von Stotzingen (1871–1947) gelten. Diese Familienbeziehung ist grundlegend für ein Dreierbündnis zwischen der habsburgtreuen Reichsritterschaft, den katholischen schwäbischen Hohenzollern und der Sigmaringer Gastwirts- und Bürgermeisterfamilie Roy. Sie initiiert im „Stotzinger Portrait" (Bd. I, S. 680; Bd. II, S. 1189), entstanden 1610–1612, die frühe bildliche Fidelispropaganda. Wie engmaschig das Netzwerk der Katholischen Liga funktionierte, belegt der Autor anhand einer zeitnahen Nachfrage des Grafen (nach 1623 Fürst) Johann I. von Hohenzollern-Sigmaringen (1578–1638), der in München im Dienste Maximilians von Bayern stand, „um die particularia zu wissen, wie es mit unserem frommen Kapuciner Marx Roy ergangen" (18. Mai 1622, Bd. I, S. 489). Aktuelle Nachrichten über den Tod von P. Fidelis O. F. M. Cap dienten der Vergewisserung und Legitimierung des Fideliskults, der damit auch im Interesse der Habsburger und Wittelsbacher Positionen im Dreißigjährigen Krieg stabilisierend wirken konnte.

Mit seiner vorliegenden Arbeit leistet Matthias Emil Ilg einen maßgeblichen Beitrag, offene Fragen der Wahrnehmung und Deutung des Dreißigjährigen Krieges zu beantworten, indem er die Persönlichkeit des Kapuziners Fidelis von Sigmaringen als „Symbolträger für den legitimatorischen und konsolatorischen religiösen Sinn der Kriegsleiden von Katholiken" als weitere Facette einer Erinnerungskultur nahebringt. Leiden und Opferbereitschaft, überhöht im Tod als bibelnahe Erfahrung von Triumph („Tod, wo ist Dein Sieg?"), geben dem christlichen Heilsversprechen in der konkreten Lage einen tieferen Sinn. Die Erhebung des Hl. Fidelis zur Würde der Altäre begründet eine Verehrung nach den tridentinischen Regularien und einer „unmissverständlichen politischen Konnotation" nach den Kriterien der „Pietas Austriaca" des Hauses Habsburg und den „heroischen Tugenden" wie Körperbeherrschung und Askese („Esto fidelis usque ad mortem et dabo tibi coronam vitae" – „Sei getreu bis in den Tod, und ich will Dir die Krone des Lebens geben!"), aber auch von Reformtreue in Krisenzeiten der Kirche („semper fidelis") eines heimischen Vertreters für ein „konfessionelles Proprium“ v. a. in Hohenzollern und Vorderösterreich, das den katholischen Gläubigen in Sigmaringen bis heute als Element der konfessionellen Selbstvergewisserung dient. Was unbeschadet historisch und politisch bedingter Schwankungen die katholische Gemeinde bis heute mit Stolz erfüllt, findet Beweiskraft in der Wiederbelebung und aktuellen Pflege des Fideliskults an seinem Geburtsort, was augenscheinlich auch durch die aktive Mitwirkung des Fürstenhauses als Ausdruck der „Pietas Zollerana“ bewiesen wird.

Matthias Emil Ilg hat seine grundlegende wissenschaftliche Leistung zeitlich bis zur Seligsprechung des Kapuziners aus Hohenzollern (1729) begrenzt. Wer die Fidelisverehrung von der Selig- und Heiligsprechung bis heute nachvollziehen will, sei auf die Begleitveröffentlichung des Hohenzollerischen Geschichtsvereins e. V. zur Ausstellung im Staatsarchiv Sigmaringen (Sonderdruck, 1996, 165 S.) verwiesen, dessen Beiträge original in der Zeitschrift für Hohenzollerische Geschichte 32 (1996) zugänglich sind.

Willi Eisele